Paddy Scannell

Medien und Kommunikation

Medien – Kultur – Kommunikation

Herausgegeben von
Andreas Hepp,
Friedrich Krotz und
Waldemar Vogelgesang

Kulturen sind heute nicht mehr jenseits von Medien vorstellbar: Ob wir an unsere eigene Kultur oder ‚fremde' Kulturen denken, diese sind umfassend mit Prozessen der Medienkommunikation verschränkt. Doch welchem Wandel sind Kulturen damit ausgesetzt? In welcher Beziehung stehen verschiedene Medien wie Film, Fernsehen, das Internet oder die Mobilkommunikation zu unterschiedlichen kulturellen Formen? Wie verändert sich Alltag unter dem Einfluss einer zunehmend globalisierten Medienkommunikation? Welche Medienkompetenzen sind notwendig, um sich in Gesellschaften zurecht zu finden, die von Medien durchdrungen sind? Es sind solche auf medialen und kulturellen Wandel und damit verbundene Herausforderungen und Konflikte bezogene Fragen, mit denen sich die Bände der Reihe „Medien – Kultur – Kommunikation" auseinandersetzen. Dieses Themenfeld überschreitet dabei die Grenzen verschiedener sozial- und kulturwissenschaftlicher Disziplinen wie der Kommunikations- und Medienwissenschaft, der Soziologie, der Politikwissenschaft, der Anthropologie und der Sprach- und Literaturwissenschaften. Die verschiedenen Bände der Reihe zielen darauf, ausgehend von unterschiedlichen theoretischen und empirischen Zugängen, das komplexe Interdependenzverhältnis von Medien, Kultur und Kommunikation in einer breiten sozialwissenschaftlichen Perspektive zu fassen. Dabei soll die Reihe sowohl aktuelle Forschungen als auch Überblicksdarstellungen in diesem Bereich zugänglich machen.

Inhalt

Vorwort der Herausgeber

Matthias Berg und Maren Hartmann

Mit *Medien und Kommunikation* legt Paddy Scannell eine umfassende und gut lesbare Einführung in die Kommunikations- und Medienwissenschaft vor. Wie bei Werken dieser Gattung üblich, liefert der Autor einen Überblick über die wesentlichen theoretischen und empirischen Eckpunkte der noch verhältnismäßig jungen Disziplin. Daran angelehnt schildert er den im 20. Jahrhundert beschleunigten kommunikativen und medialen Wandel. Der Grund, das vorliegende Werk aus dem Englischen zu übersetzen und somit einer breiten deutschsprachigen Leserschaft zugänglich zu machen, ist die Einzigartigkeit von Scannells Herangehensweise an sein Vorhaben. Anstatt Theorien, Modelle, Methoden und Forschungsergebnisse chronologisch oder auf eine andere Art und Weise sortiert aneinander zu reihen, zielt der Autor darauf ab, seine Einführung mit einer kritischen Betrachtung der Fachgeschichte zu kombinieren. Dies hat viele Vorteile: Anstelle einer hochspezialisierten wissenschaftsgeschichtlichen Monografie, die ein umfassendes Wissen voraussetzt und auf eine interessierte wie informierte Gruppe von Fachwissenschaftlerinnen und -wissenschaftlern abzielt (was bisweilen dazu führt, dass solche Werke ihr Dasein in den publizistischen Randgebieten eines Faches fristen), richtet sich Scannell mehr oder weniger an ‚Anfänger‘. Er will deutlich machen, dass sich die verschiedenen Ansätze und Theorien der Beschreibung von Medien und Kommunikation nicht jenseits eines forschungsgeschichtlichen Blicks fassen lassen. In *Medien und Kommunikation* fungiert die Entstehung und Entwicklung der Kommunikations- und Medienwissenschaft als lebendiger Hintergrund für ihre zentralen Themen, Theorien und Forschungsziele.

Insgesamt gelingt Scannell etwas, das für eine Einführung äußerst selten ist: Er entwickelt eine Narration. Indem er Wissenschaftlerinnen und Wissenschaftler als ‚Leute‘ mit Biografien, Eigenheiten, Passionen und auch Schicksalen darstellt, eröffnet er einen ungewöhnlich tiefen und frischen Zugang zu ihren Arbeiten. Diese Erzählung von der Geschichte der Kommunikations- und Medienwissenschaft beginnt in den 1930er Jahren bei der „Chicago School“ und der Columbia University in den USA, führt unter anderem über das „Ende der Massen“ und die Betrachtung von Medien unter kommunikationstechnologischen Aspekten bei Innis und McLuhan in Kanada bis hin zu Habermas und seiner Öffentlichkeitstheorie in Deutschland. Der zentrale und prägende Wendepunkt in der Erzählung ist der Zweite Weltkrieg. Dieser bedingt den Übergang von der Mangel- hin zur Wohlstandsgesellschaft und damit von der Frage des Sozialen hin zur Frage des Kulturellen wesentlich mit. Scannell gelingt es in seinen Darstellungen, diesen geschichtlichen Prozess in einen schlüssigen Zusammenhang mit Medien, Kommunikation und der Wissenschaft davon zu bringen. Der durch den englischsprachigen, internationalen Kontext geprägte Blick eröffnet dabei gerade für deutsche Leser und Leserinnen interessante Einsichten.

Das Scannell-Spezifische des Bandes ist einerseits die historische Gründlichkeit und die deutliche Liebe zur Theorie. Andererseits zeigt sich mit diesem Buch, dass sein Autor ein sehr guter Lehrer ist: Er wird nicht müde, Zusammenhänge aufzuzeigen und zu erklären, aber zugleich auch das je Eigene durchscheinen zu lassen. Kühle Distanz war und ist seine Stärke nicht. Wenn Scannell selbst davon schreibt, „eine Generation von Studierenden sowohl unterhalten als auch begeistert und inspiriert [zu] haben" (zusammen mit David Cardiff an der University of Westminster in London), so können und müssen diejenigen, die ihn kennen, dies bestätigen. Denn er war – und ist es in seinem neuen Umfeld an der University of Michigan mindestens genauso – ein herausragender Dozent und Lehrer. Charismatisch mag das erste Wort sein, das vielen bei Paddy Scannell einfällt. Daneben ist es seine Begeisterungsfähigkeit, die ihn auszeichnet. Bezüglich der Medien war und ist er durchaus emotional. Im Gegensatz zu vielen anderen Kollegen lehnte er sie nicht als zu populär ab – ganz im Gegenteil ist seine Beziehung insbesondere zum Radio gelebte Begeisterung.

Gleiches gilt für Theorien und Theoretiker, wie zum Beispiel Heidegger, auf den er sich für die Entwicklung seiner Theorie der Phänomenologie bezieht. Das dazugehörige Buch wurde 1996 unter dem Titel *Radio, Television and Modern Life* bei Blackwell veröffentlicht. Die Wahl Heideggers wurde in seinem damaligen akademischen Umfeld in Westminster nicht immer begrüßt, denn hier war man nicht ohne Weiteres bereit, Heideggers Politik von seinem Werk zu trennen. Scannell sah zwar durchaus die Problematik, hatte aber bei Heidegger so viele Anknüpfungspunkte für sich gefunden, dass er den Preis dieser Ambivalenz zu zahlen bereit war.

Bezüglich seines Schaffens stechen zwei weitere Momente hervor: So ist Scannell vor allem für sein erstes umfasenderes Werk, das er 1991 in Koautorschaft mit David Cardiff publizierte – *A Social History of British Broadcasting. 'Serving the Nation, 1923–1939'* – bekannt. Dementsprechend gilt er als ausgewiesener Spezialist, was die Geschichte des Rundfunks angeht. Zugleich hat er sich schon früh mit dem Gespräch (*talk*) im und über das Radio und Fernsehen auseinandergesetzt (in *Broadcast Talk* – ebenfalls 1991).

Scannell ist seit 2006 Professor an der University of Michigan in Ann Arbor, USA. Den Ruf dorthin nahm er an, nachdem er mehrere Jahrzehnte in Großbritannien an der University of Westminster war. Scannell gehörte zum Urgestein Westminsters, wo er bereits 1967 zu arbeiten begann, und er zählt zu denjenigen, die die Entwicklung der media studies in Großbritannien maßgeblich geprägt haben. 1979 wurde zudem das renommierte Journal *Media, Culture & Society* von Scannell und seinen damaligen Kollegen gegründet – eine Zeitschrift, die lange Zeit die Diskussionen im Fach, zumindest im englischsprachigen Raum, deutlich mitbestimmte (und dies zum Teil noch tut, obwohl sich die Veröffentlichungslandschaft seitdem bekanntermaßen sehr verändert hat).

Auf die Frage, warum sich die deutschsprachige Leserschaft vor dem Hintergrund national geprägter Wissenschaftsdiskurse nun gerade für eine von einem in den USA arbeitenden Briten irischen Ursprungs verfasste Einführung entscheiden sollte, liefert zum einen Scannells Werdegang und zum anderen *Medien und Kommunikation* selbst eine Antwort: Internationalisierung und Globalisierung sind Prozesse, die tief in der Geschichte der Kommunikations- und Medienwissenschaft verwurzelt sind. Scannell präsentiert diese als das Resultat eines Wechselspiels zwischen der ‚Alten‘ und der ‚Neuen Welt‘. Sei es die Biografie von Lazarsfeld, das Aufkommen der ‚Massensoziologie‘ in den USA und die Reaktionen darauf seitens einiger Mitglieder der Frankfurter Schule im US-Exil, die Erforschung von Interaktion und Sprache in Großbritannien wie auch den Vereinigten Staaten, oder die Entstehung der Cultural Studies in Großbritannien und ihr globaler Siegeszug – viele wesentliche Charakteristika unseres Faches sind aus einem internationalen Spannungsfeld, quasi aus dem Prinzip von ‚call-and-response‘, hervorgegangen.

So ungewöhnlich wie dieses Buch ist auch die Entstehung seiner Übersetzung. *Media and Communication* war im Sommersemester 2009 Gegenstand des kommunikations- und medienwissenschaftlichen Schwerpunktseminars „100 Jahre Kommunikations- und Medienforschung" an der Universität Bremen. Vor allem Studentinnen und Studenten des Bachelorstudiengangs Kulturwissenschaft setzten sich dabei intensiv mit den Inhalten des Werkes auseinander. Gemäß dem Motto „von Studierenden für Studierende" erarbeiteten sie eine deutschsprachige Erstfassung des englischen Originals, die die Grundlage für den zur Publikation überarbeiteten und nun hier vorliegenden Text war. Die Teilnehmerinnen und Teilnehmer des Seminars waren im Einzelnen: Sarah Andersen, Stefan Baack, Kathrin Buhl, Mehmet Can, Karina Deelwater, Jan Simon Ewringmann, Jennifer John, Louisa Karbautzki, Insa Kohler, Antonia Lühmann, Chris Michael Lünsmann, Christian Mardt, Inga Meyerdierks, Julia Motulewski, Alexandra Mönkemöller, Markus Neuert, Miriam Pahl, Stephanie Radant, Franziska Römer, Janina Schultze, Henriette Schätzchen und Sabrina Walter. Dieser Truppe sei gedankt für die kritischen und offenen Diskussionen sowie ihren Teamgeist und ihr Engagement, das weit über das hinausgegangen ist, was ein gewöhnliches Seminar Studierenden abverlangt. Außerdem gilt der Dank der Herausgeber Monika Elsler und Andreas Hepp, deren technische wie inhaltliche Tipps und Hinweise eine große Hilfe waren. Bedanken möchten wir uns auch bei Ribanna Mitrović für das sorgfältige Korrekturlesen und Henriette Schätzchen sowie Jan Simon Ewringmann, die als studentische Hilfskräfte den Großteil der Übersetzungen detailliert überarbeitet haben. Für den Satz und die Erstellung des Index zeichnet Dirk Reinhardt verantwortlich, dem wir hiermit ebenfalls unseren Dank aussprechen möchten.

An dieser Stelle noch einige Hinweise dazu, wie dieses Buch als Übersetzung zu lesen ist: Wir haben uns bemüht, Passagen, die Scannell zitiert, den entsprechenden deutschsprachigen Ausgaben zu entnehmen. Wo diese nicht auffindbar oder schlicht nicht vorhanden sind, haben wir uns dazu entschieden, Zitate eigenständig zu übersetzen. Entsprechende Stellen sind durch einen Abgleich mit dem Literaturverzeichnis auszumachen. Darüber hinaus halten Übersetzungen stets einige Überraschungen und Probleme bereit: So sind zum Beispiel die „media studies", auf die sich Scannell aus seiner persönlichen – also eher britischen – Perspektive bezieht, nicht direkt mit der Medienwissenschaft in Deutschland zu vergleichen. Eher ließen sie sich mit Kommunikations- und Medienwissenschaft beschreiben, wobei sich jedoch auch hierbei keine genaue Deckung ergibt. Somit haben wir den Begriff meist in seiner englischen Form belassen. Ein weiteres Problem stellte die mittlerweile klassische ‚Trias' der Cultural Studies dar: „race", „class" und „gender". Vor allem der erste Terminus ist in einer direkten deutschen Übersetzung mit „Rasse" von seiner Bedeutung her anders aufgeladen und nicht immer passend. Also haben wir versucht, bei der Übersetzung entweder passende Äquivalente zu finden oder einfache Anführungszeichen gesetzt (‚Rasse'). Schließlich haben wir uns dafür entschieden, die weitestgehend geschlechtsneutrale englische Grammatik in zeitgemäße deutsche Sprache zu überführen und sprechen daher von „Hörerinnen und Hörern", „Lesern und Leserinnen" sowie „Zuschauerinnen und Zuschauern" – es sei denn, die Lesbarkeit verweigerte sich diesem Ansatz.

Abschließend ein kurzer Verweis auf die folgenden zwei Bände der Trilogie: Der zweite Band, der Ende 2011 erscheinen soll, hat den Titel *Television and the Meaning of 'Live'* und zeigt anhand etlicher Fallstudien die unsichtbaren Produktionspraktiken von Live-Radio und -Fernsehen. Dabei geht es vor allem um die Bedeutung des ‚Live'-Moments für Rezipientinnen und Rezipienten. Der letzte Band der Trilogie – *Love and Communication* – greift die theoretischen und methodologischen Fragen seiner beiden Vorgänger auf und baut diese, insbesondere in Hinblick auf die Frage der Phänomenologie und ihrer Relevanz für die Analyse von Kommunikation und Medien, weiter aus. Insgesamt also bietet die Trilogie eine passende Zusammenfassung dessen, was Paddy Scannells Werk ausmacht und zugleich zeigt die Art der Darstellung sehr viel seiner durchaus einnehmenden Persönlichkeit. Hier aber liegt mit *Medien und Kommunikation* zum ersten Mal eines seiner Bücher auf Deutsch vor – und damit ein sehr lesenswertes und informatives Lehrbuch, das sicherlich viele anregende Diskussionen auslösen wird.

Danksagung des Autors

Paddy Scannell

Dieses Buch baut auf einer Vielzahl an Jahren kommunikations- und medienwissenschaftlicher Lehre auf. Daher bin ich zunächst all den Studierenden zum Dank verpflichtet, die im Allgemeinen wie auch im Speziellen verstanden oder nicht verstanden haben, um was es bei den folgenden Inhalten ging und damit einverstanden waren oder auch nicht. Durch schiere und schrittweise Wiederholung haben sie mir dabei geholfen, zu verstehen, was ich dachte, das unser Vorhaben sei. Es hat lange gedauert, bis ich einen grundlegenden Punkt verstanden habe: Man fängt erst dann an, sich mit dem, was man lehrt, wirklich auseinanderzusetzen und zu verstehen, um was es wirklich geht, wenn man oft darauf zurückgekommen ist. Als ich noch jünger war, schämte ich mich immer ein wenig, wenn ich den gleichen Kurs mit geringen Änderungen Jahr für Jahr wiederholte. Mittlerweile finde ich Freude daran, jedes Jahr neue Perspektiven zu entdecken und altes wie neues Material aus verschiedenen Blickwinkeln auszuprobieren. Dabei lerne ich jedes Mal ein wenig dazu, und mir wird immer klarer, was ich tue und warum.

Viele Leute haben Teile des Buches gelesen, während ich daran gearbeitet habe. Ich bin Martin Montgomery, Shaun Moores, Andrew Tolson, Pete Simonson und Bill Schwarz für ihre Anmerkungen zu einzelnen Kapiteln dankbar. Besonders danke ich den vier Personen, die das Manuskript gelesen haben, für ihre hilfreichen und detaillierten Hinweise. Bei der abschließenden Überarbeitung habe ich ihre Anmerkungen berücksichtigt. Mein Dank gilt auch Maren Hartmann, die mich mit Informationen über die aktuellen Auffassungen der Frankfurter Schule in Deutschland versorgt hat.

In den frühen 1980er Jahren habe ich begonnen, die Inhalte dieses Buches zusammen mit David Cardiff zu lehren. David ist vor wenigen Jahren im Alter von 59 viel zu früh verstorben. Es ist immer eine Freude gewesen, mit ihm zu lehren. Ich gehe mal davon aus, dass wir ein gutes Paar abgegeben haben und, unter uns, dass wir eine Generation von Studierenden sowohl unterhalten als auch begeistert und inspiriert haben – vielleicht einige jedenfalls. Dieses Buch ist ihm gewidmet. Es ist ein Zeichen der liebevollen Erinnerung an einen Kollegen, Koautoren und Freund, den ich zutiefst vermisse.

1 Einleitung

Mein primäres Anliegen mit diesem Buch ist es, Studierenden, die ernsthaft an der Kommunikations- und Medienwissenschaft interessiert sind, eine Darstellung von der Entwicklung dieser beiden Fächer im Laufe des letzten Jahrhunderts zur Verfügung zu stellen. Jedes der ersten neun Kapitel stellt eine Einleitung zu einem ‚Schlüsselmoment' der Kommunikations- und Medienwissenschaft dar. Die Kapitel behandeln meist einen oder zwei Autoren, manchmal einen einzelnen Text und bieten zusammenfassende Beschreibungen sowohl der Themen, mit denen sich ihre Arbeiten auseinandersetzten, als auch der neuen Methoden und Konzepte, die sie einführten. Somit kann jedes Kapitel als Grundlage für einen Kurs oder ein Seminar gelten, unterstützt von der angegebenen Literatur.

Ich sollte besser auf die Grenzen meiner Bestrebungen hinweisen. Dieses Buch ist in keiner Weise ein umfassender Überblick der akademischen Entwicklungen in der Kommunikations- und Medienwissenschaft des letzten Jahrhunderts. Ein Leser der Manuskriptskizze beschrieb diese nicht unpassend als einen ‚Blick auf die Berggipfel'. Viele wichtige Aspekte der Kommunikations- und Medienwissenschaft sind hier nicht enthalten. Die Tatsache, dass „Medien" im Buchtitel vor „Kommunikation" stehen, liefert einen Hinweis bezüglich dessen, worum es hier geht. Würde der Titel *Kommunikation und Medien* heißen, ergäbe sich ein anderer Schwerpunkt beziehungsweise eine andere Gewichtung. Mir geht es hier vorrangig darum, wie sich die Erforschung dessen, was wir „die Medien" nennen, im vergangenen Jahrhundert entwickelt hat. Ich denke, es kann als unumstritten gelten, dass diese Entwicklung zwei historische Schlüsselmomente beinhaltet: (1) die Entwicklung einer Soziologie der Massenkommunikation in den Vereinigten Staaten über einen Zeitraum von 20 Jahren, von der Mitte der 1930er bis zur Mitte der 1950er Jahre, und (2) die Entwicklung der *media studies* als Zweig der Cultural Studies in Großbritannien, von der Mitte der 1960er bis Ende der 1970er Jahre. Diese beiden Momente stellen die Zwillingssäulen dieses Buches dar. Der Erste ist Gegenstand in den Kapiteln 2 bis 4, während sich die Kapitel 5 und 9 auf den Zweiten beziehen. Es gibt einen dritten wichtigen Strang, der mit diesen beiden grundlegenden Momenten verknüpft ist – die deutsche intellektuelle Tradition der kritischen Sozialtheorie, welche quer zu den Grenzen der Philosophie, der Soziologie und der Geschichte liegt. Sie trug Früchte im Schaffen der Frankfurter Schule. In den Kapiteln 2 und 3 untersuche ich den Augenblick ihrer Entstehung in Europa und im Exil in den

Vereinigten Staaten in den 1930er Jahren. In Kapitel 10 beschäftige ich mich außerdem mit einem Schlüsselwerk von Jürgen Habermas, dem führenden Nachkriegsvertreter der zweiten Generation der Frankfurter Schule.

Diese drei Stränge machen mehr als die Hälfte dieses Buches aus. Alternative Entwicklungen werden folglich zu einem großen Teil nicht berücksichtigt. Zum Beispiel werde ich nicht auf die wichtige Arbeit des späten James Carey in den USA und seinen Ansatz von Kommunikation als Ritual eingehen. Diesen stellte er als ‚Gegenmittel' der dominanten ‚Medienwirkungstradition' entgegen, deren Ursprünge ich zurückverfolgen werde. Auch habe ich nicht versucht, einen der beiden ‚Momente', die den Aufbau dieses Buches bestimmen, in Gänze nachzuzeichnen. Ich habe mich bemüht, jeweils die Entwicklungen eines formgebenden Moments in der Medienforschung zu verfolgen; womit sie anfangs beschäftigt war, warum und wie. In beiden Fällen gibt es einen identifizierbaren Punkt, an dem Innovation und Entdeckung in Festigung und Verbreitung übergingen. Ich habe mich mit den ersten beiden beschäftigt und nicht mit den Letzteren. Also behandele ich weder, wie sich die Massenkommunikationsforschung von den 1950er Jahren bis heute an amerikanischen Universitäten ausgebreitet hat, noch die Schlüsselrolle, die Wilbur Schramm und seine Zeitgenossen bei diesem Prozess gespielt haben. Ebenso wenig beschäftige ich mich mit der Ausbreitung der *media studies* in Großbritannien seit den 1980er Jahren oder ihrer bemerkenswerten Diffusion seitdem als Zweig der ‚globalen' Cultural Studies.

Da ferner jeder Moment auf besondere Weise die Untersuchung damals neuer Medien definierte (das Radio in den 1930er Jahren, das Fernsehen in den 1970er Jahren), bleiben viele andere wichtige Aspekte ihrer Erforschung unbeachtet. Ich behandle weder die Medienindustrien von Radio, Fernsehen und Presse, noch ihre wirtschaftlichen oder politischen Fundamente, welche natürlich entscheidend für ihre institutionelle Entstehung und Entwicklung sind. Die politische Ökonomie der Medien, die Soziologie der Nachrichten und, nicht zu vergessen, die institutionelle Geschichte der Presse und des Rundfunks, werden somit stillschweigend übergangen, denn sie befanden sich weder in der US-amerikanischen Soziologie der Massenkommunikation an der University of Columbia in den 1930ern noch in der britischen Medienwissenschaft in Birmingham in den 1970ern im Fokus der Betrachtung. Im ersten Fall wurde das neue Medium Radio als eine soziale Frage behandelt, im zweiten Fall das neue Medium Fernsehen als eine kulturelle Frage. Warum dies so war und welche Konsequenzen sich daraus ableiten, stellt insgesamt das zentrale Anliegen dieses Buches dar.

Der Buchtitel legt nahe, dass die Medienproblematik eng mit der Kommunikationsproblematik verbunden ist. Zu den Zeitpunkten, als sie zu Gegenständen wissenschaftlicher Forschung wurden, war das allerdings nicht der Fall. Die Soziologie der Massenkommunikation in den USA in den 1930er und 1940er Jahren und die britischen media studies in den 1970ern beschäftigten sich mehr mit den sozialen und kulturellen Einflüssen und Auswirkungen der damals neuen Medien (das Radio im Vorkriegsamerika bzw. das Fernsehen im Großbritannien der 1970er Jahre). Folglich steht der Buchtitel gewissermaßen für eine konkrete Absicht: Ich möchte deutlich machen, dass die Kommunikationsfrage in der Auseinandersetzung mit Medien noch nicht zufriedenstellend geklärt ist, dass sie aber für die Forschung durchaus zentral ist – oder es zumindest sein sollte –, wenn wir uns damit beschäftigen, wie Medien von Nutzern und Nutzerinnen wahrgenommen werden. Dieses ist das erste Buch einer Trilogie, dessen Aufgabe es zum Teil ist, als Einleitung der beiden kommenden Bände zu fungieren, in welchen die Frage nach Medien und Kommunikation die Kernthematik darstellen wird. Im Sinne einer Vorbereitung auf das noch Kommende habe ich in dieses Buch Darstellungen davon integriert, was ich innerhalb der zweiten Hälfte des letzten Jahrhunderts als die Schlüsselentwicklungen der Kommunikationsforschung in verschiedenen akademischen Fächern erachte. Diese werden in den zusammenhängenden Kapiteln 7 und 8 umrissen. Sie haben im Vergleich zu den anderen Kapiteln eine etwas andere Funktion und sind vom Stil her deutlich auslegender, dabei biografisch und historisch weniger detailliert. Eine umfassendere historische Analyse der Entwicklungen, die dort dargestellt sind, wird im dritten Teil der Reihe erscheinen.

Beim Schreiben dieses Buches faszinierten mich zunehmend die sich darstellenden historiografischen Aspekte, im Besonderen die Beziehung zwischen wissenschaftlicher Geschichtsschreibung (Historiografie) und der Geschichte selbst. Auch wenn für Lehrzwecke jedes Kapitel als Einzelthema behandelt werden kann, so entfaltet sich im Verlauf von einem Abschnitt zum nächsten doch eine starke Narration.

Die Kapitel sind chronologisch angeordnet (auch wenn sich manche überschneiden) und behandeln, wie die Untertitel verdeutlichen, hauptsächlich wissenschaftliche Entwicklungsverläufe in den Vereinigten Staaten und Großbritannien, während weitere Stränge Entwicklungen in Kanada und Deutschland verfolgen (wenn auch in letzterem Fall der Schwerpunkt mehr auf dem Einfluss liegt, den die Kritische Theorie in den USA und dem Vereinigten Königreich hatte, als in Deutschland selbst). Das letzte Kapitel ist der Schlüssel zum Buch an sich. Darin beschreibe ich die Aspekte, die auf dem Spiel stehen, wenn man die Geschichte akademischer Fächer untersucht, bevor ich die historische Narration verdeutliche, welche die vorausgegangenen Abschnitte durchwirkt. Ich ziele darauf ab, zu erklären, womit sich die Erforschung der Massenmedien in ihrer historischen Entwicklung beschäftigte und warum – womit ich meine Behauptung rechtfertige, dass die Frage nach der Kommunikation in der Medienforschung des 20. Jahrhunderts keine zentrale Rolle gespielt hat.

Ich möchte meine Schlussfolgerungen hier nicht vorwegnehmen, aber ich sollte vielleicht klarmachen, was ich *nicht* zu tun versucht habe: Ich habe nicht versucht, eine Ideengeschichte zu schreiben, ebenso wenig wie eine vergleichende Geschichte wissenschaftlicher Entwicklungen in Amerika und Großbritannien. Die Geschichte der Entstehung akademischer Fächer ist eine besondere Form von Geschichtsschreibung, die spezifische Probleme beinhaltet. Ich habe angestrebt, die Arbeit zu verdeutlichen, die Mühen, welche mit der Produktion wissenschaftlicher Texte verbunden sind – besonders bei solchen, denen später eine prägende Rolle bei der Herausbildung akademischer Fächer zugesprochen wird. Ich habe versucht zu zeigen, wie wissenschaftliche Texte geschrieben werden, die versteckten Geschichten ihrer Produktion. Ich tue das besonders in den Kapiteln 4 und 9, in denen ich die Lebensgeschichte zweier berühmter Texte rekonstruiere (*Persönlicher Einfluss und Meinungsbildung* von Elihu Katz und Paul Lazarsfeld (1962) [1955] und *Kodieren/Dekodieren* von Stuart Hall (1999) [1980]) und wie sie letzten Endes in der Form verfasst wurden, in der sie veröffentlicht worden sind. Dieselbe Methode wende ich im nächsten Band bei der Untersuchung von Radio- und Fernsehprogrammen an. Ziel ist es, die versteckte Produktionsarbeit sichtbar zu machen – sei es bei Büchern oder Aufsätzen, die von Wissenschaftlerinnen und Wissenschaftlern, welche an Universitäten arbeiten, produziert werden, oder das Programm, hergestellt von Rundfunkmachern, die zum Beispiel bei der BBC beschäftigt sind. Die Erklärung und Rechtfertigung dieser Methode, welche das Leitbild von Menschenhand geschaffener Dinge aufdeckt, sind Stoff der nächsten beiden Bücher. Auf wissenschaftliches Arbeiten angewandt hat sie, wie ich hoffe, den Effekt, dass deutlich wird, dass wissenschaftliche Texte (wie alles andere auch) eine Lebensgeschichte haben – dass die Geschichte ihrer Herstellung vom institutionellen Arbeitsleben derer handelt, die sie erschaffen haben, und dass es das ist, was in die Endprodukte einfließt, welche niemals ,einfach so passieren' als seien sie wie Manna vom Himmel gefallen. Ideengeschichte (und wissenschaftliches Schreiben im Allgemeinen) tendiert dazu, Texte in ihrer publizierten Form zu idealisieren, als seien sie aus dem Nirgendwo erschienen, in einer luftigen, intertextuellen Welt treibend und zirkulierend. Mein Ziel ist es, einen Teil der Anstrengung zu verdeutlichen, die mit der Entwicklung von etwas verbunden ist, das eventuell veröffentlicht wird. Es sollen Akademikerinnen und Akademiker bei der Arbeit gezeigt und damit veranschaulicht werden, wie es dazu kommt, dass Dinge geschrieben werden (und manchmal eben nicht). Der Sinn dabei besteht nicht alleine darin, deskriptive institutionelle oder biografische Hintergründe zu liefern, sondern auch, Form und Inhalt des verwirklichten Endproduktes als bestimmt durch verstecktes Leben und unsichtbare Arbeit zu zeigen, das heißt die Mühe und die Sorgfalt, die es als solches hervorgebracht haben, aufzuzeigen. Das war der Grundsatz all meiner Arbeit zu Radio und Fernsehen, und ich führe diesen Ansatz im folgenden Band fort. Hier habe ich ihn auf akademische Institutionen und den Arbeitsprozess intellektueller Produktion angewandt.

Dieses Buch ist also keine Ideengeschichte, auch keine vergleichende Geschichte. Es geht mir nicht wirklich um Vergleiche, zum Beispiel zwischen den USA und Großbritannien, auch wenn ich mich mit den Verbindungen und Unterschieden zwischen Nordamerika und Europa, der Neuen und der Alten Welt, beschäftige. Nordamerika beinhaltet Kanada ebenso wie die USA und in Kapitel 6 untersuche ich das unverwechselbar kanadische Werk von Harold Innis, der der historischen Betrachtung von Kommunikationstechnologien den Weg bereitete. Dass Innis Kanadier war, ist kein zufälliges biografisches Detail. Das Erfahren der Vereinigten Staaten als mächtigen, unmittelbaren Nachbarn formte sein Denken und sein Schaffen. Ich *bin* interessiert an den zentralen Unterschieden zwischen der Alten Welt und der Neuen – zwischen Europa und Nordamerika. Die USA und Kanada wurden von europäischen Siedlern kolonisiert, die aus diesem oder jenem Grund aus der Alten Welt geflohen waren, um in der Neuen Welt ein neues Leben zu finden. Eine Art Nabelschnur zwischen Europa und Nordamerika besteht bis heute fort, und die Spannungen zwischen den beiden Kontinenten sind vergleichbar mit einem unterirdischen Strom, der durch die folgenden Kapitel fließt. Der zentrale Grund aber, weshalb ich ein Interesse an vergleichender Geschichte abstreite, ist, dass ich Entwicklungen in Nordamerika und Europa als Reaktionen auf denselben einzelnen, einheitlichen historischen Prozess der Modernisierung der Welt betrachte. Alle Einzelgeschichten – von Individuen, Institutionen oder Nationalstaaten – sind von der Geschichte selbst bestimmt. Was das vielleicht bedeuten könnte, wird nach und nach in allen drei Bänden ergründet. Im nächsten Band untersuche ich den Anteil des Rundfunks am geschichtlichen Prozess und im letzten Band kehre ich zur Beziehung zwischen der Geschichtsschreibung als Wissenschaftsdisziplin und den Zeithorizonten der Menschheitsgeschichte zurück.

Das wichtigste Zugeständnis, das der Autor eines Lehrbuches seinen Lesern machen muss, ist die angemessene, ausgewogene, vernünftige und verlässliche Darstellung der betrachteten Autorinnen beziehungsweise Autoren und Themen. Dies habe ich versucht zu erfüllen. Es ist nicht meine Sache, jemandem meine Sichtweisen auf die vorliegenden Inhalte aufzuzwingen oder Lob und Tadel auszuteilen. Daraus folgt nicht notwendigerweise, dass ich mit allen Darstellungen, die ich anbiete, übereinstimme. Ich habe meine eigenen Sichtweisen auf diese Dinge und beabsichtige, diese ausführlicher in den noch kommenden Büchern zu verfolgen. *Medien und Kommunikation* zu schreiben, hat eine Reihe von Funktionen erfüllt, nicht zuletzt den Prozess der Verdeutlichung für mich selbst, den es nach sich gezogen hat. Die Leser werden im folgenden Text zeitweise Spuren vom Autor finden. Die inhaltlichen Belange dieses Buches durchzuarbeiten, bot für mich die Möglichkeit, mit den intellektuellen Traditionen eine Rechnung zu begleichen, die dieses Feld definieren, in dem ich vor gut vierzig Jahren begonnen habe zu arbeiten. In dieser Hinsicht dient es dazu, die Bahn freizumachen für meine eigenen spezifischen Belange und Denkweisen in den zwei Nachfolgern dieses Buches.

Der nächste Band der Trilogie heißt *Television and the Meaning of 'Live'* und baut die Resultate von *Radio, Television and Modern Life* aus dem Jahre 1996 aus. Dieses wiederum war das Ergebnis einer grundlegenden historischen Untersuchung des Rundfunks, die ich mit meinem verstorbenen Freund und Kollegen David Cardiff geschrieben habe. Das Zentrale, was ich bei dieser Untersuchung gelernt habe, betrifft die Beziehung zwischen den Produktionsprozessen beim Radio und Fernsehen und den Endprodukten – das Programm als Übertragung. Dieses Anliegen habe ich in meiner nachfolgenden Arbeit zum Rundfunk stets weitergeführt. Die Frage nach der Kommunikation ist beim Produktionsprozess von zentraler Bedeutung, sollten Programme tatsächlich *für* Rezipienten gemacht werden, wovon ich ausgehe. Für die Leute, die Programme für abwesende Hörer und Zuschauer machen, war und bleibt es eine zentrale Frage, wie man mit seinem Publikum kommuniziert, wie man die zu ihm passenden Sendungen macht. Ein zentrales Ziel dieses Buches ist es, einführende Betrachtungen der Ansätze zu bieten, die ich als passend für das Nachdenken über Kommunikation erachte und die über die Jahre meine eigene Arbeit zu Radio- und Fernsehprodukten angeregt haben. Diese Darstellungen sind in den Kapiteln 7 und 8 abgesteckt. Der Schlussteil von Kapitel 8 macht den Verlauf der Forschung deutlich, den ich und andere in unserer Arbeit zum kommunikativen Ethos des Radios und Fernsehens verfolgt haben. Er entspringt der Entwicklung der Sprachpragmatik, die im Hauptteil des Kapitels zusammengefasst ist, sowie der Interaktionssoziologie, die im Kapitel davor durchgenommen wird, und dient als eine Einleitung zu *Television and the Meaning of 'Live'*.

Da es dazu bestimmt ist, mehr Fragen aufzuwerfen als es jemals beantworten kann, steckt in jedem wissenschaftlichen Buch, so vermute ich, immer mindestens ein weiteres, das geschrieben werden will. Das letzte Buch der Trilogie, *Love and Communication*, dient als Kommentar und Reflexion der beiden vorausgegangenen. Es erlaubt mir, meinen persönlichen Ansatz der Medien- und Kommunikationswissenschaft zu kennzeichnen, dafür Gründe und Rechtfertigungen zu liefern und aus dieser Position heraus eine kritische Diskussion mit anderen Ansätzen einzugehen. Es hat lange gedauert, bis mir meine eigenen Denkweisen klar waren und warum ich sie vertreten würde und wie ich sie als relevanten Beitrag zu den Angelegenheiten verfechten würde, welche all die von uns beschäftigen, die sich mit der Kommunikationsfrage auseinandersetzen – derjenigen Frage also, die sich in all den ‚neuen Medien' widerspiegelt, die vom 19. bis zum 21. Jahrhundert in das Leben moderner Gesellschafen eingetreten sind. Ich verschiebe diese Diskussion auf mein letztes Buch. An dieser Stelle werde ich lediglich eine vorläufige Definition meines eigenen Verständnisses von Medien und Kommunikation bestimmen und bereitstellen. Ich würde sie, in Ermangelung eines besseren Begriffs, als phänomenologisch bezeichnen und ich würde sie definieren als Bemühung um ein Verständnis der Welt, entwirrt von den gewöhnlichen wissenschaftlichen Lasten. Dies ist nicht als leichtfertige, sondern als exakte Beschreibung dessen gedacht, was ich mit phänomenologisch meine und in meinem eigenen Denken und Schreiben anstrebe.

Teil 1: Die Massen

2 Massenkommunikation: Lazarsfeld, Adorno, Merton – USA, 1930er und 1940er Jahre

2.1 Soziologie und Kommunikation

Das prägende Zeitalter der amerikanischen Soziologie umfasst die Jahrzehnte direkt vor und nach dem Zweiten Weltkrieg, von der Mitte der 1930er bis zur Mitte der 1950er Jahre. Es war eine Zeit ständig neuer Entdeckungen und Innovationen, was sowohl die Methoden als auch die Inhalte einer neuen wissenschaftlichen Disziplin betraf, die sich mit der Frage nach dem Wesen des sozialen Lebens befasste. Es war angemessen, dass gerade US-amerikanische Universitäten die führende Rolle übernahmen, als es um die systematische Erforschung einer Frage ging, die, wenn nicht typisch, so in gewisser Hinsicht doch zumindest passend für Amerika selbst war. Die Neue Welt war augenscheinlich eher eine soziale Erfindung und ein politisches Experiment als die historisch tief verwurzelte Alte Welt, aus der so viele Millionen Menschen auf der Suche nach einem neuen und besseren Leben ausgewandert waren. Amerika hatte weniger historischen Ballast als Europa. Erst gegen Ende des 19. Jahrhunderts war letztendlich auch der Westen besiedelt worden, und etwas von der „New-frontier-Mentalität" erfüllte in den ersten Jahrzehnten des 20. Jahrhunderts sowohl den amerikanischen Fortschrittsgedanken als auch die Vorstellung von der „Great Society" – die praktische Umsetzung des amerikanischen Traums; die Hoffnungen und Sehnsüchte der zusammengedrängten Massen, die mit dem Glauben an das neu entdeckte Land der Möglichkeiten die Ostküste erreicht hatten.

Deswegen war eine Reihe von Fragen zum Wesen des Sozialen im US-amerikanischen Kontext nie bloß akademischer Natur. Diese hießen zum Beispiel: Was *ist* eine Gesellschaft? Was hält die Menschen darin zusammen? Was lenkt das individuelle Verhalten? Wie sollten Individuen *als* Gemeinschaft zusammenleben? Wie entsteht eine Gemeinschaft? Wie ist die Beziehung zwischen dem Selbst und den Anderen? Wie kommunizieren diese miteinander? Außerdem waren es keine Fragen, die die Vergangenheit betrafen; sie thematisierten die Gegenwart und die Zukunft. Die Beziehungen zwischen Individuum und „Gruppe" in einer Stadt wie Chicago – die im späten 19. Jahrhundert am schnellsten wachsende der Welt, bestehend aus einem reichhaltigen und wuselnden Völkergemisch von Neuankömmlingen verschiedenster Ethnizitäten,

Sprachräume, Religionen und Überzeugungen – stellten ein unmittelbares und dringliches Problem dar. Dies befand sich direkt vor den Türen des Fachbereiches Soziologie der Universität von Chicago, gegründet 1899 als erster in den Vereinigten Staaten. Den „Urban Studies" wurde in Chicago der Weg bereitet und damit auch der Frage der Kommunikation. In einer urbanen Welt im Fluss, in der es keine festgesetzten Traditionen oder Gewohnheiten gab, in der nichts vertraut oder gegeben war und alles erst erfunden werden musste, in einer Welt, in der sich Individuen jeden Tag als Fremde begegneten, waren Fragen danach, wie Menschen zueinander in Beziehung stehen (wie sie interagieren, wie sie kommunizieren), ein scheinbar ‚naturgegebener' Gegenstand soziologischer Forschung. Kommunikation war sowohl das Problem als auch die Lösung der sozialpsychologischen Grundfrage nach der Verbindung zwischen Individuum (das Psychologische) und Gruppe (das Soziale). Sozialpsychologie und „Urban Studies" entwickelten sich in Chicago schon früh, bildeten das Herzstück des Fachbereiches in der Forschung wie in der Lehre und sorgten für eine unverwechselbare soziologische Agenda und Identität, bekannt als die „Chicagoer Schule" (vgl. Abbott 1999).

Die Auseinandersetzung mit Kommunikation in Chicago behandelte deren psychologische und soziologische Aspekte und konzentrierte sich auf die Interaktion zwischen Individuen und Klein- oder Primärgruppen in unmittelbaren Face-to-face-Situationen. Mit der Untersuchung *medienvermittelter* Kommunikation befasste man sich nicht. Diese Entwicklung spielte sich in den 1930er Jahren an der Columbia University in New York ab, wo man begann, die neuen Medien der Massenkommunikation systematisch zu erforschen. Der Forschungsstil in Chicago basierte auf ethnografischer Feldforschung, bei der die Wissenschaftler als teilnehmende Beobachter selbst in die zu untersuchenden Kulturen eintauchten. Obwohl so Daten gesammelt und Fakten erfasst wurden, waren diese hinsichtlich ihrer bestimmten Örtlichkeit oder Ökologie (ein Schlüsselkonzept in Chicago) immer *in situ* zu verstehen; die Spezifik des Kontexts war in der Chicagoer Schule stets von entscheidender Bedeutung. Dieser Ansatz wurde in den 1930er Jahren von dem Aufstieg der Columbia University und der Zunahme von Meinungsumfragen und Marktforschungen überschattet (vgl. ebd.: 205–210). *In situ* durchgeführte Studien über Individuen und Kleingruppen vor dem Hintergrund örtlicher sozialer Gegebenheiten („wirkliche Menschen" an „wirklichen Orten") wurden von unzusammenhängenden Datenansammlungen über Einstellungen, Meinungen und Überzeugungen verdrängt, die Unternehmen, Werbefachleuten, Rundfunksendern oder Politikern als Belege für strategische oder politische Entscheidungen dienten. In diesem Fall zählten die nachweisbare Verlässlichkeit der gesammelten Informationen und die Logik der daraus für administrative Zwecke gezogenen Rückschlüsse. Einfach ausgedrückt kann man sagen, dass Chicago den qualitativen Methoden der Sozialforschung den Weg bereitete, während Columbia die Führung in der quantitativen sozialwissenschaftlichen Forschung übernahm, deren Ergebnisse durch statistische Verlässlichkeit und die innere Logik der Beziehungen zwischen Datenvariablen gewährleistet wurden. Der führende Kopf in diesem Forschungsfeld war Paul F. Lazarsfeld (1901–1976), ein österreichischer Auswanderer, der sich in den frühen 30er Jahren des 20. Jahrhunderts in den Vereinigten Staaten niederließ und einen elementaren Beitrag zur Etablierung der Soziologie als empirische Sozialwissenschaft leistete.

2.2 Lazarsfelds frühe Karriere

Lazarsfeld kam 1901 in Wien als Sohn jüdischer Eltern zur Welt. Sein Vater war Anwalt, seine Mutter Psychoanalytikerin nach Adler und beide waren Sozialisten durch und durch. Er studierte Mathematik und Physik und schrieb seine Doktorarbeit über einen mathematischen Aspekt von Albert Einsteins Gravitationstheorie.[1] Er war, wie viele seiner Zeitgenossen, fasziniert von Politik und Psychoanalyse und arbeitete nach seiner Doktorarbeit zusammen mit Karl und Charlotte Buhler, die an der Universität Wien ein Institut für Psychologie gegründet hatten. Lazarsfeld machte den Buhlers einen für damalige Verhältnisse absolut neuartigen Vorschlag: Er wollte eine finanziell unabhängige Abteilung gründen, die zwar mit der Universität assoziiert, aber nicht Teil von ihr wäre, um kommerzielle Auftragsforschung zu betreiben. Dieses Modell basierte auf dem Konzept, Umfragen für ortsansässige Betriebe durchzuführen (hier liegen die Wurzeln der Marktforschung), um mit den Erlösen Lazarsfeld sowie seine Mitarbeiterinnen und Mitarbeiter zu bezahlen (die die Buhlers nicht mit Universitätsmitteln unterstützen konnten). Jedweder Überschuss würde der sozialpsychologischen Forschung zur Verfügung gestellt werden. Lazarsfeld und seine jungen enthusiastischen Mitarbeiter[2] sammelten und analysierten Daten aber nicht bloß für ihre Kunden, sie reinterpretierten die zunächst simplen kommerziellen Aufträge, um so subtilere und gesellschaftlich aufschlussreiche Informationen zu generieren:

„Wenn eine Wäscherei wissen wollte, warum nicht mehr Hausfrauen ihren Service nutzen, machten sie sich daran, herauszufinden, zu welchen Anlässen Hausfrauen ihre Wäsche außer Haus waschen ließen. Infolgedessen wurde die Firma darauf aufmerksam gemacht, auf Ereignisse wie Geburten, Todesfälle, Hochzeiten und ähnliches zu achten. Im Rahmen einer Untersuchung von verschiedenen Nahrungsmitteleinkäufen erzeugten sie ein Profil des ‚proletarischen‘ Konsumenten im Vergleich zum Konsumenten der Mittelklasse. Als das Radio Wien herausfinden wollte, welche Radioprogramme die Leute bevorzugten, wurde ein Profil sozialer Klassen bezüglich der Vorlieben für leichtere beziehungsweise ernstere Musik erstellt." (Schramm 1997: 48)

Wie sich später herausstellte, war die letztgenannte Studie der Vorläufer von Lazarsfelds ausführlicher Arbeit über die US-amerikanische Radiobranche.

In den frühen 1930er Jahren führte Lazarsfeld mit zwei Kollegen, Marie Jahoda (seine erste Ehefrau) und Hans Zeisel, in der kleinen österreichischen Fabrikstadt Marienthal eine Studie über die Auswirkungen von Arbeitslosigkeit durch. In dieser Stadt war der Großteil der männlichen erwachsenen Bevölkerung ohne Beschäftigung. Die Hauptfrage der Forschungsgruppe beschäftigte sich, typisch für Lazarsfeld, mit den politischen Folgen der Arbeitslosigkeit: Radikalisierte sie einzelne Menschen oder machte sie sie teilnahmsloser? Bedauerlicherweise war das Ergebnis, dass Arbeitslosigkeit scheinbar Letzteres zur Folge hat. Der Forschungsbericht wurde im Jahr 1933 veröffentlicht, genau zur gleichen Zeit, als Hitler an die Macht kam. Seine Veröffentlichung wurde sofort untersagt und erfolgte erst wieder 1960 in deutscher beziehungsweise 1971 in englischer Sprache. Die Buhlers hielten ihn jedoch für so wichtig, dass sie Lazarsfeld zum internationalen Psychologiekongress nach Hamburg schickten, um seine Erkenntnisse vorzustellen. Dort beeindruckte er den europäischen Vertreter der Rockefeller Foundation, der an der Konferenz teilnahm und Lazarsfeld ein einjähriges Reisestipendium in die USA anbot. Im Oktober 1933 kam Lazarsfeld nach New York.

Durch Kontakte, die er bereits in Hamburg geknüpft hatte, trat Lazarsfeld rasch in Verbindung mit Robert Lynd, der kurz zuvor als Soziologieprofessor an die Columbia University berufen worden war. Lynd und seine Ehefrau Helen hatten 1929 eine breit rezensierte und hoch gelobte Studie über sich wandelnde Arbeits- und Freizeitstrukturen im US-amerikanischen Sozialleben veröffentlicht. In *Middletown* (1929) versuchten sich die Lynds an einer Anthropologie des alltäglichen Lebens in der amerikanischen Stadt Muncie, Indiana (Robert Lynds Heimatstaat).[3] Es handelte sich um eine vergleichende Studie über eine Gemeinschaft im Wandel, die sich mit den Lebensformen der früheren Generation um die Jahrhundertwende und den neu aufkommenden Strukturen von Arbeit und Freizeit beschäftigte. Die von den Lynds angewandten Methoden dieser Gemeinschaftsstudie kamen auch bei der Studie von Lazarsfeld und seinen Kollegen in Marienthal zum Einsatz. Lynd sollte, um es mit Schramms Worten zu sagen, Lazarsfelds „Schutzengel" in den USA werden, der ihm dabei half, sich einzugewöhnen und an der Universität von Columbia zu etablieren.

Binnen weniger Monate nach Lazarsfelds Ankunft in den USA kam es in Österreich zu einem Putschversuch der Nationalsozialisten, und Lazarsfeld entschied sich, in den USA zu bleiben. Lynd verhalf ihm zu einem Arbeitsplatz an der Universität von Newark in New Jersey, wo er das Förderprogramm der *National Youth Administration* betreute, eine Organisation im Rahmen des *New Deal*. Schon bald hatte Lazarfeld den Rektor der Universität von Newark überzeugt, dass er ein Forschungszentrum brauche, das er nach denselben Grundsätzen aufbaute wie das Institut, das er an der Universität Wien ins Leben gerufen hatte. Er unterbrach diese Aktivitäten aber, als sich ihm die Möglichkeit bot, ein großes Radio-Forschungsprojekt zu leiten. Auf Lynds Vorschlag hin, und anfangs in Zusammenarbeit mit Hadley Cantril aus Princeton und Frank Stanton, dem Forschungsdirektor des Senders CBS (*Columbia Broadcasting System*), wurde das Projekt von der Rockefeller Foundation gefördert. Nach einer holprigen Startphase stabilisierte sich das Projekt letztendlich, als Princeton sich zurückzog und Lazarsfeld nach New York wechselte. Was als das *Princeton Radio Project* in Zusammenarbeit mit dem Forschungszentrum Newark angefangen hatte, entpuppte sich, wieder einmal mit Hilfe von Lynds Unterstützung, schließlich als das Projekt des *Columbia Office of Radio Research*, das einige Jahre später ausgebaut und in das *Bureau of Applied Social Research* umbenannt wurde.

Viel ist über dieses berühmte Forschungszentrum geschrieben worden, das Lazarsfeld gegründet und viele Jahre geleitet hat. Es war der Prototyp für die universitäre Organisation umfangreicher Sozialforschung, der anschließend vielen anderen Universitäten in den USA wie auch im Ausland als Vorbild diente. Das an der Universität angesiedelte, aber unabhängige Forschungsinstitut, das sich durch Projekte für Industrie und Regierung selbst finanzierte, war Lazarsfelds erstes nachhaltiges Werk. Sein zweiter ausschlaggebender Beitrag erfolgte zugunsten der damals noch jungen Disziplin Soziologie. Mehr als jeder andere entwickelte er die Methodik für dieses Fach. Er leistete Pionierarbeit in Sachen Techniken und logische Grundprinzipien sowohl quantitativer als auch qualitativer Forschungsmethoden. Diese wurden ausgearbeitet und fanden in drei neuen Bereichen soziologischer Forschung Anwendung; in Meinungsumfragen, in der Marktforschung und in der Untersuchung des Wahlverhaltens. Drittens war Lazarsfeld der Forschung als ein kollaboratives Unterfangen verpflichtet: Zu den Leuten, die mit ihm an den verschiedenen Projekten arbeiteten, zählten die bedeutendsten Namen der amerikanischen Soziologie und der europäischen Sozialtheorie jener Tage (wie Theodor Adorno, Robert Merton, Elihu Katz, David Riesman und Bernard Berelson). Lazarsfeld war kein ,einsamer Gelehrter'. Im Gegenteil, am wohlsten fühlte er sich, wie Merton bemerkte, als Initiator und Organisator gemeinsam durchgeführter Untersuchungen, wie auch die große Zahl seiner Koautorschaften deutlich macht. Ich werde die Entwicklung der Massenkommunikationsforschung in den USA anhand der Arbeit von Lazarsfeld selbst darstellen und darüber hinaus auf seine wesentlichen Gemeinschaftsprojekte sowie wichtige Arbeiten seiner Partner, Freunde und Kollegen verweisen. Dabei werden in diesem Kapitel zwei Themen etwas detaillierter untersucht werden: Das von der Rockefeller Foundation finanzierte Radioprojekt und die

Beziehung zwischen Lazarsfeld und dem *Frankfurter Institut für Sozialforschung*. In Kapitel 4 werde ich das Werk von Robert Merton und dessen Zusammenarbeit mit Lazarsfeld betrachten, bevor ich mit dem Decatur-Projekt fortfahre, das letzten Endes unter dem Titel *Personal Influence* veröffentlicht wurde und die ‚wirkungslastige‘ Tradition der amerikanischen Massenkommunikationsforschung besiegelte.

2.3 Das Radioprojekt und das Institut für Sozialforschung

1941 veröffentlichte das in Morningside, New York City, ansässige *Institut für Sozialforschung* (*Institute of Social Research*) eine Sonderausgabe seiner Zeitschrift *Studies in Philosophy and Social Science* zur Soziologie der Kommunikation.[4] Diese war das Ergebnis der Zusammenarbeit zwischen dem Institut und dem *Office of Radio Research* in Columbia. Im Vorwort der Sonderausgabe betont der Institutsleiter, Max Horkheimer, seine besondere Dankbarkeit gegenüber Paul Lazarsfeld und seine Zufriedenheit über die Tatsache, dass durch ihre Zusammenarbeit einige Konzepte des Instituts erstmalig bezogen auf einen spezifisch US-amerikanischen Betrachtungsgegenstand Anwendung fanden und so in die amerikanische Methodendebatte Einzug hielten. Das *Institut für Sozialforschung*, das nun zur Columbia University gehörte, war Mitte der 1920er Jahre als ein zur Universität Frankfurt gehöriges, finanziell unabhängig ausgestattetes Forschungszentrum von einer Stiftung ins Leben gerufen worden. Horkheimer und die meisten seiner Kollegen waren deutsche Juden, und als Hitler an die Macht kam, war das Vermögen des Instituts in weiser Voraussicht bereits ins Ausland transferiert worden. Man suchte einen neuen Standort für das Institut und wurde schließlich in New York fündig, wohin sich infolgedessen die meisten der führenden Mitglieder begaben. Der Anschluss an die Columbia University ging, wie auch der von Lazarsfeld, auf Robert Lynd zurück, der der Überzeugung war, dass die Arbeit des Instituts die Art und Weise der Sozialforschung, für die er und der dortige soziologische Fachbereich standen, stärken würde. Die Kombination eines aufkeimenden soziologischen Fachbereichs an der Columbia mit Lazarsfeld und dem Frankfurter Institut war, wie viele Beobachter feststellten, ein völlig unbeabsichtigtes, aber dennoch glückliches Ergebnis der intellektuellen Diaspora aus Deutschland, Österreich und Mitteleuropa, ausgelöst durch Hitlers Tyrannei. Beide Seiten (Amerikaner und Europäer) hatten das gemeinsame Interesse, das zeitgenössische Sozialleben zu erforschen, wenngleich sie dies aus verschiedenen Perspektiven taten. Die Unterschiede traten im Verlauf des *Princeton Radio Projects* zutage. Die ersten Früchte des Projekts erschienen in der Institutszeitschrift, die ursprünglich *Zeitschrift für Sozialforschung* (*ZfS*) geheißen hatte, nun aber auf Englisch erschien, und sich in einer Sonderausgabe den „Problemen der Massenkommunikation" widmete, wie Horkheimer im Vorwort formulierte.

Die Zusammenarbeit zwischen Lazarsfeld und dem Institut hatte schon vor seiner Ankunft in den Vereinigten Staaten bestanden. Sie begann in den frühen 1930er Jahren, als Horkheimer mit der *Österreichischen Wirtschaftspsychologischen Forschungsstelle* in Wien in Verbindung trat, die Lazarsfeld gegründet hatte, um unter jungen österreichischen Arbeitern Feldforschung zu betreiben. Als Horkheimer nach New York kam, nutzte er Finanzmittel des Instituts, um die kleine mittellose Forschergruppe, die sich in Newark um Lazarsfeld gesammelt hatte, zu unterstützen. Professor Lynd, unser „gemeinsamer und geachteter Freund", wie Horkheimer ihn in einem Brief nannte, hatte ihm vorgeschlagen, Lazarsfeld nach New York einzuladen, um dort eine Zeit lang am Institut zu arbeiten; ein Angebot, das herzlich und dankend angenommen wurde. Lazarsfeld und seine Mitarbeiterinnen und Mitarbeiter – vor allem Herta Herzog, die mit ihm in Wien gearbeitet hatte und später seine zweite Ehefrau wurde – berieten das Institut in Methodenfragen und gaben technische Hilfestellung bei der Analyse empirischer Daten (vgl. Wiggershaus 1987: 191). Als Lazarsfeld 1937 mit den Planungen für das große zweijährige Radioprojekt[5] begann, richtete er seinen Fokus auf vier Hauptthemen: Radio und Lesen, Musik, Nachrichten und Politik. Für Lazarsfeld war es selbstverständlich, dass er Horkheimer (dem er nun einige Gefallen schuldete) vorschlug, Theodor (Teddy) Wiesengrund in die USA zu holen. Wäre dieser bereit, seinen momentanen Studienort in Oxford zu verlassen, könne er am Institut die Untersuchungen zum Einfluss des Radios auf die Musik leiten.

Wiesengrund nahm dankend an, denn er arbeitete dort gerade in planloser Manier an einer Promotion, die zu nichts führte. Er war ein eifersüchtiger Bewunderer Horkheimers und verfügte im musikalischen Bereich über große Sachkenntnis. Denn er hatte bei Schönberg Komposition studiert und 1936 in der ZfS unter dem Pseudonym Hektor Rottweiler eine soziologische Interpretation des Jazz veröffentlicht. Horkheimer für seinen Teil bewunderte Teddys Verbissenheit, seinen „von Haß geschärfte[n] Blick auf das Bestehende" (ebd.: 185). Wie alle anderen, war auch er mit Herzblut bei der Sache, was den kritischen Theorieansatz des Instituts bei der Analyse des zeitgenössischen Soziallebens betraf. Dass das Institut später als „Frankfurter Schule" weltberühmt wurde, ist hauptsächlich seiner Kritischen Theorie geschuldet. Als Wiesengrund nach Amerika kam, änderte er seinen Namen von dem seines Vaters in den seiner italienischen Mutter. So wurde er als Theodor Adorno der führende Kulturkritiker des letzten Jahrhunderts.

Die Beziehung, die sich während des Radioprojekts zwischen Adorno und Lazarsfeld entwickelte, stellte sich nicht gerade als ‚Seelenverwandtschaft' heraus. Bereits vor seiner Ankunft hatte Horkheimer Adorno gewarnt, er solle seine Zunge hüten, besonders bei der Antrittsvorlesung, die am Institut von ihm erwartet würde. Vor allem bat er ihn „ja kein Wort zu sagen, das politisch ausgelegt werden könnte". „Ausdrücke wie materialistisch" (marxistische Theorie) waren unter allen Umständen zu vermeiden und er sollte versuchen, „möglichst simpel zu reden. Kompliziertheit ist bereits ein Verdachtsmoment" (Horkheimer zit. nach Jäger 2003: 146). In seinen eigenen Darstellungen zur Zeit in Amerika sagt Adorno ausdrücklich, dass er sich selbst „vom ersten bis zum letzten Tag" im Ausland als Europäer durch und durch gesehen habe (Adorno 1981: 299). Er weigerte sich, sich anzupassen (obwohl er seinen Namen änderte):

> „Adjustment war noch ein Zauberwort, zumal dem gegenüber, der als Verfolgter aus Europa flüchtete, und von dem man ebensowohl erwartete, daß er in dem neuen Land sich qualifizierte, wie daß er nicht hochmütig bei dem sich versteifte, was er nun einmal war." (ebd.)

In Adornos Augen hatte Lazarsfeld sich viel zu gut an die USA angepasst, während Letzterer nach einer Woche der Zusammenarbeit mit Adorno seinen amerikanischen Kollegen gegenüber anmerkte: „Er sieht genauso aus, wie man sich einen geistesabwesenden deutschen Professor vorstellt, und er benimmt sich so fremdartig, dass ich mir selbst wie ein Mitglied der Mayflower-Gesellschaft vorkomme" (Lazarsfeld zit. nach Wiggershaus 1987: 270). Andererseits sagte er bei öffentlichen Reden häufig über sich selbst: „Sie können an meinem Akzent erkennen, dass ich nicht mit der *Mayflower* rübergekommen bin." Lazarsfeld sah zwar stets aus wie ein europäischer Intellektueller und klang auch so, aber er passte sich sehr schnell an und akzeptierte die wirtschaftlichen und politischen Gegebenheiten in Amerika genauso wie das wissenschaftlich institutionelle Leben dort. Er stellte sich auf die US-amerikanische Lebensart ein und wird bis heute von US-amerikanischen Soziologen als eine Schlüsselfigur der intellektuellen Entstehung und Geschichte ihrer Disziplin gesehen. Adorno hingegen blieb immer der ‚Exot' aus einem anderen Land, in das er nach dem Krieg zurückkehrte.

Die Unterschiede zwischen Adorno und Lazarsfeld gehen ohne Zweifel einerseits auf Fragen der Persönlichkeit und des Temperaments zurück, sind aber andererseits auch von historischen Reaktionen auf den ‚Schock des Neuen' determiniert, den jeder Neuankömmling in der Neuen Welt erfährt. Die Frage nach der Beziehung zwischen dem Individuellen und dem Sozialen – in der Soziologie ein Kern des disziplinären Interesses – hat in Europa und Amerika ein unterschiedliches Gewicht und eine jeweils verschiedene Bedeutung, da die Begriffe („individuell" und „sozial") selbst unterschiedliche Bedeutungs- und Aussagestrukturen haben. Die Frage der Massenkommunikation (der Massenkultur, wie sie in den 1930ern auf beiden Seiten des Atlantiks bezeichnet wurde) war die gemeinsame Basis für ein europäisches Forschungsinstitut, das in der deutschen intellektuellen Tradition begründet war und auf die damals führende amerikanische Soziologiefakultät ‚aufgepfropft' wurde. „Masse" und „Massen" hatten aber jeweils unterschiedliche Bedeutungen. Mit den kreativen Spannungen, die aus der gleichzeitigen Anwendung deutscher und amerikanischer Ideen und Konzepte auf die Untersuchung des Radios als neues Massenmedium resultierten, hatte Lazarsfeld zu kämpfen, und er versuchte sie aufzulösen. Das zeigt sich in einem Leitartikel, den er 1941 für die Sonderausgabe der Institutszeitschrift verfasste: Er trägt den Titel „Bemerkungen über administrative und kritische Kommunikationsforschung" (Lazarsfeld 1973) und gilt als grundlegend für die historische Betrachtung der Entwicklung dieser Fachrichtung im Amerika des 20. Jahrhunderts.

In den Memoiren, die Adorno über seine Zeit in den USA schrieb, vermag er sich nicht zu erinnern, ob er oder ob Lazarsfeld den Begriff der „administrativen Forschung" geprägt hatte, um die Vorgänge am *Office of Radio Research* der Columbia University zu beschreiben. Als er in die USA kam, war er in jedem Fall schlichtweg erstaunt über diese praktisch orientierte Wissenschaft, die ihm völlig unbekannt war:

> „Ich ging, auf Anregung Lazarsfelds, von Zimmer zu Zimmer und unterhielt mich mit den Mitarbeitern, hörte Worte wie ‚Likes and Dislikes Study', ‚Success or Failure of a Programme' und ähnliches, worunter ich mir zunächst wenig vorstellen konnte. Doch begriff ich soviel, daß es sich um das Ansammeln von Daten handelte, die planenden Stellen im Bereich der Massenmedien, sei's unmittelbar der Industrie, sei's kulturellen und ähnlichen Gremien zugute kommen sollen. Zum ersten Mal sah ich administrative research vor mir" (Adorno 1981: 304).

„Administrative Forschung" war ein weder von Adorno noch von Horkheimer geliebter Begriff. Allerdings war er ohne Frage angemessen, um die Art von Forschung zu beschreiben, die Lazarsfeld seit seiner Wiener Zeit betrieb. Seinen Aufsatz über die zwei Ansätze beginnt Lazarsfeld damit, administrative Forschung als wissenschaftliche Arbeit im Dienste externer, öffentlicher wie privater, Instanzen zu definieren. Er zeigt die Techniken auf, die er entwickelt hatte, um Informationen über Einstellungen zu Massenmedien, insbesondere Radio, Print und Film, zu sammeln und zu analysieren. Das neue Massenpublikum war dabei das primäre Untersuchungsobjekt. Die Hörerschaften aller großen Radioprogramme waren sorgfältig vermessen worden und man analysierte ihre Zusammensetzungen (Alter, Geschlecht, Einkommen) sowie ihre Eigenschaften bezogen auf Vorlieben und Abneigungen. Adorno war verblüfft vom Lazarsfeld-Stanton-Programmanalysator, der entwickelt worden war, um in Echtzeit zu bestimmen, wie das Publikum auf das reagierte, was es gerade hörte. Bei der CBS, wo der Apparat installiert war, wurde er liebevoll *Little Annie* genannt – ein primitiver Polygraph, der die Reaktionen der Hörer, die sich in einem Raum befanden und ein bestimmtes Programm anhörten, aufnehmen und tabellarisie-

ren konnte. Im Vorfeld wurden Momente bestimmt, an denen ein Licht auf-
leuchtete, das die Hörer und Hörerinnen dazu aufforderte, einen roten oder einen
grünen Knopf zu drücken, je nachdem, ob ihnen das, was sie gerade hörten,
gefiel oder nicht. Das Programm erstellte dann ein Profil von den im Verlauf
einer einzelnen Radiosendung oder eines Films wechselnden Publikumsreaktionen und konnte dazu genutzt werden, Produkte vor der Ausstrahlung beziehungsweise Veröffentlichung zu testen und die Struktur sowie den Inhalt an die
Publikumsvorlieben anzupassen (vgl. Douglas 2004: 137ff.; Schramm 1997: 55).
Dies war allerdings nur eine von vielen Methoden, die Lazarsfeld und seine Mitarbeiter entwickelten, um die Reaktionen auf die Erzeugnisse moderner Medien
der Massenkommunikation zu messen. Die neuen Medien mochten genutzt
werden, um Waren zu verkaufen, um intellektuelle Standards anzuheben oder
um das Verständnis für die Politik der Regierung zu fördern. In jedem Fall war
es die Aufgabe der Forschung, solche Nutzungsweisen möglich zu machen und
deren Anwender mit Befunden zu versorgen, die ihnen zeigten, ob ihre Botschaften angekommen waren und ob darauf reagiert wurde (oder nicht). So richtete die Kommunikationsforschung ihren Fokus auf eine kleine Auswahl von
Standardproblemen: Wer sind die Leute, die verschiedenen Medien ausgesetzt
sind? Was mögen sie? Wie wirken sich verschiedene Formen der Darstellung
aus? (vgl. Lazarsfeld 1973 [1941]: 8).

Lazarsfeld vermerkte einige Einwände gegenüber dieser Art von Forschung.
Es kam erstens vor, dass diejenigen, die dafür bezahlten – Geldgeber aus der
Wirtschaft oder der Regierung – der Meinung waren, die Ergebnisse wären ihr
Geld nicht wert. Warum sollte man sich nicht einfach auf seine Intuition verlassen? Dieses Argument wurde schnell verworfen. Empirische Forschung, ernsthaft und kompetent durchgeführt, lieferte Ergebnisse bezüglich der Reaktionen
von Konsumenten, die andernfalls nicht verfügbar waren und die als verlässliche Grundlage für Entscheidungen auf höchster Ebene genutzt werden konnten.
Zwei weitere Kritikpunkte wogen jedoch schwerer: Bei dem Zweiten handelt es
sich um eine liberale akademische Kritik, die von Lazarsfelds Freund und Kollegen Robert Lynd kam, der in *Knowledge for what?* energisch gegen die rein
kommerzielle Marktforschung argumentierte. Man solle ihre Methoden lieber
bei drängenden öffentlichen und politischen Themen anwenden (z.B. der sogenannten Rassenproblematik[6]). Lynd war nicht generell gegen administrative
Forschung, er wollte nur, dass sie für wichtigere Zwecke als die Profiterzielung
genutzt würde (vgl. Lynd 1939). Der dritte Einwand war der schwerwiegendste,
da er grundlegend die Annahme infrage stellte, dass Aspekte wie Haltungen und
Meinungen als isolierte soziale Variablen untersucht werden konnten, ohne die
gesamte historische Situation zu berücksichtigen, in die der Gegenstand und die
Forschung selbst eingebettet sind:

> „Die modernen Kommunikationsmedien sind derart komplexe Instrumente geworden, daß sie, wo immer sie eingesetzt werden, viel mehr als nur den von ihren Verwaltern beabsichtigten Einfluß auf die Menschen haben, und daß sie eine Eigengesetzlichkeit haben, die den administrativen Stellen weit weniger Wahlmöglichkeiten läßt, als sie glauben. Dieser Praxis der administrativen Forschung wird die Idee der ‚kritischen Forschung' entgegengesetzt und sie verlangt, daß jeglicher zweckorientierten Analyse eine Untersuchung über die allgemeine Rolle unserer Kommunikationsmedien innerhalb des gegenwärtigen sozialen Systems vorausgehen und parallellaufen muss." (Lazarsfeld 1973: 16)

Lazarsfeld schreibt das Konzept der kritischen Forschung Max Horkheimer zu und grenzt es in zweierlei Hinsicht von der administrativen Forschung ab. Erstens strebe sie nach einer allgemeinen Theorie aktuell geltender gesellschaftlicher Tendenzen, die sich auf Forschungsthemen jeglicher Art beziehen ließe. Zweitens setze sie eine Reihe von menschlichen Werten voraus, mit denen man diese Tendenzen und ihre Auswirkungen auswerten könne. Die vorherrschende wirtschaftliche Situation, so die kritische Argumentation, tendiert zur Zentralisierung und Anhäufung des Eigentums in den Händen einer stets geringer werdenden Zahl großer Organisationen, die um den Massenmarkt konkurrieren. Die Manipulation großer Mengen von Menschen seitens der Geschäftswelt durchdringt unsere Kultur mittlerweile komplett. Für alles wird Werbung gemacht und zusehends leben wir in einer ‚Kultur der Werbung'. Solche Tendenzen beeinträchtigen grundlegende Werte des menschlichen Lebens. In Anbetracht dessen verlangt die kritische Forschung, dass wir nach der Wahrheit suchen, versuchen, danach zu handeln und uns dabei weigern, uns an die gegenwärtige Situation anzupassen als wäre sie unvermeidlich. Der kritische Analytiker moderner Kommunikationsmedien fragt:

> „Wie sind diese Medien organisiert und wie werden sie kontrolliert? Wie stark sind innerhalb ihres institutionellen Gefüges die Tendenzen zu Konzentration, Standardisierung und Druck durch Werbung ausgeprägt? In welcher Form und wie versteckt auch immer bedrohen sie menschliche Werte?" (Lazarsfeld 1973: 18).

Lazarsfeld betrachtet ein oder zwei Beispiele für kritische Interpretationen von Publikumsreaktionen. Das erste, eindeutig von Adorno stammende, bezieht sich auf das Lachen. Wenn Menschen im Kino über veraltete Moden und die merkwürdige Kleidung vergangener Zeiten lachen, die Leute in alten Wochenschauaufnahmen tragen: Könnte dies nicht als eine hämische Rache des heutigen Publikums gesehen werden, das dadurch seine eigene modische Konformität kompensiert?[7] Für Lazarsfeld bestand die Frage darin, wie solch eine kritische Auffassung überprüft werden konnte. Was wären angemessene Forschungsmethoden, um dies zu untersuchen? Er fand keine einfache Antwort. Darüber hinaus stellte er fest, dass der kritische Ansatz sich eher mit negativen Interpretationen beschäftigte, als damit, Fakten zu erheben und konstruktive Anregungen zu machen. Wie konnte dieser Ansatz an seinen administrativen Forschungsstil

Kritik

angepasst werden? Im letzten Absatz reflektiert er: „Die vorliegenden Bemerkungen wurden zur Klärung einiger der Schwierigkeiten geschrieben, die bei dem Versuch auftraten: den Inhalt kritischer Sozialforschung konkret zu formulieren" (ebd.: 25). Diese Schwierigkeiten schlossen mittlerweile auch die Problematik der Zusammenarbeit mit Adorno ein.

Lazarsfeld war mit hohen Erwartungen gestartet. Er hatte an „Dr. Wiesengrund" in Oxford geschrieben, um seine Absichten bezüglich der musikalischen Aspekte des Radioprojekts darzulegen.[8] Diese sollten sozusagen das ‚Jagdrevier des europäischen Ansatzes' sein, was für Lazarsfeld zwei Dinge bedeutete: Er erwartete von Adorno eine eher theoretische und weniger optimistische Haltung gegenüber dem Radio als Instrument des sozialen Fortschritts. Von Beginn an rechnete man also mit einem kritisch-theoretischen Ansatz. Aber, und dies wurde stark hervorgehoben, dieser sollte an aktiver Feldforschung und empirischer Praxis festgemacht werden. Lazarsfeld bat um eine Aufzählung dessen, was in Adornos Augen die Schlüsselfragen waren. Adorno antwortete, dass sein theoretischer Standpunkt empirische Forschung nicht ausschließen würde. Seinem sechsseitigen Brief fügte er einen sechzehnseitigen Entwurf mit „Fragen und Thesen" bei, in dem er eine „dialektische Theorie des Rundfunks" skizzierte. Darin kritisierte er bestehende Radioproduktionen dahingehend, dass sie die dem Medium innewohnenden progressiven Tendenzen hemmten. Lazarsfeld antwortete etwas verblüfft:

> „Ich stimme Ihnen zu, dass ein solcher Ansatz zuerst eine theoretische Analyse erfordert und dass man definitiv mit einer Analyse der Radioproduktion anfangen müsste. Es liegt genau an diesem Bollwerk theoretischer Analysen, die jeder Forschung vorangehen, weshalb ich mich auf Ihr Kommen freue. Auf der anderen Seite muss uns klar sein, dass Sie schließlich bei tatsächlicher Forschung unter Zuhörern landen werden." (Lazarsfeld zit. nach Wiggershaus 1987: 268)

In den USA angekommen, vertiefte sich Adorno tatsächlich direkt in die Forschung. Er untersuchte Hörerbriefe an den Sender CBS, führte Interviews durch (und zeigte sich sehr zufrieden mit seiner Leistung, als er diese für ihn ziemlich neuartige Forschungsmethode ausprobierte) und sprach mit Leuten aus der Radiobranche. Er fügte alles zu einem 160-seitigen Memorandum über *Musik im Rundfunk* zusammen, das er im Frühsommer des Jahres 1938 verfasste. Lazarsfeld war entsetzt, als er es las. Es war „definitiv unterhalb der Standards intellektueller Exaktheit, Disziplin und Verantwortung, die von jedem, der aktiv in der Wissenschaft tätig ist, erwartet werden müssen" (ebd.: 272). Weiter führte er drei Hauptkritikpunkte an: Adorno berücksichtige keinerlei Alternativen zu seinen eigenen Auffassungen. Demzufolge sei viel von dem, was er schrieb, entweder falsch, unbegründet oder voreingenommen. Er wüsste nicht viel von empirischer Forschungsarbeit, jedoch schrieb er, als sei er ein Experte darin.

Schließlich – und *ad hominem*: „Sie attackieren andere Menschen als fetischistisch, neurotisch und rührselig, zeigen aber selbst ganz offensichtlich dieselben Merkmale". Zusammengefasst: „es ist, als würden Sie uns mit der rechten Hand Ihre Ideen schenken [die Lazarsfeld schätzte] und sie mangels Disziplin in Ihrer Darstellung mit der linken Hand wieder wegnehmen" (ebd.). Adorno reagierte verteidigend. Er empfand seine Arbeit durchaus als empirisch und argumentierte, dass er genau das getan hatte, was Lazarsfeld von ihm verlangt hatte. Die Differenzen zwischen den beiden Männern über die Aufgabe, die Lazarsfeld gestellt hatte – wie man im Radio Anreize für gute Musik setzen könnte –, waren einfach unüberbrückbar. Lazarsfelds pragmatisch empirischer Ansatz war unwillkürlich reformistisch und deckte sich mit den vorherrschenden gesellschaftlichen und politischen Gedankengängen in den USA. Adornos theoretische Position bestand dagegen darin, dass die Frage nach Musik im Radio – unter den real existierenden Bedingungen, nicht nur in der Radiobranche, sondern auch im breiteren wirtschaftlichen und politischen Kontext – bedeutungslos und die Situation somit unabänderlich sei (vgl. ebd.: 273). Im Sommer des Jahres 1940 wurde die Anbindung Adornos an das *Princeton Radio Research Project* letztendlich aufgelöst.

Im nächsten Kapitel werde ich auf Adornos Ansichten über die missliche Lage der Musik in der heutigen Welt zurückkommen. Hier bin ich näher auf die Schwierigkeiten in seiner Zusammenarbeit mit Lazarsfeld eingegangen, und zwar nicht wegen der biografischen Bedeutung (die beträchtlich ist), sondern um einige wichtige Unterschiede zwischen der Sozialtheorie in Europa und Amerika deutlich zu machen, wobei ich Lazarsfeld als einen integrierten europäischen Amerikaner und Adorno als nicht integrierten Europäer in Amerika bezeichnen würde. Die Tatsache, dass der eine für den Rest seines Lebens in den Vereinigten Staaten blieb und der andere nach Deutschland zurückkehrte, sofort als wieder halbwegs normale Zustände herrschten, war nicht nur eine Frage von individuellen Lebensentscheidungen, sondern weist auf das Wirken weitaus größerer historischer Mächte auf das jeweilige Individuum und sein Leben hin. Lazarsfeld wurde schnell ‚amerikanisch', während Adorno sich der Anpassung verweigerte. Bei Ersterem beinhaltete dies, sich professionell auf ‚neue amerikanische Denkweisen' einzulassen; bei Letzterem stattdessen die Ablehnung genau dessen und eine Treue zur ‚alten europäischen Denkweise'.

Die Ähnlichkeiten und Unterschiede zwischen amerikanischen und europäischen Modi der Sozialtheorie sind ein Thema, das sich durch das gesamte vorliegende Buch zieht. Wie schwierig es auch sein mag, präzise zu sein, wenn man sich auf solche Kategorien beruft, sie sind doch unumgänglich. Mein unentbehrlicher Bezugspunkt für dieses und das nachfolgende Kapitel ist *Mass Communication and American Social Thought: Key Texts, 1919–1968* von Peters und Simonson (2004). Die Herausgeber merken in ihrer Einleitung an, es erscheine „irgendwie engstirnig, problematisch oder politisch rückschrittlich, eine Textsammlung national auszurichten" (ebd.: 3). Glücklicherweise haben sie sich von solchen Bedenken nicht abhalten lassen und eine großartig aufgebaute historische Ressource für Studierende im Bereich der Kommunikation vorgelegt. Sie haben nicht gezögert, sich auf „die amerikanische Sozialtheorie" als eine bedeutsame Kategorie zu berufen, und ich habe keine Bedenken, diese zu benutzen, um eine historisch immanente Denkstruktur als amerikanische zu bestimmen und von anderen (kanadischen, britischen, deutschen, europäischen) vergleichend abzugrenzen.

2.4 Das Radio und die Psychologie der Panik

Bezüglich der Arbeit zu den Massenmedien, die von Lazarsfeld und seinen Mitarbeitern durchgeführt beziehungsweise veranlasst wurde, muss ein einfacher, aber entscheidender Umstand erwähnt werden: Es geht darin *nicht* um die Massenmedien *an sich*; nicht um deren wirtschaftliche Grundlage, politische Regulierung, institutionelle Organisation oder Produktionsverfahren – über all das wird hinweggesehen. Der Fokus der Aufmerksamkeit liegt ausschließlich auf dem Publikum der Massenmedien. Hauptsächlich setzt sich die Forschung mit der *Wirkung* dieser auf das Publikum auseinander, weshalb die amerikanische Soziologie der Massenkommunikation später, bisweilen etwas herablassend, als Ursprung der Wirkungstradition bezeichnet wurde. Tatsächlich beinhaltete sie, wie wir sehen werden, viel mehr als nur das, doch *war* sie fast gänzlich auf die Nutzungs- und nicht auf die Produktionsseite fokussiert. Wilbur Schramm verweist auf eine nette Geschichte, die Lazarsfeld gewöhnlich selbst von sich erzählte: In den späten 1930er Jahren hatte das Iowa State College (mittlerweile eine Universität) bei dem *Office of Radio Research* eine Studie über den Einfluss seines Campus-Radiosenders, damals der vielleicht führende Bildungssender des Landes, in Auftrag gegeben. Das College wollte wissen, wer seine Hörerinnen und Hörer waren und was sie von den Produktionen des Senders hielten. Lazarsfeld beschloss, den Abschlussbericht selbst zu überbringen. Er wurde vom Präsidenten des Colleges am Bahnhof abgeholt und über den neuen, weitläufigen Campus chauffiert. Währenddessen machte Lazarsfeld höfliche Bemerkungen, einschließlich seines Erstaunens über den hohen Stahlturm mit einem langen Mast, der die Umgebung dominierte. „Oh, Sie haben also einen Rundfunksender", rief er, um unmittelbar darauf peinlich berührt zu realisieren, dass sie natürlich einen hatten, und er da war, um einen Bericht darüber zu übergeben.[9] Später, als er über seinen Fauxpas nachdachte, kam Lazarsfeld zu dem Schluss, dass das „Radio als Medium einfach nicht real für ihn war. Die

Sendungen, die Menschen, die vor dem Radio saßen und zuhörten, die Interviews der Umfragen – all das war real, aber den Turm und die Sendestation hat er damit nicht wirklich in Verbindung gebracht" (Schramm 1997: 18f.).

Wie wir im nächsten Kapitel sehen werden, ist ein entscheidendes Merkmal der neuen Kulturindustrie, dass sich die unmittelbare Beziehung zwischen Darstellern, Darstellung und dem Publikum – charakteristisch für ältere, live dargestellte Künste (insbesondere Musik und Theater) – in eine Beziehung zwischen Produzenten, Produkt und Konsumenten umwandelt. Die sozialen Beziehungen in Live-Performances werden von den Massenmedien in zwei Teile gespalten: Es gibt keine direkte, unmittelbare Verbindung mehr zwischen den beiden Augenblicken, die später „encoding" (Produktion) und „decoding" (Konsum)[10] genannt werden würden. Die Erforschung der gebrochenen, determinierten, *medial vermittelten* Beziehung zwischen kultureller Produktion und kulturellem Konsum ist das Kernproblem, das mit den neuen Massenmedien zu unterschiedlichen Zeitpunkten im Verlauf des 20. Jahrhunderts auftaucht – mit Radio und Kino in den 1930er und dem Fernsehen in den 1950er Jahren. Diese gebrochene kommunikative Beziehung spiegelt sich in der Disziplin wider, die zum Zwecke ihrer Erforschung entstanden ist. Forschungsarbeiten tendieren dazu, sich *entweder* auf die Seite der Produktion *oder* auf die Seite des Konsums zu konzentrieren, aber nur selten auf beide. Die aus diesem Sachverhalt für mich resultierende Aufgabe ist es nun, zu prüfen, warum in Columbia gerade das Publikum als selbstverständlicher Forschungsgegenstand der Soziologie der Massenkommunikation gesehen wurde. Um das zu verstehen, müssen wir zuerst herausfinden, *wie* es erforscht wurde und *warum*.

Eine der ersten Studien im Rahmen des *Princeton Radio Projects* wurde von Hadley Cantril aus Princeton unter Mitarbeit von Hazel Gaudet und Herta Herzog durchgeführt und behandelte die berühmt-berüchtigte Radiosendung von Orson Welles im Herbst 1938.[11] Am 30. Oktober sendete das *Mercury Theater* auf CBS eine Hörspieladaption von H.G. Wells' *Krieg der Welten* (*War of the Worlds*). Am Anfang und am Ende der Sendung wurde ziemlich deutlich darauf hingewiesen, dass es sich hierbei nur um eine Aufführung handelte, ein „Feiertagsangebot", eine etwas andere Version des Mercury Theaters davon, „sich mit einem Bettlaken zu verkleiden, aus einem Busch zu springen und ‚Buh!' zu rufen". Orson Welles sagte zum Schluss:

> „Merken Sie sich die furchtbare Lektion, die Sie heute Nacht gelernt haben. Dieser grinsende, glühende, kugelförmige Eindringling in Ihrem Wohnzimmer ist eigentlich ein Bewohner des Kürbisbeets und wenn es an Ihrer Tür klingelt, aber keiner steht davor, dann war das kein Marsmensch … es ist Halloween" (Cantril et al. 1940: 42f.).

Trotzdem gelang es Orson Welles und seinen Mitdarstellern so gut, die geschätzten sechs Millionen Zuhörenden ins Bockshorn zu jagen, dass sich viele tatsächlich panisch auf die Straßen begaben, um dem Terror der angreifenden Marsmenschen zu entfliehen. Mindestens eine Million Zuhörerinnen und Zuhörer waren ernsthaft verängstigt oder verwirrt. Dass eine Radiosendung fälschlicherweise für eine Invasion vom Mars gehalten werden konnte, die dann eine Massenpanik auslöste, bot Lazarsfeld[12] und seinen Kollegen die perfekte Gelegenheit, die Macht und den Einfluss dieses neuen Massenmediums zu erforschen.

Der Untertitel des Buches lautet „A Study in the Psychology of Panic" und das Vorwort beschreibt es als eine Untersuchung zum „Verhalten der Masse" und „der Psychologie des Durchschnittsmenschen unserer Zeit" (ebd.: ix). Das Radiopublikum sei „der modernste Typus einer sozialen Gruppe", anders als die Leserschaft einer Zeitung oder das Kinopublikum. Radio war das Medium *par excellence,* um alle Teile einer Bevölkerung über aktuelle Ereignisse zu informieren. Es vereinte die inhärenten Merkmale von Gleichzeitigkeit, Verfügbarkeit, persönlicher Ansprache und Allgegenwärtigkeit. Von 32 Millionen amerikanischen Haushalten hatten 27,5 Millionen ein Rundfunkgerät, wodurch das Radio die bis dahin größte ‚Gruppenbildung' von Menschen (als Zuhörer) ermöglichte. Es handelte sich somit um ein komplexes soziales Phänomen, welches das Potential in sich barg, etwas über die Sozialpsychologie[13] des zeitgenössischen Amerikaners aussagen zu können (vgl. ebd.: vii–x). Von daher war eine Reihe komplexer Forschungstechniken vonnöten, was die Untersuchung der Sendung hinsichtlich der Zusammensetzung des Publikums (Einkommen, Alter und Geschlecht) einschloss. Dieses war im Vergleich zum gesamten, potenziell erreichbaren Publikum in besagter Nacht eher klein. Die meisten Amerikaner hörten auf einem anderen Sender Charlie McCarthy (ein Bauchredner), die beliebteste wöchentliche Radioshow, wogegen Orson Welles und das Mercury Theater wohl eher von einer Minderheit gehört wurden. In einem nächsten Schritt wurde bei der Untersuchung der Flut von Telefonanrufen, welche die Sendung allgemein – und insbesondere bei Radio- und Polizeistationen – ausgelöst hatte, nach unmittelbaren Reaktionen auf das Hörspiel gesucht. Sowohl die CBS als auch das Mercury Theater bekamen säckeweise Post wegen der Sendung, die ebenfalls auf Zuhörerreaktionen hin untersucht wurde (welche in beiden Fällen überwiegend wohlwollend ausfielen). Schließlich wurde die Presseberichterstattung in den folgenden Tagen sorgfältig erhoben und ausgewertet.

Zentraler Punkt der ganzen Sache war aber die Frage danach, was die Panik ausgelöst hatte. Warum waren so viele in die Irre geführt worden? Und wie? Die dramaturgischen Mittel, die in der Sendung verwendet worden waren, und der breitere historische Kontext waren wichtige Ansatzpunkte. Obwohl die Sendung am Anfang und am Ende deutlich als von Schauspielern und Schauspielerinnen vorgetragenes Hörspiel gekennzeichnet wurde (und Orson Welles war auch damals schon wohlbekannt), waren die verwendeten Gestaltungsmittel absolut innovativ. Der narrative Rahmen von Welles' Geschichte war an das Radio angepasst worden. Das Stück beginnt wie ein gewöhnlicher Abend im amerikanischen Radio. Es läuft Tanzmusik, die plötzlich von einer Eilmeldung unterbrochen wird: Ein unbekanntes Objekt, wahrscheinlich ein Meteorit, soll in der Nähe von Trenton in New Jersey abgestürzt sein. Der normale Sendebetrieb wird wieder aufgenommen, um dann erneut unterbrochen zu werden, diesmal für einen Bericht vom Schauplatz des Aufpralls. Danach entfaltet sich der Rest des Stücks, als handele es sich dabei um eine Nachrichtensendung, in der alle Charakteristiken der Radioberichterstattung Anwendung finden, die damals wohlgemerkt noch sehr neu waren. Sie beinhalteten Berichte von Augenzeugen vor Ort, Interviews, Kommentare sowie Einschätzungen von Experten und Fachleuten (in diesem Fall Astronomen) und schließlich, was viele aus der Fassung brachte, eine nationale Notfallstellungnahme vom Außenminister, live in der Sendung. Die Kombination von Praktiken der Radionachrichten mit scheinbar realen Personen (Experten, Politiker und normale Leute als Augenzeugen – alle von Schauspielern gesprochen) und echten Schauplätzen (nicht nur Trenton, sondern auch andere Orte sowie die echten Nummern von amerikanischen Straßen und Autobahnen) verlieh der Erzählung eine sehr sachliche Ausstrahlung.[14] Ausschlaggebend war auch, dass sich die amerikanischen Zuhörerinnen und Zuhörer zur Zeit der Ausstrahlung bereits an Unterbrechungen des normalen Radioprogramms für Eilmeldungen über die Unruheherde in Europa gewöhnt hatten. Diese waren einige Monate zuvor von der CBS eingeführt worden, als Hitler Österreich annektierte. Nach der Unterzeichnung des Münchner Abkommens nur wenige Wochen vor der Ausstrahlung der Sendung hatte sich die Situation in Europa weiter verschlimmert und der Krieg schien nun unvermeidbar. All das verstärkte die Wirkung des Hörspiels und seine „Stimmung", wie es Cantril nannte (oder war es Lazarsfeld?), unermesslich. Schließlich, und das war entscheidend, hatten diejenigen, die in Panik gerieten, wahrscheinlich entweder erst eingeschaltet, nachdem das Stück begonnen hatte, oder zwar rechtzeitig eingeschaltet, aber dem Anfang keine Beachtung geschenkt. In beiden Fällen mussten sie aber aufgehört haben zuzuhören, bevor das Stück zu Ende war. Wenn man aus diesen Gründen nicht wusste oder bemerkte, dass das, was man hörte, in Wirklichkeit nur ein Hörspiel war, und wenn man dann nicht gründlich genug lauschte, dann konnte es durchaus recht glaubwürdig erscheinen und somit panisches Verhalten auslösen.

Diese objektiven Determinanten individuellen Verhaltens werden spannend und detailliert in dem Hauptteil des Buches beschrieben, aber in der abschließenden Betrachtung und Interpretation des ersten großen medial ausgelösten Events größtenteils außer Acht gelassen. Dort liegt der Schwerpunkt dann auf der Psyche der einzelnen Zuhörenden, die bereits in verschiedene Typen eingeteilt worden sind. Diese Typologie wurde aus Interviews mit 135 Personen abgeleitet, von denen 100 wegen der Sendung beunruhigt gewesen waren. Hauptsächlich aus Gründen des Forschungsbudgets fanden die Befragungen in New Jersey oder der Umgebung statt, aber auch, weil das der Ort war, an dem die Marsmenschen angeblich gelandet sein sollten. Folglich waren die Ereignisse in dem Hörspiel für die Menschen in New Jersey wahrscheinlich von größerem Belang als für die in New Mexico. Herta Herzog war eng in die Vorbereitung der Interviews und ihre Auswertung mit eingebunden. Das achte Kapitel, welches charakteristische Einzelfallstudien beschreibt, wurde von ihr verfasst. Bei dem Versuch, zwischen denen, die wegen der Sendung beunruhigt waren, und denen, die es nicht waren, zu unterscheiden, wurde die „kritische Fähigkeit" (*critical ability*) als ein Schlüsselfaktor ausgemacht, der mit dem Bildungsgrad und dem Lebensstandard verknüpft war. Ob man mehr oder weniger stark beeinflussbar war, hing also davon ab, ob man über ein adäquates Urteilsvermögen verfügte, das einem ermöglichte, zwischen verlässlichen und unverlässlichen Informationsquellen zu unterscheiden.

Kurz gesagt wird in der Studie über objektive Faktoren hinweggesehen und die Psychologie der Panik wird hinsichtlich der Anfälligkeit von Einzelpersonen subjektiv betrachtet, welche abhängig ist von Charaktertyp, Bildung, religiöser Überzeugung, Einkommen und der Sicherheit des Arbeitsplatzes. Die unmittelbare historische Situation – der Krieg in Europa – wird zwar erwähnt, aber nicht weiter beachtet und die äußerst wichtige Frage nach der Rolle des Radios an sich und seinen kommunikativen Techniken wird gänzlich ignoriert. Das dritte Kapitel, in dem die Produktionsverfahren der Sendung untersucht werden (für mich das spannendste Kapitel des Buches), heißt „,It didn't sound like a play': How the stimulus was experienced". Das Radio ist lediglich ein „Stimulus" oder Reiz und die Studie befasst sich mit den Reaktionen darauf. In der Abschlussanalyse wird die Stimulus-Response-Theorie auf das gesamte Ereignis angewendet, welches demzufolge im Wesentlichen eher psychologisch als soziologisch betrachtet wird. Das Radio ist ein mächtiges Medium mit einer direkten und sofortigen Wirkung auf das individuelle Verhalten, was Anlass zur Sorge gibt:

> „Unsere Studie über den Normalbürger unserer Zeit hat gezeigt, dass seine Fähigkeiten, sich in kritischen Situationen angemessen zurechtzufinden, zunimmt, wenn ihm die Bereitschaft beigebracht werden kann, Darstellungen, die er hört, zu hinterfragen [...] Wenn Skepsis und Wissen unter den Menschen mehr Verbreitung finden sollen, müssen ihnen umfangreichere Bildungsmöglichkeiten angeboten werden [...] und eine geringere Beunruhigung durch die emotionalen Unsicherheiten, die von unterprivilegierten Umfeldern herrühren" (Cantril et al. 1940: 205).

Wenn es also der Fall ist, dass die neuen Massenmedien einen direkten Einfluss auf das persönliche Verhalten haben, dann tragen diejenigen mit kritischer Fähigkeit die Verantwortung, richtig zu urteilen und den Durchschnittsbürger, dem es an Bildung und Urteilsvermögen mangelt, sachgemäß aufzuklären und ihm einen kritischen Blick auf die Medien und die Art und Weise, wie sie uns informieren, beizubringen. Dies war in den 1930ern nicht nur in Amerika, sondern auch in Europa die „progressive" Auffassung, die die intellektuelle Schicht von den Massen hatte und die auf beiden Seiten des Atlantiks zu einer Betonung des Bedarfs an Medienpädagogik führte.

2.5 Printmedien und das Radio

Diese Sorge zieht sich ebenso durch die als erstes veröffentlichte, bedeutende Studie des *Office of Radio Research*, die Lazarsfeld selbst verfasst hatte. Das Werk *Radio and the Printed Page* trägt den Untertitel „Eine Einführung in die Untersuchung des Radios und dessen Rolle bei der Vermittlung von Ideen". Es ist nicht nur ein methodologisches Lehrbuch und eine vergleichende Untersuchung von Zeitung und Radio zur Übermittlung seriöser Inhalte; es ist eine Einführung in die *Radioforschung,* in der ein neues Forschungsgebiet mitsamt seinen Untersuchungskriterien abgesteckt wird. Schon alleine deswegen ist dieses Buch von großem Interesse, aber es ist auch voller Charme und angenehm klar geschrieben (Lazarsfeld ist im Gegensatz zu vielen Soziologen immer lesbar). Darüber hinaus beinhaltet es eine Fülle von historischen Daten über das Lesen und Hören vor dem Hintergrund der geschichtlichen Umstände im Amerika der späten 1930er Jahre. Susan Douglas beklagt sich darüber, dass *Radio and the Printed Page* – wie alle Arbeiten von Lazarsfeld und seinen Mitarbeitern – heute kaum noch eines Blickes gewürdigt wird, selbst dort nicht, wo Kommunikations- und Medienwissenschaft unterrichtet wird. Die Arbeiten vermodern in den Bücherregalen als verblasste Momentaufnahmen eines vergangenen Publikums mit veralteten Forschungsmethoden, um die sich nur wenige scheren. Doch noch immer stellt das Gesamtwerk, das an der Columbia zum Radio als neues Massenmedium entstanden ist, ein „faszinierendes Portrait einer Gesellschaft und vieler ihrer Subkulturen, die sich mit einer revolutionären Technologie arrangieren" dar, wie Douglas richtig behauptet (2004: 140). Es steckt eine bemerkenswerte Frische darin, wie Lazarsfeld und seine Mitarbeiter sich mit einer Sache auseinandersetzen, bei der sie alle spürten, dass sie sehr neu und sehr wichtig war und doch nur mangelhaft verstanden wurde. Dieses Bemühen um Erkenntnis und die gemeinschaftliche Bestrebung „herauszufinden, welche Leute unter welchen Umständen und um welcher Genugtuung willen, Radio oder Printmedien als Informationsquelle für vergleichbare Inhalte auswählen" (Lazarsfeld 1940: 154), strahlt *Radio and the Printed Page* nach wie vor aus.

Lazarsfeld betont, dass seine vergleichende Studie auf einer Kombination aus umfassenden statistischen Untersuchungen, die sich auf eine Unmenge von

Daten stützen, und kleineren detaillierten Fallstudien, die in den Bezugsrahmen des statistischen Materials eingebettet sind, beruht (vgl. ebd.: xvi). Quantitative und qualitative Forschungsmethoden sind hierbei unumgänglich und miteinander verflochten. Ein Hauptanliegen ist die Frage, was den Menschen das Radiohören bedeutet (ebd.: 55). Die Studie verbindet drei Forschungsmethoden: (1) Inhaltsanalysen der Sendungen, (2) differenzierte Publikumsanalysen sowie (3) „Gratifikationsstudien". Als erstes müssen gezielt Typologien von Programmen erstellt werden, die zum Beispiel Musik- von Talksendungen unterscheiden. Da es sich um eine Untersuchung des Radios als Medium zur Kommunikation von Ideen und Meinungen handelt, wird Musik ausgeklammert. Die Studie fokussiert Talksendungen, wobei sie „seriöse" von „nicht-seriösen" trennt. Diese Vorstellung vom seriösen Hören rührt vom seriösen Lesen her. So heißt das erste Kapitel „Ernst sein ist alles" (*The importance of being earnest*)[15] – was allerdings eher als gegeben vorausgesetzt und nicht begründet wird. Die Frage ist, ob das Radio ein so „seriöses" Medium sein kann wie ein Buch oder eine Qualitätszeitung. Seriöse Leser hören seriöse Radioprogramme – sie stellen sich als wohlhabend und gebildet heraus und haben angesehene Berufe. Beispiele für ernste Lektüre werden nicht aufgeführt (was auch nicht nötig ist), aber Beispiele ernsten Hörens beinhalten den „University of Chicago Round Table", „America's Town Meeting of the Air"[16] und „Americans All – Immigrants All"[17], eine Sendereihe, die vom *Federal Office of Education* herausgegeben wurde. Alle drei Sendungen hatten zwei Dinge gemeinsam: Sie zogen ein kleines, elitäres Publikum an und bekamen keine finanzielle Unterstützung. Sie waren ‚Lückenfüller', die für die Sender billig zu produzieren waren, um den öffentlich-rechtlichen Anforderung gerecht zu werden, und wurden in den Nischen im Programm untergebracht, die keine Werbeeinnahmen generierten.

Menschen mit geringem Einkommen, geringen kulturellen Kenntnissen und niedrigem Bildungsstand, so wurde festgestellt, hörten keine seriösen Radiosendungen – obwohl Leute bei sinkendem gesellschaftlichem Status insgesamt mehr Radio hörten als jene höherer Schichten. Demnach bestand das Problem darin, die Masse der Zuhörerschaft zu erreichen, die sich keine Diskussionen über Themen von großer Wichtigkeit und Dringlichkeit im Radio anhörte.[18] Wenn das Radio zu einem „Werkzeug der Massenaufklärung" (ebd.: 48) werden sollte – was es zum damaligen Zeitpunkt ganz offensichtlich nicht war –, dann musste man genau dort ansetzen und herausfinden, was die Masse eigentlich gerne hörte. Nachdem Lazarsfeld Unterhaltungsprogramme und fiktionale Sendereihen und Serien ausgeklammert hatte (bei diesen ging es nicht um eine Vermittlung von Ideen) und auch seriöse Sendungen über „öffentliche Angelegenheiten" sowie „reine Bildungssendungen" außer Acht ließ, blieb ihm noch ein Rest, den er „Servicesendungen" nannte. Diese unterteilte er in Programme über „Hauswirtschaft", „Selbsthilfe", „Hobbys und besondere Interessen", „Geschichten aus dem wahren Leben" und Sendungen über Populär- beziehungsweise Allgemeinwissen. Wo ist der Unterschied zwischen seriösen und Service-Programmen? Erstere haben einen eher distanzierten, objektiven Charakter, wogegen Letztere persönlich ansprechen, zum Beispiel in Form von Selbsthilfe für diejenigen, die das Bedürfnis verspüren, ihren Kenntnisstand aufzubessern oder ihr Gefühl von Unzulänglichkeit bezüglich Kultur oder Bildung zu kompensieren (Lazarsfeld 1940: 8).

Das beliebteste Genre in diesem Bündel waren Quizsendungen zum Allgemeinwissen, weshalb man eine Fallstudie zur Wirkung des höchst erfolgreichen „Professor Quiz" auf sein Publikum durchgeführt hatte. Die Sendung wurde zwar von ihren, beruflich eher wenig erfolgreichen, Zuhörern als informativ und lehrreich angesehen, jedoch nicht von Lazarsfeld oder Herta Herzog, die die Untersuchung durchgeführt und die Analyse verfasst hatte. Herzog war es, die dem Gratifikationsansatz in der Radioprogrammforschung den Weg bereitete. In einer ihrer wichtigsten Studien beschäftigt sie sich mit der weiblichen Hörerschaft von tagsüber ausgestrahlten Radioserien (Seifenopern). Der zugehörige Artikel wurde ebenfalls in der oben erwähnten kommunikationssoziologischen Sonderausgabe der Zeitschrift *Studies in Philosophy and Social Science* veröffentlicht.[19] Der Gratifikationsansatz befasst sich nicht damit, was das Radio mit den Zuhörern macht, sondern damit, was die Zuhörer mit dem Radio machen. Dabei bleibt eine starke Wirkungsannahme außen vor und das Radio wird als alltägliche Ressource der Zuhörer für Unterhaltung oder Entspannung betrachtet. Herzog war die Erste, die populäre Radiosendungen und deren Bedeutung für ein weibliches, nicht-elitäres Publikum untersuchte. Außerdem leistete sie methodische Pionierarbeit, indem sie ausgedehnte offene Interviews mit einzelnen Hörerinnen führte, um ausführliche und detaillierte Informationen über deren Vorlieben und Abneigungen zu gewinnen und herauszufinden, was ihnen das Radio bedeutete. Als die feministische Medienwissenschaft der 1980er Jahre in Untersuchungen zu Seifenopern im Fernsehen diese Fragen erneut aufgriff, fand Herzog als ein Vorbild aus der Vergangenheit Erwähnung in den Fußnoten. Allerdings war der Feminismus der 1980er Jahre bestrebt, die alltägliche Wonne gewöhnlicher Frauen beim Fernsehen zu legitimieren, was nicht Herzogs Ansatz gewesen war.

Herzog hatte ein scharfes Gehör, was aufschlussreiche Details anging, und in all ihren Schriften bleiben die jeweiligen Äußerungen der Zuhörerinnen und Zuhörer über Sendungen, die ihnen gefielen oder nicht, bis heute auf anschauliche Weise informativ. Sie war jedoch nicht gerade eine wohlwollende Analytikerin bezüglich der Gefühle und Einstellungen ihrer Interviewpartner. Seit ihrer Zeit in Wien war sie begeistert vom Sozialismus und von der Psychoanalyse und ihre Untersuchungen über die Hörer von Radio-Seifenopern oder dem „Professor Quiz" basieren auf den Theorien Freud'scher Psychoanalyse, wie Liebes betont (2003: 40). Die Gratifikation der Hörerinnen und Hörer des „Professor Quiz" wird als ein Ventil für die Ressentiments der Ungebildeten gegenüber den Gebildeteren interpretiert (vgl. Lazarsfeld 1940: 89), während sie sich gleichzeitig der Schuld bezüglich ihrer Trägheit und des Misserfolgs bei der Verbesserung der eigenen Lage erleichtern (vgl. ebd.: 84). Diese wertende Haltung muss den Vergleich mit Adornos Interpretation vom Gelächter im Kino nicht scheuen – aber solche Urteile müssen eher als Symptom und weniger als Diagnose ihrer Zeit verstanden werden. Sie geben etwas preis von der allgemeinen Perspektive der Generation Intellektueller in den 1930er Jahren – rechte wie linke, progressive wie reaktionäre, sowohl in Europa wie auch in Nordamerika.

„Fortschritt", erklärt Lazarsfeld, „ist das Ergebnis davon, dass die Bemühungen kleiner, avancierter Gruppen nach und nach von der Bevölkerung akzeptiert werden" (ebd.: 94), und so definiert, ist *Radio and the Printed Page* ein fortschrittlicher Text. Er war als eine ernsthafte Stellungnahme zur Kritik an der administrativen Forschung gedacht, die Robert Lynd mit *Knowledge for what?* aufgebracht hatte. Ebenso bot der Artikel Informationen, die relevant waren für „die Frage, die vielen intelligenten Bürgern durch den Kopf geht: Was wird das Radio mit der Gesellschaft machen?" (Lazarsfeld 1940: 133), indem er denjenigen, die sich mit Massenaufklärung befassten, eine Analyse der Bedingungen, unter welchen die „Massen"[20] sich Bildungsprogrammen im Radio aussetzen würden oder nicht, zur Verfügung stellte. Da offensichtlich war, dass die Mehrzahl versuchte, den Kontakt zu vermeiden, wurden einige Vorschläge unterbreitet, wie man den gewöhnlichen Hörermassen Bildungsradio zugänglich machen konnte. Diese mögen heute zwar offenkundig erscheinen, für damalige Verhältnisse aber waren sie fundamental. So war es nutzlos, wenn Angehörige der oberen Schichten versuchten, ihre Bildungsstandards über das Radio zu verbreiten, da diese von Angehörigen der unteren Schichten abgelehnt wurden. Dafür waren die Perspektiven zu verschieden. Die Massen wurden nicht als solche bezeichnet und erforscht, um sie zu verurteilen, sondern um ihre Sichtweisen als Beitrag zum Entwurf einer Gesellschaft greifbar zu machen. Dieser konnte nicht ‚top-down' funktionieren, sondern es musste damit begonnen werden, die Einstellungen derer zu verstehen, deren Lage verbessert werden sollte. Bei der Betrachtung von Lazarsfelds Schaffen ist eine etwas differenziertere Herangehensweise vonnöten – sowohl hier als auch im Allgemeinen. Die grob vereinfachende Verurteilung seiner Arbeiten als administrative Forschung, die den wirtschaftlichen Interessen der Medienindustrie diente und das gegebene wirtschaftliche und politische Machtsystem reproduzierte, greift zu kurz. Von der ersten bis zur letzten Seite beabsichtigte er mit *Radio and the Printed Page* der Erforschung der Massenmedien eine Geltung zu verleihen, die „über die bloßen Routinen einer kümmerlichen kommerziellen Forschung" hinausging.

Anmerkungen

1 Diese biografischen Details sind hauptsächlich auf Basis von Coleman (1980), Wiggershaus (1987) und Schramm (1997) zusammengestellt. Siehe außerdem Lazarfelds eigene intellektuelle Memoiren in Fleming und Bailyn (1969: 270–338). Für eine weitreichende Sammlung von Aufsätzen über verschiedene Aspekte von Lazarsfelds Leben und Karriere siehe Merton et al. (1979). Siehe auch Peters und Simonson (2004: 84–87). Douglas (2004: 126–139) bietet eine exzellente Charakterstudie über Lazarsfeld und seine Arbeit in Österreich und den USA. David Morrison, der seine Dissertation über Lazarsfeld geschrieben hat, führt am besten und detailliertesten durch Lazarsfelds Leben und Werk in Österreich sowie in den Vereinigten Staaten. Siehe Morrison (1998: 1–120 und passim).

2 Anm. d. Übers.: Bei der Übersetzung wurde darauf geachtet, die eher geschlechtsneutrale englische Grammatik in zeitgemäßes Deutsch zu überführen. Dabei wurden Funktionsbezeichnung – wie hier „Mitarbeiter" – aus Gründen besserer Lesbarkeit nicht immer in beiden Geschlechtern wiedergegeben.

3 F.R. Leavis im britischen Cambridge bewunderte *Middletown* sehr. Er betrachtete es als eine entscheidende zeitgenössische Analyse zum Einfluss der „Massenzivilisation" auf ältere, traditionellere Lebensweisen (siehe Kapitel 5).

4 Hierbei handelt es sich, soweit ich weiß, um die erste Veröffentlichung in englischer Sprache, die Kommunikation als einen dezidierten Teilbereich der Soziologie bezeichnet.

5 Das Projekt erhielt eine hohe Beihilfe von $67.000 von der *Rockefeller Foundation* und Lazarsfeld erhielt ein fürstliches Gehalt von $6.000 pro Jahr (vgl. Wiggershaus 1987: 269).

6 Anm. d. Übers.: Für die Übersetzung des im Deutschen problematischen Begriffs der Rasse (*race*) wurde versucht, sinnvolle Äquivalente zu finden. Bisweilen ist eine direkte Übernahme allerdings unumgänglich.

7 Die Anwendung psychoanalytischer Theorien auf zeitgenössische soziale Phänomene war unerlässlich für die Mitglieder des Instituts, in dem manch Angehöriger der Führungsriege selbst praktizierender Analytiker war (Erich Fromm), während andere in Behandlung waren (Horkheimer eine Zeit lang). Das Gelächter des Publikums wird in diesem Fall (im Rahmen der psychoanalytischen Theorie) als ein Verdrängungsmechanismus betrachtet, durch den sich die Selbstverachtung von einem selbst in der Gegenwart auf andere in der Vergangenheit verlagert. Einer der stärksten Gründe für Lazarsfelds Ablehnung einer solchen (für Adorno typischen) Denkweise besteht darin, dass sie neben sich keine alternative Interpretation oder Erklärung zulässt.

8 Die Details in diesem Abschnitt stammen aus Wiggershaus (1987: 267–273). Anm. d. Übers.: Die im Folgenden zitierten Passagen entstammen englisch geführten Briefwechseln, die Wiggershaus im Original belassen hat.

9 Die Iowa Radio Station (WOI) wird in Lazarsfeld (1940: 116f.) behandelt.

10 Siehe Kapitel 9 für eine vollständige Erörterung des „Encoding-Decoding"-Modells von Stuart Hall.

11 Siehe Heyer (2005) für eine historische Betrachtung von Orson Welles und dem Radio sowie die Passage über dessen berühmteste Sendung auf den Seiten 46–114. Der ursprünglich gewährte Zuschuss von der Rockefeller Foundation reichte nicht aus, um die Studie zur Sendung abzudecken. Zusätzliche Finanzmittel wurden von dem *General Educational Board* bereitgestellt.

12 Lazarsfeld war hinter den Kulissen stark in die Studie zu *War of the Worlds* involviert, wie Cantril in seinem Vorwort deutlich macht: „Er hat [mir] nicht nur unzählige Vorschläge zur Analyse und Interpretation gemacht, er hat auch mit seiner strengen und scharfsinnigen methodologischen Hilfe einen unbezahlbaren intellektuellen Erfahrungsschatz bereitgestellt. Aufgrund seiner Beharrlichkeit ist die Studie viele Male überarbeitet worden, wobei jede

seiner Beharrlichkeit ist die Studie viele Male überarbeitet worden, wobei jede Durchsicht neue Informationen hervorbrachte, die in den Statistiken und Fallstudien versteckt waren" (Cantril et al. 1940: xiiif.). Obwohl Cantril der Autor der Studie ist, hatte Lazarsfeld also großen Einfluss auf die Herangehensweise an die Ereignisse und deren Interpretation.

13   Diese und andere Studien, die an der Columbia Universität zum Radio durchgeführt wurden, erfolgten aus der Perspektive der „Sozialpsychologie". Was das genau bedeutet, wird zwar überall in der Literatur vorausgesetzt, aber nirgendwo erklärt. Es scheint dabei um die Beeinflussung von Einzelpersonen durch andere (Primärgruppen, Peergroups, Menschenansammlungen) zu gehen, was den Hauptgegenstandsbereich des Symbolischen Interaktionismus in Chicago darstellte. In Columbia hingegen ging es um die Wirkung von Massenkommunikation auf das persönliche Verhalten. Das Konzept der „Masse" tendiert eher dazu, bei Prozessen der Produktion und nicht des Konsums angewendet zu werden. Was es genau bedeutet, wird wiederum weitestgehend vorausgesetzt. Im amerikanischen Sprachgebrauch wird das Wort „*mass*" eher gebraucht, um urbane Menschenansammlungen zu bezeichnen. Im europäischen Sprachgebrauch bezieht sich die Bedeutung von „Masse" eher auf das städtische Proletariat.

14   Trotz all dieser realistischen Effekte, war die erzählte Zeit innerhalb der Erzählzeit spektakulär verdichtet. Die Ereignisse entfalteten sich in einer absurd hohen Geschwindigkeit, wie viele Hörerinnen und Hörer bemerkten. Die Marsmenschen landeten und waren sofort in Kämpfe mit dem amerikanischen Militär verstrickt, das auf magische Weise innerhalb von Minuten einsatzbereit war.

15   Anm. d. Übers.: Lazarsfeld zitiert hiermit die gleichnamige Komödie von Oscar Wilde. Aufgrund der inhaltlichen Parallele zu „Ernster Musik", werden „ernst" und „seriös" im Text synonym verwendet.

16   Beide Sendungen wurden von Talk-Produzenten, die damals bei der BBC arbeiteten, bewundert, und die Formate wurden für die öffentlich-rechtlichen Sendeanstalten in Großbritannien adaptiert. Der „Chicago Round Table" wurde zweimal als Vorlage verwendet: Das „London Talks Department" produzierte im Studio regelmäßig Gespräche am runden Tisch, genannt „Men Talking", während die Sendung in der nördlichen BBC-Region, in Manchester, zu einer ‚sokratischen Diskussion' dreier wiederkehrender Sprecher im Studio umfunktioniert wurde. „Town Meeting of the Air" wurde ebenfalls von Manchester aufgegriffen, wo es dann zu „Public Inquiry" wurde – eine Sendung, bei der lokale Themen in einem öffentlichen Saal vor einem großen, geladenen Publikum diskutiert wurden (vgl. Scannell & Cardiff 1991: 168f., 351).

17   Siehe Savage (1999: 21–72) für eine vortreffliche Darstellung der Geschichte dieser Sendung im Kontext von Radio und Rassenpolitik in den 1930ern und 1940ern. Sie beinhaltet auch faszinierende Studien über den „Chicago Round Table" und „Town Meeting of the Air" als öffentliche Foren für die Diskussion über ‚Rassen-Beziehungen' im Radio (ebd.: 194–245).

18   Das Buch wurde 1940 veröffentlicht, als sich Europa schon im Krieg befand, die USA aber noch nicht.

19   Ein vollständiger Nachdruck von „On borrowed experience. An analysis of listening to daytime sketches" von Herzog (1941) findet sich bei Peters und Simonson (2004: 139–156). Für eine kritische Auseinandersetzung mit diesem Artikel, der mittlerweile ein Klassiker ist, und eine mit ihr korrespondierende Publikation in *Radio Research 1942–1943* (Herzog 1944), siehe Liebes (2003: 39–53). Susan Douglas überschüttet Herzog mit Lob und beschreibt ihre Studie zum „Professor Quiz" mit den Worten „nichts geringeres als brillant" (2004: 144–148).

20   Während Horkheimer und Adorno keine Bedenken hatten, von den Massen zu schreiben, ist es bei Lazarsfeld ein Begriff, den er selten und behutsam in Anführungszeichen benutzt.

3 Massenkultur: Horkheimer, Adorno, Brecht, Benjamin – Deutschland/USA, 1930er und 1940er Jahre

3.1 Die soziale Frage

Wir haben uns bereits mit dem Frankfurter Institut für Sozialforschung in den USA beschäftigt. In diesem Kapitel werde ich auf dessen europäische intellektuelle Wurzeln eingehen, insbesondere auf den kritischen Ansatz bei der Erforschung der zeitgenössischen Gesellschaft. Doch zunächst muss ich in Betracht ziehen, warum und auf welche Weise die Gesellschaft selbst sich als Gegenstand wissenschaftlicher Forschung in Deutschland nach dem Ersten Weltkrieg anbot. Auf die Gründe für das Aufkommen der Soziologie als Wissenschaftsbereich an US-amerikanischen Universitäten habe ich bereits hingedeutet. Seit mehr als drei Jahrhunderten waren Menschen aus Europa in die USA ausgewandert. Im 17. und 18. Jahrhundert verließen sie die Alte Welt, um religiöser und politischer Verfolgung (oft nicht voneinander zu trennen) zu entkommen. In der Neuen Welt hofften sie, sich in Gemeinschaften zusammenschließen zu können, um in Freiheit und ohne Angst ihren Glaubensvorstellungen und Bräuchen entsprechend zu leben. Später im 19. Jahrhundert wurden Massenauswanderungen aus Europa weniger von ideologischen, sondern verstärkt von wirtschaftlichen Faktoren ausgelöst. Die Armen Europas wanderten nach Amerika aus, da es für sie das Land der Möglichkeiten war, das Einzelindividuen mitsamt ihren Familien Aufstiegschancen bot. Amerika und Europa standen somit in einem komplizierten Verhältnis zueinander, in dem die Neue Welt politische, religiöse und wirtschaftliche Freiheiten bot, welche die Länder der Alten Welt auf unterschiedliche Weise verwehrten. So oder so war (und ist) Freiheit Amerikas *raison d'être*; der Grund, warum es überhaupt existiert und Grundstein der dort geschaffenen Formen des organisierten gesellschaftlichen Zusammenlebens. Die Vorstellung von den Vereinigten Staaten als „the great society" war ursprünglich ein europäischer Traum von Freiheit, der durch das Niederschreiben einer Verfassung zur politischen Realität wurde. Dadurch entstand auf einem neu erschlossenen Kontinent, fernab vom alten Europa, der erste durchdachte, gewollte und als solcher erfundene moderne Nationalstaat; die Schöpfung und die Leistung von freien Menschen in freier Vereinigung miteinander, wie Hannah Arendt betont (vgl. Arendt 1994b [1963]).[1] Die Bedeutung der Moderne, egal wie grob wir sie auch fassen mögen, ist eng verbunden mit den Vereinigten Staaten von Amerika. Denn dort existierte die erste wirklich moderne Gesellschaft, und der Beginn des 20. Jahrhunderts markierte die Schwelle dieser Entwicklung. Von Anfang an beschäftigte sich die amerikanische Soziologie mit der Analyse einer Gesellschaft im Prozess der Entdeckung, wie sie zu einer Gesellschaft wird beziehungsweise werden kann.

Im Europa des 19. Jahrhunderts war trotz der Erschütterungen durch die Französische Revolution „Gesellschaft" überall selbstverständlich. Die politischen und gesellschaftlichen Institutionen waren dort viele Jahrhunderte alt und althergebrachte Traditionen, Bräuche und Gesetze bestimmten die Beziehungen zwischen Individuen und unterschiedlichen Statusgruppen. Der Fabrikkapitalismus als Antrieb gesellschaftlicher Modernisierung traf auf zähen Widerstand. Dieser zielte gegen die Mühen und Entbehrungen, die der Kapitalismus hervorrief. Die Arbeitsbedingungen in den dreckigen Minen, Stahl-, Woll- und Baumwollfabriken waren äußerst hart und gesundheitsschädlich, während die geringen Löhne kaum zum Leben reichten. Die „soziale Frage" wurde im Europa des 19. Jahrhunderts zur Frage der in Armut lebenden Massen, wie Arendt anmerkt.[2] In Großbritannien galt die Verelendung des urbanen Proletariats (und insbesondere die Kinderarbeit) in den 1840er Jahren als nationaler Skandal, anschaulich beschrieben in den Industrieromanen (besonders in *Harte Zeiten)* und von Friedrich Engels in seinem bedeutenden Bericht *Die Lage der arbeitenden Klasse* aus dem Jahre 1845. In Großbritannien war Ausweisung oder Auswanderung in die entlegenen Winkel des Empires teilweise die unmittelbare Reaktion. Anderswo in Europa wanderten die geknechteten Massen nach Amerika aus. Doch dies war keine Lösung für das Strukturproblem europäischer Gesellschaften, das im Aufkommen der städtischen Massen bestand – besonders als diese anfingen, ihre Arbeiter zu organisieren, um Fabrikanten Zugeständnisse abzuringen und politische Rechte einzufordern. Die Frage der Massen ging eine untrennbare Verbindung mit wirtschaftlichen Konflikten und politischen Kämpfen ein. Karl Marx war der erste und bedeutendste Analytiker der gesellschaftlichen Modernisierung, die er natürlich unter dem Gesichtspunkt der grundlegenden Restrukturierung sozialer Beziehungen betrachtete. Diese wurde ausgelöst durch die Revolution im Produktionswesen, der er als politischer Flüchtling in England begegnete. Fabrikkapitalismus und Massenproduktion definierten die Verwerfungslinien sozialer Beziehungen neu: Herr und Bauer waren (zumindest im Prinzip) nicht länger durch uralte wechselseitige Bindungen und Verpflichtungen aneinander gefesselt. Stattdessen waren es nun die Bosse und ihre Arbeiter, die allein durch das Schachern um Löhne miteinander verbunden waren. Sie stritten um den Mehrwert, den der Kapitalist aus seiner Belegschaft zog, indem er ihre Arbeitskraft gnadenlos ausbeutete. Die sozialen Beziehungen der modernen Gesellschaften, neu definiert durch Kapital und Arbeitskraft, waren ihrem Wesen nach gegeneinander gerichtet und ungerecht. Die gerechte Neuverteilung des gesellschaftlichen Überschusses, den die Arbeiterschaft erwirtschaftete und dessen sie dann enteignet wurde, konnte nach Ansicht von Marx nur durch eine politische Revolution erreicht werden.

Zu Beginn des 20. Jahrhunderts hatte die „soziale Frage" also in Europa eine völlig andere Bedeutung als in Amerika. Zwar drehte sie sich in beiden Fällen um die Massen, stellte sich dabei in Europa aber eher hinsichtlich wirtschaftlicher und politischer Fragen. In Amerika dagegen kam sie als *soziale* Frage auf (Formen städtischen Soziallebens, die durch neu angekommene Wirtschaftsimmigranten just entstanden). Als solche wurde sie von einem neuen wissenschaftlichen Untersuchungsfeld in der bewegten Großstadt Chicago behandelt, das nach dem verheerenden Feuer von 1874 neu aufgebaut wurde. Das kurz nach dem Ende des zerstörerischen Ersten Weltkriegs in Frankfurt gegründete *Institut für Sozialforschung* betrachtete dagegen die soziale Frage naturgemäß als die Frage des wirtschaftlichen und politischen Schicksals der Massen, deren Armut und Ausbeutung seine Gründungsmitglieder persönlich deutlich nachempfanden.[3] Die Kritische Theorie stand nie für eine klar formulierte und definierte theoretische Hypothese oder Position, die Horkheimer und seine Kollegen zu beweisen oder zu verteidigen angestrebt hätten. Vielmehr bezeichnete sie eine geteilte kritische Haltung dem zeitgenössischen Sozialleben gegenüber, das die Angehörigen des Instituts für grundlegend widersprüchlich und antagonistisch hielten. Negative Kritik hatte ein positives Ziel und einen Zweck. Die Aufgabe der Intellektuellen war es, zur Emanzipation und Befreiung der Massen beizutragen, indem sie diejenigen gesellschaftlichen Kräfte identifizierten, die den wahren menschlichen Belangen entgegenwirkten. Für Horkheimer und seine Kollegen – wie auch für ihren Zeitgenossen Georg Lukács – zeichnete sich im Schicksal der Massen auch das Schicksal der gesamten Gesellschaft ab und ihre Emanzipation stellte die Verwirklichung einer freien und gerechten Gesellschaft im Interesse aller dar. Mit ihrer Verpflichtung gegenüber der menschlichen Emanzipation sahen sich die Mitglieder der Frankfurter Schule als Erben der Aufklärung des 18. Jahrhunderts und der bedeutenden deutschen intellektuellen Tradition, auf die sie sich bezogen, um ihre Kritik an der zeitgenössischen Welt zu formulieren. Mit der Zeit schien es jedoch, als sei die Tradition, die sie versorgte, erschöpft und als habe die Aufklärung sich gegen sich selbst gewandt. Die moderne Rationalität, so Adorno und Horkheimer in der *Dialektik der Aufklärung*, basierte auf Lügen und dem systematischen Betrug an den Massen.

3.2 Die Kritische Theorie und die Massen

Es war Horkheimer, der den Terminus „Kritische Theorie" prägte. Zum ersten Mal benutzte er den Begriff (auf Englisch) in seinem Vorwort zur 1941 veröffentlichten Sonderausgabe der *Zeitschrift für Sozialforschung* zur Soziologie der Kommunikation, um die Arbeit des Instituts zu definieren. Was er mit dem „Ansatz einer kritischen Sozialforschung" meinte, erläutert er in derselben Ausgabe in seinem Beitrag „Zur Tätigkeit des Instituts". Verallgemeinernde Konzepte (wie „die Massen") bleiben erst einmal bloße Abstraktionen, es sei denn, sie werden in ihrem jeweiligen historischen Kontext verstanden:

> „Die eigentliche Bedeutung etwa von ‚Massen' läßt sich nicht durch eine im Kern quantitative Analyse [...] gewinnen [...] Die methodologisch richtige Anwendung muß berücksichtigen, daß sich die Massen auf den unterschiedlichen Stufen des sozio-historischen Prozesses keineswegs einheitlich darstellen und daß ihre gesellschaftliche Funktion wesentlich durch die anderer sozialer Schichten und durch die besonderen gesellschaftlichen und ökonomischen Mechanismen bestimmt wird, von denen die Massen hervorgebracht und verewigt werden." (Horkheimer 1988: 374)

Jedes einzelne verallgemeinerte Konzept in der theoretischen Analyse muss als ein konkretes Element in einer bestimmten gesellschaftlichen Konfiguration und als solches im Bezug auf den geschichtlichen Prozess verstanden werden, von dem es nicht zu trennen ist. Derartige Analysen sind ihrem Wesen nach grundsätzlich kritisch, denn sie stellen die Diskrepanz zwischen den vorgeblichen Werten einer Gesellschaft und ihrer tatsächlichen Funktionsweise heraus und versuchen, diese zu erklären:

> „Die öffentlichen Kommunikationsmedien wie Radio, Presse und Film beschwören immer wieder, daß ihnen der Wert des Individuums und seine unveräußerliche Freiheit über alles gehen; aber in dem, was sie tun, neigen sie dazu, diese Werte zu verraten, indem sie das Individuum auf vorgeschriebene Handlungen, Gedanken und Kaufgewohnheiten einengen." (ebd.: 375)

Eine wirkliche kritische Theorie setzt bestimmte feststellbare, grundlegende Werte voraus, denen sich historische Gesellschaften verschrieben haben und für die diese zu Recht kritisiert werden können, sollten sie in der Praxis daran scheitern, sie zu verteidigen und umzusetzen. Die vorrangige theoretische Aufgabe bestand darin, eine Analyse von den Mechanismen der Gesellschaft insgesamt zu entwickeln, um ihr Versagen bei der praktischen Umsetzung der vorgeblichen Werte zu erklären.

Diese Aufgabe wurde von Horkheimer in seiner Antrittsrede am 24. Januar 1931 anlässlich seiner Berufung zum Inhaber des Lehrstuhls für Sozialphilosophie und seiner Ernennung zum Direktor des Instituts hervorgehoben. In seiner Rede befasste er sich mit dem gegenwärtigen Zustand der Gesellschaftsphilosophie und der Aufgabe eines Instituts, das sich der Sozialforschung widmete. In der Tradition der deutschen Philosophie, angefangen bei Hegel, hatte man Individuen als Teil eines sozialen Ganzen gesehen, wenn auch diese Totalität dem Schicksal der Individuen gegenüber gleichgültig war. Wie Marx eindeutig vorhergesehen hatte, schien im Verlauf des 19. Jahrhunderts die fortschreitende Entwicklung der Industrie, Technologie und Wissenschaft ein Ende der materiellen Knappheit zu versprechen und somit gleichermaßen das Ende der willkürlichen, ungleichen und ungerechten Verteilung der materiellen Mittel zwischen Arm und Reich. Die Massenproduktion verhieß zwar die Abschaffung der Massenarmut, allerdings war diese Hoffnung noch nicht erfüllt worden. Das Institut strebte eine Kombination aus materialistischer (marxistischer) Theorie und empirischen Untersuchungen der zeitgenössischen ökonomischen Beziehungen zwischen Arbeitern und Arbeitgebern an.[4] Der zentrale Punkt, so behauptete Horkheimer damals, sei „die Frage nach dem Zusammenhang zwischen dem wirtschaftlichen Leben der Gesellschaft, der psychischen Entwicklung der Individuen und den Veränderungen im kulturellen Bereich" (Wiggershaus 1987: 51f.). In den darauffolgenden Jahren sollten die Veränderungen im zeitgenössischen kulturellen Leben für Horkheimer und Adorno immer wichtiger werden.

Die Rolle der Kultur ist eines der großen Themen dieser Geschichte. Zunächst taucht sie in der Arbeit von Adorno und Horkheimer als ein entscheidender Aspekt der Sozialtheorie auf. Bei dem Versuch, Gesellschaft als Ganzes zu betrachten, ergaben sich drei strukturelle Elemente: wirtschaftliche, politische und kulturelle Formen des Lebens. Während es uns heute offensichtlich erscheint, dass eine Gesellschaft *als* Totalität ein komplexes Gebilde darstellt, das aus diesen drei Elementen besteht, so war dies damals etwas, das erst einmal entdeckt werden musste. Im frühen 20. Jahrhundert war die Bedeutung der kulturellen Formation moderner Gesellschaften sehr viel weniger offensichtlich als heute, denn der *cultural turn* in der wissenschaftlichen Auseinandersetzung mit Gesellschaft ist ein Produkt der zweiten Hälfte des letzten Jahrhunderts. Wie wir gesehen haben, drehte sich die soziale Frage der Modernisierung im 19. Jahrhundert um wirtschaftliche Zusammenhänge, um die Gegensätze, die sie hervorbrachten, und um die politischen Bemühungen, diese zu überwinden. Unmittelbar nach dem Ende des Ersten Weltkrieges hatte es für einen Moment so ausgesehen, als hätte es einen politischen Sieg in Russland gegeben, als Lenin die Macht ergriff und im Namen der Massen den staatlichen Sozialismus einführte. Im Revolutionsjahr 1918 ging man weithin davon aus, dass der Sturz der Monarchie in Russland auch andernorts in Europa Revolutionen nach sich ziehen würde. In Deutschland, England und Italien schien es, zumindest für kurze Zeit, als würden starke industrielle Unruhen zu spontanen Revolutionen ‚von unten' und zur Ergreifung der Staatsmacht durch die Massen führen. Doch in allen Ländern ging dieser Moment wieder vorüber, wenn auch auf unterschiedliche Weise. Ein Jahrzehnt später bedurfte das Scheitern des revolutionären Potentials der Massen dringend der Aufmerksamkeit einer materialistischen Sozialtheorie. Rohe Gewalt und Unterdrückung sollten als Erklärung nicht ausreichen.[5] Allmählich schien es so, als würden die Triebfedern der revolutionären Bewegung aufgrund falscher Verzückungen, und zwar den Sirenengesängen der Massenkultur, an Spannkraft verlieren.

„Kultur" ist Raymond Williams zufolge ein problematisches Wort und der Versuch, seine Bedeutung zu erfassen, ist ein zentrales Thema in Kapitel 5, in dem ich die britischen Reaktionen auf die „soziale Frage" anreißen werde. Wenn wir die Bedeutung eines Wortes begreifen wollen, stellt sich immer die Aufgabe, seinen geschichtlichen Sinn zu verstehen, was Williams wohl bewusst war. Das heißt, dass wir in Betracht ziehen müssen, wie und wann sich Bedeutung und Gebrauch von Wörtern ändern, angesichts der „zahllosen und unvorhersehbaren Ansprüche der Welt an die Sprache".[6] Alte Wörter nehmen neue Bedeutungen an, indem sie sich neuen historischen Umständen anpassen. In der Zeit zwischen den beiden Weltkriegen wurde die Bedeutung von „Kultur" durch einen grundlegenden Wandel der kapitalistischen Produktionsweise infrage gestellt, der ihre bestehende Verknüpfung mit der europäischen Kunst-, Literatur- und Musiktradition auflockerte. In den 1920er und 1930er Jahren setzte sich in Europa und Nordamerika der Konsumkapitalismus entschlossen durch, als Massenmärkte für eine ganze Palette neuer Haushalts- und Freizeitwaren geschaffen wurden. Eng verbunden damit war die breite Durchdringung der Gesellschaft mit neuen Formen elektronischer Kommunikation (Telefon und Radio) und „Massen"-Unterhaltung (Kino und Musikindustrie). Die „Massenkultur" wurde zu einem weiteren zentralen Anliegen zeitgenössischer Intellektueller, die sich mit der Frage der Massen beschäftigten.

Ein Ziel dieses Buches ist es, die geschichtliche Entwicklung akademischer Disziplinen sowie ihre charakteristischen Interessengebiete und konzeptionellen Bezugsrahmen zu verstehen. Die Arbeit der Frankfurter Schule blieb während ihrer kreativsten und produktivsten Phase im US-amerikanischen Exil fast vollkommen unbekannt. Erst als sie etwa 30 bis 40 Jahre später ins Englische übersetzt und im Rahmen neuerer Medien- und Kulturstudien Eingang in die kritische Literatur fand, erlangte sie ein weitgehendes Maß an Bekanntheit und Rezeption. Eine in den 1930er Jahren entwickelte Kritik der Massenkultur wurde dann in den 1970ern ohne Berücksichtigung des historischen Kontextes gelesen und aufgrund ihres Kulturpessimismus und Elitedenkens abgelehnt. Die erstaunliche Originalität dieser Kritik, verglichen mit dem, was es zu dieser Zeit (bzw. seither) sonst noch gab, wurde weitgehend ignoriert, wie John Durham Peters (2003) festgestellt hat. Das Erkennen dieser Originalität geht nicht ohne Schwierigkeiten vonstatten, denn der Schlüsseltext, in dem die Kritik der Massenkommunikation und -kultur ausgearbeitet wird, verweigert mit voller Absicht jegliche kohärente, systematische oder logisch aufgebaute Darstellung seiner Position. „Kulturindustrie – Aufklärung als Massenbetrug" lautet die Überschrift eines der Kapitel in der *Dialektik der Aufklärung*, die Adorno und Horkheimer in den frühen 1940er Jahren in Los Angeles (der Heimat Hollywoods) verfassten, weit ab vom Krieg, in dem Europa versunken war, dessen sie sich jedoch durch und durch bewusst waren. Es war genau dieser Moment, der sie als emigrierte deutsch-jüdische Intellektuelle mit der grausamsten historischen Ironie konfrontierte – und zwar der, dass sich in Europa die Vernunft gegen sich selbst gewandt hatte und die Aufklärung von Finsternis umhüllt war. Doch bevor wir uns der Ausarbeitung dieser Thematik in der *Dialektik der Aufklärung* widmen – und insbesondere der Kritik dessen, was Horkheimer und Adorno als Kulturindustrie bezeichneten –, sind einige vorbereitende Erklärungen bezüglich ihrer wichtigsten Inspirationsquellen erforderlich. Ich werde nacheinander kurz Karl Marx' Konzepte der Entfremdung und des Warenfetischismus, Max Webers Konzept der instrumentellen Vernunft und Georg Lukács' Konzept der Verdinglichung des Bewusstseins umreißen. Sie waren alle von großer Bedeutung für das Denken von Horkheimer und Adorno und stützen ihre bemerkenswerte Analyse der Massenkultur, zu der ich nach diesem kurzen Exkurs wieder zurückkommen werde.

3.3 Entfremdung und Warenfetischismus

Das Vermächtnis von Karl Marx (1818–1883) ist heute schwer zu bewerten, zum Teil aufgrund des Zusammenbruchs des Kommunismus in Russland und Osteuropa und zum Teil aufgrund des davon nicht als losgelöst zu betrachtenden, einstweiligen Niedergangs des westlichen akademischen Marxismus, der in seinen verschiedenen Formen ebenso von ihm inspiriert war. Marx' Genialität übertrifft jedoch das, wozu ihn seine politischen und intellektuellen Erben gemacht haben – oder wozu ihn zu machen sie gescheitert sind. Er war der erste und bedeutendste kritische Analytiker des Fabrikkapitalismus als geschichtlicher Motor der gesellschaftlichen Modernisierung. Dies war die Thematik seines Lebenswerkes, welches in seinem unvollendeten Meisterwerk *Das Kapital* gipfelte, dessen erster Band 1867 erschien. Marx kam zur Untersuchung des Wirtschaftslebens, nachdem er Philosophie, Religion und Politik studiert hatte. Seine frühen, unveröffentlichten Schriften konzentrierten sich auf das Wesen der Arbeit im Fabrikkapitalismus. Dabei vertrat er die Auffassung, dass der Arbeiter unter derartigen Bedingungen gezwungenermaßen von seiner Arbeit entfremdet würde, da diese nicht mehr seine eigene Menschlichkeit oder seine zwischenmenschlichen Beziehungen ausdrückte oder erfüllte. In einer beeindruckenden

Passage überlegt Marx, wie nicht entfremdete Arbeit aussehen könnte und was
es hieße, *menschlich* zu produzieren:

> „Ich hätte 1) in meiner Production meine Individualität, ihre Eigenthümlichkeit vergegenständ-
> licht und daher sowohl während der Thätigkeit eine individuelle Lebensäusserung genossen, als
> im Anschauen des Gegenstandes die individuelle Freude, meine Persönlichkeit als gegenständ-
> liche, sinnlich anschaubare und darum über allen Zweifel erhabne Macht zu wissen. 2) In dei-
> nem Genuß oder Deinem Gebrauch meines Produkts hätte ich unmittelbar den Genuß, sowohl
> des Bewußtseins, in meiner Arbeit [ein] menschliches Bedürfniß eines anderen menschlichen
> Wesens seinen entsprechenden Gegenstand verschafft zu haben, 3) für dich der Mittler zwi-
> schen dir und der Gattung gewesen zu sein, also von dir selbst als eine Ergänzung deines eignen
> Wesens, als ein nothwendiger Theil deiner selbst gewußt und empfunden zu werden, also so-
> wohl in deinem Denken als in deiner Liebe mich bestätigt zu wissen, 4) in meiner individuellen
> Lebensäusserung unmittelbar Deine Lebensäusserung geschaffen zu haben, also in meiner indi-
> viduellen Thätigkeit unmittelbar mein wahres Wesen, mein menschliches, mein Gemeinwesen
> bestätig und verwirklicht zu haben." (Marx 1962: 465)

Unsere naturgegebene Menschlichkeit ist im Wesentlichen sozial und gemeinschaftlich und sie drückt sich aus in der grundlegenden menschlichen Aktivität
des Herstellens von Dingen. Diese sind Ausdruck und Verkörperung einer Reihe
von gesellschaftlichen Beziehungen zwischen dem Erzeuger, dem Produkt selbst
und denen, für die das Produkt hergestellt wird. In den sozialen Produktions-
verhältnissen drückt das Produkt den Charakter dieser Beziehung aus und bekräftigt ihn in seiner geteilten und gemeinsamen Menschlichkeit. „Unsere Pro-
ductionen wären eben so viele Spiegel, woraus unser Wesen sich entgegen
leuchtete" (ebd.).

In der kapitalistischen Produktion wird der menschliche Sozialcharakter der
Arbeit zerstört. Im Fabrikkapitalismus nimmt

> „mit der Verwertung der Sachenwelt die Entwertung der Menschenwelt in direktem Verhältnis
> zu. Die Arbeit produziert nicht nur Waren; sie produziert sich selbst und den Arbeiter als eine
> Ware, und zwar in dem Verhältnis, in welchem sie überhaupt Waren produziert." (ebd.: 561)

Entfremdete Arbeit zeigt sich zunächst in der Tatsache, dass der Arbeiter sich
selbst für einen Lohn verkauft hat, noch bevor er überhaupt anfängt zu arbeiten.
Auf diese Weise hat der Arbeiter sich selbst bereits zur Ware gemacht, dadurch,
dass er sich selbst für Geld verkauft hat, und somit zu einem bloßen Instrument
des Willens des Kapitalisten wird. Im Arbeitsprozess wird der Arbeiter von
seiner Arbeit entfremdet, weil er keine Kontrolle über die Arbeitsbedingungen
hat. Er legt weder die Länge des Arbeitstages fest, noch wann oder wo er arbeitet. Er verfügt über keinerlei Kontrolle bezogen auf den Produktionsprozess und
führt ausschließlich Aufgaben aus, die ihm vorher zugewiesen worden sind. Es
gibt keine ‚Arbeitszufriedenheit', keine Freude daran, etwas herzustellen und
alle Aspekte des Prozesses zu überwachen, um sicherzustellen, dass der Gegenstand den eigenen Vorstellungen gemäß gefertigt wird, wodurch er zum Ausdruck des Arbeiters selbst würde. Schließlich ist das Produkt in keiner Weise

das Eigentum des Arbeiters – es gehört dem Kapitalisten, der es mit Gewinn verkauft, welchen er in die eigene Tasche steckt. Somit weist entfremdete Arbeit auf die Kommodifizierung der Arbeitsbedingungen hin; des Arbeiters selbst, des Arbeitsprozesses und des Produkts, das aus diesem Prozess hervorgeht. Arbeit drückt nicht länger das Wesen menschlichen Lebens als grundlegend sozial aus, sondern sie beinhaltet eher die Leugnung gesellschaftlicher Existenz. Sie bestätigt den Verdacht, dass die Produktionsverhältnisse im Grunde gegeneinander gerichtet sind. Die Interessen des Kapitalisten stehen im direkten Gegensatz zu denen des Arbeiters. Zwischen beiden herrscht keine Beziehung der Gegenseitigkeit, in der jeder vom anderen profitiert. Es ist eine Beziehung, die auf Ausbeutung und Beherrschung basiert, in der Menschen *zwangsläufig* miteinander in Konflikt stehen.

Die Betrachtung des zeitgenössischen Wirtschaftslebens, die Marx mit den *Ökonomisch-philosophischen Manuskripten* begann, war viele Jahre später im ersten Band von *Kapital* voll ausgereift. Hier nahm Marx nicht den Charakter der Arbeit, sondern deren Endprodukt, die Ware, als Ausgangspunkt. Sein Ziel war es, zu zeigen, in welchem Ausmaß die Waren den wachsenden Wert der materiellen Welt und den Niedergang der sozialen Welt ausdrückten, selbst dann, wenn sie ihn verschleierten. Den Schlüssel zum Buch bildet das berühmte Kapitel über den „Fetischcharakter der Ware und sein Geheimnis" (Marx 1972: 85–98). Was ist sein Geheimnis? Das Geheimnis ist, dass er das Wesen der menschlichen Mühe und Energie verheimlicht, die in die Herstellung der Ware eingeflossen sind. Eine Ware könnte als Vergegenständlichung ‚toter Arbeit' definiert werden – die gesamte unsichtbare Arbeit, die zu ihrer Fertigung nötig war. Dies ist kaum eine neue Erkenntnis. Neu ist bei Marx dagegen die Analyse des genauen Wesens der Arbeitskraft, die von den Waren verborgen wird – ihr ausbeuterisches Wesen. Der Grad der Ausbeutung kann mittels des Mehrwerts (einfach gesagt: der Profit) gemessen werden. Dieser Mehrwert wird im Produktionsprozess erzeugt, aber im Austausch verwirklicht. Alle Gesellschaften erzeugen Dinge für den menschlichen Gebrauch. Als solche besitzen Dinge einen Gebrauchswert, der im Grunde genommen ein sozialer ist. Doch Waren verfügen auch über einen Tauschwert, der unabhängig ist von ihrem Gebrauchswert. Dieser (einfach ausgedrückt: der Preis) wird im Tausch gegen Geld erzielt. Geld wiederum ist „reiner Wert", die „Ware aller Waren". Es ist der absolute Maßstab für alle Tauschwerte. Beim Austausch von Waren treten Dinge somit in Beziehung zu anderen Dingen, wobei soziale Beziehungen völlig ausbleiben. Nichtsdestotrotz wird hier der Mehrwert erzeugt. Mit anderen Worten wird genau hier der Grad der Ausbeutung versteckt, denn Marx zufolge stellt der Wert der Ware (der Preis, zu dem sie getauscht wird) die Umsetzung der gesamten dafür aufgewandten Arbeit dar. Doch der Arbeiter erhält natürlich nicht den im Austausch erzielten Wert seiner Arbeit in vollem Umfang zurück. Die Differenz zwischen dem, was der Kapitalist als Gewinn (Mehrwert) einstreicht, und dem, was der Arbeiter als Lohn erhält, gibt den Grad der Ausbeutung an. Eben dies – was im Arbeitsprozess erzeugt und im Tausch zu Geld gemacht wird – ist in der Ware verborgen.

„Bisher", bemerkt Marx ironisch, „hat noch kein Chemiker Tauschwert in Perle oder Diamant entdeckt" (ebd.: 98). Der Wert einer Ware beschreibt keine materielle Eigenschaft des Objekts an sich. Darin besteht das Rätsel der Warenform. „Es steht daher dem Werte nicht auf der Stirn geschrieben, was er ist. Der Wert verwandelt vielmehr jedes Arbeitsprodukt in eine gesellschaftliche Hieroglyphe" (ebd.: 88). Marx' immense Arbeit in *Das Kapital* besteht darin, diese gesellschaftliche Hieroglyphe zu entschlüsseln und auf diese Weise das Rätsel des Waren*fetischismus* zu lösen. Ein Fetisch ist ein Objekt, das mit magischen Eigenschaften ausgestattet ist – vielleicht wie ein Talisman, den man kauft, um sich vor Schaden oder Unglück zu schützen. Fetischismus ist die Anbetung von Dingen mit angeblich magischen Eigenschaften. Für Marx sind Waren, besonders das Geld, Fetischobjekte. Die Magie des Geldes ist das Rätsel des Warenfetisches (vgl. Marx 1972: 108). Warenfetischismus beinhaltet (sinngemäß) die *Versachlichung* sozialer Produktionsverhältnisse zu Beziehungen zwischen Dingen. Dieser Prozess verdrängt und entwertet das menschliche Sozialleben, denn wenn Waren ihren Wert *als* Waren im Tausch mit der Ware Geld erzielen, geschieht dies auf Kosten all derer, die die Ware hergestellt haben, aber überhaupt keine Kontrolle über die Objekte ihrer Arbeit haben und wenig davon profitieren – abgesehen von einem Lohn, der gerade einmal die Lebenshaltung deckt. Der Warenfetischismus verweist auf die Kommodifizierung der sozialen Produktionsverhältnisse. Wenn Arbeit, wie Marx dachte, der Ausdruck unser gemeinsamen menschlichen Natur ist, dann steht das Schicksal der Arbeit unter kapitalistischen Bedingungen für den schwindenden Wert des sozialen Lebens und den steigenden Wert des Lebens der Dinge.

3.4 Instrumentelle Vernunft

Zwei zentrale Punkte in Max Webers (1864–1920) Soziologie waren auf der einen Seite die wachsende *Rationalisierung der Gesellschaft* und auf der anderen Seite die damit einhergehende *Entzauberung der Welt*. Weber bemerkte gegen Ende des 19. Jahrhunderts, dass das Sozialleben zunehmend auf Basis einer besonderen Art von Rationalität organisiert wurde, die er als *Zweckrationalität* bezeichnete. Diese Art von Rationalität untermauerte sowohl die Organisation zeitgenössischer Wirtschaft als auch das Staatsleben, moderne gewerbliche Unternehmen also genauso wie den modernen Nationalstaat. Wirtschaftliche und politische Institutionen werden vom Streben nach technischer Effizienz angetrieben. Das Ziel des kapitalistischen Betriebs ist die Gewinnmaximierung. Wie man das am besten erreicht, ist letzten Endes eine rein technische Frage, eine Frage der Verfahren oder Methoden, der Entdeckung der effektivsten (effizientesten) Mittel zur Realisierung von Profit. Es ist eine streng rationale Angelegenheit der Kalkulation möglicher Beziehungen von Mittel und Zweck. Und genau das ist es, was Weber mit *Zweckrationalität* meint; die Logik dieser Denkweise (die rationale Kalkulation von Mittel und Zweck), die er als die wichtigste Form der Rationalität in modernen Gesellschaften erachtet, ihre „innere Logik" sozusagen.

Was sind die Konsequenzen dieser Art von Rationalität? Weber bemerkte, dass sie auf zwei unterschiedliche Weisen betrachtet werden können. Einerseits könnte man die Mittel für wichtiger als den Zweck halten (*mittel-orientierte Rationalität*) oder andererseits den Zweck gegenüber den Mitteln stärker hervorheben (*zweck-orientierte Rationalität*). Weber bezeichnet Letzteres als *materiale Rationalität* und das zuerst Genannte als *formale Rationalität* (vgl. Weber 1976: 44–59). Die materiale Rationalität befasst sich mit dem Zweck – sie beinhaltet ein *telos* (Ziel, Zweck). Dieses *telos* kann im Falle eines Unternehmens der Gewinn, für eine regierende Partei eine bestimmte Art von Sozialpolitik (zum Beispiel die Erhöhung des Kindergeldes) sein. Wie aber sieht die Basis aus, auf der die Übereinstimmungen hinsichtlich sozialer Ziele und Absichten getroffen wird? Weber konnte beobachten, dass es in modernen Gesellschaften viele verschiedene, miteinander konkurrierende Ansichten zur materialen Rationalität gibt. Die materialen Ziele eines Arbeiters und die materialen Ziele eines Kapitalisten sind nicht nur unterschiedlich, sondern stehen im krassen Gegensatz zueinander, und zwar in Bezug auf viele wichtige Themen, wie beispielsweise die Abtreibung. Demnach gibt es keine übergeordnete materiale Rationalität (keine gemeinsame Weltsicht) in modernen Gesellschaften. Sie werden also nicht von einer generellen Übereinkunft über die Ziele und Absichten ihrer eigenen Existenz untermauert. Die Auflösung der materialen Unterschiede zwischen Individuen und sozialen Gruppen wurde immer mehr zu einer Angelegenheit, die durch politische und juristische Prozesse entschieden werden musste.

Im Hinblick auf etwas, das man soziale Zusammenhangslosigkeit auf der Ebene der materialen Rationalität nennen könnte, erreichte die formale Rationalität (beziehungsweise die technische Effizienz) eine größere Bedeutung und wurde immer mehr selbst zu einem Zweck. Die Logik der technischen Effizienz untermauerte die modernen Bürokratien. Weber erstellte eine gründliche Analyse der Organisation nicht-körperlicher Arbeit, bei der es um verschiedene Formen politischer oder wirtschaftlicher Verwaltung ging. Während Marx den Arbeitsprozess in Fabriken analysierte und dabei Einblicke in den *modus operandi*, die innere Logik der wirtschaftlichen Organisation des modernen Lebens, erhielt, beschäftigte sich Weber mit den Funktionsweisen der Büros und deckte damit den *modus operandi* des Staates, also die politische Organisation modernen Lebens, auf. Der Staat hat das Monopol legitimer Gewalt inne (Armee, Polizei), mit welcher er interne Rebellionen innerhalb des eigenen Territoriums zurückschlägt und externen Bedrohungen fremder Mächte Stand hält (vgl. Weber 1976: 30). Die Macht, Leben und Besitz innerhalb seines Territoriums zu verteidigen, ist die Basis seiner Legitimation. Seine anhaltende Existenz beruht auf einem beständigen Verwaltungsapparat (oder auch Bürokratie), der Steuern einnimmt und der die vom Staat erlassenen Gesetze umsetzt.

Moderne Bürokratien verfügen über systematisch erstellte, festgelegte und präzise ablaufende Beziehungen zwischen Befehl und Gehorsam. Sie sind Hierarchien der Macht mit einer Befehlskette, die von oben nach unten funktioniert, in deren Organisation jeder seinen Platz genau kennt und weiß, was man darf und was nicht – mitsamt den damit verbundenen Konsequenzen. Bürokratien sind Systeme „organisierter Ungleichheit", die Konformität mittels Sanktionen erzwingen, welche für diejenigen gemacht sind, die, aus welchen Gründen auch immer, daran scheitern, sich anzupassen. Diese Beziehungen der Unterordnung unterliegen einer strengen, internen Differenzierung: eine komplexe Verteilung von Aufgabenbereichen, Arbeiten und Verantwortungen. Die Regeln dieses Systems sind in Verknüpfung mit der Berücksichtigung der Kosten und der Effizienz festgelegt und in schriftlichen Dokumenten klar ausformuliert. Das effiziente Funktionieren bürokratischer Organisationen beruht auf einer rational berechneten Arbeitsteilung. Die Arbeit der Angestellten ist Gegenstand ständiger Kontrolle und Bewertung durch die Arbeitgeber. Jeder Teilbereich einer Organisation ist in Abteilungen aufgegliedert und wird von einem spezifischen Regelwerk gesteuert. Bürokratien sind *unpersönlich;* das ist eines ihrer bezeichnenden Charakteristika. Sie operieren ohne Rücksicht auf einzelne Personen und individuelle Situationen, berücksichtigen also in keiner Weise persönliche Meinungen. Diese Unpersönlichkeit gilt prinzipiell. Sie beseitigt Vetternwirtschaft, Klüngelei und Bestechung – kurz gesagt alles, was in älteren Verwaltungssystemen, die durch die modernen Bürokratien ersetzt werden sollten, als Korruption angesehen wurde. Diejenigen, die in modernen Verwaltungen arbeiten, sind nicht die persönlichen Bediensteten oder der Besitz derer, die sie beschäftigen. Anstellungen basieren auf Leistung, nicht auf Berücksichtigung von Freundschaft, Verwandtschaft oder persönlichen Vorteilen. Sogar für diejenigen, die ein hohes Amt innehaben, gelten die gleichen Prinzipien. Die Position ist sowohl prinzipiell als auch praktisch von der Person, die sie innehat, getrennt. Jeder kann auf der Stelle entlassen werden, wenn er es nicht schafft, den Anforderungen seiner derzeitigen Beschäftigung gerecht zu werden.

Bürokratische Organisationsformen haben begonnen, alle Aspekte des modernen institutionalisierten Lebens zu dominieren. Es ist genauer gesagt ihre technische Effizienz – ihre Fähigkeit, der Komplexität der Welt eine verwaltende Ordnung überzustülpen –, die sie maßgeblich und unwiderruflich als das dominante institutionalisierte Mittel zur Koordination und Kontrolle in modernen Gesellschaften begründet. Weber beschreibt Bürokratien als komplexe Mechanismen, die, Maschinen ähnlich, ,wie geschmiert laufen'. Die moderne Welt ist eine zunehmend *verwaltete* Welt, eine berechnete, mechanisierte, technischrationale Welt. Alles, was nicht rational berechnet werden kann, ist nicht von Bedeutung.

In der verwalteten Welt sind alle Aspekte des persönlichen Lebens – Gefühle, Empfindungen und alle nicht-rationalen Elemente – von der rationalen Berücksichtigung ausgeschlossen. All diese Dinge, die nicht bereitwillig der Verwaltung und der rationalen Berücksichtigung unterliegen, tendieren dazu, aufgelöst zu werden. Dies ist ein Aspekt dessen, was Weber als *Entzauberung* der modernen Welt bezeichnet; der Verlust der Möglichkeit von Zauber und Magie. Dieser Prozess war eine direkte Konsequenz des aufgeklärten Denkens, welches der Religion entschieden feindselig gegenüberstand und sie als Inbegriff des Irrationalen ablehnte. Die Säkularisierung der Welt bedeutete im Endeffekt die ,Entsakralisierung' von Natur und menschlicher Erfahrung; den Verlust des Sinns für das Heilige. Vormoderne Denkansätze hatten über eine Wahrnehmung der Welt als lebendiges Ding verfügt, eine Haltung, die sich im Glauben an Götter, an den Geist des Ortes und in einer animistischen Beziehung zur Natur ausdrückte. Das moderne, wissenschaftliche Denken sieht die Welt als einen toten Gegenstand, als bloßen Stoff, dessen chemische und physikalische Eigenschaften analysiert, beschrieben und klassifiziert werden können. Der Rückgang des Sinns für die Verzauberung weist auf die Ablehnung einer natürlich religiösen oder poetischen Haltung der Welt gegenüber hin. Moderne Gesellschaften erlangen im selben Maße Wissen, wie sie die Fähigkeiten verlieren, die Welt zu erfahren und zu verstehen.

Am Ende seines bekanntesten Werkes *Die protestantische Ethik und der „Geist" des Kapitalismus* beschreibt Weber in einer berühmten Passage die moderne Welt als einen „eisernen Käfig". Auf den Seiten davor hat er versucht, die gesamte Entwicklung der gewaltigen, modernen Wirtschaftsordnung vom Geiste weltlicher Enthaltung in bestimmten protestantisch religiösen Sekten im 17. Jahrhundert in Europa an nachzuzeichnen:

> „Heute ist ihr Geist – ob endgültig, wer weiss es? – aus diesem Gehäuse entwichen. Der siegreiche Kapitalismus jedenfalls bedarf, seit er auf mechanischer Grundlage ruht, dieser Stütze

nicht mehr. Auch die rosige Stimmung ihrer lachenden Erbin: der Aufklärung, scheint endgültig im Verbleichen [...] Niemand weiß noch, wer künftig in jenem Gehäuse wohnen wird,
und ob am Ende dieser ungeheuren Entwicklung ganz neue Propheten oder eine mächtige
Wiedergeburt alter Gedanken und Ideale stehen werden, oder aber – wenn keins von beiden –
‚chinesische‘ Versteinerung, durch eine Art von krampfhaftem Sich-wichtig-nehmen ver-
brämt. Dann allerdings könnte für die ‚letzten Menschen‘ dieser Kulturentwicklung das Wort
zur Wahrheit werden: ‚Fachmenschen ohne Geist, Genußmenschen ohne Herz, dies Nichts
bildet sich ein, eine nie vorher erreichte Stufe des Menschentums erstiegen zu haben.'" (Weber 1992 [1905]: 108f.)

3.5 Die Verdinglichung des Bewusstseins

In seinem brillanten Aufsatz „Die Verdinglichung und das Bewusstsein des
Proletariats" aus dem Jahr 1922 versuchte Georg Lukács (1885–1971) die Ideen
von Marx und Weber, die oben bereits angerissen worden sind, zusammenzu-
bringen. Darin definiert er den Prozess der Kommodifizierung, den Marx analysiert hatte, neu. Lukács beginnt mit der Marx'schen Analyse des Warenfetischismus, aber an dem Punkt, an dem Marx seine Analyse auf die wirtschaftlichen
Produktionsverhältnisse beschränkt hat, geht Lukács noch einen Schritt weiter.
Er kommt so zu der radikalen Frage: Inwieweit wirkt sich der Charakter des
Warenaustausches auf das gesamte innere und äußere Leben moderner Gesellschaften aus? Für Lukács hatte es den Anschein, als ob die Warenstruktur die
Gesellschaft in jeglicher Hinsicht durchdringen und so ihren eigenen Prinzipien
gemäß umformen würde. Die Massenware war jetzt die „Universalkategorie des
gesamten gesellschaftlichen Seins" (Lukács 1977: 260). Lukács hält sich dicht
an Marx, wenn er scharfsinnig dessen Konzept der Entfremdung der Arbeit[7] aus
dem *Kapital* aufgreift. Er fährt damit fort, dass er Webers Analyse der instrumentellen (technischen) Vernunft auf Marx' Analyse des Arbeitsprozesses über-
trägt, indem er behauptet, dass das Konzept der bürokratischen Rationalität
genauso gut auf das Management einer Fabrik wie auf die Verwaltung eines
Büros zutrifft. Der Kommodifizierungsprozess (Marx) und die instrumentelle
Vernunft (Weber) gingen, so Lukács, in Form des neuen „wissenschaftlichen
Managements", welches sich Anfang des zwanzigsten Jahrhunderts in den USA
entwickelte, eine unbarmherzige Verbindung ein. Dessen führender Vertreter
und Pionier der industriellen Psychologie war Fredrick Winslow Taylor. In
seinem Werk *Prinzipien des Wissenschaftlichen Managements*, das er 1911
verfasste, beschreibt Taylor, wie er die Effizienz der Arbeiterschaft in der *Beth-
lehem Steel Company* in Pittsburgh gesteigert hatte. Grundlegender Teil des
Arbeitsprozesses war es, das Roheisen vom Lagerplatz zum Hochofen zu bewegen, um es in Stahl zu raffinieren. Ein Eisenbarren wog gut 40 Kilogramm und
Taylor fand heraus, dass ein Arbeiter jeden Tag um die 12,5 Tonnen Eisen bewegte. Nach genauer Beobachtung, wobei die Geschwindigkeit einzelner Arbei-

ter mit einer Stoppuhr gemessen worden war (eine kombinierte Zeit- und Bewegungsstudie), berechnete Taylor, dass ein erstklassiger Stahlarbeiter in der Lage sein sollte, etwa 48 Tonnen Stahl am Tag zu bewegen, und beschrieb detailliert, wie dies tatsächlich zu erreichen war.[8] Lukács kommentiert:

> „Mit der modernen, ‚psychologischen' Zerlegung des Arbeitsprozesses (Taylor-System) ragt diese rationelle Mechanisierung bis in die ‚Seele' des Arbeiters hinein: selbst seine psychologischen Eigenschaften werden von seiner Gesamtpersönlichkeit abgetrennt, ihr gegenüber objektiviert, um in rationale Spezialsysteme eingefügt und hier auf den kalkulatorischen Begriff gebracht werden zu können." (Lukács 1977: 262)

Die zunehmende Rationalisierung des Arbeitsprozesses – wissenschaftliche Betriebsführung im Dienste der wachsenden technischen Effizienz und natürlich des Profits – splitterte den Arbeitsprozess und den Arbeiter in einem Ausmaß voneinander ab, das noch zu Marx' Zeiten undenkbar gewesen wäre. Während diese mechanisierte Rationalität begann, die Produktion zu dominieren – in den 1920er Jahren auch als „Fordismus" (Massenproduktion von Autos am Fließband) bekannt –, beklagte Lukács: „Das Schicksal des Arbeiters wird zum allgemeinen Schicksal der ganzen Gesellschaft" (ebd.: 265). Dieses Schicksal ist die endgültige Verdinglichung, ein Prozess, der jetzt das Bewusstsein und die Gedanken selbst kolonisiert.

Was ist also mit verdinglichtem Denken gemeint? Es sind zersplitterte Gedanken, das Produkt und der Ausdruck einer zersplitterten Subjektivität. Die Arbeitsteilung im Sinne technischer Effizienz betrifft alle Formen von Arbeit; nicht nur die körperliche, sondern ebenso die intellektuelle Arbeit. Es ist nicht nur der ‚einfache Arbeiter', dessen Seele durch den Taylorismus verdinglicht wird; es ist auch der ‚Kopfarbeiter', dessen mentale Aktivität auf die gleiche Art und Weise sowohl fragmentiert als auch entfremdet ist. Als ein Beispiel für voll ausgeprägte Verdinglichung nennt Lukács den modernen Journalisten, der im Austausch gegen Bezahlung seine eigene Subjektivität unterdrückt. Das, was der Journalist schreibt, ist kein Ausdruck seiner selbst – er ist vielmehr genötigt, seine eigenen Meinungen und Ansichten zu unterdrücken. Er muss im hauseignen Stil der Zeitung, für die er arbeitet, schreiben. Er muss in seinem Schreiben „Objektivität" erreichen, so, als hätte er keine eigenen Überzeugungen (vgl. ebd.: 275).

Die Verdinglichung der Gedanken ist charakterisiert durch eine zunehmende Spezialisierung, womit die vermehrte Konzentration auf rein technische Angelegenheiten einhergeht. Der Taylorismus ist ein Beispiel für diese Tendenz, die Weber als die Dominanz der mittel-orientierten gegenüber der zweckorientierten Vernunft identifiziert. Die Konsequenz davon ist Lukács' vielleicht eindringlichste Erkenntnis – die Zerstörung jeglicher Möglichkeit, die Welt oder das Leben als *Ganzes* zu verstehen.

> „Durch die Spezialisierung der Leistung geht jedes Bild des Ganzen verloren […] Sie wird – je entwickelter, je wissenschaftlicher, desto mehr – zu einem formell abgeschlossenen System von speziellen Teilgesetzen, für das die außerhalb des eigenen Bereichs liegende Welt und mir ihr sogar in erster Reihe die ihr zur Erkenntnis aufgegebene Materie, *sein eigenes konkretes Wirklichkeitssubstrat* als methodisch und prinzipiell *unerfaßbar* gilt." (ebd.: 279f.)

Webers Unterscheidung zwischen formaler und materialer Rationalität – seine Ansicht, dass es keine Übereinstimmung hinsichtlich menschlicher Ziele und Absichten gebe – wies auf eine moralische Zusammenhangslosigkeit der modernen Welt hin. Lukács zog daraus den unausweichlichen Schluss, dass die Sinnhaftigkeit der Welt und ihre moralische Bedeutung nicht erfassbar seien. Die ursprüngliche Idee der Aufklärung – menschliche Emanzipation durch das Erreichen einer guten Gesellschaft – war sowohl ein politisches als auch ein moralisches Projekt. Vernunft im Dienste von Gerechtigkeit und Freiheit war definitiv eine moralische Angelegenheit, aber die moderne Gesellschaft war moralisch zusammenhangslos. Sie war bestimmt von der Rationalität der Mittel und der Irrationalität des Zwecks. Es ist absolut irrational (da es die grundlegenden Normen der Gerechtigkeit verletzt), wenn das gesamte System wirtschaftlicher Produktion, durch das die materiellen Bedürfnisse aller Mitglieder der Gesellschaft befriedigt werden sollten, zur Bereicherung einiger Weniger und zur Ausbeutung sowie Ausnutzung Vieler genutzt wird. Man könnte also sagen, dass die moderne Gesellschaft von der Rationalität ihrer einzelnen Teile bei gleichzeitiger Irrationalität des Gesamten geprägt ist. Oder, wie Herbert Marcuse es später formulierte:

> „Alles Denken, das nicht von einem Bewusstsein für die radikale Falschheit der etablierten Lebensformen zeugt, ist falsches Denken […] Keine Art zu denken kann das Monopol des Verstehens für sich beanspruchen, außerdem scheint keine Denkweise authentisch, die nicht bemerkt, dass die zwei Aussagen ‚das Ganze ist die Wahrheit‘ und ‚das Ganze ist falsch‘ bedeutende Beschreibungen unserer Situation sind." (Marcuse 1978 [1960]: 450f.)

3.6 Die Dialektik der Aufklärung

Die kritische Tradition, die ich bereits kurz angerissen habe, wurde komplett vom Denken der führenden Mitglieder der Frankfurter Schule aufgesogen. Sie zeigte, wie sich aufgeklärtes Eigeninteresse in instrumentelle Rationalität wandelte – im Hinblick auf die effizientesten Mittel im Streben nach irrationalen Zielen – und so zu einem mächtigen Instrument zur wirtschaftlichen Ausbeutung und politischen Dominanz wurde. Für Adorno und Horkheimer war das Verblassen der Aufklärung, das Weber bemerkt hatte, nun abgeschlossen. Bedeutung und Sinn wurden durch die kalte Logik einer zunehmend verwalteten Welt aufgelöst, während der Warenfetischismus eine pseudohafte ‚Wieder-Verzauberung‘ heraufbeschwor. Marx und Weber hatten die alles bestimmende

Logik der Herrschaft im modernen wirtschaftlichen und politischen Leben in Form des Monopol-Kapitalismus und des Nationalstaates untersucht. Die Kritische Theorie vervollständigte das Bild, indem sie zeigte, wie die Herrschaftslogik das kulturelle Leben durchdrungen hatte und somit das komplette Gesellschaftsgefüge (die Gesamtheit des organisierten wirtschaftlichen, politischen und kulturellen Lebens) einen objektiven Zwang darstellte; eine Macht, die gegen die Interessen der einzelnen Menschen und darüber hinaus wirkte. Lukács' Synthese von Marx und Weber war für Adorno und Horkheimer von besonderer Bedeutung, als sie die *Dialektik der Aufklärung* schrieben, da sie ihr unmittelbarstes Dilemma beinhaltete: Wenn das moderne Bewusstsein verdinglicht war, der Gedanke selbst eine Ware „und die Sprache zu deren Anpreisung" (Horkheimer & Adorno 2000 [1944]: 1f.) diente – wie konnten sie dann ihren Gedanken Ausdruck verleihen?

> „Bei der Selbstbesinnung über seine eigene Schuld sieht sich Denken daher nicht bloß des zustimmenden Gebrauchs der wissenschaftlichen und alltäglichen, sondern ebensosehr jener oppositionellen Begriffssprache beraubt. Kein Ausdruck bietet sich mehr an, der nicht zum Einverständnis mit herrschenden Denkrichtungen hinstrebte, und was die abgegriffene Sprache nicht selbsttätig leistet, wird von den gesellschaftlichen Maschinerien präzis nachgeholt." (ebd.: 2)

Die Freiheit, selbst zu denken und nicht von den von außen auferlegten Ansichten, Werten oder Ideen anderer beherrscht zu werden, war vielleicht der Grundsatz der Aufklärung im 18. Jahrhundert schlechthin. Oder wie sich Kant in einem kurzen Aufsatz die Frage „Was ist Aufklärung?" selbst mit „Sapere aude!" beantwortete (er lieh sich den letzten Teil des Satzes bei Horaz): „Habe Mut, dich deines eigenen Verstandes zu bedienen" – der Wahlspruch der Aufklärung (Kant 1975 [1784]: 5). Zwei Jahrhunderte später schien es nun so, als ob der Einsatz des menschlichen Verstandes langsam aber sicher zum ersten wirklich globalen, komplett technisierten Krieg als Höhepunkt des welthistorischen Prozesses der Modernisierung führte. Horkheimer machte dies in seinem Aufsatz „Vernunft und Selbsterhaltung" deutlich, in dem er 1941 schrieb:

> „‚Das Wort ‚Vernunft', schrieb Locke, ‚hat im Englischen verschiedene Bedeutungen; zuweilen versteht man darunter richtige und klare Prinzipien und zuweilen auch Ursache, insbesondere die Endursache.' Er fügte vier Stufen der Vernunfttätigkeit hinzu: die Auffindung neuer Wahrheiten, ihre übersichtliche Anordnung, Feststellen ihrer Zusammenhänge und die Ableitung der Konsequenzen. Abgesehen von der Endursache, gelten diese Funktionen auch heute noch für rational. Vernunft in diesem Sinne ist in der modernen Kriegsführung so unentbehrlich wie sie bei der Leitung von Geschäften schon immer war. Ihre Bestimmungen in einem zusammengefasst, sind die optimale Anpassung der Mittel an den Zweck, das Denken als arbeitssparende Funktion. Sie ist ein Instrument, hat den Vorteil im Auge, Kälte und Nüchternheit als Tugenden [...] Wenn zuweilen auch der Diktator der Vernunft gut zuredet, so meint er, dass er die meisten Tanks besitzt. Er war vernünftig genug, sie zu bauen; die anderen sollen vernünftig genug sein nachzugeben" (Horkheimer 1987 [1941]: 322f.)

Der Zweite Weltkrieg war im doppelten Sinne das Ende der Vernunft: Er war das finale Ergebnis dessen, was zwei Jahrhunderte zuvor als europäische Aufklärung begonnen hatte. Außerdem war er auch das Ende der Hoffnung auf das Versprechen der Vernunft, dem die Denker der Aufklärung verbunden waren. Demnach bestand die *Dialektik* der Aufklärung in dem inneren Widerspruch der Idee der Aufklärung selbst, sowie der historischen Umsetzung dieses Widerspruches in Form einer langsam und unaufhaltsam fortschreitenden Entwicklung hin zu einem apokalyptischen globalen Krieg.

Weder Adorno noch Horkheimer waren gegen die Aufklärung und das, wofür sie stand. Sie „hegten keinen Zweifel", dass „die Freiheit in der Gesellschaft vom aufklärenden Denken unabtrennbar ist" (Horkheimer & Adorno 2000 [1944]: 3). Die Aufgabe, die sie sich selbst stellten, war „die Selbstzerstörung der Aufklärung" zu untersuchen, um ihre ursprüngliche Hoffnung und ihr Versprechen wiederherzustellen. Da systematisches Denken aber die Basis der Herrschaftslogik darstellte, konnte dieses Vorhaben nicht auf systematische Weise durchgeführt werden. Das moderne Denken beinhaltete von Beginn an eine totalisierende Tendenz in Bezug auf Macht, Kontrolle und Herrschaft. „Aufklärung ist totalitär" (ebd.: 31). Das totalitäre Denken brachte eine totalitäre Wirtschaft und ein totalitäres politisches System hervor – und schließlich den „totalen Krieg". Moderne Gesellschaften als Totalitäten riefen die systematische Herrschaft des Soziallebens über das individuelle Leben aus und modernes Denken, einst als Mittel zur Befreiung der Individuen gefeiert, entpuppte sich im 20. Jahrhundert als Mittel zur systematischen Herrschaft ‚von oben'. Der Versuch, ein anderes, alternatives Denksystem oder einen Plan zur Organisation und Steuerung der Gesellschaft zu entwickeln, würde schlicht bedeuten, in dem Käfig zurückzubleiben, aus dem Adorno und Horkheimer versuchten zu entkommen. Ihr anti-systematisches Denken war absichtlich fragmentarisch und schwer zu fassen. Ihr Stil war ein Protest gegen die Kommodifizierung des Denkens und der Sprache. Er wurde geschürt von zwei vorherrschenden Gefühlen, die sehr selten in akademischen Schriften zum Ausdruck kommen: Wut und Abscheu. Ihre Wut mobilisierten sie im Namen der Massen und ihre Abscheu richtete sich gegen die moralische Schäbigkeit, mit der man sie betrog. In einem Aufsatz reflektierte Adorno einige Jahre später, was er und Horkheimer in der *Dialektik der Aufklärung* hatten sagen wollen. In den Originalentwürfen hatten sie von Massenkultur gesprochen, dies aber dann ganz bewusst durch Kulturindustrie ersetzt, weil sie fürchteten, dass der Begriff von den Leserinnen und Lesern als eine Art populäre oder Volkskultur, eine Kultur *der* Massen missverstanden werden könnte. Aber die Kulturindustrie hatte mit Populärkultur, einer Kultur, die von den Leuten selbst und für ihr eigenes Vergnügen hervorgebracht wird, nichts zu tun. Die Kulturindustrie lag außerhalb der Masse von Menschen und war Teil der Logik ihrer Beherrschung. Sie „ist willentliche Integration ihrer Abnehmer von oben" (Adorno 2002: 202):

> „Die Ersatzbefriedigung, die die Kulturindustrie den Menschen bereitet, indem sie das Wohlgefühl erweckt, die Welt sei in eben der Ordnung, die sie ihnen suggerieren will, betrügt sie um das Glück, das sie ihnen vorschwindelt. Der Gesamteffekt der Kulturindustrie ist der einer Anti-Aufklärung; in ihr wird, wie Horkheimer und ich es nannten, die Aufklärung, nämlich die fortschreitende technische Naturbeherrschung zum Massenbetrug, zum Mittel der Fesselung des Bewusstseins. Sie verhindert die Bildung autonomer, selbständiger, bewusst urteilender und sich entscheidender Individuen." (ebd.: 208)

Kunst und Kultur wurden von den Techniken und Methoden der industriellen Massenproduktion durchdrungen. Unter Kulturindustrie verstanden Adorno und Horkheimer an erster Stelle die Kommodifizierung künstlerischer Formen, die nun den Produktionsmethoden und Verkaufstechniken der Massenproduktion unterlagen. Allgemeiner benutzten sie den Begriff, um damit eine Reihe von sich überschneidenden Entwicklungen zwischen den beiden Weltkriegen abzudecken, die maßgeblich die Ausrichtung der Produktion auf den „Massenkonsum" begleiteten – alles, von massenhaft produzierten Autos bis hin zu Haushaltsgeräten. Einen entscheidenden Teil dieses komplexen Prozesses machte die Entwicklung der ‚Massenkultur' aus, die insbesondere geprägt war von der zunehmenden Verbreitung auflagestarker Tageszeitungen sowie Radio, Kino (Hollywood), der Fotografie (vor allem im Zusammenhang mit Werbung und auflagestarken Magazinen) und der „Musikindustrie" (das Wachstum des Schallplattengeschäfts). Das ‚Schmiermittel' dieser miteinander verzahnten Entwicklungen war die aufkommende Werbeindustrie, deren Aufgabe es war, die neuen Produkte eines kapitalistischen Marktes, welche neuerdings auf den individuellen Konsumenten ausgerichtet waren, zu vermarkten und zu verkaufen.

Die Verfahren der Massenproduktion waren auf die Herstellung eines einheitlichen, unbegrenzt reproduzierbaren Produktes eingestellt. Eine Vinylschallplatte war genau wie die andere. Massenproduktion bedeutete Uniformität und Standardisierung. Sie ‚presste den Stempel der Gleichheit' auf alles und zerstörte dabei Unterschiede und Individualität, homogenisierte alles. Die Massenkultur produzierte alles nach ihrem eigenen Vorbild und zielte so auf die Zerstörung der Individualität ab. Sie untergrub die Unabhängigkeit des individuellen Geschmacks und Urteilsvermögens. Jedem wurde dieselbe Speisekarte vorgesetzt – die gleichen Filme und Radioprogramme, die gleichen Schallplatten, die gleichen ‚Stars' – und niemand konnte entkommen. Widerstand war zwecklos, alle ergaben sich demselben Schicksal. Als beispielsweise Millionen Woche für Woche ins Kino gingen (wie es in den 1930ern und 1940ern der Fall war), schien es so, als ob die ganze Bevölkerung der verlogenen Verzauberung der Filmindustrie zum Opfer gefallen wäre. In einer kapitalistischen Gesellschaft, dominiert von Arbeitsethik, hatte „freie Zeit" den Anschein eines geringfügigen Überschusses, der einem am Ende einer langen Arbeitswoche geblieben war – ein Restmoment, in dem die Individuen wirklich frei ihre eigenen Interessen verfolgen konnten, ohne länger durch stumpfe wirtschaftliche Bedürfnisse genötigt zu sein, nach dem Willen einer Fabrik oder anderen Großorganisation zu schuften. Als aber der Massenkonsum die Freizeit kolonisierte, verwandelte sie sich ins Gegenteil. Leute ‚arbeiteten' nun auch in ihrer freien Zeit (bei Hobbys oder im Urlaub, der den Prinzipien der Massenproduktion folgte), was einen hohen Grad an Verbindlichkeit beinhaltete. Die Individuen waren nicht länger tatsächlich frei im Sinne der Verwirklichung ihrer eigenen, besonderen Interessen als Ausdruck ihrer Individualität. Vielmehr machte nun jeder das Gleiche; kaufte die gleichen Platten, schaute die gleichen Filme, bewunderte die gleichen ‚Stars'. Es herrschte ein massiver Konformitätszwang bezogen auf Meinung, Geschmack und Urteilsvermögen. Ebenso beinhaltete dieser Zwang den Verbrauch von Zeit und Geld im Konsum. „Amusement ist die Verlängerung der Arbeit unterm Spätkapitalismus" (Horkheimer & Adorno 2000: 145).

Die angebotenen Vergnügen waren jedoch keine wirklichen Vergnügen. Sie waren unbefriedigend, da anspruchslos, und erforderten weder Nachdenken noch Anstrengung. Sie waren einfach und schnell zu konsumieren – wie beispielsweise die Schallplatte mit einer Abspieldauer von drei Minuten. Alles hatte man im Voraus für den Konsumenten erledigt und alles war genau gleich. Alle populären Songs basierten auf dem gleichen Beat, alle Filme auf der gleichen Storyline. Der Abenteuerfilm hatte den berechenbaren Macher-Typen als Held, die Romanze die immer-gleiche Heldin. Es gab keine Auswahlmöglichkeiten, keine bezeichnenden Unterschiede, keine Abweichungen von den industriell geschaffenen Normen, die der Masse der Konsumenten ‚von oben' aufgezwungen wurden. „Immerwährend betrügt die Kulturindustrie ihre Konsumenten um das, was sie immerwährend verspricht" (ebd.: 148). Die Kulturindustrie verspreche zum Beispiel das sexuelle Verlangen zu befriedigen, tue aber nicht mehr, als es anzuregen. „Die Serienproduktion des Sexuellen leistet automatisch seine Verdrängung" (ebd.). Sie möge vielleicht Unterhaltung und Amüsement versprechen, aber „Lachen in ihr wird zum Instrument des Betrugs am Glück" (ebd.: 149).

Für die Kritische Theorie war Glück der rationale Kern von Freiheit und Gerechtigkeit, der Schuldschein einer guten und gerechten Gesellschaft. Die schlimmste Täuschung durch die Kulturindustrie war das falsche Versprechen von Freiheit und Glück. Die Durchdringung von Kunst und Kultur mit den Methoden, Techniken und Zielen der Massenproduktion war das Mittel, mit dem die Massen schließlich vom Kapitalismus bestochen und für ihn ‚klargemacht' wurden. Direkt nach dem ersten Weltkrieg hatte es für einen Moment den Anschein gehabt, als müssten die der Beziehung zwischen Kapital und Arbeit innewohnenden Gegensätze zu einer Revolution führen. Ende der 1930er war diese Möglichkeit verschwunden. Ein zentraler Grund hierfür war, dass die Massenkultur den Massen unechte Befriedigungen und Vergnügungen anbot – Euphorie im Unglück – und sie so ‚von oben‘ in eine ungerechte und unfreie Gesellschaft integrierte, aus der es nun, da die Möglichkeit zum Widerstand endgültig bezwungen war, kein Entkommen mehr gab. Die Masse einfacher Leute wurde zynisch manipuliert und ihre Unterordnung durch ein bisschen Entertainment sichergestellt.

Es waren aber nicht nur die Massen, die unter dem erbarmungslos gleißenden Licht der Vernunft litten – beziehungsweise nicht in erster Linie. Natur, Tiere und Frauen galten als irrationale Opfer *männlicher* Rationalität in ihrem unaufhaltsamen Streben nach der Beherrschung der Welt. Den Beweis dafür lieferte der globale Krieg, der damals die Erde erschütterte, als die Männer ihrem mörderischen Geschäft nachgingen.[9] In der langen Tradition des europäischen Denkens waren Tiere weniger wert als Menschen, weil sie als vernunftlos galten und demzufolge keine Seele hatten. „Dem Menschen gehört die Vernunft, die unbarmherzig abläuft; das Tier aus dem er den blutigen Schluss zieht, hat nur das unvernünftige Entsetzen, den Trieb zur Flucht, die ihm abgeschnitten ist" (ebd.: 262). Die Vernunftlosigkeit der Tiere erlaubte jeden Missbrauch an ihnen, gipfelnd in der „lückenlosen Ausbeutung der Tierwelt heute" (ebd.) und ihrem Gebrauch für wissenschaftliche Zwecke – eine Barbarei, die ihren ultimativen, paradoxen Ausdruck in den Laborversuchen der Verhaltenspsychologie findet. Paradox, weil das Verhalten von irrationalen, in Käfigen gefangenen Tieren studiert wird, um die Seele (bzw. Psyche) des freien und rationalen Mannes zu verstehen. Aber vielleicht decken ihre Käfige die unbewusste Wahrheit über die Situation derer auf, die sie studieren.

Der rationale Mann sorgt sich nicht um irrationale Tiere. Das hat die westliche Zivilisation den Frauen überlassen, die wiederum keine persönliche Verantwortung für diese Zivilisation tragen:

> „Der Mann muss hinaus ins feindliche Leben, muss wirken und streben. Die Frau ist nicht Subjekt. Sie produziert nicht, sondern pflegt die Produzierenden, ein lebendiges Denkmal längst entschwundener Zeiten der geschlossenen Hauswirtschaft. Ihr war die vom Mann auferlegte Arbeitsteilung wenig günstig. Sie wurde zur Verkörperung der biologischen Funktion, zum Bild der Natur, in deren Unterdrückung der Ruhmestitel dieser Zivilisation bestand. Grenzenlos Natur zu beherrschen, den Kosmos in ein unendliches Jagdgebiet zu verwandeln, war der Wunschtraum der Jahrtausende. Darauf war die Idee der Menschheit in der Männergesellschaft abgestimmt. Das war der Sinn der Vernunft, mit der er sich brüstete. Die Frau war kleiner und schwächer, zwischen ihr und dem Mann bestand ein Unterschied, den sie nicht überwinden konnte, ein von Natur gesetzter Unterschied, das Beschämendste, Erniedrigenste, was in der Männergesellschaft möglich ist. Wo Beherrschung der Natur das wahre Ziel ist, bleibt biologische Unterlegenheit das Stigma schlechthin, die von Natur geprägte Schwäche zur Gewalttat herausforderndes Mal." (ebd.: 264f.)

Männliche Aggression gegenüber Frauen ist in das Gefüge der westlichen Kultur und Religion integriert. In ihrer langen Geschichte sind Frauen idealisiert und dämonisiert worden, angebetet und beschimpft. Der weibliche Zorn über die männliche Vorherrschaft und Aggression äußert sich in der altertümlichen Mythologie in Form der Furien. Heute manifestiert er sich in der endlosen Nörgelei der zeitgenössischen Frau: „Keifend rächt sie seit endlosen Zeiten den Jammer, der ihr Geschlecht getroffen hat, im eigenen Haus" (ebd.: 266). Die Schriften des Marquis de Sade gelten als Inbegriff der Kant'schen Definition von Aufklärung als des von der Bevormundung durch andere befreiten Verstandes. De Sades berüchtigtste Werke – *Juliette* und *Die 120 Tage von Sodom* – werden als das ungezügelte Spiel männlicher Sexualität und unbeherrschter Drang zur Beherrschung gelesen. Als ein Mädchen, das er quält, in Tränen ausbricht, erklärt einer der Wüstlinge in *Juliette*: „das ist es, wie ich die Frauen gern habe [...] warum kann ich sie nicht auf Grund eines einzigen Wortes samt und sonders auf diesen Zustand reduzieren!" (ebd.: 119). Die Starken verachten die Schwachen und erfreuen sich an ihrer Demütigung und ihrem Leiden. „Die Erklärung des Hasses gegen das Weib als die schwächere an geistiger und körperlicher Macht, die an ihrer Stirn das Siegel der Herrschaft trägt, ist zugleich die des Judenhasses" (ebd.: 120). Es ist kaum nötig darauf hinzuweisen, dass Adorno und Horkheimer – Fremde in einem fremden Land, im erzwungenen Exil in Amerika – ihre eigene Situation selbst nur als absolute Ironie und als Verrat des aufgeklärten Denkens betrachten konnten. Antisemitismus ist ein Schlüsselthema in der *Dialektik der Aufklärung*. Die Heimatlosigkeit und Machtlosigkeit der Juden machte sie verletzlich, darüber hinaus warf man ihnen vor, sich nicht anzupassen und auf Unterschiede zu beharren.

3.7 Das Kunstwerk im Zeitalter seiner technischen Reproduzierbarkeit

Wenn die Methoden und Techniken der Massenproduktion die Kultur durchdrungen hatten, was waren dann die Konsequenzen für das Kunstwerk? Erlag die Kunst der Kommodifizierung? Konnte sie der Fetischisierung widerstehen? Diese Fragen wurden intensiv in einem berühmten Meinungsaustausch zwischen Adorno und Walter Benjamin diskutiert, einige Jahre vor der *Dialektik der Aufklärung*. Mitte der 1930er Jahre schrieb Benjamin einen Aufsatz über „Das Kunstwerk im Zeitalter seiner technischen Reproduzierbarkeit", in dem er sich für eine progressive Interpretation der Industrialisierung der Kultur aussprach. Adorno antwortete mit einer starken Analyse zur Auswirkung der Massenproduktion auf die Musik. Die Frage dabei ist nicht, wer richtig lag oder wer diese Debatte ‚gewann‘, und auch nicht, welcher Standpunkt wohl vorzuziehen wäre. Mein Ziel ist es nicht, über das Ergebnis zu urteilen, sondern die Komplexität der Sachverhalte zu betrachten, die in dieser Diskussion bezüglich der gesellschaftlichen und politischen Rolle der Kunst und ihrer anhaltenden Relevanz angesprochen wurden. Vier Jahrzehnte später sollte sich diese Frage unter gänzlich anderen Umständen erneut stellen und die Wiederauferstehung der hier besprochenen Texte in den 1970er Jahren auslösen.[10] Es gilt zu verstehen, wie wichtig Fragen der Kunst und Politik zu der Zeit waren und warum. Die Themen, mit denen sich Benjamin und Adorno beschäftigten, waren keinesfalls nur von rein wissenschaftlichem Interesse; sie waren fesselnd und berührten ihr Leben auf sehr persönliche und schicksalhafte Weise.

Mit dem Einsetzen der gesellschaftlichen Modernisierung befand sich die Kunst auf dem Rückzug. Industrialisierung und Urbanisierung verdrängten sie aus den Zentren des modernen Lebens und verbannten sie an die Ränder, wo sie Zuflucht in der Natur fand – eine einflussreiche Inspirationsquelle für Wordsworth und die Kunst der Romantik sowie Dichtung und Musik allgemein. In modernen Verhältnissen war Kunst schlicht nutzlos. Sie mochte wohl ein Ding von Schönheit und immerwährender Freude sein – na und? Gemäß der zweckmäßigen Logik, die die neuen und harten Zeiten des Fabrikkapitalismus bestimmte, war sie weder von Nutzen noch Zierde. Es gab keinen Platz für die Kunst im erbitterten Krieg aller gegen alle, der das tägliche Leben der Menschen bestimmte, wie es die brutale Philosophie des Jonas Chuzzlewit auf den Punkt bringt: „Hau die andern übers Ohr, denn sie täten's auch mit dir." Somit war die Kunst gezwungen, aus der Not eine Tugend zu machen und ihre Sinnlosigkeit zu akzeptieren, wie es im Slogan des ausgehenden 19. Jahrhunderts eingestanden wurde: „Kunst um der Kunst Willen". Kunst und Künstler distanzierten sich nun von dem Existenzkampf und riefen die zeitlos transzendenten Werte von Wahrheit und Schönheit bestenfalls als Trost für das zeitgenössische Leben aus, dessen Ödnis ein zentrales Motiv des Modernismus im frühen 20. Jahrhundert war, auf denkwürdige Weise ausgedrückt in seinem bekanntesten Gedicht *The Wasteland*. Das englische Satiremagazin *Punch* veröffentlichte in den späten 1920er Jahren eine Karikatur, die, wie George Orwell fand, die künstlerischen Ansichten auf den Punkt brachte. Eine ältere Tante fragt ihren Neffen (ein Autor), worüber er schreibe. „‚Liebe Tante', erwidert er in vernichtendem Ton, ‚man schreibt nicht *über* etwas, sondern man *schreibt* einfach.'" (Orwell 1975 [1940]: 110).

Diese Einstellung, und darauf zielte Orwell ab, geriet in den Nachwirkungen des Wall Street-Crashs von 1929 und der globalen wirtschaftlichen Rezession, welche die Politik der 1930er Jahre in Europa und Nordamerika bestimmte, unter wachsenden Druck. Die hohe Arbeitslosigkeit auf beiden Seiten des Atlantiks rückte die Massen wieder in den Mittelpunkt der Betrachtung und verlangte nach unmittelbarem politischen Handeln: der New Deal in den USA, Faschismus in Kontinentaleuropa und benebelte Trägheit in Großbritannien. In den 1930er Jahren, diesem allerpolitischsten Jahrzehnt, war die Gesellschaft in allen Bereichen politisiert. Angesichts der andauernden wirtschaftlichen und politischen Krise konnte die Kunst nicht länger Distanz wahren und die Frage des politischen Engagements des Künstlers wurde überall in Europa und den Vereinigten Staaten eingehend diskutiert. Es reichte nicht mehr aus, ‚einfach nur' zu schreiben; man musste sich mit den dringenden Angelegenheiten der Zeit beschäftigen und darüber schreiben. In der Sowjetunion wurden Autoren, Autorinnen und Intellektuelle aufgerufen, „Ingenieure der Seele" zu sein; sie sollten sich mit ganzem Herzen hinter die neue kommunistische Gesellschaft stellen und künstlerische Darstellungen von den Männern und Frauen des neuen Russlands produzieren. Das vollkommen neue Genre des „sozialistischen Realismus" entstand, um die Errungenschaften der sozialistischen Revolution in Kunst und Literatur zu feiern. In Großbritannien rückten die Intellektuellen scharf nach links. Sie widmeten sich mit großem Eifer den sich ausdehnenden sozialen Auswirkungen der wirtschaftlichen Krise, die zu Langzeitarbeitslosigkeit im industriellen Zentrum des Vereinten Königreichs führte, und setzen sich für neue populäre Bewegungen ein: den Frieden oder auch die republikanische Sache im Spanischen Bürgerkrieg (vgl. Hynes 1966). In den USA traten Intellektuelle mit Begeisterung in den Dienst der New Deal-Verwaltung, machten Filme, fotografierten und schrieben über die Folgen der Depression und die heldenhaften Anstrengungen des New Deals, ihr entgegenzuwirken (vgl. Stott 1986). Das war die Situation – der Aufstieg des Faschismus, die Auswirkungen der Massenproduktion auf Kunst und Kultur und damit einhergehend die neuen Formen von Kunst und Unterhaltung (Film, Fotografie, Radio und Grammophonaufnahmen) –, die Walter Benjamin in seiner Abhandlung über „Das Kunstwerk im Zeitalter seiner technischen Reproduzierbarkeit" thematisierte (Benjamin 1977b [1936]).

Die Kernthese von Benjamins Beitrag ist, dass die Kunst unter den Bedingungen der Moderne ihre *Aura* verloren hat, die durch die technische Reproduktion (oder Massenproduktion) zerstört worden ist. Dieser Verlust unterstreicht die Entzauberung der zeitgenössischen Welt, doch Benjamins Einstellung ist frei von Nostalgie. *Aura* bedeutet „Brise" auf Latein. Der Begriff wird als Metapher gebraucht für die subtilen Ausstrahlungen, die Dinge als Zeichen ihrer Unverwechselbarkeit abgeben. Beispielsweise wird in der europäischen Malerei die Aura des Heiligen durch einen Heiligenschein um den Kopf eines Heiligen oder einen feinen Schein hinter der Gestalt der Madonna dargestellt. Für Benjamin verfügt Kunst über eine Aura und ist von ihr umgeben; einen Heiligenschein der Bedeutung, der sie von nicht auratischen, alltäglichen Dingen unterscheidet. In modernen Gesellschaften erklärt sich Kunst selbst zu Kunst durch ihre *Einzigartigkeit* und *Distanz* zum täglichen Leben und seinen Belangen – die beiden Schlüsseleigenschaften auratischer Kunst. Zum Beispiel gibt es nur eine Mona Lisa und ihre Bedeutung als Kunstwerk besteht zu großen Teilen in ihrem Status als einzigartiges und einmaliges Objekt. Kunst ist ebenso gekennzeichnet durch ihre Distanz zum alltäglichen Leben und zieht sich daher in Museen, Galerien, Theater oder Konzerthäuser zurück.

In vor-modernen Zeiten war dies nicht der Fall. Kunst war unmittelbar in das Gefüge der Gesellschaft eingebettet. Sie brachte die innigsten Werte und Glaubensvorstellungen der Gesellschaft zum Ausdruck und verkörperte ihr Bewusstsein für Geschichte und ihren Platz in der Welt. So gesehen hatte das, was wir heute Kunst nennen, damals eine gänzlich andere Funktion und war eng verbunden mit Religion, Magie und Ritualen. In einem schönen Artikel mit dem Titel „Der Erzähler" sinnt Benjamin über den Niedergang des Geschichtenerzählens in der modernen Gesellschaft nach, welches zum einen durch den Roman und zum anderen durch die Zeitung verdrängt wurde (vgl. Benjamin 2007). Ersterer zeugt vom Zusammenbruch der Tradition, Letztere vom Ausmaß, in welchem Erfahrung von Information verdrängt worden ist. Geschichtenerzählen, so Benjamin, liege im Kern traditioneller Gesellschaften. Es drückt Tradition aus und verkörpert sie; tatsächlich *ist* es Tradition. Die Authentizität der Tradition (ihre Lebendigkeit, ihre *Aura*) wird in der Handlung des Geschichtenerzählens bewahrt. Die moderne, weltliche Rationalität aber zerstört Tradition, Rituale, Magie und religiösen Glauben. Mit *der Kunst* erfand die Aufklärung etwas Neues, das sie mit einer erfundenen Tradition ausstattete – Kreativität, Genie und Schönheit, die immer während an den menschlichen Geist erinnern. Die Aura von, nennen wir es ‚Galeriekunst' (womit wir die Kunst in der Moderne meinen), ist etwas säkular Geheimnisvolles und die ‚Anbetung' großer Kunst ist ein säkulares Ritual, größtenteils praktiziert vom europäischen Bürgertum und seinen Intellektuellen.

Massenproduktion zerstört die Aura der Kunst, weil sie ihre beiden Eigenschaften, Einzigartigkeit und Distanz, zerstört. Fotografie und Film vervielfältigen das Bild bis ins Unendliche. Es mag nur eine Mona Lisa geben, aber es gibt etliche fotografische Reproduktionen von ihr in allen möglichen Kontexten, bis hin zum schlicht Vulgären. Zugleich zerstört Massenproduktion die *Distanz* des Kunstobjekts. Wir müssen nicht länger zum Original hingehen, um es ehrfürchtig zu betrachten, denn es ist losgelöst von seiner Umgebung. Es geht selbst hinaus in die Welt, wo es in vielen Formen zirkuliert, es kommt zu uns. Der Sinn für die Verehrung des auratischen Kunstgegenstands ist zerstört. Im Konzerthaus oder in der Galerie zeigen wir unsere Ehrfurcht durch konzentrierte und stille Aufmerksamkeit für die Darbietung oder Ausstellung. Doch das Massenpublikum neuer Formen der Massenkultur hat eine entspanntere Einstellung. Es muss sich nicht auf die auratische Erfahrung konzentrieren, es kann in einem Zustand der Ablenkung zusehen, es kann Musik im Radio oder vom Grammophon hören und gleichzeitig etwas anderes tun.

Was sind die Konsequenzen der Zerstörung der Aura? Für Benjamin ist es die *Demokratisierung* der Kunst. Was einst wenigen Auserwählten vorbehalten war, ist nun für viele verfügbar. Moderne Technologien visueller Reproduktion (Benjamin dachte dabei speziell an Fotografie und Film) können Kunstformen für Millionen werden. Darüber hinaus bewirken sie Veränderungen in unserer Wahrnehmung der Realität und bieten uns neue Perspektiven auf die Welt. Die Kamera ist tief eingewoben in das Netz der Realität, sie kann Orte erreichen, die den meisten von uns bislang unzugänglich gewesen sind. Bewegung kann beschleunigt und verlangsamt werden, um die Schönheit der Dinge zu offenbaren, was in der normalen Wahrnehmung nicht möglich ist; zum Beispiel der Moment des Aufpralls eines Wassertropfens. Die filmische Nahaufnahme schafft eine Art öffentlicher Intimität, indem sie Millionen von Menschen den Blick in das menschliche Gesicht erlaubt, der zuvor allein Liebenden oder Eltern und Kind vorbehalten war. Durch all dies wird das, was Benjamin die „Theologie der Kunst" nennt – ihr Ritual- oder Kultwert als ein Ding von Schönheit und ewiger Freude –, infrage gestellt. Massenreproduktion zerstört die einzigartige Authentizität des Originals, das nicht mehr als solches verehrt werden kann. „[...] die gesamte soziale Funktion der Kunst [hat sich] umgewälzt. An die Stelle ihrer Fundierung aufs Ritual tritt ihre Fundierung auf eine andere Praxis: nämlich ihre Fundierung auf Politik" (Benjamin 1977b [1936]: 18).

Anders als Adorno und Horkheimer glaubte Benjamin noch an das revolutionäre Potenzial der Massen. Seine Ansichten zur Beziehung zwischen den Massen und den neuen Produktionsmethoden legte er in einem Vortrag dar, den er 1934 in Paris am *Institut zum Studium des Faschismus* hielt und drei Jahre später unter dem Titel „Der Autor als Produzent" veröffentlichte. Darin behauptet Benjamin, dass das revolutionäre Potenzial neuer Technologien von der Rolle des Intellektuellen beim Produktionsprozess und seiner Ausrichtung auf die Massen abhänge. Es bringe nichts, die Unabhängigkeit des Dichters (d.h. seine Freiheit zu schreiben, was immer er wolle) anzuführen (vgl. Benjamin 1977a [1934]: 683f.). In der Kunst geht es nicht darum, sich selbst auszudrücken: Der Autor muss den Interessen der Menschen dienen. Mit den neuen ‚Massenformen' des Schreibens wie den Zeitungen bietet sich den Leserinnen und Lesern die Möglichkeit, eine aktive Rolle einzunehmen, anstatt lediglich Konsumierender zu sein. Sie können Briefe schreiben und die redaktionelle Meinung beeinflussen. Im neuen post-revolutionären russischen Kino, so zeigt Benjamin auf, stellten gewöhnliche Russen anstatt von Schauspielern und Schauspielerinnen gewöhnliche Menschen dar. Somit können neue Formen der Massenkommunikation aus

Konsumenten aktive Teilnehmer machen, worin eine neue Beziehung zwischen Produzent, Produkt und Publikum liegt – nicht die Verehrung des Autors (als Genie) oder des Werks (als Wahrheit und Schönheit) durch ein bewunderndes Publikum, sondern eine gleichwertigere und kollaborativere Beziehung, in welcher der Autor auf der Seite der Zuschauenden (der Massen) steht, deren Perspektive einnimmt und ihnen in seinem Werk Ausdruck verleiht.

Dies entspricht der Art von Theater, der sich Bertolt Brecht widmete. Nach Brechts Meinung diente die vorherrschende Theatertradition – das ganze kommerzielle Geschäft oder auch der „Theaterapparat" – dazu, den Zuschauerinnen und Zuschauern der Mittelschicht ihre gute Meinung von sich selbst zu bestätigen. Es tat nichts, um sie mit der gegenwärtigen Realität zu konfrontieren oder ihre eigenen gesellschaftlichen Einstellungen und Werte infrage zu stellen. Brecht betrachtete diese Art des Theaters als „kulinarischen Konsum" – eine wohltuende, wenn auch fade Mahlzeit, die man einem bürgerlichen Publikum vorsetzte, das nichts anderes wollte als ein tröstendes, selbstbestätigendes, emotionales Erlebnis. Er dagegen wollte ein Theater, an dem Zuschauer und Zuschauerinnen aus der Arbeiterklasse Gefallen hätten, wo sie sich wohlfühlen und nicht zu ihren „besten Manieren" genötigt würden. Ins Theater zu gehen konnte Spaß machen. Es konnte auch eine lehrreiche Erfahrung sein, die die Zuschauenden dazu aufforderte, über die gegenwärtige Welt und ihre Stellung darin nachzudenken. Es sollte deshalb in einem doppelten Sinne *realistisch* sein: hinsichtlich dessen, was tatsächlich in der Welt vorging und wie dies diejenigen betraf, denen die Geschichte erzählt wurde (Zuschauern der Arbeiterklasse). Um das zu erreichen, so meinte Brecht, musste das Theater neue Techniken und Methoden anwenden: „Es verändert sich die Wirklichkeit; um sie darzustellen, muß die Darstellungsart sich ändern. Aus nichts wird nichts, das Neue kommt aus dem Alten, aber es ist deswegen doch neu" (Brecht 1967 [1938]: 327). Das Ziel dabei war eine neue Art von Beteiligung für eine neue Art von Publikum. Nicht die bequeme, selbstbestätigende emotionale Beteiligung, die das bürgerliche Theater seinem Publikum bot, sondern eine aktive, bewusst politische Beteiligung: Theater, das Menschen zum Denken anregen würde, das ihre Ansichten verändern und eine Rolle im gesellschaftlichen Wandel spielen könnte, anstatt nur die bestehende Ordnung zu bestätigen.

Benjamins Gedanken in den beiden hier angesprochenen Aufsätzen fußen zu großen Teilen auf Brechts Vorstellungen vom Theater. In „Der Autor als Produzent" hebt Benjamin die Verbindungen zwischen seinen Ideen und dem Brecht'schen Theater hervor (vgl. Benjamin 1977a [1934]: 691, 696 ff.). Er macht auch deutlich, dass er sich mit der Rolle der Kunst in Beziehung zum Klassenkampf beschäftigt. Die Produktionsmittel befinden sich in Feindeshand – die Zeitung beispielsweise „gehört dem Kapital" (ebd.: 689). Die neuen Technologien besitzen selbst kein revolutionäres Potenzial, vielmehr befinden sie sich in reaktionären Händen und werden für reaktionäre Zwecke eingesetzt. Man denke an den Fall der „Kunstfotografie":

> „[Sie ist nicht imstande], über ein Stauwerk oder eine Kabelfabrik etwas anderes auszusagen als dies: die Welt ist schön. [...] Es ist ihr nämlich gelungen, auch noch das Elend, indem sie es auf modisch-perfektionierte Weise auffaßte, zum Gegenstand des Genusses zu machen." (ebd.: 693)

Das ist es, was Adorno mit der „Barbarei der Vollendung" meinte (siehe unten): technisch perfekte Bilder zum kulinarischen Konsum serviert, welche die Welt ästhetisieren und dadurch die Möglichkeit jeglicher kritischer Sicht auf eine unperfekte Realität ausschließen. In „Der Autor als Produzent" ruft Benjamin die Intellektuellen auf, in den bestehenden kulturellen Institutionen zu arbeiten, um ihre Funktionen zu unterwandern. Sie sollen ihre Arbeitsweisen ändern und die neuen Kommunikationsmittel für politisch progressive Zwecke nutzen; für die Interessen der Massen und nicht gegen sie: „Auch hier ist also für den Autor als Produzenten der technische Fortschritt die Grundlage seines politischen" (ebd.).

In „Das Kunstwerk im Zeitalter seiner technischen Reproduzierbarkeit" nimmt Benjamin eine weniger ausdrücklich politische Position ein. Er ruft nicht mehr die Intellektuellen auf, den Apparat der Kulturproduktion von innen zu verändern, stattdessen sieht er, dass den Technologien der Massenkulturproduktion ein emanzipatorisches Potenzial innewohnt. Indem sie den Maßstab der kulturellen Produktion und Distribution verändern, so sagt er, spielen sie eine demokratisierende Rolle, da sie Kultur zu den Massen bringen und die Aura der Kultur, die lediglich für eine „glückliche Minderheit" zugänglich ist, zerstören. Dadurch, dass sie die Art der Wahrnehmung verändern, bieten sie neue Perspektiven auf die gegenwärtige Realität, die bisher nicht vorhanden waren. In „Der Autor als Produzent" hatte Benjamin behauptet, dass Fotografie, wenn sie zu modischen Zwecken genutzt werde, eine rein reaktionäre gesellschaftliche Funktion habe. In „Das Kunstwerk im Zeitalter seiner technischen Reproduzierbarkeit" kann die Kamera *per se* die Wahrnehmung der Realität verändern. Verändern Technologien selbst die Welt oder ist es eine Frage, wie sie von Menschen angewendet werden? Die „Technologiefrage" wird im sechsten Kapitel dieses Buches behandelt. An dieser Stelle möchte ich nur festhalten, dass sie von Benjamin auf widersprüchliche Weise gestellt wird. Die Kernaussage in beiden Aufsätzen beschäftigt sich mit dem potentiellen Gebrauch von Massenmedien und der zeitgenössischen Kunst für progressive politische Zwecke.

Brecht war ein Mitglied der Kommunistischen Partei Deutschlands[11] und sein Werk war ausdrücklich auch als Propaganda zu verstehen. Benjamin war nie ein Kommunist, obwohl er, wie so viele seiner Zeitgenossen, vom ‚russischen Experiment' fasziniert war. Er besuchte Moskau 1926, um es mit eigenen

Augen zu sehen, wenngleich die Gründe für seine Reise ebenso mit der kommunistischen Theaterdirektorin, Künstlerin und Lehrerin Asja Lacis zu tun hatten, in die er sich zwei Jahre zuvor verliebt hatte (vgl. Wiggershaus 1987: 106). Durch Lacis lernte Benjamin Brecht kennen und in den späten 1920er Jahren wurden sie enge Freunde. Benjamin, der Subtilste und Verblümteste unter den Schriftstellern, bewunderte Brecht für sein „*plumpes Denken*", das direkt zum Kern der Sache vorstieß. Als Hitler an die Macht kam, floh Benjamin nach Paris, wo er trotz drängender Einladungen von Horkheimer und Adorno, sich ihnen in Amerika anzuschließen, blieb. Als die Nazis 1940 in Frankreich einmarschierten, floh er nach Süden in der Hoffnung, ins neutrale Spanien zu entkommen. Doch an der Grenze wurde er zurückgewiesen und nahm sich am 26. September in der kleinen Grenzstadt Port Bou, in der er auch begraben liegt, das Leben, da er fürchtete, bald gefasst zu werden. Nach 1933 führte Brecht ein nomadisches Leben in Dänemark, Schweden und Finnland, bevor er schließlich 1941 in den Vereinigten Staaten eintraf, wo er sich der Gemeinschaft der Exildeutschen in Los Angeles anschloss, seine Abneigung für Adorno nochmals bestätigte und sich (erfolglos) als Drehbuchautor in Hollywood versuchte. Im Jahr 1946, in der Frühzeit der McCarthy-Ära, wurde er vor das *Komitee für Unamerikanische Aktivitäten* zitiert, das ihn zwingen wollte, entweder zu bestätigen oder zu verneinen, dass er Kommunist war, und andere zu benennen, von denen er wusste, dass sie Kommunisten waren. Er verließ die Vereinigten Staaten auf der Stelle, doch während Adorno und Horkheimer in den westlichen Teil des geteilten Nachkriegsdeutschlands zurückkehrten, ließ sich Brecht schließlich im kommunistischen Osten nieder, wo er ein Nationaltheater gründete, das berühmte Berliner Ensemble.

Diese kurzen biografischen Angaben sollten genügen, um klarzumachen, dass die Themen in den Schriften dieser Männer keine rein wissenschaftlichen Angelegenheiten waren. Sie waren von zentraler Bedeutung für ihr Leben, ihre Anliegen und Schicksale. Benjamin war nie ganz von der sozialistischen Alternative zur bestehenden wirtschaftlichen und politischen Ordnung überzeugt. Doch er war sich sehr sicher, wo er hinsichtlich des Faschismus stand, gegen den sich die politischen Zielsetzungen seiner beiden Aufsätze richteten. Der Faschismus erzeugte eine *falsche Aura* indem er sich die Massenkultur für rituelle Zwecke aneignete:

> „Er [der Faschismus] sieht sein Heil darin, die Massen zu ihrem Ausdruck (beileibe nicht zu ihrem Recht) kommen zu lassen. Die Massen haben ein Recht auf Veränderung der Eigentumsverhältnisse; der Faschismus sucht ihnen einen *Ausdruck* in deren Konservierung zu geben. Der Faschismus läuft folgerecht auf eine Ästhetisierung des politischen Lebens hinaus. Der Vergewaltigung der Massen, die er im Kult eines Führers zu Boden zwingt, entspricht die Vergewaltigung einer Apparatur, die er der Herstellung von Kultwerten dienstbar macht." (Benjamin 1977b [1936]: 42)

Faschismus stellt die Massen in den Dienst der Politik, nicht um sie zum gesellschaftlichen Wandel zu mobilisieren, sondern um ihnen zu erlauben, sich selbst auszudrücken, um ,Dampf abzulassen'. Deshalb ästhetisiert der Faschismus die Politik. Er verwandelt Politik in Theater, ein Spektakel, in dem Teilnehmende zwar direkt am politischen Geschehen beteiligt sind, aber keine Veränderung herbeiführen können. Er tut dies mithilfe der falschen Aura der Massenkundgebung, mit ihrem rituellen Pomp und Prunk, und mithilfe des Kults der Führerhuldigung, der zu solchen Gelegenheiten auf charismatische Art und Weise Ausdruck verliehen wird. Die Formen der Massenkultur (Kino, Radio) werden zum Zwecke der Propaganda und des Kults der Massenveranstaltungen eingespannt. All dies läuft auf eines hinaus: Krieg. Auf die Ästhetisierung der Politik durch den Faschismus antwortet der Sozialismus mit der Politisierung der Kunst. Dies war das Ziel des Brecht'schen Theaters und der letzte Punkt in Benjamins Aufsatz.

3.8 Die Fetischisierung von Musik

Benjamin schickte ein Exemplar von „Das Kunstwerk im Zeitalter seiner technischen Reproduzierbarkeit" zur Kommentierung an Adorno. Er hoffte, Adorno würde es in der Zeitschrift des Instituts veröffentlichen. Doch Adorno missfielen einige von Benjamins Hauptargumenten und besonders der Einfluss von Brecht, wie er in einem Briefwechsel deutlich machte (vgl. Adorno et al. 1994). Der Beitrag wurde 1936 in der *Zeitschrift für Sozialforschung* veröffentlicht, allerdings in einer von Horkheimer in New York überarbeiteten und gemilderten Version. So wurde das Vorwort, in dem Benjamin sich auf Marx berief, komplett gestrichen (vgl. Benjamin 1989: 999). Adorno beschäftigte sich eingehend mit Benjamins Kritik der auratischen Kunst in dem Aufsatz „Über den Fetischcharakter in der Musik und die Regression des Hörens" (Adorno 1956 [1938]), in dem er ausführlich gegen die von Benjamin beschriebene Massenkultur argumentierte. Adornos italienische Mutter war eine ausgezeichnete Sängerin und Musik hatte von seiner Kindheit an eine wichtige Rolle in seiner Familie gespielt. Er studierte Philosophie und Musiktheorie in Frankfurt und ging nach seinem Abschluss nach Wien, um Komposition unter Alban Berg und Arnold Schönberg sowie Klavier bei Eduard Steuermann zu studieren. Mit 20 wollte Adorno Komponist werden, mit 30 widmete er sich der Gesellschaftsphilosophie und dem Institut. Seine Schriften über Musik machen etwa ein Drittel seiner gesamten veröffentlichten Werke aus und er wird heute weniger als Kulturkritiker und mehr als Musik- und Ästhetiktheoretiker gelesen (vgl. Huhn 2005). In den 1930er Jahren gehörte er zu den Ersten, die sich an einer Musiksoziologie versuchten, in der er die sozialen Wurzeln der Musik und ihre Beziehung zu

Gesellschaft und Kultur, denen sie zugehörig ist, theoretisierte. Dies war das Anliegen, das seiner Antwort an Benjamin zugrunde lag, in der er den Einfluss „industrialisierter Musik" auf das zeitgenössische musikalische Leben angriff. Die damals aktuelle, massenhaft produzierte Musik festigte ihre schicksalhafte Unterteilung in zwei verschiedene Kategorien – ernst und populär – deren Anfänge bis ins späte 18. Jahrhundert zurückreichen. Mozart war der letzte Komponist, der mühelos beide Elemente in seiner Musik verbunden hatte. Die Kategorisierung des Ernsthaften und des Populären als ‚hohe' und ‚niedere' Kunst war verheerend für beide. In seinem Brief an Benjamin, in dem er dessen Aufsatz bis ins kleinste Detail kommentierte, schrieb Adorno, dass es romantisch wäre, die eine (hohe Kunst) für die andere (Massenkultur) zu opfern. Das Kunstwerk und das Kino seien beide „die auseinandergerissenen Hälften der ganzen Freiheit, die doch aus ihnen nicht sich zusammenaddieren lässt" (Adorno et al. 1994: 171).

Die Verbindung von zwei technischen Entwicklungen am Ende des 19. Jahrhunderts – das phonografische Aufnahmeverfahren und die kabellose Radioübertragung – hatte einen enormen Einfluss auf alle Bereiche des musikalischen Lebens im frühen 20. Jahrhundert. Vor dem Grammophon und dem Radio war Musik hauptsächlich eine Live-Kunst gewesen, bei der die Darbietung selbst den zentralen Aspekt der Erfahrung ausmachte. Es handelte sich somit um eine soziale Aktivität, die Künstler und Zuschauer in die Produktion und das Erleben des musikalischen Ereignisses mit einbezog. Doch die Schallplatte und das Radio brachen die unmittelbaren sozialen Beziehungen im musikalischen Leben durch die Zerstörung der Darbietung entzwei. In der Musik gab es nun zwei getrennte und eigenständige Momente: den Moment der Produktion (die Aufnahme bzw. die Radioübertragung) und den Moment der Konsumption (das Hören per Grammophon bzw. Radio). Was diese beiden Momente verband, war das musikalische ‚Produkt'. Diese beiden neuen sozialen Tontechnologien zogen Adorno zufolge die Verdinglichung der Musik nach sich. Das bedeutete nicht einfach, dass Musik als ein vermarktbares Warenobjekt in Form einer Grammophonaufnahme verdinglicht wurde – sie wurde auf verschiedenste Weise fetischisiert. Insgesamt blieb so das Schicksal der Musik in der Moderne verborgen; nämlich der Verlust ihres sozialen, geselligen Charakters und damit verbunden der Möglichkeit echten musikalischen Genusses. Im ersten Teil seines Aufsatzes untersucht Adorno die vielen Arten, auf die zeitgenössische Musik ihren Fetischcharakter in der Produktion, der Darbietung und im Konsum offenbart, denen allen die Stigmata der Verdinglichung anhaften, „denn das gesamte gegenwärtige Musikleben wird von der Warenform beherrscht: die letzten vorkapitalistischen Rückstände sind beseitigt" (Adorno 1956 [1938]: 18f.).

Die Fetischisierung der Performance zeigt sich auf verschiedene Weise. Zum einen gibt es da die Verehrung der „schönen Stimme", weiter gehört die Fetischisierung des großen Komponisten und besonders des Dirigenten dazu. Schließlich existiert die Vorstellung von dem authentischen Auftritt, eine Tendenz, die besonders mit der Professionalisierung des Musizierens und der Idee von der „ultimativen" Aufnahme zugenommen hat. Die Fetischisierung von Authentizität (die großartige Stimme, der großartige Auftritt, der großartige Dirigent) ist ein Teilaspekt der totalen Standardisierung und Konformität, die keinen Platz für Fehler lässt. Die Professionalisierung von Musik (selbst eine beschleunigte Folge neuer Technologien) wertet alle anderen Formen von Musik ab, die nun unter dem niederen Status des „amateurhaften" Musizierens zusammengefasst werden. Als Inbegriff der Verdinglichung betrachtete Adorno die „Barbarei der Vollendung" – ein aufschlussreicher Ausdruck, den er von seinem Klavierlehrer Eduard Steuermann übernahm:

> „Der neue Fetisch ist der lückenlos funktionierende, metallglänzende Apparat als solcher, in dem alle Rädchen so exakt ineinanderpassen, daß für den Sinn des Ganzen nicht die kleinste Lücke mehr offen bleibt. Die im jüngsten Stil perfekte, makellose Aufführung konserviert das Werk um den Preis seiner definitiven Verdinglichung. Sie führt es als ein mit der ersten Note bereits fertiges vor: die Aufführung klingt wie ihre eigene Grammophonplatte." (ebd.: 26)

Technische Vollendung ist barbarisch, weil sie unmenschlich ist. Ihre makellose, mechanische Brillanz schließt das Element menschlicher Fehlbarkeit (der weniger perfekte Auftritt mit weniger perfekten Instrumenten) und somit ihren menschlichen Reiz aus.

> „Wer es jedoch wagen wollte, auch nur in der Konversation die entscheidende Wichtigkeit der Stimme zu bezweifeln und die Ansicht zu vertreten, daß man mit einer mäßigen Stimme ebenso schön musizieren könne wie auf einem mäßigen Klavier gut spielen, der wird sich sogleich einer Situation der Feindseligkeit und Abwehr gegenüberbefinden, die affektiv weit tiefer reicht als der Anlaß." (ebd.: 18)

Amateurhafte Musik mit all ihren sozialen, geselligen Eigenschaften wird von der Professionalisierung der Performance entwertet und der Charme zum Beispiel des holprigen Auftritts eines Kindes bei einem Schulkonzert verliert seine eigene spezielle Magie. Der spontane Charakter von Live-Auftritten wird im Tonstudio eliminiert und im Endprodukt als endgültig verdinglichte Performance für immer auf einer Platte festgehalten. Risiko und Misslingen sind abgeschafft. Dasselbe geschieht auch mit der einzigartigen, individuellen Qualität des Live-Auftritts. „Die Liquidierung des Individuums ist die eigentliche Signatur des neuen musikalischen Zustands" (ebd.: 16).

Die Stilisierung der Produktion beinhaltet ihre Standardisierung zu einer Art Fließband-Klang. Adorno entdeckte in der standardmäßigen 3-Minuten Hitaufnahme den Fordismus wieder. Standardisierung der Musik bedeutete ihre Transformation zu „easy listening" – etwas, das augenblicklich und mühelos konsumiert wurde, verkörpert durch den eingängigen Refrain oder den einheitlichen Rhythmus des Viervierteltakts. Bei all dem gerät der intrinsische Genuss der Musik aus dem Blick, der in ihrer Darbietung liegt. Er hat sich zurückentwickelt zu einem isolierten Genuss eines isolierten Hörers, der den Akt des Hörens fetischisiert, aber dabei aus dem Auge verliert, was er hört. Dies zeige sich, so Adorno, in den eigentümlichen Obsessionen von Gerätefreaks, die, unabhängig davon was wiedergegeben wird, den *Klang* als abstraktes *Ding* fetischisieren. Während Adorno als Beispiel für dieses Phänomen Amateurfunker anführte, könnten wir auf Hifi-Freaks verweisen und die Fetischisierung der perfekten Akustik. Ebenso bezieht es sich auf den Fan, der alles weiß, was es über sein Fetischobjekt zu wissen gibt, der Radiosender anschreibt, um mehr Sendezeit für seinen Fetisch zu fordern, und der sich bei Live-Konzerten in künstlicher Ekstase verliert. Auf all diesen Ebenen ist der Fan seinem Fetischobjekt, dem „Star", hörig.

Doch niemand höre *wirklich* noch Musik, behauptet Adorno. Täglich ist mehr Musik verfügbar als jemals zuvor und tatsächlich ist es heute, dank der Musikindustrie, fast unmöglich, ihr zu entkommen. Aber je mehr Musik es gibt, desto weniger Menschen hören sie. Die Verdinglichung von Musik ist ein Anzeichen für ihre Regression von einem weltlichen, sozialen Vergnügen zu einer inneren Gefühlslage, einer Angelegenheit subjektiven Geschmacks („Ich weiß, was mir gefällt"). Verdinglichte Musik existiert vor allen Dingen im Kopf des isolierten, individuellen Musikkonsumenten. Adorno beobachtete all diese Aspekte der verdinglichten, fetischisierten Musik als Anzeichen für die *Regression* des Hörens. Dieser, der Freud'schen Psychoanalyse entlehnte Begriff, steht für die Rückkehr zu einem früheren, kindlichen Zustand. Für Adorno hatte das Erleben von Musik seinen rationalen, erwachsenen Charakter verloren. „Die regredierenden Hörer benehmen sich wie Kinder. Sie verlangen immer wieder und mit hartnäckiger Tücke nach der einen Speise, die man ihnen einmal vorgesetzt hat" (Adorno 1956: 34). Die Verdinglichung von Musik führe zu einer Art Masseninfantilismus der Hörer, die ohnehin nicht länger zuhörten. Damit einher gehe der Verlust der Möglichkeit zum Widerstand oder zur Kritik und darüber hinaus die Möglichkeit einer *autonomen Kunst*: Kunst als Ausdruck menschlicher Autonomie, Unabhängigkeit und Freiheit.

Adorno glaubte an die Chance der Erlösung durch autonome Kunst, die ihren eigenen Regeln gehorcht. Die Aufklärung basierte auf dem freien Geist des autonomen (selbstgesteuerten) Individuums, frei von fremdbestimmter Einschränkung (Bevormundung durch andere). Autonome Kunst ist also der freie Ausdruck eines selbstbestimmten, kreativen „Autors", der das Kunstwerk produziert. Vielmehr noch, diese integrale künstlerische Freiheit wird in der Autonomie von Form und Inhalt des Kunstwerks selbst verkörpert. Anders gesagt gehorcht die Kunst ihren eigenen Regeln. Als solche steht sie der Massenkultur gegenüber, die von heteronom (extern) regulierenden Faktoren beherrscht ist, am offensichtlichsten vom Profitmotiv und dem Gesetz des Marktes. Die Fremdbestimmung der Massenkultur offenbart sich in ihrer Suche nach einem Massenpublikum. Um ein großes und vielfältiges Publikum zu erreichen, müssen Form und Inhalt der kulturellen Produkte simpel, zugänglich und einfach zu verstehen sein. Daher sind die *Formen* der Massenkultur von externen Einflüssen bestimmt. Daraus folgt, dass die Autonomie der Kunst, sofern sie sich selbst treu ist, sich in Formen und Inhalten offenbart, die dem Sog der heteronomen Kräfte widerstehen. Adorno akzeptierte und verteidigte autonome Kunst als „schwierig". So sollte sie sein. Auf diese Weise widersetzte sie sich einfacher kulinarischer Konsumption. Benjamin mochte die „abgelenkte Aufmerksamkeit" des Massenpublikums verteidigen, doch Adorno wollte nichts davon wissen. Die von moderner Kunst geforderte Konzentration war das Zeichen ihrer Ablehnung des Kulturmarktes.

In ihrem Briefwechsel bezüglich seines Aufsatzes räumte Benjamin höflich ein, „in meiner Arbeit versuchte ich, die positiven Momente so deutlich zu artikulieren, wie Sie es für die negativen zuwege bringen" (Adorno et al. 1994: 384). Doch Adorno wies die politischen Einstellungen von Benjamin und Brecht zurück. Adorno für seinen Teil war verstört von der Präsenz Brecht'scher Motive in dem Aufsatz, der nachlässigen Übertragung der magischen Aura auf das autonome Kunstwerk und der Zuschreibung einer ihm eigenen gegenrevolutionären Funktion. Das Konzept „Kunst um der Kunst Willen", erklärte er, müsse verteidigt und gerettet werden vor der „Einheitsfront, die dagegen besteht und die nach meiner Kenntnis von Brecht bis zur [kommunistischen] Jugendbewegung reicht [...]" (Adorno et al. 1994: 170). Jahre später arbeitete er seine Kritik am politischen Engagement in der Kunst ausführlicher aus. Entgegen Sartre, Lukács und Brecht, die alle auf verschiedene Weise die Position vertraten, dass Schriftsteller sich politisch engagieren und diesen Einsatz in ihren Werken ausdrücken sollten, argumentierte Adorno, dass Engagement zu schnell in Propaganda münden könne (vgl. Adorno 1965 [1962]). Wenn dies geschehe, habe es seinen eigenen Zweck und seine Verpflichtung betrogen, nämlich die Wahrheit. Das war in Adornos Augen der Stolperstein. Bis zuletzt verteidigte er das autonome Kunstwerk gegen dessen Betrug durch das zeitgenössische wirtschaftliche und politische Leben. Auch wenn es wenig Genuss bot, auch wenn sein Reiz begrenzt war, war es doch sich selbst treu. Seine eigene Negativität deckte den essentiell negativen Charakter der dominanten Formen des wirtschaftlichen, politischen und kulturellen Lebens auf, während diese sich selbst noch als positiv betrachteten.

Anmerkungen

1   Sie basierte allerdings, wie das antike Athen, auf Sklaverei. Wenn die Ungerechtigkeit der verarmten Massen die „soziale Frage" in Europa definierte, so definierten die Auslöschung der amerikanischen Ureinwohner durch die europäischen Einwanderer und die Versklavung der Afrikaner, die sie als Arbeitskräfte mitbrachten, um die Neue Welt aufzubauen, die doppelte Ungerechtigkeit, auf der die neue Gesellschaft aufbaute.

2   Arendt behauptet, „die soziale Frage" sei seit dem 18. Jahrhundert ein Euphemismus für Armut gewesen. In Frankreich erlangte der Ausdruck eine neue Bedeutung, als die Pariser Armen sich zur Unterstützung der Revolution erhoben, „sie anfeuerten, sie vorwärts trieben, um sie schließlich unter dem Drang ihrer Not zu begraben" (Arendt 1994b: 74f.). Von Hunger getriebene Armut hat schon immer zu spontanen Aufständen im Verlangen nach Brot geführt. Als die Massen in Paris Brot und Freiheit forderten, wurde Armut politisiert. Die Armen erhoben sich nicht länger allein zur Stillung unmittelbarer Bedürfnisse, sondern für die strukturelle Umgestaltung der Gesellschaft. Somit war Armut kein naturgegebener Umstand mehr, gegen den mit menschlichen Mitteln nichts ausgerichtet werden konnte, sondern sie wurde zu einer geschichtlichen Tatsache, die eine menschliche Lösung erforderte. Die Politisierung der verarmten Massen, die in der Französischen Revolution aufkeimte, war in Europa Ausgangspunkt für das Angstgespenst des 19. Jahrhunderts. Die Angst vor revolutionärem Terror breitete sich aus, als sich die soziale Frage der Armut zur politischen Bedrohung für die gefestigten Teile der europäischen Gesellschaft durch die Massen wandelte (ebd.: 73–146).

3   Sowohl Felix Weil, der die finanziellen Mittel für das Institut bereitstellte, als auch Max Horkheimer, dessen administrativer und intellektueller Leiter, hatten beide sehr reiche Väter. Die meisten Mitglieder des Instituts stammten aus wohlhabenden Familien. Horkheimers Vater war ein Industriemillionär und sein Sohn hatte eine hochgradig privilegierte Erziehung genossen. Von Horkheimer wurde erwartet, als Nachfolger seines Vaters das Geschäft zu übernehmen. Für eine Weile arbeitete er als Juniorchef in einer der Fabriken. Jedoch stellte sich heraus, dass der junge Horkheimer für das Geschäftsleben wenig geeignet war (zum Entsetzen seiner Familie verliebte er sich auch noch in eine acht Jahre ältere Sekretärin), und man gestattete ihm, eine akademische Laufbahn einzuschlagen. Die persönlichen, unveröffentlichten Schriften aus seiner späten Jugend und seinem frühen Erwachsenenalter zeugen von seiner Entrüstung über die gesellschaftliche Ungerechtigkeit der grundlegenden Ungleichheit zwischen Arm und Reich, der „ganzen Unmenschlichkeit" des kapitalistischen Systems und der „drängende[n] Notwendigkeit der Änderung" (Wiggershaus 1987: 65; siehe 55–67 für eine kurze Biografie des jungen Horkheimers).

4   Wegen der Durchführung des hier angekündigten Projekts traten Horkheimer und Lazarsfeld (damals in Wien) etwa ein Jahr später erstmals miteinander in Kontakt.

5   Antonio Gramsci lieferte mit seiner Analyse der Situation in Italien die brillanteste Interpretation dieses für den zeitgenössischen Marxismus entscheidenden Punktes. Gramsci (1891–1937), der Vorsitzende der Kommunistischen Partei Italiens, wurde inhaftiert, als Mussolini an die Macht kam. In seinen posthum veröffentlichten *Gefängnisheften* arbeitete er sein Verständnis davon aus, wie die geschichtlichen Kräfte das revolutionäre Potential der Nachkriegszeit „blockierten". Die Hefte erlangten bei der *Neuen Linken* in Großbritannien legendären Status, als sie 1971 ins Englische übersetzt wurden.

6   Eine Wendung, die ich von John L. Austin entliehen habe (1986: 97).

7   Marx' frühe Schriften, in denen er die entfremdete Arbeit umfassend analysiert hatte, wurden nicht vor Beginn der 1930er Jahre veröffentlicht.

8   Für eine umfassende Schilderung des Taylorismus empfehle ich Harry Bravermans exzellentes und höchst lesenswertes Buch *Labour and Capitalism* (1974), dessen Untertitel („The degradation of work in the twentieth century") klar auf das Hauptthema hinweist, welches in Bezug auf Fabrik- und Büroarbeit untersucht wird.

9   Siehe hierzu auch „Mensch und Tier" (Horkheimer & Adorno 2000: 262–271) am Ende des
     Buches im Teil „Aufzeichnungen und Entwürfe", der aus Fragmenten besteht, die nicht in den
     Hauptteil des Textes eingearbeitet werden konnten. Die Beherrschung der Natur ist ein Schlüs-
     selthema in Horkheimers wichtigster Monografie *Zur Kritik der instrumentellen Vernunft* (1974
     [1947]: 93–123). Ursprünglich als Vorlesungsreihe an der Columbia im Jahre 1946 entstanden,
     war dieser (in Englisch verfasst) als Begleittext zur *Dialektik der Aufklärung* (in Deutsch ver-
     fasst) gedacht, der klar deren zentrale Themen rekapituliert und näher ausführt. Adorno und
     Horkheimer schrieben beide äußerst flüssig und klar in englischer Sprache.
10   Viele zentrale Werke der Frankfurter Schule sowie anderer bekannter Anhänger des aktuellen
     wie früheren „westlichen Marxismus" wurden erst in den 1970er Jahren ins Englische übersetzt
     und von dem Journal *New Left Review* veröffentlicht.
11   Anm. d. Übers.: Es gibt Hinweise darauf, dass Brecht nicht Mitglied der KPD war.

4 Das Ende der Massen: Merton, Lazarsfeld, Riesman, Katz – USA, 1940er und 1950er Jahre

4.1 Robert Merton

Robert Merton (1910–2003) war, zusammen mit Talcott Parsons, der vielleicht einflussreichste amerikanische Soziologe seiner Generation. Mertons Eltern waren jüdische Immigranten aus Russland, die sich in Philadelphia niedergelassen hatten. Er wurde unter dem Namen Meyer Schkolnik geboren, den er in seinen Jugendjahren jedoch in Robert Merlin änderte. Diesen Namen wählte der junge Schkolnik, weil er ein Magier werden wollte, wie sein Idol Ehrich Weiss, Sohn eines immigrierten Rabbis, der später als der legendäre Harry Houdini bekannt wurde. Als diese Laune abklang, schien Merton jedoch ein passenderer Name für einen angehenden amerikanischen Intellektuellen. Merton schrieb seine Doktorarbeit, *Science, Technology and Society in the 17th Century England*, im Bereich der historischen Soziologie. Mitte der 1930er Jahre war er ein führendes Mitglied einer exzellenten Gruppe von Post-Doktoranden, die sich in Harvard um Talcott Parsons scharte. Dieser hatte sich 1937 mit der Publikation von *The Structure of Social Action* einen Namen gemacht. Wie Parsons tauchte auch Merton tief in die europäische Soziologie ein: Marx, Weber und Durkheim waren wichtige Inspirationsquellen. Parsons übersetzte Weber aus dem Deutschen und Merton Durkheim aus dem Französischen, um europäische Schriften auch amerikanischen (und britischen) Akademikern zugänglich zu machen. Gemeinsam mit Parsons war Merton der führende Vertreter des strukturellen Funktionalismus, der durch die beiden bald zur dominanten theoretischen Basis der amerikanischen Soziologie wurde, bis er in den 1970er Jahren von marxistischen und anderen Strukturalisten angefochten wurde. Mertons Beschäftigung mit der Soziologie der Massenkommunikation stellt nur einen Ausschnitt seiner langen und hervorragenden wissenschaftlichen Karriere dar – wenn auch einen bedeutenden. Dieser wurde im Wesentlichen von zwei Faktoren provoziert: dem Krieg in Europa und seiner Verbindung mit Paul Lazarsfeld durch seinen Wechsel an die Columbia 1941. Sein Schlüsselwerk war eine Fallstudie über eine Marathon-Live-Sendung im Radio, die von der damals ungemein populären Sängerin Kate Smith moderiert wurde und den Verkauf von Kriegsanleihen fördern sollte.

4.2 Massenbeeinflussung

Die zündende Idee für die Studie kam, wenig überraschend, von Lazarsfeld, der darin eine weitere Möglichkeit sah, die Wirkung des neuen Mediums Radio zu untersuchen, indem man sich auf ein einzelnes Programm konzentrierte, das ganz offensichtlich einen unmittelbaren und starken Einfluss auf sein Publikum hatte. Genau wie Orson Welles' *Invasion from Mars*, das Fragen zur Sozialpsychologie der Massenpanik aufgeworfen hatte, so war auch die Radiosendung mit Kate Smith ein spektakuläres Medienevent, bei dem diesmal Fragen bezüglich der Sozialpsychologie der Massenüberzeugung auftraten. Smith war zur damaligen Zeit die populärste Sängerin im Rundfunk und, als die Show ausgestrahlt wurde, Ende 30. Sie war groß, stämmig und nicht besonders attraktiv.[1] Zwar war sie keine Glamourikone, doch sie wurde weithin gemocht und bewundert. Sie verfügte über eine natürliche, unausgebildete Altstimme und verdiente 1932 bereits 7500 Dollar pro Woche als Star der *Swanee Revue*, einer Radio-Varietee-Show. 1938 nahm sie Irving Berlins *God Bless America* auf, das aufgrund seiner Beliebtheit sofort den Status einer Art Nationalhymne erlangte. Im darauf folgenden Jahr wurde sie in das Weiße Haus eingeladen, um dieses und andere Stücke bei einem Bankett des Präsidenten aufzuführen, das zugunsten des ersten Staatsbesuchs von König George VI. und Königin Elizabeth in den USA stattfand. Präsident Roosevelt stellte Kate Smith dem Königspaar als „eine unserer größten Sängerinnen" vor, und fügte hinzu, so sagt man: „Das ist Kate Smith. Das ist Amerika." Zum Ausbruch des Krieges galt sie bereits als „Inbegriff der trauten amerikanischen Tugenden".[2]

Während des Krieges machte Smith zwei regelmäßige Programme: Für *Kate Smith Speaks* hatte sie einen 15-minütigen Sendeplatz am Mittwochnachmittag. In dieser Zeit las und kommentierte sie an sie adressierte Briefe und erörterte für den Durchschnittshörer wichtige aktuelle Themen, wie zum Beispiel Kinderarbeit, Krieg, Familie und Diskriminierung von Arbeitern über 40. Mit einem Publikum von zehn Millionen Stammhörern war *Kate Smith Speaks* die erfolgreichste Radioshow im Tagesprogramm, mit der sie wöchentlich 5000 Dollar verdiente. Ergänzend dazu gab es die *Kate Smith Hour*, die 1938 anlief und von CBS bis 1945 in der Hauptsendezeit zwischen 20 und 21 Uhr ausgestrahlt wurde. Für diese Sendung wurden ihr wöchentlich 12.500 Dollar ausgezahlt. In der Tin Pan Alley wurde sie als erstklassige Hit-Garantin der 1930er und 1940er Jahre verehrt. Ihre Shows warben für Zigarren, Autos, Kaffee, Feinmehl, Backpulver, Salzstreuer, Jell-O und Postum (Frühstücksflocken, nahm ich an).[3]

Unter diesen Umständen wurde Smith von CBS für eine ganztägige Kampagne angefragt, bei der es darum gehen sollte, Amerikaner und Amerikanerinnen vom Kauf von Kriegsanleihen zu überzeugen. Der Verkauf von Anleihen war ein wichtiges Mittel der Regierung zur Finanzierung des Krieges durch freiwillige Privat- und Firmenspenden anstelle von Steuererhöhungen. Bis zum Ende des Jahres 1945 hatte der Kriegsfinanzausschuss Sicherheitsanleihen im Wert von 185,7 Milliarden Dollar an über 85 Millionen amerikanische Bürgerinnen und Bürger verkauft. Kriegsanleihen wurden fortlaufend von der Regierung und privatwirtschaftlich beworben, unterstützt von regelmäßigen intensiven Werbeaktionen, um die Verkäufe anzukurbeln. Die erste Aktion begann am 30. November 1942, die dritte Anfang September 1943, mit dem Ziel, 15 Milliarden Dollar in einem Monat zu erlösen. Sie startete am Abend des 8. Septembers mit einer mitreißenden Ansprache des Präsidenten Roosevelt im Rundfunk. Zwei Wochen später sendete das CBS eine eigene Kampagne für Kriegsanleihen, bei der sich Kate Smith direkt an die Zuhörer und Zuhörerinnen wandte, um diese zum Kauf von Sparbriefen der neuen E-Serie anzuregen.[4] Es war die dritte Sammelaktion für Kriegsanleihen im Radio von Smith und dem CBS, aber dieses Mal wurde sie zu einem beispiellosen 18-Stunden Marathon, in dem Smith ohne Pause ungefähr alle 15 Minuten live auf Sendung war. Ihre Bemühungen hatten zur Folge, dass die Zuhörer in der Sendung anriefen oder Briefe schrieben und den Kauf von Kriegsanleihen im Gesamtwert von 40 Millionen Dollar zusicherten. Dies schien die Macht des Radios bei der Beeinflussung der Massen zu beweisen.

Auf jeden Fall bewies sich die Überzeugungskraft von Paul Lazarsfeld darin, den anfänglich zögerlichen Merton zur Mitarbeit im *Radio Research Office* zu bewegen. Von Peter Simonson stammt eine faszinierende Schilderung über den Beginn der Beziehung zwischen Lazarsfeld und Merton, genauer gesagt über Robert Mertons unverwechselbaren Beitrag zur Entwicklung der Massenkommunikationsforschung. Merton wurde zur selben Zeit wie Lazarsfeld an der Columbia University zum Assistenzprofessor berufen. Er kam als „einsamer Gelehrter, der in der Bibliothek und in seinem Arbeitszimmer arbeitete und wenig Interesse an ‚angewandter Forschung' in irgendeiner Form hatte". Dennoch, so gab er viele Jahre später im Rückblick auf ihre Freundschaft zu, hatte Lazarsfeld die Begabung „andere in den Strudel seiner Ideen, Verpflichtungen, Leidenschaften und Visionen zu ziehen". Er stellte Merton Little Annie, den CBS-Polygraphen, vor und weckte anhand der Folgeinterviews sein Interesse für die Interpretation der von diesem generierten Daten. Merton stand den Interviewtechniken, die er da sah, kritisch gegenüber, woraufhin Lazarsfeld ihn drängte, selbst aktiv zu werden. Schon fand sich Merton inmitten der Pionierarbeit zur Methode des fokussierten Interviews wieder, dem Vorgänger der heute allgegenwärtigen Fokusgruppen-Forschung.[5]

Diese Methoden lieferten die empirische Basis der Kate Smith-Studie, bei der drei zusammenhängende Arten von Daten erhoben wurden: (1) eine Inhaltsanalyse der Sendungen mit Kate Smith; (2) „intensiv fokussierte Inter-

views" mit 100 Personen, die die Übertragung gehört hatten; und (3) eine
Meinungsumfrage mit gut 1000 repräsentativen Teilnehmern. Die Inhaltsanalyse offenbarte zunächst die „objektiven" Merkmale der Radiosendung, auf
die die Zuhörer reagierten, die intensiven Interviews enthüllten, wie der Prozess der Überzeugung funktionierte, während die umfangreiche quantitative
Befragung die Nachprüfbarkeit der Analyseergebnisse aus den intensiven
Interviews gewährleistete. Methodisch ist die Studie ein Literaturklassiker in
der Soziologie der Massenkommunikation, ein „vernachlässigtes Juwel", wie
Simonson in seiner Einführung zur neuen Auflage von *Mass Persuasion* (Merton 2004 [1946]) treffend formuliert. Nach der detaillierten Darlegung seines
Methodendesigns geht Merton zur zeitlichen Struktur der Radiosendung über,
die er als „herausragendes Event" charakterisiert. Bezogen darauf empfanden
die Zuhörerinnen und Zuhörer sich selbst klar als Zeugen oder gar Teilnehmer
eines besonderen Ereignisses (vgl. Merton 2004 [1946]: 26). Nur wenn die
Übertragung als Ganzes gesehen wurde, als zeitlich strukturierte Einheit,
konnte ihre Auswirkung auf das Verhalten der Hörerinnen und Hörer verstanden werden, besonders was den Drang anging, den ganzen Tag hindurch zuzuhören, wie viele der Interviewten bekundeten: „Wir verließen sie den ganzen Tag nicht. Wir standen ihr zur Seite. Ich ging den ganzen Tag nicht raus,
nur zum Einkaufen. Doch selbst dann konnte ich es kaum erwarten, zurückzu-
kommen und weiter zuzuhören" (ebd.: 27).

Merton schreibt diesen Drang der „Tyrannei des Radios" zu, obwohl wir es
heute, so denke ich, gleichermaßen als Beweis für die unwiderstehliche Energie
des Events wie auch des Mediums, in dem es stattfand, betrachten würden. Die
Tatsache, dass Smith sich verpflichtet sah, ähnlich wie eine Marathonläuferin
bis zum Ende durchzuhalten, war ein entscheidender Aspekt für den fesselnden
Gesamteindruck beim Publikum: „Es baute einen auf, wenn sie weitermachte".
Dabei handelte es sich, so argumentiert Merton, nicht um die Ausübung von
Propaganda, sondern von Überzeugung, mit dem Unterschied, dass Ersteres
eher ein einseitiges, Letzteres aber ein wechselseitiges Kommunikationsverfah-
ren darstellt. Überzeugung ist interaktiver und der Konversation ähnlicher. Folglich war das, was Smith im Verlauf des Events sagte, sorgfältig auf die wech-
selnde Tageszeit und auf die Resonanz der Zuhörenden abgestimmt, die beim
Sender anriefen, um ihre Kaufzusagen zu machen. Es waren indirekte Radio
Phone-Ins, bei denen

> „der gängige Radiomonolog zu einer Art Unterhaltung wurde. Der Kern einer wechselseitigen
> Konversation besteht darin, dass das, was jeder Beteiligte sagt, von dem beeinflusst ist, was der
> andere gerade gesagt hat, oder davon, was man erwartet, das der andere erwidern könnte [...]:
> der Marathon erlaubte es Smith, den Anschein von, und teilweise auch tatsächlich, Konversation
> zu erzielen." (ebd.: 39)

Bezüglich der thematischen Inhaltsanalyse von Smiths Sendung zeigt ein Kreis-diagramm, dass zirka 50 Prozent von dem, was sie sagte, vom „Opfer in Zeiten des Krieges" handelte, das alle US-Amerikaner gleichermaßen betraf; die Trup-pen, Zivilisten sowie Kate Smith selbst. Der Rest des Diagramms nennt fünf weitere Aspekte, in denen der Aufruf zur Opferbereitschaft auf unterschiedliche Weise thematisiert wurde; in Bezug auf die kollektive Beteiligung an den Kriegsanstrengungen, in Bezug auf die durch den Krieg getrennten Familien und in Bezug auf die Geldsummen, die in den zwei früheren CBS Radiosendun-gen mit Smith erzielt worden waren, welche übertroffen werden sollten. Diese drei Motive waren eindeutig inhalts- und handlungsbezogen. Die übrigen beiden Themen waren anders gelagert: Das „persönliche Motiv" und das „Erleichte-rungsmotiv" waren beziehungs- und medienorientierte Aspekte in Smiths Ra-dioappell. Die persönliche Thematik unterstrich den interaktiven Charakter des Events. Obwohl es sich um einen großen Aufruf zum gewaltigen kollektiven Einsatz handelte, betonte Smith in ihren Ansprachen das direkte und vertraute ‚Du-und-Ich' – „You and I might send this [die Sammelaktion] right over the top" –, was in ihren Zuhörern eine direkte und unmittelbaren Resonanz hervor-rief. „Sie sprach direkt mit mir!", „Man fühlte sich, als wäre sie eine persönliche Freundin. Ich dachte, dass sie mit mir redet" (ebd.: 61). Dieses Gefühl der per-sönlichen Beziehung zwischen der Radiomoderatorin und der oder dem Zuhö-renden wurde von dem „Erleichterungsmotiv" unterstützt, bei dem Smith wie-derholt betonte, dass das Telefon die einfachste Möglichkeit sei, eine Anleihe zu erwerben, und dass die Leitungen des Radiosenders offen und bereit seien. Viele Hörerinnen und Hörer gingen in der Hoffnung zum Telefon, mit Smith selbst sprechen zu können. Das Telefon erleichterte nicht nur den Erwerb von Kriegs-anleihen, es schien die persönliche Verbindung zu Smith zu ermöglichen, die von vielen ihrer Zuhörer wahrgenommen wurde, für die „das Telefon das Scheinbild eines persönlichen Kontaktes erzeugte" (ebd.: 69).

Dies führt zum zentralen Thema der Studie: Was genau machte die Radio-sendung so überzeugend? Die Antwort schien in der Persönlichkeit von Smith selbst zu liegen, deren „Aufrichtigkeit" die Zuhörer als ihre herausragende Cha-raktereigenschaft betrachteten. Aber was bedeutete das im unmittelbaren Kon-text einer Radiosendung zur Kriegszeit, in der Anleihen verkauft wurden, und im weiteren Kontext einer Gesellschaft, die als ausbeuterisch und manipulativ wahrgenommen wurde?

> „Die enorme Wichtigkeit, die ihrer [Kate Smiths] Integrität beigemessen wurde, spiegelte die Überzeugung unserer Probanden wider, die auf der Erfahrung aufbaut und durch die daraus re-sultierende Besorgnis noch vergrößert wird, dass sie oft zu Opfern von Ausbeutung, Manipula-tion und Kontrolle durch andere werden, die lediglich ihre eigenen privaten Interessen verfol-gen. Die Betonung dieser Thematik reflektiert eine soziale Fehlordnung – der soziologische Fachbegriff ist ‚Anomie'[6] – bei der gemeinsame Werte von den Wogen privater Interessen, die

praktisch unter allen Umständen befriedigt sein wollen, überschwemmt werden. Sie ist das Produkt einer Gesellschaft, in der die ‚Verkaufstüchtigkeit' – im dem Sinne, dass man durch die geschickte Vortäuschung von Interesse an seinem Gegenüber verkauft – wütet. Nur vor dem Hintergrund dieses Skeptizismus und Misstrauens, die auf eine vorwiegend manipulative Gesellschaft zurückgehen, konnten wir den gesteigerten ‚Glauben' unserer Testpersonen an eine Persönlichkeit des öffentlichen Lebens interpretieren, von der man ausgeht, dass sie die Werte von Aufrichtigkeit, Integrität, guter Kameradschaft und Altruismus verkörpert."(ebd.: 10f.)

Dieser Effekt ist umso paradoxer, als Smith offenkundig etwas ‚an den Mann bringen will', von einem Skript abliest und dabei bekanntermaßen sehr wohlhabend ist, im Gegensatz zu den meisten, wenn nicht gar allen ihrer Hörerinnen und Hörer. Warum erscheint sie *nicht* als Teil dieses Prozesses von „Ausbeutung, Manipulation und Kontrolle", der, wie Merton argumentiert, die geteilte Erfahrung ihrer Zuhörerschaft ist?

In einem bekannten Abschnitt des Buches beschreibt Merton das Amerika seiner Zeit als Pseudo-Gemeinschaft.[7] Wenn Gemeinschaft für wirkliche Werte steht, dann ist Pseudo-Gemeinschaft gewissermaßen ihre Negation: „die Vortäuschung von persönlichem Interesse am Gegenüber", so Merton, „mit dem Ziel ihn übers Ohr zu hauen". Amerikanische Städter leben in einer Atmosphäre gegenseitigen Misstrauens. Anomie, Pseudo-Gemeinschaft und Zynismus sind die psychologischen Folgen einer Gesellschaft, die dazu neigt, konzentriert auf Kapital und Markt, menschliche Beziehungen zu instrumentalisieren:

> „Wie Marx schon vor langer Zeit andeutete und Durkheim sowie Simmel dann feststellen mussten, gibt es in solch einer Gesellschaft nur wenige verlässliche Verbindungen zwischen der Einzelperson und anderen. In solch einer Gesellschaft ‚betrachten [viele Menschen] auch tatsächlich sehr leicht jede menschliche Beziehung vom kaufmännischen Gesichtspunkt aus. Sie sehen alle natürlichen Beziehungen immer mehr als Waren an und machen aus den persönlichen Beziehungen eine Geschäftsverbindung. Dabei entwickeln sich die oft erwähnten psychologischen Phänomene der Selbstentfremdung und Entmenschlichung und es entsteht ein Menschentyp, für den ein Baum nicht ein Baum, sondern Nutzholz ist.'[8] Mit dem Verfall von Kodes, die dieses geldfixierte Verhalten regulieren, entwickelt sich akutes Misstrauen bezüglich der Verlässlichkeit und Aufrichtigkeit des anderen. Die Gesellschaft wird als eine Arena für rivalisierende Betrügereien empfunden. Es gibt nur wenig Glauben an die Uneigennützigkeit des menschlichen Verhaltens." (ebd.: 143)

Die Literaturtheorie hat das nützliche Konzept des narrativen *Überschusses* entwickelt: Punkte an denen ein Roman oder ein Film die Grenzen seines Genres überschreitet, sozusagen seine eigenen Ufer übersteigt und einen Überfluss an Bedeutung erzeugt. Etwas Derartiges scheint in Mertons Studie stattzufinden. Wir beginnen mit einem scheinbar simplen Sachverhalt – einer Radiosendung, einer beliebten Sängerin, einer erfolgreichen Sammelaktion für Kriegsanleihen – und enden bei einer generellen Anklage des modernen Amerikas. Wie aber gelangen wir von dem einen zum anderen? Merton liefert die Erklärung im letzten Teil seines Buches, „Ein technisches Problem und moralisches Dilemma". Was ist aber das Problem und was das Dilemma?

Es ist möglich, das Forschungsthema – Kate Smiths Radioübertragung – als rein methodische oder technische Problemstellung zu behandeln, wie es laut Merton die Produzenten der Sendung taten. Diejenigen, die die Skripte für Smith schrieben, befassten sich mit Techniken zur effektiven Steuerung der Emotionen der Zuhörer, um diese dazu zu bringen, Kriegsanleihen zu kaufen. Ihr Ziel war technische Effizienz als Mittel zum Zweck der Überzeugung. Aus der Perspektive derer, die Propaganda ausüben, wird Erfolg (Effektivität) „allein an der Zahl der Leute gemessen, die zu der erwünschten Handlung oder der erwünschten Gemütsverfassung gebracht werden können" (ebd.: 185). Die Tatsache, dass die Radiosendung alle Rekorde beim Verkauf von Anleihen brach, bewies den Erfolg der angewendeten Überzeugungstechniken. Diese Sichtweise bedeutet aber das Heranziehen „technischer und amoralischer Kriterien", die von einer manipulativen Grundhaltung dem Menschen und der Gesellschaft gegenüber zeugen (ebd.). Die Radiosender werden dafür kritisiert, dass sie auf die Emotionen der Masse abzielten und ihre Ängste instrumentalisierten, gleichzeitig aber auf die ökonomische Bewandtnis der Kriegsanleihen als Mittel antiinflationärer Regulierung nicht eingingen. Sie manipulierten die Massen mehr, als dass sie sie informierten, und versäumten es, die ethischen Implikationen der angewendeten Techniken zu reflektieren.

Doch die gleiche Kritik muss genauso für den Sozialwissenschaftler gelten, obwohl dieser Aspekt selten aufgegriffen wird. Die Ansicht, die Wissenschaft sei unbefangen und Werten gegenüber somit nahezu gleichgültig oder neutral, ist „trügerisch und täuschend". Sozialwissenschaftliche Forschung ist keine wertfreie Betätigung. Das zu denken ist nicht bloß naiv, es kommt dem Verzicht auf moralische Verantwortung gleich, denn der springende Punkt bei der Sache ist, dass eine wissenschaftliche Untersuchung schon im Ansatz von den Werten des Forschers bestimmt wird. Diese sollten daher kenntlich gemacht werden. Es war undenkbar für Merton, dass die Untersuchung einer einzigartigen Radiosendung eine rein technische oder methodische Übung sein sollte. Ihr wohnte eine unausweichliche moralische Dimension inne, bezogen auf die Rolle der Bürger und die Beschaffenheit des Handelns in einer demokratischen Massengesellschaft zu Krisenzeiten. Die Erforschung dessen gestattete es nicht, „unsere Persönlichkeiten bequem in das Selbst des Technikers und des Bürgers aufzuspalten" (ebd.: 175). Somit greift Merton in seinem Schlusskapitel Lazarsfelds Unterscheidung zwischen administrativer und kritischer Forschung auf und führt beide wieder zusammen.

Selbst Adorno musste eingestehen, dass es zwischen instrumenteller und wohlwollender administrativer Forschung zu unterscheiden galt – was ebenfalls auf Lazarsfeld zurückging. Während Erstere zur Manipulation der Masse beitrug, strebte Letztere ihren Fortschritt an (vgl. Adorno 2004 [1945]: 211). Wie wir gesehen haben, betrachtete Lazarsfeld die Arbeit des *Office of Radio Research* nie als, wie er es nannte, kommerzielle, von der Hand in den Mund betriebene Auftragsforschung. Auf Horkheimer Bezug nehmend hatte er in seinem Aufsatz über kritische und administrative Forschung hervorgehoben, dass sich ein zentraler Strang der kritischen Forschung mit den grundlegenden menschlichen Werten als moralische Basis zur Bewertung gesellschaftlicher Praxis auseinandersetzte.[9] Darüber hinaus muss menschliche Praxis immer betrachtet werden als geprägt von der breiteren historischen Sozialstruktur, in die alles Denken und Handeln eingebettet ist. Dies galt für Merton, dessen Denken von der ‚klassischen' europäischen Soziologie durchdrungen war, als unbestreitbar. Die bloße Feststellung, dass Marx, Weber, Durkheim, Simmel und Mannheim allesamt Bezugspunkte für Mertons Text darstellen, reicht nicht aus. Er absorbiert die kritische Beschaffenheit der europäischen Sozialtheorie, re-interpretiert sie und kombiniert sie mit der neuen empirischen Herangehensweise an soziale Phänomene in Amerika. Das ist es, was an Mertons *Mass Persuasion* so unverwechselbar, frisch und originell ist. Dabei geht es in beiden soziologischen Kulturen um das Gleiche: den Schock des Neuen, den Versuch, die im Wandel begriffene Welt zu verstehen – eine Welt, die gekennzeichnet ist von schnellen, fortdauernden Veränderungen und dem langen historischen Prozess der Modernisierung, den wir noch heute durchleben. Möglicherweise ist die Soziologie genau *die* Disziplin, die all dies zum Gegenstand hat. Sie muss versuchen, unmittelbar lokale, konkrete Sozialphänomene zu verstehen *und* in diesen die Bedeutung des globalen Transformationsprozesses gesellschaftlicher Modernisierung zu sehen. Genau so fasste Merton seine Studie zu Kate Smiths Radiomarathon auf.

4.3 Die Relevanz der Massenkommunikationsforschung

Ungefähr ein Jahr nach der Veröffentlichung von *Mass Persuasion* erklärte sich Merton bereit, Lazarsfelds eher fragmentarische Aufzeichnungen zu einem Vortrag, den dieser kurz zuvor im Rahmen eines Kolloquiums zur Vermittlung von Ideen (*communication of ideas*) präsentiert hatte, zwecks ihrer Publikation zu überarbeiten. Lazarsfeld bekam seine Ideen in flüssiges Englisch umgesetzt zurück, teilweise angereichert mit Bezügen zu klassischen Autoren, von denen er noch nie gehört hatte. Er stellte außerdem fest, dass Merton unter „Some Social Functions of the Mass Media" einen vierseitigen Abschnitt hinzugefügt hatte,[10] der eine Reihe völlig neuer Gedanken enthielt. Deshalb erschien es ihm passend, dass die Arbeit als gemeinschaftlich verfasster Beitrag in dem von Lyndon Bryson herausgegeben Band *The Communication of Ideas* (1948) veröffentlicht wurde. „Mass communication, popular taste and organised social action" ist möglicherweise ein eher klobiger Titel, kann aber als abschließende und wohldurchdachte Synthese der Arbeiten von zwei der einflussreichsten amerikanischen Soziologen zum Thema Massenkommunikation gelten. Obwohl die beiden ihr Leben lang Freunde blieben, zogen sie sich um 1950 aus der Massenkommunikationsforschung zurück und verfolgten je unterschiedliche Pfade in den Sozialwissenschaften. Ihr Aufsatz aber stellt eine beeindruckende Zusammenfassung der Arbeitsbeziehung zwischen zwei Kollegen und zwei prägenden Strömungen der amerikanischen Massenkommunikationsforschung dar – der empirischen und der kritischen –, die sie gemeinsam zu gestalten halfen.

Sie beginnen bei der Relevanz der Kommunikationsthematik im Amerika der Nachkriegszeit, indem sie auf das weitverbreitete Interesse an der Rolle von Printmedien, Film und Radio in der damaligen Gesellschaft verweisen. Diese spiegle sich im herrschenden Wirrwarr akademischer Konferenzen, Bücher und Beiträge zu diesen Themen wider. Dabei ist ein geläufiges Motiv die Sorge bezüglich der Allgegenwart und Macht der Massenmedien. Ein Teilnehmer des Symposiums, das Lazarsfeld besuchte, meinte, dass „die Macht des Radios nur mit der Macht der Atombombe verglichen werden kann". Doch darin lag für Lazarsfeld und Merton ein falsches Verständnis davon, wie Macht im zeitgenössischen Amerika funktionierte. Sie war nicht länger von organisierter Gewalt und Massenzwang abhängig, wie im Deutschland der Nationalsozialisten. Subtilere Formen sozialer Kontrolle waren nun am Werk, die eher an der Seele als am Körper ansetzten:

> „Die führenden Machtgruppen, von denen die Wirtschaft den wichtigsten Platz einnimmt, tendieren zunehmend dazu, Techniken zur Manipulation des Massenpublikums in Form von Propaganda anstelle direkterer Instrumente der Kontrolle anzuwenden. Industrieorganisationen zwingen achtjährige Kinder nicht mehr, vierzehn Stunden am Tag Maschinen zu bedienen; sie beschäftigen sich mit ausgeklügelten ‚Public Relations' Programmen. Sie schalten große und eindrucksvolle Anzeigen in den Zeitungen der Nation; sie sponsern zahlreiche Radioprogramme; auf Anraten von Public Relations Beratern veranstalten sie Preisausschreiben, gründen Hilfsorganisationen und unterstützen wohltätige Zwecke. Es scheint, als habe die wirtschaftliche Macht die direkte Ausbeutung reduziert und in eine subtilere Art von psychologischer Ausbeutung verwandelt, die weitgehend durch die Verbreitung von Propaganda in den Massenmedien erfolgt." (Lazarsfeld & Merton 2004 [1948]: 231)

Die Beeinflussung der Massen hat die älteren und schrofferen Methoden direkter Einschüchterung und Nötigung ersetzt und die Massenmedien stellen Instanzen neuer und sanfterer Formen indirekter sozialer Kontrolle dar. Die Medien haben etwas geschaffen, das man Pseudo-Öffentlichkeit[11] nennen könnte. Sie „haben die Aufgabe übernommen, das Massenpublikum dazu zu bringen, mit dem gesellschaftlichen und wirtschaftlichen *Status quo* übereinzustimmen" (ebd.: 231).

Ich muss zugeben, dass ich erstaunt war, als ich dies zum ersten Mal las. Zuvor hatte ich mindestens 30 Jahre lang die Lektüre amerikanischer Massenkommunikationssoziologie gemieden, weil ich sie für langweilige, unkritische und ,anspruchslose' Empirie hielt – soweit die landläufige Auffassung in Großbritannien, als ich Mitte der 1970er Jahre begann „media studies" zu lehren. So sehr hatte ich diese Haltung übernommen, dass ich unlängst meinen beachtlichen Widerwillen überwinden musste, um die vor etwa 60 bis 70 Jahren in Amerika verfasste und mittlerweile ins Vergessen geratene mediensoziologische Literatur zu lesen. Ich tat dies nur um des vorliegenden Buches willen, dessen historischer Anspruch und Umfang ganz offensichtlich bedeutete, dass ich die frühen und – wie ich mittlerweile feststellen muss – grundlegenden Arbeiten der amerikanischen Soziologie nicht auslassen konnte. Als ich mich schließlich darauf einließ, kam die Lektüre fast schon einer Offenbarung gleich: Ich musste feststellen, dass sie insgesamt tatsächlich fesselnder und bedeutsamer (auch lesbarer) war, als ich zuvor angenommen hatte. Amerikanische Kollegen haben mit dem Prozess der Wiederherstellung und Aufwertung ihres verlorenen Erbes begonnen. Peter Simonson und Gabriel Wiemann behaupten in ihrem Beitrag zur kritischen Forschung in Columbia, in dem sie sich auf den Aufsatz von Lazarsfeld und Merton als zentralen Text beziehen, dass dieser in den 1970er und 1980er Jahren in den USA und Großbritannien eine Art ,symbolische Vernichtung' erlitt, und zwar durch die Verfechter der wiedergeborenen kritischen Cultural Studies, die das aufkommende Feld der media studies für sich abstecken wollten (vgl. 2003: 15). Warum das geschah und was wir heute von der amerikanischen Soziologie der Massenkommunikation und ihrer komplexen Beziehung zur Sozialtheorie europäischer Tradition lernen können, sind Aspekte, auf die ich an anderer Stelle eingehen werde. Für den Moment möchte ich einfach festhalten, dass ich viele Jahre lang unter dem Irrtum litt, die kritische Theorie habe mit der Frankfurter Schule begonnen und sei erst in den 1970er Jahren in Fahrt gekommen, als der ökonomische und soziale Status quo im Zuge der kulturellen ,Revolution' Ende der 1960er Jahre unter Beschuss geriet. Daher meine Verwunderung über die Kritik von Lazarsfeld und Merton an den Medien als sanft disziplinierende Handlanger des ökonomischen und sozialen Status quo im Nachkriegsamerika. Sie greift Themen voraus, die viele Jahre später in den Texten von Stuart Hall, Michel Foucault und anderen wieder auftauchen sollten, als wären sie nagelneu.

Wie der Titel vermuten lässt, behandelt „Mass communication, popular taste and organised social action" drei Hauptthemen: die gesellschaftliche Rolle der Medien, ihren Einfluss auf den Geschmack des Publikums und ihr Potential bezogen auf fortschrittliches soziales Handeln. Letzteres ist die Zusammenfassung der Arbeiten Lazarsfelds zum erzieherischen Potential des Radios beziehungsweise Mertons zu seiner Überzeugungsmacht, die beide weiter oben bereits diskutiert wurden. Sollen die Medien für progressive soziale und politische Zwecke genutzt werden – zur Verbesserung der Bildung oder zur Förderung der

Verständigung zwischen verschiedenen ethnischen Gruppierungen –, muss man verstehen, wie sie funktionieren. Drei unverwechselbare Konzepte Mertons werden vorgestellt und zusammenfassend diskutiert: (1) Monopolisierung (*monopolization*), (2) Umleitung (*canalization*) und (3) Ergänzung (*supplementation*). Zunächst monopolisieren die Medien die Definition eines Themas, um Gegenargumente und alternative Interpretationen auszuschließen (praktisch die Theorie der herrschenden Ideologie)[12]. Sodann leiten sie existierende soziale Einstellungen eher um, als dass sie sie transformieren. Schließlich funktionieren Medien nicht alleine für sich. „Der Nationalsozialismus erreichte seinen kurzen Moment der Hegemonie nicht dadurch, dass er die Massenmedien an sich riss." Sie hatten eine unterstützende Rolle als Ergänzung zu der organisierten Ausübung von Gewalt, der Belohnung von Konformität und lokalen Indoktrinationszentren (Lazarsfeld & Merton 2004 [1948]: 240). Besonders der letzte Punkt ist ausschlaggebend: Massenmedien haben sich gerade „in lokalen Zentren organisierten Face-to-face-Kontakts" (ebd.), wie der Sowjetunion, als äußerst wirksam herausgestellt, denn direkter Kontakt und interpersonale Gespräche ergänzen die Funktionsweisen der Medien entscheidend. Später griff Elihu Katz diesen Punkt auf und integrierte ihn in seine bekannte Arbeit zur Bedeutung des *Persönlichen Einflusses*.

Im Hauptabschnitt behandeln Lazarsfeld und Merton kurz den Aspekt des Publikumsgeschmacks – der laut Simonson und Wiemann am wenigsten interessante und originelle Teil des Aufsatzes. Er beinhaltet einige, wie die beiden Letzteren feststellen, unangemessen herablassende Bemerkungen über weibliche Hörer von Radio Soap-Operas,[13] banale Annahmen zur Verschlechterung des kulturellen Geschmacks sowie ein paar ungeprüfte Standpunkte zur Rolle progressiver Intellektueller bei der Definition kultureller Standards. Der originellste Teil des Schriftstücks ist laut Lazarsfeld die vierseitige Ergänzung zur sozialen Funktion der Massenmedien, die Merton zu seinen Vortragsnotizen hinzugefügt hatte. Merton hebt drei Funktionen der Massenmedien hervor, die in seinen Augen weiterer Nachforschungen bedürfen: die Verleihung von Status, die Durchsetzung sozialer Normen und schließlich ihre narkotisierende Dysfunktion. Erstens funktionieren Medien als Mittel der Legitimation, indem sie öffentlichen Belangen, Personen, Organisationen oder sozialen Bewegungen einen gewissen Status verleihen. Werden sie von den Medien anerkannt und aufgegriffen, dann sind sie wichtig – wenn nicht, dann sind sie es nicht. Zweitens setzen die Medien vorherrschende gesellschaftliche Gesinnungen und Werte durch, indem sie Abweichungen von der Norm negative Publicity zukommen lassen. Dabei schließen sie die Lücke zwischen privaten Haltungen und öffentlicher Moral – wie schon viele Personen des öffentlichen Lebens, insbesondere Politiker, zu ihrem Leidwesen feststellen mussten. Wenn dies die positiven Funktionen sind, dann ist die narkotisierende Wirkung der Medien ihre negative Dysfunktion. Sie rufen politische Apathie bei Massenpublika hervor, indem sie die Illusion von Partizipation am demokratischen Prozess inszenieren, ihn in Wahrheit aber untergraben. Das Individuum fängt an zu glauben, es wüsste, was in der Welt passiert, weil es Zeitungen liest und Nachrichten im Radio hört. Es *ist* besorgt. Es *ist* informiert. Dies heißt aber, „das Wissen um die aktuellen Probleme damit zu verwechseln, etwas dagegen zu *tun*" (ebd.: 235). So bildet sich eine stellvertretende Sphäre öffentlicher Meinung (eine Pseudo-Öffentlichkeit)[14] heraus, die das Handeln und die Anteilnahme am demokratischen Entscheidungsfindungsprozess verdrängt.

Viele der Themen, die zwei oder drei Generationen später als „media studies" wieder auftauchen sollten, finden sich bereits in der amerikanischen Massenkommunikationssoziologie der 1930er und 1940er Jahre und in zusammengefasster Form in diesem Schlüsselaufsatz ihrer beiden Schlüsselfiguren. Strukturen der Kontrolle und des Besitzes von Medien? Herrschende Ideologie? Legitimation der existierenden ökonomischen und sozialen Ordnung? Aktive Publika? All diese Themen, die den Eindruck vermitteln, als seien sie in den 1970er Jahren zum ersten Mal entdeckt worden, tauchen schon in der Forschung und den Schriften von Paul Lazarsfeld, Robert Merton und ihren Zeitgenossen auf. Sie können als die Auseinandersetzung mit der Frage nach sozialer Kontrolle und ihrer strukturellen Transformation – bei der die Medien eine entscheidende Rolle spielen – umrissen werden; weg von den älteren, strengeren und direkteren Formen der Herrschaft, hin zu neuen, weicheren und indirekteren Methoden zur Disziplinierung der Massen. Mitte des Jahrhunderts erschien Amerika zunehmend konformistisch, was für fortschrittliche Intellektuelle ein Alarmsignal war. Dies war das zentrale Motiv eines Buches, das einige Jahre später erschien und zum meistgelesenen Einzelwerk der Soziologie aller Zeiten werden sollte.

4.4 Die einsame Masse

1950 veröffentlichte David Riesman das Buch *Die einsame Masse* mit dem Untertitel „Eine Untersuchung der Wandlungen des amerikanischen Charakters". Es gehörte zu den wenigen wissenschaftlichen Publikationen, die nicht nur an der Universität gelesen wurden, sondern es war ein Muss für all diejenigen, die bezüglich aktueller Denkweisen auf dem Laufenden bleiben wollten. Als es 1953 bei Doubleday Anchor als Paperback erschien, wurde es zum Bestseller, der in der Folge in zahlreichen Neuauflagen und Nachdrucken herausgebracht wurde. Während der letzten fünfzig Jahre sind 1,4 Millionen Kopien vertrieben worden, sodass es heute zu den am meisten verkauften soziologischen Titeln zählt. *Die einsame Masse* ist ein ungewöhnliches Buch, geschrieben von einem ungewöhnlichen Soziologen. Riesmans (1909–2002) Familie gehörte der Oberschicht in Philadelphia an, weshalb er in den Genuss einer privilegierten Erziehung und Ausbildung kam. Er studierte Jura in Harvard und arbeitete nach seinem Abschluss einige Jahre als Angestellter des Obersten Gerichts, bevor er sich in den späten 1930er Jahren der Soziologie zuwandte. Nachdem er von 1948 bis 1959 Professor für Sozialwissenschaften an der Universität von Chicago gewesen war, kehrte er nach Harvard zurück, wo er für den Rest seines Arbeitslebens blieb. Während die amerikanische Soziologie zu seiner Zeit hauptsächlich damit beschäftigt war, sich als positivistische Wissenschaft zu etablieren, hatte Riesman, ähnlich wie Merton, eine breitere, europäische Auffassung von der Soziologie und betrachtete ihre Aufgaben als kritisch und interpretativ. Die Schriften von Marx, Weber und Durkheim spielen in seinen Schilderungen eine signifikante Rolle und auch Freud hatte Einfluss auf ihn. Einer der Leser des ersten Entwurfs des Buchs, der auch im Vorwort vermerkt ist, war der Psychoanalytiker Fromm. Er war ein führender Vertreter der Frankfurter Schule und 1934 in die USA ausgewandert, wo er auch eine Zeit lang als Riesmans persönlicher Analytiker fungierte. Die Psychopathologie des Alltags im zeitgenössischen Amerika ist ein zentrales Thema in *Die einsame Masse*.

Der Text ist im Wesentlichen eine historische Moralität in drei Akten.[15] Riesman beginnt mit vormodernen Gesellschaften als kontrastierender Hintergrund für das zentrale Thema seines Dramas – den Wandel von der klassischen frühmodernen zur zeitgenössischen amerikanischen Gesellschaft. Dabei bringt jede soziale Ordnung (traditionell, frühmodern, zeitgenössisch) eine bestimmte Art von Individuum oder einen bestimmten Charaktertyp hervor (bzw. erfordert ihn), dessen Persönlichkeitsstruktur eine je spezifische Ausrichtung hat: das *traditions*-geleitete, das *innen*-geleitete und das *außen*-geleitete Individuum.[16] Diese Begriffe gelangten schnell in den allgemeinen Sprachgebrauch:

> „Vor einem halben Jahrhundert mochte man Leute in Cocktailbars sagen hören: Bist du innengeleitet? Ist er außengeleitet? Kennen wir irgendjemanden, der traditionsgeleitet ist? Als diese Begriffe ins öffentliche Bewusstsein vordrangen, stellten sie ein neues Mittel zur Klassifizierung der Menschheit dar. Viele von uns mögen dieses System, das wir nutzten, nicht ganz verstanden haben, aber es trieb über Jahre Blüten als selbstbewusstes, pseudointellektuelles Geschwätz." (Fulford 2001)

Eine Reihe von Annahmen über die Beschaffenheit der Beziehung zwischen Individuum und Gesellschaft, eines der fundamentalen Themen der Soziologie, untermauern diese Unterscheidung. Für Riesman

> „findet sich die Verbindung zwischen Charakter und Gesellschaft in der Art und Weise, wie die Gesellschaft einen gewissen Grad von Verhaltenskonformität der ihr zugehörigen Individuen garantiert […] In jeder Gesellschaft wird eine derartige Form der Sicherung konformen Verhaltens in das Kind eingepflanzt, die später dann durch die Erfahrungen als Erwachsener entweder gefördert oder unwirksam wird […] Während jedoch Gesellschaften und Individuen ohne

> schöpferische Leistung, wenn auch in Eintönigkeit, ihr Leben zubringen können, ist nicht anzu-
> nehmen, daß sie ohne irgendeine Art von Verhaltenskonformität – und sei es die der Rebellion –
> leben können." (Riesman 1958 [1950]: 22)

Als Grundannahme – die immer und überall als selbstverständlich erachtet und nie infrage gestellt wird – gilt, dass die Gesellschaft als eine externe Macht besteht, die sich den Individuen aufdrängt und sie zur Fügsamkeit gegenüber den „Gruppennormen" zwingt. Wie dies erreicht wird? Durch die Sozialisation der Individuen, die mit der Geburt beginnt und von den Eltern „in das Kind eingepflanzt" wird. Hiermit bot sich ein wirksamer Ansatz zur Erklärung der Ausgangsannahme, der auf die Unterstützung durch die aktuelle psychoanalytische Theorie zurückgriff:

> „Wenn eine Gesellschaft gut funktionieren soll, müssen sich ihre Mitglieder einen Charakter
> aneignen, aus dem heraus sie so handeln *wollen*, wie sie auf Grund ihrer Zugehörigkeit zu die-
> ser Gesellschaft oder einer besonderen Klasse innerhalb dieser handeln *müssen*. Sie müssen ge-
> nau das *zu tun wünschen*, was sie notwendigerweise tatsächlich *zu tun haben*. *Äußerer Druck*
> wird durch *inneren Zwang* und durch eine besondere Art menschlicher Energie ersetzt, die in
> die Charakterzüge einfließt." (Fromm 1944: 380 zit. nach Riesman 1958 [1950]: 22)

Die Sozialisation von Individuen ist folglich ein Prozess der Disziplinierung, bei dem widerspenstige Gemüter gezähmt und den gesellschaftlichen Anforderungen angeglichen werden. Zu jener Zeit galt die von Freud inspirierte psychoanalytische Theorie als überzeugende Erklärung des frühkindlichen Prozesses der Verinnerlichung äußerer Normen zur funktionalen Anpassung von Individuen an die Gesellschaftsordnung, ohne dass die Inanspruchnahme physischer Gewalt nötig gewesen wäre.

Unterschiedliche Gesellschaften bedürfen zu verschiedenen Zeitpunkten unterschiedlicher „Arten von Konformität". Riesman zieht in seiner historischen Schilderung allerdings eine eindeutige Trennungslinie zwischen der Moderne und der Geschichte davor. In der Vergangenheit hat es meist überall traditionelle, auf Familien und Clans ausgerichtete Lebensweisen gegeben: „Solche Gesellschaften können voller Elend sein und von Furcht, Grausamkeiten und Seuchen heimgesucht werden" (ebd.: 29), schließen Individualität aber nicht aus. Allerdings sind von vornherein durch Herkunft, Geschlecht und Stellung gewisse Rollen festgelegt, aus denen Individuen, wenn überhaupt, dann nur selten ausbrechen können. Soziale Außenseiter, welche später als Erneuerer oder Rebellen gelten mögen, übernehmen die Funktion des Schamanen oder Hexenmeisters, während die Klöster andere „charakterologische Außenseiter" (ebd.: 28) auffangen – eine Aufgabe, die heute die Universitäten übernommen haben. Im Grunde sind sich alle auf Gemeinschaft beruhenden Gesellschaften ähnlich, ob in Europa, Indien, Afrika oder China: Sie fußen auf verwandtschaftlicher Loyalität, wandeln sich nur langsam und sind durch Bindungen bestimmt, die auf einem engen Gefüge von Werten beruhen, das von allen fraglos übernommen wird.

Unabhängig davon, wie wahr oder treffend all dies ist, bildet es einen Hintergrund, von dem sich die europäische Revolution des 16. und 17. Jahrhunderts abhebt. Diese kündigte den entscheidenden Bruch mit den Traditionen und Bräuchen an und führte die moderne Ära des innen-geleiteten Individuums ein. Gesellschaftliche Modernisierung setzt die Auflösung der Tradition voraus, damit sie neue, individuelle Freiheiten und Handlungsoptionen in der Lebensführung bieten kann. Diese Möglichkeiten gehen einher mit Veränderungen im Bevölkerungswachstum und dem Aufschwung des Industriekapitalismus mitsamt seinen stark erweiterten Formen der Massenproduktion. Damit stellt sich die Frage, wie sich die Menschen in einer Welt des stetigen Wandels ohne die Bande der Traditionen und Bräuche orientieren sollen. Sie müssen sich selbst positionieren mithilfe ihres „seelischen ‚Kreiselkompaß‘", den ihre Eltern in Bewegung gesetzt haben (ebd.: 32). Die Kompass-Metapher soll verdeutlichen, dass der Innen-Geleitete nicht vom gewählten Weg abweicht, da er von seinen inneren Zwängen auf Kurs gehalten wird.[17] Wie Riesman bestätigt, liegt diesem Charaktertypus aus soziologischer Sicht Max Webers berühmte Darstellung zum Aufkommen des Kapitalismus in Verbindung mit der protestantischen Ethik in Europa im 17. Jahrhundert zugrunde (vgl. ebd.: 34).[18] Dieser mittlerweile alte, frühmoderne Mittelschichttyp findet sich im Banker, Geschäftsmann, Unternehmer oder auch dem Ingenieur wieder.

Indes taucht zur Mitte des 20. Jahrhunderts ein neuer, postmoderner Typ[19] auf: das außen-geleitete Individuum. Dieses bezieht seine Verhaltensregeln nicht länger aus den eigenen inneren Zwängen, sondern aus äußerem sozialem Druck – den „Normen der Primärgruppe", also denjenigen, denen er im täglichen Leben begegnet. Riesman hebt hervor, dass es sich dabei um eine jüngere Entwicklung und ein neu aufkommendes soziales Phänomen handle, das sich zwar nicht auf die USA begrenze, aber dort am weitesten fortgeschritten sei. Der neue Typ der Mittelschicht umfasst den Bürokraten oder den Festangestellten einer großen Firma. Was die Konformität des Individuums bewirkt, ist also nicht ein innerer, selbstregulierender Apparat, sondern es sind die Werte und Einstellungen anderer, „entweder von denjenigen, die er persönlich kennt, oder von jenen anderen, mit denen er indirekt durch Freunde oder durch die Massenunterhaltungsmittel bekannt ist" (ebd.: 38). Das postmoderne Individuum ist, anders als sein robuster, im Alleingang handelnder Vorgänger der Moderne, sehr einfühlsam seinen Mitmenschen gegenüber: Es ist „oberflächlicher, freigiebiger, verhaltensunsicherer und weit mehr von der Anerkennung anderer abhängig" (ebd.: 35).

Die strukturellen Unterschiede zwischen den drei Typen zusammenfassend, identifiziert Riesman verschiedene emotionale Kontrollmechanismen, die ihr Verhalten bestimmen. In traditionellen Gesellschaften sorgt die Furcht vor *Schande* für die Verhaltenskonformität der Individuen. Das innen-geleitete Individuum wird von Gefühlen persönlicher *Schuld* kontrolliert, während der außengeleitete Mensch eine unbestimmte *Angst* wahrnimmt, wenn er nicht zum Rest der Gemeinschaft passt. Sein Navigationsinstrument ist jedoch kein Kreiselkompass, sondern eher ein integriertes Radarsystem, mit dem er kontinuierlich seine Umgebung abtastet, um potentielle Störfaktoren seiner Selbstwahrnehmung auszumachen (vgl. ebd.: 41). Laut Riesmans Darstellungen erfolgt dieser Wandel der Wesensstruktur in erster Linie als Anpassung an die sich verändernde Beschaffenheit und Wahrnehmung der Arbeit sowie des Arbeitsplatzes. Hinzu kommt die zunehmende Priorität von Freizeit im Leben der Menschen. Am Arbeitsplatz des 19. Jahrhunderts (typischerweise die Fabrik) herrschte eine klare Hierarchie von Befehlsrecht und Status, sowie ein unpersönliches Verhältnis zwischen Arbeitgebern und Arbeitnehmern sowie Arbeitnehmerinnen. Im Mittelpunkt stand die Auseinandersetzung mit der Steuerung technischer und produktionsbezogener Aspekte des Arbeitsprozesses. Das Leben war von der Arbeit bestimmt und die meisten Menschen hatten nur einen geringen Überschuss an Geld oder Freizeit zur Verfügung. Seit der Mitte des 20. Jahrhunderts sind am Arbeitsplatz (typischerweise das Büro) flachere Hierarchien zu verzeichnen. Die Atmosphäre ist weniger befehlslastig und man sorgt sich mehr um Mitarbeiterführung und gute Beziehungen am Arbeitsplatz. Es ist mehr Zeit und Geld vorhanden, welches für das verwendet werden kann, was bisher nur den Reichen und Privilegierten vorbehalten war: Freizeit, die in zunehmendem Maße und für immer mehr Menschen verfügbar ist. Die Beziehungen auf der Arbeit und in der Freizeit sind nunmehr durch *Ungezwungenheit* charakterisiert.[20]

Das Aufkommen der Ungezwungenheit ist ein offenkundiges Zeichen des neuen, auf seine Mitmenschen ausgerichteten Sozialtypus. Außen-geleitete Individuen sind weniger das Produkt ihrer Eltern als das ihrer Peergroups. Diese stehen „genau in der Mitte zwischen dem Individuum und den Signalen, die von den Massenkommunikationsmitteln ausgehen" (ebd.: 96). In traditionellen Gesellschaften drücken sich die oralen Traditionen der Kultur in den Mythen, Legenden und Liedern der Geschichtenerzähler und Barden bei gemeinschaftlichen „Erzählungen am Kamin" aus (ebd.: 97f.). In der frühmodernen Gesellschaft herrschen die gedruckten Medien vor. Der innen-geleitete Mensch, dessen Vernunft durch die Printmedien erreichbar ist, neigt zur Herausbildung einer Persönlichkeitsstruktur, die ihn antreibt viel zu arbeiten, Freizeit und Entspannung hingegen zu meiden. Dem einsamen, lesenden Kind, gefangen im kleinen Lichtkegel seiner Leselampe oder Kerze, werden in Form des gedruckten Wortes Erzählungen über den Kampf des Lebens und angemessene Vorbilder aufgetischt. *Pilgrim's Progress, Robinson Crusoe* und *Poor Richard's Almanack* (wie Riesman feststellt, wurde dieser von Weber als typischer Beispieltext herausgegriffen, der die protestantische Ethik verkörpert) zielen alle darauf ab, den Ehrgeiz der innen-geleiteten Jugend zu entfachen. Biografien liefern heldenhafte Identifikationsfiguren.[21] Im Gegensatz zu den innen-geleiteten, zurückgezogenen jungen Lesern früherer Generationen

> „sehen wir die kleine Gruppe von Kindern auf dem Fußboden sitzen, Bilderserien [Comics] lesen, untereinander damit handeln, ihre Geschmacksurteile austauschen oder sich eine Radiosendung[22] anhören. Bleibt auch das Lesen und Hören jedem einzelnen überlassen, so ist doch das Fühlen eine Angelegenheit der Gruppe: der einzelne kann darüber nie die Allgegenwart der Alltagsgenossen vergessen." (ebd.: 110f.)

Jenem Kapitel geht ein Auszug aus einem Interview mit einem zwölfjährigen Mädchen voraus. Als die Interviewer sie fragen, ob sie gerne wie Superman fliegen können wolle, antwortet sie verlegen: „Ich möchte wohl fliegen können, wenn alle anderen es auch könnten, aber so wäre es verdächtig" (Wolfe & Fiske 1949: 26f. zit. nach Riesman 1958: 95). Das sind die Ängste eines zeitgenössischen, Peergroup-orientierten Kindes, wonach es nicht gut ist, als Einziger aus der einsamen Masse herauszustechen.

Der erste Teil des Buches beschäftigt sich mit dem Wandel des amerikanischen Wesens, der zweite Teil behandelt die politischen Folgen. Riesman stellt eine Vielzahl von Verlagerungen in der amerikanischen Politik fest, die er zu den Veränderungen des ökonomischen Lebens und den damit korrespondierenden Transformationen der Individuen bezüglich sozialer Typologien in Beziehung setzt. So wie sich die Wirtschaft von der Produktion zum Konsum verlagert, so verhält es sich auch mit der entsprechenden Verschiebung von einer Politik der „Entrüstung" zu einer Politik der „Toleranz", bei der der innen-geleitete „Moralist" von dem außen-geleiteten „Informationssammler" verdrängt wird. Die amerikanische Politik des 19. Jahrhunderts ist als gruppenbezogen und parteiisch zu charakterisieren. Es war eine Politik entweder durch Protest oder durch Status, bei der Einzelpersonen oder Interessengruppen versuchten, ihre eigenen Belange und Überzeugungen zu schützen und voranzutreiben. Befeuert wurde sie mit *moralischer* Entrüstung: ein turbulenter, zänkischer öffentlicher Schauplatz, voll von eigensinnigen Individuen, die die Welt ihren eigenen Vorstellungen entsprechend verändern wollten und denen egal war, was andere denken mochten. Für die besänftigende Politik in Amerika Mitte des 20. Jahrhunderts hingegen ist die Aufmerksamkeit demgegenüber, was andere mit unterschiedlichen Überzeugungen und Meinungen denken, erforderlich. Die neue Politik baut auf Toleranz auf. Moralische Gewissheiten und die daraus resultierenden Wertekonflikte haben nachgelassen. Was nun zählt, ist Bescheid zu wissen und über Insiderwissen im komplexen Spiel der Machtpolitik zu verfügen. Nach einem globalen Krieg, der gleichzeitig in Europa, im Pazifik und im fernen Osten geführt wurde, erlangt die weniger idealistische, dafür realistischere amerikanische Politik in der Mitte des 20. Jahrhunderts eine gewaltige Tragweite, deren Ausmaß für die begrenzte, eher lokal orientierte Politik des vorigen Jahrhunderts unvorstellbar gewesen wäre. Um 1950 haben sich

> „schon viele Menschen und nicht nur Spezialisten daran gewöhnt, in weltpolitischen und die kulturellen Schranken übersteigenden Begriffen zu denken, wonach wir noch vor 30 Jahren inmitten des Trubels um die ‚Selbstbestimmung der Völker' – oder der Weltverbrüderungsideale – vergeblich gesucht hätten." (ebd.: 199)

Diese Fähigkeit, die Andersartigkeit von Menschen zu verstehen und zu akzeptieren, wird von den Massenmedien, die außen-geleitete Individuen in Sachen politischer Toleranz unterrichten, stark gesteigert. Ein zentraler Grund dafür ist, dass die Massenmedien selbst ein wirtschaftliches Interesse an Toleranz haben. In erster Linie sind sie bemüht, ein sehr großes Publikum anzusprechen, das sie möglichst nicht gegen sich aufbringen wollen. Die Massenmedien und die neue Politik bedienen sich dabei des gleichen, sanften Stils. Ihr Auftreten ist ungezwungen und aufrichtig. Aufrichtigkeit ist ein entscheidendes Wesensmerkmal der amerikanischen Nachkriegsgesellschaft, die einen Schwerpunkt auf Toleranz, Geselligkeit und Freundlichkeit legt. Wenn Aufrichtigkeit eine Tugend beschreibt, dann kann sie als Gegenmittel zum Laster des Zynismus gelten. Das Vorkriegs-Amerika war durchzogen von einem hartgesottenen zynischen Misstrauen.[23] Wenn das innen-geleitete Individuum primär damit beschäftigt war, seine eigenen ökonomischen Interessen zu verfolgen, warum sollte es den Beweggründen und Absichten der anderen trauen? Waren die schmeichlerische, scheinbar freundliche Aufmachung der Angebote in der Werbung, des Chefs am Arbeitsplatz oder des Politikers auf Wahlkampftour nicht alle lediglich dünn verschleierte Formen der Manipulation? Die Frage, ob die neuen kommunikativen Stile der aktuellen Populärkultur und Politik authentisch waren oder nicht, wurde zu einer entscheidenden Angelegenheit. Eisenhower wurde als Präsidentschaftskandidat bewundert, weil er aufrichtig erschien. Berühmte Sänger und Sängerinnen wie Dinah Shore, Kate Smith und vor allem Frank Sinatra wurden wegen der Aufrichtigkeit ihrer Stimmen und ihres Auftretens angebetet:

> „Es ist verständlich, dass die Menschen eine persönliche Beziehung zu ihren Vorbildern im Konsum- und Freizeitbereich suchen, und aus dem Verlangen nach ‚Aufrichtigkeit' spricht die bittere Erkenntnis, wie wenig sie sich selbst oder anderen im täglichen Leben trauen können. Weniger verständlich ist es jedoch, was sie denn eigentlich an einem Schlagersänger oder sonst einem Künstler ‚aufrichtig' finden. Ein sehr wesentlicher Umstand ist vielleicht die Tatsache, dass der Darsteller seinen Gefühlen augenscheinlich völlig freien Lauf lassen kann, was die anderen entweder nicht können oder nicht wagen. Aufrichtigkeit ist dann also der Vortrag in einem Stil, der weder aggressiv noch zynisch wirkt, ja, bisweilen sogar den Eindruck der Wehrlosigkeit hervorrufen kann, wie etwa die Frage- und Antwort-Methoden oder die Pressekonferenztaktiken mancher Politiker. Der Darsteller liefert sich dabei auf der einen Seite dem Publikum, auf der anderen seinen Gefühlen aus. So erweckt die Aufrichtigkeit seitens des Akteurs die Toleranz des Publikums: es wäre nicht fair, einen Menschen allzu kritisch zu beurteilen, der seine Gefühle so offen dartut und allen Liebenswürdigkeit und Freundlichkeit entgegenbringt." (ebd.: 207)

In der ersten Hälfte des letzten Jahrhunderts sorgten sich Intellektuelle in Europa und Nordamerika über die Manipulation hilfloser Individuen durch anonym und unsichtbar wirkende soziale, politische, ökonomische und kulturelle Einflüsse. Zynismus und Skepsis gegenüber „dem Sozialen" und die Angst aufgrund der Verletzbarkeit des Individuums waren ihre natürliche Grundhaltung. Für das Amerika der 1950er Jahre kann Riesman dann aber eine wichtige Verlagerung vom Misstrauen hin zum Vertrauen gegenüber anderen ausmachen. Freundlichkeit und Geselligkeit (als Zeichen offenerer und entspannterer Verhältnisse zwischen den Menschen) werden nicht mehr als manipulativ oder ausbeuterisch betrachtet. Der springende Punkt bei dieser neuen Art ungezwungener Beziehungen ist, ob sie aufgesetzt und falsch oder ungekünstelt und echt sind: Aufrichtigkeit wird zur Nagelprobe bei der Unterscheidung zwischen authentischer und nicht authentischer Kommunikation.[24]

Die einsame Masse ist besonders wegen der Breite seiner historischen Übersicht und des Umfangs an nicht-soziologischen Bezügen bemerkenswert. Die Gegenwart wird einerseits in Bezug auf die Vergangenheit und andererseits – und das ist entscheidend – in Bezug auf die Zukunft betrachtet. Eine der außergewöhnlichsten Eigenschaften des Buches ist sein Versuch, die aufkommenden sozialen, kulturellen und politischen Formen einer Gesellschaft zu bestimmen, die sich in dem entscheidenden Entwicklungsprozess von der Knappheit zum Überfluss, von der Arbeit zur Freizeit und von der ländlich lokalen Wissensgemeinschaft, in der jeder jeden kennt (*Smallville, USA*), hin zur anonym urbanen Großstadtumgebung (*Metropolis, USA*) mit Millionen von Menschen befindet. Anfangs auf Amerika beschränkt, zeichnet sich dieses Phänomen circa ein Jahrzehnt später dann auch in Europa beziehungsweise weltweit ab, zunehmend aber in den letzten Jahren des 20. Jahrhunderts. Die kontinuierliche Zunahme industrieller Fertigung und neuer technischer Errungenschaften, der steigende Lebensstandard der Menschen und die vergrößerten Spielräume bei der Verfügbarkeit von Einkommen und Zeit sind die Zeichen eines fundamentalen Wandels von einer Ökonomie der reinen Bedarfsdeckung mit dem stumpfen Zwang der Notwendigkeit hin zu einer Ökonomie des Überflusses und einer Welt mit größeren individuellen Freiheiten. Diese Transformation, die langfristige historische Verheißung der Moderne, wird nun, in der letzten Hälfte des 20. Jahrhunderts, zu einer globalen Realität. Sie beginnt in den Vereinigten Staaten von Amerika und David Riesman ist ihr Prophet.

4.5 Der Zweistufenfluss der Kommunikation

Die Kommunikationssoziologie in den USA setzte sich in ihren Anfängen mit der Einflussnahme neuer Massenmedien auf das „atomisierte" Individuum[25] auseinander. In diesem Zusammenhang wurden die Medien als das soziologische Objekt und das Individuum als deren psychologisches Subjekt gesehen. Es handelte sich um eine asymmetrische Beziehung, in der mächtige gesellschaftliche Kräfte auf verwundbare, isolierte Individuen einwirkten: Die Medien waren aktiv, ihre Rezipienten passiv. Außerdem nahm man an, dass Medien, als Instrumente der Propaganda oder Beeinflussung, Verhaltensweisen, Einstellungen und Überzeugungen zu ändern oder zumindest zu beeinflussen suchten. Sie waren Instanzen zur Formung der öffentlichen Meinung. Frühe Fallstudien zur Wirkung des Radios (die damals herausragend ‚neue' Kommunikationstechnologie) setzten diese Betrachtungsweise von vornherein voraus. Die Untersuchungen zu Massenpanik und Massenbeeinflussung, in denen eine direkte, unmittelbare und erkennbare Wirkung der Hörfunkprogramme auf das Publikum eindeutig festgestellt werden konnte, sind die ersten Fallstudien zu „Medienevents", wie wir sie heute nennen. Infolge der Übertragungen gerieten die Leute tatsächlich in Panik oder riefen an, um Anleihen zu kaufen. Andere Forschungen zu jener Zeit hingegen begannen die These der „starken Medienwirkung", welche die ursprünglichen Annahmen über Massenmedien untermauerte, infrage zu stellen. In dieser Hinsicht stellte sich eine bahnbrechende Studie über das Verhalten von Wählern als höchst einflussreich heraus und kann darüber hinaus als beispielhaft für die Spannweite von Lazarsfelds Interessen sowie den Umfang seines Beitrags zur amerikanischen Soziologie gelten. Das berühmte Modell des „Zweistufenflusses" der Informationsverbreitung ging aus einer Untersuchung zum Wahlverhalten während des Präsidentschaftswahlkampfs 1940 in Eyrie County, im amerikanischen Bundesstaat Ohio, hervor.

Wahlen und Wähler – Soziologie des Wahlverhaltens (*The People's Choice*) war ein wegweisender Beitrag zur Frage „Wie sich der Wähler im Präsidentschaftswahlkampf entscheidet", die gleichzeitig als Untertitel des Buches fungierte, das Lazarsfeld 1944 unter Mitarbeit seiner jungen Kollegen Bernard Berelson und Helen Gaudet veröffentlichte. Es ist ein soziologischer Klassiker, konzeptionell elegant und eng fokussiert, der einen wichtigen Gegenstandsbereich (das Wahlverhalten im demokratischen Abstimmungsprozess) und dessen Methodik erschloss. Als Untersuchungsobjekte dienten nicht die Ergebnisse der Wahlen, sondern wie einzelne Individuen entschieden, wem sie ihre Stimme geben würden. Es war also eine Studie über die ‚im Entstehen begriffene Meinung', eine *dynamische* Untersuchung des Prozesses, bei dem das Individuum entscheidet, wie es sein demokratisches Recht ausüben wird. Dies konnte man nicht als einen spontanen Entschluss betrachten, der mittels einer einmaligen Momentaufnahme zu erfassen war. Also entwickelte Lazarsfeld die *Panel-Methode*, um über die Wochen vor der Wahl hinweg nachverfolgen zu können, wie jeder Einzelne schließlich zu seiner Entscheidung gelangte. In einem zuvor ausgewählten, repräsentativen Panel von 600 Wählern wurde wiederholt nach den Wahlabsichten gefragt. Der überwiegenden Mehrheit war natürlich von Anfang an klar, wie sie wählen würde, und sie blieb auch bei ihrer ursprünglichen Entscheidung. Wie Lazarsfeld anmerkt, ist das individuelle Wahlverhalten größtenteils durchschaubar, weil es von einer Reihe sozialer Faktoren vorbestimmt ist. So schreibt er beispielsweise, „daß die Armen, die Städter und Katholiken ihre Stimme im allgemeinen eher den Demokraten geben, während die Wohlhabenden, die Protestanten und die Landbewohner häufiger im republikanischen Lager anzutreffen sind" (Lazarsfeld et al. 1969 [1944]: 20f.). Der eigentliche Fokus der Studie lag aber auf dem viel geringeren Anteil derer, die (1) anfangs gegen die Partei stimmen wollten, die sie normalerweise unterstützen, (2) unentschlossen waren, wen sie wählen würden oder (3) überhaupt nicht wählen wollten. In diesen drei Fällen sollte es möglich sein, die Faktoren zu identifizieren, die zur Meinungsbildung oder -änderung bei den Leuten führten. Heutzutage ist hinlänglich bekannt, dass diesen drei Wählertypen – die Wechselwähler, die Unentschlossenen und die Gleichgültigen – eine Schlüsselrolle beim Ausgang jeder Wahl zukommt, weshalb sie von Kandidaten und Parteien in umkämpften Wahlbezirken schonungslos ins Visier genommen werden. Lazarsfeld war der Erste, der ihren ausschlaggebenden Einfluss herausstellte. Mit der Panel-Methode verfolgte man die Absichten der Wähler über einen gewissen Zeitraum hinweg und verglich sie schließlich mit den Handlungsweisen am eigentlichen Wahltag. Somit konnte letztendlich ermittelt werden, wie sich die Unentschlossenen, die Wechselwähler und die Gleichgültigen tatsächlich verhielten. Daran schloss sich die Frage an, durch welche Faktoren ihr Wahlverhalten in die eine oder andere Richtung beeinflusst worden war. Hierbei zeichnete sich schnell die grundlegende Bedeutung des persönlichen Einflusses ab.

Panel Methode

Die Wechselwähler, die Unentschlossenen sowie die Gleichgültigen gaben in den Folgeinterviews häufig an, dass andere Leute, wie Familienmitglieder, Freunde und Bekannte, ihre endgültige Entscheidung beeinflusst hatten: „Ich habe die Kollegen im Betrieb darüber reden hören [...] Ich hörte die Männer im Betrieb davon sprechen [...] Mein Mann hörte, wie bei der Arbeit darüber gesprochen wurde [...]" (ebd.: 193). Es stellte sich heraus, dass manche Leute *Meinungsführer* waren. Diese waren stärker an den Wahlen interessiert und hatten deren Verlauf in den Zeitungen und im Radio verfolgt. Sie hatten sich ihre Meinung gebildet und konnten sich detailliert dazu äußern. Wie Lazarsfeld und sein Team herausarbeiteten, wäre es falsch, anzunehmen, dass vertikale soziale Hierarchie dabei eine Rolle spielte. Meinungsführer beschränkten sich nicht, wie man meinen könnte, auf gut situierte oder gebildete Leute – es gab eine „horizontale Meinungsführerschaft" in den verschiedenen sozialen Schichten und Gemeinschaften. In einer Vielzahl von Umfeldern konnten Meinungsführer als eingreifende Mittler zwischen Medien (als Quellen politischer Information und Propaganda) und Einzelpersonen beobachtet werden. Deswegen spricht man vom *Zweistufenfluss* der Kommunikation; von den Medien zu interessierten Einzelpersonen und von diesen hin zu Familie, Freunden und Bekannten. Es sah so aus, als würden „Ideen oft von Rundfunk und Presse zu den Meinungsführern hin und erst von diesen zu den weniger aktiven Teilen der Bevölkerung fließen" (ebd.: 191). Das letzte Kapitel des Buches trägt den Titel „Die Natur des persönlichen Einflusses". Es beinhaltete die eindrucksvollste Entdeckung im Rahmen der Erkundung des Meinungsbildungsprozesses und rief geradezu nach weiteren, detaillierteren Untersuchungen.

4.6 Die Decatur Studie

Die Rolle der Meinungsführer im zweistufigen Fluss von medial verbreiteten Ideen und Informationen wurde unmittelbar anschließend weiterverfolgt. Wie immer galt es dabei zunächst festzulegen, wo die Studie stattfinden sollte. Bei der Wahl eines Ortes war die Größe entscheidend, die wiederum von den Kosten bestimmt wurde. Klar war, dass sie irgendwo im mittleren Westen stattfinden musste, denn dort gab es weniger räumliche Besonderheiten als in anderen Teilen des Landes (vgl. Katz & Lazarsfeld 1955: 335). Gleichzeitig musste es sich um eine Stadt mit einer Bevölkerung von nicht mehr als 60.000 Einwohnern handeln, wenn jeder zwanzigste Haushalt für die Umfrage ausgewählt werden sollte, denn das maximal finanzierbare Limit lag bei 800 Haushalten. Bernard Berelson, der auch an der Eyrie County Studie mitgearbeitet hatte, war dafür verantwortlich, mittels eines aufwändigen statistischen Verfahrens aus einer Liste von ursprünglich 30 Städten die repräsentativste auszuwählen. Schlussendlich erfüllte Decatur in Illinois am ehesten die Anforderungen und wurde zum Schauplatz einer ehrgeizigen und umfangreichen Untersuchung des Meinungsbildungsprozesses in einer repräsentativen Stadt im mittleren Westen der USA.

Der nächste Arbeitsschritt bestand in der Gestaltung des Untersuchungsdesigns, das ausschließlich auf Frauen beschränkt sein würde (wofür keine Gründe angegeben werden). Vier Bereiche ihres alltäglichen Lebens, in denen ihre Einstellungen, Meinungen und Entscheidungen durch andere Frauen auf die eine oder andere Weise beeinflusst werden konnten, sollten im Mittelpunkt der Betrachtung stehen; Mode, Einkäufe, das aktuelle Tagesgeschehen und Kinobesuche. Diese Bereiche sollten getrennt voneinander untersucht werden und jeder nimmt ein gesondertes Kapitel in dem Buch ein, das schließlich aus der Decatur Studie hervorging. Das anfängliche Ziel der Untersuchung bestand weniger darin, individuelle Einstellungen, beispielsweise beim Einkaufen, festzustellen, sondern vielmehr die Umstände, unter denen die Befragten in diesen Angelegenheiten von anderen beeinflusst wurden. Sollte sich zum Beispiel herausstellen, dass eine Frau vor kurzem eine neue Sorte Frühstücksflocken gekauft hatte, fragte man sie, warum sie die Marke gewechselt hatte und inwieweit dies auf Vorschlag oder Anraten einer anderen Person (deren Name notiert wurde) erfolgt war. Der zweite wichtige Schritt bestand dann darin, jene Einflussnehmer oder Meinungsführer zu kontaktieren und sie zu interviewen, um herauszufinden, wovon sie beeinflusst wurden und in welcher Form sie ihren Einfluss bei anderen geltend machten. Um eine Typologie von Einflussnehmern und Beeinflussten zu erstellen, wurden drei Schlüsselvariablen für die Analyse festgelegt: Status, Lebensabschnitt und Geselligkeit. Um die genaue Bedeutung jedes einzelnen dieser Begriffe zu fixieren, entwickelte man ein Bündel von Merkmalen als stabile Indikatoren. Demnach wurde Status von drei Merkmalen bestimmt: dem Bildungsstand und der Wohnsituation (Höhe der zu zahlenden Miete), dem Beruf des Hauptverdieners sowie einer intuitiven Beurteilung durch den Interviewer. Der Lebensabschnitt war durch das Alter, den Familienstand und die Anzahl der Kinder (sowie deren Alter) charakterisiert. Geselligkeit, die vielleicht interessanteste Variable, sollte ursprünglich auf der Grundlage von fünf oder sechs Indikatoren analysierten werden, die jedoch auf zwei reduziert wurden: die Anzahl der Freunde und Organisationen (Anm. d. Übers.: Vereine, Clubs etc.; vgl. ebd.: 227). Die Detailplanung des Projekts begann 1944 im Herbst, die Feldphase startete im Frühjahr 1945.

C. Wright Mills, der für die Durchführung der Studie verantwortlich war, beaufsichtigte auch die komplette Materialerhebung. Jeanette Green schulte und betreute das Personal, das in Decatur die Interviews durchführte. Daneben war eine Reihe von Mitarbeitern dafür verantwortlich, die immensen Mengen an erhobenen Daten in ersten Auswertungsskizzen zu bündeln. Leila Sussmann und Patricia Kendall erstellten frühe Analysen vom Material zu Marketing und Film, während David Gleicher, Peter Rossi und Leo Srole Entwürfe sowohl zu den Charakteristika der Meinungsführer als auch zu den Auswirkungen der persönlichen Einflussnahme und zum Konsum populärer Literatur verfassten. An einem bestimmten Punkt im Prozess der Analyse und Ausarbeitung der Daten kam es allerdings zu einer grundlegenden Meinungsverschiedenheit, woraufhin sich die Wege von C. Wright Mills und Lazarsfeld trennten und das Projekt bis auf Weiteres auf Eis gelegt wurde. Einige Jahre später bat Lazarsfeld dann seinen Postdoktoranden Elihu Katz[26], noch einmal einen Blick auf das Material der Decatur Studie zu werfen, um zu prüfen, ob damit noch etwas anzufangen war. Das Ergebnis war das Buch *Personal Influence*, welches 1955 erschien – zehn Jahre nachdem die Primärdaten in Decatur erhoben worden waren.

4.7 Personal Influence

Das Buch besteht aus zwei Teilen: Während Ersterer „einen neuen Schwerpunkt bei der Erforschung der Wirkung von Massenmedien" beinhaltet, nämlich die Rolle der Leute (Katz & Lazarsfeld 1955: 15–133), schildert der zweite Teil den „Verlauf alltäglicher Einflussnahme in einer Gemeinde im mittleren Westen" (ebd.: 137–324)[27]. Der erste Abschnitt basiert auf Katz' Doktorarbeit über Kleingruppen und die interpersonalen Netzwerke, die selbige stützen. Im zweiten Teil erfolgt eine Zusammenfassung und Erörterung der Decatur Studie. In einem kurzen Überblick werden die bis dahin erfolgten Forschungsarbeiten in diesem Bereich zu der vorliegenden Untersuchung in Beziehung gesetzt, wobei Letztere dann als Höhepunkt all dessen dargestellt wird, was ihr vorausgegangen ist. Katz und Lazarsfeld stellen fest,

> „daß im Grunde jede Kommunikationsforschung auf eine Untersuchung der Wirkung hinausläuft. Von der frühesten Theoriebildung auf diesem Gebiet angefangen bis zu den jüngsten empirischen Forschungen handelt es sich hauptsächlich um ein – wenn auch nicht immer klar formuliertes – Problem: Was kann das Medium ‚bewirken'?" (Katz & Lazarsfeld 1962 [1955]: 22)

Obwohl die Massenmedien zweifellos eine ganze Bandbreite an möglichen Einflüssen auf die Gesellschaft haben, interessierten sich die Geldgeber der Kommunikationsforschung insbesondere für die Wirkung von Kampagnen – zur Beeinflussung von Wahlen, der Vermarktung von Seife oder dem Abbauen von (Rassen-)Vorurteilen – denen somit natürlich ein hohes Maß an Aufmerksamkeit seitens der Wissenschaft zukam. Die Forschung richtete ihren Blick darauf, „wie und unter welchen Umständen Werbefeldzüge und Massenmedien (oder noch genauer: kurzfristige Bemühungen) bei der Beeinflussung von Meinungen und Einstellungen Erfolg haben" (ebd.: 24).

Anfänglich lag der Wirkungsforschung die Annahme zugrunde, der Kommunikationsfluss würde einstufig und einseitig gerichtet erfolgen. Die allmächtigen Medien sendeten demnach ihre Botschaften aus und die atomisierten Massen warteten darauf, diese zu empfangen. Bei der näheren Betrachtung dieses Modells wurde jedoch deutlich, dass es noch eine Reihe von Faktoren gab, die auf den Kommunikationsprozess zwischen Medien und Massen einwirkten, die sogenannten „dazwischentretenden Variablen". Vier wurden binnen kurzer Zeit identifiziert: (1) der Grad, in dem man den Medien ausgesetzt ist; (2) die Charakteristika der verschiedenen Medien (Printmedien oder Radio z.B.); (3) die Form und der Inhalt von Medienprodukten; und schließlich (4) die Einstellungen und Veranlagungen des Publikums. Der Gegenstand der Studie bestand allerdings in dem aktuellsten dieser Faktoren, der „in letzter Zeit besonders beachteten Variablen, den Beziehungen zwischen den Menschen" (ebd.: 30). Es hatte den Anschein,

„daß das Ausmaß, in dem die Reaktion eines Menschen auf die Massenmedien durch seine gesellschaftliche Stellung und seine damit zusammenhängenden Meinungen und Bestätigungen
beeinflusst wird, von der Kommunikationsforschung stark unterschätzt wurde." (ebd.: 31)

Das soziale Umfeld (die Lebenswelt) und das Netzwerk interpersonaler Beziehungen, von denen Einzelpersonen immer und überall umgeben sind, stellten
sich als entscheidende Einflussfaktoren bei deren Medienrezeption heraus. Dies
war, wie wir gesehen haben, das abschließende Resultat der Eyrie County Studie über unentschlossene Wähler im Wahlkampf des Jahres 1940 und das, was
im Anschluss daran die Decatur Studie näher zu ergründen versuchte.

Personal Influence handelt von zwischenmenschlichen Beziehungen und der
„Entdeckung der ‚Leute'", so heißt ein Teilabschnitt des einführenden Kapitels
„Zwischen den Medien und der Masse". Man könnte sagen, dass Lazarsfeld
Individuen als soziologische Variablen oder statistisch erfassbare Daten sah,
während Katz sie als Menschen betrachtete, denn Katz kam aus einem anderen
Bereich der Soziologie, in dem die Primärgruppe als bedeutender Untersuchungsgegenstand galt. Interpersonale Kommunikation entwickelte sich nach
dem Krieg in der amerikanischen Soziologie zu einem neuen Forschungsfeld.
Man untersuchte Netzwerke zwischenmenschlicher Beziehungen, in die Individuen innerhalb von größeren sozialen Institutionen und Organisationen eingebettet waren.[28] Bei dem neuartigen Verfahren der Soziometrie beispielsweise
fragte man Kinder, neben wem sie gerne in der Schule sitzen wollten. Mit diesen Daten konnten Freundschaftsnetzwerke, sozial „Isolierte" (die, die niemand
gewählt hatte) und „Stars" (die Kinder, neben denen jeder sitzen wollte) abgebildet werden – kurz gesagt, die sozialen Dynamiken einer Kleingruppe im
institutionellen Kontext des Klassenzimmers. Die Massenkommunikationsforschung jedoch basierte auf der Nicht-Existenz, oder bestenfalls auf der Irrelevanz von zwischenmenschlichen Beziehungen:

„Betrachten wir die Vorstellung, die dem Begriff ‚Masse' in den Ausdrücken Massenproduktion,
Massenbeeinflussung, Massengesellschaft in der Stadt usw. zugrunde liegt. In diesem Fall ist
der Begriff ‚Masse' mit dem seit kurzem unabhängigen und zur Person entwickelten Bürger des
modernen Industriezeitalters verbunden. Gleichzeitig ist diese Person aber auch – trotz all ihres
Individualismus – der Fernsteuerungen von Institutionen unterworfen – von denen sie sich zusammen mit Tausenden anderer ‚unorganisierter' Genossen weit entfernt fühlt. Die Person, an
die der Forscher denkt, ist entweder ein Arbeiter, der von dem Wetteifern um den größtmögli-
chen Gewinn erfaßt ist oder ein anonymer Stadtbewohner, der versucht, mit anderen anonymen
Personen Schritt zu halten, oder ein Radiohörer innerhalb seiner vier Wände, dem diese Verbindung mit der Außenwelt genügt." (ebd.: 48)

Dieses atomisierte Individuum – wie in Edgar Allan Poes *Der Mann in der
Menge* oder die urbane Menschenmasse in den überfüllten Straßen der Großstadt – stellte sich als soziologisches Fantasiegebilde heraus. In situ beobachtet,
kam das dichte Netzwerk zwischenmenschlicher Beziehungen zum Vorschein,

in das es eingebettet war – zumindest, was die Frauen anging, denn das Daten-material der Decatur Studie bezog sich ausschließlich auf deren interpersonale Beziehungen und Dynamiken in einer amerikanischen Kleinstadt der 1940er Jahre.

Die Decatur Studie beschäftigt sich mit Geselligkeit. Das englische Wort da-für ist *gregariousness*, dessen Mehrdeutigkeit auf seine lateinischen Wurzeln (*grex, gregis* bedeutet Schafherde) zurückgeht. Einerseits bedeutet *gregarious* laut *Chambers Dictionary* „in Herden oder Scharen lebend" und verfügt somit über die eher negative Konnotation der ‚Herdenmentalität'. Andererseits be-schreibt es im positiven Sinne die „Vorliebe für die Gesellschaft anderer" – was sich auch im Material der Decatur Studie abzeichnet, bei der es sich um eine zukunftsweisende Beobachtung des *geselligen Charakters* des alltäglichen Le-bens in Amerika zur Mitte des 20. Jahrhunderts handelt. Aus der Erhebung er-gibt sich ein reichhaltig strukturiertes Geflecht von Beziehungen zwischen jün-geren wie älteren und verheirateten wie unverheirateten Frauen verschiedener sozioökonomischer Statusgruppen. Wenn es darum geht, ins Kino zu gehen, um einen Film anzuschauen, sind es die alleinstehenden, jungen Frauen, die durch alle Gesellschaftsschichten hinweg die anderen beeinflussen. Beim Kauf von Frühstücksflocken hingegen sind die Mütter junger Familien die Meinungsfüh-rer. Frauen mit hohem gesellschaftlichem Status sind besser über öffentliche Angelegenheiten informiert, weil sie über mehr Zeit verfügen. Ihr Leben ist we-niger von der Schufterei im Haushalt bestimmt als das ihrer weniger wohlhaben-den Zeitgenossinnen. Wie Kinobesuche ist Mode stärker von der Lebensphase abhängig als andere Bereiche: Auch hier sind junge, alleinstehende Mädchen al-ler Schichten die Einflussträgerinnen, die darüber hinaus, und das ist wenig über-raschend, sehr gesellig sind. Während es weniger Mode-Meinungsführerinnen in der gesellschaftlich niedrigeren Schicht gibt, was zu erwarten war, stellt sich heraus, dass es in der mittleren Gesellschaftsschicht eben so viele Meinungsfüh-rerinnen in Sachen Mode gibt wie in der hohen Schicht – trotz der Tatsache, dass sich im Verhältnis zu den Frauen der Mittelschicht ein signifikant größerer Anteil höhergestellter Frauen zu einem gesteigerten Interesse an Modefragen bekennt. Weshalb diese Diskrepanz? Wieso ist die Zahl der Meinungsführerin-nen unter den jungen, wohlhabenden und unverheirateten Frauen nicht den Ver-hältnissen entsprechend größer? Die Antwort, die Katz und Lazarsfeld nahele-gen, ist verblüffend: Sie reden einfach weniger über Mode. Sie *sind* in Mode und vielleicht es ist nicht besonders chic, darüber zu reden (Katz & Lazarsfeld 1955: 226).

Somit hat sich die Rolle des persönlichen Einflusses bei der Entwicklung in-dividueller Geschmäcker und Einstellungen, wie auch bei Einkäufen und dem Medienkonsum auf überzeugende Weise bestätigt. Dabei handelt es sich um eine „nahezu unsichtbare, mit Sicherheit aber unscheinbare Form der Führerschaft auf der zwischenmenschlichen Ebene des gewöhnlichen, alltäglichen, vertrauten und zwanglosen Umgangs miteinander" (ebd.: 138). Der Einfluss wird „nebenbei ausgeübt, manchmal unbeabsichtigter Weise oder unwissentlich und innerhalb der kleinsten Gruppierungen von Freunden, Familienmitgliedern oder Nachbarn" (ebd.). Aber was ist mit der eigentlichen Frage des Einflusses der Massenmedien auf die Menschen? Zum Ende des Buches hin ist dieses Thema fast verschwunden und wird nur kurz im vorletzten Kapitel wieder aufgegriffen, in dem es um die ursprüngliche Hypothese des Zweistufenflusses geht, welche die Decatur Studie ausgelöst hatte. Es stellt sich heraus, dass die Meinungsführer aller vier Beobachtungsbereiche stärker den Massenmedien ausgesetzt sind als die übrigen Leute (vgl. ebd.: 312). Dieser grobe Befund bedarf jedoch einiger detaillierterer Erläuterungen. So zeigt sich, dass für die Meinungsführer in den Bereichen Film und Einkäufe „lokalen Medien" eine große Bedeutung haben, während die kosmopolitischen Medien für die Meinungsführer in Sachen Mode und öffentliche Angelegenheiten wichtiger sind, da diese, was „‚Großstadt-Moden' und die weltweiten Nachrichten" angeht, „immer auf dem neusten Stand sein müssen" (ebd.: 315). Die Tatsache einer höheren Exponiertheit heißt jedoch nicht notwendigerweise, dass die Medien einen größeren Einfluss ausüben. Tatsächlich scheint es so, als würden die Medien nur im Bereich der Mode einen größeren Einfluss auf die Menschen haben als andere, unmittelbarere Faktoren. Mit hoher Wahrscheinlichkeit basieren die Geschmäcker, Meinungen und Kaufentscheidungen von Meinungsführern, wie auch derjenigen, die sie beeinflussen, auf dem persönlichen Kontakt zu anderen Menschen. Medien „nutzen" sie dabei nur ergänzend. „Nutzen und Gratifikationen" der Medien, die die Anliegen des Buches nur streifen, werden als potentielles Themenfeld zukünftiger Forschung benannt – und ein etwas umfangreicherer Nachtrag zu „Geselligkeit, Angst und dem Konsum populärer Fiktion" (ebd.: 377–380) weist ebenfalls in diese Richtung.

Personal Influence schien die Spannungen, die bei der Erforschung der Massenkommunikation an der Columbia aufgetreten waren, in mancherlei Hinsicht aufzulösen. In der Folge seines Erscheinens wurde der Text so verstanden, als sei die Angst vor der Macht der Medien, Einstellungen und Entscheidungen einzelner Personen zu manipulieren, im Wesentlichen unbegründet, genauso wie die Annahme der Soziologie, Individuen seien die isolierten Atome der einsamen Masse. In den frühen 1950er Jahren verschwanden die ‚Massen' dann zusehends und die ‚Leute' traten an deren Stelle – Leute, die sich gesund und munter ihrer reichhaltigen, geselligen Existenzen erfreuten, inmitten lokaler zwischenmenschlicher Beziehungsnetzwerke von Familie, Freunden und Bekannten, zu Hause wie auf der Arbeit. Kein Grund also, sich Sorgen zu machen.

Die kritischen Theoretiker der Medienmacht schienen von der administrativen empirischen Forschung widerlegt worden zu sein. Innerhalb der Soziologie der Massenkommunikation erschien nach der Veröffentlichung von *Personal Influence* nur wenig Neues. Nur vier Jahre später ließ Bernard Berelson, einer der Wegbereiter dieses Forschungsgebietes, sogar verlauten, es sei tot, oder zumindest am Verfallen. Die großen Ideen, die dem Feld der Kommunikationsforschung zehn bis zwanzig Jahre zuvor so viel Vitalität verliehen hatten, waren seiner Ansicht nach mittlerweile ausgereizt und keine neuen hatten sich ergeben (vgl. Berelson 2004b [1959]: 445). Weder widersprachen die Reaktionen auf Berelson in der gleichen Ausgabe von *Public Opinion Quarterly* seiner Behauptung, noch tat es das nach 1955 veröffentlichte Material, welches Peters und Simonson (2004) für ihren historischen Überblick über die amerikanische Massenkommunikationsforschung ausgewählt haben. Allenfalls ein oder zwei wichtige Einzelstudien sind in diesem Zeitraum zu verzeichnen, insbesondere die vielzitierte Analyse vom Fernsehen als „parasoziale Interaktion" von Horton und Wohl (2004 [1956]) und C. Wright Mills' energische Verteidigung der These der Massengesellschaft in *The Power Elite* (2000 [1956]). Es tauchten aber keine neuen Richtungen, Theorien oder Debatten auf. Die zweite Generation, angeführt von Wilbur Schramm in Stanford, war vielmehr damit beschäftigt, Massenkommunikation im Forschungs- und Lehrbetrieb der Universitäten zu etablieren. In der Zwischenzeit wuchsen der Kommunikationsforschung in Amerika aber an anderer Stelle neue Triebe, wie wir in Kapitel 7 anhand von Erving Goffmans Schaffen in den 1950er Jahren sehen werden.

Anmerkungen

1   „Mehr als die Hälfte derer, die an der Studie zur Sendung teilnahmen, äußerten sich spontan zu Kate Smiths physischer Erscheinung: Sie wird beschrieben als große, kräftige Frau, die über keinerlei sexuelle Reize verfügt und auch in keiner Weise versucht, sie hervorzurufen [...] Auf liebevolle Weise zusammengefasst: ‚Sie ist einfach die dicke, schlichte Kate Smith'" (Merton 2004 [1946]: 146f.).

2   Diese Passagen zitiert Richard K. Hayes in seiner Biografie von Kate Smith aus der New York Times (1995: 67). Diesem Buch sind die meisten Details in diesem und den folgenden Absätzen entnommen.

3   Ich bin von John Durham Peters unterrichtet worden, dass Postum tatsächlich ein getreidebasiertes Heißgetränk ist, das als Kaffeeersatz dient. Kaffeetrinker schütteln sich bei dem Gedanken daran. Er mag es jedoch.

4   Informationen zu Kriegsanleihen in diesem Absatz sind den Digital Collections der Duke University entnommen: http://library.duke.edu/digitalcollections/.

5   Alle Details in dieser Passage stammen von Simonson (2005). Für eine weiterführende Diskussion der Technik des „fokussierten Interviews" siehe Merton (2004 [1946]: 14).

6   Ein Schlüsselkonzept des französischen Soziologen Emile Durkheim, dessen Schriften einen großen Einfluss auf Mertons Denken hatten (vgl. Merton 1938). *Anomie* leitet sich ab vom griechischen *nomos* (Gesetz) mit a als entziehende Vorsilbe. Es bedeutet somit die Abwesenheit

von Gesetzen, Regeln oder, soziologisch, Normen. Der Begriff wurde von Durkheim und Merton, durch dessen Verwendung das Konzept in der angloamerikanischen Soziologie bekannt wurde, benutzt, um den Zusammenbruch von traditionellen Werten (Normen) unter den Bedingungen sozialer Modernisierung aufzuzeigen. Wie er in dieser Passage darstellt, ist Mertons zeitgenössisches Amerika anomisch, weil es über kein einheitlich anerkanntes Wertesystem verfügt, um das soziale Leben zu regulieren.

7   *Gemeinschaft* ist in der soziologischen Literatur gewöhnlich mit *Gesellschaft* verbunden. Die Begriffe wurden von Ferdinand Tönnies (1855–1936) kontrastierend benutzt: Auf der einen Seite die traditionellen, engen und homogenen Gemeinschaften, basierend auf Face-to-face-Beziehungen, in denen alle ihren Platz kannten – auf der anderen Seite die modernen, industrialisierten und urbanen Gesellschaften, die durch anonyme, unpersönliche, mobile und heterogene soziale Gruppierungen charakterisiert sind. Diese stark normative Unterscheidung passt gut zu Webers Interpretation des Rationalisierungsprozesses als Kern gesellschaftlicher Modernisierung.

8   Merton zitiert hier aus Karl Mannheims *Mensch und Gesellschaft im Zeitalter des Umbaus* (1967: 21f.).

9   *Praxis* beschreibt in der marxistischen Sozialtheorie die Einheit von Theorie und Ausübung, von Denken und Handeln.

10 Lazarsfeld (1975: 52f.) zit. nach Simonson und Weimann (2003: 17).

11 Im Englischen wird „pseudo" heutzutage selten benutzt, es war in den 1940er und 1950er Jahren in Amerika und Großbritannien aber durchaus gängig. Es wird verwendet, um etwas als künstlich, unecht oder falsch zu kennzeichnen. Simonson gibt einen aufschlussreichen Hinweis zur Wiederkehr des Wortes in der Literatur (Merton 2004: xxxii, Fn. 34). In diesem Zusammenhang finden sich auch Begriffe wie Pseudo-Akte (Merton), Pseudo-Events (Daniel Boorstin, später) und Pseudo-Individualisierung sowie Pseudo-Erfahrung (Adorno).

12 Zur Theorie der herrschenden Ideologie siehe Kapitel 9, S. 239f.

13 Die Unterdrückung der Frau durch den Mann im Alltag sollte schon bald durch die Frauenbewegung beendet werden, die in den 1950er Jahren in den USA ihren Anfang hatte und sich schnell weltweit ausbreitete. Ihre Marginalisierung in der Wissenschaft offenbart sich vielfach und auf verstörende Weise in der Literatur und den Karrieren, die hier betrachtet werden. So würde man beispielsweise dem Text selbst weder anmerken, dass fast alle Interviews, die *Mass Persuasion* zugrunde liegen, von Frauen geführt wurden, noch, dass die überwiegende Mehrzahl der Interviewpartner weibliche Zuhörer waren (auf diese Punkte weist Simonson diskret in seiner Einführung hin). Obwohl die Thematik angerissen wird, werden die tiefgründig *genderbezogenen Aspekte* von Kate Smiths Radiosendung und besonders ihr Kommunikationsstil einfach nicht als möglicherweise ausschlaggebende Komponenten für ihren Erfolg bei einer überwiegend weiblichen Zuhörerschaft in Betracht gezogen.

14 Merton selbst benutzt diese Formulierung nicht. Ich verwende sie hier, um die Gemeinsamkeiten der Analyse des öffentlichen Lebens in Amerika Mitte des Jahrhunderts von Riesman und Merton sowie der Bedeutung der „Öffentlichkeit" für die moderne demokratische Politik zu kennzeichnen, die Jürgen Habermas herausgestellt hat. Siehe Kapitel 10 für eine umfassende Diskussion zu Habermas.

15 Riesmans Drama in drei Akten hat eine historische Erzählstruktur, die vergleichbar ist mit Jürgen Habermas' Darstellungen zum *Strukturwandel der Öffentlichkeit* (siehe Kapitel 10), auch wenn diese erst später und in völlig anderen Kontext des Nachkriegsdeutschlands entstanden sind. Obwohl die Autoren ihre Dramen unterschiedlich gestalten und interpretieren, gibt es gemeinsame Bezüge zum Wandel der Moderne und den Rollen, die Politik und Medien dabei spielen. Beide erzählen die Geschichte von der Entstehung der Moderne, ausgehend von einer uralten, vormodernen Vergangenheit. Weiter argumentieren sie, dass sich die klassische frühmoderne Ära in der Mitte des zwanzigsten Jahrhunderts transformiert hat – mit folgendem Unterschied: Für Habermas beinhaltet diese Transformation einen Rückfall in vormoderne Formen

des öffentlichen Lebens, für Riesman (obwohl eingeschränkt) einen Fortschritt hin zu postmodernen Formen des Privatlebens.

16 Dies sind Universaltypen oder „‚Idealtypen' im Max Weberschen Sinne, d.h. Konstruktionen, die für eine analytische Untersuchung erforderlich sind" (Riesman 1958 [1950]: 255).

17 Die Charaktertypen im Text sind generell männlich und ich habe nicht versucht, diese mittlerweile inkorrekte Schreibweise zu verbessern. Außerdem bietet Riesman auch einige wichtige Erkenntnisse zur Privatisierung von Erfahrung für Frauen, die den Betrachtungen Betty Friedans in *The Feminine Mystique* vorgreifen.

18 Obgleich Riesman betont, dass er das innen-geleitete Individuum nicht einfach als nonkonformistischen Protestanten auffasst, legt doch die Art und Weise, wie er den Typ in seinem Buch beschreibt, nahe, dass es sich um einen amerikanischen WASP (ein weißer Protestant angelsächsischer Herkunft) handelt. *Die protestantische Ethik und der Geist des Kapitalismus* war 1930 von Talcott Parsons, der damals Ökonomie in Harvard lehrte, ins Englische übersetzt worden.

19 Diesen Begriff verwendet Riesman nicht selbst. Ich benutze ihn bewusst als anachronistischen Ausdruck. Die Postmoderne wird erst seit den 1980er Jahren von europäischen Wissenschaften als solche bezeichnet (siehe Kapitel 9). Im abschließenden Kapitel dieses Buches werde ich die geschichtliche Verdrängung der Moderne erörtern, die sich in den 1950er Jahren, beschleunigt durch die erschütternden Ereignisse des Zweiten Weltkriegs, zu zeigen beginnt. Riesmans Untersuchung, die auf der Wahrnehmung von Veränderungen im Nachkriegsamerika aufbaut, ist meiner Meinung nach eine der frühesten Auseinandersetzungen mit dem Wandel der Moderne und den Konsequenzen, die sich daraus für die Individuen in Gestalt des ‚neuen' außengeleiteten (postmodernen) Menschen ergeben.

20 Thorstein Veblen hatte zu Beginn des 20. Jahrhunderts in Amerika das Aufkommen einer „Freizeit-Klasse" vermerkt, wie er es nannte. Die neuen Reichen neigten zu einer Kultur demonstrativen Konsums, die den Massen in den Vereinigten Staaten eher zum Ansporn diente, als dass sie sie aufbrachte (wie z.B. in Frankreich). Dieser Lebensstil stellte etwas dar, das man aktiv anstrebte, anstatt es passiv zu beneiden. In den 1950er Jahren gelangte er dann auch in Reichweite des Durchschnitts-Amerikaners.

21 Leo Löwenthals „hervorragende" Studie über Biografien in populären Magazinen (*Biographies in popular magazines*; 1944) zeigt eine klare Verlagerung weg von Biografien industrieller Größen, führender Politiker sowie ‚seriöser' Künstler und Schriftsteller, welche diesen Sektor des Buchmarktes Anfang des 20. Jahrhunderts dominierten, hin zu den Lebensgeschichten von Entertainern und Stars der neuen Massenmedien Mitte des Jahrhunderts (vgl. Riesman 1958: 224). Dieser Wandel stimmt überein mit Riesmans These des Übergangs sowohl vom innen- zum außen-geleiteten Individuum als auch von arbeits- und produktionsorientierten hin zu freizeit- und konsumorientierten Werten. Löwenthal, der 1934 aus Deutschland flüchtete, war ein weiteres zentrales Mitglied der Frankfurter Schule (siehe Wiggerhaus 1987: 80ff. für kurze biografische Details). Er war es auch, der Erich Fromm in den 1920er Jahren an das Institut herangeführt hatte.

22 Als Riesman den Text 1950 verfasste, war das Fernsehen noch nicht wirklich das dominierende Alltagsmedium für Kinder. Die Erwachsenenwelt der 1940er und 1950er Jahre war erfüllt von der Panik über die schädliche Wirkung von Comics auf Jugendliche und Kinder. Heute werden diese in Hollywood auf nostalgische Weise als unschuldige Familienunterhaltung wiederbelebt – angefangen bei Superman, Batman und Spiderman (Ikonen der 1940er Jahre) bis hin zu den computeranimierten Incredibles des 21. Jahrhunderts.

23 Die hartgesottenen Kriminalromane sowie der Film Noir der Zwischenkriegsphase können als exemplarisch für diese Einstellung betrachtet werden.

24 Ich habe diese Entwicklungen in Großbritannien anhand des Radios von der Mitte der 1930er bis zur Mitte der 1950er Jahre verfolgt. Die Orientierung des Radios hin zu ungezwungenen Formen der Publikumsansprache und -interaktion begann mit der Entdeckung der „einfachen

Leute" als neue Quelle und Zielgruppe für Unterhaltung durch die BBC. Ausgangspunkt war eine kleine Serie namens *Harry Hopefull*, die 1935 bis 1936 von der BBC North Region (Manchester) produziert wurde. Sie war der Vorgänger aller folgenden Studioprogramme, bei denen gewöhnliche Leute auf verschiedenste Art und Weise mitmachten, sich selbst in der Öffentlichkeit gaben, im Austausch mit dem Radiomoderator – zur Unterhaltung des Studiopublikums und der abwesenden Zuhörer. Interessanterweise kam das Thema der Aufrichtigkeit im Radio in Großbritannien zur selben Zeit und in exakt derselben Weise auf, wie in Amerika. Ein ‚Hit' der BBC während des Krieges war die Serie *Sincerely Yours, Vera Lynn*. Lynn, der „Liebling der Truppen", war die populärste britische Sängerin zu dieser Zeit. Der Biograf von Kate Smith merkt an, dass Vera Lynn in Amerika als die britische Kate Smith galt und Kate Smith in Großbritannien als die amerikanische Vera Lynn (vgl. Hayes 1995: 57). Aufrichtigkeit war für die zahlreichen Fans der beiden Künstlerinnen das Kennzeichen ihrer Persönlichkeit und ihrer Art zu singen. Für weiterführende Erörterungen zu diesen Sendungen sowie zu Geselligkeit, Aufrichtigkeit und Authentizität als kennzeichnende Merkmale des „kommunikativen Ethos" des Rundfunks siehe Scannell 1996: 22–57, 58–74 und 93–116.

25 Beim *atomisierten* Individuum handelt es sich um eine sehr aufschlussreiche Bezeichnung, kann doch die erste Hälfte des 20. Jahrhunderts auch als das Atomzeitalter betrachtet werden. Nach Einsteins berühmter Masse-Energie-Formel aus dem Jahre 1905 drehte sich in den Naturwissenschaften alles um die Atomphysik. Es entbrannte ein Wettlauf darum herauszufinden, wie sich Atome spalten ließen, um deren Energie freizusetzen. Die Situation gipfelte im Manhattan Project und der erfolgreichen Detonation der Atombombe mittels Kernspaltung in den 1940er Jahren. Der Gedanke, Individuen als Atome und kleine Gruppen als Moleküle zu betrachten, ist ein Zeichen für die Übertragung der Naturwissenschaften auf die damals zeitgenössische Soziologie. Darüber hinaus wurde das soziologische Schlüsselkonzept der „Wirkung" im Sinne naturwissenschaftlicher Kausalzusammenhänge verstanden. Der Positivismus ist tief im Vokabular der amerikanischen Soziologie des frühen 20. Jahrhunderts verwurzelt.

26 Während das hier vorliegende Buch entsteht – 50 Jahre nach der Veröffentlichung von *Personal Influence* – ist Elihu Katz noch immer im Bereich der Massenkommunikationsforschung aktiv. Im letzten halben Jahrhundert hat er an einer Reihe einflussreicher Veröffentlichungen mitgewirkt. Wie Peters es ausdrückt, bleibt er „der führende Forscher seiner Generation", der sich heute wie damals für die Frage nach dem Einfluss der Massenmedien interessiert. Sonia Livingstones zuverlässiger Überblick über Katz' Werk und Einfluss enthält eine vollständige Liste der von ihm veröffentlichten Bücher sowie eine Auswahlbibliografie seiner wichtigsten Aufsätze (Livingstone 2003).

27 Anm. d. Übers.: Während die englische Originalausgabe beide Teile beinhaltet (Katz & Lazarsfeld 1955), besteht die deutsche Übersetzung *Persönlicher Einfluß und Meinungsbildung* (Katz & Lazarsfeld 1962 [1955]) lediglich aus dem ersten Teil.

28 Siehe Katz und Lazarsfeld (1962: 55, Fn. 2) zu den Ursprüngen der Kleingruppenforschung. Jacob Moreno bereitete der Soziometrie den Weg.

Teil 2: Der Alltag

5 Kultur und Kommunikation: Leavis, Hoggart, Williams – Großbritannien, 1930er bis 1950er Jahre

5.1 Die fehlende soziale Frage

1968 herrschte in Europa eine *kulturelle Revolution*, die eher von Studierenden aus der Mittelschicht als von der Arbeiterklasse angeführt wurde. In Frankreich erreichten die Geschehnisse ein mustergültiges Ausmaß, aber auch in Großbritannien rebellierten die Studentinnen und Studenten gegen „die reaktionäre und mystifizierende Kultur, die ihnen an den Universitäten und Hochschulen eingeschärft wurde", während sie zeitgleich ein Bündnis mit der Arbeiterklasse anstrebten und gegen den Imperialismus ankämpften. Der Analytiker dieser Zeit schlechthin war Perry Anderson, der damals 29-jährige Herausgeber des Journals *New Left Review (NLR)*. 1969 veröffentlichte er mit seinem Aufsatz „The Components of the National Culture", der in dem Sammelband *Student Power* (erstellt vom NLR-Kollektiv) erschien, eine bemerkenswerte historische Betrachtung. Anderson behauptete, dass Großbritannien als konservativste der großen europäischen Gesellschaften über eine dementsprechend schwerfällige und mediokre Kultur verfügte, die jedwedem revolutionären Wandel entgegenwirkte. Deshalb war eine politische Analyse dieser Kultur eine notwendige Voraussetzung für die ebenfalls notwendige Revolution. In den 1950er Jahren hatte die Linke, Richard Hoggarts Buch *The Uses of Literacy* folgend, eine anthropologische Kulturdefinition übernommen. Raymond Williams hatte eine grundlegend sozialistische Darstellung von Kultur und Gesellschaft (*Culture and Society*) verfasst, jedoch hatte auch er sich nicht um eine umfassende und zusammenführende Analyse all der Disziplinen bemüht, die sich auf die ein oder andere Weise mit Mensch und Gesellschaft auseinandersetzen – den beiden wesentlichen Achsen allen sozialen und politischen Handelns. Die für eine solche Analyse „offensichtlich" relevanten Disziplinen waren „Geschichte, Soziologie, Anthropologie, Wirtschaftswissenschaften, politische Theorie, Philosophie, Ästhetik, Literaturwissenschaft, Psychologie und Psychoanalyse" (Anderson 1969: 216). Anderson nahm es in Angriff, sie alle zu prüfen und kritisch zu betrachten, um die intellektuelle Ataraxie (Taubheit) im Innersten des britischen Lebens und der Kultur aufzudecken.

Zunächst legte Anderson jedoch seine übergreifende These dar: Der lähmende Charakter des britischen Lebens beruhe zum Großteil auf dem Fehlen einer schlüssigen und sozialkritischen Analyse desselbigen. Als einzigem der größeren europäischen Staaten war es Großbritannien nicht gelungen, eine eigene Soziologie zu entwickeln. Andere Länder hatten eine Strukturanalyse des gesellschaftlichen Ganzen hervorgebracht; Deutschland hatte Weber, Frankreich hatte Durkheim, Italien hatte Pareto (und wir könnten hinzufügen, dass Amerika Parsons hatte). Großbritannien konnte nichts Vergleichbares vorweisen.[1] Was aber waren die soziologischen Gründe für die nicht vorhandene Soziologie? Wie ist dieses Versäumnis zu verstehen? Die Erklärung lag in der geschichtlichen Entstehung des britischen Bürgertums und dessen Scheitern, den Landadel als die traditionell herrschende Klasse Großbritanniens herauszufordern:

> „Das britische Bürgertum verzichtete von Beginn an auf sein intellektuelles Geburtsrecht. Es weigerte sich stets, die Gesellschaft insgesamt in Frage zu stellen. Eine tiefe, instinktive Abneigung gegenüber der gesamten Kategorie der Totalität kennzeichnet seine Entwicklung. Es musste die Gesellschaft als Ganzes niemals in einem konkreten historischen Akt umgestalten. Folglich musste es die Gesellschaft als Ganzes auch nie in abstrakter theoretischer Reflexion überdenken. Unsystematische, empirische Wissenschaftsdisziplinen gingen Hand in Hand mit bescheidenen und beschränkten sozialen Handlungen […] Das Konzept eines gesellschaftlichen Ganzen wurde vom britischen Bürgertum verneint und stattdessen gab man sich mit einer komfortablen, wenn auch zweitrangigen Stellung in der gesellschaftlichen Hierarchie des frühen viktorianischen Kapitalismus zufrieden." (Anderson 1969: 228)

Die bürgerliche Intelligenz, die im Laufe des 19. Jahrhunderts schließlich das intellektuelle Leben Großbritanniens dominierte, bestand aus einem dicht geknüpften Netzwerk von Männern, die durch ihre Interessen, Freundschaften und die Heirat innerhalb der Familien verbunden waren. Sie errichteten etwas, das Noel Annan als die „intellektuelle Aristokratie" (1955) bezeichnete, die nicht abseits stand, sondern Teil der vorherrschenden Gesellschaftsordnung war. So scheiterte Großbritannien, eine *kritische* Intelligenz aus dem Inneren heraus hervorzubringen, und es importierte auch keine. Die Vereinigten Staaten beherbergten in den Zwischenkriegsjahren radikale intellektuelle Emigranten aus Europa, die eine stringent kritische Analyse der amerikanischen Gesellschaft anfertigten. Großbritannien nahm im Gegensatz dazu einen Zustrom reaktionärer Intellektueller auf, welche zur selben Zeit auf die Insel übersiedelten. Diese „weißen Emigranten", wie Anderson sie nannte,[2] eroberten in der Periode zwischen den beiden Weltkriegen fast jeden Bereich des intellektuellen Lebens in Großbritannien. Anderson zufolge (vgl. 1969: 230) hatten zur Mitte des Jahrhunderts vorwiegend Ausländer die Bildungsanstalten übernommen (siehe Tabelle 4.1).

Die Emigranten, die in Großbritannien aufschlugen, waren alle aus Ländern geflohen, die zu fortwährenden, gewalttätigen Unruhen neigten. Großbritannien verkörperte für sie das völlige Gegenteil dieser Erfahrungen: Tradition, Kontinuität und Ordnung. Sie rühmten die Tugenden der friedfertigen britischen Lebensweise, schmeichelten der Empfänglichkeit ihrer Gastgeber und wurden dafür

Tabelle 4.1: Ausländer im intellektuellen Leben Großbritanniens (Anderson 1969: 230)

Name	Disziplin	Herkunftsland
Ludwig Wittgenstein	Philosophie	Österreich
Bronislaw Malinowski	Anthropologie	Polen
Lewis Narnier	Geschichte	Polen
Karl Popper	Sozialtheorie	Österreich
Isaiah Berlin	Politische Theorie	Russland
Ernst Gombrich	Kunsttheorie/Ästhetik	Österreich
Hans-Jürgen Eysenck	Psychologie	Deutschland
Melanie Klein	Psychoanalyse	Österreich

mit institutioneller Anerkennung und gesellschaftlicher Akzeptanz belohnt. In Andersons kleiner Liste unterlagen nur zwei Bereiche nicht der fremden Invasion; die Wirtschafts- und die Literaturwissenschaft. Aber obwohl Maynard Keynes die Ökonomik dominierte, war sie doch von Auswanderern infiltriert worden; von Nicholas Kaldor aus Ungarn und Piero Sraffa aus Italien. Der einzige Bereich, der seine ursprüngliche Unabhängigkeit aufrechterhielt, war die Literaturwissenschaft, die unangefochten von dem Englischprofessor Frank Leavis am Downing College in Cambridge beherrscht wurde, einer einsamen wie kompromisslosen Figur. Seltsamerweise fand die Beschäftigung mit der gesellschaftlichen Totalität, die überall sonst in der trostlosen Landschaft des intellektuellen Lebens in Großbritannien unterdrückt wurde, dort ein Zuhause.

5.2 Englisch und die Massen

In Andersons Aufsatz vermischen sich Brillanz und Absurdität auf eine außergewöhnliche Art und Weise. Es ist offensichtlich, dass der Autor sehr jung, sehr klug und sehr selbstbewusst war. Aber wie sehr man auch die Art programmatischer Geschichte, die Anderson bevorzugte, ablehnen oder ihr widersprechen mag (Edward Thompson brachte sie in Rage),[3] stellte der Aufsatz doch die entscheidende Frage nach dem symptomatischen Fehlen einer kohärenten theoretischen Betrachtung der britischen Gesellschaft als Ganzes. Dieser Missstand war in der kulturellen Krise der Nachkriegsgesellschaft Großbritanniens besonders stark spürbar. Er löste die Suche nach einer solchen Theorie als Grundlage für die Erforschung von Kultur aus, die im passend benannten *Centre for Contemporary Cultural Studies* im folgenden Jahrzehnt an der Universität von Birmingham unter der Leitung von Stuart Hall stattfinden sollte. Diese Zeit, die Zeit der Cultural Studies, ist das Thema des neunten Kapitels. Hier betreibe ich zunächst Ursachenforschung zur „sozialen Frage" in Großbritannien und beschäftige mich mit der Frage, warum sie ausgerechnet von der Literaturwissenschaft gestellt werden sollte. Um das zu beantworten, müssen wir zunächst die

Faktoren betrachten, die im frühen 20. Jahrhundert zur Verankerung des Englischunterrichts im britischen Bildungssystem geführt haben.

Heutzutage ist das Fach Englisch in den Schulen Großbritanniens Kernbestandteil des staatlichen Lehrplans und ein seriöser wie beliebter Studiengang an den Universitäten. Die beiden altehrwürdigen Universitäten, Oxford und Cambridge, verfügen über etablierte Fakultäten, während Englisch noch zu Beginn des letzten Jahrhunderts an keiner von beiden gelehrt wurde. Auch war es im damals gerade errichteten nationalen Bildungswesen kein anerkannter Bestandteil des Lehrplans. Wie Brian Doyle in seiner herausragenden Studie über die Ursprünge und die Entwicklung des Faches Englisch gezeigt hat, war der maßgebliche Impuls von Beginn an die Entschärfung von sozialen Spannungen in einer tief gespaltenen Klassengesellschaft. Er weist außerdem darauf hin, dass es sich beim Englischunterricht in den Grundschulen des 19. Jahrhunderts um eine nicht besonders respektable Angelegenheit handelte, die von sozial engagierten Frauen ausgeführt wurde. Als das Ansehen des Englischunterrichts im Bildungssystem allmählich stieg, wurde er von Männern übernommen, sodass er als Beruf schließlich männlich dominiert war (vgl. Doyle 1989: 69–93). Die Forderung, Englisch in das Zentrum des Bildungssystems zu stellen, kristallisierte sich Ende des 19. Jahrhunderts mit der Bildung einer Interessengruppe, der *English Association*, heraus, die das Fach als essenziell humanisierendes Element in der Ausbildung der Jugend betrachtete. Bis dahin hatte sich der Unterricht größtenteils darauf beschränkt, Kindern aus der Arbeiterklasse die Fähigkeiten des Lesens und Schreibens einzuimpfen. Dahinter stand die vorherrschende utilitaristische Gesinnung im Großbritannien des 19. Jahrhunderts, der zufolge ein gewisses Maß an grundlegender Bildung für jedermann als zunehmend notwendig für das effiziente Funktionieren der Wirtschaft angesehen wurde. Der Kapitalismus bedurfte einer funktionell gebildeten Fabrikarbeiterschaft.

Diese zweckorientierte Herangehensweise an Bildung wird in der brillanten Eröffnungsszene des Romans *Harte Zeiten* von Charles Dickens schonungslos karikiert, in welcher Mr. Gradgrind (der mit einem Großhandel für Haushaltswaren ein Vermögen gemacht hat) den frisch eingestellten Schulmeister Mr. McChoakumchild zu seiner Pflicht ermahnt, sein Klassenzimmer voller namenloser, durchnummerierter Schüler mit Fakten vollzustopfen:

> „Was ich wünsche, sind Tatsachen. Lehren Sie diese Knaben und Mädchen nichts als Tatsachen. Nur Tatsachen werden im Leben verlangt. Pflanzen Sie nichts anderes ein, und reißen Sie alles andere mit der Wurzel aus. Den Geist denkender Lebewesen kann man nur an Tatsachen bilden, nichts anderes wird ihnen je von Nutzen sein. Das ist das Prinzip, nach dem ich meine eigenen Kinder erziehe, und es ist das Prinzip, nach dem ich diese Kinder erziehe. Halten Sie sich an Tatsachen, Sir." (Dickens 1972: 7)

Im späten 19. Jahrhundert wuchs der Druck, diesen freudlosen Bildungsansatz etwas aufzulockern. Eine Schlüsselfigur dabei war der Pädagoge Matthew Arnold, dessen Vater Tom ein namhafter Schulleiter von Rugby, einer der führenden englischen Privatschulen, gewesen war. Arnold gehörte zu den intellektuellen Aristokraten, deren weit verzweigte Verbindungen Noel Annan nachgezeichnet hat. Arnold war die zentrale Figur bei der Forderung, englische Literatur nicht nur an Privatschulen, sondern auch im staatlichen Bildungssystem, das mit dem *Education Act* von 1870 in Kraft getreten war, einzuführen. Mit diesem Anliegen verfolgte er eine kluge Politik. In seiner bekanntesten Veröffentlichung, *Culture and Anarchy*, befasste er sich mit den Gegensätzen einer in Klassen geteilten Gesellschaft und argumentierte, dass ohne ‚geistige Nahrung' in Form menschlicher Kultur soziale Anarchie eintreten würde.

Das alte, aristokratische Bildungssystem basierte auf der antiken Literatur Griechenlands und Roms, welche Generationen von Schuljungen an den ehrwürdigen Privatschulen und einer Reihe von neueren Einrichtungen eingetrichtert wurde. Die englische Literatur wurde von der *English Association* als relevantere und ‚weniger schmerzhafte' moderne Alternative zu den Klassikern beworben. Ihre Zeit kam aber erst nach dem Ersten Weltkrieg, welchem ein Zehntel der männlichen Bevölkerung Großbritanniens zum Opfer gefallen war. Wie A.J.P. Taylor argumentierte, verband sich durch den Krieg erstmals (und unwiderruflich) die Geschichte des englischen Staates mit der Geschichte des englischen Volkes: „die Masse der Leute wurde zum ersten Mal zu aktiven Staatsbürgern, deren Leben durch die Befehle von oben geprägt waren" (Taylor 1975: 26). Als der Krieg sich dem Ende zuneigte, schien der Kampfgeist der Arbeiterklasse in Großbritannien, wie überall sonst, den inneren Frieden des Königreichs zu bedrohen, selbst als dem unaufhörlichen Abschlachten der entrechteten Millionen an Europas Fronten endlich ein Ende gemacht war. Unmittelbar wurde die Situation der Massen zur Priorität der Regierung, da „die moderne Gemeinschaft ganz ohne das Zutun der Massen nicht funktionieren konnte und der Krieg im Besonderen ihre aktive Mitarbeit in Fabriken wie in den Schützengräben unentbehrlich gemacht hatte" (ebd.: 231). Als ein notwendiges Zugeständnis an die Massen wurde schließlich (nach Jahrhunderten des Kämpfens und Blutvergießens) allen erwachsenen Männern ab 21 Jahren und allen Frauen ab 30 Jahren mit der *Representation of the People Act* von 1918 formal die Beteiligung an der Demokratie gewährt. Im selben Jahr begründete ein neues Bildungsgesetz ein national einheitliches und komplett entlohntes Lehrsystem und erhöhte das Alter beim Schulabgang von 12 auf 14 Jahre.

Diese Umstände führten dazu, dass die *English Association*, angeführt von Sir Henry Newbolt, ihre Lobbyarbeit für „eine liberale Bildung des ganzen Volkes, basierend auf den Meisterwerken der englischen Literatur" auffrischte. In einer Grundsatzrede an den Verband legte Newbolt deren Leitsätze dar. Es war nicht länger haltbar, „dass sich unsere einheimische Kultur stets zum Großteil im Besitz einer einzelnen Klasse oder einer kleinen Minderheit befindet und deren Einfluss unterliegt". Er glaubte im Gegenteil Folgendes:

> „[D]ie nationale Kultur sollte und könnte beizeiten die Tradition und das Erbe aller britischen Männer und Frauen sein, die bereit sind, sie zu empfangen. Es geht mir nicht darum, bei Ihnen die Hoffnung zu wecken auf die Herstellung allgemeiner Gleichheit bezüglich Reichtum oder Gesundheit, Intellekt oder körperlicher Konstitution oder irgendeines anderen Umstandes in einer wechselhaften Welt; aber ich bitte Sie, mit mir auf eine nationale Verbundenheit zu hoffen, in der es jedem möglich sein sollte, die Existenz von Klassen zu vergessen und persönlich Anteil an der Situation und den Begebenheiten des anderen nehmen zu können." (Newbolt 1928: 9f.)

Das waren also die Argumente für Englisch als das Herzstück einer nationalen Kultur; als Mittel der neuen Gleichheit von kulturellen Möglichkeiten für alle, mit dem materielle, auf Klassenzugehörigkeit basierende Ungleichheiten, hinfort gewünscht werden konnten – eine zutiefst politische Entpolitisierung der Kultur. Dies war der Leitgedanke des Berichts *The Teaching of English in England*, den ein Komitee unter dem Vorsitz Newbolts niederschrieb und 1921 dem Präsidenten des *Board of Education*, H.A.L. Fisher, vorstellte. Dieser hatte 1918 den Entwurf des Bildungsgesetzes in das britische Unterhaus eingebracht.[4] In dem Bericht wurde argumentiert, dass die englische Literatur in dem gesetzlich entworfenen neuen *nationalen* Bildungssystem eine zentrale Stellung innehaben müsse:

> „das allgemeine Anrecht auf sie, die allgemeine Disziplin und die Freude an ihr, der Reichtum an Nuancen und Assoziationen, der mit ihr verbunden ist, würde ein neues Moment nationaler Einigkeit erzeugen, das das geistige Leben aller Klassen durch Erfahrungen, die bisher das Privileg einer begrenzten Gruppe gewesen sind, miteinander verbinden." (Newbolt 1921 zit. nach Doyle 1989: 48f.).

Das Erlernen der englischen Sprache würde die Basis für eine gemeinsame Kultur schaffen, die Klassenunterschiede überwinden und in einer geteilten nationalkulturellen Identität vereinigen. Dadurch ließe sich auch die damals durchaus reale Bedrohung eines Aufstands der Arbeiterklasse verringern. Wie George Sampson, der Autor von *English for the English* (1921), es ausdrückte: „Verwehre den Kindern der Arbeiterklasse einen Anteil am immateriellen Gemeingut und sie werden bald zu den Männern heranwachsen, die drohend einen Kommunismus des Materiellen fordern" (Doyle 1981: 11).[5]

5.3 Massenzivilisation

Jedes neue akademische Fach, das an Schulen gelehrt wird, benötigt einen Lehrplan. Dieser hängt nicht nur von den vereinbarten Autoren und Werken sowie geeigneten Lehrbüchern ab, sondern auch von der Unterstützung durch das gesammelte Fachwissen und die Forschung, deren Bereitstellung Aufgabe der Universitäten ist. Zunächst musste man die territorialen Grenzen des neuen Lehrfachs abstecken. Was war überhaupt Literatur und was nicht (und warum)?

Wenn man von einer Person behaupten kann, dies getan zu haben, dann von F.R. Leavis an der Englisch-Fakultät von Cambridge. Wie Anderson korrekt beobachtet, dominierte er in seiner Schaffenszeit schlichtweg die neue Disziplin, deren Grenzen er definierte und deren intellektuelle Richtung er vorgab.

Wichtig ist der Hinweis, dass sich Leavis stets mit *moderner* Literatur befasste. Er war weder Mediävist noch ein Verfechter der angelsächsischen Grammatik als Zugang zu den bisweilen nüchternen Freuden altenglischer Poesie. Seine bekannteste Publikation war *The Great Tradition*, die „nicht dogmatisch, sondern wohl überlegt" jene Autoren und ihre Werke aufführte, welche die kanonische Tradition des modernen englischen Romans definierten. Diese Tradition begann laut Leavis mit Jane Austen, endete mit Henry James und Joseph Conrad, schloss aber bekanntermaßen den größten aller englischen Romanschreiber, Charles Dickens, aus. Er und D.H. Lawrence wurden erst später in den Kanon aufgenommen. Was die von Leavis als Verkörperung der Tradition ausgewählten Autoren auszeichnete und sie „groß" machte, war ihre moralische Bedeutsamkeit. Sie alle zeigten in ihrem Schaffen über das Leben und die Zeit der Gesellschaft, der sie angehörten und über die sie schrieben, auf verschiedene Weise eine gewisse moralische Intelligenz. Leavis' Vorliebe, zumindest was den Roman anging, galt dem erzählerischen Realismus. Die fiktionalen Lebenswelten der Romane, beispielsweise von George Eliot[6] (für Leavis *die* englische Romanautorin), beinhalteten engagierte Gesellschaftskommentare über England zur Mitte des 19. Jahrhunderts. Ihre beiden größten Erfolge, *Middlemarch* und *Daniel Deronda*, waren unvergleichliche Studien über das defizitäre Dasein von Männern und Frauen, die sich in den Fallstricken der britischen Klassengesellschaft verfangen hatten. Aber sozialer Realismus war nicht der primäre Fokus von Leavis' Anliegen. Für ihn war der Maßstab – und der Grund weshalb Literatur *wirklich* zählte – die lebensbejahende Qualität des geschriebenen Wortes, der fesselnd kreierten, umfassend umgesetzten fiktionalen Welten, in denen moralisch komplexe Charaktere auf die Verworrenheiten und Schwierigkeiten des modernen Lebens trafen und diese bewältigen (oder nicht). Es war die lebensbejahende Kraft moderner Literatur, die ihren Anspruch rechtfertigte, ernst genommen, reflektiert, diskutiert, debattiert und gegen ihre Feinde verteidigt zu werden.

Dies war die andere Seite von Leavis' Arbeit, da, seiner Ansicht nach, die englische Literatur und das, wofür sie stand, viele Feinde hatte. Einer davon war nicht zuletzt der unaufhaltsame Aufstieg der ‚Massenzivilisation'. Leavis und seine Frau Queenie waren in den 1930er Jahren die unverblümtesten Kritiker der neuen Massenkultur und ihres Erzeugers, der industriellen Massenproduktion. Die Leavis'sche Kritik an der Massenkultur wurde, laut Anderson, zu einem Stellvertreter für die Kritik an der modernen Gesellschaft insgesamt.

Ich habe untersucht, wie die ‚soziale Frage' im amerikanischen und deutschen Verständnis und in der Betrachtung von Gesellschaft exakt zum gleichen

Zeitpunkt aufgeworfen wurde. In beiden Fällen kam sie in einer neu entstehenden Wissenschaftsdisziplin auf, die auf eben diese Frage zugeschnitten war; in der Soziologie. Die amerikanische Soziologie an der Columbia University war vom wissenschaftlichen Positivismus durchdrungen und die deutsche Sozialtheorie in Frankfurt von idealistischer Philosophie und der kritischen Tradition. England brachte zu dieser Zeit nichts hervor, was auch nur annähernd mit einem von beiden vergleichbar gewesen wäre. In Ermangelung eines Faches, das der Soziologie geähnelt hätte, entstand die britische Kritik an der gesellschaftlichen Moderne mit der neuen Disziplin Anglistik, weil die Literatur selbst, wie das Ehepaar Leavis feststellte, eine Reaktion auf die Dialektik der Aufklärung und die Moderne darstellte (obwohl dies keiner von beiden jemals so ausgedrückt hätte). Die Moderne Literatur reagierte – mit der Dichtung wie auch dem Roman – fortwährend und engagiert auf inhaltlicher wie formaler Ebene auf die Erfahrungen der Moderne. In den Texten fand eine ernsthafte, kritische Auseinandersetzung mit gesellschaftlichen Modernisierungsprozessen statt und zugleich stellten sie einen erlösenden Widerstand gegen sie dar – eine alternative Hoffnung, die sich für die Leavises mit einem einzigen Wort zusammenfassen ließ: „Leben".

Wenn die Literatur lebensbejahend war, war die Massenzivilisation lebensverneinend. Die Literatur hatte für das Ehepaar Leavis die gleiche Funktion wie die autonome Kunst für Adorno. Sie war der einsame Schauplatz des Widerstands gegen die dominanten Formen des zeitgenössischen kulturellen Lebens. Aber die englische Interpretation dieser Funktion stellte die deutsche auf den Kopf. Für die Mitglieder des Instituts für Sozialforschung hatte autonome Kunst angesichts einer affirmativen Kultur eine negative Funktion[7] – für die Leavises hatte Literatur eine affirmative Funktion angesichts einer negativen Kultur. Diese Funktion wurde im Englischunterricht an den Schulen pädagogisch betont. Es reichte nicht aus, den jungen Menschen gute Literatur einfach nahezubringen. Sie mussten außerdem ein Verständnis dafür entwickeln, Gutes von Schlechtem unterscheiden zu können. Die Leavises hatten beide Massenkulturforschung betrieben. Queenie hatte die namhafte Studie *Fiction and the Reading Public* zu populären Romanen durchgeführt, während Frank eine Doktorarbeit (der sogenannte PhD war damals in Cambridge gerade neu eingeführt worden und wurde von der ‚alten Garde' mit tiefem Argwohn betrachtet) über *Journalism and Literature: A Historical Study of the Relations between them in England* geschrieben hatte (vgl. McKillop 1995: 71). Die deutlichste Stellungnahme zur „hoffnungslosen Misere der heutigen Kultur" findet sich aber in *Mass Civilization and Minority Culture*, einem hastig zusammengetragenen Pamphlet, das 1930 erschien. Darin wird behauptet, dass sich das Erbe der europäischen Kultur[8] jenseits des Auffassungsvermögens der großen Mehrheit an Leuten befinde und nur von einer kleinen, gebildeten Minderheit angemessen verstanden würde, von der sein Fortdauern abhänge. Die Meinungen und Vorlieben der Massen würden durch Zeitungen gebildet, welche die Produkte einer ‚Maschinenzivilisation' seien.

Die Maschinenzivilisation verursache eine katastrophale Abnahme und Standardisierung des Geschmacksniveaus, wodurch die Unterscheidungs- und Urteilsfähigkeit zerstört werde. Dieser Wandel war in den USA ausführlicher beobachtet und analysiert worden als in Großbritannien. Ein Schlüsseltext, den die Leavises zur Unterstützung ihrer Grundthese heranzogen, war *Middletown* von Robert und Helen Lynd[9] (1929), die klassische, damals gerade erst erschienene Studie über den sozialen und kulturellen Wandel in der Stadt Muncie in Illinois, im mittleren Westen der USA. Es war sinnlos, Amerika und den Amerikanern die Schuld für Massenproduktion und Massenkultur zuzuschieben. Niemand in Großbritannien, am allerwenigsten diejenigen, die die USA für alles verantwortlich machten, schlug vor „die der Maschine folgenden Prozesse – größere Effizienz, bessere Verkaufstechniken und mehr Massenproduktion und Standardisierung" (Leavis 1978 [1930]: 147) aufzugeben.

Mass Civilization and Minority Culture ist weder gut geschrieben noch gut durchdacht. Es ist ein hastig zusammengestelltes Flickwerk von aneinandergereihten Zitaten aus einer Vielzahl von Quellen, die das Ehepaar Leavis in ihren historischen Betrachtungen der Presse und des populären Romans zutage gefördert hatten. Das nachfolgende Lehrbuch für den Schulgebrauch, *Culture and Environment*, das Leavis praktisch direkt im Anschluss mit einem ehemaligen Studenten und treuen Gefolgsmann, Denys Thompson[10], herausbrachte, legte die Leavis'schen Argumente gegen die zeitgenössische Kultur viel klarer und stichhaltiger dar. Darin werden die Konsequenzen der Massenproduktion – die Standardisierung und Einheitlichkeit von Produkten – als nicht notwendigerweise schlecht betrachtet. Der Einsatz von Kraftmaschinen hatte gegenüber der härteren Schufterei von Hand viele Vorteile. Die schädlichen Auswirkungen der Maschinenzivilisation zeigten sich weniger in der Herstellung materieller Güter als in den neuen Formen der Massenkultur und Unterhaltung – der Presse und Populärliteratur, wie sie das Ehepaar Leavis untersucht hatte, aber auch in Kino und Radio. All dies bot Bedürfnisbefriedigung auf niedrigstem Niveau, sofortigen Genuss bei geringstmöglicher Anstrengung. Die Massenkultur untergrub die Standards des distinktiven Geschmacks, welche die Englischlehrer der Jugend einzuschärfen versuchten. Es lag in der Verantwortung der Lehrer, die Kinder dazu zu bringen, das Umfeld in dem sie lebten (die Lebenswelt) zu durchschauen und zu verstehen, wie unzulänglich es war. Die Schulung eines kritischen Bewusstseins gegenüber der kulturellen Umwelt des damaligen Lebens und bezüglich der immer nur stellvertretenden, indirekten Freuden an dem, was Leavis und Thompson als „Ersatzleben" (1932: 99–103) bezeichneten, war unumgänglich. Aber wo, abgesehen von der Literatur, war ein alternatives, authentisches

Leben zu suchen? Die Antwort war die „organische Gemeinschaft", für die die
literarische Bildung allenfalls ein Ersatz sein konnte:

> „Was wir verloren haben, ist die organische Gemeinschaft mitsamt der lebendigen Kultur, die
> sie verkörperte. Volkslieder, Volkstänze, die Cotswold-Hütten und Handwerksprodukte sind
> Zeichen und Ausdrucksformen von etwas, das weiter reicht: einer Kunst des Lebens, einer Le-
> bensweise, geordnet und geregelt, die Gesellschaftskünste, Umgangsformen und die flexible
> Anpassung an die natürliche Umwelt und den Wechsel der Jahreszeiten, welche uralten Erfah-
> rungen entwuchsen, einschließt." (ebd.: 2)

Diese Kultur existierte seit Menschengedenken und bestand hier und da, in
abgelegenen Gegenden des Landes, als Erinnerung an eine inzwischen vergan-
gene Lebensweise fort. Leavis war kein Narr. Nicht einen Moment lang glaubte
er, dass etwas davon wiederbelebt werden könnte. Folkloristische Revivals
(Morris-Tänze, Real Ale, Jahrmärkte, etc.) waren tatsächlich absolut unauthen-
tisch, da sie nur isolierte Fragmente einer ehemals lebendigen Gesamtheit von
miteinander verbundenen Beziehungen – einer organischen Gemeinschaft, einer
ganzen Lebensweise (*whole way of life*) – darstellten. Zentral war hierbei die
Auffassung von Kultur als einer *Kunst des Lebens* oder einer *Lebensart,* die in
der Sprache fortbesteht. „Die Kultivierung der *Kunst der Sprache* war essentiell
für die alte Volkskultur. Sie war mit lokalen Abweichungen in Form von Ge-
sang, Tanz und Handwerk im ganzen Land existent" (ebd.; Hervorhebungen
hinzugefügt). Auch Adorno und Horkheimer waren sich der Kommodifizierung
der Sprache zutiefst bewusst. Leavis betrauerte die verlorene Kunst der Konversation – das lebendige Medium des gewöhnlichen Soziallebens, mit dem eine
lebendige Kultur ausgedrückt und erhalten wird. Dies war der Kern einer neuen
Definition von Kultur, die die nächste Generation von Hochschullehrern der
englischen Literatur aufnehmen und weiterentwickeln würde.

Leavis ist heutzutage völlig außer Mode geraten und seine ehemals berühmten Bücher über die Dichtung und den Roman, die von jedem Studenten der
englischen Literatur gelesen wurden, werden nicht mehr gedruckt. Aber aufgrund seiner geballten moralischen Kritik am zeitgenössischen Leben be-
herrschte er die Disziplin zwei Generationen lang. Er wusste genau, dass auch
die größte Zahl an Folk-Revivals und Bemühungen um eine künstliche *Pseudo-
Gemeinschaft* (Merton) nicht vermochten, dem wieder Leben einzuhauchen,
dem er nachtrauerte; den älteren Formen geselligen Zusammenlebens, die eine
Kunst (und Würde) des Lebens verkörperten, welche Industrialisierung und
Urbanisierung zerstört hatten, ohne sie durch etwas auch nur annähernd Ent-
sprechendes zu ersetzen. In Leavis' Schriften über Literatur und Massenkultur
mischt sich oftmals ein verzweifelter Ton, da *beide* nur ein Ersatz für die Au-
thentizität des Lebens und der Erfahrung sind – wobei Erstere noch die beste
Alternative zum Leben selbst als Kunst darstellt und Letztere die schlechteste.
Diese Auffassung wird nicht mit einer theoretischen Eleganz ausgedrückt, die der

deutschen kritischen Tradition gleichkäme, ähnelt selbiger aber in vielerlei Hinsicht. Die Kritik am englischen Utilitarismus, die Leavis von Matthew Arnold übernahm, ist im Wesentlichen die gleiche wie Webers Kritik an der instrumentellen Vernunft. Sicherlich hätte Leavis Webers Sichtweise von der entzauberten modernen Welt als eisernem Käfig zugestimmt, wenn er davon gewusst hätte. Was Leavis fehlte, war eine politische Analyse von der Notlage, in der sich die britische Gesellschaft und Kultur damals befanden, und wie sie das Institut für Sozialforschung aufbauend auf Marx, Weber und Lukács erstellte. Dafür erkannte Leavis etwas, das Adorno und Horkheimer übersahen: Die Frage der Kultur war weniger eine ästhetische als eine moralische Angelegenheit, die in erster Linie nicht mit der Kunst, sondern mit dem Leben selbst verbunden war – der Kunst des Lebens.[11] Dieser grundlegende Zusammenhang ist die Perle, welche in der Leavis'schen Sozialkritik zeitgenössischer Kultur verborgen liegt. Dies war es auch, was nach dem Zweiten Weltkrieg in den 1950er Jahren von seinen Nachfolgern, Richard Hoggart und Raymond Williams, aufgegriffen und auf neue Art und Weise untersucht wurde. Zwar waren beide seine Schützlinge, aber dennoch stellten sie seinen im Wesentlichen literarischen Entwurf von der modernen Kultur infrage. Sie überarbeiteten die Bedeutung von Kultur, um ihre sozialen und politischen Implikationen sichtbar zu machen. Insbesondere deckten sie auf, in welchem Ausmaß Klassenfragen die ‚Frage der Kultur' untermauerten. War nicht die gesamte Kultur ein Erzeugnis der oberen wie mittleren Schichten und in deren Besitz? Was war mit der Kultur der Arbeiterklasse?

5.4 The Uses of Literacy

Von einer Kultur der Arbeiterklasse zu sprechen hatte etwas von einem Oxymoron: Wenn mit Kultur ein selbst erzeugter, kohärenter Fundus von Kunst und Literatur gemeint ist – und dies war die vorherrschende Definition von Kultur in den 1950er Jahren in Großbritannien wie auch andernorts –, dann war die Kultur der Arbeiterklasse eine ‚Kultur der Kulturlosen'. Hoggart und Williams entstammten der Arbeiterklasse. Beide waren gut in der Schule und besuchten anschließend die Universität (sehr ungewöhnlich für Kinder aus der Arbeiterklasse), wo sie englische Literatur studierten. Noch ungewöhnlicher war, dass sie Englischdozenten wurden und nicht nur an ihren Universitäten (Hull und Cambridge) lehrten, sondern auch Erwachsene in der WEA (*Workers' Educational Association*) unterrichteten. Beide übernahmen die moralische Ernsthaftigkeit, die die Literaturwissenschaft Leavis zu verdanken hatte, erweiterten sie aber um ein neues Verständnis und eine Perspektive, die von ihren eigenen Erfahrungen beeinflusst war. Im Austausch miteinander passten sie ‚die Frage der Kultur' an die Gegebenheiten in Großbritannien nach dem Krieg an. Beide griffen Leavis' grundlegende Kulturdefinition der Lebenskunst beziehungsweise der Art zu leben (*way of living*) als Basis für ihre Überarbeitung der Bedeutung von „Kultur" auf, allerdings mit jeweils eigenen Begrifflichkeiten. Außerdem veröffentlichte jeder von ihnen in den 1950er Jahren ein Buch von unmittelbarem und umfassendem Einfluss. Das erste war *The Uses of Literacy* von Richard Hoggart.

Ursprünglich sollte der Titel *The Abuses of Literacy* lauten, was die Hauptthese präziser beschrieben hätte; den lähmenden Einfluss von Boulevardjournalismus und Schundliteratur auf die Leser der Arbeiterklasse. Doch dem Verlag gefiel der Titel nicht und so wurde er geändert. Es ist ein Buch, das von hinten nach vorne geschrieben wurde: Der zweite Teil wurde zuerst verfasst und der erste Teil anschließend hinzugefügt, um den Zusammenhang zu den ursprünglichen Anliegen des Buches herzustellen. Diese bewegten sich im Bereich der Auswirkungen der Massenkultur auf die Massen, die neuerdings lesen und schreiben konnten. Das Buch resultierte aus Hoggarts Erfahrungen als Literaturlehrer für WEA-Kurse in Hull nach dem Zweiten Weltkrieg und der Diskrepanz zwischen dem Stoff, den er lehrte, und dem Leben derer, die er unterrichtete. Moderne Literatur war das Produkt einer gebildeten Gesellschaftsschicht: Sie wurde von den Mitgliedern ein- und derselben sozialen Klasse sowohl geschrieben als auch gelesen und thematisierte vorrangig deren geteilte Belange. Als sich der Roman im 18. Jahrhundert entwickelte, war er die neue literarische Gattung einer neuen sozialen Klasse, welche die sich ändernden Dynamiken von Geld, Geschlecht und Macht innerhalb der Privatsphäre des Familienlebens erkundete. Im 19. Jahrhundert widmete sich der historische Roman der größeren Frage nach der Beziehung zwischen dieser neuen Lebensweise und der öffentlichen Welt mit Kriegen und Politik. Soweit hatte es keinen wesentlichen Mangel an Übereinstimmung zwischen den Belangen der Gattung und dem Leben derer, die sie produzierten und konsumierten, gegeben. Für die Leser der Arbeiterklasse bestand jedoch eine enorme Kluft zwischen den Lebenswelten der Literatur, die angeblich ihr Leben bereichern würde, und ihrer eigenen Erfahrungswelt. Es war diese Kluft – der Mangel an Übereinstimmung zwischen dem, was gelehrt wurde, und dem Leben sowie den Erfahrungen derer, die unterrichtet wurden –, die in den 1950er Jahren den *Cultural Turn* auslöste, wie er in den Schriften von Richard Hoggart und Raymond Williams beispielhaft deutlich wird. Ihr Umdenken von Kultur beinhaltete im Kern die soziale Frage als eine Frage der Klasse – also Klasse, Kultur und Gesellschaft.

Besonders in Großbritannien wird der Begriff Klasse auf zwei ähnliche, aber voneinander verschiedene Arten verwendet. Einerseits beschreibt er als eine soziale Frage die viele Jahrhunderte zurückreichenden historischen Beziehungen zwischen Krone und Kirche sowie Oberhaus und Unterhaus – die vielschichtige hierarchische Struktur der britischen Gesellschaft also –, die sich mit der Zeit zu einem Beziehungsgeflecht zwischen den gewöhnlichen Leuten (der unteren Schichten), dem Bürgertum (der Mittelschicht) und dem Adel (die Oberschicht) wandelten. Andererseits wurden diese Verhältnisse im Laufe des 19. Jahrhunderts vom Aufstieg des städtischen Fabrikkapitalismus und der Schöpfung einer neuen wirtschaftlichen Beziehung zwischen Kapitalisten und Arbeitern überlagert. Die *English Working Class*, mit der sich sowohl Hoggart als auch Williams beschäftigten, formte sich in den eher unruhigen Phasen des 19. Jahrhunderts. Wenn man in den 1950er Jahren von der Arbeiterklasse sprach, berief man sich auf die Menschen, die nach wie vor in den Teilen des Landes lebten, die hundert Jahre zuvor von der industriellen Revolution erfasst worden waren. Man bezog sich auf jene, die immer noch in den primären Industriezweigen des Fabrikkapitalismus des 19. Jahrhunderts arbeiteten: Kohle (die grundlegende Energiequelle, welche die wirtschaftliche Revolution anheizte) und Stahl (aus dem Schiffe und die Eisenbahn – die neue Transportinfrastruktur – gebaut wurden). Man meinte auch jene, die immer noch in den Baumwoll- und Wollfabriken von Lancashire und Yorkshire arbeiteten. Man sprach vom Norden als historischem Kernland des industriellen Fabrikkapitalismus und der städtischen Arbeiterklasse. Die Geschichte dieser Klasse ist eine Geschichte des unerbittlichen Kampfes gegen die Ausbeutung am Arbeitsplatz und gegen die Nöte elementarer Armut. Ihr Selbstverständnis und ihre Definition entstanden nicht mit einer Kultur der Muße, sondern im Kampf um die stets unsichere Existenz an sich. Ihre zentrale Erfahrung war die der Entbehrung: Minimallöhne, kärgliche Ernährung, ärmliche Behausungen, schäbige Kleidung, Krankheit und eine verkürzte Lebenserwartung.

In den 1950er Jahren hatte sich die Situation gewandelt. Ein Vergleich der Zustände in der English Working Class in diesem Jahrzehnt mit denen, die in den 1930er Jahren geherrscht hatten, mag dies verdeutlichen. Die 30er Jahre waren von der amerikanischen Wirtschaftskrise im Jahre 1929 geprägt, deren soziale und politische Konsequenzen in Europa innerhalb von zehn Jahren zum Weltkrieg führten. Das Jahrzehnt war auf beiden Kontinenten durch eine Politik der Armut bestimmt, da sich Millionen von Menschen, die aufgrund des wirtschaftlichen Abschwungs ihre Arbeit verloren hatten, am Rande des Verhungerns bewegten. Auf beiden Seiten des Atlantiks wurden die unmittelbaren Konsequenzen der Massenarmut von wohlmeinenden Mittelschichts-Intellektuellen festgehalten. Die Bewegung der Sozialdokumentation nutzte die neuen Kommunikationstechnologien (Fotografie, Film und Radio), um die Auswirkungen der Depression auf die individuellen Lebensumstände zu erfassen und das Leid publik zu machen. Die beiden klassischen Texte der 30er Jahre über Armut und die Massen waren *Der Weg nach Wigan Pier* von George Orwell (1982 [1937]) und *Preisen will ich die großen Männer* von James Agee und Walker Evans (1989 [1939]). Ersterer zeichnete die erbärmlichen Lebensumstände der Arbeiterklasse in Nordengland nach (Wigan liegt in Lancashire), während Letzterer dem Durchhaltevermögen der armen Landbevölkerung in Amerika Tribut zollte – den Farmpächtern, die durch die Dürre im Dust Bowl zu großer Armut verdammt waren. In beiden Fällen recherchierten Angehörige der Bildungselite die Situation der Armen, um deren Leid sichtbar zu machen. Es handelte sich dabei um eine Politik des Mitleids, angeregt von Empörung oder Mitgefühl, die die Verhältnisse von Menschen – für die Kultur keine Bedeutung hatte, da sich ihr Leben unterhalb der Kultur abspielte – an die Öffentlichkeit brachte.

Der Zweite Weltkrieg löste das Armutsproblem in Großbritannien und den Vereinigten Staaten auf einen Schlag. Die Arbeitslosigkeit schwand dahin, als sich beide Länder auf eine intensive Kriegswirtschaft umstellten. Für die Massen in den Fabriken, die Unmengen an Flugzeugen, Schiffen, Panzern, Schusswaffen und Munition für die Fronten an Land, auf See und in der Luft produzierten, bot der Krieg neue ökonomische Sicherheit und einen steigenden Lebensstandard. Obwohl Großbritannien in den späten 1940er Jahren eine kurze und heftige Wirtschaftskrise erlebte, waren die 1950er Jahre eine Periode konstanten Wachstums. Während die Nachkriegspolitik ein Sozialsystem schuf, das kostenlose Bildung und medizinische Versorgung für alle bereitstelle, sowie ein Maßnahmenpaket, das soziale Sicherheit im Falle von Krankheit oder Arbeitslosigkeit gewährleistete, stieg der Lebensstandard kontinuierlich. Es kam nicht zu einer Rückkehr der chronischen Unsicherheiten der 1930er Jahre. Dies war die Situation, in der die Frage der Kultur eine gänzlich neue Bedeutung annahm. Man fragte sich, wie man die Massen, nun, da sie über einen knappen Überschuss an Zeit und Geld für Freizeitaktivitäten verfügten, dahin lenken konnte, diese kostbaren Werte sinnvoll zu nutzen. In den 1930er Jahren hatte das Ehepaar Leavis versucht, jungen Leuten mittels Schulbildung zu helfen, die geschmacklose Trivialität neuer Formen der Massenkultur zu durchschauen. Mit der gleichen Problematik sahen sich Hoggart wie auch andere in den 1950er Jahren konfrontiert, als sie erwachsene Männer und Frauen in den Abendkursen der *Workers Educational Association* unterrichteten:

> „Wir waren sehr interessiert [...] an der Tatsache, dass unsere Schüler kamen und normalerweise etwas über ‚klassische' Literatur, fast im Leavis'schen Sinne lernten, aber in einer anderen Welt *lebten* [...] Sie lebten in der Welt der Zeitungen und Magazine, des Radios (zu dieser Zeit noch nicht des Fernsehens) und der Pop-Songs. Bei vielen der dortigen Dozenten bestand ein Nebeninteresse, daraus einen Sinn zu ziehen. Wir haben eine Menge gelernt von der ganzen *Scrutiny*- und Leavis-Gruppe."[12] (Hoggart 1992 [1957] : 382)

Hoggart wollte ein neues Lehrbuch schreiben, das die Seichtheit der neuen Massenkultur entlarvte (der zweite Teil in *The Uses of Literacy*), wobei sein Ansatz stark von Q.D. Leavis' *Fiction and the Reading Public* beeinflusst wurde. Seiner Ansicht nach gab es jedoch eine zu große Diskrepanz bei Leavis und ihrem Verständnis davon, was die Massenliteratur ihren Lesern bedeutete – ein zu starkes „Naserümpfen" sowohl über deren Lektüre als auch über die lesende Öffentlichkeit (Hoggart zit. nach Corner 1991: 140). Um diese Lücke zu schließen, verfasste Hoggart einen einführenden ersten Teil, in dem er das Leben und die Verhältnisse derer, die aus der Arbeiterklasse kamen und die Konsumenten der Nachkriegsmassenkultur waren, in den Kontext einband. Das war es, was das Buch und seinen Autor berühmt machte. Heute ist schwer zu begreifen, was an *The Uses of Literacy* seinerzeit so bemerkenswert war: Es war wahrhaft bahnbrechend, da es das erste Buch über das gewöhnliche alltägliche Leben und die Kultur der Menschen aus der Arbeiterklasse war, die in den Städten von Nordengland lebten, das ein Angehöriger der englischen Arbeiterklasse selbst geschrieben hatte. Seit den 1840er Jahren war im fiktionalen wie nichtfiktionalen Bereich viel über die industrielle Arbeiterklasse geschrieben worden. All dies war aber von Außenstehenden verfasst worden, von wohlwollenden Männern, und manchmal auch Frauen anderer Schichten, die sich mit dem Schicksal der Armen befassten, und fast alle stellten die Arbeiterklasse als passives, leidendes, hilfsbedürftiges Opfer dar. Vor den 1950er Jahren wurde stets im Namen der English Working Class gesprochen – sie selbst hatte das Wort erst noch ergreifen müssen. Richard Hoggarts Darstellung des einfachen, alltäglichen Lebens und der Erfahrungen der Arbeiter in den Städten Nordenglands hatte, als sie 1957 erstmals veröffentlicht wurde, eine offenbarende Wirkung.

5.5 Die Kultur des Alltags

The Uses of Literacy schildert das Leben der Mehrheit. Auf zwei wichtige Minderheiten – diejenigen, die in der Politik der Arbeiterklasse aktiv waren, und diejenigen, die an Weiterbildung interessiert waren (beide neigten zum Besuch der WEA-Kurse) – wird zwar hingewiesen, dann aber nicht weiter eingegangen. Hoggart versuchte die Lebensweise des Großteils der Arbeiterklasse, der weder politisch aktiv noch ernsthaft auf der Suche nach Bildung war, zu erfassen. Leavis hatte den Verlust einer gewissen Konversationskunst und einer fast ausgestorbenen Lebensweise betrauert, deren Existenz er noch ansatzweise auf dem Land und in gemeinschaftlich geprägten Dorfkulturen vorzufinden glaubte. Hoggart entdeckte Elemente davon im alltäglichen Leben der urbanen Arbeiterklasse Nordenglands wieder. Anhand von Unterhaltungen, die er an öffentlichen Orten mitverfolgte, weist er nach, dass die „mündliche Überlieferung" in der Sprache der Arbeiterklasse fortbesteht. Er stellt ihren kernigen Humor, ihren formalen und von Sprichwörtern geprägten Charakter heraus, der an ältere, vorindustrielle Muster sozialer Beziehungen anknüpft. Gesprächsfragmente mit Redewendungen der Arbeitersprache werden im gesamten ersten Teil des Buches sehr effektiv herangezogen, um „die Unterlegenen zu Wort kommen zu lassen". Die Kultur der Arbeiterklasse ist nicht seicht und oberflächlich. Sie wurzelt in Erfahrungen (zu denen ich in Kürze kommen werde), die mehrere Generationen durchziehen und die in Form von Redeweisen bewahrt bleiben, welche eine gemeinsam geteilte Einstellung der Welt gegenüber ausdrücken. Die Rollen von Frauen und Männern (wie auch der formale Charakter der Beziehung zwischen beiden), Heirat, Familie und Kindern sind alle geschickt innerhalb einer auf das Heim konzentrierten Lebensweise verortet. Das Zuhause des Arbeiters wird bei Hoggart liebevoll beschrieben, genau wie die Straße und das Arbeiterviertel mit Pub und Tante-Emma-Laden. All dies legt „die ‚wirkliche' Welt der Leute" (1992 [1957]: 102–131) offen. Wir haben bereits über die Entdeckung der „Leute" durch Katz und Lazarsfeld in *Personal Influence* gesprochen. Zeitgleich, nur in einer gänzlich anderen Ausdrucksweise, werden die echten Leute in *The Uses of Literacy* entdeckt. Diese zwei Meilensteine der Forschung Mitte der 1950er Jahre – der eine amerikanisch, der andere britisch – bezeugen eine grundlegende Veränderung in der damaligen Welt der Nachkriegszeit, die ich detailliert im letzten Kapitel des Buches untersuchen werde. Beide zeugen vom Ende der Zeit der Massen und dem Aufkommen der Ära des Alltagslebens.

Das Alltagsleben der Arbeiterklasse verläuft „im Schatten weitreichender Abstraktionen gelebt", die von den Massen verlangen, „auf die ‚Bedürfnisse des Staates' und die ‚Bedürfnisse der Gesellschaft' einzugehen, zu lernen ‚gute Staatsbürger' zu sein und das ‚Gemeinwohl' im Sinn zu haben" (ebd. 104). Dies sind jedoch von außen auferlegte Abstraktionen:

> „Wenn man einen Teil der Essenz des Lebens der Arbeiterklasse in einem Satz erfassen will, muss man vom ‚dichten und konkreten Leben' sprechen, einem Leben, dessen Schwerpunkt auf den Aspekten des Vertrauten, des Gefühlsmäßigen, des Kleinteiligen und des Persönlichen liegt." (ebd.)

Es ist ein Leben, das in der Gegenwart gelebt wird, von Tag zu Tag, bei dem Schicksal und Glück die Zukunft bestimmen. Unterdessen ist es am besten, fröhlich zu sein, die Dinge zu nehmen, wie sie kommen, und zu genießen, was das Leben zu bieten hat. In einem wundervollen Kapitel beruft sich Hoggart auf die Freuden des „vollen, reichen Lebens":

> „Das Leben schreitet von Tag zu Tag und von Woche zu Woche voran: Die Jahreszeiten wechseln, mit ihnen die großen Festlichkeiten, die als Feiertage oder Feste betrachtet werden, und ab und zu ein besonderes Ereignis – eine Hochzeit in der Familie, eine Droschkenfahrt, eine Beerdigung, ein Pokalspiel. Man kommt nicht umhin zu planen: ein zwölfwöchiger Weihnachtssparclub für Geschenke und Extras, eventuell ein Sparclub für die neue Kleidung zu Pfingsten, die man im Voraus bezahlt[13]; und danach in manchen Fällen das Sparen für den Urlaub. Im Allgemeinen ist das auffallendste Merkmal aber das Ungeplante am Leben, von jetzt auf gleich in Schwierigkeiten zu stecken oder sich zu erfreuen; meist sind Pläne eher kurzfristiger Natur." (Hoggart 1992 [1957]: 134f.)

Die Routinen des Alltags bilden den Hintergrund, von dem sich „spezielle Ereignisse barocken Lebens" abheben; Momente, die für Feierlichkeiten und Feste reserviert sind, bei denen das Leben in vollen Zügen genossen wird:

> „Tendenziell sind die meisten Vergnügungen der Arbeiterklasse Massenvergnügungen; überfüllt und ausfernd. Alle wollen auf einmal Spaß haben, da die Feierabend-Sirenen der meisten Fabriken fast gleichzeitig ertönen. Für besondere Ereignisse – eine Hochzeit, den Besuch eines Laienspiels oder eines Jahrmarktes, eine Spritztour mit der Kutsche – gilt das Gleiche und es wird viel Glanz und Prunk zur Schau gestellt." (ebd.:145)

Die anschauliche Darstellung eines Tagesausflugs ans Meer verdeutlicht diese gelegentlichen barocken Vergnügungen im Leben der Arbeiterklasse.

Im politisierten Klima der Cultural Studies in den 1970er Jahren bestand die Tendenz, *The Uses of Literacy* etwas herablassend zu betrachten. Zwar wurde die Studie als kanonischer Text verehrt, dann aber als nicht theoretisch, kritisch oder politisch genug kritisiert. Manche beurteilten sie als zu sentimental und romantisch bezogen auf ihren Gegenstand. Was solche Vorwürfe aber übersehen, ist die innovative Neudefinition von Kultur. Fast könnte man Hoggarts Ansatz als anthropologisch oder ethnografisch einordnen, was ihn jedoch ‚wissenschaftlicher' machen würde, als er tatsächlich war. Es war eine Erzählung über eine Kultur, die aus dieser selbst hervorging, und nicht die Beschreibung eines unerschrockenen Ethnografen, der ‚eingeborene Kulturen' von außen betrachtet. Diese lebendige, frische, sowohl erdige als auch engagierte und fesselnde Darstellung lockerte unauffällig die Vereinnahmung der Kultur durch die gebildeten Eliten, indem sie Kultur neu definierte als Lebensweise, welche in Alltag und Erfahrung verwurzelt ist. Dabei übersah Hoggart ebenso wenig die politischen Implikationen dieser Lebensart. Das zentrale Kapitel des Buchs heißt „‚Die' und ‚Wir'" („‚Them' and ‚Us'"; ebd.: 72–101). Aber wer sind ‚Die'?

> „‚Die' sind ‚die da oben', ‚die hohen Tiere', die Leute von denen man die Stütze kriegt, die einen einberufen und in den Krieg schicken, einen Strafen zahlen lassen, die einen in den 30ern dazu gezwungen haben, die Familie aufzuspalten, damit einem die Unterstützungsbeiträge nicht gekürzt wurden, ‚die einen am Ende ja doch kriegen', ‚denen man nicht wirklich trauen kann', ‚die hochgestochen sprechen', ‚die eigentlich alle Betrüger sind', ‚die einem nie alles sagen' (über einen Verwandten im Krankenhaus), ‚die einen ins Kittchen stecken', ‚einen fertig machen, wenn sie können', ‚einen vor Gericht zerren', ‚die alle unter eine Decke stecken', ‚einen wie Dreck behandeln'." (ebd.: 72f.)

‚Die' sind die Verwalter der offiziellen Kultur, die hoch über das Leben der Arbeiterklasse hinausragt; die Doktoren, Lehrer, Pfarrer, Polizisten und Stadträte, die über einen bestimmen und einem sagen, was man zu tun und zu lassen hat. Sie sind der „gewaltige Autoritätsapparat", der sich in das Leben der Arbeiterklasse einmischt – so unerklärlich, unerbittlich und launenhaft wie das Schicksal. Es wäre ziemlich ungerecht, die Beobachtungen über die Kultur der unpolitischen Mehrheit selbst als unpolitisch zu bezeichnen. Hoggart macht unmissverständlich deutlich, dass es sich um die untergeordnete Kultur einer unterlegenen sozialen Klasse handelt; eine ‚Ghettokultur' mit einer ‚Ghettomentalität'. Angehörige der Arbeiterklasse lebten getrennt von anderen Klassen in isolierten Stadtvierteln. Die höheren Klassen wohnten nicht in den direkt aneinandergereihten Häuserblocks der Wohnsiedlungen in der Innenstadt, sondern in Einfamilienhäusern oder Doppelhaushälften mit Gärten in den grünen Vororten. Die Lebenseinstellung der urbanen Arbeiterklasse entsprang weit zurückreichenden Erfahrungen und bitteren Erinnerungen an Entbehrung und Armut. Es war eine widerstandsfähige, stoische Kultur, geprägt von ökonomischer Ausbeutung und geformt unter der sozialen Dominanz anderer Klassen. Es war eine aufrichtig geteilte, gemeinschaftliche Kultur, in welcher die Menschen aus der Notwendigkeit heraus kollektive Formen gegenseitiger Unterstützung und Hilfe entwickelt hatten, um magere Zeiten zu überstehen sowie als Versicherung und Schutz gegen die Launen des Schicksals.

In der Mitte der 1950er Jahre war das Leben besser als je zuvor. Die Arbeitslosigkeit war gering und es herrschten ökonomische Sicherheit, steigende Löhne und ein besserer Lebensstandard. In den 1930er Jahren hatte George Orwell (der eine sehr sensible Nase besaß) die Leser des *Left Book Club* mit der Aussage in *Der Weg nach Wigan Pier* geschockt, dass die Arbeiterklasse ‚stinken' würde. Hoggart bemerkt, dass wir in den 50er Jahren „nichts mehr hören von dem schieren Gestank der Arbeitermassen" (1992 [1957]: 172). Für viele waren Wohnungen mit Elektrizität, heißem und kaltem Wasser, Badezimmer und Toilette Neuheiten der Nachkriegszeit. Autos, Waschmaschinen und Fernseher wurden hoch geschätzt und ‚auf Pump' gekauft beziehungsweise – im Fall von Fernsehern – gemietet. Das neue Phänomen des Nachkriegswohlstands der Arbeiterschicht weckte die Aufmerksamkeit von Soziologen (Goldthorpe 1969) und provozierte von vorhersehbarer Seite ein Räuspern über den ‚Materialismus' der Arbeiterklasse und deren Neigung, Geld für unnütze Dinge zu verschwenden (wozu brauchten sie Fernseher und Autos?). Doch solche Gegenstände wurden nicht aus Besitzgier herbeigesehnt, wie Hoggart unterstreicht, sondern weil das Leben ohne sie ein harter und beständiger Kampf darum war, geistig wie auch ökonomisch einfach nur „den Kopf über Wasser zu halten".

5.6 Kultur und Gesellschaft

„Er ist helle. Er hat Köpfchen" („*E's bright. E's got brains*"). Hoggart bemerkt die bewundernden Aussagen von Familie und Freunden über kluge Jungen aus der Arbeiterschicht. In einem mit persönlichen Erfahrungen angereicherten Kapitel behandelt Hoggart die „Entwurzelten und die Strebsamen" – diejenigen, die die Bildungsleiter von der Grundschule bis zur Universität erklimmen, eventuell sogar samt Doktortitel. Sowie sie aufsteigen, lassen sie ihr kulturelles Erbe hinter sich. Sie bewegen sich von einer Klasse zur nächst höheren. Es ist schwierig, einen Eindruck davon zu vermitteln, wie grässlich das britische Klassensystem vor 50 Jahren war. Es drehte sich nicht primär um Geld und die Ungleichheiten ökonomischen Wohlstands. Es ging vielmehr um den Klang der Stimme, um die Dinge, die man aß (und wie), die Kleidung, den guten (oder eben schlechten) ‚Geschmack', die Schule auf der man gewesen war (Seilschaften ehemaliger (Privat)Schulkameraden) etc. Es ging um tausend Kleinigkeiten, die die feinen Unterschiede der Schichtzugehörigkeit ausmachten, gesteuert von kleinkariertem Snobismus, Ängsten und Hass. Wie schon Hoggarts Ausführungen zu ‚Die' und ‚Wir' verdeutlicht haben, muss man von einer zutiefst autoritären und hierarchischen Gesellschaft sprechen, in welcher die oberen Gesellschaftsschichten auf die unteren hinabblickten und erwarteten, dass diese wiederum zu den über ihnen stehenden aufschauten und sich ordentlich benahmen. Wenn sie dem nicht Folge leisteten, brachte man sie natürlich dazu. Richard Hoggart und Raymond Williams hatten Köpfchen und erklommen die Bildungsleiter. Beide mussten als Konsequenz die quälende Erfahrung machen, Heimatlose inmitten der eigenen Gesellschaft zu sein.

Williams machte diese Erfahrung wahrscheinlich mehr noch als Hoggart, da er einen besonders großen Schritt machte. Hoggart zog von Leeds nach Hull, einer Stadt, die ebenfalls in Yorkshire liegt und über einen ausgeprägten Sinn für lokale Identität sowie einen beträchtlichen Arbeiteranteil in der Bevölkerung verfügte. Er ging also nicht wirklich weg. Williams hingegen zog von der walisischen Grenze, wo sein Vater Bahnwärter war, für ein Stipendium an das Jesus College der Universität von Cambridge, an der er sein Arbeitsleben verbrachte. Er fühlte sich nicht von der Universität an sich herabgesetzt, sondern von dem Menschenschlag, den er in den Teehäusern von Cambridge antraf:

> „Ich wurde nicht von der Universität unterdrückt, aber das Teehaus, als wäre es eines der älteren und respektableren Institute, war eine gänzlich andere Angelegenheit. Hier gab es Kultur, aber nicht im Entferntesten in der Form, wie ich sie kannte, sondern in einem besonderen Sinne: als äußeres und betont sichtbares Zeichen einer speziellen Art von Menschen, kultivierten Menschen. Die meisten von ihnen waren nicht besonders gebildet; sie praktizierten die Künste nur sehr bedingt, aber sie verfügten über das gewisse Etwas und sie zeigten es. Sie sind immer noch dort, nehme ich an, demonstrieren es noch immer, obwohl selbst sie mittlerweile draußen einige unangenehme Geräusche hören müssten von einigen Gelehrten und Schriftstellern, die sie – welch tröstende Bezeichnung! – die zornigen jungen Männer nennen.[14] In Wirklichkeit gibt es aber keinen Grund, unhöflich zu sein. Es ist einfach so: Wenn das Kultur ist, dann wollen wir sie nicht. Wir haben gesehen, wie andere Leute leben." (Williams 1989: 5)

Der rohe, unbequeme Ton, die offene ‚Die-und-Wir-Einstellung', die diese autobiografische Passage aus dem Aufsatz „Culture is ordinary" aus dem Jahr 1958 auszeichnet, ist noch 50 Jahre später zu vernehmen. Williams beschreibt sich selbst in *The Long Revolution* als ein Mitglied der „ungemütlichen Truppe": jener, die durch Bildung die Sprossen der britischen Nachkriegsgesellschaft emporstiegen und damals als unverkennbar neuer Sozialtypus angesehen wurden.

> „Viele Leute haben uns gesagt, dass der Grund für unser Interesse an der Klassenthematik in unserer Frustration darüber liegt, dass Bildungsmobilität nicht gleichbedeutend ist mit sozialer Mobilität; dass, egal wieweit wir auch gekommen sind, wir stets ein noch älteres System über uns vorfinden werden." (Williams 1965 [1961]: 348)

Darauf entgegnet Williams: „Ich habe niemals das Empfinden gehabt, dass ich aus Ärger über alte Barrieren, die mir im Weg waren, weiter aufsteigen wollte: Was gibt es anderes, als seinen eigenen Weg zu gehen?" (ebd.). Die Art und Weise, wie man Mitte des Jahrhunderts in Großbritannien über das Klassensystem dachte, war Williams zufolge äußerst unklar und verworren. Es war jedoch ein unvermeidbares Thema, das alle Aspekte des sozialen Lebens jener Zeit durchdrang – und *das* Thema, das allem, was Williams damals schrieb, zugrunde lag. *Culture and Society* (*Gesellschaftstheorie als Begriffsgeschichte*), der Titel seiner entscheidenden Arbeit, bedeutet eher so etwas wie „Kultur und Klasse".

Wir haben gesehen, dass die Ursprünge der englischen Literatur als Fach in Schulen und Universitäten eng verknüpft sind mit der Klassenpolitik Großbritanniens im 19. Jahrhundert. Es war ein Vorschlag zur Lösung der offenkundigen Spannungen einer gespaltenen Gesellschaft, verbunden mit der Hoffnung, dass eine Umverteilung des gemeinsamen kulturellen Erbes die von unten laut werdenden Forderungen nach einer ökonomischen Umverteilung beschwichtigen würde. Somit wurde das Projekt englische Literatur als politisches Mittel zur Vermeidung von sozialer Anarchie und Klassenkämpfen (die sich im 19. und frühen 20. Jahrhundert immer wieder im Rahmen des Möglichen befanden) betrachtet. Bei der Umsetzung des Projektes wurde dieser Punkt natürlich verschleiert. Das literarische Erbe wurde als Wert jenseits der Politik präsentiert; als politikfreie Kultur. Der große Verdienst von Raymond Williams war es, dies zurechtzurücken und die grundlegende Verbindung von Kultur mit Politik und Klasse wieder herzustellen. In einer Klassengesellschaft musste die Frage der Kultur eine politische sein und Williams skizzierte mit beispielhafter Kompetenz ihren langen, historischen Entstehungsprozess vom späten 18. bis zur Mitte des 20. Jahrhunderts.

Er beginnt seine kurze Einführung damit, das Wort „Kultur" zu vier weiteren Schlüsselbegriffen in Beziehung zu setzen: Industrie, Demokratie, Klasse und Kunst. Zusammengenommen sind dies die zentralen ökonomischen, politischen, sozialen und kulturellen Komponenten des gemeinsamen Lebens sowie der gemeinsamen Sprache und Erfahrung – die gesamte Lebensweise (*whole way of life*) des britischen Volkes in dessen Entwicklung und Wandel im Laufe der Zeit. Den Ausgangspunkt bildet die Zeit der Revolution im späten 18. Jahrhundert mit den politischen Revolutionen in Amerika und Frankreich, dem Beginn der Industriellen Revolution in Großbritannien mit dem Aufkommen des Industriekapitalismus und der Massenproduktion sowie dem langen Kampf um eine demokratische Gesellschaft. Williams bemerkte als Erster die essenzielle Vernetzung ökonomischer, politischer, sozialer und kultureller Entwicklungen. Auch war er der Erste, der versuchte, diese in einer umfassenden historischen Analyse zusammenzuführen, die sich auf die britische literarische Kultur vom 19. bis zur Mitte des 20. Jahrhunderts konzentriert. Doch warum sollte gerade die Literatur die Brille sein, durch die man die Entwicklungen des gesamten Gesellschaftsgebildes genauer betrachtet? Weil es, wie uns Williams geduldig ins Gedächtnis ruft, die Literatur war, die sich immer und in allen Punkten mit den politischen, ökonomischen und sozialen Spannungen ihrer Zeit befasst hat. Heutzutage äußern sich diese Entwicklungen in den Medien. Deshalb richtet sich der Blick in unserer Gesellschaft, wie auch im Rest der Welt, auf die Medien als Indizes aktueller ökonomischer, politischer und kultureller Prozesse. In dieser ausgeprägten Form reicht das Zeitalter der Medien nicht mehr als 50 Jahre zurück – genau in die Zeit, als Williams *Culture and Society* schrieb. Bis dahin gehörten allerdings die Kunst und Literatur zu den besten und aufschlussreichsten zeitgenössischen Indikatoren des wechselnden Spiels historischer Prozesse.

Dass dieser Sachverhalt heute als elementare Wahrheit gilt, ist allein auf die ausführliche und sorgfältige Schilderung desselben in *Culture and Society* zurückzuführen. Die Dichter der Romantik können diesbezüglich als beispielhaft gelten: So erscheint Wordsworth in Williams' Darstellungen nicht als der umherstreifende Poet, der über die Narzissen im Lake District schreibt; Blake verkehrt nicht in den Tiefen seines Gartens mit Engeln; Coleridge ist nicht der berauschte Poet von Xanadu; Shelley und Byron sind nicht die berühmten aristokratischen Taugenichtse auf der Flucht und der arme John Keats ist nicht einfach nur sehr jung und auf tragische Weise gestorben. Bei allen wird deutlich gemacht, dass sie sowohl von der amerikanischen und der französischen Revolution wie auch von der industriellen Wende und deren Auswirkungen auf das städtische und ländliche Leben sowie von dem sich verändernden Charakter sozialer Beziehungen in einer aufkommenden Klassengesellschaft (der Begriff der Klasse tauchte zu ihren Lebzeiten als Teil eines neuen Vokabulars auf, welches den extremen sozialen Wandel beschreiben sollte) stark beeinflusst wurden. Nicht nur setzten sie sich mit diesen Aspekten in ihrem Schaffen auseinander, sie waren sich auch der eigentlichen Bedeutung und Funktion der Poesie (was es hieß, ein Poet zu sein) als Kritik an einer Gesellschaft, in der Dichtkunst und Dichter als irrelevant für das moderne Großbritannien erachtet wurden, bewusst. Die Marginalisierung von Kunst und Literatur in einer sich rasch industrialisierenden Gesellschaft war ein starker Indikator für die Entzauberung der Welt. In einem meisterhaften Kapitel behandelt Williams genau diese Thematik mit einer kritischen Betrachtung der Schriften von John Stuart Mill über

Jeremy Bentham (einen der Mitbegründer des neuen Utilitarismus) und Samuel Taylor Coleridge. Es handelt sich hier um ein hervorragendes Kurzessay, das die tatsächliche Komplexität des ökonomischen Wandels und dessen Auswirkungen auf die damalige Gesellschaft und Denkweisen verdeutlicht, wie sie auch die Person und das Lebenswerk Mills verkörpern.

Die aufkommenden Wechselwirkungen zwischen Literatur, Politik und einer industrialisierten Klassengesellschaft werden durch das gesamte 19. Jahrhundert hindurch nachverfolgt: Die Betrachtung der Industrieromane der 1840er Jahre von Charles Dickens (*Schwere Zeiten*), Benjamin Disraeli (*Sybil*) und Elizabeth Gaskell (*Mary Barton, North and South*) bringt das Ausmaß der Kluft zwischen den „zwei Nationen" zum Vorschein, die in *Sybil* thematisiert werden (Reich und Arm; Nord und Süd), und die elenden Umstände des neu entstandenen urbanen Proletariats im Norden Englands (*Mary Barton* spielt in Manchester, Hauptstadt der Baumwollindustrie, und *Schwere Zeiten* in Coketown, einem auf jede verrußte Industriestadt in Lancashire oder Yorkshire übertragbaren Schauplatz). Anschließend folgt ein Schlüsselkapitel über Matthew Arnold, der als Erster Kultur als politische Lösung für soziale Konflikte im viktorianischen Großbritannien vorschlug. Williams' Buchtitel *Culture and Society* erinnert an Arnolds *Culture and Anarchy*, obwohl sich ihre politischen Einstellungen radikal unterschieden. Arnold betrachtete die Intellektuellen als eine stets frei flotierende Kraft außerhalb des öden Kampfes der drei großen gesellschaftlichen Klassen: den „Barbaren" der Oberschicht, den „Philistern" der Mittelschicht und dem „Pöbel" der Unterschicht (vgl. Williams 1972: 155) – ein

> „,spielerischer Gigant' der das Recht eines Engländers, zu machen, was er will, zu gehen, wohin er will, zusammenzutreffen, wo er will, einzutreten, wo er will, zu schreien, was er will, zu drohen und zu zerschlagen, wie er will, in Anspruch zu nehmen beginnt und in die Praxis umsetzte. All dies, sage ich, führt zur Anarchie." (Arnold zit. nach Williams 1972: 158)

Die Angst vor den Massen war eine treibende Kraft hinter *Culture and Anarchy*, das als direkte Antwort auf die großflächigen Arbeiterproteste gegen die Ablehnung der Gesetzesreformen von 1866 und die sogenannten Hyde-Park-Aufstände im Sommer desselben Jahres verfasst wurde.[15] Arnolds Polemik war allerdings mehr als eine reflexartige Reaktion auf die offensichtlich bedrohte gesellschaftliche Ordnung. Er stellte, mehr als jeder andere Autor des 19. Jahrhunderts in der von Williams verfolgten Tradition, eine Verbindung zwischen „Kultur" und „Gesellschaft" her und betrachtete sie hinsichtlich politischer Aspekte. Er entwickelte Kultur zum Lösungskonzept für soziale Konflikte und befürwortete die Rolle des Staates als zentrale Instanz zur Verbreitung einer gemeinsamen Nationalkultur mithilfe eines nationalen Bildungssystems. Derlei Argumente führten etwa eine Generation später – durch die *English Association* – dazu, dass Englisch zu einem Kernfach im Lehrplan der Schulen wurde und als neuer Studien-

gang den Weg an die Universitäten fand. Außerdem boten sie eine Rechtfertigung für das Eingreifen der Politik in den Kulturbereich, was beispielsweise im
frühen 20. Jahrhundert die staatliche Regulierung des Hörfunks als öffentlichem
Dienst in nationalem Interesse zur Folge hatte.

5.7 Das Ende der Massen

Zwei wichtige Einflussfaktoren wirkten auf Williams, als er *Culture and Society*
schrieb. Beide – der Marxismus und die Literaturwissenschaft von F.R. Leavis –
werden im dritten Teil des Buches, der „Meinungen des zwanzigsten Jahrhunderts" behandelt, einer genaueren Betrachtung unterzogen. In seinem Aufsatz
„Culture is ordinary", welcher parallel zu seinem Buch herauskam, erklärt Williams, warum und inwieweit diese Einflüsse für ihn von Bedeutung waren. Er
erschien in einer Aufsatzsammlung mit dem passenden Titel *Convictions* (Mackenzie 1958) und enthält wichtige persönlich-autobiografische Erläuterungen zu
den Hauptanliegen von *Culture and Society* und dessen Autor. Dabei geht er
von der Gewöhnlichkeit von Kultur (*ordinariness of culture*) aus, was bedeutet,
dass sie weder exklusiv ist, noch exklusiv sein darf. Kultur kann nicht ein Ge-
burtsrecht sozial privilegierter Gruppen sein. Eine demokratische Sicht auf Kultur ist essenziell. Folglich kann sie nicht beschränkt werden auf spezifisch privilegierte Dinge und Praktiken, als ob nur diese allein „Kultur" ausdrücklich verkörperten. Somit gibt es keinen Grund, die Definition von Kultur ausschließlich
den Künsten und der Literatur vorzubehalten. Sie durchdringt alle menschlichen
Artefakte und Praktiken, weshalb es notwendig ist, Kultur als Lebensweise zu
denken. Die Betonung liegt dabei auf der *Gesamtheit* einer Lebensweise (*whole
way of life*), was deren Geschlossenheit unterstreicht und die Art und Weise
ihres Zustandekommens in einer „erfahrbaren Wissensgemeinschaft". Diese
Sichtweise von Kultur durchzieht Williams' gesamtes Werk und von ihr ließ er
auch nie ab. Sie ist ein Ideal, das als Maßstab für „tatsächlich existierende"
Kultur dient – Kultur, wie sie sich vom späten 18. Jahrhundert an entwickelt hat
und sich historisch durch alle Ebenen der modernen britischen Gesellschaft
hindurch (ökonomische, politische und soziale) nachverfolgen lässt.

Auch wenn Williams den Marxismus und die Lehren von F.R. Leavis explizit als Inspirationsquellen für sein komplexes Verständnis von Kultur erwähnte,
so war er letzten Endes weder mit dem einen noch mit dem anderen einer Meinung. Er stimmte den „Marxisten" zu, dass „eine Kultur letztendlich in Beziehung zu den ihr zugrunde liegenden Produktionsweisen verstanden werden
muss" (1989: 7), womit die Übereinstimmungen allerdings auch schon erschöpft
waren. Der „Marxismus", den Williams im Sinn hatte (und wie im Abschnitt
„Marxismus und Kultur" in *Culture and Society* (1972: 317–339) deutlich wird),

stützte sich im Wesentlichen auf die Schriften der britischen Linken aus den 1930er Jahren. Williams selbst war in den späten 1940er Jahren kurzzeitig der *British Communist Party* beigetreten, trennte sich jedoch bald darauf wieder von ihr und weigerte sich bis in die späten 1960er Jahre hinein, sich als Marxist zu bezeichnen. Während er Marx' grundlegendes Argument bezüglich des determinierenden Charakters der modernen, kapitalistischen Wirtschaft akzeptierte und anerkannte, dass die bürgerliche Kultur, die sie hervorrief, in der Tat dominant und mit ökonomischer und politischer Macht verknüpft war, lehnte Williams doch einige damit einhergehende und fundamentale Grundsätze (bürgerlich) marxistischer Intellektueller strikt ab. Zum einen sprachen sie seiner Meinung nach zu leichtfertig und zu sehr von oben herab von den ‚Massen', als hätten sie gleichzeitig das Recht, in deren Namen zu sprechen und zu handeln – als wären die Intellektuellen die Vorhut der Massen. Zum anderen verweigerte er sich der Ansicht (die Kehrseite der Medaille), dass, wenn überhaupt von einer Kultur gesprochen werden konnte, es die des Bürgertums war. Aus dieser Perspektive spielte sich das Leben der Massen ‚unterhalb' der Kultur ab – ein Irrtum, dem jeder erlag, vom Konservativen bis hin zum Marxisten:

> „Die Arbeiterklasse verfügt über eine bestimmte Lebensweise, welche ich für meinen Teil schätze – und nicht nur, weil ich in ihr aufgewachsen bin, denn mittlerweile lebe ich in gewisser Hinsicht anders. Ich denke, dass diese Lebensweise mit ihrer Betonung von Nachbarschaftlichkeit, gegenseitiger Verpflichtung und gemeinsamer Verbesserung der Lebensumstände, welche sich in den großen politischen und industriellen Einrichtungen der Arbeiterklasse ausdrücken, in der Tat der beste Grundstein für die Zukunft jedweder englischen Gesellschaft ist. Was Kunst und Bildung angeht, sind sie im wahren Sinne ein nationales Erbe, welches jedermann zugänglich ist beziehungsweise sein sollte. Wenn also die Marxisten sagen, dass wir in einer sterbenden Kultur leben und dass die Massen ignorant sind, muss ich sie fragen, wo sie denn leben. Eine sterbende Kultur und ignorante Massen entsprechen nicht dem, was ich bislang gekannt und gesehen habe." (Williams 1989: 8)

Richard Hoggarts *The Uses of Literacy* ergänzt die Arbeit von Raymond Williams perfekt um seine anschaulichen Schilderungen der spezifischen Lebensweise in der Arbeiterklasse, die mit Zeit und Ort verwurzelt war. Williams jedoch hatte ein tieferes Verständnis von der historischen Bedeutung der politischen und wirtschaftlichen Institutionen der Arbeiterklasse (die Labour Partei; Gewerkschaften; (Bau)Genossenschaften; Versicherungsvereine auf Gegenseitigkeit), die das Alltagsleben der Mehrheit bestimmten und unterstützten, wie er in seiner Schlussfolgerung von *Culture and Society* darlegt.

Was Williams unleugbar von Leavis übernahm, hing mit „den genuinen Beziehungen zwischen Kunst und Erfahrung" zusammen. Die Betonung hierbei liegt auf *Erfahrung* als Kategorie, die das Konzept von Kultur als Lebensweise bestätigt; Kultur als gelebte Erfahrung und die Erfahrung des Lebens selbst. Dies hatte Leavis zum Beispiel in der englischen Romantradition entdeckt, in Gestalt der engagierten Auseinandersetzung mit den Erfahrungen ganz gewöhnlicher Männer und Frauen bei dem Versuch, ihr Leben und ihre Beziehungen in ihren fiktionalen (und doch unverkennbar englischen) Lebenswelten zu regeln und zu bewältigen. Romane handelten vom Leben, von der Erfahrung zu leben. Sie zu lesen, hieß etwas von diesen Dingen zu erfahren – von den Alltagsbelangen in fantasievoll erdachten, aber wiedererkennbaren sozialen Umgebungen. Williams war in erster Linie Lehrer für englische Literatur an derselben Universität wie Leavis und die meisten seiner Bücher beschäftigten sich mit Literatur. Dieser Aspekt seines Arbeitslebens liegt jenseits von dem, um das es hier geht, sollte aber nicht außer Acht gelassen werden. Williams hörte nie auf, an die Wichtigkeit des Literaturunterrichts zu glauben, wie er es von Leavis gelernt hatte. Wovon er sich jedoch löste, war die Leavis'sche Kritik an der Massenzivilisation und der Minderheitenkultur. Diese war, von einem sehr unterschiedlichen Ansatzpunkt ausgehend, letztlich zu derselben Position gelangt wie die Marxisten, die er ablehnte. Leavis verschloss seine Augen vor den Realitäten der Maschinenzivilisation und der Massenproduktion, der schieren Hässlichkeit und dem Elend der Industriestädte. Die „organische Gemeinschaft" einer älteren, ländlichen Lebensweise war von der monströsen Gewalt der gesellschaftlichen Modernisierung mitsamt der desaströsen Massenzivilisation zerstört worden. Darauf entgegnete Williams:

> „Soviel ist gewiss: Zuhause waren wir froh über die Industrielle Revolution und den daraus resultierenden sozialen und politischen Wandel. Es ist wahr, wir lebten in einem wunderschönen, bäuerlichen Tal und die Täler, die wir hinter den Kalksteinbergen sehen konnten, waren allesamt hässlich. Es gab aber ein Geschenk, das vorrangig war und das wir um jeden Preis annahmen – das Geschenk der Antriebskraft, das Menschen, die mit ihren Händen geschuftet haben, alles bedeutet. Es kam nur langsam bei uns an mit all seinen Auswirkungen, aber die Dampfkraft, den Benzinmotor, die Elektrizität und die vielen damit einhergehenden Waren und Dienstleistungen übernahmen wir so schnell wir konnten und waren froh. Ich habe gesehen, wie all diese Dinge genutzt wurden. Ich kenne auch ihre Vorgänger und ich werde mir keine bissige Aufzählung davon anhören – es ist bekannt, welchen Spott man für sanitäre Installationen, den Baby-Austin[16], für Aspirin, Verhütungsmittel oder Konservendosen ernten kann.[17] Aber diesen Pharisäern entgegne ich nur: dreckiges Wasser, ein Plumpsklo, vier Meilen Fußweg zur Arbeit und zurück, Kopfschmerzen, gebrochene Frauen, Hunger und einseitige Ernährung. Die arbeitenden Leute, ob in der Stadt oder auf dem Land, werden keine Beschreibung unserer Gesellschaft akzeptieren (und darin unterstütze ich sie), in der diese Dinge nicht als Fortschritt betrachtet werden – nicht lediglich als technischer, äußerer Fortschritt, sondern als wirkliche Unterstützung des Lebens. Zudem besteht dank dieser neuen Umstände für den Einzelnen mehr Freiheit und mehr Mitspracherecht über sein Leben, ein wirkliches persönliches Verständnis von dem, was tatsächlich von Bedeutung ist. Jede Schilderung unserer Kultur, die den Wert einer industriellen Gesellschaft direkt oder auch indirekt leugnet, ist gegenstandslos; nicht in einer Million Jahren könnte man uns dazu bringen, all dies aufzugeben." (Williams 1989: 10)

In den beiden Büchern werden diese Energie und die Leidenschaft des Ausdrucks nicht in dem Maße explizit, sind aber Grundstein all dessen, was er dort ausarbeitet und was in obiger Passage auf so bemerkenswerte und eindeutige Weise dargelegt wird: die lange Revolution war eine Kraft, die viel Gutes nach sich zog; eine „wirkliche Unterstützung des Lebens". Der Masse der Bevölkerung brachte sie echte, unbestreitbare Vorteile. Sie schuf neue Lebensbedingungen und holte die Menschen aus der Armut, weg von einem Leben am Rande des Existenzminimums, das von immerwährenden Bedürfnissen geprägt war. Sie schenkte ihnen einen geringfügigen Überschuss an verfügbarer Zeit und Geld für die Beschaffungen von Dingen, die sie von etlichen Mühen befreiten. Damit eröffnete sich ihnen die Möglichkeit, die neu gewonnene Freizeit zu genießen. Das war die neue Lebensweise im Großbritannien der Nachkriegszeit – der Anfang der Verwirklichung der Demokratie in ihrem vollen Bedeutungsumfang und damit verbunden das Ende der Massen.

„Es gibt in der Tat keine Massen, es gibt nur Möglichkeiten, Menschen als Masse zu betrachten." Kein Satz aus dem bekannten Fazit von *Culture and Society* wurde häufiger zitiert als dieser (Williams 1972: 359). Er definiert den essenziellen Wandel in der Wahrnehmung, der der neuen Denkstruktur der 1950er Jahre als das ausschlaggebende Nachkriegsjahrzehnt zugrunde liegt. Wir haben uns die Entdeckung der „Leute" bereits in *Personal Influence* und *The Uses of Literacy* angeschaut. Hier taucht sie erneut auf, als Kernthese in der Schlussbetrachtung dieses Werkes, das eine bestimmte Tradition über die Zeitspanne von 150 Jahren akribisch nachzeichnet und diskutiert. In der amerikanischen Nachkriegssoziologie Erving Goffmans werden wir sogar ein weiteres Mal darauf treffen. Die Entdeckung der „Leute" – gewöhnlicher Leute mit ihrer gewöhnlichen Umgangssprache und ihrem gewöhnlichen Leben – ist die markanteste und für die Nachkriegszeit in Europa und Nordamerika charakteristischste Erkenntnis, was diese Gesellschaften allgemein sowie insbesondere die Spezialgebiete der Soziologie, Literatur, Geschichte und Philosophie angeht. Sie ist das Ergebnis eines langen historischen Prozesses, welcher der arbeitenden Mehrheit in den fortschrittlichen Industrien endlich einen bescheidenen Überfluss beschert. Nach Williams geht damit auch ein Mehr an Freiheit bei der Verfügung über das eigene Leben einher. Dies ist die neue Kultur des alltäglichen Lebens – eine differenzierte Kultur, in welcher die Menschen erstmals ihre individuelle Verschiedenheit, die Dinge, die sie interessieren, und ihre persönlichen Belange frei erkunden und verwirklichen können. Während sie dies tun, verschwindet das bisher undifferenzierte Leben der Massen geräuschlos.

5.8 Kultur und Kommunikation

„Culture and communication" ist der Schwerpunkt im letzten Kapitel von *Culture and Society,* das einen zusammenfassenden Rückblick und eine Kritik der zuvor beschriebenen Tradition beinhaltet. In dieser Tradition wurde meist über die – beziehungsweise im Namen der – Massen gesprochen. Im Großbritannien der Nachkriegszeit herrschten dann aber Lebensumstände, die einen gewissen Grad an ökonomischer Unabhängigkeit und somit auch ein gewisses Maß an wirklicher Freiheit und Wahlmöglichkeit erlaubten. Infolge dieser Gegebenheiten hatten die Massen mehr Mitspracherecht und bedurften nicht länger Fürsprechern, die meinten, alles besser zu wissen. Williams betrachtete die Zeit, als er *Culture and Society* verfasste, als eine Zeit, in der das Versprechen politischer Demokratie, wofür die Arbeiterklasse eineinhalb Jahrhunderte lang gekämpft hatte, endlich in Form einer wahrhaftig demokratischen Kultur eingelöst werden konnte. Schlussendlich versucht das Buch zu ergründen, was die Folgen davon wären und wie diese wirklichkeitsgetreu beschrieben werden könnten. Hier wird zum Ende noch einmal eine neue Thematik angeschnitten; die Frage der Kommunikation. Sie wird aufgeworfen als Frage der Massenkommunikation und folgt direkt auf das berühmte Kapitel über die „Masse und Massen", in dem genau diese Begrifflichkeiten hinterfragt und schließlich verworfen werden. Somit stellt sich die entscheidende Frage, ob es angemessen ist, all die neuen Kommunikationstechnologien, insbesondere die ‚neuen Medien' wie Hörfunk, Kino und Fernsehen, unter *Massen*kommunikation zusammenzufassen. Mit *Personal Influence* waren Zweifel an der Gültigkeit einer Massen-bezogenen Definition von Kommunikation aufgekommen – eine wirklich kritische Auseinandersetzung mit dieser Problematik blieb jedoch aus. Das ist, angesichts seiner Kritik am Konzept der Massen, notwendigerweise der Punkt, an dem Williams ansetzt. Übereinstimmend mit seiner energischen Verteidigung der Vorteile des Industriekapitalismus weigert er sich, sich über die Medien als *Massen*medien zu mokieren. „Die Nachrichtenübermittlung macht heute große technische Fortschritte [...] sie zu bewerten [ist] unumgänglich" (Williams 1972: 359f.). Um damit zu beginnen, musste er zunächst den Ballast, der dem Begriff der Massenkommunikation anhing, über Bord werfen – ein Versuch, bei dem er sich allein auf weiter Flur befand.

Ein Punkt, der betont werden muss, ist, dass sowohl *Culture and Society* als auch *The Long Revolution* merkwürdigerweise nicht besonders leicht zu lesen sind. Dies liegt zum Teil an der Unbestimmtheit von Ton und Ausdruck, worauf Williams selbst eigentlich immer empfindlich genau achtete. Wer waren seine Leser? Wen glaubte er in welchem Tonfall anzusprechen? Das Fazit von *Culture and Society* liest sich beinahe wie ein Selbstgespräch und in der Tat handelt es sich hierbei großteils um den Versuch, sich einige Dinge selbst klarzumachen und einige schwierige und verwirrende Aspekte durchzuarbeiten. Diese Verwirrung spiegelt sich im Text selbst wieder. Gleichzeitig wird das Bestreben deutlich, jemandem die Hand zu reichen – wobei sich die Frage stellt, wem oder was genau. Ich denke, Williams stellte sich eine Gemeinschaft von Lesern vor, die sich auf die Gedankengänge, in denen er selbst verfangen war, einlassen würde. Weder war ein geteiltes Vokabular verfügbar, noch ein gedanklicher Rahmen, auf den man sich beziehen konnte. Damals existierte allerdings auch noch keine akademische Interessengemeinschaft, wie es sie heute für die Kultur-, Kommunikations- und Medienforschung gibt. Williams war weder ein Anhänger von Leavis noch Marxist (zumindest zu jener Zeit).[18] Er war nach eigenen Angaben ein Mitglied der ungemütlichen Truppe jener, die in der britischen Nachkriegsgesellschaft sozial wie intellektuell fehl am Platz waren. Und doch hatte er die Vision von einer besseren Lebensweise: „Der Kampf um Demokratie ist der Kampf um die Erkenntnis der Gleichheit des Seins, oder aber er bedeutet überhaupt nichts" (Williams 1972: 404). Er sah, nun da das materielle Wohlergehen für die Mehrheit der Menschen gesichert war (wenn auch ungleich verteilt und in vielen Fällen von beschränktem Umfang), die Möglichkeit einer wahrhaft gemeinsamen Kultur – und er betrachtete Kommunikation als ein wesentliches Mittel für deren Verwirklichung.

Der Schritt weg von Massenkommunikation und hin zu „Kommunikation und Gemeinschaft" ist besonders schwer zu fassen. Williams ist sich dabei der Hindernisse ebenso bewusst wie all der möglichen Einwände bezüglich tatsächlich existierender Sozialbeziehungen und Konzeptionen von Gemeinschaft. „[…] jede wirkliche Theorie der Kommunikation ist auch immer eine Theorie der Gemeinschaft […] Es ist sehr schwer, sich eine klare Vorstellung über Kommunikation zu machen, denn normalerweise dominiert unsere gedankliche Struktur von Gemeinschaft" (ebd.: 375). Die Bedeutung von „Gemeinschaft" ist schwer fassbar. Sie drückt nicht die nostalgische Sehnsucht nach den Tälern seiner Kindheit aus, sondern gründet in der „Idee aktiver wechselseitiger Verantwortung" (ebd.: 396), welche eher in der Tradition der Arbeiterklasse zu finden ist als in der mittleren Schicht mit ihrer Tradition des individuellen Dienens. Eine gute Gemeinschaft, eine lebendige Kultur ermutigt alle und jeden zu einem Beitrag „zum Fortschritt des Bewusstseins als dem allgemeinen Bedürfnis" (ebd.: 401).

> „Von welcher Position wir auch immer ausgegangen sind, müssen wir doch auf andere hören, die von anderen Positionen ausgingen. Wir müssen jede Zuneigung, jeden Wert mit unserer ganzen Aufmerksamkeit untersuchen, denn wir kennen die Zukunft nicht und können nur allem, was uns angeboten wird, gut zuhören, es genau betrachten und davon annehmen, was wir nur können." (ebd.)

Die gemeinsame Kultur ist vergleichbar mit einer fortlaufenden kollektiven Konversation, wobei die Betonung in erster Linie eher auf der Bereitschaft liegt, zuzuhören, als zu sprechen. Aber wie könnte das erreicht werden?

Wenige Jahre, nachdem *Culture and Society* erschienen war, hielt Williams einen öffentlichen Vortrag zum Thema „Kommunikation und Gemeinschaft", welcher eine hilfreiche Ergänzung zu den Fragen darstellt, die im Buch eher undeutlich abgehandelt werden. Er beginnt mit der Beobachtung, dass es schier unmöglich sei, Kommunikation oder Kultur zu behandeln, ohne dabei auf die Frage der Macht zu stoßen, und betrachtet dann das Spiel der Macht anhand von drei verschiedenen Formen institutionalisierter Kommunikation; der autoritären, der paternalistischen sowie der kommerziellen. Institutionen autoritärer Kommunikation finden sich in vielen Ländern, insbesondere in den Staaten des Ostblocks, auch wenn Williams das nicht direkt so sagt. In Großbritannien dominieren mit der BBC einerseits und der Tagespresse sowie dem damals neuen System des kommerziellen Fernsehens andererseits paternalistische beziehungsweise kommerzielle Institutionen. Die Alternative besteht in einem demokratischen Kommunikationssystem, welches bis dato noch nicht existiert, jedoch von entscheidender Bedeutung ist, wenn die Grenzen des aktuellen paternalistischen/kommerziellen Systems überschritten werden sollen. Kommunikation ist Sache der ganzen Gesellschaft und hängt von der maximalen gesellschaftlichen Beteiligung der Individuen ab. Um dies aber zu erreichen, „müssen wir über Möglichkeiten nachdenken, wie die Kontrolle über Kommunikation verteilt und Partizipationswege eröffnet werden könnten" (Williams 1965 [1961]: 30). Zum Teil geht es darum, den Menschen Ausdrucksmittel zugänglich zu machen, sodass sie sich äußern können. Heute ermöglichen dies der Computer, das Internet, die Digitalkameras und die Blogosphäre – in den 1960er Jahren betrachtete Williams die Schreibmaschine und den Pinsel als Instrumente der Selbstdarstellung. Im Falle von Zeitungen, Radio, Fernsehen oder Film ist der individuelle Besitz von Produktionsmitteln jedoch unmöglich. Deshalb befürwortet Williams die Gründung gemeinnütziger Stiftungen, die unterschiedlichsten unabhängigen Produzenten Zugang zu Mitteln künstlerischer und kultureller Produktion erlauben. Dieser allgemeine Grundsatz der Dezentralisierung würde – wo nötig in Form der öffentlichen Hand – gewährleisten, dass kreative Produzenten (und nicht Werber oder kapitalistische Eigentümer) Kontrolle über den Produktionsprozess und dessen Endprodukte ausüben.[19]

Den Kern von Williams' Auseinandersetzung mit Kommunikation bildet die Überzeugung, dass es sich dabei nicht lediglich um eine zweitrangige Angelegenheit handelt. In komplexen modernen Gesellschaften mit einer fortschrittlichen Transport- und Kommunikationsinfrastruktur tritt Kommunikation als Hauptanliegen in den Vordergrund, da sie ein wesentliches Mittel der Selbstbestätigung und des Selbstverständnisses einer jeden derartigen Gesellschaft darstellt. Die Beziehungen zwischen den Mitgliedern einer Gesellschaft - welche Auffassung sie voneinander haben; was sie als wichtig erachten; welche Dinge sie weglassen und welche sie betonen – lassen sich am deutlichsten und am einfachsten erkennen, wenn man ihre Sprache und ihre formalen Kommunikationssysteme betrachtet. Religiöse Institutionen, Institutionen der Information, zum Teil auch solche mit Kommandogewalt, Institutionen der Persuasion und künstlerische Institutionen – all diese Kommunikationssysteme bestimmen in ähnlich zentraler Weise das Gefühl, Mitglied einer komplexen und modernen Gesellschaft zu sein:

„Wir können dies nicht als nebensächlich erachten oder als etwas, das erst geschieht, nachdem sich die Realität ereignet hat. Denn unsere eigene Realität und die unserer Gesellschaft entsteht durch unsere Kommunikationssysteme und mittels selbiger wird sie gedeutet [...] Wie Leute miteinander reden, welche Konventionen hinsichtlich dessen herrschen, was wichtig ist und was nicht, und wie sich diese in den Institutionen ausdrücken, durch die man in Verbindung bleibt; solche Dinge sind von zentraler Bedeutung für die Individuen wie auch für die Gesellschaft. In einer komplizierten Gesellschaft wie der unseren ist es natürlich sehr leicht, dies aus dem Blick zu verlieren und die Presse, das Fernsehen oder den Rundfunk isoliert zu diskutieren [...] letztendlich betrachten wir Kommunikationssysteme nicht nur, um Einwände gegen sie vorzubringen, sondern um aus einem neuen Blickwinkel zu untersuchen, welche Arten von Beziehungen wir in dieser komplexen Gesellschaft haben, wie sie sich entwickeln und wie sie in Zukunft aussehen könnten." (Williams 1965 [1961]: 22f.)

Der Vortrag ruft nach einer Kommunikationstheorie, um eine Vorstellung davon zu erlangen, wie Kommunikation mit Gemeinschaft und Gesellschaft zusammenhängt. Außerdem sollte sie helfen zu verstehen, welche Kommunikationssysteme wir besitzen und was diese über unsere Gesellschaft und ihre zukünftige Ausrichtung aussagen. Dazu ist ein Prozess theoretischer Abstraktion notwendig, ohne den das konkrete, unmittelbare Detail für immer eine Nahaufnahme bleiben wird, die man weder wirklich deuten noch verändern kann (vgl. ebd.: 20). In „Culture is ordinary" glaubte Williams „das zentrale Problem unserer Gesellschaft im nächsten halben Jahrhundert wird die Verwendung unserer neuen Ressourcen sein, um eine gute gemeinsame Kultur zu schaffen" (1989: 10). Die Ressourcen, die die Nachkriegswirtschaft begonnen hatte in Hülle und Fülle bereitzustellen, beinhalteten auch neue Kommunikationsmittel, um jene gemeinsame Kultur Realität werden zu lassen. Williams ist sich der Hindernisse und Gefahren bei der Umsetzung davon voll bewusst – besonders, was die erstickende Wirklichkeit sozialer Klassen angeht. Gleichzeitig aber sind seine Schlussfolgerungen in *Culture and Society* durchdrungen von der Hoffnung auf die Zukunft und dem Glauben an die Möglichkeit einer Verwirklichung von Demokratie im vollen Umfang ihrer Bedeutung der wahrhaft existenziellen Gleichheit aller Mitglieder einer Gesellschaft. Dafür ist jedoch so etwas wie wirkliche Kommunikation zwischen den Menschen notwendig: die Bereitschaft zuzuhören und im offenen Austausch mit anderen zu lernen. Kommunikation ist Mittel und Zweck einer wahren gemeinsamen Kultur.

Anmerkungen

1   Der erste britische Soziologe, der eine profilierte Gesellschaftsanalyse erarbeitete, war Anthony Giddens. In den 1980er Jahren erlangte er internationale Aufmerksamkeit. Sein Schlüsselwerk ist *Die Konstitution der Gesellschaft* (1988).

2   Der Bürgerkrieg in Russland (1919–22), der auf Lenins Machtübernahme folgte, wurde zwischen Roten (Kommunisten) und Weißen (Verteidiger des alten Zarenregimes) ausgefochten, und somit, abhängig von der jeweiligen Sichtweise, zwischen progressiven (roten) und reaktionären (weißen) Kräften.

3   Edward Thompson war zu dieser Zeit der führende englische sozialistische Historiker. Sein Meis-
     terwerk, *The Making of the English Working Class* (1962), war ein Meilenstein, der einen neuen
     Ansatz in der historischen Forschung darstellte, die Thompson selbst als „Geschichte von unten"
     bezeichnete (für einen Überblick siehe Sharpe 1992). Der Tenor von Thompsons heldenhafter
     Erzählung von der englischen Arbeiterklasse ist, dass sie bei ihrer Entstehung eine aktive Rolle
     innehatte. Sie war nicht bloß das Produkt abstrakter historischer Kräfte, die von außen auf sie ein-
     wirkten. Kurz gesagt, Thompson machte das menschliche Handeln wieder zum Thema in der his-
     torischen Betrachtung der Klasse. Er war völlig gegen die strukturalistische Analyse historischer
     Gesellschaftsprozesse, die Anderson und der berühmt-berüchtigte ‚Papst' des strukturalistischen
     Marxismus, Louis Althusser, vertraten. Zu Thompsons Polemik gegen beide, Anderson wie auch
     Althusser, siehe „The Peculiarities of the English" beziehungsweise „The Poverty of Theory"
     (1978): beide sind sehr unterhaltsam. Zu Anderson über Thompson siehe Anderson (1980).
4   Für eine vollständige Diskussion des Berichts und seiner Auswirkungen siehe Doyle (1989: 41–
     68).
5   Sampson war ein Mitglied des Newbolt-Komitees. Der von Doyle zitierte Absatz (siehe Fußno-
     te 4) stammt aus dem Vorwort (1926 hinzugefügt) zu *English for the English*, erschienen bei
     Cambridge University Press. Doyles Artikel – „Some uses of English: Denys Thompson and the
     development of English in secondary schools" – wurde am Centre for Contemporary Cultural
     Studies verfasst und als eines der berühmten *Stencilled Ocassional Papers* veröffentlicht. Die
     historische Untersuchung des Englischunterrichts war ein wichtiger Arbeitsbereich des Centres,
     den der Historiker Richard Johnson einführte, als er sich Mitte der 1970er Jahre Stuart Hall und
     dem Centre als Dozent anschloss.
6   Anm. d. Übers.: Männliches Pseudonym der Schriftstellerin Mary Ann Evans.
7   Dieses Konzept arbeitete Herbert Marcuse in seinem Aufsatz *Über den affirmativen Charakter
     der Kultur* aus, der 1937 in der *ZfS* erschien (Marcuse 1980 [1937]: 56–101).
8   Es sind nicht nur englische Texte und Autoren, sondern auch die Werke von „Dante, Shake-
     speare, Donne, Baudelaire und Conrad", die Leavis auswählt, um die große Bedeutung des eu-
     ropäischen Literaturkanons zu veranschaulichen (siehe Leavis 1978 [1930]: 144).
9   *Middletown* ist „ein bemerkenswertes anthropologisches Werk" (Leavis 1978 [1930]: 146). Es
     war der am nachdrücklichsten empfohlene Text in den weiterführenden Literaturhinweisen von
     Culture and Environment: „ein unverzichtbares Buch, das in allen Bibliotheken vorhanden sein
     sollte" (Leavis & Thompson 1932: 147).
10   Zu Thompson siehe Doyle (1981). McKillop, Leavis' Biograf, merkt an, dass Queenie eine
     Menge Arbeit zu *Culture and Environment* beitrug, die nicht gewürdigt wurde.
11   Verglichen mit seinen deutschen Zeitgenossen ähnelte Leavis am ehesten Martin Heidegger. Beide
     waren von ihrer Veranlagung her konservative Denker. Beide trauerten dem Niedergang der tradi-
     tionellen ländlichen, gemeinschaftlichen und handwerklich geprägten Lebensweise nach. Heideg-
     ger regte sich aus demselben Grund über die ‚Frage der Technologie' auf, wie Leavis über die Ma-
     schinenzivilisation. Die stärkste Verbindung zwischen ihnen ist, dass sich beide mit der Frage nach
     der Existenz (dem Leben) auseinandersetzten. Heidegger artikuliert im Rahmen seiner Existenz-
     philosophie in *Sein und Zeit* (1927) mit dem authentischen Maßstab unserer Erfahrung des „In-der-
     Welt-Seins" das im starrsinnigen Glauben Leavis' an das „Leben" als die wahre Basis für die Er-
     fahrung unserer Existenz nicht Kommunizierbare (Heidegger 1993 [1927]; Dreyfus 1991).
12   Anm. d. Übers.: *Scrutiny: A Quarterly Review* war eine von F.R. Leavis gegründete Literatur-
     zeitschrift.
13   Es war üblich, den Kindern jedes Jahr zu Pfingsten einen neuen Satz ‚beste Anziehsachen' zu kau-
     fen. Am Morgen des Pfingstsonntags wurden die kleinen Jungs und Mädchen herausgeputzt und
     Freunden und Verwandten vorgeführt, die ihnen kleine Geldgeschenke machten (vgl. Hoggart 1992
     [1957]: 32). Diese Extraausgaben, wie die für Weihnachten, wurden umsichtig im Voraus bedacht,
     indem man bereits einen Monat vorher beim örtlichen Kaufhaus wöchentlich kleine Geldbeträge anzahl-
     te – als kleine Erinnerung daran, dass im Familienbudget jeder Penny zählte. Heute ist nur noch
     schwer nachzuvollziehen, wie viel es bedeutete und welcher Stolz damit verbunden war, seine

Kinder ordentlich zu kleiden. ‚Ordentlich auszusehen' und ‚ansehnlich' zu sein, waren die nach außen hin sichtbaren Zeichen, dass es der Familie gut ging, sie nicht ‚unter die Räder gekommen' war und dass sie zu mehr in der Lage war, als (lediglich) über die Runden zu kommen.

14 *Angry young men* war damals das Schlagwort für eine Gruppe von Schriftstellern in den frühen 1950er Jahren (keineswegs aber eine ganze Bewegung), die auf das, was Williams hier genauestens beschreibt, reagierten: die erstickende Selbstgefälligkeit und herablassende Art im Klassensystem Großbritanniens zu dieser Zeit. John Osbornes Stück *Look Back in Anger* (1956) war der Namensgeber. Kingsley Amis' *Lucky Jim* (1954), ein Roman über einen jungen Geschichtsdozenten an einer Provinzuniversität, kann als ein erweiterter Kommentar voll dunklem Humor zu den von Williams geschilderten Gegebenheiten betrachtet werden.

15 Am 29. Juni 1866 organisierte die *Reform League* einen Demonstrationszug zum Hyde Park und forderte die Ausweitung des Wahlrechts auf besitzlose männliche Arbeiter. Ziel war eine Massenkundgebung mit der Einforderung einer Wahlreform. Der Park war damals ausschließlich der Mittel- und Oberschicht vorbehalten, weshalb der Innenminister anordnete, ihn zu schließen. Der Demonstrationszug wurde zum Trafalgar Square umgeleitet, aber einige Protestler brachen aus, rissen die Zäune des Parks nieder und zertrampelten die Blumenbeete. Einige Tage ähnlich mäßigen Aufruhrs entfachten innerhalb der Mittelklasse die weit verbreiteten Ängste vor einer echten (Französischen) Revolution von unten, in welcher das Bürgertum und nicht nur die Blumen zu Boden getrampelt werden würde.

16 Eines der ersten kleinen und preisgünstigen britischen Familienautos, das aus der Massenproduktion kam.

17 Er bezieht sich hier höchstwahrscheinlich auf George Orwells *Der Weg nach Wigan Pier:* „Große Teile der Arbeiterklasse sind aller Dinge, die sie wirklich brauchen, beraubt und werden dafür mit billigen Luxusartikeln teilweise entschädigt, die an der Oberfläche des Lebens etwas Milderung bringen [...] Ziemlich wahrscheinlich haben Fish-and-Chips, kunstseidene Strümpfe, Salm in Dosen, Schokolade im Sonderangebot, Kino, Radio, starker Tee und Fußballtoto die Revolution abgewendet" (Orwell 1982 [1937]: 88). Dieser Argumentationsfaden (zur gleichen Zeit wie Horkheimer und Adornos Kritik an der neuen Kulturindustrie sowie Marcuses einflussreiches Konzept der „affirmativen Kultur"), der davon ausgeht, dass die Massen ‚gekauft' und durch ‚billigen Luxus' vom Kapitalismus geködert werden, entspricht dem spöttischen und pharisäerhaften Denken, das Williams so vehement ablehnt. Vergleiche dazu sein Kapitel zu Orwell in *Culture and Society* (insb. 342f.).

18 Williams persönliche Einstellung zur Politik ist teils sehr einfach, teils aber auch außerordentlich komplex. Er glaubte sein Leben lang an die organisierte Arbeiterbewegung und ihre Politik (im Unterschied zur Labour Party und deren Politik). Auch war er bis ans Ende seiner Tage Sozialist (wobei es schwierig ist, genau zu klären, was das bei ihm bedeutete) und Gründungsmitglied der Neuen Linken. Deren Anfänge reichen bis in das Jahr 1959 zurück, als die erste Ausgabe des *New Left Review* erschien, zu dessen ersten Herausgebern er gehörte. Die Entwicklung der Neuen Linken in den 1960er Jahren sowie neue Varianten des ‚kontinentalen' Marxismus (hauptsächlich aus Frankreich kommend) und Williams' eigene Position bei den heftigen Querelen innerhalb der britischen Linken von damals bis zu seinem Tod 1989 – all dies ist eine zutiefst verworrene und umstrittene Geschichte. Unterschiedliche Gruppen versuchten ihn als ihren Schutzheiligen in Anspruch zu nehmen, aber Williams blieb stets entschieden unabhängig und widerstand allen Versuchen, ihn als Symbolfigur für eine bestimmte politische Sache oder theoretische Position zu vereinnahmen. Um einen Einblick in seine politischen Vorstellungen zu bekommen, liest man ihn am besten selbst: Der 1975 verfasste Beitrag „You're a Marxist aren't you?" und andere Essays, die kurz nach seinem Tod bei New Left Books veröffentlicht wurden, bieten eine passende Einführung in sein politisches Denken (Williams 1989).

19 Diese Argumentation findet sich in detaillierterer Form in der etwas später veröffentlichten Publikation *Britain in the Sixties: Communications* (Williams 1962b).

6 Kommunikation und Technik: Innis, McLuhan – Kanada, 1950er und 1960er Jahre

In den späten 40er Jahren des 20. Jahrhunderts entwickelte der kanadische Wirtschaftshistoriker Harold Adams Innis eine unverwechselbare Herangehensweise bezogen auf Kommunikationstechnologien. Seine Ideen wurden dann von einem jüngeren Kollegen an der Universität von Toronto, Marshall McLuhan, aufgegriffen, ausgebaut und verbreitet. Dies brachte ihm in den 1960er Jahren weltweite Berühmtheit ein. Der Themenbereich der Kommunikationstechnologien ist in die weiter gefasste „Frage nach der Technik" eingebettet (Heidegger 1988). Begreift man sie als angewandte Praxis, ist Technologie im grundlegenden Sinne so alt wie die Menschheit selbst, besonders in Form mechanischer Geräte, die dem Menschen zu praktischen Zwecken dienen. Unter moderner Technologie versteht man für gewöhnlich den Gebrauch von Kraftmaschinen in der Produktion: die Dampfkraft im 19. Jahrhundert, Elektrizität und Atomkraft im 20. Jahrhundert. Als Startschuss für die moderne Technologie kann der Wandel von der handwerklichen Produktion (abhängig von menschlichem Input) zu Prozessen der Massenproduktion und Vervielfältigung (die von Maschinen beherrscht zu sein scheinen) gelten. Ein frühes Beispiel hierfür ist der Übergang von der hand- zur dampfbetriebenen Druckpresse im 19. Jahrhundert und die Entstehung der modernen Tageszeitungsindustrie. Die Frage der modernen Technologie ist eng mit der Industrialisierung und der Massenproduktion verbunden. Ihre Bedeutung für die Kommunikationsforschung begann sich mit den frühen Arbeiten von Harold Innis zur Geschichte der wichtigsten Wirtschafterzeugnisse Kanadas im 19. Jahrhundert abzubilden: Pelz, Fischereiprodukte und Holz.

6.1 Geschichte und Kommunikation

Innis' Doktorarbeit beinhaltete eine historisch-geografische Betrachtung des Canadian Pacific Railway, welcher die West- und Ostküste des Landes miteinander verband. Im Zuge seiner Nachforschungen entdeckte Innis, dass die Eisenbahnlinie die alten Routen des Fellhandels überlagerte, was dazu führte, dass er sich mit den Haupterzeugnissen der kanadischen Wirtschaft im 18. und 19. Jahrhundert beschäftigte. Diese hatten nicht nur aus Pelzen, sondern auch aus Fisch, Bauholz und Zellstoff bestanden. Innis' wichtigste wirtschaftsgeschichtliche Arbeit ist sein bedeutendes Standardwerk *The Fur Trade in Canada* (1930). Hierin deuteten sich bereits einige Schlüsselthemen seiner geschichtlichen Auseinandersetzung mit Kommunikation an, die später erfolgte. Es waren, so argumentierte Innis, nicht nur rein inländische Faktoren, die die kanadische Wirtschaft antrieben. Der Fellhandel im 18. und 19. Jahrhundert war von der europäischen Mode gesteuert worden, wobei Kanada Biberfelle für den Handel mit Filzhüten in England und Frankreich geliefert hatte. Die politische Geografie des Raumes war strittig. Kanada war im Vergleich zu Europa und den USA geografisch wie politisch randständig. Innis' Untersuchung stellte die bekannte und zum damaligen Zeitpunkt immer noch einflussreiche „Frontier-These" von Frederick Jackson Turner zum Teil infrage. In seinem berühmten Vortrag „The Significance of the Frontier in American History", den Turner 1893 vor der *American Historical Association* gehalten hatte, argumentierte er gegen das damals vorherrschende Verständnis, dass die amerikanische Geschichte größtenteils von der Ostküste und Europa bestimmt worden war. Turner trat stattdessen für eine historisch situierte Geografie ein, welche die Rolle der gewöhnlichen Leute genauso wie die der politischen Eliten betonte, und behauptete, dass die Ausdehnung nach Westen ausschlaggebend für die Gestaltung der amerikanischen Geschichte gewesen war. Der Frontier-Geist von Eigenständigkeit, Unabhängigkeit und selbstverwalteten lokalen Gemeinschaften habe den einzigartigen Charakter der amerikanischen Demokratie geformt (vgl. Breisach 1994: 313ff.).

Als Kanadier, der die Vereinigten Staaten über den 49. Breitengrad hinweg betrachtete, warf Innis einen abschätzigen Blick auf die isolationistischen und selbstgefälligen Folgerungen von Turners These, welche „die Quelle der Inspiration und des Handelns nicht im Zentrum, sondern an der Peripherie der westlichen Kultur" ausmachte. Dazu James Carey, der beste und wohlwollendste Innis-Kommentator:

> „Kurzum, jedes Grenzland ist an ein Kernland rückgebunden. Das Interesse des Kernlandes wurde bestimmt durch das Ausmaß, in dem die Produkte des Grenzlandes seine Wirtschaft stärkten, seine Produkte ergänzten, anstatt mit ihnen zu konkurrieren, und seine strategische Position verbesserten. Das erste Kernland war Europa und insofern war die nordamerikanische Wirtschafts- und Kommunikationsentwicklung Teil des Verlaufs der europäischen Geschichte. Die Entwicklung [Nordamerikas] wurde deutlich von den Strategien und Auseinandersetzungen der europäischen Hauptstädte mitbestimmt. Die Konsequenzen dieser Strategien und Auseinandersetzungen wurden in [Innis'] Studien mittels der Hauptwirtschaftserzeugnisse erläutert: Pelze, Fisch, Bauholz etc. Mit dem allmählichen Rückgang des europäischen Einflusses verlagerte sich das Kernland hin zu den nordamerikanischen – sowohl kanadischen als auch US-amerikanischen – Großstadtzentren. Der eigentliche Einfluss jedoch wechselte nach New York und Washington, bezogen sowohl auf die kanadischen wie auch die US-amerikanischen Grenzgebiete." (Carey 1992: 151)

Eine Schlüsselstudie zur Papierherstellung förderte die zentralen Themen zutage, aufgrund derer Innis sich in späteren Jahren intensiv mit Kommunikation auseinandersetzte. In dieser Studie entdeckte Innis das eigentliche Dilemma Kanadas (vgl. ebd.: 159): Die Vereinigten Staaten importierten die Rohmaterialien für die Druckindustrie von ihrem Nachbarn und exportierten die fertigen Produkte, wie Zeitungen, Bücher, Magazine und vor allem Werbung, zurück nach Kanada. Im Geiste des Freihandels importierten die USA unverarbeitete kanadische Güter und verwandelten diese im Namen der Informationsfreiheit zu kulturellen Produkten, welche dann zurück zu ihrem Nachbarn in der Peripherie exportiert wurden. Carey argumentiert (ebd.: 151), dass dieser Sachverhalt den Keim der These des „Medienimperialismus" beinhaltete, wonach die USA durch den Export von Produkten, die das ‚gute amerikanische Leben' verkörperten, sowie durch die globale Zirkulation von Kulturgütern (Film, Fernsehen und populäre Musik) eine kulturelle Vormachtstellung einnahmen.

Careys Betrachtung von Innis' Werk zeigt, wie dessen detaillierte Geschichte Kanadas anfing, sich auf die ökonomischen und politischen Bedeutungen des Verkehrs und der Kommunikation zu beziehen. Das wachsende Interesse hinsichtlich des Managements und der Kontrolle des Raumes, der politischen und ökonomischen Geografie der Macht, führte zu den Arbeiten, für die er neben seinen Kanada-Studien bekannt ist: das Buch *Empire and Communications* (1950) und die Aufsatzsammlung *The Bias of Communication* (1951). In beiden ist eine unverkennbar orakelhafte Ausdrucksweise auszumachen und sie zeugen von einer Vorliebe für ausgesprochen starke Verallgemeinerungen, die als offensichtliche Tatsachen geltend gemacht werden. Obwohl die Art von Geschichtsschreibung, die diese beiden Werke repräsentieren, zur damaligen Zeit anerkannt und akzeptiert war, ist sie mittlerweile lange aus der Mode und es ist unwahrscheinlich, dass sie ein Comeback erleben wird. Die Schlüsselbegriffe in Innis' Schriften, „Empire" und „Zivilisation", gehörten vor einem halben Jahrhundert zum Standardwortschatz von Historikern. Man versuchte, sich mittels des Aufstiegs und des Untergangs von Imperien (oder Zivilisationen oder Kulturen), mit der „Universal-" oder „Weltgeschichte" auseinanderzusetzen. Dieses ehrwürdige Projekt hatte seinen Ursprung in der Philosophie Hegels, in dessen kosmischer Vorstellung die Weltgeschichte einen noch unvollendeten Prozess darstellte, wobei der *Geist* (der universelle Geist der Menschheit) um seine Selbstverwirklichung kämpfte. In diesem weltgeschichtlichen Prozess erreichten Kulturen einen bestimmten Grad der Entwicklung (der Selbstverwirklichung), nur um von inneren Widersprüchen unterminiert zu werden, was wiederum zu ihrer Verdrängung durch eine andere Kultur führte. Diese andere Kultur löste die Widersprüche auf, nur um neue hervorzubringen, die natürlich zu weiteren Konflikten führten und so weiter. Hierbei handelte es sich um eine weltliche Erzählung von Geschichte als Fortschritt, welcher für Hegel mit der Gründung des preußischen Staates abgeschlossen war. Marx stellte eine berühmte Variation der Hegel'schen Dialektik auf, nach welcher die Geschichte schließlich all ihre Gegensätze auflösen würde, sobald der Weltkommunismus eingeführt wäre.

In der ersten Hälfte des letzten Jahrhunderts hatte das Vorhaben, eine Universalgeschichte zu schreiben, immer noch großen Einfluss in Europa und Amerika. Das bekannteste Beispiel dafür ist Arnold Toynbees mehrbändiges Werk *Study of History* (1934–39) – ein Versuch, die Weltgeschichte zunächst im Hinblick auf den Aufstieg und Untergang von Zivilisationen und später von Religionen abzuhandeln. In seiner Einführung zu *Empire and Communications* siedelt sich Innis selbst in dieser Tradition an:

> „Sprengler, Toynbee, Kroeber, Sorokin und andere haben in der Absicht, die Ursachen des Aufstiegs und Untergangs von Zivilisationen zu beleuchten, Werke hervorgebracht,[1] welche ein starkes Interesse an der möglichen Zukunft unser eigenen Zivilisation widerspiegeln […] [Ich] befasse mich nicht nur mit Zivilisationen, sondern auch mit Imperien." (Innis 1950: 1)

Toynbees „Tendenz zur Religion" führte in Innis' Sicht dazu, dass er Fragen des Raumes, der Verwaltung und des Rechtssystems vernachlässigte (Innis 1997a: 95). Diese Faktoren, die ausschlaggebend waren für das Verständnis der tatsächlichen Mechanismen dauerhafter Formen von Imperien und Zivilisationen, waren in höchstem Maße abhängig von gut funktionierender Kommunikation (vgl. Innis 1950: 3–7).

Die in *The Bias of Communication* gesammelten Aufsätze sind größtenteils Zusammenfassungen und Variationen von *Empire and Communications*. „Die Eule der Minerva", das erste Kapitel in *The Bias of Communication*, erstreckt sich von den altertümlichen Imperien Babylons und Mesopotamiens bis hin zur Industriellen Revolution und dem *Kommunistischen Manifest* auf lediglich etwas mehr als 20 Seiten. Der ähnlich kurze Aufsatz „Das Problem des Raumes" deckt die gleiche riesige Zeitspanne ab und springt dabei von hier nach da, vom Nahen Osten bis in die Vereinigten Staaten. Derartige Literatur ist für uns heutzutage schwierig zu lesen. Sie verfügt nicht mehr über den Anschein *realer* Geschichte, besonders wenn man sie mit der Ausführlichkeit und Genauigkeit der früheren Untersuchungen von Innis zum Fellhandel und der Kabeljauindustrie vergleicht, die auf einer Fülle von historischen Primärdaten und Erfahrungen aus erster Hand basiert hatten.[2] Seine Kommunikationsstudien beruhten dagegen gänzlich auf Sekundärquellen. Man betrachtet sie am besten als eine Art ‚Geschichtsüberblick', dessen abstrakter und pauschaler Charakter in der konkreten Sorgfalt der frühen Arbeiten wurzelt. Darüber hinaus weisen sie eine besondere Politik auf, wie R.W. Winks es in seinem Vorwort zu der im Jahr 1969 erschienen Ausgabe von *The Fur Trade in Canada* beschreibt:

> „Die letzten sieben Jahre seines Lebens ließen eine beachtliche Veränderung in seinen wissenschaftlichen Interessen erkennen. Weil er sich Kanada und der kanadischen Geschichte widmete und befürchtete, dass Kanadas Überleben als separate politische Einheit auf dem nordamerika-

nischen Kontinent durch die Welle der Populär- oder Massenkultur, die aus den Vereinigten Staaten hereinbrach, bedroht war, wandte sich Innis zunehmend breit gefächerten Fragen bezüglich Kommunikation, Sprache und Zeit-Raum-Beziehungen zu." (Innis 1999 [1930]: xxvii)

Heute ist eine Reihe von Anpassungen notwendig, um die Originalität und Erklärungskraft von Innis' innovativem, historischem Kommunikationsansatz zu verstehen.

6.2 The Bias of Communication

Eine wesentliche Einschränkung des menschlichen Handlungsspielraums beruht auf den zeitlichen und räumlichen Eigenschaften der uns verfügbaren Bewegungs- und Kommunikationsressourcen. Welche Schlussfolgerungen lassen sich aus derartigen Einschränkungen bezüglich der Merkmale menschlicher Gesellschaften ziehen? Und was, wenn solch eine Gesellschaft lediglich über Sprache als vorhandenes Kommunikationsmittel verfügt? Innis' Antwort darauf war, dass solche Gesellschaften zwangsläufig eine geringe räumliche (geografische) Ausbreitung haben. Sie können Nomaden sein oder Weidewirtschaft betreiben (also umherwandern oder an einem Ort bleiben), doch weil ihre gemeinsam gesprochene Sprache sie zusammenhält und zu dem macht, was sie sind, ist die Größe ihrer Gemeinschaft durch ihren Face-to-face-Charakter begrenzt. Das soziale Gedächtnis einer Gruppe – ihre aus früheren Praktiken abgeleiteten Kenntnisse davon, was in der Gegenwart wann und wie zu tun ist – wird mündlich über eine gesprochene Tradition überliefert, welche von einer Generation zur nächsten weitergegeben wird.

Innis folgerte weiter, dass sich Schriftsysteme als Mittel zur Koordination und Kontrolle menschlicher Aktivitäten mit zeitlicher wie räumlicher Ausdehnung entwickelten. Schrift als Speichersystem beinhaltet die Möglichkeit, Dinge festzuhalten, sodass Informationen über große räumliche Entfernungen hinweg übermittelt und durch die Zeit als Urkunde dessen, was gesagt und getan wurde, aufbewahrt werden können. Er weist darauf hin, wie die verschiedenen Materialien, die zum Schreiben genutzt werden, den Umfang, das Wesen und die Absichten der aufgezeichneten Botschaften beeinflussen. Mitteilungen, die mit einem Meißel in schwere, haltbare Materialien, wie Schiefer, Granit oder Marmor, gehauen werden, haben einen monumentalen Charakter, der die Tiefen der Zeit überdauert. Botschaften auf leichten Materialien, wie Papyrus oder Papier (welches in China erfunden wurde und in Europa ab dem 13. Jahrhundert durch die Mauren verfügbar war), sind transportabel und leicht über große Distanzen zu befördern.

Verschiedene Medien haben unter Verwendung verschiedenartiger Materialien unterschiedliche Konsequenzen für die Kontrolle von Raum und Zeit. Innis bezeichnete dies als die *Tendenzen* der Kommunikation (*bias of communication*).

Er erkannte die Bedeutung von Schrifttechnologien für die Errichtung und den Erhalt von Imperien – die Bildung von Machtblöcken, die sich über weite Entfernungen ausbreiteten und viele Generationen lang Bestand hatten. Die Schrift hat in ihren grundlegendsten Funktionen schon immer in direktem Zusammenhang mit religiöser, politischer und ökonomischer Macht gestanden. Wo immer sie sich etabliert hat, hat sie unverzüglich den grundlegenden Unterschied zwischen Gebildeten und Ungebildeten hervorgebracht. Die Fähigkeit, lesen und schreiben zu können, ist ein Schlüssel zur persönlichen Weiterentwicklung. Literalität führt zur Entstehung von Bildungseliten – damals Priester, heute Akademiker –, die von Machtzentren angezogen werden.

Demnach besteht für Innis bezogen auf Kommunikation der grundlegendste historische Unterschied zwischen oralen Kulturen und Schriftkulturen, was er in den aufeinanderfolgenden Kapiteln über die griechische Zivilisation und das römische Reich in *Empire and Communications* deutlich dargelegt. Die Zivilisation der Griechen stützt sich auf „mündliche Überlieferung", während der römische Imperialismus auf der Schrift aufbaut. Diese Unterscheidung ist stark normativ. Innis lobt orale Kulturen für ihre Stärke und Vitalität, ihre Frische und Anpassungsfähigkeit – im Gegensatz zu der „toten Hand der schriftlichen Überlieferung", welche drohe, den Geist des westlichen Menschen zu zerstören (Innis 1950: 70). Weiter erfahren wir, dass es für Generationen, die in einer Tradition der Schrift und des Drucks erzogen worden sind, kaum möglich ist, mündliche Überlieferung wertzuschätzen (ebd.: 8f.). Die Vitalität und Energie des griechischen Stadtstaates „spiegelt die Macht des gesprochenen Wortes wider" und Sokrates' Angriff auf die Schrift in *Phaedrus* wird zustimmend zitiert.[3] Der Widerstreit einer freien Debatte in der Agora von Athen oder einer philosophischen Diskussion von Angesicht zu Angesicht sind Beispiele für die Macht und die Beständigkeit oraler Kulturen, genauso wie in der griechischen Zivilisation die Bedeutung von Musik, Dichtung und Theater.

Selbstverständlich war auch die griechische Kultur von Schrift durchzogen, wurde aber nicht von ihr beherrscht. Besonders die Einfachheit und Flexibilität des griechischen Alphabets (im weitesten Sinne ein dauerhafter Beitrag zur Erhaltung und Verbreitung von Wissen) hemmten das Schriftsystem in seiner Neigung, sich zu einem „Wissensmonopol" zu entwickeln. Ein solches Wissensmonopol wurde normalerweise von hoch spezialisierten Berufsgruppen wie Priestern und Schreibern kontrolliert, die sowohl die Produktion von Texten als auch die zu deren Verständnis notwendige Bildung anleiteten. Einer Vorherrschaft der Schrift wurde Einhalt geboten durch die Vorliebe der Griechen, offen zu diskutieren und zu argumentieren, was nur in der kleinräumigen politischen Geografie des Stadtstaates möglich war. Auch Rom war einst ein Stadtstaat, als das Reich jedoch wuchs, wurde seine zivilisierte, bürgerlich-republikanische Kultur durch den Aufstieg der Kaiser und die Konzentration der Macht in deren Händen verdrängt. Das römische Kaisertum war massiv zentralisiert, legalisiert, bürokratisiert und militarisiert, wozu effiziente Transport- und Kommunikationsmittel nötig waren. Die Kodifizierung von Gesetzen, die Entwicklung von Verwaltungsaufzeichnungen und die Aufrechterhaltung militärischer Verbindungen zwischen dem Reichszentrum und seinen weit verstreuten Außenposten hingen ab von Straßen und Schiffen, von Pergamenten, Papyrus und der Schrift – kurz, den technischen Grundelementen des Transports und der Kommunikation.

Innis stellte daraufhin eine neue These zur Weltgeschichte und zum Wandel von Imperien und Zivilisationen auf. Die Bildung stabiler Gesellschaften, welche über viele Generationen erhalten blieben, war teilweise von den verfügbaren Formen des Transports und der Kommunikation bestimmt. Geschichtlich wurde die Bewegung des *Geistes* durch die Bewegung von Gütern, Völkern, Ideen und Informationen ersetzt. Innis betonte stets die Relevanz des Transports beziehungsweise der Transporttechnologien, vom Gebrauch des Streitwagens in den Schlachten des antiken Babylons bis zur Nutzung von Hundeschlitten im 19. Jahrhundert in Kanada.[4] Die Mobilität von Menschen, Botschaften und Gütern erfolgte immer unter ökonomisch-materiellen oder politischen Gesichtspunkten, welche sich grundlegend um das Management von Zeit und Raum drehten. Während Zeit und Raum auf komplizierte Weise vollständig miteinander verbunden sind, werden sie durch verschiedene Kommunikationstechnologien doch voneinander getrennt, mit Tendenzen in die eine oder andere Richtung. Dabei neigen Medientechnologien zur Erzeugung von Wissens- und Machtmonopolen: Zeitlich orientierte Medien tendieren dazu, religiöse Macht zu stützen, während räumlich orientierte Medien politische Macht stützen. Folglich muss die Materialität eines Mediums, mittels dessen Kommunikation stattfindet und Informationen aufgezeichnet, gespeichert und zirkuliert werden, immer an erster Stelle beachtet werden und nicht seine Inhalte. Bezogen auf Kommunikation ergab sich in der Weltgeschichte als Resultat der Schrifttechniken eine grundlegende Trennlinie, die die Welt in literale und nicht-literale Kulturen unterteilte.

Innis war mit nicht-literalen Kulturen persönlich in Berührung gekommen, da die Naturvölker Kanadas in seiner Forschung zum Fellhandel eine wichtige Rolle spielten. Die Indianer wurden durch den Kontakt mit weißen Siedlern aus Europa mit in deren Geschäfte hineingezogen. Durch die Schusswaffen, die ihre Speere ersetzten, wurden sie zu effizienten Biberjägern und mit dem Geld, das sie verdienten, kauften sie sich Waren und die damit verbundene fremde Kultur gleich mit. Innis betrachtete die Ankunft der Europäer als Katastrophe für die einheimischen Völker Nordamerikas und ihre Lebensweisen. Für ihn war der Unterschied zwischen oralen und Schriftkulturen – der sich bei McLuhan und späteren Autoren auf ein rein textuelles Unterscheidungsmerkmal reduzierte –

eine lebendige, historische Realität. In der langen weltgeschichtlichen Entwicklung und Zirkulation der Schriftsysteme und ihrer Materialien war aber das wichtigste Ereignis die Erfindung des Drucks. Wie jede neue Technologie rief auch er Unruhen in der bestehenden Kultur hervor:

> „Die Auswirkungen der Erfindung des Buchdrucks wurden an den grausamen Religionskriegen des 16. und 17. Jahrhunderts deutlich. Die Industrialisierung des Kommunikationswesens [d.h. der Übergang von der hand- zur dampfbetriebenen Druckerpresse] trieb die Konsolidierung der modernen Sprachen, das Aufkommen von Nationalismus und Revolutionen und erneute Ausbrüche von Brutalität im 20. Jahrhundert voran." (Innis 1997b: 91)

Die moderne westliche Zivilisation ist hochgradig gespalten und zerstörerisch. Sie ist besessen vom Lärm und der Geschwindigkeit des Raumes und gleichgültig gegenüber der langsamen und leisen Musik der Zeit. Sie hat das empfindlich sensible Gleichgewicht zwischen Auge und Ohr zunichte gemacht. Innis, der im Ersten Weltkrieg auf dem Höhenzug von Vimy verwundet wurde und vom Zweiten Weltkrieg tief erschüttert war, merkte verbittert an, dass „Stabilität, welche in früheren Zivilisationen bestimmte Perioden kennzeichnete, nicht das offensichtliche Merkmal dieser Zivilisation ist. Jede Zivilisation hat ihre eigenen Methoden des Selbstmords" (Innis 1951: 141).

6.3 Die Gutenberg-Galaxis *nach McLuhan auf Kontable suchen*

Die Ironie des Schicksals wollte es, dass Harold Innis von dem (notorischen) Ruhm eines Bewunderers in den Hintergrund gedrängt wurde. Seine zentralen Interessengebiete und Ideen wurden von Marshall McLuhan aufgegriffen und verändert. McLuhan, ein kanadischer Landsmann, wurde zu seinen Lebzeiten zur vielleicht ersten wissenschaftlichen Medienberühmtheit – passenderweise, denn er war es auch, der das Zeitalter *der Medien* einleitete, indem er diesen Terminus, beziehungsweise Untersuchungsgegenstand, etablierte und zu dessen Prophet wurde. Innis und McLuhan stammten aus unterschiedlichen Generationen und bewohnten, bezogen auf ihr gemeinsames Interesse, verschiedene ‚Kommunikationswelten'. Innis' Arbeitsleben erstreckte sich von den 1920er bis zum Ende der 1940er Jahre, das von McLuhan von den 1950er bis zum Ende der 1970er Jahre. Ihre Leben überschnitten sich lediglich an dem Punkt, an dem Innis sein Schaffen beendete und McLuhans Karriere gerade erst in Gang kam. Innis hatte sich fast ausschließlich mit mündlichen und schriftlichen Formen von Kommunikation beschäftigt. Er unterteilte die Weltgeschichte in prä- und postliterale Epochen. Im Zeitalter der europäischen Geschichte nach dem Zusammenbruch des Römischen Reichs setzte Innis eine Trennlinie zwischen der Manuskriptkultur vor dem 16. Jahrhundert und der Druckkultur des modernen Europa, welche mit der Erfindung der dampfbetriebenen Druckerpresse im 19. Jahrhundert und der Verbreitung von Tageszeitungen ihren Höhepunkt erreichte. Für Innis waren Kino und Radio ‚neue Medien', denen er kaum Beachtung schenkte. Das Fernsehen war gerade erst am Horizont aufgetaucht. McLuhan hingegen war der Erste, der sich mit der globalen Bedeutung dieses damals sehr neuartigen Mediums beschäftigte. Er betrachtete sich selbst als Analytiker eines neuen Kommunikationszeitalters: Nach dem ersten Zeitalter der oralen Kulturen und dem zweiten Zeitalter der Schrift- und Druckkulturen begann nun das dritte Zeitalter der globalen elektronischen Kommunikation.

Heutzutage ist für uns nur schwer nachvollziehbar, dass die vertraute kommunikative Infrastruktur unserer Welt nicht viel mehr als ein halbes Jahrhundert in die Vergangenheit zurückreicht. Der verkabelte Haushalt mit all seinen strombetriebenen Geräten kam erst in den 1930er Jahren auf und selbst da zunächst nur bei wohlhabenden Städtern. Vor dem Zweiten Weltkrieg waren die meisten städtischen Haushalte in Großbritannien lediglich an ein Niedrigstromnetz zur Beleuchtung angeschlossen (große Teile der ländlichen Gegend verfügten noch gar nicht über Elektrizität) und in der überwiegenden Mehrheit der Haushalte war das einzige elektrische Gerät der Rundfunkempfänger, der entweder an eine Lampenfassung angeschlossen wurde oder mit Nassbatterien lief, die in regelmäßigen Abständen aufgeladen werden mussten. Erst mit dem langfristigen wirtschaftlichen Aufschwung der westlichen Volkswirtschaften nach dem Krieg begannen sich die meisten Haushalte die unterschiedlichen und vielfältigen Elektrogeräte anzuschaffen, die wir heute alle als selbstverständlich erachten. Elektrische Waschmaschinen (und Trockner), Kühlschränke, Herde und Fernsehgeräte begannen in den 1950er Jahren langsam zu Alltagsgegenständen zu werden.[5] Die neuerdings verkabelte Nachkriegswelt fand ihren Messias in der sympathisch exzentrischen Persönlichkeit von Marshall McLuhan. Seine zwei Werke *Die Gutenberg-Galaxis* (1995 [1962]) und dessen Nachfolger *Die magischen Kanäle* (1992 [1964]) brachten ihm nicht nur in der Wissenschaft, sondern auch in der Wirtschaft und in den Medien internationale Bekanntheit ein.

McLuhan betrachtete *Die Gutenberg Galaxis* als „eine Fußnote zu Innis' Beobachtungen zum Thema der psychischen und sozialen Konsequenzen zuerst des Schreibens und dann des Drucks" (1992: 9). Es ist ein Buch, das sich jeder Beschreibung und Zusammenfassung entzieht. Es besteht weitestgehend aus übermäßig langen Zitaten von fast 200 Autoren, ergänzt um McLuhans eigene Gedanken, die manchmal mit dem zitierten Text in Verbindung stehen und manchmal nicht. McLuhan war ein eifriger, aber hastiger Leser. In den 1950er Jahren las er durchschnittlich fünf Bücher pro Tag. Seine Methode bestand darin, Seite 69 sowie das Inhaltsverzeichnis zu überfliegen. Enthielten diese nützliche Informationen oder Ideen, war das Buch vermutlich der Lektüre wert. Da alle Bücher zu lang waren und sich wiederholten, ging er sie dann durch,

indem er nur die rechten Seiten las (vgl. Marchand 1998: 138, 164f.). Dabei
schrieb er alle relevanten Zitate auf Karteikarten nieder und archivierte sie. Um
Die Gutenberg-Galaxis zusammenzustellen, verbrachte er drei Monate damit, in
über 20 Jahre hinweg angesammelten Karteikarten zu stöbern und diese mit
seinen eigenen Ideen zu versehen. Dem Buch, das je nach Ausgabe zwischen
280 und 375 Seiten umfasst, fehlt die gängige wissenschaftliche Organisation
und Struktur. Es gliedert sich in 261 Abschnitte, denen jeweils eine prägnante
Zusammenfassung vorangestellt ist, die einen direkten Bezug zu dem hat, was
folgt – oder auch nicht. Ein Rezensent beschrieb es mal als „die Schreibe einer
verrückten Dohle". Das Buch folgt jedoch einer Methode und dem Inhaltsverzeichnis (Anm. d. Übers.: der englischsprachigen Ausgabe) folgend findet sich
ein Hinweis, wie es zu lesen ist:

> „Dieses Buch entwickelt einen Mosaik- oder Feldansatz bezüglich seiner Fragestellung. Solch
> ein Mosaikbild aus zahlreichen Daten und Zitaten bietet deutlich erkennbar das einzig prakti-
> kable Mittel um kausale Verknüpfungen in der Geschichte aufzudecken. Die alternative Metho-
> de bestünde darin, eine Reihe von Ansichten zu festgelegten Beziehungen im bildhaften Raum
> zu bieten. Demnach ist die Galaxis oder Konstellation der Geschehnisse, auf die sich die vorlie-
> gende Untersuchung konzentriert, selbst ein Mosaik ständig interagierender Formen, die kalei-
> doskopische Veränderungen erfahren haben – besonders in unserer Zeit." (McLuhan 1962: 1)

Die Struktur des Buches, sein „Mosaik- oder Feldansatz", war seine Botschaft –
ein Nachsinnen ebenso wie eine kritische Abhandlung über die Auswirkungen
des phonetischen Alphabets und der Schrift auf die westliche Kultur, insbesondere nach deren enormer Aufwertung durch Gutenbergs Erfindung des Drucks
mit beweglichen Lettern im späten 15. Jahrhundert. McLuhan bestätigte und
verfeinerte Innis' normative Unterscheidung zwischen oralen und Schriftkulturen. Das gesprochene Wort sprach nicht nur das Ohr, sondern alle Sinne gleichzeitig an. Mündliche Rede war zwangsläufig „in einem Feld" angesiedelt, einem
reichhaltigen Mosaik interagierender Elemente, das zugleich vertraut und einbe-
ziehend war. Die alphabetische Schrift zersetzte diese Eintracht und Geschlossenheit der Sprache. Auf analytische Weise zerlegte sie den Klang der Wörter in
ihre kleinsten Bestandteile, die sie dann durch Zeichen oder Buchstaben abbil-
dete. Buchstaben (Zeichen für Laute) sind von links nach rechts in einer linearen
Folge von Wörtern und Sätzen angeordnet, die sich waagerecht und senkrecht
über die geschriebene oder gedruckte Seite erstrecken. Die geräuschvoll senso-
rische Vielzahl und Reichhaltigkeit mündlicher Sprache und oraler Kulturen
wurde auf das stumme Monopol des Auges reduziert. Das analytische und se-
quentiell geordnete Wesen des griechischen und römischen Alphabets verkörperte und beförderte das rationale, logische und lineare Denken, wobei es die
Seelen und Gesellschaften der westlichen Kulturen verwandelte. Die Schrift und
der Druck leisteten einer losgelösten, stummen, individualistischen und visuellen Hinwendung zur Welt Vorschub.

Die Entdeckung der Perspektive in der Malerei der Renaissance beruhte auf einer privilegierten Sichtweise, welche das korrekt proportionierte (d.h. rationale) Verhältnis zwischen Objekten im gleichen zweidimensionalen visuellen Feld festhielt und wiedergab. Um diese ‚korrekte' Perspektive zu erlangen, muss der Beobachter zurücktreten und von Weitem schauen. Die Merkmale mündlicher Sprache und oraler Kulturen, Teilhabe und Engagement, werden abgelöst von dem objektiven, losgelösten und distanziert nachdenklichen Blick, den die perspektivische Malerei erfordert. Die Rationalisierung des Raumes in der Malerei fällt mit der Geburtsstunde des Drucks zusammen und bekundet seine charakteristische Weltsicht (vgl. McLuhan 1995: 156–159). Die von McLuhan angewandte Mosaiktechnik ist ein formelles Instrument, das er nutzt, um der Falle des eindimensionalen ABC-Denkens[6] zu entgehen, das charakteristisch für den westlichen Alphabet-Menschen ist. *Die Gutenberg-Galaxis* kann als avantgardistischer Text betrachtet werden, der den Beschränkungen der „Einheitston-Prosa" (ebd.: 337) und der linearen Erzählung zu entgehen versucht. In Europa prangerten Umberto Eco und Roland Barthes die Tyrannei geschlossener Texte an, die an einem bestimmten Punkt beginnen, um an einem anderen Punkt zu enden. Sie priesen die Vorteile von offenen Texten, die jedwedes Bestreben nach narrativer Geschlossenheit meiden.[7] *Die Gutenberg-Galaxis* ist eben solch ein offener Text, in den man als Leser überall einsteigen und nach Belieben vorwärts oder rückwärts lesen kann. Das Buch ist ein sich veränderndes, labyrinthisches „Collideorscope" (McLuhan 1995: 75) von Ideen und Informationsbruchstücken, das verblüffen, unterhalten, informieren, aufregen und aufklären soll. Es ist ein „schriftstellerischer" Text (Barthes 1988), der seinem Leser aktives Engagement abverlangt und sich gegen passiven Konsum sperrt. „Meine Konsumenten, sind die nicht meine Produzenten?" fragt McLuhan (1995: 344) am Ende des Buches mit einem aus *Finnegan's Wake* entnommenen Einzeiler.

Sprache und Schrift sind die wesentlichen kommunikativen Mittel von Wissenschaftlern, die schließlich mit beidem ihren Lebensunterhalt bestreiten – oder es zumindest versuchen. McLuhan stellte auf wundervolle Weise die Gegensätze zwischen Oralität und Literalität dar. Er liebte es über alles zu reden, und wenn er erst einmal angefangen hatte, war er nicht mehr zu stoppen. Unermüdlich sammelte er Wortspiele, Aphorismen und Witze, die er archivierte, um sie dann in Vorlesungen und seinen zahllosen öffentlichen Vorträgen zu benutzen. Er verzauberte studentische Zuhörer. Im Grunde genommen war er ein Mann voller Ideen und Quelle eines unendlichen Flusses von Erkenntnissen, die als Einzeiler verpackt im besten Falle erleuchtend und brillant oder aber im schlimmsten Falle absurd und hanebüchen waren. Anfang der 1950er Jahre, so erzählt man, als McLuhan noch größtenteils unbekannt war, wurde er vom Fachbereich Soziologie der Universität von Chicago eingeladen, seine Ideen zu präsentieren. Zu den Zuhörern gehörte auch Robert Merton, damals die führende Figur der sozialwissenschaftlichen Massenkommunikationsforschung in den Vereinigten Staaten. Als McLuhan seinen Vortrag beendet hatte, war Merton hochrot vor Empörung und nahm den Redner bezüglich seiner Inhalte sofort ins Kreuzverhör. Gänzlich unbeeindruckt unterbrach ihn McLuhan: „Ihnen gefallen diese Ideen nicht? Ich habe noch andere" (vgl. Marchand 1998: 142). Ihm war es glücklicherweise gleichgültig, ob er richtig oder falsch lag und er ließ sich niemals von Fakten einschüchtern. Er weigerte sich, kritisch über die Dinge zu urteilen, über die er schrieb. Debatten und Diskussionen vermied er und wenn man eine Idee oder Tatsache hinterfragte, wie es mit Merton der Fall gewesen war, wich er einfach aus, indem er etwas anderes anbot.

6.4 The Medium is the Message

Die Gutenberg Galaxis endet folgendermaßen:

> „Die neue elektrische Galaxis der Ereignisse ist schon tief in die Gutenberg-Galaxis eingedrungen. Auch ohne Zusammenstoß verursacht eine solche Koexistenz verschiedener Techniken und Bewußtseinsformen bei jedem heute lebenden Einzelmenschen Traumata und Spannungen [...] Altvertraute Institutionen und Beziehungen erscheinen bisweilen bedrohlich und bösartig. Diese mannigfaltigen Verwandlungen, die eine völlig normale Folge der Einführung neuer Medien in irgendeine Gesellschaft sind, erfordern eine besondere Untersuchung und werden das Thema des Buches *Die Magischen Kanäle – Understanding Media* sein, das ein Verständnis der Medien in der heutigen Kultur anstrebt." (McLuhan 1995: 345)

Die Studie über das Zeitalter des Drucks war ein Vorbote der Untersuchung der elektronischen Galaxis des zeitgenössischen Amerikas zur Mitte des 20. Jahrhunderts. Auf Nachdruck seines Verlags und zu seinem eigenen Verdruss waren in *Die magischen Kanäle* weniger Zitate und mehr eigene Anteile von McLuhan zu finden. Bezogen auf Form und Gestaltung ist es weniger radikal als sein Vorgänger und nicht mit wissenschaftlichen Konstrukten und Fachsprache überladen. Es richtet sich mehr an eine allgemeine Leserschaft als an die wissenschaftliche Gemeinschaft, welche im Großen und Ganzen mit jener besonderen Mischung aus Neid und Arglist reagierte, mit der sie denen begegnet, die Publikumserfolge erzielen (vgl. Meyrowitz 2003: 201–205). Von *Die magischen Kanäle* wurden über 100.000 Exemplare verkauft, womit es zur Pflichtlektüre für all diejenigen wurde, die im Bilde sein wollten. McLuhan wurde sofort zu einer Berühmtheit. Auf beiden Seiten des Atlantiks war er im Fernsehen zu sehen, gab Seminare für die Wirtschaftsführer der amerikanischen Konzernlandschaft, wurde ausführlich für den *Playboy* interviewt und hatte einen kurzen Auftritt in Woody Allens Film *Annie Hall*, in dem er sich selbst spielte. Im neuen „age of cool" war McLuhan gewissermaßen über Nacht zu einem heißen Verkaufsschlager und Medienstar geworden. Gerüchten zufolge verlangte er für seine Vorträge je 5.000 Dollar und brauchte zum ersten Mal in seinem Leben einen Buchhalter, um mit seiner Steuererklärung fertig zu werden.

McLuhan ist wahrscheinlich der einzige Wissenschaftler in diesem Buch, der es in jede Zitatsammlung geschafft hat. Heutzutage ist er für eine Handvoll einprägsamer Aphorismen bekannt, die sprichwörtlichen Status erlangt haben: „das globale Dorf", „heiße" und „kalte" Medien und vor allem „das Medium ist die Botschaft" – ein prägendes Konzept in *Die magischen Kanäle*. Wie bei seinem Vorgänger handelt es sich dabei um ein Buch, bei dem es genügt, einen Blick hineinzuwerfen. Trotzdem behauptet es seinen Stellenwert auch heute noch, aufgrund einer Hand voll wirklich guter Ideen, die es zu bieten hat. Der erste Gedanke, Medien als „Erweiterungen der menschlichen Sinne" zu betrachten, lieferte zugleich den Untertitel für die englische Originalausgabe (*The Extensions of Man*). Diese Bezeichnung stammt ursprünglich nicht von McLuhan. Er fand den Ausdruck in Edward Halls Buch *The Silent Language* und entwickelte ihn weiter. Alle Medien können als Werkzeuge betrachtet werden, die nicht nur die Bandbreite und die Reichweite menschlicher Aktivitäten in Raum und Zeit erweitern, sondern auch – was noch wichtiger ist – eine oder mehrere unserer körperlichen Fähigkeiten und Sinne. Kleidung erweitert unsere Haut, das Telefon unser Ohr und das Fernsehen unsere Augen und Ohren. Von daher verändern sie nicht nur das Ausmaß und die Bandbreite menschlicher Handlungen, sondern stören auch das Gleichgewicht zwischen den Sinnen. Während Innis glaubte, dass wir in einer räumlich dominierten Kultur leben, dachte McLuhan, wir leben in einer visuellen Kultur, in der das Auge die anderen Sinne, wie das Ohr und besonders den Tastsinn, beherrscht. Er forderte, dass wir uns, in dem Bestreben die Auswirkungen der Medien auf unsere Sinne zu verstehen, auf ihre formalen Eigenschaften und nicht auf ihren Inhalt konzentrieren sollten. Die elektrische Glühbirne ist ein klassisches Beispiel: Sie ist reine Information. Sie hat keinen Inhalt, ihr Inhalt ist nur das, was sie anstrahlt. Sie dient schlichtweg dazu, die Bandbreite menschlicher Aktivitäten in einem überdimensionalen Maße zu erweitern, völlig gleichgültig, auf welche besondere menschliche Aktivität sie ihr Licht wirft. Sie ist ein Medium ohne Botschaft.

McLuhan war der erste Analytiker *der* Medien. In seinen Schriften werden sie erstmals als miteinander in Beziehung stehende Technologien behandelt, die zusammengenommen Mediengesellschaften hervorrufen. Ein Gutachter, der McLuhans Entwurf eines „Medien"-Lehrplans für High Schools grundsätzlich positiv gegenüberstand, bemerkte in seinen Kommentaren, dass „der Begriff ‚Medien' nicht zum Vokabular eines durchschnittlichen Lehrers zähle und daher eindeutig erklärt werden müsse" (Gordon 1997 zit. nach Meyrowitz 2003: 206). Sogar seine Kritiker erkannten damals, dass McLuhan etwas Neues entdeckt und benannt hatte. Wie Hans Fredrik Dahl schreibt:

„[Die] Zusammenfassung verschiedener Kommunikationsmedien (Zeitungen, Wochenschauen, Radio, Fernsehen) zu einem synthetischen Ganzen – ‚den Medien' – ist ein sehr junges Phänomen, das vielleicht mit dem Aufstieg des Fernsehens als das dominierende Informations- und Unterhaltungsmedium in den 1960er Jahren zusammenfällt. Die Anerkennung als Gegenstand wissenschaftlicher Forschung erfolgte sogar noch später. Marshall McLuhans *Die magischen Kanäle* mag eins der ersten Bücher sein, welches die verschiedenen Kommunikationsformen unter der allgemeinen Rubrik ‚der Medien' synthetisch zusammenfasst." (Dahl 1994: 553)

Dieser neue Begriff verweist auf ein neues Verständnis – ein Verständnis jenseits des älteren Konzepts der „Massenkommunikation" und des damit verbundenen politischen, sozialen und kulturellen Ballasts. McLuhan betonte fortwährend den explorativen Charakter seiner Ideen, die er als Einladung betrachtete, über die sozialen und psychischen Folgen eines sehr neuen und aktuellen Phänomens nachzudenken. In den späten 1950er Jahren hatte sich das Fernsehen eben erst zum dominanten Kommunikationsmedium in Großbritannien und Nordamerika entwickelt. In den meisten Teilen der Welt, Europa eingeschlossen, durchdrang es den gesellschaftlichen Alltag nur minimal. Erst im Laufe der 1960er Jahre wurde das Fernsehen zu dem vertrauten, überall vorhandenen und selbstverständlichen Alltagserlebnis für jedermann, das es heute ist. Die Technologie war vor 40 Jahren primitiv; die Auflösung war schlecht und das Bild in schwarz-weiß (obgleich es in den USA schon ein System gab, dessen Farbdarstellung jedoch von wechselhafter Qualität war). Der Videorekorder existierte noch nicht (obwohl McLuhan ihn voraussah) und Satellitenverbindungen sollten noch 20 Jahre auf sich warten lassen. Damals handelten die meisten Diskussionen über das Fernsehen von seinen negativen Auswirkungen. In Großbritannien beschäftigte sich eine zu dem Zeitpunkt aktuelle parlamentarische Rundfunkuntersuchung – gleichzeitig die erste zum Fernsehen – mit der trivialisierenden Wirkung des Fernsehens auf das britische Leben und die Kultur (Pilkington Report 1962). Vierzig Jahre später diskutieren wir immer noch über den das geistige Niveau senkenden Einfluss des Fernsehens auf das heutige Leben. McLuhan war bekannt dafür, dass er es ablehnte, Moralpredigten über die Medien zu halten. Anstatt über sie zu urteilen, versuchte er, ihre Auswirkungen zu verstehen.

6.5 Das elektronische globale Dorf

Von allen Konzepten McLuhans besitzt das globale Dorf, welches erstmals in *Die Gutenberg-Galaxis* auftaucht, heute die größte Resonanz: „Neue elektronische Interdependenz verwandelt die Welt in ein globales Dorf" (McLuhan 1995: 39). Das Dorf steht sinnbildlich für vormoderne Formen des sozialen Lebens. Es ist der Inbegriff des oralen „Stammessystems", dessen Beziehungen abhängig sind von direkter Präsenz sowie Face-to-face-Kommunikation und einem hohen

Maß an Beteiligung. In all diesen Punkten weicht es ab von den detribalisierten, distanzierten Lebensweisen literater städtischer Umgebungen. Stammeskulturen stellen die Gesellschaft über den Einzelnen, während detribalisierte Kulturen die soziale Gesamtheit fragmentieren und das einzelne, losgelöste Individuum in den Vordergrund stellen. Die elektronischen Medien wiederum retribalisieren (resozialisieren) die Welt zu einem einzigen globalen Dorf:

> „Nach dreitausendjähriger, durch Techniken des Zerlegens und der Mechanisierung bedingter Explosion erlebt die westliche Welt eine Implosion. In den Jahrhunderten der Mechanisierung hatten wir unseren Körper in den Raum hinaus ausgeweitet. Heute, nach mehr als einem Jahrhundert der Technik der Elektrizität, haben wir sogar das Zentralnervensystem zu einem weltumspannenden Netz ausgeweitet und damit, soweit es unseren Planeten betrifft, Raum und Zeit aufgehoben. Rasch nähern wir uns der Ausweitung des Menschen – der technischen Analogiedarstellung des Bewußtseins, mit der der schöpferische Erkenntnisprozess kollektiv und korporativ auf die ganze menschliche Gesellschaft ausgeweitet wird [...] Der westliche Mensch erwarb mit dem Alphabetentum die Fähigkeit zu agieren, ohne zu reagieren [...] Aber unsere Objektivität war eine Einstellung des Nichtbeteiligtseins. Im elektrischen Zeitalter, das unser Zentralnervensystem so sehr ausgeweitet hat, daß es uns mit der ganzen Menschheit verflicht und die ganze Menschheit in uns vereinigt, müssen wir die Auswirkungen jeder unserer Handlungen tief miterleben." (McLuhan 1992: 11f.)

Äußerst passend ist die Metapher von elektronischen Medien als neuronales Netzwerk der Großhirnrinde: eine unheimlich komplexe Struktur miteinander verbundener Knoten, die eine Einheit bilden und zum ersten Mal in der Geschichte unmittelbare Konnektivität zwischen zwei oder mehr beliebigen Punkten auf der Erde in Echtzeit herstellen. Das weltweite Telefonnetz, das seit dem späten 19. Jahrhundert als eine in sich geschlossene elektronische Struktur global immer weiter gewachsen ist, zeigt dies klar und deutlich, obwohl seine Bedeutung sogar heute, im Zeitalter des Internets (welches die Technologie des 20. mit der des späten 19. Jahrhunderts verbindet), immer noch größtenteils übersehen wird. McLuhan sah den Aufstieg des Computers und die globale Verbreitung des Fernsehens voraus. Was in den 1960er Jahren noch in ferner Zukunft lag, ist heute Realität geworden. Wir alle haben die Welt in unseren Wohnzimmern und die ganze Welt schaut sportliche und zeremonielle Events sowie Nachrichten von globaler Bedeutung (vgl. Dayan & Katz 1992). Heutzutage ist das Fernsehen eng verbunden mit globaler Politik, Wirtschaft und Krieg. Es bringt kulturelle Erzählungen, Bilder, Songs und Witze weltweit in Umlauf. Das globalisierte Fernsehen beweist den *weltgeschichtlichen* Charakter des heutigen Lebens (vgl. Giddens 1996).

Zum Ende der 1960er Jahre hin verblasste McLuhans Stern zusehends und im darauffolgenden Jahrzehnt war er völlig aus der Mode gekommen. Er wurde von neuen Formen des Marxismus und des Strukturalismus überholt, die ihn abfällig als den Ideologen des amerikanischen Kapitalismus und der Großkonzerne betrachteten. McLuhan starb 1980 und hat seitdem allmählich in Diskussionen zu Telekommunikation und Globalisierung wieder an Präsenz gewonnen. Die Verbindung von Medien und Kommunikation mit dem Management von Raum und Zeit hat sich als derjenige Aspekt im Schaffen von Innis und McLuhan herausgestellt, der dauerhaft von Bedeutung ist. Diese Thematik hat in der Sozialwissenschaft der vergangenen 20 Jahre zunehmend an Aufmerksamkeit gewonnen.[8] Jede Generation ist dazu verpflichtet, die Welt aufs Neue zu entdecken und hält das, worauf sie trifft, für neu und noch nie da gewesen. Dabei werden einige Jahrzehnte mehr als andere mit dem ‚Schock des Neuen' konfrontiert, was in einem gewissen Zusammenhang mit der Geschwindigkeit technischer Innovationen steht. Die 1960er Jahre waren solch ein Moment, dessen Guru Marshall McLuhan war. In den 1980er wie auch in den 1990er Jahren trugen technische Innovationen im Kommunikationsbereich zu einer Neubewertung des zeitgenössischen kulturellen Lebens bei. McLuhan, „der vergessene Prophet" (Giddens 1988: 319), erfuhr eine Wiederauferstehung als der erste wahre Analytiker einer vollends mediatisierten postmodernen Welt.

Joshua Meyrowitz veröffentlichte 1985 eine einflussreiche Abhandlung zu den Ideen eines dem Anschein nach sehr sonderbaren kanadischen Paars: Marshall McLuhan und Erving Goffman. Meyrowitz war beeindruckt von Goffmans Pionierarbeit zu Blickkontakten (*face engagements*) und der Bezugnahme auf die Anwesenheit anderer Personen (*relations of presence*). Gleichzeitig beachtete er McLuhans vorausschauende Interpretationen bezogen auf elektronische Medien, insbesondere das Fernsehen, und sich verändernde gesellschaftliche Einstellungen. Beides versuchte er in einer Analyse zu kombinieren und die Untersuchung von Face-to-face-Interaktionen mit dem von McLuhan eingeführten Medienansatz zu verbinden. Das Fernsehen verändert „die Situations-Geographie unseres Lebens" (Meyrowitz 1990: 31). Es hat keinen „Orts-Sinn" (*no sense of place*) und untergräbt die Beziehung, die traditionell zwischen physischem Umfeld und der sozialen Situation herrschte. Indem das Fernsehen für alle Gesellschaftsmitglieder zur alltäglichen Ressource wird, schafft es neues gemeinsames Wissen und gemeinsame Erfahrungen, wodurch die Beziehungen zum Beispiel zwischen Eltern und Kindern, Jung und Alt, zwischen Politikern und Wählern oder auch zwischen den Geschlechtern neu konfiguriert werden. Anthony Giddens verfeinerte in seinem viel beachteten Beitrag *Die Konsequenzen der Moderne* (1996) Meyrowitz' Unterscheidung zwischen Ort und Raum. Dort schreibt Giddens, dass eine Haupteigenschaft der Moderne in der Trennung von Raum und Zeit bestehe. Das wiederum sei eine notwendige Bedingung für *Entbettungs*mechanismen, die soziale Beziehungen aus ihren lokalen Interaktionskontexten herauslösen und sie über unbegrenzte Raum-Zeit-Spannen hinweg neu strukturieren (vgl. ebd.: 33). Dabei wird die Vorrangstellung des Orts zerstört:

„Der Ort ist etwas Phantasmagorisches geworden, denn die für ihn konstitutiven Strukturen werden nicht mehr lokal organisiert. Mit anderen Worten, das Lokale und das Globale sind mittlerweile unentwirrbar miteinander verflochten. Daß man an einem Ort hängt oder sich mit ihm identifiziert, sind Gefühle, die es zwar immer noch gibt, doch sie sind ihrerseits entbettet: Sie bringen nicht bloß ortsgebundene Praktiken und Beziehungen zum Ausdruck, sondern sie sind mit sehr viel weiter entfernten Einflüssen durchsetzt." (ebd.: 137)

In dem Prozess der „kulturellen Globalisierung" haben Kommunikationstechnologien eine äußerst wichtige Rolle gespielt: „Sie bilden ein wesentliches Element der Reflexivität der Moderne und der Diskontinuitäten, die zu einer scharfen Trennung des Modernen vom Traditionalen geführt haben" (ebd.: 100).[9]

In den 1980er Jahren wurde die Bedeutung der Moderne infrage gestellt. Stattdessen postulierte die damals aktuelle Diskussion, dass die Moderne von der Postmoderne abgelöst worden sei. In gewisser Hinsicht stellte die Postmoderne jedoch einen weiteren Versuch der Linken dar, sich mit ihrem gerissenen alten Feind, dem Kapitalismus, und dessen Fähigkeit, sich endlos neu zu erfinden, zu arrangieren. In den 1920er Jahren hatten Lukács und Gramsci das Aufkommen des Scientific Managements am Arbeitsplatz (Taylorismus) und seine Anwendung in der Massenproduktion (Fordismus) als Anzeichen für neue (und harte) Zeiten aufgefasst. In den 1980er Jahren sahen die Linken ein neues Zeitalter hinsichtlich des Postfordismus und des Endes der Massen voraus (Hall & Jacques 1989). Seit mehr als 50 Jahren, so schien es, hatten Kulturindustrie und Massenproduktion von Konsumgütern die Form und den Inhalt des kulturellen Lebens im 20. Jahrhundert bestimmt. In den gesellschaftlichen Verhältnissen der Massenproduktion dominierte die Angebotsseite (Produktion). Als in den 1980er Jahren die Nachfrage (bzw. der Konsum) die Produktion steuerte, schien es, als träfe nun das Gegenteil zu. Die massenhafte Herstellung standardisierter Güter, welche von Fließbändern rollten (Fordismus), war den Produktionsweisen des Postfordismus gewichen, die sich durch Produktvielfalt, Kleinserienfertigung (anstelle von Massenproduktion) und Flexibilität (kurze statt langer Fertigungsläufe) auszeichneten. Der alte Scherz, man könne jeden beliebigen Ford haben, so lange er schwarz sei, hatte keine Grundlage mehr. In den 1980er Jahren gab es in den Einkaufsstraßen und Supermärkten eine Revolution. Eine viel größere Palette an Produkten in den Regalen mit einer breiten Auswahl an Farben und Formen sowie ein schnellerer Warendurchlauf läuteten die Wahlmöglichkeiten des Konsumenten ein. Der Kunde war König. Im Rahmen der Forschung zur Massenproduktion und der damit verbundenen Massenkultur war der Konsum noch größtenteils negativ betrachtet worden. Mit dem Postfordismus wurde diesbezüglich eine Neubewertung notwendig, denn der Konsum konnte nicht länger als das Schicksal der manipulierten, passiven Masse begriffen werden, die keine andere Wahl hatte, als das zu kaufen, was die Angebotsseite bestimmte. Der Konsum wandelte sich zu einer aktiven Handlung, einem Instrument zur Formung der Identität und zur Bestätigung von Individualität. Die Wiederentdeckung des „aktiven Publikums" durch die Medienforschung in den 1980er Jahren ist ein Indikator für die neue Bewertung des Konsums. Produktvielfalt stimulierte kulturelle Vielfalt.

Seit den Anfängen der Fernsehübertragung hatte die Knappheit an Kanälen zur Folge, dass der Anzahl von verschiedenen Diensten, zu denen das Publikum Zugang hatte, enge Grenzen gesetzt waren. In den 1980er Jahren führte eine Vielzahl von technischen Innovationen dazu, dass eine größere Vielfalt an Programmalternativen möglich wurde. Im Laufe des Jahrzehnts wurde der Videorekorder zu einem normalen Konsumgut[10] und das Ausleihen von Videofilmen, um diese zu Hause anzuschauen, entwickelte sich zu einer neuen häuslichen Freizeitaktivität. Als Vorboten eines neuen Telekommunikationszeitalters stellten sich allerdings zwei andere Entwicklungen heraus: das Breitbandkabel und das Satellitenfernsehen. Ersteres ermöglichte nun den störungsfreien und qualitativ hochwertigen Empfang von Hunderten von Sendern. Die Satellitentechnologie, die in den 1980er Jahren noch in ihren Kinderschuhen steckte, erlaubte den Zuschauern den Empfang von Programmen aus der ganzen Welt. Gleichzeitig bot sie Rundfunksendern die Möglichkeit, fast überallhin in Echtzeit direkte Verbindungen herzustellen und schuf somit die Voraussetzungen für die Berichterstattung über Weltgeschehnisse und Live-Schaltungen innerhalb von Nachrichtenprogrammen (vgl. Peacock Report 1986: 21–27). Diese technischen Innovationen entsprachen McLuhans Vision vom neuen elektronischen Zeitalter, das er in den 1960er Jahren vorhergesehen hatte – vor langer Zeit, wie es heute scheint. Seine endgültige Erfüllung aber findet es mit den Entwicklungen, die sich in den letzten Jahren ergeben haben: dem verblüffend rasanten Aufstieg des Internets und des World Wide Web.

In der Einleitung zur englischsprachigen Jubiläumsausgabe von *Die magischen Kanäle* wird darauf hingewiesen, dass vieles von dem, was McLuhan zu sagen hatte, 1994 um einiges mehr Sinn machte als noch 1964.[11] Die Zeitschrift *Wired* – 1993 in Kalifornien zu Ehren und zur Verbreitung des Cyberspace und der aufkommenden Online-Kultur gegründet – machte McLuhan zu ihrem Schutzheiligen. Die verschiedenen, im Hypertext konvergierenden Medien (Ton, unbewegte wie bewegte Bilder und Print) sowie sein mosaikhaftes Design und Layout (vielfältige Klickoptionen in unterschiedlichen Fenstern, bewegliche Symbole, Text etc.) kamen dem Schreibstil sehr nahe, den McLuhan anstrebte, als er die Linearität der Gutenberg-Galaxis und des Druckzeitalters kritisch kommentierte und versuchte, sich davon zu lösen. Heute wird behauptet, dass McLuhan sowohl hypertextuell dachte als auch schrieb (vgl. Morrison 2000). In Paul Levinsons Buch *Digital McLuhan* wird der Gedanke von McLuhan als Prophet des Internets am weitesten entwickelt. Es trägt den Untertitel „A guide to the information millennium" und will belegen, dass „die Genauigkeit, die McLuhans Denken zugrunde lag, zu seinen Lebzeiten nicht vorhanden war, sich aber im 21. Jahrhundert bestätigte" (Levinson 1999: 4). Levinson weist ebenfalls auf die Ähnlichkeit zwischen McLuhans aphoristisch dichter Schreibweise und der uneingeschränkten Beweglichkeit des Hypertextes hin. Die Online-Welt ist die Verkörperung dessen, was McLuhan als das globale Dorf voraussah, „dessen Zentren überall und dessen Grenzen nirgendwo sind" (ebd: 2). Das aktuell wiederbelebte Interesse an McLuhan zusammenfassend,[12] vertritt Joshua Meyrowitz einen ähnlichen Standpunkt. Die althergebrachte Kritik an zentralisierter medialer Macht und Kontrolle hat in der heutigen, breit gefächerten und dezentralisierten globalen Medienumwelt weniger Gewicht. Digitale Medien wurden, und werden weiterhin, von Minderheiten genutzt, um auf internationaler Ebene Widerstand gegen die Interessen privatwirtschaftlicher Unternehmen und nationaler Regierungen zu organisieren, „wodurch sie McLuhans Auffassung bekräftigen, dass elektronische Medien Partizipation, Dezentralisierung und die Verflachung von Hierarchien fördern" (Meyrowitz 2003: 208).

6.6 Schreiben Technologien Geschichte?

Die nordamerikanische Massenkommunikationsforschung in den 1950er und 1960er Jahren war getrieben von dem Interesse an der Wirkung medialer Botschaften auf die Zuschauer. Innis und McLuhan verlagerten ihre Aufmerksamkeit weg vom *Inhalt* der Medien (ihren Botschaften) hin zu ihrer *Form*. Die materiellen Eigenschaften unterschiedlicher Medien offenbarten ihre kommunikativen Charakteristiken, die sich auf das Management von Raum und Zeit bezogen. Aus den vielen vergleichenden Beurteilungen ihrer Arbeiten sticht eine Reihe gegensätzlicher Motive besonders hervor. Der Historiker Innis entwickelte eine historische und politische Analyse, die die sozialen Auswirkungen von Kommunikationstechnologien auf der Makroebene betonte. Seine Untersuchungen hatten die Vergangenheit zum Gegenstand und konzentrierten sich auf imperiale Macht und Konflikte. McLuhan, der Literaturkritiker, richtete sein Augenmerk auf den Einfluss der Medien in alltäglichen Kontexten sowie auf die Art und Weise, wie sie unsere Erfahrungen und die Wahrnehmung der Welt neu strukturierten – eine Kulturanalyse auf der Mikroebene.[13] Er blickte in die Zukunft und hatte eine grundsätzlich harmonische und unpolitische Weltsicht. Wofür beide in der Literatur häufig kritisiert werden, ist der *Technologiedeterminismus* in ihren Schriften. Dieser technologische Determinismus argumentiert, dass es die Maschinen sind, die Geschichte schreiben: Im 16. Jahrhundert löste zum Beispiel die Druckerpresse in Europa die Reformation aus. Dies ist eine Sichtweise der Alltagsvernunft: „Menschen sprechen oft davon, dass eine neue Welt, eine neue Gesellschaft, ein neues Zeitalter von dieser oder jener Technologie hervorgebracht wurde, zum Beispiel von der Dampfmaschine, dem Automobil oder der Atombombe" (Williams 1974: 9). Gibt es eine unmittelbare Ursache-Wirkungs-Beziehung zwischen neuen Technologien und sozialem Wandel? Sind Technologien unmittelbare Auslöser von sozialem Wandel – und falls ja, dann wie? R.L. Heilbroner legte in den späten 1960er Jahren ein überzeugendes Argument bezüglich dieser Fragen vor (neu abgedruckt in Smith & Marx 1994). Es sei einleuchtend, so behauptete er, dass „Maschinen in einem gewissen Sinne Geschichte schreiben", aber eher schwierig, genau zu sagen wie (ebd.: 54). Dazu zitierte er Marx (*Das Elend der Philosophie*): „Die Handmühle ergibt eine Gesellschaft mit Feudalherrn, die Dampfmühle eine Gesellschaft mit industriellen Kapitalisten" (Marx 1978: 104). Die Technologie einer Gesellschaft zwingt den sozialen Beziehungen in dieser Gesellschaft ein bestimmtes Muster auf. Eine etwas nuanciertere Variante dieser Thematik findet sich in Friedrich Kittlers historischer Studie *Grammophon, Film, Typewriter* aus dem Jahre 1986. Kittler nahm die Haupterkenntnisse (und Ausdrucksweise) von McLuhan auf und überarbeitete sie zu einer postmodernen, antihumanistischen Deutung bezüglich der Art und Weise, wie „Medien unsere Lage bestimmen" (Kittler 1986: 3). Er zeigt, wie neue Kommunikationstechnologien, wie zum Beispiel das Grammophon, die Sicht auf uns selbst verändern. Heutzutage ist die Vorstellung, dass das menschliche Gehirn mit einem Computer vergleichbar ist, eine Selbstverständlichkeit für uns. Vor 100 Jahren aber schien es selbstverständlich, dass das Gehirn eher Edisons Grammophon ähnelte (vgl. ebd.: 62–72) – eine Vorstellung, die uns heute ziemlich skurril erscheint.

Zur Frage des technologischen Determinismus bezogen auf die Wirkung des Fernsehens bietet *Television. Technology and Cultural Form* (1974) von Raymond Williams die sorgfältigste und ausgewogenste Diskussion. Er stellt fest, dass es eine Reihe sich überschneidender Annahmen zum gesellschaftlichen Einfluss des damals neuen Mediums und der allgemeinen Ansicht gibt, dass es unsere Welt verändert hat. Die *deterministische* Sichtweise behandelt die Entwicklung von neuen Technologien als einen internen Prozess wissenschaftlicher Erfindung, welcher neue Gesellschaften (zum Beispiel das Zeitalter des Fernsehens) und neue soziale Beziehungen hervorbringt. Die *symptomatische* Sichtweise hingegen betrachtet technische Innovation als das Produkt von bereits existierenden sozialen Prozessen. So verursacht ein kapitalistisches Wirtschaftssystem einen hohen Bedarf an anhaltender Produktinnovation, um Märkte und Profite aufrechtzuerhalten. Das eigentliche Problem ist laut Williams, dass beiden Darstellungsweisen jeglicher Sinn für die menschliche Intentionalität abgehe und somit ein Verständnis von Technologien als historisch situierte und aktiv angestrebte Antworten auf empfundene Bedürfnisse oder Erfordernisse fehle (vgl. Williams 1974: 10–15). Er fährt fort mit einer kurzen Beschreibung der historischen Entwicklung von Rundfunktechnologien, wobei er die Langwierigkeit und Komplexität der Wechselverhältnisse zwischen wissenschaftlichen Entdeckungen und deren Umsetzung und Nutzung betont. Allgemein betrachtet war dieser Prozess eine Reaktion auf die wachsende Komplexität moderner Industriegesellschaften und die organisatorischen Probleme, die damit einhergingen. Mittels eines einfachen Kabels erlaubten der Telegraf wie auch das Telefon die Herstellung einer direkten Verbindung zwischen Akteuren an weit voneinander entfernten Orten. Die Beschränkung der auf Leitungen beruhenden Verbindungen trieb die Suche nach drahtlosen Verbindungsmöglichkeiten voran, was Technologien wie die kabellose Telefonie oder auch den Funkverkehr zur Folge hatte. Letzterer war die technische Lösung für die Art von Problemen, die Innis in seinen frühen historischen Studien zu wirtschaftlichen Hauptgütern und deren Bewegungen ausmachte (Funk wurde Anfang des 20. Jahrhunderts auch im Pelzhandel eingesetzt). Williams bringt zwei entscheidende Argumente vor: Typisch für Kommunikationssysteme ist erstens, dass sie alle – nicht als Utopien, sondern als Technologien – vorhergesehen wurden, noch bevor ihre ausschlaggebenden technischen Bestandteile entdeckt und ausgearbeitet waren.[14] Zweitens handelte es sich bei diesen Entwicklungen zunächst um Lösungen für die Bedürfnisse von Wirtschaft, Regierung und Militär, die nach schnelleren und effizienteren Kommunikationswegen zur Überbrückung großer Entfernungen verlangten. Ihre verbreiteten sozialen und kulturellen Nutzungsweisen waren ungeplante Begleiterscheinungen, da sie ursprünglich für den spezifischen Gebrauch in Wirtschaft und Kriegsführung entwickelt worden waren. Das Radio zum Beispiel war zunächst als interaktives, wechselseitiges Kommunikationsmittel konzipiert und auch verwendet worden. Zum ersten Mal kam es im Ersten Weltkrieg als Instrument zur dauerhaften Aufrechterhaltung des Kontakts zwischen dem Armeehauptquartier und der Kriegsfront zur Geltung. Bei dieser Verwendungsweise stellten sich seine Übertragungseigenschaften (*jeder* konnte die Signale empfangen) klar als problematisch heraus, was das Verschlüsseln von Nachrichten zur Folge hatte, um zu vermeiden, dass dem Feind Informationen in die Hände fielen. Erst nach dem Krieg fing man an, die Eigenschaften der Funkübertragung auch für allgemeine soziale Zwecke zu erschließen. 1922 wurde mit einem Abkommen zwischen der noch jungen Radio- und Elektronikindustrie und der britischen Regierung die British Broadcasting Company (BBC) gegründet, um für die öffentliche Hörerschaft, die damals noch gar nicht existierte, einen allgemeinen Rundfunkdienst bereitzustellen. „Es ist nicht nur so, dass das Angebot an Rundfunkeinrichtungen der Nachfrage vorausging; auch gingen die Kommunikationsmittel ihren Inhalten voraus" (Williams 1974: 25).

In den letzten Jahren hat die Soziologie ihr Interesse an Naturwissenschaft und Technologie wieder aufgenommen, mit dem technologischen Determinismus als einem Reizthema (vgl. Hutchby 2001: 15). Ian Hutchby zum Beispiel betont – nach einem nützlichen Überblick über die Forschungsliteratur – seine eigene Position: dass Technologien über unterschiedliche *kommunikative Angebotscharaktere (communicative affordances)* verfügen. Dieses Konzept ist von dem Psychologen J.J. Gibson entlehnt, der behauptete, dass menschliche Wesen und auch andere Spezies auf die Dinge, die ihnen in der Welt begegnen, hinsichtlich ihres Angebotscharakters, auf die Handlungsmöglichkeiten, die sie bieten, reagieren. Dies macht er sowohl für die natürliche Umgebung (ein Baum bietet Sicherheit, einen Unterschlupf etc. für verschiedene Lebewesen) als auch für menschliche Artefakte geltend. Entscheidend dabei ist, dass der Angebotscharakter die nützlichen und brauchbaren Eigenschaften von natürlichen wie von Menschenhand geschaffenen Gegenständen darstellt. Er wird nicht von den subjektiven Bedürfnissen des Nutzers bestimmt, sondern beschreibt stattdessen eher die feststellbaren Funktionalitäten eines Gegenstandes an sich. Die Nutzbarkeit von Artefakten befindet sich stets innerhalb eines begrenzten Umfangs relevanter Anwendungsmöglichkeiten. Mit anderen Worten hat, wie Innis behauptete, die Beschaffenheit von Papier, Papyrus oder Stein (als Oberflächen zur Beschriftung mit Nachrichten) bestimmte Auswirkungen auf die angemessene Verwendung des jeweiligen Materials. Hutchby vertritt eine ähnliche Ansicht. Kommunikationstechnologien bieten bestimmte Formen der allgemeinen Nutzung, ohne die spezifischen Verwendungsweisen festzulegen, für die Individuen sie vielleicht einsetzen mögen. Das Telefon wurde nicht erfunden, damit Menschen miteinander plaudern können. Der entscheidende Punkt ist jedoch der, dass das Telefon diese Art des Gebrauchs *ermöglicht* und heute, 100 Jahre nach seiner Erfindung, von jedermann unter anderem als Hilfsmittel genutzt wird, um mit Familie und Freunden auf der ganzen Welt in Kontakt zu bleiben. Der Konversationsanalytiker Hutchby ist besonders an den Gesprächen interessiert, die am Telefon stattfinden, im Unterschied zu der Art von Gesprächen, die auf körperlicher Anwesenheit beruhen. Die Konversationspartner am Telefon können sich gegenseitig nicht sehen, was sich sowohl auf die Verhaltensregeln des Telefongesprächs als auch auf andere Dinge auswirkt, die sie während eines Telefonats tun können oder eben nicht. Die Form einer Technologie hat also einen bestimmten Einfluss auf ihre möglichen Verwendungsweisen. In diesem Sinne sollte untersucht werden, wie Technologien tatsächlich eingesetzt werden.

Für ihre diversen Bewunderer sind weder Innis noch McLuhan Technologiedeterministen, obgleich Menahem Blondheim (2003) Innis als „Kommunikationsdeterminist" beschreibt. Vielleicht ist der eigentliche Punkt, den es zu beurteilen gilt, wie bedeutend beziehungsweise unbedeutend die Beiträge der beiden für unser Verständnis von der Beziehung zwischen Kommunikation, Technik und Gesellschaft sind. Ihre Betonung der materiellen Formen verschiedener Kommunikationstechnologien war ein Novum und im Kontext der nordamerikanischen Massenkommunikationssoziologie in den 1950er und 1960er Jahren frisch und originell. Darüber hinaus lösten ihre Ideen in anderen Wissenschaftsdisziplinen Interesse und Forschung aus. So griffen Anthropologen die grundlegende Unterscheidung zwischen „oralen" Gesellschaften und jenen mit einer Schrift- oder Druckkultur auf (vgl. Goody 1981). Elizabeth Eisenstein (1979) untersuchte den historischen Übergang von der Manuskriptkultur zur Druckkultur in Europa bis ins Detail. Zugegebenermaßen haben ihre prophetische Art und die anhaltende Tendenz, die Weltgeschichte auf verschiedene Kommunikationsepochen zu reduzieren, zur Folge, dass das menschliche Handeln aus den geschichtlichen Abläufen ausgeklammert wird. Williams bestand zu Recht auf der wichtigen Rolle menschlicher Intentionalität bei Prozessen technologischer Innovation. Der springende Punkt bei der „Frage nach der Technik" ist, wie Heidegger aufzeigt (1988), kein technologischer.[15] McLuhan liegt sicherlich richtig, wenn er Technologien als „extensions of man" betrachtet. Man mag ihm zustimmen, wenn er sagt, dass Technologien Werkzeuge sind, die instrumentellen Zwecken dienen und ferner, dass verwirklichte Technologien uns als ihre „Servomechanismen" erscheinen lassen. In einer Maschinenzivilisation neigen wir dazu, uns selbst *als* Maschinen wahrzunehmen. Descartes betrachtete sich selbst als eine Uhr (im 17. Jahrhundert das fortschrittlichste Beispiel für Technologie). Heutzutage sehen wir uns selbst als Computer mit Gehirnen, fest verdrahtet und mit Softwareeinspeisungen versehen. Wir werden zu dem, was wir betrachten, wie McLuhan zu sagen pflegte, und verlieren dabei die Tatsache aus dem Auge, dass die technologisierte Welt der Ausdruck dessen ist, was wir sind. Nicht nur sind wir wie Maschinen, sondern Maschinen sind ebenso wie wir. Wir sind aufgefordert, nicht lediglich über das nachzudenken, was wir mit Maschinen machen, sondern auch, was Maschinen mit uns tun. Letztere Frage wurde, bezogen auf Kommunikationstechnologien (Kommunikation *als* Technologie), erstmals von den zwei Autoren aufgeworfen, die ich in diesem Kapitel behandelt habe.

Anmerkungen

1 Für eine kurze und anschauliche Zusammenfassung dieses Moments der Historiographie des 20. Jahrhunderts siehe Breisach (1994: 394–403).

2 1924 kaufte Innis ein Kanu – das ursprüngliche Transportmittel, mit dem die Felle zur Hudson Bay Company gebracht wurden – und paddelte den abgeschiedenen Mackenzie River im nördlichen Kanada hinauf, um sich die letzte noch erhaltene Region des Fellhandels selbst anzuschauen.

3   Für eine faszinierende Erörterung zu Sokrates' berühmtem Angriff auf die Schrift siehe Peters (1999: 36–51).

4   Im Sommer wurden die Felle über den Fluss transportiert, aber im Winter, wenn die Flüsse zugefroren waren, setzte man Hunde und Schlitten ein. Der Winter war die beste Zeit, um Biber zu töten, weil ihr Fell dann viel glänzender und somit wertvoller als im Sommer war.

5   McLuhan mochte keine arbeitssparenden Geräte im Haus und schaffte in den frühen 1950er Jahren nur einen Staubsauger an, um seine Frau davon abzuhalten, den des Nachbarn zu leihen. Er hasste Autos und mied es – wo immer möglich – zu fahren (vgl. Marchand 1998: 178, 86).

6   *Abced-minded* (ABC-Denken) anstatt *absent-minded* (geistesabwesend) – ein Wortspiel von Joyce aus *Finnegan's Wake*, das McLuhan oft benutzte, um auf die buchstäbliche, sequentielle und geistesabwesende ‚Eins-nach-dem-anderen-Mentalität' hinzuweisen, die durch das Alphabet bedingt ist (vgl. McLuhan 1995: 189).

7   Siehe Eco (2006) und Barthes (1977, 1988). *Ulysses* und *Finnegan's Wake* von James Joyce waren Musterbeispiele für ‚offene' Texte (und Inspirationsquellen für McLuhan).

8   Harvey (1986: 201–326) ist zusammen mit Giddens (1996) diesbezüglich besonders einflussreich gewesen.

9   Für weitere Untersuchungen zu der Beziehung zwischen Kommunikation und Moderne (oftmals auch als „Mediumstheorie" bezeichnet) siehe Crowley und Mitchell (1994) sowie Thompson (1995).

10 Zwar verfügten 1986 nur 38 Prozent der britischen Haushalte über einen Videorekorder, damals galt dies aber als einer der höchsten Verbreitungswerte weltweit (vgl. Peacock Report 1986: 26). Ebenso ermöglichte der Videorekorder zeitversetztes Sehen (d.h. Programme aufzunehmen, um sie dann später anzuschauen) – ein schönes Beispiel für die von Giddens diskutierten Prozesse der Entbettung und Wiedereinbettung (1996).

11 Die meisten Angaben in diesem Absatz sind Meyrowitz (2003: 206f.) entnommen.

12 Weitere Neubewertungen finden sich bei Meyrowitz (1996), Grosswiler (1998) und Carey (1998).

13 Einige Beiträge in Melody et al. (1981) beinhalten vergleichende Bewertungen von Innis und McLuhan, insbesondere die von Theall (1981) und Crowley (1981).

14 Brian Winstons Buch *Media Technology and Society* (1998) beinhaltet eine detaillierte Darstellung der langwierigen und ungleichmäßig verlaufenden Prozesse von der wissenschaftlichen Erfindung über die technische Anwendung und die Aufnahme durch den Markt bis hin zur gesellschaftlichen Akzeptanz ‚neuer' Kommunikationstechnologien (von denen die meisten wohl viel älter sind als wir denken). Patrice Flichy (1995) bietet eine faszinierende Sozialgeschichte von Kommunikationstechnologien aus französischer Perspektive.

15 Für Heidegger ist Technologie sowohl gefährlich als auch erlösend. So oder so enthüllt sie das „Wesen" des Menschseins. Moderne, wissenschaftliche Technologien, welche die industrialisierten kapitalistischen Gesellschaften stärken, bringen eine instrumentelle und ausbeuterische Einstellung zur natürlichen Welt und anderen Wesen zum Ausdruck. Die Beherrschung der Natur verkörpert eine destruktive und achtlose Einstellung zum Leben und zur Welt, die auffällig für moderne westliche Kulturen ist. Andererseits müssen wir dem gegenübertreten und die erlösende Kraft, die uns die Technologie bieten kann, entdecken.

7 Kommunikation als Interaktion: Goffman, Garfinkel – USA, 1950er bis 1970er Jahre

7.1 Einleitung

Der Forschungsbereich der Soziologie ist „das Soziale" – was genau es damit aber auf sich hat, hat sich seit ihrer Etablierung als eigenständige wissenschaftliche Disziplin gegen Ende des 19. Jahrhunderts gewandelt. Die klassische Soziologie (im Sinne ihrer ‚Gründungsväter' Marx, Weber und Durkheim) behandelte das Soziale im Wesentlichen als *Gesellschaft* und somit im großen Maßstab. Sie unterteilte die Massengesellschaft oder Gesellschaft-als-Nation in ihre ökonomischen, politischen und soziokulturellen Strukturen. Dabei stellten „Klasse", „Staat" und „Kapitalismus" Schlüsselkonzepte dar. Diese Sichtweise auf das Soziale durchdrang das Weltbild der Frankfurter Schule ebenso wie das der amerikanischen Massenkommunikationsforschung und wird bisweilen auch als „Makrosoziologie" bezeichnet. Hierbei werden insbesondere umfassende und unpersönliche gesellschaftliche Kräfte in den Vordergrund gestellt, die als Strukturen wahrgenommen werden, die sich den einzelnen Mitgliedern einer Gesellschaft aufdrängen und dadurch ihr Leben bestimmen. Wie die soziale Welt jeweils aktuell empfunden wird, resultiert immer zu einem gewissen Grad aus dem historischen Druck, der jederzeit auf ihr lastet. Dieser beeinflusst die wissenschaftliche Erkenntnis in gleichem Maße wie die gewöhnliche Alltagswahrnehmung. Eine auffällige historische Tatsache ist, dass die verschiedenen Weltsichten in der zweiten Hälfte des 20. Jahrhunderts eine erhebliche Schwerpunktverlagerung erfuhren, die sich nach dem Zweiten Weltkrieg in einer ganzen Reihe wissenschaftlicher Untersuchungsfelder abzeichnet. Im fünften Kapitel habe ich das Aufkommen einer radikalen Neukonzeptualisierung von „Kultur" im Großbritannien der Nachkriegszeit besprochen; eine Bewegung weg vom gesellschaftlich exklusiven Verständnis von Kultur als hohe Kunst und hin zu einem eher inklusiven Verständnis von Kultur als „gewöhnlich" – als *die Gesamtheit einer Lebensweise.* In diesem Kapitel behandle ich nun eine neue Richtung in der Soziologie, die sich mit dem alltäglichen sozialen Leben, den sozialen Akteuren und ihren Interaktionen beschäftigt. Sie entwickelte sich in den 1950er Jahren in Amerika und ihre zwei Schlüsselfiguren waren Erving Goffman und Harold Garfinkel. Obwohl sich ihre Herangehensweise stark von denen der Cultural Studies-Pioniere in Großbritannien unterschied, war ihr Kerninteresse – die Beschäftigung mit dem alltäglichen sozialen Leben und gewöhnlichen Mitgliedern der Gesellschaft – dasselbe. Goffman und Garfinkel redefinierten „das Soziale" in der gleichen Weise, wie Williams und Hoggart zur selben Zeit „das Kulturelle" neu definierten. Der Forschungsgegenstand aller war das, was Hoggart als „die wirkliche Welt der Menschen" bezeichnete.

7.2 Die Interaktionsordnung

Wie viele Kommentatoren angemerkt haben, ist es schwierig, die Arbeit von Erving Goffman zusammenzufassen[1]. Das ist zum Teil seinem Stil und seinen Methoden geschuldet, teilweise hat es mit einer in sich widersprüchlichen Haltung zu seinem Hauptthema sowie mit einer gewissen Unschärfe einiger seiner Schlüsselkonzepte zu tun. Bezogen auf ihren Gegenstand sind Goffmans Schriften allerdings beständig. Sie sind das Zeugnis einer über 30 Jahre andauernden Auseinandersetzung mit dem Thema seines bekanntesten Buches *Wir alle spielen Theater* (*The Presentation of Self in Everyday Life*). Seine Studien über das Selbst in Interaktion mit anderen wirken sehr konkret und auf empirische Daten gestützt. Im Vergleich zu diesen reichhaltig anmutenden deskriptiven Daten findet sich nur wenig theoretische Diskussion. Seine Schreibweise ist fast immer deutlich und elegant. Goffman ist bekannt für seinen prägnanten Stil und seine bissige Ausdrucksweise, dennoch erscheinen seine Darstellungen von Alltagsphänomenen bei genauerer Betrachtung impressionistisch. Das Datenmaterial ist diversen Quellen entnommen – beispielsweise Büchern über Benimmregeln, Biografien oder auch Romanen. Es finden sich jedoch kaum ausführliche Darstellungen, die auf seinen eigenen Arbeiten im Feld beruhen.[2] Gelegentlich sind Daten sogar erfunden, vor allem, um Gesprächsbeispiele anzuführen, die seine Argumentation stützen – eine Vorgehensweise, über die sich Emanuel Schegloff (1988) empörte. Obwohl seine Veröffentlichungen, sowohl einzeln betrachtet als auch insgesamt, thematisch deutliche Überschneidungen aufweisen, entsteht doch kaum der Eindruck, als erzeugten sie ein Wachstum an Wissen oder eine Zunahme an Erkenntnis. Bezüglich seiner Herangehensweise an Interaktion wird häufig der Einwand geäußert, sie sei episodisch. Seine Texte scheinen über keinerlei Sinn für eine zeitliche Tiefendimension zu verfügen, was eine Ursache für die „Plattheit" und den Mangel an Struktur sein könnte, die Giddens (1987: 138) ihnen bescheinigt.

Problematischer ist Goffmans Auffassung vom „Selbst" – eines der Herzstücke in all seinen Schriften. Für einige ist Goffmans Haltung diesbezüglich „machiavellistisch", „zynisch" oder auch „amoralisch". Wohlwollendere Kritiker verweisen auf Goffmans Arbeiten über Takt, Mitgefühl und Verständnis, das andere zeigen, wenn ein Individuum bei einer sozialen Zusammenkunft einen

Imageverlust erleidet, ,sein Gesicht verliert'. Seine brillanten Beobachtungen zum Phänomen der „höflichen Gleichgültigkeit" werden geltend gemacht, um das auszugleichen, was Garfinkel in Goffmans Sichtweise des Selbst als „anstößig" bezeichnet. Genau genommen bietet Goffman in seinen Schriften zwei Versionen des Selbst an, zwischen denen Spannungen herrschen, die nicht aufgelöst werden: einerseits das versteckte Selbst, welches gleichzeitig defensiv wie auch aggressiv ist, und andererseits das kostbare, heilige Selbst. Ersteres tritt in *Wir* *alle spielen Theater* deutlich in Erscheinung, worin es hauptsächlich um „die Technik der Eindrucksmanipulation" geht (Goffman 1969 [1959]: 189–212). Das Anliegen des Individuums bei sozialem Kontakt besteht hier in der Aufrechterhaltung einer Fassade. Dahinter steht die viel diskutierte Metapher vom Sozialleben als Theater – die Dramaturgie der alltäglichen Existenz –, die sich durch das gesamte Buch zieht. Besonders plakativ wendet er das aus der Theaterwelt stammende Bild der Vorder- und Hinterbühne (*front stage* und *back stage*) auf das tägliche Leben an. Damit lassen sich Orte und Anlässe dahingehend voneinander unterscheiden, ob eine Person sich gerade ,präsentiert' und somit den prüfenden Blicken und der potentiellen Kritik anderer ausgesetzt ist, oder nicht. In Vorderbühnensituationen ist bei der Ausführung einer bewusst gesteuerten Selbstperformance besondere Sorgfalt geboten. Im Falle eines Lehrers etwa entspräche der Klassenraum einer solchen Vorderbühne. An Orten, die zu den Bereichen der Hinterbühne zählen (das Lehrerzimmer beispielsweise), kann sich das Individuum erholen. Hier ist keine Fassade nötig und es können Dinge gesagt und getan werden, die auf der Vorderbühne unangemessen wären. Eine von Goffmans Schlüsselerkenntnissen ist, dass das Selbst – was auch immer darunter zu verstehen ist – nichts Angeborenes und Gegebenes ist (keine fixe Identität), sondern vielmehr etwas, das inszeniert und aufgeführt wird. Die äußerst wichtige Frage, die unmittelbar aus diesem Sachverhalt hervorgeht, ist die nach der Beziehung zwischen Darsteller und Performance. „Kein Wissen gibt's, der Seele Bildung im Gesicht zu lesen" sagt Duncan über den betrügerischen Than von Cawdor (*Macbeth*, Akt 1, Sz. 4) und das trifft ebenso auf Goffmans Darstellung des Alltags-Selbst zu. Die Kunst der Eindrucksmanipulation (*impression management*) weist hin auf ein weiteres, möglicherweise feindseliges oder defensives, sicherlich aber manipulatives Selbst. Dieses versteckt sich hinter dem vorgespielten, projizierten Selbst, als das es sich anderen gegenüber ausgibt. Eben dieses ,Selbst mit zwei Gesichtern' hatte Vorwürfe von Zynismus und Amoralität zur Folge (etwa bei MacIntyre 1987: 52, 156ff.).

In *Asyle* ist das Verständnis vom Selbst eher ein anderes. Das Buch handelt von „totalen Institutionen" – Goffmans treffender Ausdruck für Orte wie Gefängnisse, Armeekasernen oder Nervenkliniken (aber ebenso für Nonnen- und Mönchsklöster sowie Internate) – und dem Schicksal ihrer Insassen. In der Einleitung verdeutlicht er: „Hauptsächlich geht es darum, eine soziologische Darstellung der *Struktur* des Selbst zu entwickeln" (Goffman 1977 [1961]: 11; Hervorhebung hinzugefügt). Es ist eine typische Strategie Goffmans, die Charakteristika des Selbst indirekt und mit Hilfe einer „Perspektive der Inkongruenz" zu bestimmen. Was Individuen somit beim Eintritt in eine totale Institution widerfährt, ist die systematische Zerstörung ihres vorigen „bürgerlichen Selbst". Goffman nennt dies die Abtötung des Selbst, was er wörtlich meint. Wer in eine totale Institution eintritt, erleidet seinen „bürgerlichen Tod". Es entsteht ein schlüssiges Bild davon, wie das alltägliche Selbst, das für uns alle so selbstverständlich ist, schonungslos entfernt wird. Solche Institutionen können als total bezeichnet werden aufgrund der absoluten Kontrolle, die sie über ihre Insassen ausüben – ein Punkt, den Foucault mit seiner Untersuchung zum Überwachungssystem im modernen Strafvollzug unterstreicht (vgl. Foucault 1976).[3] Goffman zeichnet die Methoden nach, die in totalen Institutionen zur Anwendung kommen, um jegliche Stützen und Hoheitsgebiete des Selbst zu beseitigen: Namen werden durch Nummern ersetzt, Zivilkleidung durch eine institutionelle Uniform, Haare vielleicht abgeschnitten und die persönliche Habe sowie kleine Utensilien des Selbst, die die Identitätsressourcen einer Person ausmachen, werden entfernt. Die Insassen fristen eine Mengen-Existenz, da sie sich fortwährend in irgendeiner Gruppe befinden und niemals alleine sind. Sie schlafen in Schlafsälen oder Gemeinschaftszellen. Bäder und Toiletten sind entweder offen oder können nicht abgeschlossen werden. Es gibt keinen Raum, keinen Platz, an dem man für sich allein und man selbst sein könnte. Totale Institutionen sind „die Treibhäuser, in denen unsere Gesellschaft versucht, den Charakter von Menschen zu verändern. Jede dieser Anstalten ist ein natürliches Experiment, welches beweist, was mit dem Ich des Menschen angestellt werden kann" (Goffman 1977 [1961]: 23).[4]

All das beläuft sich auf eine „Schändung", eine „Entstellung" des Selbst – eine systematische Reihe von „Erniedrigungen, Degradierungen, Demütigungen und Entwürdigungen" (ebd.: 25). Durch seine systematische Zerstörung erschließt sich, was die Struktur des bürgerlichen, alltäglichen Selbst ausmacht. Ein Gefühl für das Individuum als heiliges Objekt beginnt sich abzuzeichnen. Heilige Objekte haben Anspruch auf den ihnen gebührenden Respekt und Achtung durch andere und nur heilige Objekte können rituell entweiht oder geschändet werden. Die Auffassung vom Selbst als etwas Heiliges, mit positiven wie negativen Eigenschaften, stützt auch Goffmans Ansichten zum *Image* (*face*): „Das Image eines Menschen ist etwas Heiliges und die zu seiner Erhaltung expressive Ordnung deswegen etwas Rituelles" (Goffman 1975 [1968]: 25). Dieses Schlüsselkonzept stammt von Emile Durkheim, der ausführt: „Die Persönlichkeit des Menschen ist etwas Heiliges; man wagt nicht, sie zu verletzen, man hält sich fern von ihrem Umkreis,[5] während gleichzeitig die Gemeinschaft mit dem Mitmenschen das Gute par excellence darstellt" (Durkheim zit. nach Goffman 1975: 82). Sobald Individuen sich in Anwesenheit anderer befinden, gehen sie gegenseitig die feierliche Verpflichtung ein, das Image der anderen zu wahren. Was nun in der Bezugnahme auf die Präsenz anderer ins Spiel kommt, ist das, was Goffman *Interaktionsordnung* nennt – ein Ausdruck, den er kurz vor seinem Tod benutzte, um sein eigenes Verständnis von seinem Lebenswerk auf den Punkt zu bringen. Ich möchte seine Formulierung dahingehend interpretieren, dass sie eine Re-Spezifikation der Natur und des Charakters menschlicher Kommunikation beinhaltet: Kommunikation als Interaktion.

7.3 Höfliche Gleichgültigkeit

Von Anfang bis Ende geht es in Goffmans Arbeit um menschliche Kommunikation. Seine Doktorarbeit trug den Titel *Communication in an Island Community* (1953) und 1981 erschien mit *Forms of Talk* (*Rede-Weisen*) seine letzte bedeutende Arbeit. Wie Kommunikation funktioniert – also wie Menschen miteinander kommunizieren – war in all seinen Schriften ein Gegenstand von bleibendem Interesse. Zentral ist dabei seine Auffassung von Interaktion als zugleich determinierte wie determinierende Struktur, die von allen Teilnehmern aufrechterhalten werden muss, wenn man mit ihr beginnt. Was genau aber ist es, das da aufrechterhalten wird? Es ist die Natur des Anlasses, die Situation selbst und ihre *situationsbezogenen Eigenschaften*. Goffman schrieb in seiner Einleitung zu *Interaktionsrituale*:

> „Ich setzte voraus, daß der eigentliche Gegenstand der Interaktion nicht das Individuum und seine Psychologie ist, sondern eher die syntaktischen Beziehungen zwischen den Handlungen verschiedener gleichzeitig anwesender Personen [...] Es geht hier also nicht um Menschen und ihre Situationen, sondern eher um Situationen und ihre Menschen." (Goffman 1975 [1968]: 8f.)

Wann immer andere an öffentlichen Orten zugegen sind, stellt das Verhalten einer jeden Einzelperson eine genau festgelegte Reaktion auf die Anforderungen des jeweiligen Moments dar. Ein Faktor, der in entscheidender Weise das Verhalten bestimmt, ist das allseitige Bewusstsein, sich in der Gegenwart anderer zu befinden.

Dieses Bewusstsein ist *immer* etwas, das kommuniziert werden muss. Es muss den anderen irgendwie so angezeigt werden, dass diese es als beabsichtigt erkennen können. Das Phänomen der „höflichen Gleichgültigkeit" ist in dieser Hinsicht beispielhaft. Die Möglichkeit, ohne Beklemmung oder Angst mit anderen, uns Unbekannten, in der Öffentlichkeit zusammen zu sein – ein zentrales Thema in *Verhalten in sozialen Situationen* (Goffman 1971) –, ist ein langer, historischer und noch immer nicht abgeschlossener Prozess. Sie ist grundlegend für die Welt, in der wir leben, da sie uns jeden Tag notgedrungen den Kontakt

mit Fremden abverlangt. Wenn wir die Unzahl von kleinen Aufgaben und Interaktionen des Alltags bewältigen wollen, *müssen* wir fähig sein, uns in der Gegenwart von anderen zu befinden, mit ihnen umzugehen und mit ihnen zu interagieren, ohne dass dies ein Problem, eine Quelle von Beklemmung, Angst oder
Feindseligkeit darstellt. Mit der *höflichen Gleichgültigkeit* lenkt Goffman unsere
Aufmerksamkeit auf genau dieses Phänomen:

> „Bei der Bekundung dieser Höflichkeit können die Augen desjenigen, der schaut, über die des
> andern hinweggleiten, gemeinhin ist dabei kein ‚Erkennen' gestattet. Kommt es zu solcher Höf-
> lichkeit zwischen zwei Passanten auf der Straße, kann höfliche Gleichgültigkeit in der besonde-
> ren Form walten, daß man den andern ins Auge faßt, bis er sich auf etwa drei Meter genähert
> hat – in dieser Zeit werden die Seiten der Straße durch Gebärden aufgeteilt –, dann, während der
> andere vorbeigeht, schlägt man die Augen nieder, man blendet quasi ab. Wir haben hier viel-
> leicht das unbedeutendste interpersoneller Rituale und doch zugleich eines, das beständig den
> sozialen Verkehr zwischen Menschen unserer Gesellschaft regelt. Mit höflicher Gleichgültigkeit
> tut man kund, man habe keinen Grund, den Absichten der anderen Anwesenden zu mißtrauen,
> und auch keinen Grund, die andern zu fürchten, ihnen feindlich gesonnen zu sein oder sie mei-
> den zu wollen. Läßt man diese Art Höflichkeit in breiterem Maßstab walten, setzt man sich au-
> tomatisch einer gleichen Behandlung von seiten der anderen aus. Man beweist damit, man habe
> nichts zu befürchten oder zu meiden für den Fall, daß man gesehen und beim Sehen gesehen
> werde, und man schäme sich seiner selbst nicht, auch nicht des Ortes und der Gesellschaft, in
> der man sich befindet." (Goffman 1971: 85)

Höfliche Gleichgültigkeit leistet einen essenziellen Beitrag dazu, dass eine *zivilisierte* Gesellschaft an sich überhaupt möglich ist, in der die Gegenwart anderer
an öffentlich zugänglichen Plätzen ohne Angst oder Bedrohung von allen Anwesenden akzeptiert wird. Insofern setzt sie eine allgemeine Gleichstellung der
Individuen voraus, sodass ein jeder von jedem anderen erwarten kann, dass ihm
mit höflicher Gleichgültigkeit begegnet wird.

Eine für Goffman charakteristische Vorgehensweise, die er auch in *Asyle*
anwendet, besteht in der apophatischen Definition des ‚Normalen' (eine Methode
der sogenannten Negativen Theologie, die Gott beschreibt, indem sie aufzählt,
was er nicht ist). Aus der Annahme heraus, dass die höfliche Gleichgültigkeit
die Norm darstellt, ergibt sich für Goffman die Frage, auf wen sich diese Norm
nicht erstreckt. Wer wird an öffentlichen Orten angestarrt? Wer fühlt sich in der
Öffentlichkeit bedroht? Seine Arbeit über diejenigen, die auf irgendeine Weise
gesellschaftliche Stigmatisierung erfahren müssen, deutet klar darauf hin, dass
höfliche Gleichgültigkeit keine universelle Erfahrung ist (vgl. Goffman 1971).
Er verweist insbesondere auf „den ‚Haßblick', den ein weißer Südstaatler zuweilen einem vorbeigehenden Neger nachschickt" (ebd.: 84). Zu Goffmans Zeit
hatte die Bürgerrechtsbewegung in den USA gerade erst begonnen – ausgelöst
exakt durch die Forderung nach höflicher Gleichgültigkeit und somit nach dem
Recht „wie jeder andere" behandelt zu werden.[6] Höfliche Gleichgültigkeit eröffnet die Möglichkeit des Zusammenseins mit anderen *in der Öffentlichkeit*.

Ohne sie zerfällt die Ontologie des Sozialen (die Möglichkeit, mit anderen zusammen zu sein), denn die Welt ist und bleibt eine öffentliche Angelegenheit und es ist wichtig, dass sie als solche für alle in gleicher Weise frei und öffentlich verfügbar ist.

7.4 Die Soziologie des Selbst

Oftmals betont Goffman, dass er sich mit der Soziologie des Selbst befasst, nicht mit dessen Psychologie. Die Psychologie des Selbst beschäftigt sich damit, wie ein Individuum ,tickt'; damit, wie es Dinge sieht (kognitive Wahrnehmungspsychologie) und wie es Dinge erlebt (Psychologie der Emotionen). Das Individuum hat psychologische Bedürfnisse, welche es zu befriedigen gilt. Goffmans Ausgangspunkt ist nicht die Psychologie des Individuums, sondern das, was Individuen benötigen, um als soziale Akteure in Interaktion miteinander zu treten. Es geht hierbei um die Frage nach den notwendigen Voraussetzungen und Anforderungen des Soziallebens. Wie ist dieses möglich? Was wird von Individuen und ihren Handlungen gefordert, damit so etwas wie soziale Interaktion zustande kommt? Das Konzept des Images gibt eine Antwort auf diese Frage. Die Psychologie des Individuums konzipiert selbiges als autonom, freistehend und von anderen unabhängig. Das Image ist jedoch kein psychologisches Attribut, da das Individuum nicht Herr und Besitzer seines Images ist. Das Image eines Individuums ist nur von der Gesellschaft ,geborgt' und kann ebenso wieder zurückgenommen werden (vgl. Goffman 1975: 15). Jedem Individuum mag es so vorkommen, als wäre sein Image irgendwie sein eigenes, essentielles Selbst, dennoch ist es kein persönliches Besitztum. Es ist etwas, das in der Interaktion mit anderen bewerkstelligt, realisiert und aufrechterhalten wird (oder nicht). Goffman nennt dies „Imagepflege" (*face-work*) und fasst es als „eine Bedingung für Interaktion, nicht ihr Ziel" (ebd.: 17). Die gegenseitige Verpflichtung zur Imagewahrung in einer jeden sozialen Situation ist ein Instrument, dessen sich die einzelnen Teilnehmer bedienen, um zu zeigen, dass sie die anderen wahrnehmen. Dadurch geben sie sich dem anderen gegenüber als verantwortlich zu erkennen. Diese Verantwortlichkeit ist im Wesentlichen eine moralische Angelegenheit – ein Umstand, der von Goffman nicht besonders herausgestellt wird, bei Garfinkel aber von großer Bedeutung ist.

Wenn soziale Interaktion nicht mehr als ein Machtkampf wäre, in dem Individuen bloß ihre eigenen Zwecke zu ihrem eigenen Vorteil verfolgen, so wären andere nicht mehr als entweder potenzielle Bedrohungen oder aber Unterstützer bei der Realisierung der eigenen Ziele. Etwas von dieser Sichtweise durchdringt Goffmans Denken. Häufig weist er auf die Tricks von Schwindlern, Betrügern, Schnorrern und anderen hin, die Leichtgläubige hereinlegen. Kommentatoren haben oft auf seine Faszination für das Glücksspiel verwiesen (er führte Feldforschungen in den Casinos von Las Vegas durch) und in „Wo was los ist – wo es *action* gibt" versuchte er „ein Casino-Vokabular für die Analyse des alltäglichen Lebens" (Manning 1992: 66) einzuführen. Genauer gesagt interessierte er sich für die Spieltheorie, wie Thomas Schelling sie in *The Strategy of Conflict* (1960) entwickelt hatte. Diese wendete er sogar in manchen seiner Schriften an, insbesondere in *Strategische Interaktion* (1981a [1969]) – das Ergebnis eines Sabbatjahres, welches er in Harvard mit Schelling verbrachte (vgl. Manning 1992: 61).

The Strategy of Conflict, das auf dem Höhepunkt des Kalten Krieges geschrieben wurde, beschäftigt sich mit dem Spiel des Konfliktmanagements der beiden Supermächte. Schelling identifiziert drei verschiedene Arten von Spielen: Das Nullsummenspiel (reines Gegeneinander), dessen Ziel der totale Sieg ist, hat das Koordinationsspiel zum Gegensatz, bei dem Konflikte in jedem Fall vermieden werden müssen. Irgendwo zwischen diesen beiden Extremen bewegen sich „Mixed-Motive"-Spiele, in denen sich beide Strategien vermischen und Spieler zwischen Nullsummen-Ambitionen (,winner takes all') und den Möglichkeiten kooperativer Handlungen abwägen müssen, um sich Vorteile zu verschaffen (vgl. Manning 1992: 62). All diesen Varianten liegt ein strategischer (rationaler) Eigennutz zugrunde, der die Spieler motiviert. Zwei gegensätzliche Strategien bilden die Basis solcher Spiele: einerseits Misstrauen und andererseits Vertrauen. In Nullsummenspielen ist Vertrauen Selbstmord, denn Täuschung und Geheimhaltung sind notwendige Taktiken, um zu gewinnen. Für Koordinationsspiele wiederum ist Vertrauen eine unvermeidliche Grundvoraussetzung. Schelling war beeindruckt von Goffmans 1955 erstmalig veröffentlicher Analyse zur Image-Pflege (*face-work*) und erklärte, dass sie über einen „reichhaltig spieltheoretischen Inhalt" (1960: 128) verfüge. Umgekehrt war Schellings Spieltheorie gleichermaßen fruchtbar für Goffman, denn für beide glich das Leben einem „Mixed-Motive"-Spiel, das zwischen Konflikt und Kooperation, zwischen Krieg und Frieden oszilliert – für den einen auf dem großen Terrain der internationalen Politik, für den anderen auf der etwas profaneren Bühne des täglichen Lebens.

7.5 Blickkontakte

Zumindest in modernen Mittelklasse-Demokratien, wie in Nordamerika Mitte des letzten Jahrhunderts, ist Kooperation für das tägliche Sozialleben nichtsdestotrotz eine Voraussetzung. Goffmans vielleicht bedeutendster Beitrag zu unserem Verständnis von Kommunikation besteht darin, dass er sie immer als Ereignis betrachtet – als Situation, in die sich Individuen begeben, wodurch sie sich deren Ereignischarakter und deren situativen Merkmalen verschreiben (also dem entsprechen, was die Beschaffenheit des Ereignisses ihnen abverlangt). Die physischen Charakteristika der Orte, an denen Menschen miteinander in Kontakt treten, markieren die Grenzen der Bandbreite der Interaktionen. Fahrstühle zum Beispiel rufen höfliche Gleichgültigkeit bei denen hervor, die mit ihnen fahren. Eine starke Betonung liegt auf der Art und Weise, wie Kommunikation verkörpert wird. Was bei Interaktionen kommuniziert wird, ist immer wesentlich reichhaltiger als die Summe dessen, was gesagt wird. Bei „zentrierten" Zusammenkünften, bei denen sich Menschen nicht bloß in der Gegenwart anderer befinden, sondern sich aufgrund einer gemeinsamen, zentralen Absicht eingefunden haben, sind von vornherein einige Transformationen notwendig, durch die diejenigen, die in die Situation eintreten, sich dieser und den mit ihr verbundenen Belangen anpassen. So sind Individuen eventuell dazu angehalten, ihr *Ausdrucks-Idiom* anzupassen – die Informationen also, die sie durch ihre körperliche Erscheinung und ihre Kleidung über sich selbst preisgeben –, sollte es die Situation, in die sie eintreten, erfordern. Durch das Anpassen des eigenen expressiven Idioms an die Situation zeigt man die Bereitschaft, ein Verhalten und eine Einstellung anzunehmen, die der Situation angemessen sind und einem somit den Zugang zu ihr ermöglichen. Ein unangemessenes Ausdrucks-Idiom wird immer auffallen und eventuell zu Schwierigkeiten führen, bis hin zur Ablehnung oder im Extremfall gar zum Ausschluss (so wie Kinder manchmal nach Hause geschickt werden, weil sie die falsche Kleidung zur Schule tragen).

Dieser liminale Prozess stellt ein Bekenntnis zur *persönlichen Beteiligung* dar, eine Bindung an die Situation, eine Verpflichtung dazu, die Beschaffenheit des Anlasses zu wahren. Präziser formuliert, versteht Goffman zentrierte Interaktion als „einen Blickkontakt oder eine Begegnung" (Goffman 1971: 89). Er ist ungemein scharfsinnig, was diesen Prozess angeht, dessen äußerstes Maß an Vertrautheit über seine hochgradige Komplexität hinwegtäuscht. Insbesondere weist er uns stets darauf hin, wie Kommunikation selbst kommuniziert werden muss, um stattzufinden – also wie Kommunikation signalisiert und das Kommunikationssignal als solches erkannt wird. Beteiligung muss ebenso übermittelt werden wie die Bereitschaft zu kommunizieren (bzw. ihr Gegenteil, der Widerwille) oder auch die Bestätigung anderer als Interaktionsteilnehmer – das alles sind in gewisser Weise Arbeitsschritte, die nicht nur durchgeführt, sondern auch als erledigt bestätigt werden müssen. Demnach beginnt die Interaktion von Angesicht zu Angesicht mit dem Austausch von flüchtigen Blicken zum allmählichen Herstellen von Augenkontakt. Dabei ist das menschliche Gesicht, jenes wunderbar ausdrucksvolle Instrument, am Werk. Augen, Stimme und Körperhaltung drücken die Einstellung des Individuums – ob positiv oder negativ – bezogen auf die Situation aus. Im Verlauf der Interaktion müssen die Teilnehmer dann ihre Zugänglichkeit anderen gegenüber zeigen und aufrechterhalten, wobei vermieden werden muss, in Selbstbeschäftigung zu verfallen oder mangelnde Aufmerksamkeit zu signalisieren. Jedes kommunikative Ereignis muss, um ein solches zu sein, eine Struktur aufweisen: Es muss beginnen, es muss in Gang bleiben und es muss enden; all diese Schritte müssen durchgeführt werden. Es gibt sogar rituelle Abläufe, um in eine Situation einzutreten, sie aufrechtzuerhalten und sich an einem bestimmten Punkt von ihr zu lösen.

7.6 Die moralische Basis der Interaktion

Ich habe darauf hingewiesen, wie Goffman versucht, die Strukturen des gewöhnlichen Selbst im alltäglichen Leben nachzuweisen, indem er Individuen betrachtet, die ihres bürgerlichen Selbst beraubt worden sind (Häftlinge, Geisteskranke, Soldaten). Andere verfügen über eine irgendwie ruinierte Identität, weshalb sich die Handhabung ihres Selbst grundsätzlich problematisch gestaltet (*Stigma*, 1972). Harold Garfinkel fährt in ähnlicher Weise fort, wie wir sehen werden.[7] Während Goffman die Perspektive der Inkongruenz aber lediglich als ein hilfreiches methodologisches Instrument zu nutzen scheint, ist sie für Garfinkel viel mehr als das. Für ihn liegt der Nutzen dieser Perspektive darin, dass sie zugleich sowohl auf die Schwierigkeiten hinweist, die bei der Untersuchung der alltäglichen Existenz auftreten, als auch offenbart, was selbige ausmacht. Der zentrale Punkt bei Garfinkel ist nicht das alltägliche Selbst, sondern die alltägliche *Welt*:

> „In jeder Disziplin, ob humanistisch oder naturwissenschaftlich, ist die normale und vertraute Welt des alltäglichen Lebens Gegenstand beständigen Interesses. In den Sozialwissenschaften und speziell in der Soziologie macht sie den grundlegenden Hauptgegenstand aus. Sie ist die problematische Materie, mit der sich die Soziologie auseinandersetzt, berührt damit zugleich die Basis der soziologischen Einstellung und übt eine seltsame, hartnäckige Herrschaft über die Ansprüche der Soziologen auf eine adäquate Erklärung aus." (Garfinkel 1984 [1967]: 36)

Ungeachtet ihrer zentralen Bedeutung betrachten Soziologen die fundamentale Frage „wie überhaupt eine derartige Alltagswelt möglich ist" (ebd.) kaum als selbstständigen Untersuchungsgegenstand – und das, obwohl sozial strukturierte Vorgänge im alltäglichen Leben ihren Ausgangspunkt bilden. Die generelle Blindheit gegenüber der soziologischen Kernfrage – und zwar nach den Bedingungen des Sozialen *an sich* – resultiert aus der Schwierigkeit, den absolut offensichtlichen und als selbstverständlich erachteten Charakter der alltäglichen Welt zu durchdringen, um aufzudecken, was genau es ist, das diese Welt *als* alltägliche Welt mit ihren so alltäglichen Eigenschaften hervorbringt.

Die alltägliche Welt ist eine gemeinsame, eine geteilte Welt, was keineswegs bedeutet, dass ihre Mitglieder diesbezüglich die gleichen Ansichten oder Meinungen vertreten. Eine gemeinsame Welt ist nicht von geteilten Wertesystemen, Übereinstimmungen oder Überzeugungen abhängig. Menschen mit durchaus verschiedenen, gar radikal gegensätzlichen religiösen oder politischen Vorstellungen sind in der Lage, in derselben Welt zu leben: Sie gehen ihren Alltagsgeschäften nach und interagieren miteinander. Was sind also die nötigen Bedingungen für eine solche Welt und wie könnte man sie eventuell aufdecken? In der Annahme, dass die alltägliche Welt für ihre Bewohner gänzlich unproblematisch sein muss, um als solche zu funktionieren, entwickelte Garfinkel in seiner berühmten Reihe von *Krisenexperimenten* Mittel und Wege, um den Routinecharakter des täglichen Lebens zu problematisieren. Er bat seine Studenten, Sand ins Getriebe zu streuen, indem sie kleine, harmlos erscheinende Aufgaben in ihre gewöhnlichen Begegnungen mit anderen (Familie, Freunde, Bekannte) einbauten. Das bekannteste dieser Experimente verlangte von den Studenten, im Verlauf eines normalen Gesprächs eine absolut verständliche Bemerkung des Gegenübers so zu behandeln, als ob sie sie nicht verstehen würden, und um eine Erklärung zu bitten:

Fall 1
Die Versuchsperson (V) erzählt dem Experimentator (E), was ihr auf dem Weg zur Arbeit passiert ist.

V: Ich hatte einen Platten
E: Was meinst du damit, du hattest einen Platten?
V: (verwundert) Was meinst du mit „Was meinst du damit?"? Einen Platten zu haben bedeutet einen Platten zu haben. (.) das habe ich gemeint (.) nichts Besonderes. Was für eine verrückte Frage

Fall 3
V und E, Ehemann und Ehefrau, schauen am Abend fern.

V: Ich bin müde.
E: Welche Art von müde? Physisch, mental oder nur gelangweilt?
V: Ich weiß nicht. Ich glaube hauptsächlich physisch
E: Du meinst deine Muskeln tun weh oder deine Knochen?
V: Ich denke schon (.) sei nicht so spitzfindig
(etwas später)
V: In all diesen alten Filmen kommt dieselbe alte Art von Bettgestellen aus Eisen vor
E: Was meinst du? Meinst du alle alten Filme oder nur die die du gesehen hast?
V: Was ist los mit dir (.) du weißt was ich meine
E: Ich wünschte du wärst etwas genauer
V: Du weiß was ich meine. Rutsch mir doch den Buckel runter.

Fall 6
Das Opfer winkte fröhlich.

V: Wie geht's dir?
E: Wie geht es mir bezogen auf was? Meine Gesundheit, meine Finanzen, meine Schularbeiten, meinen Gemütszustand –
V: (Rot im Gesicht und plötzlich außer Kontrolle) Mann! Ich habe nur versucht höflich zu sein. Offen gesagt ist mir völlig egal wie es dir geht!

(Garfinkel 1967: 42ff.; Beispiele leicht abgewandelt)

In diesen und anderen Fällen sind die Reaktionen der Opfer auf die Bitte, sich zu erklären, auffallend einheitlich. Zuerst behandeln sie sie als nicht nachvollziehbar. Ebenso wenig räumen sie ein, dass das, was sie gesagt haben, irgendwie problematisch gewesen wäre. Sie nehmen an, dass ihre Äußerungen absolut klar und verständlich gewesen sind. Allesamt sind sie verärgert über die Nachfrage, was – sehr schnell – zu feindseligen Antworten gegenüber dem Experimentator führt. Was ist es, das sie verärgert? Wir können festhalten, dass die klärenden Nachfragen von den Opfern nicht als Bedrohung ihres Images behandelt werden. Es ist nicht Goffmans rituelle Ordnung, die in irgendeiner Weise als gefährdet wahrgenommen wird. Vielmehr sind es die Bedingungen der Sinnhaftigkeit der Welt, die durch eine Bedrohung der Möglichkeit sinnstiftender Interaktion unterminiert werden. Gesprächsinteraktion setzt ein gemeinsames Verstehen davon voraus, was gesagt und gemeint wird. Dieses geteilte Verständnis ist nicht bloß ein grundlegendes Merkmal der Sprache, sondern eines der gemeinschaftlich geteilten Welt selbst. Werden alltägliche und völlig vernünftige Äußerungen auf diese Weise infrage gestellt, fängt die Welt des Commonsense sehr schnell an sich aufzulösen. Angenommen dieses Vorgehen würde regelmäßig angewendet und vollkommen offenkundige Äußerungen grundsätzlich als etwas Befremdliches behandelt – es ist offensichtlich, dass eine Unterhaltung fast augenblicklich unmöglich würde, denn man käme nicht einmal über Eröffnungsäußerung hinaus. Wäre es möglich klarzustellen, was man mit „Wie geht's dir?" meint, würden darauf Nachfragen zur Erklärung selbst folgen, die wiederum Nachfragen nach sich ziehen würden und so weiter – ein Teufelskreis schwindender Bedeutung, aus dem es keinen Ausweg gibt. Es geht in den Experimenten also um die Frage nach der Möglichkeit einer sinnvollen Welt angesichts eines radikalen Skeptizismus, der mutwillig ablehnt, sie als solche anzuerkennen und zu akzeptieren.

Dies ist ein Erklärungsansatz für die berechtigte Empörung der Versuchsopfer. Sie ist deshalb berechtigt, weil sie *wissen*, dass sie recht haben. Einen Platten zu haben *heißt* einen Platten zu haben, egal in welcher Sprache es gesagt wird. „Was meinst du mit ‚Was meinst du damit?'?" ist die richtige und angebrachte Reaktion auf eine unangemessene (ungerechtfertigte) Frage. Sie ist unangemessen, weil völlig klar ist, was es bedeutet, einen Platten zu haben. Deswegen ist man gezwungen, die Frage an den Fragenden zurückzustellen: „Was meinst *du* (rechtfertige dich)?" Sie ist unerklärlich, weil sie unvernünftig ist – „spinnst du?". Warum sollte jemand solch eine Frage stellen? Vielleicht würde sie Sinn ergeben, wenn der Fragende ein Kind wäre oder die Sprache lernen würde und wissen wollte, was „Platten" bedeutet (doch dies ist nicht der Fall). Vielleicht hat er oder sie sich auch verhört (worauf die Form der Frage allerdings nicht schließen lässt). Die Frage ist absolut unbegründet und nicht gerechtfertigt.[8] Somit ist sie entweder irrational oder ungerechtfertigt und damit entweder verrückt oder böswillig gemeint – möglicherweise aber auch irgendein bizarres Spiel, wie ein oder zwei Opfer sie betrachteten.

In den Antworten deutet sich ein Groll an, welcher gegen unvernünftiges und ungerechtfertigtes Verhalten gerichtet ist. Die Teilnehmer eines Gesprächs müssen – wie bei jeder Art von Interaktion – ein berechtigtes (gerechtfertigtes) und erkläriches (vernünftiges) Verhalten an den Tag legen. Die Voraussetzung einer gemeinsamen sozialen Welt ist die Verantwortlichkeit von sozialen Akteuren (füreinander). Diesem ganz grundlegenden Gedanken entsprechend ist die Welt des Alltags eine Welt der guten Sitten, der Moral. Jeder von uns weiß und versteht das: Wir sind anderen gegenüber verantwortlich für unser Handeln und umgekehrt sind andere für ihren Teil uns gegenüber verantwortlich, sofern und wann immer dies nötig ist. Goffman mag sich das Sozialleben als Spiel oder Theaterstück vorstellen, Garfinkel jedoch hält es für eine ernstere Angelegenheit. Unsere unumgängliche moralische Verpflichtung besteht in erster Linie weder in der Wahrung des eigenen Images noch in der Wahrung der Images anderer oder der Natur des Ereignisses beziehungsweise seinen rituellen Anforderungen. Beide setzen die schon immer existierende, bekannte und als selbstverständlich erachtete Welt voraus, in der wir uns wiederfinden. Soziale Interaktion – egal an welchem Ort und zu welcher Zeit – stützt sich auf die Existenz einer gemeinsamen menschlichen Welt, die sie voraussetzt und jedes Mal neu inszeniert und hervorbringt. Garfinkels Krisenexperimente enthüllen einen Teil dieser wirklich großartigen Tatsache.

7.7 Die Biografie des Selbst

„Die Mitglieder einer Gesellschaft kennen deren moralische Ordnung und begegnen ihr in Form von Handlungsweisen, die als normal wahrgenommen werden – vertraute Szenen alltäglicher Abläufe; die Welt des täglichen Lebens, wie sie zusammen mit anderen verstanden und als selbstverständlich erachtet wird." (Garfinkel 1967: 35)

Die Krisenexperimente zeigen, dass Moral ebenso sehr eine soziologische wie auch eine religiöse oder philosophische Angelegenheit ist. In erster Linie ist Moral weder eine Frage von Regeln und Vorschriften, die eine externe Autorität auferlegt, noch beschreibt sie einen Vorgang, bei dem soziale Akteure sich gemeinsam auf solche Regeln einigen, um sie dann zu befolgen. Sie besteht bereits, bevor irgendwelche Regulationen auf institutioneller Ebene formuliert werden oder man in einem Prozess soziale Normen vereinbart. Sie stellt eine strukturelle Notwendigkeit dar, um eine gemeinsame Welt möglich zu machen. Moral setzt menschliche Akteure (wenn sie *soziale* Akteure sein sollen) als gegenseitig verantwortlich für eine soziale Lebensführung voraus, die dadurch wiederum eine vernünftige (rationale) Welt hervorbringt und aufrechterhält. Moral als Verantwortlichkeit ist eingebettet in die existierende Welt wie auch in die soziale Interaktion innerhalb selbiger. Sie setzt *Vertrauen* voraus. Es ist dieses Vertrauen in die gewöhnliche, sichtbare Welt (die Welt, wie sie in Erscheinung tritt, die Welt bestehend aus Erscheinungen), das durch die Krisenexperimente verletzt wird. Diese Welt *muss zwingend* als selbstverständlich vorausgesetzt werden, damit menschliche Interaktion überhaupt möglich ist. Tut man so, als träfe dies nicht zu, stellt man die Welt selbst infrage. Das Ausmaß dieser Erkenntnis wird nochmals in Garfinkels berühmter Fallstudie „Agnes" deutlich. Agnes war eine intersexuelle Person, deren geschlechtlicher Status ungeklärt war, was sie vor fundamentale Probleme bei der Handhabung ihres Selbst stellte.

Agnes tauchte 1958 als 19-jährige Frau mit männlichen Genitalien in der psychiatrischen Abteilung der University of California (UCLA) in Los Angeles auf, wohin sie von ihrem Arzt überwiesen worden war. Ihren eigenen Darstellungen zufolge war sie als Junge geboren worden und aufgewachsen, wandelte sich jedoch im Alter von ungefähr 17 Jahren zu ihrem eigentlich weiblichen Selbst. Sie wollte die medizinische Abteilung der Universität davon überzeugen, dass sie wahrhaftig weiblich war, damit man ihr die männlichen Genitalien operativ entfernen und sie stattdessen mit einer Vagina versehen würde. Dies würde von ihrer vollständigen, echten Geschlechtlichkeit als Frau zeugen und sie ihrer Auffassung nach wieder ‚in Ordnung bringen'. Garfinkel war als Soziologe Teil des Teams, das sich zusammengefunden hatte, um Agnes' Anliegen zu prüfen und zu entscheiden, ob man ihren Wunsch nach der chirurgischen Umgestaltung ihres Geschlechts erfüllen sollte oder nicht. Was Garfinkel faszinierte, war, in welchem Ausmaß etwas, das von der großen Mehrheit der Menschen mühelos bewerkstelligt wird – nämlich die Handhabung der geschlechtlichen Identität – für Agnes ein fortwährend ‚teuflisches' Problem war. In Gesellschaft derer, die ihr Geheimnis nicht kannten (also ‚normalgeschlechtliche' Personen), war sie permanent gezwungen, ihre Selbstdarstellung aufrechtzuerhalten, um als junge Frau ‚durchzugehen'. In Gegenwart der sehr viel kleineren Gruppe von Leuten, die ihr Geheimnis kannten (ihre Familie, ihr Freund und das Team an der UCLA), musste sie diese davon überzeugen, dass sie *wirklich* weiblich war und dass ihre männlichen Genitalien ein natürlicher (biologischer) Fehler waren. In beiden Fällen musste sie aber ihr Frau-Sein bewerkstelligen, wenn auch mittels jeweils unterschiedlicher Performances.

Garfinkels Erörterungen zu Agnes stellen teilweise eine intensive Auseinandersetzung mit Goffmans Betrachtungen zum Selbst im Alltag dar, insbesondere bezogen auf soziale Stigmatisierungen. Dabei findet dieselbe Terminologie Verwendung: Die „Normalen" bezeichnet gewöhnliche Gesellschaftsmitglieder aus der Sicht einer stigmatisierten Person und „bestehen" oder „durchgehen" (*passing*) benennt die Praktiken zur Verschleierung entehrender Eigenschaften des Selbst in der Gesellschaft von Normalen (vgl. Goffman 1972 [1963a]: 25, 58). Garfinkel teilt die Ansicht, dass Agnes' Dilemma in Bezug auf diejenigen, die ihr Geheimnis kennen und diejenigen, die es nicht kennen, als ein klassischer Fall von Eindrucksmanipulation betrachtet werden könnte.

> „Nach Goffman müssten wir darin übereinstimmen, dass […] sie eine hochgradig versierte Lügnerin war und – wie es in der Gesellschaft, die Goffmans heuchlerische Mitglieder hervorbringen, ohnehin der Fall ist – dass die Lügen für Agnes und ihre Partner eine stabilisierende Wirkung auf deren gesellschaftlich strukturierte Interaktionen hatten." (Garfinkel 1967: 174)

Garfinkel wendet aber ein, dass gewöhnliche Mitglieder der Gesellschaft nicht auf diese Weise verfahren würden. Agnes tue dies nur, weil sie es müsse, um das Beste aus ihrer Situation zu machen (d.h. um als normales Mitglied der Gesellschaft behandelt zu werden):

> „Agnes behandelte gewisse Angelegenheiten mit Vorsätzlichkeit, Berechnung und ausdrücklicher Steuerung (d.h. in einer Art und Weise, zu der sich – ginge es nach Goffman – jeder seiner Informanten bekennen würde, sofern man seine Analyse als korrekt gelten lässt), auf die Mitglieder[9] a) nicht nur selbstverständlich vertrauen, sondern die sie b) voneinander für die gegenseitige Beurteilung der Normalität, Vernunft, Verständnis, Rationalität und Legitimität benötigen, welche sie vertrauensvoll behandeln und behandelt wissen, und die sie c) einander abverlangen, damit Vertrauensbeweise bestehen, falls Vorsätzlichkeit, Berechnung und ausdrückliche Steuerung zur Lösung von Problemen des Alltags herangezogen werden. Sie wäre gerne in der Lage gewesen, sich in solch vertrauensvoller Manier zu geben, aber *die Routine, die eine Bedingung für den effektiven, berechneten und gut überlegten Umgang mit Situationen in der Praxis ist, war für Agnes besonders problematisch.*" (Garfinkel 1967: 174f.; Hervorhebungen im Original)

Wie auch die Krisenexperimente zeigt das Beispiel von Agnes einmal mehr, dass das tägliche Leben von gewöhnlichen Menschen im Normalfall größtenteils kritiklos hingenommen wird und auch hingenommen werden muss. Eine vertrauensvolle Haltung macht die Alltagswelt erst möglich und stützt deren Moral. Dieses Vertrauen ist weder eine Art fromme Hoffnung noch ein optimistischer Wetteinsatz. Es existiert nicht grundlos oder unberechtigt und ist eine Folge des *routinehaften* Charakters der alltäglichen Welt. Tag ein, Tag aus wird die Normalität der Welt erneuert, sodass sie als die immer-gleiche, altbekannte und vertraute in Erscheinung tritt – eine Welt, die wir für selbstverständlich erachten, die wir sehen und doch nicht weiter beachten, gestern wie vorgestern und morgen wie auch übermorgen. Ebenso verhält es sich mit den Menschen. Routinisierung ist, wie Anthony Giddens gezeigt hat, die Basis ontologischer Sicherheit für die Mitglieder einer gemeinsamen Welt (vgl. Giddens 1988: 102–125). Agnes muss feststellen, dass Routine genau das ist, was ihr fehlt, nicht nur bezüglich ihres ‚Auftretens als Mädchen' in bestimmten Situationen, sondern auch, was eine Vergangenheit oder Biografie angeht, auf die man sich routinemäßig in jeder Lebenslage beziehen kann. Wie man es anstellt, ‚ein Mädchen zu sein' (oder ein Junge), hängt von dem Wissen ab, das sich aus dem angesammelten Reservoir vergangener Erfahrung speist und den Erfordernissen gegenwärtiger Umstände oder zukünftiger Handlungsverläufe entsprechend angewandt werden kann. Goffmans „anstößiger" Perspektive fehlt das Verständnis für die Verwaltung des Selbst als etwas, das auch außerhalb bestimmter Situationen erfolgt, als eine andauernde, unablässige Angelegenheit, die fortwährt, und zwar ein Leben lang.

Die Darsteller eines Dramas oder die Spieler eines Spiels können am Ende die Rollen, die sie gespielt haben, hinter sich lassen, was sie auch tun. Exakt diese Tatsache wird von der sogenannten Rollendistanz – der Kluft zwischen dem Spieler und seiner Performance – hervorgehoben. Garfinkels Haupterkenntnis zufolge ist dies aber für die sich fortwährend aneinander reihenden Gegebenheiten des Alltags gewöhnlicher Gesellschaftsmitglieder gerade nicht der Fall. Es gibt keine ‚Auszeit' von den Rollen, die wir spielen (außer in Spielen). Wir alle sind dazu aufgefordert und bestrebt, unsere Selbst-Inszenierung als einen Fall von Realität darzustellen. Wir sind aufgerufen, uns selbst ‚lebensecht' zu spielen, und zwar nicht nur dann und wann, oder wenn uns danach ist, sondern so lange wir leben. Agnes wäre gerne dazu in der Lage gewesen, um somit ein normales Leben führen zu können. Ihr entscheidendes Problem bestand darin, dass sie keine Lebenserfahrung als Mädchen angesammelt hatte, auf die sie hätte zurückgreifen können. Ihr fehlte es an einer Biografie, weshalb sie der gleichen existenziellen Schwierigkeit gegenüberstand wie die Replikanten in *Blade Runner*. Mit großem Einfühlungsvermögen dokumentiert Garfinkel Agnes' ‚geheime Lehrzeit', die Art und Weise, wie sie lernte, eine junge Frau zu sein (vgl. Garfinkel 1967: 146–164). Eine wiederkehrende Schwierigkeit bestand zum Beispiel darin, in der Gesellschaft ihrer Mitbewohnerinnen und im Kreis weiterer Freundinnen Mädchengespräche – der übliche Tratsch, Beurteilungen von Männern, Partys und Analysen von Dates – zu führen, die entscheidend von dem Vorrat an vergangenen Erlebnissen abhängen. „Können Sie sich", sagte sie zu Garfinkel, „all die leeren Jahre vorstellen, die ich aufzufüllen habe?" (ebd: 147f.):

> „Ein schwieriger Punkt, der immer wieder auftaucht, ist die unklare und wenig bekannte Rolle, welche die Zeit bei der Strukturierung der Biografie und der Perspektive auf gegenwärtige Situationen im Handlungsverlauf als Funktion der Handlung selbst spielt. Weder reicht es aus zu sagen, dass Agnes' Lage sich mit der Zeit verändern wird, noch die Zeit bis dahin als verbrauchte Zeit zu begreifen. Ebenso gibt es die ‚innere Zeit' der Rückbesinnung, Erinnerung, Antizipation und Erwartung. Jeder Versuch, Agnes' ‚Managementwerkzeuge' zu behandeln, ohne dabei diese Zeit einzubeziehen, funktioniert nur so lange, wie die Ereignisse ihrer formalen Struktur nach episodisch bleiben; und alle Analysen Goffmans benutzen Episoden entweder zu Illustrationszwecken oder verwandeln die Situationen, die nach seinem Schema analysiert werden, in episodische. Jedoch scheitern strategische Analysen immer dann, wenn diese Ereignisse nicht episodisch sind." (ebd.: 166f.)

Mit anderen Worten ist das Leben, wie es sich entlang der individuellen Zeit-
leiste erstreckt, kein Spiel, das für strategische Analysen empfänglich wäre –
weder für die des Individuums, noch für die des Soziologen.

7.8 Ethnomethoden

Mit Agnes lässt sich das Vorhaben der *Ethnomethodologie* beispielhaft illustrie-
ren. *Logos* meint hier den Diskurs über die Methoden beziehungsweise die praktischen Handlungsweisen, mittels derer sich *ethnos* (gewöhnliche Mitglieder
einer Gesellschaft) mit der Welt und den Verhältnissen, in denen sie sich zusammen mit anderen befinden, auseinandersetzen. Zwei Aspekte sind in diesem
Prozess entscheidend: Erstens richtet sich das Augenmerk auf die Fähigkeit
sozialer Akteure, allein und in Interaktion mit anderen, Sinnhaftigkeit herzustellen. Dieser Prozess der „Sinn-Produktion" erfolgt weder vor noch nach einer
Handlung oder Interaktion. Dass die Welt und ihre Gegebenheiten tatsächlich
(für die Interagierenden und jede dritte Person als Beobachter) Sinn ergeben, ist
das Ergebnis von Interaktion, die sich in ihrem Verlauf stets von Moment zu
Moment entfaltet. Als selbsterklärendes (*self-explicating*) Phänomen wird die
Verständlichkeit der Alltagswelt durch alle Beteiligten hergestellt, ob von einer
dritten Person beobachtet oder nicht. In *Studies in Ethnomethodology* ist diese
dritte Person selbstverständlich der Soziologe, der seine Studenten damit beauf-
tragt hat, in alltäglichen Situationen Unruhe zu stiften, und der 36 Stunden Ge-
sprächsmaterial mit Agnes aufgezeichnet hat. Das zweite entscheidende Anliegen Garfinkels ist die Beschaffenheit der Beziehung zwischen der Soziologie
und der Gesellschaft als ihr Gegenstandsbereich. Die Ethnomethodologie präsentiert sich selbst als eine neue Art von Soziologie und übt gleichzeitig Kritik
an der zu ihrer Zeit vorherrschenden Soziologie.

Harold Garfinkel trat 1946 dem neu gegründeten *Department of Social Relations* in Harvard bei, das Talcott Parsons leitete. Parsons war zu dieser Zeit einer
der einflussreichsten Soziologen in den Vereinigten Staaten von Amerika. Seit
den 1930er Jahren hatte er die Bedeutung systematischer Theoriebildung in den
Sozialwissenschaften verteidigt, die damals noch hauptsächlich mit scheibchen-
weiser empirischer Forschung beschäftigt waren. In *The Structure of Social
Action* (1937) hatte Parsons darauf beharrt, dass theoretische Entwicklung das
Gütesiegel der Wissenschaft sei (vgl. Heritage 1984a: 5). Die Gründung des
Instituts für Soziale Beziehungen bedeutete eine radikale Abkehr von den in der
amerikanischen Soziologie gängigen Forschungsmustern. Die Anerkennung und
Förderung theoretischer Arbeit als eigenständige und legitime Form der Forschung übte eine starke Anziehungskraft auf die Nachwuchsforscher der Nach-
kriegsgeneration aus, zu denen auch Garfinkel zählte.

Eine detaillierte Darstellung der Parsons'schen Handlungstheorie geht über den Umfang und das Anliegen dieses Buches hinaus,[10] auch wenn sie enorm einflussreich war. Anthony Giddens beginnt die Einleitung seines eigenen Hauptwerks zur Sozialtheorie, *Die Konstitution der Gesellschaft* aus dem Jahre 1984, indem er einräumt, dass *The Structure of Social Action*

> „in mehr als einer Hinsicht ein Schlüsselwerk für die Herausbildung der modernen Soziologie [war] [...] Durch seine Verknüpfung einer anspruchsvollen Version des Funktionalismus mit einer naturalistischen Konzeption der Soziologie entwickelte das Buch auch einen eigenen sozialtheoretischen Ansatz." (Giddens 1988: 25f.)

Dass eine so moderne Gesellschaft wie die USA funktioniert, erscheint offensichtlich. Es stellt sich nur die Frage nach dem „Wie". Die funktionalistische Soziologie geht davon aus, dass die gesellschaftliche Ordnung und Stabilität daraus resultiert, dass sich umfangreiche institutionelle Strukturen (wie Staat oder Wirtschaft) mit der Zeit systematisch reproduzieren. Das kontinuierliche Fortbestehen dieser Strukturen erfordert die Anpassung von Individuen, damit diese für die Strukturen (bzw. ihre Reproduktion) zweckdienlich sind. Die Strukturen haben somit Vorrang vor den Individuen (Akteuren), deren Verhalten in einem funktionalen Verhältnis zu den ‚Bedürfnissen' des Gesellschaftssystems steht. Wie aber lässt sich dieser Prozess der individuellen Anpassung an das System erklären? Parsons' Sichtweise auf das Individuum ist eine naturalistische: Er geht davon aus, dass Individuen von Natur aus ihre eigenen Interessen verfolgen, was sie jedoch in Konflikt mit anderen Individuen bringt, die ebenfalls wiederum ihre eigenen Interessen verfolgen. Aus solch einer Perspektive ist die Frage der Sozialordnung äußerst problematisch. Was bringt Individuen dazu, sich in einer Weise zu verhalten, die eine stabile Sozialordnung eher aufrechterhält als unterminiert, die Frieden anstelle von Krieg hervorbringt? Parsons' Antwort besteht in dem Vorschlag, dass Individuen die Normen eines Systems dermaßen internalisieren, dass ihre Handlungen für sein reibungsloses und effektives Funktionieren sorgen. Das Herstellen eines „Wertekonsens" und „symbolischer Ordnung" waren zentrale Überlegungen für Parsons und seine Anhänger.

Giddens' Theorie der Strukturierung, die er in *Die Konstitution der Gesellschaft* vorstellt, ist der explizite Versuch eines radikalen Bruchs mit der Parsons'schen Sozialtheorie. Das Hauptaugenmerk der Strukturationstheorie gilt dem „Verständnis menschlichen Handelns und sozialer Institutionen" (Giddens 1988: 30). Die Schwerpunktthemen drehen sich um „das Wesen menschlichen Handelns und der handelnden Person; um die Frage der Konzeptionalisierung von Interaktion und ihrer Beziehung zu Institutionen; und schließlich um die praktische Bedeutung sozialwissenschaftlicher Arbeiten" (ebd.). Der Bruch mit Parsons bezieht sich auf die Frage nach der Handlungsmacht (*agency*), den

Agierenden und ihren Handlungen. Aus Parsons' Theorie resultierte die Herabsetzung des menschlichen Akteurs zu einem ‚kulturellen Depp' (*cultural dope*). Sie erhob die Gesellschaft zu einem sich auf mysteriöse Weise selbst replizierenden System, das sozialisierte Mitglieder zum Ergebnis hat. Giddens möchte gerade die aktive Rolle des Menschen als kenntnisreicher Akteur betonen, der sich an der routinehaften Herstellung der menschlich-sozialen Alltagswelt beteiligt. Goffman und Garfinkel stellten unverzichtbare Inspirationsquellen für seine Theorie der Strukturierung dar.

Insbesondere Garfinkel setzte sich mit Problemen auseinander, die bei der wissenschaftlichen Theoriebildung zur Erweiterung unseres Verständnisses von der menschlichen Gesellschaft aufkamen. Speziell interessierte er sich dafür, wie „Modelle vom Menschen in der Gesellschaft diesen als urteilenden Deppen hinstellen" (1984 [1967]: 66). In der Vorstellung des Soziologen sei der Mensch ein ‚Depp', der die Stabilitätsmerkmale der Gesellschaft erzeugt, indem er entsprechend vorgegebener und legitimierter Handlungsoptionen agiert, welche von der gemeinsamen Kultur festgelegt werden (vgl. ebd.: 68). In einem solchen ‚Modell' gesteht der Soziologe dem Individuum keinerlei aktiven, kompetenten und praktischen Beitrag zur Erzeugung jener Stabilitätsmerkmale zu. Die Konstitution der Gesellschaft hat hier mit den Handlungen ihrer Mitglieder nichts zu tun. Ihre Verhaltensweisen werden vielmehr als standardisierte Reaktionen begriffen, die innerhalb einer von der Kultur vorgeschriebenen Auswahl von Möglichkeiten vorgezeichnet sind. Derartige ‚Modelle' der Sozialtheorie kann man als teleologisch bezeichnen. Faktisch ist dem Soziologen das Ergebnis der sozialen Handlung von vornherein bekannt und er zieht dieses sodann zur Erklärung der Handlung heran. Eine Handlung (a) wird in Bezug auf ihr Resultat (b) erklärt – hierbei handelt es sich um eine Umkehrung der Kausalität, die normalerweise das Resultat (b) als Ergebnis der Handlung (a) betrachtet. Wenn Soziologen die Frage der sozialen Ordnung als eine Notwendigkeit oder ein Ziel der Institutionen festlegen, die eben diese Ordnung herstellen, dann werden sie das Verhalten von Individuen höchstwahrscheinlich als vorab von den Anforderungen des Systems bestimmt interpretieren. Es stellt sich natürlich die Frage, wie solche äußerlichen Zwänge vom Individuum internalisiert werden. Daher fügt Garfinkel dem ‚soziologischen Depp' (der Mensch in der Gesellschaft aus Perspektive der Soziologie) den ‚psychologischen Depp' (der Mensch in der Gesellschaft aus Perspektive der Psychologie) hinzu, dessen Verhaltensweisen durch die „psychiatrische Biografie, die Konditionierungsgeschichte und die Variablen mentaler Funktionsweisen" (ebd.: 68) bestimmt sind.

Zentrale Momente der Ethnomethodologie sind das Bekenntnis zur Laien-Perspektive[11] sowie das Interesse an Phänomenen wie der „Sozialordnung" (das geordnete Wesen des Soziallebens). Letztere ergibt sich aus praktischen, sachli-

chen, vernünftigen (erklärbaren) als auch verantwortungsvollen (rechtfertigba-
ren) Handlungsweisen und Interaktionen zwischen den Mitgliedern einer Gesellschaft. Aus dieser Perspektive betrachtet ist die Sozialordnung kein völlig
außergewöhnlicher, äußerer Zwang, der den Individuen aufgrund der Anforderungen des Systems auferlegt wird. Vielmehr bezeichnet sie ein Resultat – eine
angestrebte und erreichte Tatsache, die Individuen durch ihren alltäglichen Umgang miteinander auf sachliche Art und Weise manifestieren. Wie dieser Zustand erreicht wird, kann nicht als vorab bekannt betrachtet werden, denn er
selbst macht den Untersuchungsgegenstand aus. Dieser muss erforscht werden,
um im Ansatz begreifen zu können, *wie* die Sozialordnung erlangt und schlussendlich als das Ergebnis sich entfaltender und voranschreitender Interaktion
erreicht wird. Im Rahmen der Erforschung eben dieses Prozesses hat sich die
Analyse von Gesprächen – von gewöhnlichen, alltäglichen Unterhaltungen – zu
einem der wichtigsten Untersuchungsbereiche entwickelt.

7.9 Das Gespräch als Interaktion

Die Entdeckung des Gesprächs als legitimer Untersuchungsgegenstand ist eine
der größten Errungenschaften der angloamerikanischen Philosophie, Soziologie
und Sprachwissenschaft in der zweiten Hälfte des letzten Jahrhunderts. Der
sogenannte „Linguistic Turn" in den Sozialwissenschaften sollte genau genommen unter dem Gesichtspunkt betrachtet werden, dass man das Gespräch als
Forschungsobjekt erkannt hat – als etwas, das tatsächlich analysierbar ist. Diese
Wandlung vollzog sich entgegen der in vielen Disziplinen allgemein üblichen
Denkweise, wonach Konversation in erster Linie eine triviale Sache darstellte.
Inwieweit das Gespräch als ernsthaft interessant angesehen wird oder nicht,
verweist vielleicht sogar auf den zentralen Kern vieler Theorien, die hier betrachtet werden, da es eng mit der Frage nach der alltäglichen Existenz verknüpft ist. In Bereichen also, in denen man das Gespräch als eine ernstzuneh-
mende und analysierbare Angelegenheit auffasst, spielt – so würde ich behaupten – auch der Alltag eine große Rolle und umgekehrt. Wo Unterhaltungen
hingegen als trivial und nicht beachtenswert gelten, trifft das gleiche auch auf
das tägliche Leben zu. Diese Doppeldeutigkeit – das essentiell und unvermeidlich rätselhafte Wesen der alltäglichen Existenz und des Gesprächs als ihr Ausdrucksmittel – zieht sich durch alle hier angesprochenen Theorien und stellt die
grundlegende Problematik des vorliegenden Buches dar, auf die ich im letzten
Band der Trilogie nochmals zurückkommen werde. An dieser Stelle besteht die
Aufgabe aber zunächst darin, zu klären, was Gespräche sind und um worum es
dabei geht. Was macht Gespräche so interessant und warum sollten sie wissenschaftlich betrachtet werden?

Wie Garfinkel richtig erkannt hat, sind die Wissenschaftler und ihre Beden- ken selbst Teil des Problems. Da sie ihre professionellen Belange als seriös betrachten, verspüren sie die Notwendigkeit, sich beweisen zu müssen, indem sie sich mit ernsthaften und gewichtigen Themen auseinandersetzen. Die Par- sons'sche Konstruktion von Theoriesystemen ist ein schönes Beispiel für ‚seriös betriebene Wissenschaft' und wer könnte schon die Ernsthaftigkeit Adornos und der Frankfurter Schule infrage stellen? Kritische Theorie eignet sich überhaupt sehr gut zur Vermittlung von Seriosität, denn jeder weiß, dass kritisch zu sein eine ernste Sache ist. Als Sprache zu einem wissenschaftlichen Gegenstand wurde und sich daraufhin in Linguistik verwandelte, musste sie zu einem ernst- haften (wissenschaftlichen) Objekt gemacht werden. Entsprechend wurde sie in *langue* (Sprachsystem) und *parole* (gesprochene Rede) unterteilt, womit sie zu einem theoretischen Gegenstand für die wissenschaftliche Untersuchung ge- macht wurde. Sprache (langue) wurde aufgefasst als „ein Ganzes in sich und ein Prinzip der Klassifikation" (Saussure 2001: 11). Dies sollte der Untersuchungs- gegenstand sein, wohingegen parole fallen gelassen werden musste, weil an ihr kein vereinheitlichendes Prinzip zu entdecken war:

> „Die menschliche Rede, als Ganzes genommen, ist vielförmig und ungleichartig; verschiedenen Gebieten zugehörig, zugleich physisch, psychisch und physiologisch, gehört sie außerdem noch sowohl dem individuellen als dem sozialen Gebiet an; sie lässt sich keiner Kategorie der menschlichen Verhältnisse einordnen, weil man nicht weiß, wie ihre Einheit abzuleiten sei." (ebd.: 11)

Das Fehlen einer zugrunde liegenden Einheitlichkeit wurde so verstanden, dass es keinen singulären und vereinenden theoretischen Ausgangspunkt gebe, von dem aus man sich a priori einen Reim auf gesprochene Sprache hätte machen können:

> „Von welcher Seite man also die Frage auch angreift [wie Sprache zu untersuchen ist], nirgends bietet sich uns der Gegenstand der Sprachwissenschaft als einheitliches Ganzes dar; überall sto- ßen wir auf dieses Dilemma: entweder halten wir uns an eine einzige Seite jedes Problems und setzen uns der Gefahr aus, die oben bezeichneten Doppelseitigkeiten nicht zu berücksichtigen, oder, wenn wir die menschliche Rede von mehreren Seiten aus zugleich studieren, erscheint uns der Gegenstand der Sprachwissenschaft als ein wirrer Haufen verschiedenartiger Dinge, die un- ter sich durch kein Band verknüpft sind [...] In der Tat, unter so vielen Doppelseitigkeiten scheint allein die Sprache [langue] eine selbständige Definition zu gestatten, und sie bietet dem Geist einen genügenden Stützpunkt." (ebd.: 10f.)

Dass auch die analytische Philosophie die ‚gewöhnliche Sprache' ablehnte, geschah, wie wir sehen werden, aus sehr ähnlichen Gründen. Sie war zu unge- nau, mehrdeutig und unpräzise für eine tiefgründige philosophische Untersu- chung. In Kapitel 8 verfolge ich die Entwicklung der Untersuchung gewöhnli- cher Sprache angefangen bei der Philosophie und der linguistischen Pragmatik bis hin zur Konversationsanalyse. Die Konversationsanalyse wurde von Harvey

Sacks entworfen, der seine Promotion in Philosophie zwar bei Goffman anfertigte, die Erforschung von Konversation (Gesprächen) aber anfänglich im engen Austausch mit Garfinkel ausarbeitete. Die Entdeckung, wie gesprochene Sprache analysiert werden kann, ist eine entscheidende Leistung der Soziologie der Interaktion; in Kapitel 8 behandle ich einige ihrer Anwendungsgebiete. An dieser Stelle will ich zunächst auf einige der Probleme eingehen, die mit dieser Entdeckung zusammenhingen und aus denen im Laufe der Zeit ein Disput mit Goffman darüber resultierte, wie sie denn nun durchzuführen sei.

Goffmans beständige Auseinandersetzung mit der Interaktionsordnung gipfelte in seiner letzten Publikation zur Untersuchung von *Rede-Weisen* (2005 [1981]). Der Titel der Textsammlung (*Forms of talk*) macht bereits deutlich, dass es selbstverständlich mehr als eine Art des Sprechens gibt. Es gibt beispielsweise das Sprechen im Radio (*radio talk*), das heißt das Sprechen von DJs, Nachrichten- oder Wettersprechern etc. Es gibt den Vortrag und das interessante Phänomen der Selbst-Korrektur durch Überschussreaktionen wie „ups" und „huch". Zu allen diesen Themen hat Goffman neue und erhellende Dinge zu sagen. Eine komplizierte Thematik, die im Zusammenhang mit Vorträgen und dem Reden im Radio betrachtet wird, ist die Sprecheridentität. Wer spricht und wie ist die Beziehung dieser Person zu dem, was sie in solchen Situationen sagt? Ist sie der Urheber (der Autor) dessen, was sie sagt? In wessen Interesse (ihrem eigenen oder dem anderer) spricht sie?[12] Und welche Art gesprochener Sprache kommt bei derlei Gelegenheiten zustande? Handelt es sich um im Vorfeld geprobtes und auswendig gelerntes Sprechen? Wird ein Text vorgelesen (wie beim Nachrichtensprecher) oder handelt es sich um das, was Goffman „fresh talk" nennt (nicht geprobt und spontan)? In einem Vortrag kann der Redner zwischen verschiedenen Modi wechseln: Er kann einen Text von einer Vorlage ablesen, aus dem Gedächtnis zitieren und einen Fluss von „fresh talk" erzeugen. Solche Übergänge, zusammen mit Änderungen der Sprecheridentität und -ausrichtung werden als Wechsel des *Redestatus* bezeichnet. Dies ist auch die Überschrift des Hauptkapitels in Goffmans Buch.

Das Wechseln des Redestatus (des interaktiven Standpunktes) ist ein kennzeichnendes Merkmal ‚natürlichen Sprechens'. „Ein Wechsel des Redestatus hat eine Veränderung der Orientierung auf uns selbst wie auch auf die anwesenden Anderen zur Folge und kommt in der Art, wie wir eine Äußerung erzeugen oder rezipieren, zum Ausdruck" (Goffman 2005: 42). Im Mittelpunkt von Goffmans Beitrag steht die kompromisslose Dekonstruktion der „primitiven Auffassung" von gesprochener Sprache als Unterhaltung zwischen den zwei Parteien des Sprechers und des Zuhörers. Diese Beiden werden jeweils in komplexere Subkategorien zerlegt. Man nehme den Fall des Zuhörers: Wer hört zu und wer wird adressiert? Handelt es sich um dieselbe Person? Im einen Fall könnte es sich um einen „ratifizierten Rezipienten" einer Äußerung handeln (der dennoch nicht zuhört), im anderen um einen nicht ratifizierten Rezipienten, der *sehr wohl* zuhört (ein Lauscher). Man könnte aber auch gezwungen sein, zuzuhören beziehungsweise lässt es sich vielleicht schlicht nicht vermeiden, wie zum Beispiel während eines Handytelefonats. Die Beziehungen zwischen Sprechern und adressierten wie auch nicht adressierten Rezipienten von deren Äußerungen „sind verwickelt, bedeutsam und wenig erforscht" (ebd.: 47). Wenn man sich über das Modell der Konversation hinausbewegt, wechselt die Begrifflichkeit vom Zuhörer zur Zuhörerschaft oder *Publikum*, einem komplexen Konzept, das ebenfalls in seine Bestandteile zergliedert werden muss: So gibt es das Live-Publikum, das einem Ereignis beiwohnt, wie auch das abwesende Fernseh- oder Radiopublikum. Außerdem sprechen unterschiedliche Ereignisse verschiedene Zuhörerschaften an: Das Publikum einer politischen Rede, eines Schauspiels oder einer Gemeindeversammlung befinden sich in jeweils unterschiedlichen Rezeptionssituationen, die unterschiedliche Verhaltensweisen hervorrufen (vgl. ebd.: 52f.). Unterm Strich gelingt es Goffman mit seinem Artikel, die strukturellen Grundlagen des Redestatus darzulegen. Die primitiven Kategorien des Sprechers und des Zuhörers gehen in komplexere Ansätze auf; was die Zuhörer angeht in Form der Teilnahme-Rahmen und durch verschiedene Produktionsformate auf Seiten der Sprecher (vgl. ebd.: 61).

Auffallend ist, dass es sich bei den Redeweisen, mit denen sich Goffman befasst, meist um irgendeine Art von Sprechermonolog handelt. Obgleich alle fünf Aufsätze vom Sprechen handeln, befassen sie sich hauptsächlich mit der Seite des Sprechenden, wie Goffman in der Einleitung einräumt. Der einzige Beitrag, der sich mit ‚konversationellen Dialogen' (*conversational dialogue*) befasst, ist der zu „Erwiderungen und Reaktionen". Diese und eine ähnliche Abhandlung, „Glückungsbedingungen" (*Felicity's condition*) aus dem Jahre 1983, provozierten einen seiner Studenten zu einer offenen Auseinandersetzung mit ihm über die Frage, worin genau Gesprächsanalyse besteht und wie sie durchgeführt werden sollte. Emanuel Schegloff war, wie auch sein Kommilitone und Freund Harvey Sacks, ein Promotionsstudent Goffmans. Sacks bereitete der Analyse vom Sprechen-als-Konversation den Weg und begründete jenen Zweig der Ethnomethodologie, der schließlich als Konversationsanalyse bekannt wurde. In Goffmans späteren Schriften zur gesprochenen Sprache findet man kleinere Seitenhiebe auf andere, die sich ebenfalls der Untersuchung der Alltagssprache annahmen – auf die „scholastischen" Bemühungen der Philosophen beispielsweise, deren „gesamter Ansatz dem Soziologen als etwas optimistisch, wenn nicht sogar dumm erscheint" (Goffman 2005: 231). Der Aufsatz zu Erwiderungen und Reaktionen und die abschließenden Bemerkungen in „Glückungsbedingungen" beinhalten zwar versteckte, aber dennoch gezielte Kritikpunkte bezüglich einiger Befunde von Sacks und Schegloff zu Gesprächsstrukturen. Mit der Besprechung von Schegloffs Kritik an Goffman wird sich im Gegenzug zeigen, was bei der Analyse von Gesprächen-als-Interaktion auf dem Spiel steht. Der springende Punkt hierbei ist das Ausmaß, in dem Konversation als Sozialstruktur aufgefasst werden kann.

Die Vorstellung von Struktur ist grundlegend für das menschliche Denken. Sie bringt stabile Ordnungsprinzipien und Regelmäßigkeiten mit sich, sodass einzelne Bestandteile in einen verständlichen und kohärenten Zusammenhang gebracht werden können. Solche Prinzipien ermöglichen Bedeutung, genauer, eine überhaupt funktionsfähige und funktionierende Welt. Die Frage der Soziologie ist: Was macht das Soziale möglich? Unter welchen Bedingungen kann etwas, das als sinnhafte Interaktion zwischen Menschen erkennbar ist, stattfinden? Es ist Goffmans großer Verdienst, dass er diese Frage erkannte und zu beantworten versuchte. Aber ist ihm das auch gelungen? Genau das ist der Streitpunkt in der Auseinandersetzung bezüglich seines Ansatzes zur Untersuchung von Konversation. Zustimmend entsinnt sich Schegloff des charakteristischen ‚Goffmanismus‘, der oben bereits zitiert worden ist: „nicht Menschen und ihre Situationen, sondern Situationen und ihre Menschen". Trotzdem verrät ihm seine scharfe Beobachtungsgabe, dass die Menschen in Goffmans verschiedenen Betrachtungen zu sozialer Interaktion ihren Situationen allzu oft in die Quere kommen. Ein unaufgelöster Psychologismus zieht sich durch Goffmans gesamtes Denken. Die permanente Beschwörung der Konzepte „Image" und „Ritual" läuft auf eine Betonung des Individuums und seiner Psychologie hinaus. Interaktion erfolgt so, dass sie „die rituellen Bedürfnisse des Individuums sichert" (Schegloff 1988: 95f.). Interaktion wird selten als ein eigenständiges Phänomen und als Ausgangspunkt einer Untersuchung verstanden. In den meisten Fällen bilden eine konkrete Situation, in der sich Individuen befinden, und die verschiedenen Strategien, derer sie sich bedienen, um mit ihr umzugehen, den Startpunkt. Die Analyse des Redestatus ist wahrscheinlich Goffmans bedeutendster Beitrag dazu, das Gespräch als Untersuchungsgegenstand zugänglich zu machen. Trotzdem behandelt er dieses Konzept häufig eher als ein Problem des Individuums als ein strukturelles Merkmal des Sprechens selbst:

> „Ein Sprecher ist folglich damit beschäftigt, dem, was sich von Moment zu Moment innerhalb eines Diskursverlaufs ereignet, zu begegnen, indem er entweder seinen Redestatus beibehält oder ihn wechselt. Und im Großen und Ganzen scheint es, dass er den Redestatus wählt, der für sein Selbst die am wenigsten bedrohliche Position innerhalb der gegebenen Umstände darstellt – oder, anders ausgedrückt, die für ihn am besten zu verteidigende Ausrichtung, die er aufbringen kann." (Goffman 1981b: 325)[13]

In dieser seltsam düsteren Betrachtungsweise des Gesprächs werden Wechsel des Redestatus als defensive Spielzüge verstanden, um ein verletzliches, verborgenes Selbst zu beschützen. Der Nutzen des Konzepts liegt jedoch darin, dass es jede zu kurz greifende Auffassung vom Selbst, ob als Sprecher oder Hörer, dekonstruiert.

Der Haken bei Goffmans Ansatz ist allerdings, dass er das Sprechen nicht als analysierbaren Untersuchungsgegenstand auslegt. Dies war die entscheidende Innovation bei Harvey Sacks. Er begann damit, alltägliche Unterhaltungen verschiedenster Art (Telefongespräche zum Beispiel) auf Tonband aufzunehmen und Transkriptionsmethoden auszuarbeiten, um sie zu einem analysierbaren Gegenstand zu machen. Zwar treten hierbei einige komplizierte methodologische Probleme auf, das Ergebnis ist aber – die Gültigkeit des Transkriptionsprozesses vorausgesetzt – die Darstellbarkeit von gesprochener Sprache als Datenmaterial auf stabile, zuverlässige und dementsprechend analysierbare Weise. Endlich ist es möglich geworden, zu untersuchen, wie ein Gespräch tatsächlich funktioniert. Kein Geringerer als der Gründer der modernen Linguistik hatte theoretisch angenommen, dass das Gespräch grundsätzlich nicht zu analysieren und aus diesem Grund für die wissenschaftliche Untersuchung von Sprache nicht von Interesse sei. In der Praxis wurde das gesprochene Wort jedoch mithilfe von Aufnahmetechnologien für die genaue Untersuchung bis ins kleinste Detail grundsätzlich zugänglich.

Schegloff war über Goffmans Angewohnheit, sich Gesprächsbeispiele auszudenken (wie wir sehen werden, war dies eine Gewohnheit, die von der Philosophie der gewöhnlichen Sprache geteilt wurde), empört, eben weil sie lediglich als Beispiele dienten, um einen Punkt zu verdeutlichen, den Goffman „im Sinn hatte" (Schegloff 1988: 102ff.). Die Beispiele hatten keinen eigenständigen Status. Sie waren keine Objekte, die der ‚realen Welt' entsprangen und konnten von anderen grundsätzlich nicht überprüft und kritisiert werden. Es blieb nur die Möglichkeit, den Punkt zu akzeptieren (oder auch nicht). Vielleicht hätte man ihn mit Hilfe alternativ ausgedachter Beispiele anfechten können. Das aber hätte den Effekt, die Untersuchung der Sprache auf wissenschaftliche Denkspiele zu reduzieren, die für Akademiker ohne Zweifel von Interesse wären – für sonst jemanden aber wohl kaum.

Bei Schegloffs Kritik an Goffman geht es um einige grundlegende Belange, die die Konversationsanalyse mit der Ethnomethodologie teilt; nämlich ihre Ausrichtung auf soziales Handeln und auf das, was soziale Akteure daraus machen, anstelle der Ausrichtung des Soziologen auf soziale Handlung und was er oder sie daraus macht. Unauffällig wird die soziale Alltagswelt in Goffmans Schriften fast immer aus einem Blickwinkel betrachtet, der sie gewissermaßen auf Goffmans eigene Sichtweise reduziert, wobei er stets Beispiele heranzieht, die aus einer überwältigenden Vielzahl von Quellen stammen und zur Veranschaulichung und Unterstützung dienen. Ob es für einen Soziologen angemessen ist oder nicht, eine Weltanschauung zu haben, die er auf die Welt projiziert noch bevor er sie untersucht, ist bezüglich jeder Sozialtheorie ein Knackpunkt. Die grundlegendste Frage, die Ethnomethodologie und Konversationsanalyse aufgeworfen haben, ist, ob eine Theoretisierung der sozialen Alltagswelt wirklich nötig ist. Die Arbeiten von Garfinkel und Sacks sind im Hinblick auf ihren Theoriegehalt ausgesprochen sparsam. Sie ziehen es vor, an anderer Stelle zu beginnen und betrachten die alltägliche Welt lieber als vollendete Tatsache. Tatsächlich handelt es sich um eine geordnete Welt. Es kann folglich nicht darum gehen, Theorien bezüglich der Frage aufzustellen, warum dies so sein *könnte*, sondern zu erforschen, *wie* sie als solche durch die sozialen Handlungen der Menschen alltäglich und routiniert hergestellt wird. Die Erforschung gesprochener Sprache-als-Interaktion zeigt, dass sie über eine durchaus ausgefeilte Ordnung und Regelmäßigkeit verfügt, welche das Resultat des sinnhaften Austauschs zwischen den an ihr beteiligten Sprechern und Hörern sind, die sie als solche erzeugen. Eines der elegantesten Merkmale der Konversationsanalyse ist, wie wir sehen werden, die überzeugende Art und Weise, in der sie zeigt, wie die Teilnehmer (Sprecher und Zuhörer) das, was von Moment zu Moment passiert, berücksichtigen, interpretieren und darauf reagieren. Anders als Goffman oder die Sprechakttheorie betrachtet die Konversationsanalyse den Vorgang des Zuhörens als genauso relevant (wenn nicht sogar als relevanter) wie den des Sprechens. Indem sie zwischen diesen beiden Rollen, die in einer endlos dialektischen Beziehung zueinander stehen, die Spannung aufrechterhält, gelingt es der Konversationsanalyse schließlich, wirklich und wahrhaftig überzeugende Erklärungen zum Gespräch als ein zutiefst soziales und interaktives Phänomen zu liefern.

Anmerkungen

1   Einen Überblick über die Arbeit Goffmans geben Drew und Wootton (1988), Giddens (1987), Manning (1992), Branaman (1997), Lemert (1997). Für Atkinson und Housley (2003) ist Goffman eine zentrale Figur der Interaktionssoziologie sowie in der Tradition der Chicagoer Schule.

2   1949 führte Goffman aufwendige Feldforschungen in einer Gemeinde auf den Shetland-Inseln durch, die die Grundlage seiner unveröffentlichten Doktorarbeit darstellten und häufig in dem Werk *Wir alle spielen Theater* erwähnt werden (erstmals 1959 bei Edinburgh University Press als *The Presentation of Self in Everyday Life* erschienen). Mitte der 1950er Jahre erhielt er eine Förderung vom National Institute of Mental Health für Forschungen am St. Elizabeth's Hospital in Washington, D.C., wo er 1955 einige Zeit als vermeintlicher Assistent des Sportreferenten zubrachte – eine „Fassade", die ihm freien Zugang zu allen Bereichen des Krankenhauses verschaffte, ohne dabei auf sich selbst aufmerksam zu machen (vgl. Manning 1992: 106f.). Seine Beobachtungen schufen die Basis für *Asyle* – eines seiner wichtigsten Werke –, das allerdings weder eine systematische Beschreibung der Funktionsweisen des Krankenhauses noch Daten aus erster Hand von Insassen, der Belegschaft oder Patienten enthält.

3   Dazu Anthony Giddens: „In dieser Hinsicht kann es lehrreicher sein, Goffmans Arbeiten über ‚totale Institutionen' zu lesen als die von Foucault." Bei ihm findet sich auch ein sehr nützlicher Vergleich der beiden (1988: 209–213).

4   Für eine Erörterung zur Reality Show *Big Brother* als Fernsehexperiment zum Zusammenleben einer Gruppe auf engstem Raum siehe *Television and the Meaning of 'live'* (Scannell, in Kürze erscheinend).

5   Das ist es, was Goffman mit den „Territorien des Selbst" (Goffman 2009: 54) oder „,Persönlichkeitskreise[n]', welche die Menschen um sich ziehen" (Goffman 1971: 221) meint – eine Ausgrenzungszone um den Körper einer Person herum, in die niemand ohne ausdrückliche Erlaubnis vordringen darf. In diese ,Hoheitsgewässer' dringen die Autoritäten totaler Institution routinemäßig ein (vgl. Goffman 1977 [1961]: 31f.). Die Passage, die Goffman hier zitiert, stammt aus Durkheims *Soziologie und Philosophie* (1967: 86).

6   Als Auslöser für die Bürgerrechtsbewegung gilt für gewöhnlich der Tag, an dem Rosa Parks sich weigerte, ihren Sitz an einen weißen Fahrgast abzugeben, nachdem der Busfahrer ihr dies in Montgomery, Alabama, am 1. Dezember 1955 befohlen hatte. Sie wurde verhaftet und für ihr Verhalten mit einem Bußgeld belegt. Parks wurde später als Inspiration für alle folgenden Ereignisse gefeiert und erreichte unsterbliche Berühmtheit für ihre schlichte und dennoch radikale Forderung, in der Öffentlichkeit einfach sie selbst sein zu können, wie jeder andere auch.

7   Die beste Einführung zu Garfinkel stammt von J. Heritage (1984a).

8   Grund und Rechtfertigung sind eng miteinander verbunden, aber nicht das Gleiche. Jemand kann vielleicht seine Gründe für eine Handlung haben, die aber nicht unbedingt gut sein müssen (es mangelt ihnen also an Rechtfertigung). Anders gesagt ist die Rechtfertigung ein Mittel, um Handlungen als angemessen zu verteidigen (zu rechtfertigen). Unangemessen ist Verhalten dann, wenn keine Erklärung abgegeben werden kann, die es rechtfertigen würde.

9   „Mitglieder" und „Mitgliedschaft" sind wichtige Begriffe bei Garfinkel (und Harvey Sacks). Sie zeigen, dass Individuen nicht außerhalb der Gesellschaft stehen und dann irgendwie einen Zugang zu ihr aushandeln. Ganz im Gegenteil befinden sich Individuen immer in gewisser Weise *innerhalb* einer Gesellschaft und sind somit wohl oder übel auch deren Mitglieder. Diese Terminologie stellt eine Auflösung der Individuum-Gesellschaft-Dichotomie dar und vermeidet zugleich ein Verständnis von Gesellschaft als Aggregat von Individuen.

10 Zu Talcott Parsons siehe Turner (1999) und Habermas (1987: 295ff.). Siehe Heritage (1984a: 6–36) für einen Parsons'schen Hintergrund zu Garfinkel.

11 Im Unterschied zur Perspektive des Experten, Geistlichen, Soziologen etc.

12 Für eine detailliertere Erörterung zur Sprecheridentität der ersten Person siehe S. 217f.

13 Anm. d. Übers.: Da der Aufsatz „Radio talk" aus dem englischen Original nicht mit in die deutsche Übersetzung des Buches aufgenommen wurde, handelt es sich bei diesem Zitat um eine eigene Übersetzung.

Teil 3: Kommunikative Rationalität und Irrationalität

Lesefragen.
1. Pragmatik

8 Kommunikation und Sprache: Austin, Grice, Sacks, Levinson – Großbritannien/USA, 1950er bis 1970er Jahre

Bisher habe ich die Zuwendung zum Gewöhnlichen und Alltäglichen, die nach dem Zweiten Weltkrieg einsetzte, in Bezug auf die Erforschung von Kultur in Großbritannien und die Interaktionssoziologie in den USA nachgezeichnet. Ebenso beschreiben aber auch die neuen Denkweisen bezüglich Philosophie und Sprache, die parallel den Atlantik überquerten, eine charakteristische Facette dieser Tendenz. In den 1950er Jahren entwickelte J.L. Austin in Oxford die Philosophie der normalen Sprache, die sich vor allem in Harvard als äußerst einflussreich erwies. H. Paul Grice, ein Zeitgenosse Austins aus Oxford, leistete einen elementaren Beitrag dazu, Sprache als Kommunikation zu betrachten, was der Pragmatik als neuem Bereich wissenschaftlicher Forschung den Boden bereitete. Diese hat ihre Wurzeln sowohl in der Philosophie als auch in der Sprachwissenschaft und der Soziologie. Mit seiner Arbeit zur Interaktion war es Goffman, der die Pragmatik mit Aspekten der Soziologie bereicherte. Ein letzter, sich mit der Pragmatik überschneidender Teilaspekt der Hinwendung zur normalen Sprache, besteht in der Pionierarbeit des amerikanischen Soziologen Harvey Sacks zur Analyse alltäglicher Gespräche. Dank Sacks entwickelten sich diese zu einem typischen Tätigkeitsfeld innerhalb der Ethnomethodologie. All diese Entwicklungen nahmen ihren Anfang an verschiedenen Orten, mit unterschiedlichen Absichten und Anliegen, und doch weisen sie bemerkenswerte Ähnlichkeiten zueinander auf. Zusammengenommen haben sie eine wichtige Neuinterpretation von Sprache bewirkt, insbesondere was deren soziale und kommunikative Funktionen in gewöhnlichen und alltäglichen Lebenskontexten betrifft.

Ich werde mich nun der Reihe nach der Philosophie der normalen Sprache, der Pragmatik und der Konversationsanalyse widmen, bevor ich mich mit aktuellen Arbeiten zur Sprache, die in Radio und Fernsehen gesprochen wird, auseinandersetze – ein Untersuchungsbereich, der aus diesen früheren Entwicklungen hervorgegangen ist. Obwohl die Ansätze große methodische und theoretische Differenzen aufweisen, haben alle drei einen gemeinsamen Fokus: Sprache im Gebrauch beziehungsweise als Äußerung. Dies bedeutet weniger eine Unterscheidung zwischen Gesprochenem und Geschriebenem als eine Unterscheidung zwischen *langue* und *parole*; zwischen Sprache als Struktur oder System und Sprache als Handlung oder Interaktion. Den Ausgangspunkt aller drei Ansätze bildet darüber hinaus die gewöhnliche Sprache im alltäglichen Gebrauch, im Gegensatz zu fachlich, technisch oder institutionell gebrauchter Sprache. Das impliziert, dass die Betrachtung alltäglicher Sprache im Gebrauch einige fundamentale und universelle Merkmale offenlegen wird, und zwar weniger bezogen auf Sprache an sich, als vielmehr auf die menschliche Kommunikation und Sozialität. Austin stellte die Frage nach der gesprochenen Sprache ursprünglich im Zusammenhang mit dem Sprecher. Schnell zeigte sich aber – und dies war Grices grundlegender Verdienst –, dass die Äußerung eines Sprechers nicht betrachtet werden kann, ohne dass man den Zuhörer, an den die Aussage adressiert ist, berücksichtigt. Ein absolut grundlegender Punkt kristallisierte sich heraus: In den Entwurf *einer jeden* Sprecheräußerung (egal in welcher Sprache) ist ein Zuhörer mit einbezogen, auf den sie zugeschnitten und an den sie gerichtet ist. Das bedeutet also, dass ein Prinzip kommunikativer Intentionalität eingebettet ist in die jeweiligen Gestaltungsmerkmale normaler und im Alltag gebräuchlicher Sprache, wie sie von gewöhnlichen Laien in jeder Gesellschaft angewendet wird. Die Hinwendung zur Alltagssprache liefert wichtige Erkenntnisse, nicht nur was die Funktionsweisen sozialer Interaktion angeht, sondern auch deren Voraussetzungen. Das bedeutet, dass sie etwas darüber aussagt, was Sozialität, das Soziale *als solches*, ausmacht.

8.1 Die Philosophie der normalen Sprache

J.L. Austins einflussreichste Arbeit, *Zur Theorie der Sprechakte* (*How to Do Things with Words*), beruht auf einem Vortrag anlässlich der William James Lectures in Harvard und erschien erst im Jahre 1961, ein Jahr nach seinem frühen Tod. Dieses Buch schuf die Basis für die Sprechakttheorie (ausgearbeitet und formalisiert von Searle, 1969), deren Grundprämisse ist, dass etwas zu sagen bedeutet, etwas zu tun. Dies mag uns heute nicht mehr außergewöhnlich erscheinen, doch im Kontext der in den frühen 1950er Jahren gängigen anglo-amerikanischen Philosophie stand die Sprechakttheorie im scharfen Gegensatz zu den Hauptanliegen der analytischen Philosophie. Der logische Positivismus war an der Tagesordnung, der besagte, dass ein Satz, so lange er nicht wenigstens grundsätzlich *verifiziert* werden könne (also auf seine Wahrheit oder Unrichtigkeit hin geprüft werden), strikt bedeutungslos sei. Daraus resultierte natürlich, dass gewöhnliche Gespräche (zumindest theoretisch) bedeutungslos waren – ganz zu schweigen von der Mehrheit ethischer, ästhetischer oder literarischer Diskurse. Die Sprache der Philosophie nahm sich die Sprache der Mathematik zum Vorbild: im Inneren logisch, konsistent und kohärent. Im Zentrum der Aufmerksamkeit stand die Übereinstimmung von wohlgeformten Sätzen, die etwas behaupten, aussagen oder vorschlagen, mit den tatsächlichen Gegebenhei-

ten der Außenwelt. Dementsprechend ist „Der Schnee ist weiß" ein wohlge-
formter Satz in der deutschen Sprache, der insofern wahr ist, als es eine Ent-
sprechung gibt zwischen der Behauptung (die „Weißheit" des „Schnees") und
der Substanz, die unter bestimmten Bedingungen zu bestimmten Zeiten des
Jahres in bestimmten Regionen der Welt vom Himmel fällt. Diese „Korrespon-
denztheorie" der Wahrheit betrachtet Sprache als grundlegend Tatsachen ange-
bend oder eine Realität beschreibend, die außerhalb der Sprache liegt. Die Aufgabe der analytischen Philosophie bestand darin, die unreduzierbaren Bestandteile von Wahrheit-als-Tatsache ausfindig zu machen. Sie strebte danach, wissenschaftlich, objektiv und eindeutig zu sein. Was außerhalb dieser Parameter
lag, war bedeutungslos.

Die einfache und scheinbar geringfügige Verlagerung weg von Sätzen und
hin zu Äußerungen (die Basis der Sprechakttheorie) brachte bei genauerer Betrachtung einen völlig neuen Fokus auf Sprache mit sich: Bedeutung und Wahrheit. Im Grunde besteht der Unterschied darin, dass Sätze in geschriebenen
Texten als kontextfrei erscheinen (außer in Beziehung zu anderen Sätzen des
Textes): Der Satz „Da ist es", der auf einer Seite geschrieben steht, ist allgemein
verständlich (er ist grammatikalisch und syntaktisch kohärent), hat aber keine
spezielle Bedeutung. Als Äußerung existiert „Da ist es" nur in einer besonderen
Situation (oder einem Kontext) als etwas, das jemand (normalerweise) zu jemand anderem sagt, bezogen auf etwas („es"), das zum Zeitpunkt der Aussage
irgendwo („da") „ist". Wer oder was dieser Jemand, der Andere, das Etwas, das
Irgendwann und das Irgendwo ist, ist in dem Moment der Äußerung für diejenigen transparent, die in sie und von ihr mit einbezogen sind. Die Umstände, die
Situation oder der Kontext offenbaren die performative Kraft des Gesagten.
Äußerungen sind kontextgebunden. Sätze sind kontextfrei. Erstere existieren nur
in einer Situation, in einer Form von Welt. Letztere stehen außerhalb der Welt
oder jeglicher weltlichen Situation. Jenseits der Einheit des Satzes liegt der Text
– das Gefäß für die Sätze. Sätze leben in einer eigenen Welt, dem Text, in dem
sie wohnen. Die Untersuchung von Sätzen und die von Äußerungen berufen
sich auf je unterschiedliche Denkmodelle und Realitätsverständnisse.

Austin erkannte, dass mehr in Sätzen steckt, als lediglich Behauptungen und
Aussagen. Normale Sprache enthält Deklarationen, die mit Wahrheit und Fakten
nichts zu tun haben:

- Ich erkläre Sie hiermit zu Mann und Frau.
- Ich taufe dieses Schiff auf den Namen *Titanic*.
- Ich entschuldige mich.
- Ich verspreche es.
- Ich verurteile Sie zum Tode.

All diese Sätze (hier als Äußerungen betrachtet, also als etwas, das von jemandem in einer Situation gesagt wird) behaupten weder etwas, noch sagen sie etwas aus. Sie *tun* etwas. Austin nannte sie *Performative* im Gegensatz zu *Konstativen*, die etwas behaupten oder aussagen (Austin 2007: 29f.). Er unterschied drei Arten von performativen Äußerungen:

- *Lokutionärer Akt*: die Äußerung eines Satzes mit einem bestimmten Sinn und einem bestimmten Bezug.
- *Illokutionärer Akt*: das Behaupten, Anbieten, Versprechen usw. mittels der Kraft der damit verbundenen Konvention.
- *Perlokutionärer Akt*: hat als Folge seiner Äußerung eine Wirkung auf andere.

Das Hauptaugenmerk lag auf der zweiten Kategorie, ihrer illokutionären Kraft und ihrer perlokutionären Wirkung. Die Kraft und die Wirkung etwas zu tun, indem man etwas sagt, sind keine den Worten inhärenten Eigenschaften. In realen Situationen bedürfen solche Aussagen spezieller *Glückungsbedingungen*, um ihr Ziel zu erreichen. Nicht jedermann kann zwei Personen durch eine Heirat zusammenführen, indem er die Worte „Ich erkläre Sie hiermit zu Mann und Frau" spricht, oder jemanden zum Tode verurteilen (und diese Verurteilung dann von anderen vollstrecken lassen).

Austin versuchte Glückungsbedingungen für Performative aufzustellen:

- Es muss ein übliches konventionales Verfahren mit einem bestimmten konventionalen Ergebnis geben.
- Die betroffenen Personen und Umstände müssen auf das oben genannte Verfahren passen.
- Alle Beteiligten müssen das Verfahren korrekt und vollständig durchführen.
- Wer am Verfahren teilnimmt, muss angemessene Absichten und Betragensweisen aufweisen und, falls darauf folgendes, weiteres Verhalten erforderlich wird, entsprechend handeln. (vgl. Austin 2007: 37; abgewandelt)

Die perlokutionäre Wirkung der illokutionären Kraft hinsichtlich der Äußerung „Ich erkläre Sie zu Mann und Frau" ist, dass aus zwei einstmals ledigen Individuen ein verheiratetes Paar wird. Die Effektivität der Äußerung beruht aber in erster Linie auf der Hochzeitszeremonie (als ein übliches Verfahren), der dazugehörigen Stellung desjenigen, der diese Worte äußert (Pfarrer, Standesbeamte usw.) und derjenigen, zu denen es gesagt wird (laut Brauchtum und Gesetz darf für das Eingehen der Ehe kein Hinderungsgrund existieren). Die Zeremonie muss ordnungsgemäß durchgeführt werden und beide Parteien müssen die Eheschließung gleichzeitig und ernsthaft eingehen und sie danach dauerhaft aufrechterhalten. Wahrheit beziehungsweise Unwahrheit tauchen hier nirgendwo auf. Eher ist die Frage, ob das alles funktioniert oder nicht, was wiederum abhängt von der Beschaffenheit des Anlasses und davon, dass das Sagen und Handeln ihm angemessen und ordnungsgemäß sind. In der Sprechakttheorie dreht sich alles um Handlungen. Als eine Denkart orientiert sie sich an dem Praktischen und Speziellen und nicht an dem Allgemeinen und Theoretischen.

Zwei Kernaspekte der Sprechakttheorie sind in die ihr zugrunde liegenden Voraussetzungen und Anliegen eingeschlossen: Erstens ist eine Äußerung eine essenziell weltliche Handlung. Das heißt, dass sie außerhalb einer spezifischen Reihe von Gegebenheiten, welche selbst wiederum in irgendeiner Art von Welt situiert sind, nicht erfolgen (existieren) kann. Zweitens setzt jede Äußerung eines Sprechers in jedweder Situation absolut zwingend einen oder mehrere Zuhörer voraus, an welchen oder welche die Äußerung gerichtet ist. Die Wirkung dieser Überlegungen geht über den spezifischen Punkt, dass *etwas zu sagen bedeutet, dass man etwas tut*, hinaus und deutet auf die breiter angelegte Thematik der pragmatischen Grundlagen und Funktionen der Sprache hin.

8.2 Pragmatik

Die Pragmatik, ein heutzutage etabliertes Forschungsfeld, war zu Beginn inspiriert von der Sprechakttheorie sowie der darauf gründenden Theorie kommunikativer Intentionalität. Letztere entwickelte Paul Grice, indem er die Sprechakttheorie über ihren anfänglichen Fokus auf die Aktivität des Sprechers hinaus ausweitete. In seinen William James Vorträgen über *Sprache und Logik*, welche er in Harvard einige Jahre nach Austins Tod hielt, unterschied Grice grundlegend zwischen natürlicher und nicht-natürlicher Bedeutung. Wenn ich sage „Es ist ein schöner Tag" und „tatsächlich" scheint die Sonne und es ist warm und windstill, dann handelt es sich um eine transparente und natürliche Aussage über einen natürlichen Sachverhalt. Aber angenommen ich sage „Es ist ein schöner Tag" und draußen ist es kalt, nass und trist, dann bin ich entweder blind, ein Dummkopf oder aber ich meine diesen Satz ironisch. Wie ist jedoch Ironie für andere nachvollziehbar? Der Satz „Es ist ein schöner Tag" kann nicht als ironisch gedeutet werden, wenn er nicht von sprachlichen Zusatzinformationen begleitet wird: „„Es ist ein schöner Tag', sagte sie ironisch". In Form einer Äußerung kann dieser Satz jedoch nur dann als ironisch verstanden werden, wenn der Sprecher und der Zuhörer über geteiltes Wissen bezüglich der Situation verfügen (dass es draußen tatsächlich in Strömen regnet). Doch selbst wenn man dieses Wissen voraussetzt, stellt sich noch immer die Frage, wie ein Zuhörer das Gesagte interpretieren kann, wenn der Sprecher das Gegenteil von dem meint, was er sagt.

In diesem einfachen Beispiel beginnt sich die grundsätzliche Unterscheidung zwischen dem, was gesagt wird, und dem, was gemeint ist, abzuzeichnen. Ein Sprecher kann das eine sagen und das andere meinen. Wie kann das sein? Wenn ich jemand bin, der sich vor allem am Wortwörtlichen orientiert (ein Philosoph zum Beispiel), dann wird Ironie unbemerkt an mir abprallen. Allgemeiner betrachtet kann ich von dem, was andere sagen, überhaupt nur das verstehen, was ich als die wörtliche Bedeutung oder den Wahrheitsgehalt ihrer Äußerungen erachte. Ein großer Teil von dem, was in einer gewöhnlichen Unterhaltung vor sich geht, funktioniert aber nicht so. Oft gibt es eine große Diskrepanz zwischen dem Gesagten und dem Gemeinten und gerade Letzteres, die Bedeutung, ist das, womit wir uns in einem normalen Gespräch befassen. Daher besteht ein Kernaspekt der Pragmatik in impliziten oder indirekten Bedeutungen sowie in der Frage danach, wie sie verstanden werden und wie dies möglich ist. Die Analyse impliziter Bedeutungen (Grice nennt sie auch *Implikaturen)* steht in einem komplizierten Verhältnis zur kommunikativen Intentionalität und Kooperationsbereitschaft. Zusammen machen sie den grundlegenden Beitrag der Grice'schen Theorie zur Erforschung des Gebrauchs von Sprache mittels der Pragmatik aus.

Damit Ironie auch als solche verstanden wird, muss S (der Sprecher) wollen, dass seine Äußerung von Z (dem Zuhörer) als ironisch gemeint erkannt wird. Eine Äußerung ist insofern kommunikativ, als dass ein Sprecher will, dass sie von einem Zuhörer als so gemeint erkannt und verstanden wird. Kommunikative Intentionalität ist im Wesentlichen reflexiv: Eine implizite Bedeutung ist darauf ausgelegt, als beabsichtigt erkannt zu werden, was eine geteilte Annahme (eine Übereinkunft) aufseiten der an einer Gesprächssituation Beteiligten erfordert. Wie wird das Erkennen einer Absicht erreicht? Durch einige grundlegende Kooperationsprinzipien, wie sie Grice mit seinen berühmten *Konversationsmaximen* vorgeschlagen hat. Er weist auf eine Reihe von übergeordneten Voraussetzungen hin, die die Durchführung von Kommunikation lenken. Diese gehen aus einfachen rationalen Überlegungen hervor, die als Richtlinien für den effizienten und effektiven Gebrauch von Sprache in Unterhaltungen zu kooperativen Zwecken dienen. Grice legt vier grundlegende Maximen oder auch allgemeine Konversationsprinzipien fest, die zusammen auf ein allgemeines Kooperationsprinzip hinauslaufen:

Kooperationsprinzip:
- Gestalte deinen Gesprächsbeitrag so, wie es die anerkannte Zielsetzung oder Richtung des Gesprächs, an dem du beteiligt bist, zum betreffenden Zeitpunkt erfordert. (Grice zit. nach Levinson 2000: 112)

Im Einzelnen:
Maxime der Qualität: Versuche deinen Gesprächsbeitrag so zu gestalten, dass er wahr ist.
- Sage nichts, von dessen Wahrheit du nicht überzeugt bist.
- Sage nichts, wofür du keine hinreichenden Beweise hast.

Maxime der Quantität: Sage soviel wie notwendig ist.
- Sage nicht mehr als notwendig ist.
- Sage nicht weniger als notwendig ist.

Maxime der Relation
- Mache deine Gesprächsbeiträge relevant.

Maxime der Modalität: Sei verständlich und sachlich.
- Vermeide Unklarheit im Ausdruck.
- Vermeide Doppeldeutigkeit.
- Fasse dich kurz.
- Sei methodisch.

(ebd.; teilweise leicht abgewandelt)

Diese Maximen bestimmen, was Gesprächsteilnehmer tun müssen, um sich mit maximaler Effizienz, Rationalität, Effektivität und Kooperation zu unterhalten. Sie sollen also wahrheitsgetreu, informativ, relevant und eindeutig in ihren Äußerungen sein. Damit Konversation als solche gelten kann, ist sie verbunden mit einer kooperativ-kommunikativen Intentionalität, die als geteilte Basis der Interaktion fungiert. Das impliziert nicht, dass Kommunikation auf normativer Ebene Konsens oder Übereinstimmung anstreben müsste. Diskussionen, Unstimmigkeiten und Auseinandersetzungen setzen kommunikative Intentionalität ebenso voraus – zum Streiten gehören immer zwei, wie es so schön heißt. Bei der Gemeinsamkeit, die für kommunikatives Verhalten vorausgesetzt wird, geht es nicht um geteilte Normen, Werte oder Weltanschauungen.

Die Maximen liefern insgesamt eine überzeugende und weitreichende Erklärung zu der Kluft zwischen dem Gesagten und dem Gemeinten. Um diese zu erforschen, muss man nicht nur das betrachten, was Sprache bedeutet, sondern auch, wie sie funktioniert. Da sich die Pragmatik in genereller Hinsicht mit dem Gebrauch von Sprache beschäftigt, befasst sie sich nicht einfach mit der Analyse von Fallbeispielen, sondern auch damit, wie die Möglichkeit einer solchen Verwendung überhaupt entsteht. Grundsätzlich deckt die Pragmatik Voraussetzungen für die Verwendbarkeit (oder ‚Durchführbarkeit‘) von Sprache auf und beschäftigt sich also letztendlich mit dem, was es möglich macht, Konversation zu betreiben. Kommunikative Intentionalität und Kooperationsbereitschaft (einschließlich der Maximen) sind keine gesellschaftlichen oder sprachlichen Konventionen, sondern deren Vorbedingungen. Darüber hinaus beziehen sie sich eventuell nicht einfach nur auf Gespräche, sondern auch auf das gesellschaftliche Leben im Allgemeinen.

Grice glaubte, dass die Maximen eine umfassendere Erklärungsmacht besitzen und regte an, dass sie für alle möglichen Bereiche nicht-sprachlicher Interaktion im gewöhnlichen, alltäglichen Leben gelten könnten.[1] Wenn ich beispielsweise etwas repariere und um vier Schrauben bitte, erwarte ich von meinem Helfer, dass er mir diese Zahl an Schrauben gibt und nicht zwei oder sechs – es gilt die Maxime der Quantität (vgl. Grice 1989: 28; Levinson 2000: 113f.). Die Maximen entstammen allgemein vernunftbezogenen Überlegungen, die für alle möglichen Arten des kooperativen Austauschs gelten, womit – kulturspezifische Beschränkungen außen vor gelassen – ihre universelle Verwendbarkeit gegeben sein müsste (vgl. Levinson 2000: 114).

8.3 Höflichkeit

Beiläufig hatte Grice „Sei höflich" als eine Maxime ausgemacht, die im Regelfall von Gesprächspartnern beachtet wird, sie aber nicht näher spezifiziert (Grice 1989: 28). Mit ihrer bahnbrechenden Untersuchung zu Höflichkeit als universelles Merkmal des Sprachgebrauchs (vgl. Brown & Levinson 1987) erweiterten Penelope Brown und Stephen Levinson Grices Überlegungen grundlegend. Höflichkeit wurde hier nicht synonym mit Etikette (im Sinne einer gesellschaftlichen Konvention oder Norm) verwendet, sondern eher als eine grundlegende Komponente der moralischen Ordnung, wenn hiermit so etwas wie ein reziprokes Prinzip der Verantwortlichkeit als Vorbedingung des Soziallebens gemeint ist. Das Projekt von Brown und Levinson stützte sich auf Goffmans Konzept des Images (*face*): Menschen sind heilig und das Image eines jeden ist ein heiliges Objekt (vgl. Goffman 1975). Heilige Dinge können entweiht werden und das Image ist demnach etwas, das beschützt und entgegen möglicher Gefahren, die den Verlust des Images zur Folge haben könnten, aufrechterhalten werden muss. Bei Face-to-face-Begegnungen mit anderen (typischerweise im Rahmen einer Unterhaltung) verschreiben sich die Beteiligten notwendigerweise in zweifacher Hinsicht der Wahrung des Images (ihres eigenen und dem des anderen). Wie wir bereits gesehen haben, betrachtet Goffman das Wahren des Images als eine Bedingung für Interaktion, nicht als ihr Ziel oder Ergebnis (vgl. Goffman 1975: 17). Höflichkeit ist eine Voraussetzung von Interaktion; sie macht das Soziale sozial.

Viele soziale Situationen stellen eine potenzielle Gefahr für das Image dar. Die gesellschaftliche Ordnung wird durch die doppelte Verpflichtung der Interagierenden aufrechterhalten, ihr eigenes Image und das der anderen zu wahren. Individuen besitzen ein *positives* und ein *negatives* Image. Mein positives Image bestätigt mich als die wertvolle und der Gesellschaft zugehörige Person, für die ich mich selbst halte. Somit gebührt diesem Image der Respekt der anderen, die aufgerufen sind, mein Image zu bestätigen, wenn sie mich ansprechen. Mein negatives Image beschützt mich vor Zumutungen und Forderungen seitens anderer. Mein Selbst ist nicht bedingungslos für andere verfügbar, es hat seine eigenen Bedürfnisse und unantastbaren Bereiche. „Die Persönlichkeit des Menschen ist etwas Heiliges; man wagt nicht, sie zu verletzen, man hält sich fern von ihrem Umkreis, während gleichzeitig die Gemeinschaft mit dem Mitmenschen das Gute par excellence darstellt" (Durkheim zit. nach Brown & Levinson 1987: 44).

Brown und Levinson postulieren eine „Modellperson" mit positiven und negativen Imagebedürfnissen und untersuchen, wie diese in Gesprächssituationen beachtet werden, bezogen auf Handlungen, die das Image potenziell gefährden (*face-threatening actions*; im Folgenden FTA). Ihre „ironische" Modellperson verhält sich in einem bestimmten Sinne rational: Er oder sie neigt dazu, Mittel und Zweck abzuwägen, und wendet bestimmte Strategien an, um sein oder ihr Image vor potentiellen FTAs zu schützen. Offenkundige Beispiele für Gefährdungen des positiven Images im Gespräch sind Kritik und Ablehnung. Ich frage dich zum Beispiel, ob dir das Gedicht gefällt, das ich gerade geschrieben habe. Wie gehst du nun damit um, dass es nicht besonders gelungen ist? Oder ich lade dich zum Essen oder ins Kino ein. Wie sagst du „Nein"? Wie verhinderst du in diesen beiden Fällen, dass meine Gefühle verletzt werden (um dadurch mein positives Image zu wahren)? Bedrohungen des negativen Images beinhalten die große und lästige Kategorie der Bitten, Forderungen und Ansprüche an unsere Aufmerksamkeit. Immer wenn irgendjemand mit „Würde es dir etwas ausmachen, wenn …" beginnt, weiß ich, dass ich in einer kommunikativen Klemme stecke. Man will, dass ich etwas tue, etwas verleihe oder man will mich irgendwie bei dem, was ich gerade tue, stören.

In diesen Fällen ist offensichtlich, dass der jeweiligen Situation eine FTA innewohnt. Da diese Handlungen aber dennoch ausgeführt werden müssen, sollte dies so erfolgen, dass ihr Effekt möglichst abgeschwächt und gedämpft wird. Wenn ich kritisieren muss, dann muss das besonnen geschehen. Wenn ich etwas ablehnen muss, dann nur zögerlich und mit der Bitte um Entschuldigung sowie mit einer Begründung: „Äh …, tut mir leid, ich würde ja gerne, aber leider bin ich gerade mit etwas anderem beschäftigt." Eine Einladung anzunehmen, nur weil man sich nicht schnell genug eine Ausrede ausdenken konnte, ist eine Erfahrung, die jeder kennt. Wenn ich mir etwas leihen will, muss die Gestaltung meiner Bitte der Sache, die ich mir borgen will, angemessen sein. Es ist eine weniger gewichtige FTA, sich einen Euro von jemandem zu leihen, als sein neues Auto. Ein Hauptmerkmal der FTAs ist, dass sie indirekt ausgeführt werden müssen, sodass beide zwar zugeben, dass es sich irgendwie um eine Bedrohung handelt, wobei sie sich aber zur gleichen Zeit bemüht zeigen, diese zu entschärfen. Die Handhabung von FTAs ist ein wesentlicher Schauplatz für die Erforschung von Gesprächsimplikaturen und der Kooperationsmaximen von Grice.

Die Grice'schen Maximen setzen Gesprächseffizienz oder -effektivität voraus. Man sollte ehrlich, kurz und bündig, direkt und in relevanter Manier sagen, was man meint. Indes verletzen direkte und effiziente Äußerungen oft den Grundsatz der Höflichkeit und stellen eine Bedrohung für das eigene Image und das der anderen dar. Beim Mittagessen brauche ich das Salz. Ich sage jedoch nicht „Ich will das Salz" oder „Hey du, gib mir das Salz" (beide Äußerungen sind direkt, deutlich und auf den Punkt gebracht). Ich sage „Könntest du mir *bitte* das Salz geben" oder „Würde es dir etwas ausmachen, mir das Salz zu geben, *bitte*" (die zweite Aufforderung ist höflicher als die erste, da sie ein doppeltes Eingeständnis der damit verbundenen FTA beinhaltet). Eine Person, die alles wörtlich nimmt (oder von einem anderen Planeten stammt), würde diese Äußerungen als Fragen verstehen und mit Ja oder Nein antworten. Jede normale Person aber wird sie als Bitte verstehen und angemessen reagieren, indem sie mir das Salz reicht. Die indirekte Anfrage verstößt zwar gegen die Maxime der Modalität (sie ist weniger deutlich), hat aber größere Aussichten auf Erfolg als eine direkte Aufforderung, die eine direkte Ablehnung auslösen könnte.

Indirekte Äußerungen bieten große Vorteile für Sprecher (und Zuhörer). Wenn man die Maximen befolgt – wenn man direkt und deutlich sagt, was man meint – wird vom Gesagten Notiz genommen, es wird ‚aufgezeichnet'. Es ist genau das, was man gesagt und gemeint hat, wofür man auch zur Rechenschaft gezogen werden kann. Wenn man sich allerdings scheinbar über die Maximen hinwegsetzt, wenn man indirekt und vorsichtig ist, dann kann man erstens nicht unmittelbar zur Verantwortung gezogen werden (man kann die Implikation leugnen – so hat man es nicht gemeint) und zweitens als Zuhörer die Implikation der Äußerung ignorieren oder ihr ausweichen, wenn es einem so passt, ohne dafür verantwortlich gemacht zu werden. Hinweise sind typische Beispiele dafür. Wir sitzen im Auto und ich bemerke: „Mensch, ist das stickig". Daraufhin öffnet der Fahrer das Schiebedach und ich sage: „Danke". Der Hinweis wurde verstanden. Der Fahrer könnte mich aber auch ignorieren, wenn er böse auf mich ist, ihm kalt ist oder aus sonst einem Grund. Beharre ich auf meinem Standpunkt, dann muss ich ihn direkt auffordern. Ich weiß aber, dass mein Hinweis ignoriert worden ist (vorausgesetzt, dass er gehört wurde). Der Fahrer will das Fenster also anscheinend nicht öffnen. Wenn ich nun eine direkte Nachfrage stelle, liegt eine doppelte FTA vor. Ich bitte jemanden etwas zu tun, was er scheinbar nicht will (und bedrohe damit sein Image), und laufe gleichzeitig Gefahr, eine Absage zu erhalten, wenn ich nachfrage (womit ich mein Image gefährde). Vielleicht ist es also das Beste, wenn ich nichts sage. Obwohl Hinweise also offensichtlich die Maxime der Modalität missachten (sei deutlich, sag was du meinst), halten sie an der den Maximen zugrunde liegenden Kraft fest, welche auf effiziente und effektive Konversation ausgerichtet sind. Wenn es nämlich mein Ziel ist, dass frische Luft ins Auto gelassen wird, dann kann ein Hinweis ein sichereres und erfolgreicheres Mittel sein, um diesen Zweck zu erreichen. Wenn es nicht funktioniert, bewahre ich immerhin meine Haltung. Hinweise schützen beide, Sprecher und Adressat, vor möglichen Bedrohungen des Images.

Brown und Levinson konzipieren ein gut durchdachtes Modell von Höflichkeitsstrategien, die mit dem negativen und dem positiven Image auf direktem („aufgezeichnetem') oder indirektem („nicht offiziellem') Wege verbunden sind. In dieses Modell integrieren sie einige wichtige Variablen, wobei gesellschaftliche Machtdifferenzen zwischen den Teilnehmern, soziale Distanz (sie erfordert formellere Vorgehensweisen als die informellen Vorgehensweisen unter Vertrauten) und das „Gewicht" unterschiedlicher FTAs Schlüsselfaktoren sind. Aus ihrer höchst ambitionierten Studie folgern sie, dass es sich bei Höflichkeit um ein sozio-linguistisches Phänomen von universeller Bedeutung handelt, indem sie die gleichen Konversationsstrategien in drei verschiedenen und nicht verwandten Sprachen detailliert nachweisen: Englisch, Tzeltal (eine Maya-Sprache, die in einer Region Mexikos gesprochen wird) und südindisches Tamil. Da sie in der Lage sind, die gleichen Phänomene in drei sehr unterschiedlichen Sprachen äußerst ausführlich darstellen zu können, ist die Annahme, dass Höflichkeit für gesellschaftliche Interaktion grundlegend ist, mehr als berechtigt.

8.4 Deixis

Ein weiteres wichtiges Interessengebiet der Pragmatik sind Wörter, deren Bezugspunkt nicht von der sprachlichen Form oder dem Inhalt einer Äußerung bestimmt ist, sondern von den Umständen, unter denen sie gesagt werden. Von Letzteren hängt auch die Eindeutigkeit des Bedeutungsbezugs dieser Wörter ab. In der Soziologie und Philosophie bezeichnet man solche Begriffe als *indexikalische* und in der Linguistik als *deiktische* Ausdrücke. Der erste Terminus leitet sich aus dem lateinischen, der zweite aus dem griechischen Verb für „zeigen" ab. Deixis beschäftigt sich üblicherweise mit der Verwendung von Demonstrativ- („dies" oder „das") und anderen Pronomen, Zeiten, Adverbien des Ortes und der Zeit sowie einer Vielzahl von grammatikalischen Besonderheiten, deren Bedeutung von den Umständen der Äußerung abhängig ist (Levinson 2000: 59):

Da ist es
Hier ist es

Ich habe es da hingelegt
Kannst *du* es da nicht sehen

Gestern war es noch da
Vor einer *Minute war* es noch da

Die kursiv gedruckten Wörter in jedem dieser Satzpaare sind die deiktischen Begriffe. „Hier" und „da" sind Adverbien des Ortes und werden, zusammen mit ähnlichen Wörtern, deren Bedeutungskraft vom Kontext abhängig ist (nah, fern, hoch, tief etc.), als Beispiele für die *räumliche Deixis* untersucht. Im zweiten Satzpaar, in dem Sprecher und Adressat in der Satzstruktur selbst unbestimmt bleiben, *in situ* allerdings transparent sind, handelt es sich um die *personale* oder *soziale Deixis*, während das dritte Paar Beispiele für die *temporale Deixis* aufzeigt. Zeit, Ort und Person – in jeder Situation, in der sich Menschen befinden unabdingbar – sind die zentralen Themen einer pragmatischen Untersuchung der Deixis. Sie unterstreichen einmal mehr die wesentliche Bedeutung und Relevanz des direkten Umfelds, in das jede soziale Situation eingebettet ist. Das Umfeld ist nicht einfach nur ein passiver oder belangloser Hintergrund, vor dem Dinge geschehen. Es ist – wenn auch unbemerkt – in vielerlei Hinsicht konstituierend für das, was passiert, und leistet somit einen Beitrag, das Wesen des wie auch immer gearteten Ereignisses zu bestimmen. Das Umfeld gehört als Ressource zum vorausgesetzten Wissen, auf das sich der Sprecher stützt. Dieses Wissen wird von anderen verstanden und geteilt; es bildet die gemeinsame Basis der Interaktion. Wenn ich also sage: „Da ist sie", dann bin „ich" der Vater und die Angesprochene meine Tochter und „sie" ist deren Schultasche und „da" ist hinter der Tür der Küche, in welcher wir uns beide befinden, zu der Zeit, zu der wir außer Haus und auf dem Weg zur Schule sein sollten. Die deiktischen Komponenten einer Sprache erinnern uns einmal mehr an ihren in erster Linie praktischen, weltlichen Charakter. Wenn sie in geschriebenen Sätzen auch unklar, abstrakt und pauschal anmuten mögen, so verwandelt sich diese scheinbar referenzielle Unbestimmtheit deiktischer Begriffe in jeder realen, weltlichen Situation plötzlich in Transparenz.

Eine kurze Betrachtung der personalen Deixis sollte die Bedeutsamkeit dieser Thematik für Überlegungen zu *medienvermittelter* Kommunikation und deren Funktionsweise erkennen lassen. Zwei Dinge haben wir bisher als nicht weiter problematisch vorausgesetzt; erstens, dass gewöhnliche Gespräche *unmittelbar* stattfinden (die Teilnehmer sind in einer Face-to-face-Situation anwesend) und zweitens, dass sie typischerweise zwei Personen einbeziehen – ein „Ich" und ein „Du", einen Sprecher und einen Zuhörer. In vielen Fällen spielen sich Gespräche allerdings zwischen Beteiligten ab, die sich nicht am gleichen Ort befinden (Telefongespräche wurden in diesem Zusammenhang ausgiebig untersucht; siehe Hutchby 2001) oder innerhalb von Gruppen. Auch kann in gewisser Weise eine dritte Partei (ein Publikum) involviert sein. Der Rundfunk stellt eine Kombination dieser Merkmale dar. Er ist auf eine abwesende dritte Partei ausgerichtet, und zwar auf die Zuhörer oder Zuschauer. Indem man sich diesen Sachverhalt vor Augen führt, beginnen sich die spezifischen kommunikativen Probleme abzuzeichnen, die Radio- und Fernsehsender beachten müssen.

Betrachten wir das Folgende als einen Gesprächsaustausch:

D: Nun, Sir, Sie um um zu identifizieren Sie sind
   Dr. Geoffrey Francis Fisher
   der neunundneunzigste Erzbischof von Canterbury
F: Das ist korrekt (.)

Der erste Sprecher beginnt damit, dass er eine Identifikation vornimmt: Er erklärt der Person, zu der er spricht, wer sie tatsächlich ist, und zwar relativ detailliert. Das ist oberflächlich betrachtet ein zutiefst uninformativer Gesprächseinstieg (eine Tautologie, die unter anderem die Maxime der Quantität verletzt), da der Sprecher natürlich genau weiß, zu wem er spricht – und vermutlich weiß der Adressat dies auch. Gewiss gibt es eine Regel, die besagt: „Erzähl niemandem etwas, was er schon weiß" (vgl. Levinson 2000: 385 sowie Levinson 1986). Es kann sich also nicht um einen sinnvollen, informativen Gesprächsaustausch handeln, es sei denn, die Identifikation ist eine Einleitung für eine dritte Partei, wie zum Beispiel ein Fernsehpublikum, das nicht über das gemeinsame Wissen der beiden Sprecher verfügt. Nur unter derartigen Umständen würde ein solcher Austausch Sinn machen und in der Tat stammt dieser Ausschnitt aus der Live-Sendung *At Home,* welche 1956 im Fernsehen ausgestrahlt wurde. Ferner diente der Austausch dazu, Fragen bezüglich der Sprecheridentitäten zu verdeutlichen. In gewöhnlichen Gesprächen gehen wir davon aus, dass Leute als „sie selbst" und in ihrem eigenen Namen sprechen. Aber Richard Dimbleby, der dem Erzbischof die Frage stellt, spricht eindeutig nicht als die Person Richard Dimbleby (eine Rolle, die er in seinem Privatleben verkörpert), sondern als der Interviewer und Fernsehmann „Richard Dimbleby". Er spricht nicht für sich selbst, sondern im Interesse derer, die sich die Sendung ansehen. Sie sind es, die mittels dieser Äußerung informiert werden, nicht der Erzbischof.

Goffman bestimmt drei verschiedene Positionen oder Rollen, die ein Sprecher einnehmen kann:

1. *Animateur* (*animator*): sagt etwas, was nicht seine eigenen Worte sein müssen
2. *Autor* (*author*): sagt etwas und ist auch Urheber dieser Worte.
3. *Prinzipal* (*principal*): spricht als Repräsentant im Namen anderer (vgl. Goffman 1981b: 226)

Er identifiziert diese drei Sprecherpositionen im Verlauf seiner Betrachtung des Redens im Radio (*Radio-Talk*), worauf sie ganz offensichtlich anwendbar sind. In Radio- oder Fernsehnachrichten ist der Nachrichtensprecher augenscheinlich der Animateur der Nachrichten, aber nicht ihr Autor (wie jeder weiß, liest er ein Skript vor, das ein Nachrichtenteam angefertigt hat). Er kann jedoch als Prinzipal betrachtet werden, da er die Nachrichten nicht in seinem eigenen Namen vorliest, sondern als Vertreter der Rundfunkinstitution, die ihn einsetzt. Er ist die institutionelle Stimme, die den Nachrichtentext mit Leben erfüllt. In vielen Interviews, Call-In-Sendungen und anderen Übertragungssituationen können Laien-Sprecher behaupten, dass sie nicht als sie selbst, sondern als repräsentative Angehörige einer wie auch immer gearteten gesellschaftlichen Gruppe sprechen. Demzufolge werden bei Radio-Call-Ins zum Thema Renten viele versuchen, ihren Beitrag zu legitimieren, indem sie sich selbst als Rentner zu erkennen geben:

> *Ich bin selbst Rentner* und 72
> Wenn jetzt jeder arbeitenden Person und sogar *jedem Rentner, wie mir*, jede Woche 10 Pence abgezogen werden würden. (Hutchby 2006: 85)

Die Sprecheridentität in Rundfunkübertragungen ist demzufolge weder fix noch transparent und kann sich im Verlauf einer Äußerung oder Interaktion in jedem Moment ändern. In einer Untersuchung zu den Sprachäußerungen von DJs fand einer meiner Studenten heraus, dass ein einzelner Radiomoderator, Tony Blackburn, zwischen verschiedenen Sprecheridentitäten hin und her wechselte (professioneller Rundfunksprecher, Radioexperte, Spaßvogel, Flirtkünstler, Transvestit und extrovertierter Komödiant), während er zu seinem Publikum sprach oder die Zuhörer, die während der Sendung anriefen, in ein Gespräch verwickelte. Diese „Wechsel des Redestatus" (Goffman 2005) gehen mit einer Veränderung der Stimme beim Sprecher einher. Damit man sie nachvollziehen kann, sollte man bezogen auf die „Welt" der Sendung, welche der Moderator mit seinen Worten regelmäßig ins Leben ruft, über ein gewisses Vorwissen verfügen (vgl. Brand & Scannell 1991).

Bei dem „Sprecher-Ich" (Deixis der ersten Person) handelt es sich nicht immer um eine festgelegte und klar identifizierbare Position. Es ist von der Situation mitsamt den herrschenden Umständen bestimmt und kann seinen Redestatus von einem Moment auf den anderen ändern. Ebenso wenig ist das angesprochene „Du" (Deixis der zweiten Person) festgelegt oder transparent. Der vorgesehene Empfänger einer Äußerung ist vielleicht allein in einer Eins-zu-eins-Situation eindeutig bestimmbar, wo beide Teilnehmer präsent sind. Im Fall einer Rundfunkübertragung ist die Frage nach dem Adressaten einer Äußerung immer etwas komplexer, da jede Sendung *für* irgendein Publikum gedacht ist. Somit ist bei jeder Art von Kommunikationssituation im Radio und Fernsehen eine dritte Partei notwendigerweise mit eingeschlossen. Man denke nur an Sendungen, bei denen es ein Studiopublikum gibt (Talkshows, Quizshows, Gameshows und Real-People-Programme): Was genau ist die performative und kommunikative Funktion der Zuschauer im Studio? Wird das Gespräch, das Spiel oder was auch immer *vor* ihnen dargeboten? Wird es *für* sie dargeboten? Oder sind sie Teil der Performance? Anders gefragt, für wen ist das Programm – für das Publikum im Studio oder die abwesenden Zuschauer vor dem Fernseher?

Wenn eine Sendung für ein spezielles Publikum bestimmt ist, dann muss dies in der Sendung auf verschiedenen Ebenen erkennbar sein. Das heißt, für einen Hörer oder Zuschauer muss greifbar sein, dass die jeweilige Sendung irgendwie an ihn gerichtet ist. Mit der direkten Ansprache durch den Nachrichtensprecher (beim Fernsehen mit dem direkten Blick in die Kamera) oder den Talkshowmoderator werden die Rezipienten des Gesagten als abwesende Hörer oder Zuschauer vorausgesetzt. Der gesamte Aufbau eines Rundfunkinterviews (ein Genre, welches sowohl von dem als auch für das Radio bzw. Fernsehen entwickelt wurde) impliziert eine nicht anwesende dritte Partei – das Publikum – für die die Interaktion inszeniert wird. Was aber auch berücksichtigt werden muss, sind jene unsichtbaren Abläufe bei Rundfunkproduktionen, bei denen das abwesende Publikum stets mitgedacht wird. Diesbezüglich ist die Funktion der Studiozuschauer besonders aufschlussreich: Angenommen dieses Publikum ist Teil der insgesamt beabsichtigten Wirkung, die die Sendung auf abwesende Hörer und Zuschauer haben soll, dann muss sein Verhalten im Rahmen des übergreifenden Produktionskonzeptes ebenfalls gesteuert werden. Natürlich ist allgemein bekannt, dass genau das passiert, wenn man als Zuschauer an einer Show teilnimmt. Zuerst wird das Studiopublikum vor der tatsächlichen Aufzeichnung oder Ausstrahlung der Sendung ,aufgewärmt', damit es die angemessenen Partizipationsreaktionen erzeugt, die die Sendung erreichen will (Gelächter, Jubel, Applaus etc.). Zur gleichen Zeit werden Reaktionen geprobt – es wird gesagt, wann man zu klatschen hat und wann nicht oder wie man in einer Talkshow seine Fragen aus dem Zuschauerraum zu stellen hat. Während der Show selbst kann das Publikum von dem Aufnahmeleiter oder durch Monitore, die nur für das Studiopublikum sichtbar sind, zu mehr oder weniger enthusiastischen Reaktionen aufgefordert werden. All das weist daraufhin, dass das Studiopublikum Teil der umfassenden kommunikativen Wirkung ist, welche die Sendung zu erreichen versucht. Genauer gesagt ist es im Falle sachgemäßer Handhabung ein wichtiger Faktor, der zur *Stimmung* der Sendung beiträgt.

Warum beschäftigen wir uns aber mit dem Studiopublikum, wo Sendungen doch eigentlich vielmehr für das Rundfunkpublikum produziert werden? Ist das Studiopublikum nicht überflüssig? Auf keinen Fall. Es ist dafür da, die passende *Stimmung* zu erzeugen. Zum einen wird das, was im Studio passiert, durch die Anwesenheit des Publikums zu einem öffentlichen Ereignis, wodurch die Zuhörer oder Zuschauer in das wie auch immer geartete Ereignis mit hineingezogen werden. Die kommunikative Beziehung zwischen einer Rundfunkproduktion und dem Publikum kann auf zweierlei Weise funktionieren: Die Sendung kann entweder mit unterschiedlichen Mitteln versuchen, in die Räume der Rezeption, also die Situationen und Gegebenheiten des Hörens oder Schauens, einzudringen – oder aber sie schafft sich ihren eigenen Raum, in den sie das abwesende

Publikum zu holen versucht. Allgemein gesprochen verfügen diese beiden Varianten über unterschiedliche Dimensionen hinsichtlich des kommunikativen Charakters von Radio und Fernsehen, der gleichzeitig öffentlich wie auch privat ist. Öffentlich ist er in dem Sinne, dass jedes ausgestrahlte Programm für eine gewisse Öffentlichkeit (das durch Form und Inhalt angesprochene Publikum) zugänglich ist. Privat ist er, da die Rezeption jedes gesendeten Programms durch Individuen erfolgt, die im gewöhnlichen Kontext ihres eigenen alltäglichen Privatlebens zuhören oder zusehen. Das Studiopublikum konstituiert die Sendung, von der es ein Teil ist, grundlegend als ein öffentliches Ereignis und trägt mit seinem Verhalten zur Erzeugung des kommunikativen Charakters und der Stimmung bei. Wenn „Spaß" das Ziel ist, wird durch die Reaktionen und Interaktionen des Live-Studiopublikums eine spaßige Atmosphäre eindringlich hergestellt (oder auch nicht). Auf vielfältige Weise betreiben Personen dabei ihre aktive Mitgliedschaft im Publikum nicht nur für sich selbst (sie haben sich entschieden, dort zu sein), sondern auch im Namen der Abwesenden. Im Detail betrachtet fallen bei Shows mit einem Live-Publikum vor Ort zu jeder Zeit etliche kommunikative Interaktionen an: zwischen Moderator und Gästen auf der Bühne, zwischen Moderator und Studiopublikum, zwischen Moderator und Zuhörern beziehungsweise Zuschauern, zwischen Gästen und Studiopublikum, zwischen Gästen und Zuhörern beziehungsweise Zuschauern. Folglich ist die Frage, wer zu wem spricht (die ersten und zweiten Personen), bei solchen Sendungen ein komplexes, wechselhaftes Phänomen, das einer sorgfältigen und eingehenden Analyse bedarf.

8.5 Konversationsanalyse

Bei der historischen Betrachtung von Technologien zeichnet sich die Tendenz ab, dass Dinge, die für bestimmte strategische Zwecke erfunden worden sind, bisweilen andere Verwendungsweisen und unerwartete Möglichkeiten in sich bergen. Ein gutes Beispiel dafür liefern der Hörfunk und die kabellose Telefonie in ihrer ursprünglichen Konzeption und Anwendung. Der *Rundfunk*-Charakter des Radios (wie das Telefon ursprünglich vom Prinzip her ein System zum wechselseitigen Übermitteln und Empfangen) wurde anfangs als problematisch empfunden. Erst mit der Zeit erkannte man, dass dieser Umstand den größten Vorzug darstellt, wenn man Funk nicht für Gesprächsinteraktion von einer Person zu einer anderen (*one-to-one*) nutzt, sondern für die organisierte Übertragung eines informativen oder unterhaltenden Programms von einem an viele andere (*one-to-many*). Der gesamte Hörfunk war anfangs notgedrungen live. Technologien zur Aufnahme und Speicherung von Sprache oder Ereignissen standen in der Entwicklung des Radios beziehungsweise Fernsehens erst zu späteren Zeitpunkten zur Verfügung. Das transportable magnetische Tonbandgerät wurde Mitte der 1950er Jahre gebräuchlich, die tragbare Fernsehkamera zehn Jahre später. In beiden Fällen waren die Geräte erst einige Zeit nach ihrem professionellen Einsatz im Rundfunk auch für eine breitere gesellschaftliche Nutzung verfügbar. Der kalifornische Soziologe Harvey Sacks erkannte das Potenzial des Tonbandrekorders für wissenschaftliche Zwecke: Er begann in den 1960er Jahren damit, Menschen, die sich in den unterschiedlichsten Alltagssituationen miteinander unterhielten, aufzunehmen, um herauszufinden, wie solche Gespräche „funktionieren" (Sacks 1995). Dies waren die Anfänge der sogenannten Konversationsanalyse, eines mittlerweile etablierten Zweigs der Soziologie.

Das Tonbandgerät ist zu etwas Erstaunlichem in der Lage: Es fängt die Lebendigkeit sich entfaltender Gespräche ein, konserviert sie, macht sie verfügbar und ermöglicht ihre Aufarbeitung in einer Weise, die bis dahin nicht möglich war. Lange hatte man angenommen, dass gesprochene Sprache nicht systematisch untersucht werden könne, weil das gesprochene Wort so flüchtig ist, dass es im Moment seiner Äußerung gleichzeitig lebt und stirbt. Darüber hinaus galt gesprochene Sprache als inkohärent und unbeholfen, voll von Zögern, Murmeln und Wiederholungen im Vergleich zum geordneten, sauberen Erscheinungsbild der Wörter eines Satzes auf einer Seite mit Text. Grice verteidigte seine Auseinandersetzung mit der gewöhnlichen Sprache als legitimen Untersuchungsgegenstand entgegen der vorherrschenden Skepsis seitens der Oxforder Philosophie, welche sie wegen ihrer „Zweideutigkeit, Irreführung, Vagheit und des Enthaltens von Fehlern und absurden Vermutungen" als einer „konzeptuellen Analyse nicht angemessen" (Grice 1989: 176f.) betrachtete. Im Gegensatz dazu sahen er und Austin „normale Sprache nicht als leere Darstellung, sondern als ein wundervoll subtiles und gut durchdachtes Instrument für den ernsthaften (und nicht ernsthaften) *Gebrauch*" (ebd.: 384; Hervorhebungen hinzugefügt). Dennoch bleibt die gewöhnliche Sprache in der Sprechakttheorie etwas Theoretisches und Vorgestelltes. Es ist auffallend, dass sich Austin und Grice tatsächlich alle Beispiele für Äußerungen, die sie diskutieren, ausgedacht haben. Der Leser ist aufgefordert, sie so zu verstehen, als stünden sie für Dinge, die in wirklichen Gesprächen gesagt werden könnten.

Die Konversationsanalyse generierte mit Hilfe des Bandgeräts erstmals gesprochene Sprache als einen beobachtbaren, analysierbaren, empirischen Untersuchungsgegenstand. Dieser Prozess geht in zwei Schritten vonstatten: Als Erstes findet die eigentliche Aufnahme der Daten statt, wobei der Soziologe scheinbar nicht mehr tut, als die Aufnahme zu starten und zu beenden (mit Zustimmung der Sprecher). Der Mitschnitt gilt als Aufzeichnung eines natürlich vorkommenden Phänomens, das weder vom Soziologen noch von dessen technischem Equipment ‚verunreinigt' worden ist (für eine Diskussion dieses Punktes siehe Hutchby 2001). Als Zweites erfolgt die kritische Aufgabe des Transkribierens der Daten, wobei das, was während der Unterhaltung gesagt (und nicht gesagt) worden ist, möglichst exakt erhalten bleibt. Dementsprechend muss das Transkript Schweigen, Zögern, Stottern und Wiederholungen, Überschneidungen von zwei oder mehr gleichzeitig sprechenden Personen, Betonung und Aussprache der einzelnen Worte, Einatmen und Ausatmen sowie Lautstärke und Intensität der Äußerung erfassen. Wenn dies geschehen ist, kommt etwas Außergewöhnliches zum Vorschein – und zwar, dass tatsächlich *all* diese Dinge Aspekte darstellen, die für die gesamte kommunikative Gestaltung und die Folgen dessen, was da vonstatten geht, relevant sind. Die Dinge, die auf den ersten Blick bedeutungslos erscheinen – die „Mmhs" und „Ahas", Pausen und kurzzeitiges Schweigen –, haben alle eine konkrete Bedeutung für die Teilnehmer im Kontext der laufenden Interaktion. In einem Gespräch bleibt nichts unbemerkt, auch nicht Stille. Der bedeutungsvolle Charakter kurzzeitigen Schweigens in Gesprächen war eine der ersten Entdeckungen der Konversationsanalyse und demonstriert auf elegante Weise ihren beeindruckenden und innovativen Beitrag zu unserem Verständnis davon, wie menschliche Interaktion tatsächlich praktisch funktioniert. Zu zögern bedeutet, Zögern zu *kommunizieren*, und das wiederum leitet voraussichtlich eine negative Antwort ein·

A: Ich hab mich also gefragt ob du in deinem Büro bist am Montag (.) vielleicht?
>> (2.0)
     wahrscheinlich nicht
(Heritage 1984b: 320)

In diesem Auszug aus einem Telefongespräch wird der ersten Frage des Anrufers eine Mikro-Verzögerung entgegengebracht (.) und eine zwei Sekunden lange Phase des Schweigens von Person B, die den Anruf entgegengenommen hat. Die Frage endet mit „am Montag" und an diesem Punkt wäre es passend, wenn Person B sprechen würde. Die kurzzeitige Stille (.) veranlasst den Anrufer zu fragen, ob B – „vielleicht" – in seinem Büro sein wird. Die längere Pause, die diesem *Heckenausdruck* folgt, lässt den Sprecher schlussfolgern, dass B wahrscheinlich nicht erreichbar sein wird. Somit werden beide Pausen – die erste für den Bruchteil einer Sekunde, die zweite länger und damit bestärkend, dass die erste ein Zögern war – als bedeutungsvoll (ein Zögern andeutend) betrachtet und rufen Rückschlüsse hervor; die zweite entsprechend stärker als die erste. Das Schweigen wird in beiden Fällen vom Anrufer als Hinweis aufgefasst, dass die Antwort auf seine Frage wahrscheinlich „Nein" ist. Allgemein ergibt sich daraus, dass eine positive Antwort auf eine Frage unverzüglich gegeben wird. Wenn dies nicht geschieht, ist davon auszugehen, dass die Frage für den Rezipienten irgendwie problematisch ist:

A: Wie wäre es wenn du auf dem Weg hier vorbeikommst?
>> (.)
oder ist das zeitlich zu eng für dich?
B: Nun nein ich führe hier Aufsicht
(Heritage 1984a: 274)

Entsprechend wird die Mikropause von B, die auf die Einladung von A folgt, umgehend so verstanden, dass B Schwierigkeiten haben könnte, sie anzunehmen, und es wird eine mögliche Erklärung (nicht genug Zeit) für das kurzzeitige Zögern vorweggenommen.

Für beide Beispiele muss erstens angemerkt werden, dass die hier vorliegende Interpretation der Daten nicht die des Analysierenden ist, sondern die des sprechenden Interaktionsteilnehmers. Wie die Ethnomethodologie bezieht sich die Konversationsanalyse eher auf die Methoden, die gewöhnliche Gesellschaftsmitglieder anwenden, um herauszufinden, was vorgeht, und um damit umzugehen, als dass sie mit der Methodik der Soziologen Verhaltensweisen ergründen würde. Dies ist eines der markantesten Merkmale dieser soziologischen Strömung. Es drückt, wie im vorigen Kapitel bereits erwähnt, die Unzufriedenheit darüber aus, dass die Sozialtheorie dazu neigt, tatsächlich existierenden Gesellschaftsphänomenen ihre eigene Agenda überzustülpen, anstatt sich mit den Agenden derjenigen zu befassen, die an dem beobachteten Phänomen beteiligt sind.

Zweitens sind die Daten immer außerordentlich komplex. In gewöhnlichen Gesprächen geschehen viele Dinge gleichzeitig und schon die kleinsten Bruchstücke transkribierter Gespräche haben mehrere Bedeutungsebenen:

D: Nun, Sir, Sie um um zu identifizieren Sie sind
Dr. Geoffrey Francis Fisher
der neunundneunzigste Erzbischof von Canterbury
F: Das ist korrekt (.)

Dieses Konversationsfragment aus einer alten Fernsehsendung wurde oben schon zitiert, um zu zeigen, wie das abwesende Publikum in Dimblebys Äußerung mit einbezogen wird. Wenn wir jedoch Dr. Fishers Antwort betrachten, kommt ein ganz anderes thematisches Gefüge zum Vorschein. Dimblebys Einleitung beinhaltet drei Tatsachenbehauptungen zu der Person, an die seine Äußerung gerichtet ist; dass ihr Name Dr. Geoffrey Francis Fisher sei, dass sie der Erzbischof von Canterbury und dass sie der 99. Inhaber dieses Amtes sei. Auf welchen dieser drei Fakten zu seiner Person geht Fisher ein?

F: Das ist korrekt (.)
sie haben ein bisschen nachgerechnet
D: Habe ich
F: Ich wurde schon als alles Mögliche bezeichnet
vom siebenundneunzigsten bis zum hundertdritten (.)
..hhh aber ich bin der neunundneunzigste (.)
Sankt Augustine war der erste

Dimblebys einführende Bemerkung eröffnet dem Adressaten unmittelbar die Möglichkeit, das Gesprächsthema in eine Richtung zu lenken, in der es darum geht, wer *genau* er ist. Von den drei Tatsachen, die über ihn genannt werden, ist eine angreifbarer als die anderen. Fishers Name und sein derzeitiger Status als Oberhaupt der anglikanischen Kirche sind unbestreitbare Fakten, aber dass er tatsächlich der 99. Träger dieses Amtes ist, ist umstrittener, wie Fisher dann selbst ausführt. Insofern ist dies ein deutlicherer Bezugspunkt und eher ‚der Rede wert' als die anderen beiden Informationen. Dimblebys leises Zugeständnis, dass er in der Tat nachgerechnet hat, deutet an, dass er sich auf das Gespräch vorbereitet hat. Als Rundfunksprecher ist das natürlich Teil seines Berufes und Dimbleby war für seine gewissenhafte Recherche vor den Sendungen bekannt (vgl. Dimbleby 1975). Während Name und berufliche Stellung bei bestimmten Interviewpartnern im Rundfunk (diejenigen, die aufgrund ihrer Tätigkeit interviewt werden) die Fakten sind, die der Interviewer gewöhnlicher Weise direkt einführt, ist diese zusätzliche Angabe im Rahmen der situationsbedingten Anforderungen des Rundfunkinterviews grundsätzlich überzählig (sie verletzt die Maxime der Quantität). Vor diesem Hintergrund könnte der Aufhänger für ihre Erwähnung ein Gesprächsangebot sein. Sie stellt eine thematische Ressource bereit – sie ist markant und deswegen diskutierenswert – und wird unmittelbar als solche von der Person genutzt, an die sie gerichtet ist. Die Handhabung von Themen im Verhältnis zur sequenziell abwechselnden und sich entfaltenden Struktur ist ein Schwerpunkt der Konversationsanalyse. Während sich die Unterhaltung entfaltet, dient die einleitende „Tatsache", dass Fischer der 99. Erzbischof ist, als Basis, von der aus die Funktion des anglikanischen Erzepiskopats von Canterbury in der Tradition und Geschichte der Beziehungen zwischen Kirche und Staat in Großbritannien erkundet wird. Dieses winzige Sprachfragment bestimmt die Richtung und den Tonfall für alles, was folgt.[2]

Drittens sollten wir die mannigfaltige und detaillierte Signifikanz dessen beachten, was sich im Gespräch von einem Moment zum anderen abspielt. Das kleinste Zögern zum Beispiel kann als bedeutungsvoll aufgefasst werden. Konversation ist ein sich selbst erklärendes Phänomen, das sich Moment für Moment in Echtzeit entfaltet. Aus der empirischen Untersuchung der Art und Weise, wie Einladungen ausgesprochen und von Adressaten angenommen oder abgelehnt werden, gehen einige verallgemeinerbare Regeln für die dialogische Geselligkeit hervor. Wenn man ein Angebot annimmt, dann tut man das sofort und ohne Vorbehalt. Eine Ablehnung hingegen versieht man mit Entschuldigungen und Erklärungen, wie die folgenden Beispiele zeigen:

(1)
A: Warum kommst du mich nicht mal besuchen bei ⌐ Gelegenheit
B: ∟ Sehr gerne

(2)
A: Ich meine können wir für sie einkaufen gehen
    oder so:?
>> (0,7)
B: Also das ist <u>wirklich</u> nett Hetherton .hhh im Moment <u>nicht</u>:.
    Weil wir noch zwei Jungs zu Hause haben
(Heritage 1984b: 272f.)

Die Zustimmung in (1) erfolgt uneingeschränkt, direkt und überschneidet sich mit der Äußerung des ersten Sprechers, wohingegen der Ablehnung in (2) ein deutliches Zögern sowie eine Dankbarkeitsbekundung („wirklich nett") vorausgehen, denen eine Erklärung folgt („zwei Jungs zu Hause"). Diese Arten des Akzeptierens und Ablehnens zeigen sich in einer großen Masse aufgezeichneter Gespräche. Zusammengenommen sollten sie verstanden werden als gewichtiger Hinweis auf die Existenz unausgesprochener pragmatischer Regeln, die in die Handlungsweisen sozialen Lebens eingebettet sind, und weniger als vorgeschriebene, konventionelle und explizite Regeln, die gelehrt und gelernt werden. Es ist offensichtlich, dass für die verschiedenen Weisen des Annehmens und Ablehnens die Wahrung der Höflichkeit in Bezug auf das negative wie positive Image von grundlegender Bedeutung ist. Die Vertreter der Konversationsanalyse haben aber eine eher nüchterne Auffassung, was derartiges Theoretisieren angeht. Zwar sind sie willens, aus ihrem Material das ein oder andere verallgemeinerbare Format für konversationsbezogene Performative abzuleiten. Bei dem Schritt von Brown und Levinson, die einen modellhaften Sozialakteur hypothetisieren, dem sie Image-Bedürfnisse und ein bestimmtes Maß an instrumenteller (mittel- und zweckorientierter) Rationalität zuschreiben, sind sie jedoch eher zögerlich. Die Konversationsanalyse bleibt bei ihrer Aufgabe, aufzuzeigen, wie die Teilnehmer an einer Interaktion diese interpretieren und mit ihr umgehen. Wenn die Anhänger der Konversationsanalyse bei ihrer Arbeit letzten Endes doch eher todernst sein mögen, so ist es (zumindest meiner Meinung nach) absolut rechtens, dass sie es ablehnen, ihren Untersuchungsobjekten die eigenen Meinungen und Ideen überzustülpen. Diese respektvolle Zurückhaltung zeugt davon, dass die wissenschaftliche Auseinandersetzung mit dem behandelten Gegenstand darauf pocht, dass dieser Gegenstand es nicht nur wert ist, analysiert zu werden, sondern dass die Analyse auch seiner eigenen spezifischen Logik folgt. Sie führt auch dazu, dass Konversation selbst endlich als seriöses Forschungsobjekt betrachtet wird und als ein „wundervoll subtiles und gut durchdachtes Instrument" gelten kann, wie Austin und Grice entgegen der allgemeinen philosophischen Auffassung ihrer Zeit fanden.

8.6 Broadcast Talk

Im Laufe der letzten 20 Jahre wurden die Konzepte und Methoden der Pragmatik und Konversationsanalyse auch auf Gespräche in Radio und Fernsehen angewandt. Dabei definierten John Heritage und sein Doktorand David Greatbatch mit ihrer wegweisenden Arbeit zum Thema politischer Rundfunkinterviews zweifelsohne die zentralen Punkte der Erforschung von Sprache im Rundfunk. Ihr ursprüngliches Interesse galt der Organisation *institutioneller Gespräche.* Die Anfänge der Konversationsanalyse hatten in der Untersuchung von Gesprächen in interpersonellen Kontexten im Alltag gelegen. Anschließend wandte sie sich der Betrachtung von Gesprächen in institutionellen Zusammenhängen zu, in erster Linie um zu sehen, wie sich diese von nicht-institutionellen Gesprächen unterscheiden. Ein systemischer Unterschied, der sich bald herauskristallisierte, besteht darin, dass die Verantwortung für die Gesprächsführung im institutionellen Rahmen im Voraus zugeteilt wird, und zwar gemäß der von vornherein zugewiesenen sozialen Rollen und ihren institutionell angemessenen performativen Verhaltensweisen. So lässt sich beobachten, dass im Klassenzimmer, im Gerichtssaal, im Fernsehstudio oder in der Arztpraxis eine bestimmte Kategorie von Sprechern hauptsächlich dafür verantwortlich ist, Fragen zu stellen (der Lehrer, der Anwalt, der Interviewer, der Arzt), und eine andere Kategorie von Sprechenden (Schüler, Zeugen und Angeklagte, Interviewte, Patienten) diese Fragen vor allem beantwortet. Während in manchen dieser Umgebungen ein gewisses Maß an Flexibilität herrscht, bezogen darauf, wer Fragen stellt und wer sie beantwortet, ist dies anderswo eher weniger der Fall, wie Heritage und Greatbatch für das politische Interview in den Nachrichten herausfanden (vgl. Heritage 1985; Heritage & Greatbatch 1991).

Rundfunkinstitutionen unterliegen zwei großen Beschränkungen, die aus gegensätzlichen Richtungen von außen auf sie einwirken. Von seinen Anfängen bis heute ist der Rundfunk mal mehr und mal weniger Gegenstand nationalstaatlicher Regulierung gewesen. In Großbritannien und den USA wurde Rundfunksprechern (bis in die frühen 1990er Jahre) abverlangt, in den Bereichen Politik und Nachrichten „gebührende Unparteilichkeit" (*due impartiality*) walten zu lassen. Diese Anforderung stellt einen grundlegenden Faktor beim Umgang mit politischen Nachrichten, Gesprächen und Diskussionen im Rundfunk dar. Die andere Beschränkung ist das Publikum, dem auf unterschiedliche Weise bei der Gestaltung von Rundfunk- oder Fernsehsendungen Rechnung getragen werden muss. Zusammengenommen bedingen die beiden Faktoren – die Berücksichtigung des abwesenden Publikums sowie der Anspruch institutioneller Unparteilichkeit – die unverwechselbaren Merkmale des politischen Interviews. Diese offenbaren sich in verschiedenen Abweichungen von den Normen nicht-institutioneller Gesprächsformen, vor allem, wie Heritage und Greatbatch behaupten, in der systembedingten Abwesenheit von sogenannten „*Continuern*" (mmhm, aha, ja, etc.) und „*Response Tokens*" (oh, wirklich, okay, etc.).

Solche Einwürfe sind von der Konversationsanalyse intensiv erforscht worden und in vielerlei Hinsicht faszinierend (vgl. Schegloff 1982; Jefferson 1984; Heritage 1984b). Zunächst beweisen sie einmal mehr den grundlegend *interaktiven* Charakter von Gesprächen. Der Zuhörer (Deixis der zweiten Person) spielt im Vergleich zum Sprecher keine untergeordnete Rolle. Anstatt lediglich der Rezipient eines Monologs zu sein, ist er zu jedem Zeitpunkt als Co-Teilnehmer mitverantwortlich, die Produktion von Interaktion zu steuern. Eine typische Frage in der Konversationsanalyse ist, wie die Teilnehmer *wissen*, wann die Möglichkeit für einen Sprecherwechsel gegeben ist. Es ist nachweislich nicht der Fall, dass nach dem Beitrag von Person A Schweigen oder eine wahrnehmbare Pause folgen würde, bevor Person B (oder wer auch immer) den nächsten Konversationspart übernimmt. Genauso wenig sind die Stellen, an denen ein Wechsel der Sprecher erfolgt, immer von Überlappungen gekennzeichnet, bevor A dann nachgibt und B die ‚Bühne' überlässt. Die Daten verweisen eher darauf, dass ein augenblicklicher Übergang von A zu B typisch ist, wenn ein Sprecherwechsel stattfindet. Die Frage, wie solche präzisen und akkuraten Überleitungen von Gesprächsteilnehmern routinemäßig durchgeführt werden, ist alles andere als trivial. Zeigt der Sprecher mit bestimmten Mitteln die bevorstehende Beendigung seines Beitrags für die anderen Gesprächsteilnehmer erkennbar an? Indem sie sich dieser Thematik widmete, entdeckte die Konversationsanalyse andere Phänomene, die während Konversationen an potenziellen Übergängen auftauchen, wie Continuer und Response Tokens. Dadurch, dass sie sich mit diesen scheinbar banalen (und in der Tat ‚bedeutungslosen') Gesprächspartikeln befasst, liefert die Konversationsanalyse zusätzlich signifikante Beweise für den filigran interaktiven und bedeutungsvollen Charakter von Gesprächen. Wie immer orientiert sie sich bei der Deutung dieser Phänomene an den Praktiken und Interpretationen der Beteiligten und nicht an denen der Soziologen, die sie untersuchen.

Continuer und Response Tokens haben zahlreiche Funktionen. Sie beweisen Sprechern, dass andere Gesprächsteilnehmer tatsächlich zuhören. Zuhörer zeigen mit der Wahl ihrer Reaktion nicht nur an, dass sie dem Gesagten folgen, sondern auch, wie ihre Position dazu ist. So kann durch die ausgewählte Rückmeldung Interesse (Wirklich? Nein!) oder auch Überraschung (Oh!) angezeigt werden. Continuer haben eine andere Funktion. Sie bestätigen die Gelegenheit eines potenziellen Sprecherwechsels und sind ein dezenter Wink, der dem Sprecher erlaubt (oder ihn ermutigt) fortzufahren. Insgesamt zeugen Response Tokens und Continuer von einer kuriosen Umkehrung der personalen Deixis. Ein Sprecher spricht nicht immer und allein *nur als* Sprecher, sondern gelegentlich und auf Zuruf auch als Zuhörer (die erste Person wird zur zweiten Person). Heritage und Greatbatch beobachteten als erstaunliche Tatsache die systemati-

sche Abwesenheit von Continuern und Response Tokens in allen Rundfunkinterviews, die sie untersuchten. Sie konnten nachweisen, dass Interviewer (IR)
in Gesprächen den Interviewten (IE) umfangreiche Beiträge mit mehreren Teilen gestatten, ja dies sogar von ihnen erwarten. Ein Gesprächsbeitrag mit mehreren Teilen hat eine Reihe von potenziellen Anschlussstellen, an welchen in
gewöhnlichen Unterhaltungen ein Beitragswechsel stattfinden kann, wenn kein
Response Token oder Continuer eingeworfen wird. IRs hingegen unterlassen
solche Einwürfe ausnahmslos während ein IE spricht. Ein verallgemeinerbares
Merkmal von Response Tokens ist, dass

> „ihre Erzeuger damit ihr Selbstverständnis als Rezipienten dessen, was gesagt wird, anzeigen.
> Sie zu vermeiden ist demnach ein Mittel, mit dem IRs die Rolle des primären Adressaten der
> Bemerkungen des IE zugunsten des abwesenden Rundfunkpublikums ablehnen." (Heritage &
> Greatbatch 1991: 110)

Response Tokens hervorzubringen, heißt unter anderem, seine Übereinstimmung
oder Ablehnung bezüglich dessen, was der Sprecher sagt, erkennen zu lassen. In
gewöhnlichen Konversationen erwartet man von den Adressaten nicht, dass sie
dem Gesagten neutral oder unverbindlich gegenüberstehen. Response Tokens
zurückzuhalten zeugt weniger von Neutralität als von Langeweile oder Gleichgültigkeit und bei Telefongesprächen kann seitens des Anrufers gar der Verdacht entstehen, dass am anderen Ende der Leitung niemand zugegen ist. Für
den Rundfunksprecher aber stellt Neutralität eine grundlegende externe Auflage
dar. IRs dürfen keine Meinung äußern, wenn sie eine Frage stellen. Genauso
wenig dürfen sie sich den Behauptungen oder Ansichten des IE anschließen
oder sich von ihnen distanzieren. Dementsprechend verweist die systematische
Abwesenheit von Response Tokens auf die Beachtung sowohl der Anforderungen des politischen Rundfunks als auch des Publikums solcher Sendungen.
Ihren institutionellen Charakter erzielen Rundfunkinterviews auf verschiedene
Weise, insbesondere durch Eröffnungs- und Abschlussroutinen, in denen Zuhörer oder Zuschauer direkt adressiert werden. Dennoch lässt sich ein Interview in
den Nachrichten nicht nur an spezifischen Punkten als solches ausmachen, sondern durchgängig von Anfang bis Ende, wie Heritage und Greatbatch abschließend feststellen.

Mit dieser soziologischen Arbeit zu den institutionellen Merkmalen des politischen Interviews setzte die Enthüllung der spezifischen Eigenschaften des
Rundfunks ein. Ihre Schlussfolgerungen wurden aufgegriffen und in Studien zur
Sprache im Rundfunk untersucht (vgl. Scannell 1986, 1991). In den media studies und den Cultural Studies ist Macht ein zentraler Aspekt, der für gewöhnlich
zwar unterstellt, aber nur selten belegt wird. Studien zur Aufrechterhaltung
institutioneller Autorität und Kontrolle im Interview, bei Anrufersendungen und
anderen geläufigen Rundfunksituationen begannen, präzise aufzuzeigen, wie

Macht routinemäßig durchgesetzt wird und wie dem ebenso widerstanden werden kann. Institutionelle Kontrolle wird durch die sogenannte *„first-speaker hegemony"* (Hutchby 2001) ausgeübt, welche sicherstellt, dass der Interviewer oder Gastgeber der Sendung die Oberhand über die gesamte interaktive, kommunikative Konstellation behält. Die Art und Weise, wie Gesprächsteilnehmer die *first-speaker hegemony* infrage stellen, umgehen oder (gelegentlich) ablehnen, macht deutlich, wie Konflikte und Differenzen im institutionellen Rahmen des Rundfunkgespräches gemeinsam und routinemäßig ausgehandelt werden (vgl. Harris 1991; Hutchby 1991).

Die Erforschung politischer Gespräche konzentriert sich hauptsächlich auf deren informative und gegensätzliche Dimensionen. Aber nicht alle Gespräche in Radio und Fernsehen sind politischer Natur. Viele von ihnen haben einen beziehungsorientierten, geselligen Charakter und ihr Gegenstand beinhaltet nichts weiter als die Freude am Sprechen selbst (vgl. Scannell 1996: 22–57). Diese Aspekte des Rundfunks fing man an, in Studien zur Sprache von Radiomoderatoren (*DJ Talk*) zu erforschen. DJ Talk ist in vieler Hinsicht besonders. Erstens handelt es sich dabei typischerweise um einen Monolog, der an eine abwesende Zuhörerschaft gerichtet ist. Somit ist der Sprecherwechsel – zentraler Punkt in der Konversationsanalyse – nicht weiter von Belang. Stattdessen rückt ein anderes Thema in den Vordergrund, welches Goffman aufbrachte (vgl. 1981b: 325); wie bringt ein Moderator im Laufe einer zwei- bis dreistündigen Liveshow einen fließenden, zusammenhängenden Redestrom zustande? Wie wird dabei gleichzeitig das Publikum konstruiert? Montgomerys bahnbrechende Untersuchung sozialer und räumlicher Deixis im DJ Talk begann aufzuzeigen, wie „Intimität auf Entfernung" dadurch erzeugt wird, wie die Zuhörer angesprochen und Verbindungen zwischen dem Ort, an dem der Sprecher ist (im Studio), und dem, an dem sich das Publikum befindet, aufgebaut und erhalten werden (vgl. Montgomery 1986).

Mit diesen Arbeiten zeichneten sich zwei fundamentale Aspekte des kommunikativen Charakters von Radio und Fernsehen ab: *Performance* und *Liveness*. In nicht-institutionellen Gesprächen wird gewöhnlich davon ausgegangen, dass die Teilnehmer als sie selbst sprechen. Es mag sein, dass sie sich selbst darstellen, wie Garfinkel sagen würde. Wie er gezeigt hat, wird dieser Auftritt aber in der Mehrheit der Fälle natürlich und mühelos als ‚das einzig wahre', echte ‚Ich' bewerkstelligt (vgl. Garfinkel 1984). Im Fernsehen und im Radio hingegen wird bei allen Interaktionen der performative Charakter deutlich sichtbar. In den Nachrichten oder in Dokumentationen führen gewöhnliche Leute als Zeugen oder Stellvertreter ihr ‚Gewöhnlich-Sein' auf, während Fachleute und Autoritäten auf unterschiedliche Weise ihr Expertentum inszenieren. In Unterhaltungsprogrammen wird der spielerische Charakter des Rundfunks betont durch das, was Tolson (1991) die „synthetische Persönlichkeit" nennt – extra für das Fernsehen geschaffene Prominente. Darauf folgten Studien zu Fernseh-Talkshows, in denen der Aspekt der Vortäuschung von zentraler Bedeutung war (vgl. Nelson & Robinson 1994): vorgetäuschte Identitäten, vorgetäuschte Spontaneität, vorgetäuschte Emotionen und Reaktionen in Shows wie *Vanessa* in Großbritannien und der berüchtigten *Jerry Springer Show* aus den USA. In den 1990er Jahren betonte das neue Genre der „Real-People-Sendungen" die Rolle gewöhnlicher Leute im Gegensatz zu Experten und Autoritäten, deren Status in diesen Shows untergraben wurde (vgl. Livingstone & Lunt 1992, 1994). Die Sendungen wurden weithin (von Laien wie von Akademikern) als vulgär und geschmacklos kritisiert, als künstlich, heuchlerisch sowie sexistisch (vgl. Tolson 2001).

Derartige Kritik hat immer Interaktionen zum Ziel, die irgendwie konstruiert, fabriziert oder manipuliert (kurz, inszeniert) erscheinen, und erfolgt vor dem Hintergrund einer normativen Vorliebe für direkte, spontane und unverfälschte Interaktion. Im Gegensatz zu den scheinbar spontanen Gesprächen und Interaktionen im gewöhnlichen, privaten Leben, tritt mit der Interaktion im Rundfunk und ihren Merkmalen der Öffentlichkeit und Performanz das Problem der *Authentizität* (und der damit verbundene Aspekt der *Aufrichtigkeit*) zutage. Sie bildet einen Kernpunkt für das Verständnis der kommunikativen Beschaffenheit von Gesprächen und des Unterschieds zwischen medienvermittelter und direkter Interaktion. Bei der wissenschaftlichen Erforschung der Medien hat sich insgesamt eine Hermeneutik des Verdachts gegenüber dem Forschungsgegenstand herausgebildet. Sie zeigt sich in einem diffusen, aber starken Misstrauen gegenüber den Medien als unzuverlässig und irgendwie weder aufrichtig noch ehrlich. Da Letzteres auf Ersterem aufbaut, stellt sich bei medial vermittelten Darbietungen gezwungenermaßen die Frage nach dem Verhältnis zwischen den Darstellern und ihren Handlungsweisen.

„Authentisches Sprechen", so Montgomery, sei kein analytischer Begriff wie etwa „Adjazenzpaar", „Nomen", „Annahme" oder „Implikatur". Es ist kein Begriff, der sehr oft in konversationsanalytischen Texten auftaucht, und dennoch begründet eine unerklärte und ungeprüfte Ahnung davon die Vorliebe der Konversationsanalyse für das „gewöhnliche Gespräch", das als Maßstab für alle anderen Gesprächsformen herangezogen wird (untermauert wird diese Präferenz von dem bisweilen expliziten Glauben daran, dass die Konversationsanalyse aufgrund ihrer Beschäftigung mit gewöhnlichen Gesprächen, im Gegensatz zu anderen soziologischen Teildisziplinen und deren Vertretern, echte und unverfälschte – kurz, authentische – Soziologie betreibe). Authentizität ist ein Begriff, der, wie auch der Begriff der Aufrichtigkeit, ein Stück weit die alltäglichen Bewertungen von Gesprächen-als-Performanzen durch gewöhnliche Gesellschaftsmitglieder, vor allem in öffentlichen Kontexten wie dem Fernsehen, einzufangen vermag (vgl. Montgomery 2001: 398–402). Die Komplexität von Aufrichtigkeit und das Ausmaß, in dem sie auf medienvermittelte Interaktionen anwendbar oder ihnen angemessen ist, können auf die noch komplexeren Sachverhalte hindeuten, die mit Authentizität einhergehen. Einerseits muss Aufrichtigkeit – diese scheinbar natürliche und spontane Sache – irgendwie bewerkstelligt, dargestellt oder aufgeführt werden (vgl. Scannell 1996: 58–74). Sie muss so ausgeführt werden, dass sie natürlich, spontan, ehrlich etc. *ist*. Gelingt dies nicht, greift die Hermeneutik des Verdachts und Vorwürfe ,bemühter', künstlicher oder unauthentischer Aufrichtigkeit können laut werden. Solche Diskussionen kommen in Gesellschaften wie der unseren regelmäßig auf, wenn es um die Bewertung des öffentlichen Auftretens von politischen Führungspersönlichkeiten oder Medienberühmtheiten geht, für die ,sie selbst' zu sein eine deutlichere und bewusster erlebte Problematik darstellt als für normale Mitglieder der Gesellschaft (vgl. Tolson 2001).

Die Politik der Aufrichtigkeit zeigte sich nach dem Tod von Diana, der Prinzessin von Wales, auf besonders dramatische Weise (vgl. Montgomery 1999). Von den vielen Themen, die während der Woche zwischen ihrem Tod und der Beerdigung öffentlich diskutiert wurden, stach damals eines besonders heraus: Warum schien die Sache dermaßen wichtig zu sein? Was musste Diana den Millionen von Menschen bedeutet haben, dass sie um sie weinten? Diese Frage wurde intensiv in den Medien diskutiert, die ihre eigene Rolle bei der Inszenierung Dianas als *die* globale Medienberühmtheit und berühmteste Frau der Welt reflektierten. Warum sollte es gewöhnliche Leute berühren, wenn sie nicht wirklich Teil ihres Lebens war? Als diese Frage von Fernseh-Interviewern gestellt wurde, gaben Personen aus der Bevölkerung (,gewöhnliche Leute') Antworten, die von einem differenzierten Verständnis der eigenen Reaktionen, der Rolle der Medien und der öffentlichen Meinung zeugten:

„Im Anschauen von Interviews mit der Stimme des Volkes können wir eine der Möglichkeiten erkennen, wie die Öffentlichkeit innerhalb des Ereignisses aufgegriffen und repräsentiert wird. ,Publikumsresonanz' bedeutet nicht nur, da zu stehen und darauf zu warten, fotografiert oder interviewt zu werden. Sie muss in Zusammenarbeit mit den Interviewten und unter Berücksichtigung dessen, was diese von den verschiedenen Arten des Rundfunks erwarten, konstruiert werden. Die in diesen Interviews sichtbare Öffentlichkeit reflektiert ihren eigenen Erfahrungen mit den Medien, überwacht die Rechtfertigung ihrer Performanz selbst und ist sich implizit der Herausforderungen bezüglich dessen bewusst, was sie sagt und wie." (Myers 2000: 183)

Die zusehende und zuhörende allgemeine Öffentlichkeit war zum *publicum in fabula* geworden, zum interaktiven Bestandteil des Ereignisses selbst. „Ich war ziemlich geschockt und ich war schockiert darüber, wie geschockt ich war" (ebd.: 180). Bei Aufrichtigkeit geht es nicht mehr nur darum, etwas wirklich zu fühlen. Sie wird eher durch ein kritisches Bewusstsein und die Selbsteinschätzung dieses Gefühls belegt: Warum sollte der Schock angesichts des ,Geschockt-

Seins' die bestätigende Komponente sein, die nicht nur für den Sprecher, sondern auch für andere die Aufrichtigkeit der Reaktion bestätigt? Diese Frage verweist auf die Komplexität des *Anspruchs auf das Erleben*, wonach üblicherweise alle Mitglieder der Gesellschaft durch die Übermittlung des Fernsehens Zugang zu den Ereignissen haben, die in der Welt stattfinden. Das Erleben ist nicht länger an die Anwesenheit, das Zugegensein, das Am-eigenen-Leib-Miterleben gebunden (vgl. Scannell 2001). Die Vorstellung von nicht authentischen Medien beruht auf ungeprüften Mutmaßungen über das Primat und die Authentizität von auf Co-Präsenz beruhenden Beziehungen, „Blickkontakten", „gewöhnlichen Unterhaltungen", deren Anspruch auf Wahrheit und Authentizität vom Radio und Fernsehen unterminiert wird.

Die Untersuchung von Rundfunkgesprächen beschäftigt sich im Kern mit dem vermittelten und performativen Charakter dessen, was über das Radio und Fernsehen ausgestrahlt wird. Dieser Forschungsbereich hat sich aus der Pragmatik und der Konversationsanalyse entwickelt. Er musste sich zwangsläufig nicht nur damit auseinandersetzen, wie Interaktion bei an Sendungen Mitwirkenden funktioniert und von ihnen gehandhabt wird, sondern auch damit, wie sie beim abwesenden Publikum funktioniert und von ihm gehandhabt wird (oder auch nicht). Ebenso wenig darf die Beurteilung derer ignoriert werden, für die die Interaktion organisiert wird. Themen wie Authentizität und Aufrichtigkeit sind von Bedeutung, nicht weil Forscher sie für relevant halten, sondern weil sie dem Publikum wichtig erscheinen und einen wesentlichen Bestandteil davon ausmachen, wie medial vermittelte Darbietungen üblicherweise gedacht, diskutiert und bewertet werden, im Privatleben wie auch in Zeitungen, im Radio oder im Fernsehen. Mit anderen Worten muss die Untersuchung von Rundfunkgesprächen auch Gespräche über Rundfunkgespräche zum Gegenstand haben (vgl. Livingstone 1994).

Bisher haben wir mündliche Sprache als Sprechakt und als Interaktion verstanden. Sie darüber hinaus in Verbindung mit *Events* zu betrachten, eröffnet einen weiteren ertragreichen Untersuchungsbereich, der sich mit dem wahrscheinlich fundamentalsten und trotzdem am wenigsten beachteten Aspekt des Rundfunks beschäftigt; nämlich mit dessen Echtzeitcharakter, seiner *Liveness*. Eine im Radio und im Fernsehen weit verbreitete Sprechart ist das *Kommentieren* von Ereignissen; live und während sie geschehen. Was sind die Funktionen solcher Kommentare und wie funktionieren sie für abwesende Zuhörer und Zuschauer? Die deiktischen Komponenten jedes Ereignisses sind Zeit, Ort und Person. Die grundlegendste Aufgabe des Rundfunks besteht in der Handhabung von Liveness, die über eine spezifische Zeitlichkeit verfügt – das explosionsartige Jetzt, das sich entfaltende Jetzt des Ereignisses, das Jetzt des Dort-Seins, das Jetzt der Teilnahme; *dieses* Jetzt, in dem wir gefangen sind, das uns gegenübertritt und uns beschäftigt, mit dem wir umgehen müssen, in das wir verwickelt sind. In diesem Jetzt und im Auftrag der abwesenden Zuschauer werden Kommentare im Rundfunk gesprochen. Stephanie Marriott untersuchte in einer bahnbrechenden linguistischen Studie zur temporalen Deixis das ‚Jetzt und Dann' von Sportereignissen im Fernsehen (vgl. Marriott 1996). Wiederum zeigt sich die reale Komplexität medienvermittelter Ereignisse. Der Blickkontakt im Alltag verfügt über das ‚Hier und Jetzt' als gemeinsame und von den Beteiligten geteilte Ressource. Bei der Live-Berichterstattung eines Ereignisses liegt auf der Hand, dass das ‚Hier und Dort' eine komplexere Referenzialität beinhaltet. Aus der Sicht eines Fernsehproduzenten wird das Hier des Ereignisses mit Blick auf das Dort der Zuschauer organisiert, für die das Ereignis aus multi-dimensionalen Perspektiven dargestellt wird, welche viel umfassender sind als der limitierte, individuelle Blickwinkel, über den der selbst beim Ereignis anwesende Zuschauer verfügt. Weniger offensichtlich ist, dass bei solchen Berichterstattungen in bestimmten Momenten auch eine multi-dimensionale Temporalität auftritt, insbesondere bei Kommentaren zu unmittelbar wiederholten Sequenzen, welche in Marriotts Studie der Hauptgegenstand waren.

In solchen Augenblicken befasst sich der Kommentar mit einem gerade vergangenen Moment (zum Beispiel, wenn ein Tor geschossen wurde), der wiederholt und dabei oftmals aus mehreren unterschiedlichen Blickwinkeln gezeigt wird. Der Kommentar, der sich in der gegenwärtigen, realen Zeit abspielt, behandelt einen Moment aus der Vergangenheit, der zwecks genauerer Betrachtung auf magische Weise in der Gegenwart wiederhergestellt wird. Wiederholt wird aber nur die Bildspur ohne den begleitenden Originalkommentar, sodass der Kommentator sich also nicht selbst übertönen muss. Sie bringt etwas wiederholt zu Gesicht, um es erneut zu besprechen. Während sie sich aufs Neue mit der Wiederholung beschäftigen, ignorieren die Kommentatoren vorübergehend das andauernde Ereignis, welches im Hintergrund live zu hören ist und von ihnen übersprochen wird. Folglich sind im gleichen Moment zwei Zeiten vereint: die des laufenden Events im auditiven Hintergrund und die des soeben vergangenen Moments im visuellen Vordergrund, mit der sich das Fernsehen beschäftigt. Das ‚Dann' ist in das ‚Jetzt' eingedrungen, wodurch im Fernsehen eine neue Art von Zeitlichkeit entsteht; ein simultanes Jetzt-und-Dann. Was bisweilen geschehen kann, ist, dass diese beiden Zeiten miteinander kollidieren, wenn etwas Wichtiges im Jetzt passiert, während der Kommentator sich der Wiederholung widmet:

> „Hier kommt die Wiederholung. Jetzt sehen Sie Fittipaldi wie er das Bild verlässt und sich dreht – *Oh! und das ist Gerhard Berger.* Also das das das ist in der Tat ist Grand Prix wie wir ihn schon gesehen haben und ich weiß die Antwort nicht aber ich bin überzeugt dies ist eine absurde Situation." (Marriott 1996: 75)

Der Kommentator widmet sich dem wiederholten *Hier* (auf dem Bildschirm) eines Formel 1-Fahrers (Fittipaldi), der sich unkontrolliert dreht. Sein überraschtes und aufgeregtes *Oh!* bezieht sich auf einen anderen Zusammenprall (Berger), den er live auf der Rennstrecke sieht, während er spricht und mit einem Auge die Wiederholung beobachtet. Es dauert einen Moment, bis die Produktion die Wiederholung abrupt abbricht um zum Live-Ereignis aufzuschließen und mitzubekommen, was sich ‚jetzt' beim Rennen abspielt.

Marriotts Beitrag gelingt es, etwas von der gewaltigen räumlichen und zeitlichen Komplexität des Live-Fernsehens aufzudecken. Sie eröffnet neue Untersuchungsbereiche bezogen darauf, wie Effekte und das Involvement des Dabeiseins für das abwesende Publikum kreiert werden. Jeder weiß, dass es anders ist, etwas im Fernsehen zu sehen, oder live und ‚in echt' dabei zu sein. Diese Art der gründlichen, sorgfältigen Analyse von Fernsehberichterstattung zu Live-Events hilft uns zu verstehen, was diesen Unterschied ausmacht. Sie macht darüber hinaus deutlich, dass das Fernsehen Dinge nicht nur live und während sie geschehen ‚abbildet'. Es produziert und erzählt das Geschehen und arbeitet es zu einem Fernsehereignis um. Die Beziehung zwischen dem Ereignis selbst und dem Ereignis im Fernsehen wirft einmal mehr die Frage nach der Authentizität von TV-Übertragungen auf. Ich werde diese Punkte im zweiten Band der Trilogie wieder aufgreifen, wenn ich die Bedeutung von Liveness in Bezug auf Radio- und Fernsehübertragungen untersuche.

Anmerkungen

1   Diese Hypothese werde ich in Band 3 (*Love and Communication*) untersuchen, wo ich argumentieren werde, dass die kommunikative Logik bei herkömmlichen Dingen die gleiche ist, wie bei gewöhnlichen Unterhaltungen. Das soll heißen, dass unser Verständnis davon, was wir mit Dingen tun, ebenfalls von der Gesprächslogik abhängt.
2   Eine Beschreibung dessen, was folgt, findet sich im Rahmen einer umfassenderen Besprechung der Sendung im Band *Television and the Meaning of 'Live'*.

9 Kommunikation als Ideologie: Hall – Großbritannien, 1960er und 1970er Jahre

9.1 Media Studies

Während der letzten dreißig Jahre hat sich die Kommunikations- und Medienwissenschaft in vielen Teilen der Welt etabliert. Universitäten bieten kommunikations- und noch häufiger medienwissenschaftliche Studiengänge auf Bachelor- und Masterebene an. Auch die Zahl von Promotionsprogrammen in diesen und benachbarten Bereichen (Telekommunikation, digitale Medien, Internet) nimmt kontinuierlich zu. Die unterrichteten Fächer benötigen einen Grundkorpus an Forschung und Literatur, auf den man sich beziehen und auf den man Studierende zur Vertiefung der Lektüre hinweisen kann. Sie brauchen nicht nur einen verfügbaren Daten- und Wissensbestand, sondern vor allem auch einen Rahmen, innerhalb dessen sie anfangen können, über „Kommunikation" und „Medien" nachzudenken, sowie bestimmte Probleme und Fragen, die dabei helfen, Denkprozesse und Diskussionen zu fokussieren. Vor 1970 existierte nichts dergleichen. Ich begann mein akademisches Arbeitsleben 1967, als ich als Lecturer im Bereich Kommunikation an der damaligen *Regent Street Polytechnic* eingestellt wurde. Ich hatte die Aufgabe, an der Entwicklung eines kommunikationswissenschaftlichen Studienganges mitzuarbeiten, der aus einer Mischung von praxisnahen Radio-, Fernseh- und Journalismuskursen sowie zusätzlichen Wahlmöglichkeiten in Form von „Liberal Studies" in den Bereichen Sprachen, Geschichte und Literatur bestehen sollte. Als die polytechnischen Hochschulen dann auch universitäre Studienabschlüsse anbieten durften, führten wir 1975 einen Bachelor in media studies ein. Dieser war in Großbritannien der erste und für einige Jahre auch der einzige Studiengang in diesem neuen akademischen Fach. Ich erinnere mich lebhaft daran, wie ich während meiner ersten Arbeitswoche am Schreibtisch saß und mich fragte, was in aller Welt meine Stellenbeschreibung eigentlich bedeuten sollte und, genauer, was in aller Welt ich als Reaktion auf meine Ratlosigkeit lesen sollte. Drei Bücher haben sich mir ins Gedächtnis eingebrannt: *Kommunikationsforschung* von Colin Cherry, *Das sogenannte Böse* von Konrad Lorenz und Marshall McLuhans *Die magischen Kanäle*. Aus dem Ersten konnte ich nur wenig ziehen, da ich es nicht verstand, im Zweiten erfuhr ich etwas über das nonverbale Kommunikationsverhalten von Graugänsen und aus dem Dritten ging hervor, dass die Glühbirne reine Information ist und überdies noch sehr viel mehr. McLuhan war der erste wichtige Impulsgeber, der mich dazu brachte, über „die Medien" nachzudenken. Der Zweite war Stuart Hall, an dessen allgemeinen Theorieseminaren, die er wöchentlich für seine Studierenden in Birmingham abhielt, ich 1974 ein Jahr lang teilnahm, als Vorbereitung auf den Start unseres neuen Studiengangs im Jahr darauf.

Es ist eine seltene Auszeichnung, ein neues wissenschaftliches Forschungsfeld zu etablieren, aber genau das ist es, was Stuart Hall als Direktor des *Centre for Contemporary Cultural Studies* (CCCS) in Birmingham von 1968 bis 1979 vollbracht hat. Natürlich hat er das nicht im Alleingang geschafft. Vor allem konnte er dabei auf die grundlegende Arbeit insbesondere von Raymond Williams und Richard Hoggart aufbauen, die das Centre gegründet hatten. Zweifellos jedoch begeisterte und elektrisierte Hall mit seiner charismatisch brillanten Art als Lehrer sowie mit seinem unstillbaren Appetit auf neue Ideen, die er aus den verschiedensten Wissenschaftsdisziplinen zusammensuchte, eine ganze Generation von Studierenden. Sie wurden seine Jünger, die auszogen, um seine Botschaft zu verbreiten und um wissenschaftliche Referenzen aufzustellen für etwas, das vor 30 Jahren erst noch als „Cultural Studies" Anerkennung finden musste. Es würde den Rahmen dieses Kapitels sprengen, den intellektuellen Verlauf der wissenschaftlichen Biografie von Stuart Hall zu skizzieren.[1] Ich werde mich hier lediglich auf einen Entwicklungsstrang der Cultural Studies innerhalb ihres „heroischen Jahrzehnts" konzentrieren, und zwar auf die Entstehung der sogenannten „media studies" als ein Schlüsselaspekt der Aktivitäten des Centres während der 1970er Jahre. Hoggart und Williams leisteten beide bedeutende und innovative Beiträge bezüglich der Denkansätze zu Presse und Rundfunk in den 1950er und 60er Jahren, aber keiner von ihnen sprach mit dem gleichen Selbstverständnis von „den Medien", wie Hall und das CCCS es in den 1970er Jahren taten. Wie wir gesehen haben, war es Marshall McLuhan, der den Gebrauch dieses Begriffs mit seinem bahnbrechenden Werk *Die magischen Kanäle* etablierte, das in den frühen 1960ern das neue elektronische Medienzeitalter voraussah. Die Arbeit im Centre setzte sich mit Presse, Radio und Fernsehen auseinander, wobei man Letzterem aber die meiste Beachtung schenkte, da es sich während der 1960er Jahre im Alltag der meisten Briten zur populärsten Quelle für Unterhaltung, politische Information und Diskussion entwickelt hatte.[2]

9.2 Kulturforschung neu gedacht

Das Fernsehen befand sich also in den 1970er Jahren im Zentrum der Gegenwartskultur und stellte somit einen geeigneten Betrachtungsgegenstand für ein Graduiertenkolleg dar, das zu seiner Erforschung eröffnet worden war. Hall setzte sich auf zwei Ebenen mit dem Fernsehen auseinander. Zunächst einmal war da die Frage nach dem Einfluss des Fernsehens auf das zeitgenössische Leben. Darüber hinaus stellte sich allgemeiner die Frage nach der Herangehensweise an die Kulturforschung selbst. Hall beschäftigte sich zu dieser Zeit mit einem grundsätzlichen Umdenken in dieser Problematik. Am deutlichsten fasst dies sein wohlbekannter Aufsatz zu den zwei Paradigmen der Cultural Studies zusammen, in welchem er die Unterschiede zwischen seinem eigenen Standpunkt und dem der Gründerväter der Cultural Studies ergründet (vgl. Hall 1999a [1980]).[3] Das Gebiet, auf das diese – Edward Thompson, Richard Hoggart und Raymond Williams – sich konzentriert hatten, war Kultur als eine „gemeinsame", „gewöhnliche" und „alltägliche" Sache. Sie wurzelte in Alltagspraxis und -erfahrung, was (für Williams) beides auf menschliche „Kreativität" und „Energie" hindeutete. Im Wesentlichen kam dies einer „voluntaristischen" (Hall 1999a [1980]: 129) und „humanistisch[en]" (ebd.: 123) Position gleich. Sie wich dem Problem der Determination aus, jener sozialen Zwänge, die den Umfang menschlicher Praxis[4] und Kreativität strukturieren, festlegen und beschränken. Das „strukturalistische" Paradigma[5] war eine Kritik an der kulturalistischen Auffassung, „Erfahrung" und deren Kategorien ins Zentrum zu stellen:

> „War für den Kulturalismus ‚Erfahrung' der Boden – das Terrain des ‚Gelebten' –, auf dem sich Bewußtsein und Verhältnisse überschneiden, so bestand der Strukturalismus darauf, dass ‚Erfahrung' per definitionem nicht als Grundlage herangezogen werden könne, da die jeweiligen Verhältnisse schließlich erst innerhalb der *und durch* die Kategorien, Klassifizierungen und grundlegenden Strukturen einer Kultur ‚gelebt' und erfahren werden könnten. Diese Kategorien bildeten sich nicht in oder aus der Erfahrung heraus, vielmehr sei Erfahrung ihr ‚Effekt'." (ebd.: 127f.)

Erfahrung validiert (authentifiziert) die gelebte Existenz nicht. Sie eröffnet uns keinen Zugang zu den *realen* Bedingungen unserer Existenz, sondern mystifiziert sie eher. In Wirklichkeit ist die Authentizität der Erfahrung ein Effekt der Ideologie, in welcher und durch welche „die Menschen" in einem imaginären Verhältnis zur Realität leben. In diesem Fall, behauptet Hall, dient dieses „imaginäre Verhältnis" der „erweiterten Reproduktion der [kapitalistischen] Produktionsweise selbst" (ebd.:128).

„Die große Stärke der Strukturalismen liegt", so Hall, „in ihrer Betonung der Determiniertheit der Verhältnisse" (ebd.:129). Erfahrung kann nicht den Anspruch erheben, eine sich selbst bestätigende Kategorie zu sein, denn das, was sie bestimmt, ist andersartig und andernorts als sie (die Erfahrung) annimmt. Das Konzept der Ideologie vermag zu erklären, wie die realen (materiellen, ökonomischen) Bedingungen vor uns in der gewohnten alltäglichen Erfahrung verschleiert werden. Mit eben diesem wichtigen Konzept der Ideologie versuchte die materialistische (marxistische) Theorie, die *tatsächlichen* materiellen Bedingungen einer kapitalistischen Gesellschaft nachzuweisen, welche innerhalb von selbiger in der gelebten Erfahrung (und durch sie) verborgen bleiben. Es ist die

Aufgabe einer Denkweise, die außerhalb der „gelebten Erfahrung" steht, das zu erkennen, was diese ausmacht: „Ideologien sind [...] die Sphäre des *Gelebten* – eher die Sphäre des *Erfahrens* als die des ‚Denkens'" (Hall 1977: 326). Eine kulturalistische Perspektive, die die „Erfahrung" betont, kann das Konzept der Ideologie nicht wirklich für sich nutzbar machen:

> „Die authentifizierende Rolle von ‚Erfahrung' hindert den Kulturalismus an der Erarbeitung einer angemessenen Ideologiekonzeption. Ohne sie kann jedoch der Einfluss von ‚Kultur' auf die Reproduktion einer bestimmten Produktionsweise nicht begriffen werden." (Hall 1999a [1980]: 132)

Williams et al. setzen die Frage nach der Kultur in Beziehung zur gewöhnlichen, alltäglichen Existenz, die sie mit der Kategorie der „gelebten Erfahrung" erfassen. Für Hall besteht aber genau darin das Problem. In einer kapitalistischen Gesellschaft liegen die „realen" Bedingungen der Existenz im Dunkeln verborgen. Wie geht das vonstatten? Wo erfolgt die Verschleierung? All dies spielt sich ab in der alltäglichen Existenz, in der wir versunken sind und die wir gedankenlos ‚bewohnen'. Gelebte Erfahrung operiert mittels „Common Sense", welcher „zugleich ‚spontan', ideologisch und *unbewusst* ist" (Hall 1977: 325; Hervorhebung im Original). Dabei ist der Commonsense in zweierlei Hinsicht unbewusst: Einerseits zeigt sich in seiner spontanen Unmittelbarkeit die Abwesenheit von reflektiertem, bewusstem Denken (Rationalität, Theorie). Andererseits fungiert er als das soziale Unterbewusste, da er einen „Raum" darstellt, in dem das Wissen um die „realen Bedingungen der Existenz" unterdrückt wird.

Wie jeder echte orthodoxe Marxist wollte Hall an der Bestimmtheit der „Produktionsverhältnisse" festhalten. Gleichzeitig wollte er das offensichtliche Problem eines ökonomischen Reduktionismus vermeiden, wonach alle anderen Gesellschaftsphänomene nicht als eigenständig und bedeutungsvoll betrachtet werden, sondern lediglich als „Effekte" der bestimmenden ökonomischen Produktionsverhältnisse. Althusser befasste sich mit diesem Problem insbesondere in seinem „berühmten" (Hall 1999a: 133), „wichtigen und richtungsweisenden" (Hall 1977: 335) Aufsatz „Ideologie und ideologische Staatsapparate", in dessen erstem Teil er fragt, was die sozialen Produktionsverhältnisse vorgibt beziehungsweise bestimmt (Althusser 1977). Es ist nicht so, dass *an erster Stelle* die Produktionsverhältnisse stehen und alles andere aus ihnen heraus erklärt oder abgeleitet werden kann. Bei solch einer Sichtweise läge folgende Erwiderung nahe: „Was erzeugt aber die Produktionsverhältnisse? Sie kommen ja nicht von ungefähr." Was Hall zu fassen versucht, ist der „Einfluß von ‚Kultur' auf die Reproduktion einer bestimmten Produktionsweise" (Hall 1999a [1980]: 132). Althusser folgend hält er die sozialen Institutionen kapitalistischer Gesellschaften – Familie, Bildung, Medien – für die primären Orte der Reproduktion einer Reihe komplexer sozialer Beziehungen, Einstellungen und Überzeugungen, die separat und gemeinsam operieren, um die bestehende dominante ökonomische Produktionsweise aufrechtzuerhalten. In einer Art Commonsense bewohnen und leben wir unsere sozialen Strukturen und Lebensweisen ebenso wie die Commonsense-Sichtweisen auf die Welt, die selbige verkörpern. Das ist das Terrain gelebter Erfahrung. Das ist das soziale Unbewusste, dessen Funktion es ist, die materielle „Basis" widerspruchslos zu reproduzieren. Die Aufgabe (die Pflicht und die Schuldigkeit) des Denkens ist es, eben all dies *bewusst infrage zu stellen*.

9.3 Die Relevanz der Ideologie

Wenn es ein Konzept gibt, welches Stuart Hall der Kultur- und insbesondere der Medienwissenschaft vermacht hat, dann das der Ideologie. „Es ist schwierig", schreibt er, „sich die Denkweise der Cultural Studies im Rahmen eines marxistischen Paradigmas vorzustellen, in dem die Kategorie der ‚*Ideologie*' gar nicht vorhanden ist" (Hall 1977: 45). Ideologie ist kein zentraler Begriff in Marx' Schriften und wird in der Regel aus einer der folgenden beiden Quellen abgeleitet: *Das Kapital* mit dem Konzept des Warenfetischismus (wie wir gesehen haben der Ausgangspunkt der Frankfurter Schule) oder aus dem älteren Werk *Die Deutsche Ideologie* (1845). Letzteres ist Halls primärer Bezugspunkt. Es macht einen Unterschied, welchen der beiden Texte man sich ansieht, da sie recht unterschiedliche Perspektiven davon entwickeln, wie sich der ideologische Schleier über das soziale Leben legt. Wie wir gesehen haben, waren die Schlüsselkonzepte, die in den 1930er Jahren für die Kritische Theorie aus *Kapital* und Warenfetischismus hervorgingen, Entfremdung sowie Verdinglichung – Begrifflichkeiten zur Erfassung des falschen Bewusstseins einer aufkommenden kapitalistischen Konsumkultur. Dieser Gesichtspunkt fehlt in Halls Verwendung des Ideologiekonzepts, was zum einen darauf zurückzuführen ist, dass er übermäßig deterministisch war, und zum anderen auf den Kulturpessimismus bezüglich des Schicksals der Massen. Weder die erste noch die zweite Generation der Cultural Studies tendierte dazu, von „Massen"-Kultur zu sprechen. Hall wollte den Begriff nicht in der Weise verwenden, wie es etwa die Frankfurter Schule getan hatte, die die Betäubung der Massen auf die Massenkultur zurückführte. Er sah in ihr eher einen potenziellen Schauplatz des Ringens und der Auseinandersetzung, etwas, das von gewöhnlichen Gesellschaftsmitgliedern im Kontext ihres alltäglichen Lebens infrage gestellt werden konnte, Widerstand hervorrief – und das nicht nur theoretisch.

Halls Ausgangspunkt bilden *Die Deutsche Ideologie* und die „herrschenden Gedanken":

> „Die Gedanken der herrschenden Klasse sind in jeder Epoche die herrschenden Gedanken, d.h. die Klasse, welche die herrschende *materielle* Macht der Gesellschaft ist, ist zugleich ihre herrschende *geistige* Macht. Die Klasse, die die Mittel zur materiellen Produktion zu ihrer Verfügung hat, disponiert damit zugleich über die Mittel zur geistigen Produktion, so daß ihr damit

zugleich im Durchschnitt die Gedanken derer, denen die Mittel zur geistigen Produktion abgehen, unterworfen sind. Die herrschenden Gedanken sind weiter Nichts als der ideelle Ausdruck der herrschenden materiellen Verhältnisse, die als Gedanken gefaßten herrschenden materiellen Verhältnisse; also der Verhältnisse, die eben die eine Klasse zur herrschenden machen, also die Gedanken ihrer Herrschaft. Die Individuen, welche die herrschende Klasse ausmachen, haben unter Anderm auch Bewußtsein und denken daher; insofern sie also als Klasse herrschen und den ganzen Umfang einer Geschichtsepoche bestimmen, versteht es sich von selbst, daß sie dies in ihrer ganzen Ausdehnung tun, also unter Andern auch als Denkende, als Produzenten von Gedanken herrschen, die Produktion und Distribution der Gedanken ihrer Zeit regeln; daß also ihre Gedanken die herrschenden Gedanken der Epoche sind." (Marx & Engels 1971 [1845–46]: 44f.)

Das ist die These der „dominanten Ideologie" in einer Kurzfassung. Zu jeder Zeit herrschen diejenigen, die über die Produktionsmittel – auch die geistigen – verfügen, und verbreiten durch diese Ideen, Werte und Anschauungen, die von großem Vorteil für die Fortdauer ihrer materiellen (das heißt ökonomischen und politischen) Herrschaft sind. Untergeordnete Klassen, denen die Produktionsmittel fehlen, sind nicht in der Lage, konkurrierende Versionen der sozialen und politischen Realität zu verbreiten, welche die Ideen der Herrschenden infrage stellen könnten. Genau davon zeugen Lesarten der britischen Pressegeschichte aus dem linken Lager (Curran 1977, 1981). Obwohl ‚die Medien', wie wir sie kennen, Mitte des neunzehnten Jahrhunderts noch nicht existierten, gibt es keinen Zweifel daran, dass sich ihre Wurzeln bereits in der Entstehung der modernen Zeitungsindustrie herausbildeten. Marx selbst arbeitete gelegentlich als Journalist, um seine Familie zu versorgen. Von dort war es nur ein kleiner Schritt, jene berühmte Passage auf die Zeitungslandschaft des zwanzigsten Jahrhunderts zu beziehen.[6]

Bis heute ist es der Fall, dass sich die geistigen Produktionsmittel alles in allem in den Händen des Privatkapitals befinden und gleichzeitig ist richtig, dass die darin zirkulierenden Ideen, knapp formuliert, kein Risiko für dessen materielle Interessen darstellen. Dennoch bleibt aber die Frage (mit der Marx sich nicht auseinandergesetzt hat) bestehen, wie diese vorherrschenden Ideen überhaupt in die Köpfe einzelner Menschen gelangen und, einmal dort angekommen, wie effektiv sie Akzeptanz erzielen. Das ist für Stuart Hall der Knackpunkt. Wie wir sehen werden, beginnt er seinen Versuch, ein Modell zu erstellen, welches die sozialen Beziehungen kultureller Produktion analysiert, um zu erklären, wie Fernsehen ‚funktioniert', indem er die damals vorherrschende und stark von der amerikanischen Soziologie der Massenkommunikation beeinflusste sozialwissenschaftliche Herangehensweise an die Medien verwirft. Diese hatte ebenfalls bei einem stark deterministischen Modell mächtiger Medien, die den passiven Medienkonsumenten ihre Botschaften einimpfen, angesetzt. Hall wollte die Produktion medialer Inhalte, ihre Übermittlung und Rezeption erklären, kurzum ein Modell für die sozialen Beziehungen kultureller Produktion; Produzenten, Programme, Publika. Seine Lösung war das Encoding/Decoding-Modell, welches die Basis für die Entwicklung der Medienforschung in den 1970er Jahren in Birmingham darstellte.

9.4 Encoding/Decoding

„Encoding/Decoding" erschien 1980 in dem Buch *Culture, Media, Language* im dritten Unterkapitel zum Thema „Medienwissenschaft". Eine Fußnote am Anfang des Artikels besagt, dass es sich bei diesem Text um einen überarbeiteten Auszug aus einem längeren Beitrag mit dem Titel „Encoding and Decoding in the Television Discourse" handelt, der 1974 als CCCS Stencilled Paper No. 7 am Centre entstand. Ursprünglich hatte Stuart Hall das Paper 1973 bei einem Kolloquium am Zentrum für Massenkommunikationsforschung an der Universität Leicester präsentiert. Zum besseren Verständnis wurden für die Studenten des CCCS nachträglich einige Bemerkungen zur Aufnahme des Vortrags im Kolloquium und Punkte für weiterführende Überlegungen angehängt. Ein Jahr darauf fand der Beitrag unter dem Titel „Encoding and Decoding" auf einem Symposium über Rundfunksender und das Publikum in Venedig im Rahmen des *Prix Italia* erneut seinen Weg in die Öffentlichkeit. Während der 1970er Jahre wurden im CCCS die laufenden Arbeiten veröffentlicht. Projekte von Einzelpersonen wurden in der Reihe der *Stencilled Papers* in Umlauf gebracht, die im Centre auf Anfrage erhältlich waren. Gruppen veröffentlichten ihre Arbeiten zu spezifischen Themen in einer Reihe mit dem treffenden Namen „Working Papers in Cultural Studies" (WPCS) selbst. Ende des Jahrzehnts verpflichtete sich der Hutchinson-Verlag, das vom Centre bis dahin hervorgebrachte und verbreitete Material zusammen mit noch unveröffentlichter ‚work in progress' und zukünftigen Projekten herauszubringen. *Culture, Media, Language* ist untertitelt mit „Working Papers in Cultural Studies, 1972–1979". Folglich markiert das Erscheinen von „Encoding/Decoding" in einem offiziell verlegten Buch sowohl ein Ende als auch einen Anfang – das Ende einer samisdathaften Kultur der Zirkulation sowie den Übergang zur etablierten Wissenschaftsliteratur.

Auf den ersten Blick wirkt diese veröffentlichte Version von „Encoding/Decoding" (im Folgenden E/D) eher etwas unscheinbar. Sie ist nur zehn Seiten lang und nicht gerade reich an Fußnoten und Verweisen. Dem Ganzen haftet der Charakter von etwas Vorläufigem, Unfertigen an. Es ist ‚work in progress', die wohl noch weiter ausgearbeitet werden könnte, so scheint es. Der Titel des Beitrags verweist auf ein Thema, das sich allein aus zwei Wörtern, getrennt durch einen Schrägstrich, erschließen lässt. Mittlerweile funktioniert dieser Titel als Schlagwort, das allen in diesem Feld Tätigen vertraut ist. Gleichzeitig stellt er einen Verweis auf das Werk *S/Z* von Roland Barthes (1988 [1970]) dar, in dem dieser ein Modell vorstellt, anhand dessen die verschiedenen Kodes literarischer

Texte analysiert werden können. Diese Fassung von E/D ist kein Text für die Ewigkeit. Seine Bedeutung liegt nicht allein in seinem Inhalt, sondern darüber hinaus auch in den Problemen, Fragestellungen und Verpflichtungen, die ihn ins Leben gerufen und seine Richtungswechsel und verschiedene Überarbeitungen angeregt haben. Diese Punkte waren nicht statisch, sondern sie entwickelten sich während der etwa acht Jahre, die dem Text vorausgingen. Sie deutlich zu machen heißt nicht, einen historischen Hintergrund für den Text zu schaffen (seinen „Kontext"), sondern dabei anzusetzen, die textlichen Eigenschaften des veröffentlichen Artikels selbst in seiner ganzen vorläufigen und unfertigen Art zu betrachten. Wenn der Text, so wie er publiziert worden ist, nicht den Eindruck erweckt, als sei die Veröffentlichung sein eigentliches Ziel gewesen, können wir seine Daseinsberechtigung logischerweise woanders vermuten. Zu solch einer Analyse des Textes gehört es, die Probleme und Fragestellungen zu begreifen, mit denen er sich befasste. Das bedeutet, sich die Arbeitswelt des Centres in den 1970er Jahren und seine samisdatartige Schreibkultur zu vergegenwärtigen. Letztere bestand darin, Arbeitspapiere zu produzieren und damit einen Beitrag zum sich entfaltenden Projekt der Cultural Studies zu leisten – der Erforschung zeitgenössischer Kultur.

Der Zeitraum zwischen der ersten Präsentation von E/D (1973) und seinem Erscheinen als Aufsatz (1980) war von einer erstaunlichen Produktivität Halls geprägt. Die „Arbeitsbibliographie" seiner Schriften, am Ende des ihm zu Ehren von David Morley und Kuan-Hsing Chen (1996: 504–514) herausgegebenen Buchs, lässt während dieser Jahre einen stetigen Fluss schriftlicher Beiträge zu einer außergewöhnlich großen Bandbreite an Themen erkennen. Trotz der vom Centre verursachten Spannungen – und teilweise zweifellos auch gerade wegen selbiger – stellen die 1970er Jahre den Höhepunkt im Schaffen Halls hinsichtlich seiner Lehr- und Publikationstätigkeiten dar und das Encoding/Decoding-Modell stand im Zentrum beider. Colin Sparks beschreibt es als „eine von Halls größten intellektuellen Errungenschaften [während] dieses Zeitraums" (Sparks 1996: 86).[7] Als *Media, Culture, Language* 1980 erschien, hatte Hall Birmingham bereits verlassen und einen Lehrstuhl für Soziologie an der Open University angenommen. Er war seit 1964 am CCCS gewesen und ab 1968 dessen Direktor. Nach 15 Jahren war er erschöpft:

> „Ich hatte das Gefühl, die internen Krisen jedes einzelnen Jahres der Cultural Studies einmal zu oft durchlebt zu haben […] Dann war es sehr schwer, sich mit der Feminismus-Frage auseinanderzusetzen […] wäre ich gegen den Feminismus gewesen, wäre es etwas anderes gewesen, aber ich war dafür. Als der ‚Feind', die leitende patriarchalische Figur anvisiert zu werden, versetzte mich damit in eine unmögliche Position […] In der Anfangszeit des Centres waren wir den alternativen Universitäten ähnlich. Es gab kaum eine Trennung zwischen Mitarbeitern und Studierenden. Was ich aufkommen sah, war die Spaltung der Generationen, der Statusgruppen – zwischen Studierenden und Lehrenden – und das wollte ich nicht […] Aus all diesen Gründen wollte ich also gehen." (Morley & Chen 1996: 500)

Nun ist nichts davon – vom Leben im Centre in den 1970er Jahren, seiner „gelebten Realität" – unbedingt relevant für sein Output an Schriften. Es besteht nicht notwendigerweise eine Korrespondenz zwischen Leben und Werk, weder bei Individuen noch bei Institutionen. Dennoch lagen die Auseinandersetzungen, die knallenden Türen, die wütende Stille, die verletzten Egos nicht in der schonungslosen Offenheit des zwischenmenschlichen Lebens und familiärer Beziehungen begründet, wie es bei Seifenopern der Fall ist. Stattdessen wurden sie von der leidenschaftlichen Hingabe zu bestimmten politischen und theoretischen Positionen (vgl. Brunsdon 1996) verursacht. Wenn man in den Texten des Centres das Echo des ‚Lärms der Theorie' hört, von Dingen, die damals erbittert umkämpft waren, beginnt man zu begreifen, wie wichtig diese einst waren und was sie zu einer Zeit bedeutet haben mögen, die mittlerweile längst vergangen scheint, obwohl das alles gerade einmal gut 30 Jahre her ist. Aber warum sollte das heute noch wichtig sein? Es ist von keinerlei Bedeutung, wenn man Texte als autonome Untersuchungsobjekte, losgelöst von ihren historischen Produktionsbedingungen und als Palimpseste betrachtet, auf die Leser zu späteren Zeitpunkten ihre eigenen Anliegen projizieren. Dies ist allerdings nicht die Position, für die E/D eintrat.

9.5 Ein oppositionelles Modell

„Encoding/Decoding" kann als Antwort auf das damals in der Medienwissenschaft als dominant geltende Paradigma betrachtet werden, welches hauptsächlich der amerikanischen Tradition der Medienwirkungsforschung zuzuordnen war. Die amerikanische Soziologie der Massenkommunikation wurde in den 1960er und 70er Jahren in Großbritannien, so sie überhaupt wahrgenommen wurde, als von sozialwissenschaftlichem Positivismus bestimmt und in quantitative, empirisch orientierte Untersuchungen von Massenmedien vertieft, betrachtet. Die grundlegenden Studien aus den 1940er Jahren, die kritische und administrative Forschung zusammengebracht hatten, wirkten auf keiner der beiden Seiten des Atlantiks länger inspirierend. Eine ‚intellektuelle Sklerose' hatte eingesetzt. Die amerikanische Massenkommunikationsforschung hatte seit Mitte der 1950er Jahre zusehends jene kritischen, hinterfragenden Züge, welche die Arbeiten von Lazarsfeld, Merton, Riesmann und ihren Zeitgenossen charakterisiert hatten, verloren – sie musste aufgerüttelt werden. Wie wir gesehen haben, verfügte Großbritannien gleichzeitig über keine eigene kritische soziologische Tradition. Die amerikanische Soziologie bot keine Hilfe bei der Suche nach einem *kritischen* Ansatz zur Erforschung der zeitgenössischen britischen Gesellschaft und Kultur. Halls Kritik an der Massenkommunikationsforschung richtete sich jedoch nicht gegen amerikanische Wissenschaftler, sondern gegen ein viel näher gelegenes Ziel:

„Das Schriftstück verfügt über eine Reihe unterschiedlicher Kontexte [...] Der erste ist in gewisser Weise eine Art methodologischer/theoretischer Kontext, weil das Paper in einem Kolloquium vorgestellt wurde, organisiert vom Centre for Mass Communication Research an der Universität Leicester. Nun war das Centre for Mass Communication Research ein traditionelles Zentrum, welches traditionelle empirische, positivistische Modelle zur Inhaltsanalyse, zur Erhebung von Wirkung beim Publikum etc. einsetzte. Der Beitrag hat daher [...] einen leicht polemischen Tonfall. Er nimmt einen Standpunkt ein, der einigen dieser Positionen entgegengesetzt ist und somit auch einer bestimmten Vorstellung von Inhalt als etwas Dargebotenes mit einer festgeschriebenen Bedeutung oder Botschaft widerspricht [...] Das Encoding/Decoding-Modell war kein großes Modell. Ich hatte das Centre for Mass Communication Research im Visier – denen wollte ich es zeigen." (Cruz & Lewis 1994: 253, 255)

Das Kolloquium, für das das Paper verfasst worden war, wurde von James Halloran, dem damaligen Direktor des Centre for Mass Communication Research in Leicester, organisiert. Hall würdigt Hallorans Frage nach der Erforschung des „gesamten Prozesses der Massenkommunikation", angefangen bei der Struktur der Nachrichtenproduktion am einen bis hin zur Publikumswahrnehmung und -nutzung am anderen Ende, als passenden Beitrag zur Veranstaltung. Trotzdem ist der Hauptunterschied zwischen Hall und Halloran (allgemeiner zwischen Birmingham und Leicester), dass Ersterer aus der Literaturwissenschaft kam (sich anfänglich mit Texten, Sprache und Bedeutung befasste), während Letzterer aus der Soziologie, genauer aus der amerikanischen Soziologie der Massenkommunikation, stammte. Zudem fingen Hall und das CCCS an, ihre Anliegen in einem spezifisch marxistischen Bezugssystem zu verorten, während Leicester keine solch klare politisch theoretische Agenda hatte.

Die wichtigste Unterscheidung besteht für Hall aber darin, dass der Kommunikationsprozess durch all seine verschiedenen Stadien hindurch nicht neutral ist. Die Soziologie der Massenkommunikation betrachtet kommunikative Fehlschläge als Mängel im System, als „technische Übertragungsstörungen" (Hall 1973: 19). Durch das Eingreifen professioneller Soziologen und Pädagogen könnten sich kulturelle Politiken darauf ausrichten lassen „den Publika dabei zu helfen, Fernsehkommunikation besser und effektiver zu empfangen" (ebd.: 1). Wie Hall die Sache sah, setzte sich ein solcher Standpunkt nicht mit dem Problem auseinander beziehungsweise begriff er nicht einmal, worin es bestand – nämlich darin, dass „in Gesellschaften wie der unsrigen, Kommunikation zwischen den Produktionseliten des Rundfunks und ihrem Publikum zwangsläufig eine Form ‚systematisch verzerrter Kommunikation' annimmt" (ebd.:19). Die mutmaßliche Neutralität sowohl des Kommunikationsprozesses als auch des Eingreifens von Wissenschaftlern trägt zu jener systematischen Verzerrung bei und ist, wenn auch unbewusst, eine politische Entscheidung, auch wenn sie nicht als solche betrachtet wird.

„Eine politische Entscheidung als eine technische fehl zu interpretieren, stellt eine Art unbewusste Geheimabsprache dar, der sozialwissenschaftliche Forscher all zu sehr zugeneigt sind.

Obwohl die Quellen einer solchen Täuschung sowohl sozialer als auch struktureller Natur sind, wird der eigentliche Prozess in hohem Maße durch das Operieren unstimmiger Kodes gefördert. Es wäre nicht das erste Mal, dass Wissenschaftler ,unbewusst' eine Rolle bei der Reproduktion von Hegemonie gespielt hätten, nicht nur dadurch, dass sie sich dieser offen fügen, sondern allein schon dadurch, dass sie als ,fachlich-professionelle Klammer' fungieren." (ebd.: 19)

Dies sind die Schlusssätze in Halls Aufsatz von 1973, mit denen er eine Breitseite auf ein konkurrierendes Forschungszentrum im gleichen Forschungsfeld abfeuerte. Aus der 1980 veröffentlichten Version wurden sie indes herausgenommen, da sich der Fokus in der Zwischenzeit verschoben hatte.

9.6 Ein Text im Wandel

Betrachten wir nun also die Teile des früheren Entwurfs, die in der späteren, überarbeiteten Version nicht mehr auftauchten. Das zentrale Thema des Kolloquiums in Leicester – Fernsehen als Diskurs – bestimmte zum Teil, an wen das Paper gerichtet war, während der Schauplatz zum Teil die Herangehensweise an das Thema vorgab: einerseits, wogegen es sich richtete, andererseits, wofür es einstand. Es argumentiert für eine semiotische Dekodierung populärkultureller Elemente, die abwechselnd als Texte, Botschaften und Praktiken der Bedeutungsgebung betrachtet werden. Einen Text zu dekodieren heißt nicht einfach, eine ,Lesart' der Botschaft herzustellen, als sei diese in irgendeiner Weise transparent. Man muss sich vielmehr auf eine ,Hermeneutik des Verdachts' berufen, welche die Formen populärer Kultur (vor allem Kino und Fernsehen) als „systematisch verzerrte Kommunikationsformen" betrachtet. Diese Formulierung, welche im ersten Absatz des Papers in Anführungszeichen steht, dann aber erst viel später wieder aufgegriffen wird (Hall 1973: 16, Anmerkung 23), stammt aus einem gleichnamigen Aufsatz von Jürgen Habermas. Darin behandelt Habermas die Freud'sche Psychoanalyse als ein ,wissenschaftliches Mittel', mit dem die systematischen Verzerrungen des Unbewussten, die sich in den Äußerungen der Patienten während Therapiesitzungen manifestieren, enträtselt werden können. Wenn die Texte der Populärkultur wie Träume funktionieren, „die in ,verschleierter' Form den unterdrückten Inhalt einer Kultur ausdrücken" (ebd.: 11), dann gleicht die kritisch analytische Arbeit der Freud'schen Dekodierung von „Verdichtung und Verdrängung, die mittels der Kodierung latenter Gegenstände und Bedeutungen in manifeste Versinnbildlichungen" erfolgt (ebd.: 10). Dringt die „Tiefenanalyse" zu den latenten Bedeutungen vor, die von den „phänomenhaften Formen" der Populärkultur verschleiert sind, dann ist das Dekodieren das Instrument, um das aufzubrechen, was in deren Kodes versteckt (verschleiert) ist. Der Aufsatz zieht das neu entstehende Feld der Semiotik, das am ehesten mit den Arbeiten von Umberto Eco und Roland Barthes assoziiert wird, heran, um sich zwischen den Oberflächenstrukturen populärer Texte und ihren tieferen, mythischen Strukturen zu bewegen. Diese Ideen werden in einer ausführlichen Diskussion des Westerns als Kino- und später auch Fernsehgenre entwickelt (vgl. ebd.: 5–11), wovon in der veröffentlichten Version keine Spur mehr zu finden ist.

David Morley und Charlotte Brunsdon bemerken in ihrem fesselnden Bericht über das Arbeitsleben am Centre während dieser Jahre, dass es „in den 1970ern in Birmingham viele Kästen mit der Aufschrift ‚Der Western' gab, die unvollendeten Arbeiten zu einem weiteren CCCS-Projekt" (Morley & Brunsdon 1999: 3). Das waren zweifellos die Spuren, die von Halls Beschäftigung mit dem Kino zu einem viel früheren Zeitpunkt stammten. 1961 begann er die Bereiche Medien, Film und Populärkultur am Chelsea College der University of London zu unterrichten. Über die Bildungsabteilung des *British Film Institute* arbeitete er zwischen 1962 und 1964 zusammen mit Paddy Whannel zu Film und Fernsehen, woraus die gemeinsame Veröffentlichung *The Popular Arts* (1964) hervorging. Aber die Auseinandersetzung mit dem Kino (als zentrale populäre Kunstform) und mit Genres der Fernsehfiktion, die 1973 noch den materiellen Kern von E/D ausgemacht hatte, waren sieben Jahre später verschwunden. E/D ist demnach ein Text im Wandel. Eine Spur des Interessenkomplexes textueller Analyse der Formen populärer Kultur ist in der ersten Version zwar noch präsent, verschwindet dann aber ganz. Schon vorhanden, wenn auch für das Modell noch nicht von wesentlicher Bedeutung, ist der Wechsel zu einem komplexen Marxismus, der für Halls Arbeit während der 1970er Jahre zur bezeichnenden Charakteristik werden sollte. Hierfür würde sich später das Konzept der Ideologie als zentral erweisen. Althussers Aufsatz über „Ideologische Staatsapparate" und Gramcis eher historisches Hegemoniekonzept aus *The Prison Notebooks* tauchen gegen Ende des Papers auf. Beide waren damals erst seit etwa einem Jahr auf Englisch erhältlich. Von ihnen war allerdings bis dahin noch keines vollständig in eine überarbeitete marxistische Kulturanalyse aufgenommen worden, was Halls bedeutendster Beitrag zu einem Forschungsgebiet werden sollte, dessen Entwicklung er mehr als irgendeine andere Person vorantrieb.

9.7 Der 1980er Text

Der größte Unterschied zwischen der Version in der Stencilled-Papers-Reihe und dem veröffentlichten Text ist der Wegfall der Semiotik des Westerns, was den Gesamttext um ein Drittel verkürzt. Darüber hinaus ist er gänzlich überarbeitet worden. Auch die Bezüge zum Thema des Kolloquiums sind verschwunden und die offene Polemik gegen die Soziologie der Massenkommunikation sowie die behaviouristische Psychologie ist stark abgemildert worden. Während die erste Version wie ein Beitrag zur semiotischen Dekonstruktion von Texten klang, liest sich der veröffentlichte Aufsatz wie ein Beitrag zur Deutung von Texten durch

Publika im Rahmen einer marxistisch/klassenorientierten Problematik, wobei die „dominante Ideologie" das Basiskonzept des Artikels darstellt. Der Schwerpunkt des Modells und sein theoretischer Unterbau haben sich somit verschoben.

Für diejenigen, die mit der amerikanischen Tradition der Massenkommunikationsforschung groß geworden sind, mag eine erste Lektüre des Aufsatzes zunächst eine Art Déjà-vu-Erlebnis auslösen.[8] Die Begriffe „kodieren" und „dekodieren" sind seit Claude Shannons Aufsatz „Mathematical theory of communication" (1949) bekannt. Darin versuchte der Elektroingenieur die Vollständigkeit des Kommunikationsprozesses zu verbessern, indem er die Nachrichten vor Verstümmelungen und der Verzerrung durch „Lärm" (*noise*) schützte. Sein Modell der Kommunikation und Informationsverarbeitung bestand aus folgenden Punkten:

Quelle —— Kodierer —— Nachricht —— Dekodierer —— Ziel

Diese Skizze wurde von Wilbur Schramm aufgegriffen, der darauf aufbauend ein Modell des Kommunikationsprozesses zwischen zwei Personen entwickelte (Abbildung 8.1). Schramm ergänzte das Modell dementsprechend um den Gedanken des Feedbacks und kontextualisierte es dann innerhalb eines erweiterten Rahmens von sozialer Beziehung und soziokulturellem Umfeld.

Abbildung 8.1: Schramms Modell des Kommunikationsprozesses

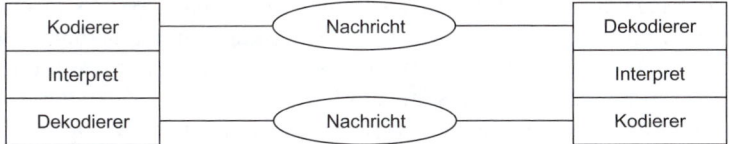

Oberflächlich betrachtet sieht Halls Verwendung der Terminologie des Kodierens und Dekodierens aus wie eine Rückkehr zu den Modellen von Shannon und Schramm. Doch dieser Eindruck ist irreführend. Hall beginnt seinen Aufsatz damit, dass er auf das „traditionelle" Sender-Nachricht-Empfänger-Modell verweist. Sodann kritisiert er die Linearität dieses Modells hinsichtlich seiner Konzentration auf den bloßen Austausch von Nachrichten und offeriert ein alternatives Kommunikationsmodell. Dieses beruht auf Marx' Modell der Warenproduktion und umfasst die Stufen der Produktion, Zirkulation, Distribution/Konsum und Reproduktion. Folglich bindet Hall den Begriff der Produktion – der für eine Analyse der Massenmedien als Inhalte produzierende Organisationen grundlegend ist – in das Rahmenkonzept von Encoding/Decoding ein.

Anschließend hebt Hall die institutionellen Strukturen der Produktion medialer Botschaften hervor, analog zu den „Produktionsprozessen" bei Marx, und benutzt die Begriffe des Kodierens und Dekodierens, um damit das, was er auf der Seite des Kodierens „Bedeutungsstrukturen 1" und auf der Seite des Dekodierens „Bedeutungsstrukturen 2" nennt, zu identifizieren. Diese beiden Bedeutungs-strukturen sind nicht unbedingt symmetrisch. Tatsächlich nimmt Hall sogar an, dass sich die beiden nur selten, wenn überhaupt, überlagern. Anders als Shan-non ist Hall nicht sonderlich besorgt über das Fehlen von Symmetrie. Ganz im Gegenteil betrachtet er dieses Phänomen als maßgeblich für das Argument, dass der Prozess des Dekodierens unabhängig von der kodierten Bedeutung erfolgen mag, da er ein Eigenleben führt und selbst Macht innehat. Während sich sein theoretisches Gerüst auf die Grundsätze der Semiologie und des Strukturalismus stützt, hinterfragt er somit die semiologische Behauptung von der Macht des kodierten Textes und die Auffassung, dass Bedeutungen fest im Text verankert sind. In dieser Sichtweise sind die Empfänger von Nachrichten nicht dazu ver-pflichtet, diese so entgegenzunehmen oder zu dekodieren, wie sie kodiert worden sind. Sie können der ideologischen Macht und dem Einfluss des Textes wider-stehen, indem sie sich abweichende oder oppositionelle Lesarten aneignen.

Das Modell kann dementsprechend auf mindestens zwei Arten angewendet werden, abhängig davon, ob man den Schwerpunkt auf den Augenblick des Kodierens oder des Dekodierens legt. Genauer gesagt gibt der Aufsatztitel „En-coding/Decoding" keine Auskunft darüber, was im einen Moment kodiert und im anderen dekodiert wird, und zwar „der televisuelle Diskurs". Konkret heißt das: Der erste Augenblick besteht aus „Kodierung > Programm(Text)-als-Diskurs" und der zweite Moment aus „Programm(Text)-als-Diskurs > Dekodierung". Während der Vordruck mehr auf den Moment des Kodierens fokussiert war, konzentriert sich die veröffentlichte Version stärker auf den Moment des Dekodierens.

Das führt uns zu einer weiteren bedeutenden Leistung des Aufsatzes, die darin besteht, dass verschiedene Dekodierweisen vorgestellt werden. Diese Debatte ist angelehnt an die Dreiertypologie von Wertesystemen, die Frank Parkin (1971) in *Class Inequality and Political Order* aufgestellt hat: (1) das dominante Wer-tesystem, welches eine respektvolle, aufstiegsorientierte Ausrichtung von Men-schen innerhalb eines Klassensystems zur Folge hat; (2) das untergebene Werte-system, welches zu Anpassungsreaktionen führt; und (3) das radikale Wertesystem, welches eine oppositionelle Interpretation klassenbezogener Ungleichheit fördert. Halls Typologie ist im Großen und Ganzen vergleichbar. Er bezeichnet die erste Position als den „dominant-hegemoniale[n] Ansatz", bei dem „die Nachricht im Sinne des Referenzkodes, in dessen Rahmen sie kodiert wurde, dekodiert" wird. Innerhalb dieser Position erfolgt „die Anwendung des *professionellen Kodes*", den „die Sendeanstalten gleichfalls einnehmen, wenn sie eine Nachricht kodieren, die bereits in hegemonialer Weise bezeichnet worden ist" (Hall 1999b [1980]: 107). Der zweite Ansatz ist der „der ausgehandelten Position", welche „eine

Mischung aus adaptiven und oppositionellen Elementen [birgt]" (ebd.: 108). Zuletzt verweist der „oppositionelle[n] Kode[s]" darauf, Nachrichten „in einer von Grund auf völlig gegensätzlichen Weise zu dekodieren" (ebd.: 109f.). Trotz der Ähnlichkeiten zwischen den Typologien von Parkin und Hall gibt es doch einen grundsätzlichen und bezeichnenden Unterschied. Während Parkins Typologie der Wertesysteme über einen grundsätzlich *soziologischen* Charakter verfügt, ist Halls Typologie, die unterschiedliche Arten des Dekodierens und der Herstellung von Bedeutung identifiziert, *semiologisch*.

9.8 Der Moment des Kodierens

Halls Textversion aus dem Jahr 1973 galt hauptsächlich als interner Referenzpunkt, der für die Studierenden am CCCS und insbesondere für die medienwissenschaftliche Arbeitsgruppe hergestellt worden war. Er diente als eine Art diagnostisches Modell und Werkzeugkoffer für deren laufende Arbeiten. Das erklärt auch im Wesentlichen den provisorischen Charakter des Textes und seine Unabgeschlossenheit. Was das Schriftstück vervollständigt und seine Gültigkeit belegt (oder auch nicht), ist seine Anwendung auf konkrete Fälle. Es ist allerdings ein Text, dessen Autonomie abhängig ist von den Arbeiten, die er anregte und unterstützte. In seiner Anmerkung zu den Reaktionen infolge der Präsentation des Papers in Leicester, die er dem Text als Nachtrag mit dem Vermerk „for Centre Members Only" (man beachte den starken Bezug auf die exklusive Gruppe) hinzufügte, bemerkt Hall:

> „Das Paper ist ganz gut angekommen, viele der Fragen richteten sich darauf, inwiefern das Centre damit begonnen habe, das am Ende des Papers skizzierte Schema [d.h. die verschiedenen Dekodierungsweisen von Fernsehbotschaften] ‚empirisch und operational'! umzusetzen." (Hall 1973: 21)

Das Ausrufezeichen bedeutet, dass die Centre-Mitglieder die Antwort darauf bereits kannten. Das Hauptaugenmerk des Schemas lag darauf, es zu operationalisieren, es also auf Fernsehprogramme anzuwenden und empirisch zu prüfen, ob ‚echte' Zuschauer Sendungen so dekodierten, wie es das Modell vorhersagte.

Die Arbeit zweier Studenten in der Gruppe, Charlotte Brunsdon und David Morley, war präzise darauf ausgerichtet, gewisse Aspekte des Modells zu testen. Dazu gehörten die Kodes, die in eine bestimmte Fernsehsendung, *Nationwide,* eingeschrieben waren. In einem zweiten Schritt ging es darum, herauszufinden, wie diese ‚echten' Zuschauer die im Programm kodierte „ideologische Problematik" verstanden. Kauften sie der Sendung ihre Botschaft problemlos ab? Nahmen sie eine nuanciertere („ausgehandelte") Interpretation vor? Oder weigerten sie sich, die vom Programm propagierte („ideologische") Weltanschauung zu übernehmen und entwickelten möglicherweise eine oppositionelle Dekodierung, welche den ideologischen Diskurs des Programms – eine ganz bestimmte Rahmung der Bedeutung von „Nation" – „durchschaute" und demaskierte? Morley und Brunsdon hofften, alle Aspekte des Modells prüfen zu können – den Augenblick der Kodierung, das kodierte Programm und die Dekodierung der Sendung durch ausgewählte Zuschauer –, wurden jedoch nur mit den letzten beiden fertig. Sie wollten den Produktionsprozess untersuchen, die betriebsinternen Umsetzungspraktiken, die professionelle Kultur des Rundfunks und den „Moment des Kodierens", aus dem das Programm als Sendung hervorging (David Morley, persönliche Korrespondenz). Dies war jedoch faktisch unmöglich – abgesehen von ein paar Ausnahmen war es für Wissenschaftlerinnen und Wissenschaftler in den 1970er Jahren sehr schwer, Zutritt zur BBC zu bekommen. Das Modell bestand aus einer dreiteiligen Struktur, deren drei „Momente" fest miteinander verbunden waren, sodass ein Beweis des Schemas durch die Überprüfung aller drei Aspekte zu erfolgen hatte. Doch es war das spätere Schicksal des E/D-Modells, dass sein Schwerpunkt so sehr im Moment des Dekodierens gesehen wurde, dass die beiden anderen Momente nach und nach verblassten.

Größtenteils unbeachtet, aber sehr wichtig für die damalige Zeit, war die Untersuchung der medienwissenschaftlichen Arbeitsgruppe einer Ausgabe der Sendung *Panorama* (vgl. Hall et al. 1976), die dritte und letzte von drei im Vorfeld der Wahlen ausgestrahlten Sendungen. Sie wurde am Montag den 7. Oktober 1974 übertragen, drei Tage vor der Abstimmung, und hieß „What Kind of Unity?". Der Titel stellte das Thema der nationalen Einheit vor dem Hintergrund des wieder auflebenden Nationalismus in Wales, Schottland und Nordirland sowie des Drucks resultierend aus Tendenzen politischer Dezentralisierung infrage. Der Artikel beinhaltet eine sorgfältige Analyse davon, wie Ideologie operiert, verstanden als Kampf um Bedeutungen innerhalb eines akzeptierten, unhinterfragten Konsens (die Legitimität parlamentarischer Politik). Er erkundet auf brillante Art und Weise, wie bevorzugte Bedeutungen durch den Fernsehdiskurs, der in dieser Sendung teils von der BBC und teils von Vertretern der politischen Parteien kontrolliert wurde, gebeugt werden. Was in E/D programmatisch entworfen worden ist, wird hier in einer detaillierten Fallstudie zum Moment des Kodierens umgesetzt:

> „Bezogen auf die Botschaften, die im Fernsehen verfügbar sind, wollen wir nahe legen, dass diese niemals nur eine Bedeutung übermitteln: Vielmehr handelt es sich um einen Schauplatz der Pluralität von Bedeutungen, wobei den Zuschauern eine davon bevorzugt und im Verhältnis zu den anderen als besonders passend angeboten wird [...] Die Kodierungspraktiken der Rundfunksender [...] zielen darauf ab, Transparenz herzustellen zwischen der Darstellung des Themas, wie es im Programm verkörpert ist, und der Sichtweise des Publikums. Mit all seinen technischen und kommunikativen Kompetenzen versucht der Sender den Moment des Kodierens und des Dekodierens zur Übereinstimmung zu bringen: das Bestreben, in gewisser Weise eine ideologische Geschlossenheit herzustellen, und damit eine bevorzugte Lesart der Thematik [...] Dennoch liegt es in der Natur aller linguistischen Systeme, die Kodes gebrauchen, dass po

tentiell mehr als eine Lesart entstehen kann [...] Daraus folgt aus unserer Sicht, dass unterschiedliche Publika [...] mehr als nur eine Lesart des kodierten Materials entwickeln können." (Hall et al. 1976: 53, 67; Hervorhebungen hinzugefügt)

Das Konzept der bevorzugten Lesart[9] verdeutlicht den zentralen Kern, der in E/D Programm war, und zwar, dass es keine notwendige Übereinstimmung zwischen dem Moment des Kodierens und dem des Dekodierens gibt. Es gab keine Garantie dafür, dass alle Zuschauer einer Fernsehsendung die darin kodierten ideologischen Botschaften abkaufen würden. Diese Position stand im krassen Gegensatz zu dem theoretischen Modell des Filmzuschauers, das zu genau der gleichen Zeit (Anfang der 1970er Jahre) vom damals einflussreichen Journal *Screen* ausgearbeitet wurde. Es widersprach außerdem einigen der fortschrittlicheren Althusserianer in Birmingham, vor allem Rosalind Coward und John Ellis, wie wir in Kürze sehen werden.

Ich habe darauf hingewiesen, dass E/D die Funktion eines methodischen ‚Werkzeugkoffers' für die Untersuchung zeitgenössischer Medien erfüllte, speziell für das Fernsehen. In seiner ersten Fassung aus den frühen 1970er Jahren lag der Schwerpunkt auf dem Moment des Kodierens. Das Hauptaugenmerk lag auf der semiotischen Analyse von Erzählstrukturen populärer Genres (zum Beispiel des Western). Im Laufe des Jahrzehnts verschob sich der Schwerpunkt hin zum Moment des Dekodierens. Dieser wurde im Rahmen der heftig umstrittenen „marxistischen Problematik" – ein Lieblingsausdruck im später als „Centre-speak" bekannten Jargon – als die Art und Weise betrachtet, wie sich Ideologie auf Einzelpersonen als Subjekte auswirkt. Wenn man E/D als einen Text im Wandel betrachtet, dann wurde er von einem mobilen Theorieapparat begleitet, der darauf ausgelegt war, ihn zu rechtfertigen und zu validieren. Dieser Apparat war, wie Colin Sparks bemerkt hat, mit barocken Zügen versehen und per se instabil (1996: 88). Er bestand aus einer komplizierten Bricolage theoretischer Bruchstücke aus der Anthropologie, Linguistik, Soziologie, Literaturtheorie, dem Marxismus, der Psychoanalyse sowie aus anderen Quellen. Ebenso wie neue Konzepte hinzugefügt wurden, wurden andere aussortiert oder fielen einfach hinten runter. In Sachen Theorie war es in den 1970er Jahren am Centre nicht einfach, auf dem Laufenden zu bleiben, da sie ständig in Bewegung war. Das Vorwort zu *Culture, Media, Language* konstatiert auf entwaffnende Weise, dass die „Leser nicht erwarten dürfen, hier eine konsistente theoretische Position vorzufinden, die sich vom Anfang bis zum ausgemachten Fazit entfalten würde; noch nicht mal eine Reihe einheitlicher Ergebnisse" (Hall et al. 1980: 10). Um den sich verschiebenden Fokus des Encoding-Decoding-Modells und die Instabilität des damit einhergehenden theoretischen Unterbaus zu verstehen, müssen wir uns mit den Kursänderungen am Centre in den 1970er Jahren befassen.

9.9 Themenwechsel

Die bisherigen Darstellungen zum Ideologiekonzept des Centres bleiben einseitig. Die These der dominanten Ideologie bezog sich auf einen Schlüsselaspekt, den Marx aufgestellt hatte: Diejenigen, die über die materiellen Produktionsmittel verfügen, verfügen auch über die geistigen Produktionsmittel. Die Medien waren, wie Benjamin es ausgedrückt hatte, „in den Händen des Feindes". Sie waren Instrumente zur Verbreitung von dominanten Vorstellungen und sollten auch als solche kritisch betrachtet werden. Marx argumentierte gezielt gegen die Besitzer der Produktionsmittel, die kapitalistische Bourgeoisie. Im hitzigen Klima des Centres in den 1970er Jahren nabelte sich die Debatte um die „dominanten Vorstellungen" von ihrer ursprünglichen Verbindung zur kapitalistischen Ökonomie ab. Zum Teil war Klasse in Großbritannien immer schon ein soziales wie auch ein ökonomisches Konzept gewesen. Als „herrschende Klasse" wurde eher die unheilvolle Mischung aus Monarchie, Kirche, Staat und dem Landadel betrachtet, als die vulgären, bourgeoisen Wirtschaftsemporkömmlinge, jene Selfmademen aus Unternehmen und der Industrie. Noch wichtiger aber ist, dass die neuen sozialen Bewegungen Ende der 1950er Jahre andere, neue Feindbilder hatten. Die Frauenbewegung zeigte mit dem Finger auf die Männer, die US-amerikanische Bürgerrechtsbewegung auf die Weißen. Beide hatten große und destabilisierende Auswirkungen auf die Arbeit am Centre in den 1970er Jahren.

Ursprünglich stammte das Projekt der Cultural Studies in Birmingham von Richard Hoggart und befasste sich mit den Klassen und der Kultur Großbritanniens. Ein wichtiger Teilbereich bestand in der „Problematik" der Jugendlichen aus der Arbeiterklasse. In *The Uses of Literacy* schlug sich dieses Problem symbolisch in Form der sogenannten „Jukebox-Boys" nieder, die in Milchbars herumsaßen und vorzugsweise die neuesten Hits auf den Musikautomaten abspielten: „Selbst im Vergleich zur Kneipe um die Ecke stellt dies alles eine merkwürdig magere und fahle Form der Zerstreuung dar, eine Art geistiger Trockenfäule umgeben von dem Geruch gekochter Milch" (Hoggart 1992: 248). Hoggarts abwertende Beurteilung wurde später von Studierenden am Centre zwar stark kritisiert, die Jugendkultur der Arbeiterklasse blieb jedoch durch die 1970er Jahre hindurch im Mittelpunkt der Aufmerksamkeit. Hieraus entsprangen wichtige Arbeiten, die in *Resistance through Rituals* (Jefferson & Hall 1975) gesammelt und veröffentlicht wurden. Allerdings wurde dieser Schwerpunkt zum Gegenstand eines überraschungsartigen Überfalls seitens weiblicher Studierender, die bemerkten, dass Jugend, Klasse und Kultur von den männlichen Studierenden, die sich mit der Thematik auseinandersetzten, ziemlich unproblematisiert als eine Art ‚Jungs-Ding' betrachtet wurden. Die Jukebox-Boys und ihre Erben – wie Biker (Cohen), Fabrik-‚Kumpel' (Willis) oder Mods, Rocker und Punks (Hebdige) – beiseite: Was war mit Mädchen, Klasse und Kultur? Lucy Bland, Charlotte Brunsdon, Rosalind Coward, Dorothy Hobson, Angela McRobbie, Janice Winship und andere waren nach Birmingham geholt worden, um in Graduiertenprojekten zu Themen mit Gender-Bezug, wie Frauenzeitschriften, Mädchen-Subkulturen, romantischer Liebe, Mädchen-Comics und der Kultur der Frauen in der Arbeiterklasse, zu forschen. Wie Brunsdon sich erinnert, schienen sie allerdings die meiste Zeit damit zu verbringen, dass sie versuchten herauszufinden, was feministische intellektuelle Arbeit ausmachen sollte und in welcher Beziehung diese zur dominanten Definition der Cultural Studies stand, die am Centre bereits herrschte (vgl. Brunsdon 1996: 276). Der Feminismus drang in die Cultural Studies ein „wie ein Dieb in der Nacht; er störte, machte ungehörigen Lärm, kostete Zeit [und] pinkelte den Cultural Studies ans Bein", erklärte Stuart Hall später in einem weniger besinnlichen Rückblick auf seine Zeit in Birmingham (Hall 1996: 269).

Die ‚Frage der Rasse‘ und des Rassismus erschien zur selben Zeit auf der Agenda Birminghams und markierte eine ausschlaggebende Wende in Halls theoretischer, öffentlicher und intellektueller Arbeit,[10] wie auch in der des Centres (vgl. ebd.: 270). Erneut untergrub die ‚Politik der Rasse‘ die normative Auffassung der ursprünglichen Beschäftigung mit Kultur und Klasse. Der Feminismus attackierte sie, weil sie Gender-bezogene Themen ignorierte. Hinzu kam Kritik bezüglich ungeprüfter Annahmen über „Britishness". Demnach war die englische Arbeiterklasse nun männlich, weiß, chauvinistisch und rassistisch, womit sich ein völlig anderes Bild abzeichnete als in Hoggarts idealisierten Darstellungen oder in Thompsons heroischer Erzählung. In den frühen 1970er Jahren Rasse und Rassismus auf die Agenda der Cultural Studies zu setzen, war nur zu erreichen durch

„einen langen und manchmal bitteren – sicherlich mit Verbitterung gefochtenen – internen Kampf gegen ein widerhallendes aber unbewusstes Schweigen. Der Kampf setzte sich fort in *The Empire Strikes Back*, einem Buch, das inzwischen, allerdings nur in der neu geschaffenen Geschichtsschreibung, als eines der großen und einflussreichen Werke des Centre for Cultural Studies bekannt ist. In Wirklichkeit fanden es Paul Gilroy und die Gruppe derer, die das Buch hervorbrachten, damals extrem schwierig, sich den notwendigen theoretischen und politischen Freiraum im Centre zu schaffen, um an diesem Projekt arbeiten zu können." (ebd.: 270)

„Bewegungen lösen theoretische Momente aus" (ebd.). Die neuen sozialen Bewegungen verlangten nach neuen theoretischen Ansätzen, was Fragen zu Macht, Herrschaft und Ideologie betraf. Keine ging einfach so in der Vertieftheit des orthodoxen Marxismus in Klasse, Wirtschaft und Staat auf. Die Frage nach der Ideologie, dem Mechanismus, durch welchen soziale Ungleichheit und Konflikte überspielt und normalisiert wurden, musste nun auch ethnische und Gender-bezogene Themen erklären. Die Themen-Frage wurde durch die neuen sozialen Bewegungen in den Vordergrund gerückt und erforderte mal wieder einen ‚theoretischen Umweg‘ in Birmingham. Was das CCCS weiter von seinem eigent-

lich eingeschlagenen Pfad abbrachte und dezentrierte, war sein „linguistic turn":
„die Entdeckung der Diskursivität, der Textualität" (ebd.).

9.10 Sprache und Ideologie [*nicht wichtig !*]

Ich habe schon im vorherigen Kapitel einige wichtige Entwicklungen skizziert,
die sich von den 1950er Jahren an in der Sprach- und Kommunikationsforschung in Großbritannien und den USA ergeben haben, und die von den 1980er
Jahren an von der Medien-, besonders der Fernsehforschung, aufgegriffen worden sind. Der linguistic turn in Birmingham führte aber in eine ganz andere
Richtung. Entwicklungen in der Philosophie der normalen Sprache, der Pragmatik
und der Konversationsanalyse blieben beinahe gänzlich unberücksichtigt. Stattdessen erfolgte die Beschäftigung mit Sprache, in Übereinstimmung mit der am
Centre herrschenden strukturalistischen Vorliebe, in Form der Semiotik beziehungsweise der Semiologie, wie sie von ihrem Vater, dem Schweizer Linguisten
Ferdinand de Saussure, benannt worden war:

> „Die Sprache ist ein System von Zeichen, die Ideen ausdrücken und insofern der Schrift […]
> vergleichbar […] Man kann sich also vorstellen *eine Wissenschaft, welche das Leben der Zei-*
> *chen im Rahmen des sozialen Lebens untersucht*; diese würde einen Teil der Sozialpsychologie
> bilden und infolgedessen einen Teil der allgemeinen Psychologie; wir werden sie Semeologie
> [sic!] […] (von griechisch *sēmeîon*, ‚Zeichen') nennen. Sie würde uns lehren, worin die Zeichen
> bestehen und welche Gesetze sie regieren […] Aufgabe des Sprachforschers ist es, zu bestim-
> men, wodurch die Sprache ein besonderes System in der Gesamtheit der semeologischen Er-
> scheinungen ist." (Saussure 2001: 19; Hervorhebungen im Original)

Der Ausgangspunkt für die Betrachtung von Sprache im letzten Kapitel war der
Sprechakt und daraus resultierend eine kommunikative Interaktion, deren Ausdrucksmittel das Gespräch war. Wie wir gesehen haben, wurde das Sprechen
(*parole*) von Saussure als Untersuchungsobjekt ausgeschlossen. Es galt „als ein
wirrer Haufen verschiedenartiger Dinge, die unter sich durch kein Band verknüpft sind", und denen es an jeglicher wahrnehmbarerer Geschlossenheit fehle.
Saussure dachte Sprache (*langue*) als theoretisches System, das gesprochene
und geschriebene Sprachen (*parole*) stützte. Es besteht ein Unterschied zwischen Sprache „als *Struktur* und als *Ereignis*, sprich, zwischen abstrakten Re-
gelsystemen und den konkreten, individuellen Geschehnissen, die innerhalb
dieses Systems entstehen" (Sturrock 1979: 8). Die elementaren Komponenten
des Systems waren die linguistischen *Zeichen*. Das Zeichen hat zwei Komponenten: den Signifikanten, oder auch das Bezeichnende (das Klangbild), und das
Signifikat, oder auch das Bezeichnete (das Konzept). „Baum" als Signifikant ist
das geschriebene Bild, beziehungsweise der gesprochene Klang, der das Konzept „Baum", ein reales Objekt (mit Blättern), bezeichnet. Der Signifikant ist
reduzierbar auf seine „atomaren" Bestandteile: die individuellen, verschiedenen

Klänge/Buchstaben, die miteinander kombiniert den Klang/das Bild oder das „Wort" ergeben, welches das Konzept eines weltlichen Dings *repräsentiert*. Saussure analysiert Sprache als ein Bedeutungssystem, welches durch Verschiedenheit konstituiert wird.

Der strukturalistische „Moment" in Birmingham, der sich letztlich aus der Saussure'schen Linguistik ableitet, wurde ausgelöst von dessen moderneren französischen Jüngern, von denen Roland Barthes der erste und einflussreichste war. Mit *Elemente der Semiologie* (1979) und *Mythen des Alltags* (1964) stellte Barthes sich der Herausforderung Saussures, die Semiologie, die Erforschung der Zeichen, über die Sprache hinaus anzuwenden. In *Mythen des Alltags* unterschied Barthes grundlegend zwischen der denotativen und der konnotativen Ebene der Bedeutung, was aufgegriffen und ins Encoding/Decoding-Modell integriert wurde.[11] In seinem Aufsatz über „Die Rhetorik des Bildes" erstreckte Barthes seine semiologischen Grundsätze auf die Analyse von Bildern in Zeitschriften und Werbeanzeigen. Der Beitrag wurde ins Englische übersetzt und erschien in der allerersten Ausgabe der *Working Papers in Cultural Studies* (1971) am Centre. Bis heute gilt er als Schlüsseltext für die Analyse medialer Texte in der Medienwissenschaft. Für alle in Birmingham war es eine Selbstverständlichkeit, Medienprodukte als *Texte* zu betrachten. Das lag teils daran, dass man viel Zeit darauf verwendete, die neuesten wissenschaftlichen Texte aus Frankreich zu lesen und zu diskutieren, und teils war es die natürliche Konsequenz davon, dass die intellektuellen Ursprünge des Centres in der Literaturwissenschaft und literarischen Texten lagen. So gehörten Text, Textualität und Intertextualität zum grundlegenden Vokabular der Schwerpunktgruppen in den Bereichen Medien und Sprache. Darauf wurden dann „Diskurs" und „Diskursivität" aufgepfropft; Begriffe, die man sich von einem weiteren Chefdenker auf der anderen Seite des Ärmelkanals entlieh und dessen Ideen man in den brodelnden Theoriekessel warf. Michel Foucaults Theorie der diskursive Praktiken und Formationen aus der *Archäologie des Wissens* (2005 [1974]), wurde am Centre in die zunehmende Auseinandersetzung mit Sprache und Subjektivität integriert (vgl. Weedon et al. 1980: 209).

Die Frage nach dem Subjekt lässt sich nicht mehr länger aufschieben. Vielleicht lässt sie sich am besten in Verbindung mit „Macht" stellen, einem weiteren Schlüsselwort in dem neu entstehenden Theorievokabular der Cultural Studies. Foucault identifizierte drei Arten, wie Macht auf Einzelpersonen einwirken kann; Ausbeutung, Herrschaft und Unterwerfung. Die Erste definierte er in ökonomischer Hinsicht als den Kampf um den Lebensunterhalt; die Zweite in politischer und religiöser Hinsicht (Ideologien als Beherrschung); die Dritte als die Unterdrückung oder Verweigerung individueller Identität und des Rechts, man selbst zu sein (vgl. Foucault 1987: 247). Es war diese Unterdrückung der eigenen individuellen Identität *als* Frau und/oder schwarzer Amerikaner, die die neuen sozialen Bewegungen erkannten und bekämpften. Die „Politik der Anerkennung", als die sie später bekannt wurde,[12] bestand auf das Recht sozialer Randgruppen, sie selbst sein zu dürfen und als solche von anderen akzeptiert zu werden. Die theoretische Frage nach dem Subjekt bezog sich im Centre darauf, wie Individuen ihre machtbezogene Unterwerfung verinnerlichten. Der orthodoxe Marxismus gab darauf keine Antwort und so suchte man andernorts nach Lösungen, angefangen bei Althusser „der als Erster den Subjekt-Begriff in einer Ideologietheorie betonte" (Coward & Ellis 1977: 76). Im ersten Abschnitt seines ISA-Aufsatzes stellte Althusser die orthodoxe Frage, inwieweit die kapitalistischen Produktionsverhältnisse selbst reproduziert waren. Seine ebenfalls recht orthodoxe Antwort war, dass sie durch den Staat und dessen repressiven und ideologischen Apparat sichergestellt würden. Der Staat verfügte über das Monopol legitimer Gewaltausübung und konnte durch den Einsatz von Armee und Polizei (seines repressiven Staatsapparats) Konformität erzwingen. Beide sind schon immer zu Zeiten politischer Krisen genutzt worden, um soziale Unruhen zu unterdrücken. In friedlichen Zeiten jedoch funktioniert der demokratisch kapitalistische Staat durch das Aushandeln des gesellschaftlichen Konsens. Dies kann (wenn auch nie komplett und selten reibungslos) mithilfe des ideologischen Apparats bewerkstelligt werden, der, nach Althusser, Familie, Kirchen, Bildung und Medien einschließt.

So weit, so gut. Die Frage danach, wie solche Ideologien auf der Ebene individueller Gesellschaftsmitglieder gesichert wurden, blieb allerdings offen. Wie konnten die herrschenden Vorstellungen in deren Köpfe gelangen und so ihre Zustimmung erlangen? Die zweite Hälfte des ISA-Beitrags versucht, diese Frage zu beantworten, indem sie Marx stillschweigend fallen lässt und sich stattdessen der Psychoanalyse zuwendet. Die marxistische Theorie konnte über die Formung des individuellen Subjekts nur wenig aussagen (schließlich betrachtete sie den Individualismus als die vielleicht bourgeoise Ideologie *schlechthin*) und richtete ihre Aufmerksamkeit auf die Formung von Subjekten in bestimmten Klassen, insbesondere in der Arbeiterklasse als „Subjekt und Objekt der Geschichte". Althusser stand also mit seinem Versuch, die Formung des Individuums als Subjekt zu beleuchten, ziemlich allein da. Er hatte zwischen Ideologie im Allgemeinen und einzelnen Ideologien unterschieden. Letztere beinhalteten unter anderem Klassenideologien, Nationalismus, religiösen Glauben, den „Wertbegriff der Familie". All diese Ideologien verfügten über geschichtliche Hintergründe. Die Ideologie im Allgemeinen, die all diese einzelnen Ideologien untermauerte, hatte jedoch keine Geschichte, da sie außerhalb und jenseits des zeitgebundenen historischen Prozesses stand. Sie war zeitlos wie das Freud'sche Unterbewusste. Das Individuum wird zum Individuum als Subjekt und zu einem

Subjekt der Ideologie vom Zeitpunkt der Sozialisation an – mit anderen Worten, durch den Eintritt in die Sprache; jener Moment, in dem wir als sprechendes Subjekt konstituiert sind. Wir werden demnach alle, wie Althusser behauptet, durch den Erwerb der Sprache als Subjekte interpelliert.[13] Marx hatte geglaubt, dass Widersprüche innerhalb der Produktionsverhältnisse Ideologie hervorriefen, um diese Widersprüche rational zu begründen und abzuwiegeln. Doch dieser Ansatz war viel drastischer: Der ideologische Mechanismus war die Sprache selbst, der man nicht entrinnen konnte, da sie keine Fluchtmöglichkeit bot; keine Metasprache, nichts außerhalb des Sprachlichen, das uns die Möglichkeit eröffnen würde, der Sprache als Ideologie habhaft zu werden. Die Vorstellung, Ideologie zu überwinden, war ein Traum, eine Fantasie. Es gab kein Entkommen aus dem „Gefängnis" der Sprache/Ideologie.

Die Implikationen dessen wurden von Rosalind Coward und John Ellis bearbeitet, die zwei striktesten Althusserianer am Centre, deren Werk *Language and Materialism* den Untertitel „Entwicklungen in der Semiologie und Subjekttheorie" trug. Das Buch bemühte sich um eine Synthese von Semiologie, marxistischer Theorie und Psychoanalyse. Letztere war beeinflusst von den Schriften Jacques Lacans, der, unter Rückgriff auf Saussure, die Freud'schen Theorien des Sozialisationsprozesses neu ausgelegt hatte als den Eintritt in die Sprache. Freuds ödipaler Moment wurde reinterpretiert als „Spiegelstadium", jener Augenblick, in dem das noch sprachlose Kleinkind sich im Spiegelbild selbst erkennt und anfängt, die Wahrnehmung seiner selbst auszubilden. Dieser beinahe narzisstische Moment, in dem das Kind sich selbst als einen Anderen sieht, stellt ein fehlerhaftes Erkennen dar. Das Ego (das „Ich" der Sprache) formt sich als hoffnungslos in das subjektive Selbst und den objektiven Anderen gespalten: „Die Vorstellung vom Anderen [ist] der Locus für den Einsatz des Wortes [...] es muss postuliert werden als eine Facette des Menschen, der zufolge er ein der Gnade der Sprache ausgeliefertes Tier ist" (Coward & Ellis 1977: 120). Lacans Werk wurde verstanden, als unterbreite es

> „ein Verständnis von Sprache und Diskurs, das jegliche Spur einer Auffassung von Identität und Bewusstsein als ‚Ganzes' ablehnte. Der Mensch kann niemals eine ‚absolute Persönlichkeit' sein, während das ewige Spiel von Verdrängung und Verdichtung, in welchem er gefangen ist und seine Aufgaben erfüllt, sein Verhältnis als Subjekt zum Signifikanten kennzeichnet." (ebd. 121)

Menschen werden sowohl in der Sprache als auch von ihr als Subjekte *konstruiert*. Im gewöhnlichen Gebrauch verbirgt sie die Tatsache, dass sie selbst eine Konstruktion ist. Wenn wir, als unwiderruflich frakturierte Subjekte der Sprache, tatsächlich abhängig sind von ihrer Gnade, bleibt uns nichts weiter übrig, als dieses Verhältnis sichtbar zu machen, indem wir „am Zeichen rütteln", es dekonstruieren und als Konstruktion entlarven. Daher rührte im Endeffekt die

Hinwendung von Coward und Ellis zu den europäischen *Avantgardisten* und ihren de(kon)struktiven Praktiken.

Ich habe im dritten Kapitel einige Punkte der Kritik Bertolt Brechts am bürgerlichen Theater diskutiert sowie seine alternative Theorie und Praxis des Schauspiels. Dadurch wollte er gleichzeitig die Illusionen des schauspielerischen Realismus zerstören und ein alternatives Theater, das sowohl kritisch als auch populär war, schaffen. Wie wir gesehen haben, trugen seine Konzepte zu einer Reihe heftiger Debatten über Kunst, Politik und die Massen in den 1930er Jahren bei. Als diese Themen in Großbritannien drei Jahrzehnte später erneut aufflammten, wurde Brecht wieder ausgegraben, allerdings als gespaltene Persönlichkeit: Bert Brecht, der Verteidiger des populären, politischen Theaters und Bertolt Brecht, Musterbeispiel für avantgardistische Kunst-als-politische-Theorie-und-Praxis. Beide Brechts wurden in zeitgenössischen Debatten über Theater, Film und Fernsehen in den 1960er und 70er Jahren reaktiviert.[14] Für Ellis und Coward „besteht das Brecht'sche Theater darin, die normalen Formen des Denkens und der Repräsentation in der bürgerlichen Gesellschaft in eine Krise zu stürzen" (ebd.: 36). *Épater la bourgeosie* war schon immer das Ziel der künstlerischen Avantgarde in Europa. Barthes und andere schlugen mit ihrer Kritik an „Realismus" und „Naturalismus" in den 1970er Jahren in die gleiche Kerbe wie Brecht mit seiner Idee von der Entfremdung als Instrument zur Erschütterung des selbstgefälligen bürgerlichen Theaters. Sinn und Zweck war es, eine neue kritische Auseinandersetzung mit der zeitgenössischen Realität im Theater auszulösen. Coward und Ellis bestätigten Brecht als Avantgardisten, dessen revolutionäre politische Praktiken das linguistische Zeichen und das menschliche Subjekt destabilisieren konnten und dadurch die historischen Möglichkeiten des individuellen und sozialen Wandels wieder eröffneten. Dies war die logische Lösung dafür, dass die Menschen ihrer Perspektive zufolge in einer widersprüchlichen Subjektivität gefangen waren, welche aus Sprache als Ideologie resultierte und aus der es kein Entkommen gab.

9.11 Zuschauende Subjekte

Nach diesem etwas langatmigen aber „notwendigen theoretischen Umweg" (wie Hall sagen würde), können wir nun auf den Vorgang des Dekodierens und die Frage nach der „Positionalität" des zuschauenden Subjekts, an das er sich richtet, zurückkommen. Wie oben angemerkt spricht das E/D-Modell die nichtvorhandene Übereinstimmung zwischen den Momenten der Kodierung und der Dekodierung an. Rundfunksprecher beispielsweise mögen eine „Botschaft" innerhalb einer Sendung so kodieren, dass sie die herrschende Ideologie befürwortet, aber ihre „bevorzugte Lesart" muss von den Zuschauern beim Dekodierungsprozess nicht zwangsläufig genau so gelesen und akzeptiert werden. Das Modell ließ drei unterschiedliche Positionen zu; die dominante, die ausgehandelte und die oppositionelle. Als solches forderte es eine andere einflussreiche und konkurrierende Deutungsweise des Dekodierungsvorgangs heraus. War eine Funktion des E/D-Modells die unkritische Befürwortung der Wirkungsforschung in Leicester zu verabschieden, so bestand eine andere Funktion in der Auseinandersetzung mit *Screen*. Das Journal des *British Film Institute* (BFI) sah sich damals, ebenso wie Birmingham, radikalen politischen Kulturtheorien verpflichtet, die von der Kinoforschung beeinflusst waren. *Screen* stand, wie viele Birminghamer, unter dem Einfluss zeitgenössischer französischer Avantgarde-Theorien. Bezogen auf den Moment der Dekodierung beim Film verfolgte es einen stark Althusser'schen Kurs, demzufolge der Kinogänger als zuschauendes Subjekt des filmischen Prozesses interpelliert, also angerufen würde. Die Position des Zuschauers war fixiert und sein „starrer Blick" (die Art und Weise, wie er schaute) durch die Perspektive der Filmkamera, aus der es kein Entrinnen gab, von vornherein vorgegeben. Die Theorie in *Screen* stützte sich besonders auf Lacans Reinterpretation von Freud und auf die französische Semiotik, wie Christian Metz sie auf den Film angewandt hatte. In Birmingham wurde sie von der Forschungsgruppe Sprache und Ideologie befürwortet, von der medienwissenschaftlichen Gruppe jedoch abgelehnt.

In *Culture, Media, Language* wird die Arbeit der beiden Gruppen vorgestellt, wobei das Kapitel zur „Medienforschung" (Hall et al. 1980: 117–176) dem Kapitel über „Sprache" (ebd.: 177–226) unmittelbar vorausgeht. Halls persönlicher Anteil an der Arbeit der Mediengruppe ist dabei offensichtlich. Er schrieb die Einleitung, zwei der fünf Kapitelabschnitte und überarbeitete David Morleys Beitrag „Texte, Leser, Subjekte" gründlich. Darüber hinaus fällt Hall durch seine Abwesenheit in der Arbeit der Sprachgruppe auf, die von Chris Weedon, Andrew Tolson und Frank Mort vorgestellt wird und mit einem von John Ellis stark überarbeiteten Leittext versehen ist. Einer der beiden Beiträge Halls zur Arbeit der Medien-Sektion ist selbstverständlich E/D. Ein anderer ist „eine kritische Notiz" bezüglich „Aktuelle[r] Entwicklungen in den Theorien zu Sprache und Ideologie" (ebd.: 157–162), die gegen *Screen*, Avantgarde-Theorien und – sehr viel heimatnäher – die just im Oktober 1975 gegründete Gruppe Sprache und Ideologie gerichtet war (ebd.: 178). Deren Aktivitäten hatten die Mediengruppe dazu gebracht, den Großteil der Jahre 1977 und 78 mit dem Versuch zu verbringen, „die zentralen Thesen und Prämissen der Problematik um die ‚Screen-Theorie' herauszuarbeiten" (ebd.: 162). Für Hall bestand der inakzeptabelste Aspekt des komplizierten theoretischen Gesamtkonstrukts aus Sprache, Ideologie und dem Subjekt in der Ablehnung menschlicher Handlungskompetenz und, damit verbunden, der Möglichkeit des Widerstands gegen aufgezwungene Subjektivitäten und Ideologien. Es war, so argumentierte er, „aus dieser Position [i.e. die von *Screen*] heraus konzeptuell unmöglich, innerhalb von Ideologie ein angemessenes Konzept des ‚Kampfes' zu konstruieren" (ebd.: 61).[15]

Widerstand und Kampf waren zwei zentrale Glaubensgrundsätze Halls und verbunden mit seinen grundlegenden Überzeugungen, was seine Rolle als Intellektueller und Lehrer anging. *Screen* und die Riege der Sprach- und Ideologieforscher in Birmingham schlossen die Möglichkeit, Ideologie überwinden zu können, faktisch aus – mit der Ausnahme künstlerisch avantgardistischer Praktiken, was Hall als simplifizierend ablehnte. Die drei unterschiedlichen Dekodierungspositionen des E/D-Modells können, zumindest teilweise, als eine Widerlegung der theoretischen Standpunkte von *Screen* und der Arbeitsgruppe Sprache und Ideologie betrachtet werden. Halls Schema lässt teilweisen wie auch absoluten Widerstand gegen das herrschende Wertesystem zu, welches zum Beispiel in die BBC-Sendung *Nationwide* eingeschrieben war, wie Brunsdon und Morley mit ihrer Analyse zeigten. Halls Absage an die Avantgarde steht in Einklang mit seiner beständigen Vorliebe für die „populären Künste" und der Weigerung, das Fernsehen pauschal als Massenbetrug abzutun. Aus der Position, die sowohl *Screen* als auch Ellis und Coward einnahmen, resultierte zwar, dass der Normalsterbliche einmal mehr als ‚kultureller Depp' galt, jedoch war sie in sich konsistenter als die von Hall. Nachdem sie sich für das Althusser'sche Ideologieverständnis entschieden hatten, exerzierten sie es komplett bis zum Ende durch. Halls Einstellung zu Ideologie pendelte – zumindest was Medien anging – hin und her zwischen dem kulturalistischen und dem strukturalistischen Paradigma, die er 1980 in seinem Artikel umreißt. Es ist verführerisch, diese Spannung in Halls Standpunkt im Sinne Althussers Unterscheidung zwischen allgemeiner Ideologie (die keine Geschichte hat) und einzelnen Ideologien (die eine Historie vorweisen) zu deuten. Coward und Ellis schließen sich Althussers Vorstellung von der allgemeinen Ideologie an und arbeiten die Logik ihrer Implikationen heraus. Hall selbst setzt sich bevorzugt mit Ideologien und ihren individuellen Geschichten auseinander, was ihm ermöglicht, die Althusser'sche Vorstellung von Ideologie mit Gramscis Kernkonzept des Kampfes um Hegemonie zwischen sozialen Klassen zu kombinieren. Beide Konzepte verschmelzen in seiner vielbeachteten Diskussion über Medien und ihren ideologischen Einfluss (vgl. Hall 1977).

In diesem heroischen Aufsatz stellt Hall seine wohlausgeklügelte Synthese der verschiedenen, oben skizzierten Felder – Sprache, Semiologie, Marxismus und Ideologie – in ihrer Beziehung zu Medien im Allgemeinen und zum Fernsehen im Besonderen dar. In einer besonders schönen Passage argumentiert er, dass Medien in zweifacher Hinsicht auf dem Gebiet des Commonsense agieren:

Sie setzen ihn ein und werden zugleich von ihm angetrieben. Der Begriff Commonsense bezeichnet die für selbstverständlich erachtete, normierte und normative Auffassung von der „realen Welt", die in einer jeden Gesellschaft stets aufrechterhalten wird (Hall 1977: 325). Hall charakterisiert den Commonsense als im doppelten Sinne „unbewusst": Zum einen ist er dem Bewusstsein nicht zugänglich und zum anderen ist er an sich unkritisch und unreflektiert (unbefangen). Der Spielraum zwischen diesen beiden Bedeutungen erlaubt es Hall, sich zwischen dem strukturalistischen und dem kulturalistischen Paradigma zu bewegen. Erstere ist eine orthodox Freud'sche Definition, die sich Althusser zunutze macht, um sein Konzept der generellen Ideologie festzuschreiben. Letztere liegt wesentlich näher an Gramscis Definition des Commonsense als ein Ort der Verwahrung von Ideologien, die einst erkämpft werden mussten, und die sich nun als das, was jeder denkt, eingebürgert und abgelagert haben. Als solche können sie natürlich ausgegraben, freigelegt und kritisiert werden (was genau das beschreibt, was die Frauenbewegung tat, als sie das Patriarchat ausgrub und als Unterdrückung entlarvte). Hall legt sein Theoriegebäude in konventioneller Manier dar, arbeitet sich von Marx zu Althusser und von dort zu Semiologie und Sprache (als strukturalistische Position) durch, um sich schließlich Williams und Gramsci zuzuwenden (als kulturalistische Position). Althusser hatte im ersten Teil seines ISA-Artikels die Unterscheidung zwischen repressiven und ideologischen Staatsapparaten vorgenommen. Diesbezüglich war er Gramsci zu Dank verpflichtet (was in einer Fußnote bestätigt wird). Hall wiederum betrachtet Althusser erneut, vor dem Hintergrund des Hegemoniebegriffs von Gramsci; der Kampf zwischen den Klassen, der sich auf Ebene des Staates abspielt, um die Vormacht einer Weltanschauung zu sichern.

Klassen herrschen in ruhigen Zeiten nicht durch Zwang und Unterdrückung, sondern indem sie sich den Zuspruch zu ihrer Vorstellung von Realität sichern. Dieser Prozess manifestiert sich in kapitalistischen, demokratischen Gesellschaften in Form der Klassenpolitik und im zeitgenössischen Großbritannien ist das Fernsehen zu einem beträchtlichen Ausmaß die Bühne dafür. Die von der Mediengruppe durchgeführten Analysen des Nachrichtenfernsehens hinsichtlich seiner „Geschlossenheit" hatten zeigen können, wie der Moment des Kodierens darauf abzielte, die bevorzugte Lesart sicherzustellen, welche die dominanten Definitionen der politischen und sozialen Realität in Großbritannien begünstigte. Dies sollte dadurch erreicht werden, dass man dem aufwallenden schottischen und walisischen Nationalismus das Bild von der nationalen Einheit Großbritanniens entgegenhielt. Der Kampf um den Konsens bringt die Möglichkeit einer abweichenden Meinung mit sich, wie Hall sie in sein Konzept vom Dekodieren integriert hat. Folglich besteht für Hall die Funktion der Medien darin, den gesellschaftlichen Konsens „innerhalb des staatlichen Realitätsmodus" abzusichern.

Der demokratische Staat in seiner Gesamtheit (Parteien, Regierungen, Ministerien) ist legitimer Schauplatz des Machtkampfes um die Vorherrschaft zwischen verschiedenen Klassen und Ideologien.

> „In Gesellschaften wie der unsrigen dienen die Medien dazu, unaufhörlich die kritische ideologische Funktion zu erfüllen, innerhalb des Diskurses der dominanten **Ideologien** ,die Welt durch zu klassifizieren'. Diese ,Arbeit' wird weder simpel noch **bewusst** ausgeführt: es ist eine *widersprüchliche Arbeit*." (Hall 1977: 346; Hervorhebungen im Original)

Ideologien also (nicht Ideologie im Allgemeinen) und Arbeit, die nicht bewusst (selbstbewusst, selbstkritisch) erfolgt, sondern sich durch Widersprüchlichkeit auszeichnet: das entspricht Gramscis Sichtweise von Ideologien als Commonsense, die Elemente des hegemonialen Kampfes, wie sie als diskursive Praktiken im Fernsehen ausgetragen werden.[16]

9.12 Eine vorläufige Einschätzung

Dieses Kapitel war alles andere als einfach zu verfassen, was einerseits der Instabilität des theoretischen Unterbaus des Encoding/Decoding-Modells und andererseits dem rastlosen Intellekt Halls geschuldet ist, der selbst davor warnte, innerhalb des Centres irgendeinen einheitlichen theoretischen Standpunkt zu erwarten.[17] Die Theorien im Birmingham der 1970er Jahre waren ständig in Bewegung. Worum ging es aber bei all den Diskussionen und der Furore um jene Theorien überhaupt? Warum waren sie so wichtig? Sie schienen die Antwort auf alles zu sein, aber was war überhaupt die Frage?

> „Auch wenn die ,kulturalistische' Auffassung, dass Praktiken in der historischen Wirklichkeit nicht fein säuberlich unterschieden werden können, richtig ist, bedarf es der gedanklichen Praxis, um die *Komplexität der Wirklichkeit*[18] nachzuvollziehen oder zu analysieren. Es gilt, sich der Macht von Abstraktionen, Analysen und der Begriffsbildung zu bedienen, mittels derer diese Komplexität der Wirklichkeit seziert und die Beziehungen und Strukturen, die dem bloßen Auge verborgen sind und sich weder selbst darstellen noch authentifizieren, freigelegt werden können." (Hall 1999a [1980]: 130; Hervorhebungen hinzugefügt)

Das ist es, was für Hall den Strukturalismus gegenüber dem Kulturalismus privilegiert. Letzterer bleibt im Konzept von Realität als bloße Erfahrung stecken. Diese aber kann nur durch einen Prozess der Abstraktion, Analyse und des Generierens von Konzepten erfasst werden – durch Theoriebildung also. Der Strukturalismus ist eine Methode, die jedoch nie als reine Abstraktion fungieren sollte – als Theorie um der Theorie willen, als Richterin und zugleich Jury der Realität. Er ist vielmehr eine Methode, um mit verschiedenen Abstraktionsebenen – die vom empirisch „Realen" mehr oder weniger weit entfernt sind – umzugehen und sich zwischen ihnen bewegen zu können. Als eine theoretische Methode vermeidet der Strukturalismus auf diese Weise den „Absolutismus theoretischer Praxis" und die „sich gegen die Abstraktion wendende[n] *Poverty of Theory*-Position[19] E.P. Thompsons [...] auf die sich der Kulturalismus zurückgezogen hat" (ebd.: 130). Hall hoffte, die unfruchtbaren Gegensätzlichkeiten von Theoretizismus und Empirizismus vermeiden zu können, „welche die Auseinandersetzung zwischen Strukturalismus und Kulturalismus bis zum heutigen Tage prägen und entstellen" (ebd.: 131).

Ich habe mich auf die 1970er Jahre als die ‚heroische Phase' der Cultural Studies bezogen und Stuart Halls Schriften zu jener Zeit ebenso bezeichnet. In seinen jüngsten Interviews sagt Hall von sich selbst, dass er mit Engeln ringen musste, um seine Denkweisen zu erklären. Was auf mich aber wirklich heldenhaft wirkt, ist der jahrzehntelange Ringkampf in Birmingham, in dem Hall und seine Studenten versuchten, den Engel der Realität niederzuringen und ihn zur Kapitulation zu bewegen, wozu sie den Engel der Theorie um Hilfe baten. „Kampf" war ein Schlüsselwort in der Wissenschaftssprache Birminghams. Er fand an einer Vielzahl von Fronten mit einer Vielzahl von Kontrahenten statt, wobei es jedoch immer darauf ankam, eine adäquate theoretische Darstellung der gegenwärtigen gesellschaftlichen Realität hervorzubringen. Sie schafften es allerdings niemals, die Schultern der Realität lange genug auf den Boden zu drücken, um sie zur Aufgabe zwingen zu können. Wann immer sie dachten, die Realität fest in ihrer theoretischen Umklammerung eingeschlossen zu haben, entschlüpfte sie ihrem Griff, stand wieder auf und forderte sie erneut heraus. Klasse und Kultur? Dafür würde die marxistische Theorie reichen. Was war aber mit Gender? Oder ‚Rasse'? Und was mit Sprache? Und so weiter. Die Theorie war in den 1970ern in Birmingham permanent in Bewegung, weil die Realität stets in Bewegung war. So sehr sie es auch versuchte, konnte die Theorie die Realität nie lange genug zum Stillstand bringen, um sie festnageln zu können. Ich möchte mich hier über nichts lustig machen. Zurückblickend und mit dem Abstand der Jahre, die vergangen sind, erscheint mir das alles sowohl komisch (obwohl es damals todernst war) *als auch* heldenhaft. Es dürfte schwierig sein, irgendeine andere britische Universität zu finden, an der im vergangenen Jahrhundert mit ebenso ausdauernder Anstrengung über ein Jahrzehnt hinweg nachgedacht, gelesen, diskutiert und geschrieben wurde und das von einem derart brillanten Lehrer und einer Gruppe so herausragender Studierender. Am Ende war Hall, das gestand er selbst, ausgelaugt – und so zog er weiter. Die Bemühung, in Birmingham eine dem Realen entsprechende Theorie aufzustellen, überdauerte seinen Weggang nicht. Und doch unterstreichen seine kühnen Versuche in diese Richtung eines der grundlegendsten Themen dieses Buches nachdrücklich: die Beziehung zwischen dem Denken und der Realität und die Rolle der Intellektuellen – worauf ich im letzten Band dieser Trilogie zurückkommen werde.

Nachdem er Birmingham verlassen hatte, schrieb Hall nur noch wenig über die Medien, was von Bedeutung gewesen wäre. Sein Interesse konzentrierte sich auf den Einfluss und die Folgen des Thatcher'schen Neo-Konservatismus der 1980er Jahre und die ,Rassenpolitik'. Die Cultural Studies aber, wie er sie in Birmingham ausgearbeitet hatte, nahmen immensen Einfluss auf die Human- und Sozialwissenschaften nicht nur in Großbritannien, sondern weltweit. Heute kann man, ohne zu übertreiben, von den Cultural Studies als einer globalisierten Fachrichtung sprechen. Allerdings spielt die Medienforschung innerhalb dieser, obwohl sie noch immer wichtig ist, keine so zentrale Rolle mehr wie in den 1970er Jahren. Die Cultural Studies haben sich weiterentwickelt, doch die Erforschung der Medien hat sich nicht sonderlich viel weiter über den theoretischen Horizont hinausentwickelt, der in diesem Kapitel beschrieben worden ist. Was noch aussteht, ist etwas von der Fortführung dieser Arbeit anzudeuten, die sich in Form zweier unterschiedlicher Entwicklungslinien in den 1980er Jahren äußert – dem Feminismus und der Publikumsforschung.[20]

9.13 Feministische Medienwissenschaft

Unter den Studentinnen in Birmingham befand sich auch Dorothy Hobson, die dorthin kam, um zu erforschen, wie junge Mütter mit Kindern die Radio- und Fernsehnutzung in ihre alltäglichen Routinen zuhause integrierten (vgl. Brunsdon et al. 1997: 6). Ein Auszug aus ihrer unveröffentlichten Masterarbeit über dieses Thema („Working class women at home: femininity, domesticity and maternity") erschien im Kapitel zu Ethnografie in *Culture, Media, Language*. Möglicherweise war die Arbeit nicht theoretisch genug, um in die Beiträge der Mediengruppe aufgenommen zu werden. Wie dem auch sei, sie etablierte damit eine wichtige Untersuchungsrichtung, die von der expandierenden Fernsehforschung aufgegriffen und weiterentwickelt wurde. Hobson begann mittels Interviews und teilnehmender Beobachtung ihrer Teilnehmerinnen, ein Bild davon zu entwerfen, was Frauen gerne und was sie weniger gern sahen. Es zeichnete sich eine bestimmte Moralität des Fernsehens ab. Es gibt Sendungen, bei denen man sich dafür entschuldigt, dass man sie nicht mag (Nachrichten, Dokumentationen etc. – alles langweilig, ernsthaft und maskulin) und es gibt Dinge, bei denen man sich dafür entschuldigt, dass man sie mag (Soaps und leichte Unterhaltung – alles, was Spaß macht, trivial ist und feminin). Hobson fuhr fort mit einer umfassenden Untersuchung zu der vielfach verhöhnten britischen Fernsehsoap *Crossroads* (vgl. Hobson 1982), die bis heute eine der besten und einfühlsamsten Studien über die Produktion und Rezeption von Fernsehserien darstellt.

Zur gleichen Zeit begann die Filmwissenschaft, die Fernsehforschung in ihren Bereich zu integrieren. Eine bedeutende Reihe von Aufsätzen zur Serie

Coronation Street wurde 1980 vom British Film Institute veröffentlicht. „Corrie", wie sie liebevoll von ihrer Fanschar genannt wird, war damals unter intellektuellen Gesichtspunkten offenbar eher akzeptabel als *Crossroads*. Die Einführung bringt den Serienstart (Granada Television, 1960) und ihr soziales Milieu – eine Straße in einem Arbeiterviertel von Manchester mit doppelzeiligen Reihenhäusern – mit Hoggarts klassischer Studie über das Alltagsleben der nordenglischen Arbeiterklasse in Verbindung. Die Sendung gab ein gutes Forschungsobjekt für die Cultural Studies ab und so wurden „die Politiken der Repräsentation von Klasse und Geschlecht" (Dyer et al. 1981: 15) zusammen mit der Frage nach dem Realismus der Serie von Marion Jordan und Terry Lovell untersucht. Christine Geraghtys einführender Artikel – „The continuous serial: a definition" – bleibt eine klassische Analyse der Zeitstruktur dieses für Radio und Fernsehen charakteristischen Genres der nie endenden, narrativ fiktionalen Serie.

Zu etwa derselben Zeit wurden die Forschungsbemühungen in den USA und Europa – insbesondere durch die Arbeiten von Tania Modleski und Ien Ang – in Bezug auf derartige Fernsehfiktion ausgedehnt und die wissenschaftliche Untersuchung von Seifenopern entwickelte sich bald zu einem weltweiten Unterfangen (vgl. Allen 1995). Allmählich trat jedoch die politische Auslegung von Soaps (hinsichtlich Gender und Klasse, Repräsentation und Ideologie) in den Hintergrund zugunsten der Frage nach dem Genuss und dem Vergnügen, das sie zweifelsohne ihren Zuschauerinnen wie Zuschauern und sogar ihrem kritischen akademischen Publikum (wenn auch mit einem Anflug von Schuldgefühlen) bereiteten. Die Aufsatzsammlung *Feminist Television Critcism* (1997), die von Charlotte Brunsdon, Julie D'Acci und Lynn Spigel herausgegeben wurde, deckt im Prinzip alle wichtigen Trends der angloamerikanischen Forschung in diesem Bereich über die letzten zwei Jahrzehnte des 20. Jahrhunderts ab und in der verlässlichen Einleitung werden alle besprochen. Frances Bonners (2003) jüngst erschienene Studie über *Ordinary Television* in Großbritannien und Australien betont noch einmal den hohen Stellenwert der Gewöhnlichkeit und des Alltags beim Fernsehen – Themen, für die die feministische Fernsehforschung von Anfang an kämpfen musste, um sie von dem schädlichen Ruf der Trivialität und Belanglosigkeit zu befreien. Abgesehen vom Fernsehen gab es innovative Untersuchungen zu Frauen- und Mädchenzeitschriften, Liebesromanen und ihren weiblichen Lesern. All diese und ähnliche Arbeiten haben die Erforschung der Populärkultur enorm bereichert, wobei sie sich auf theoretischer Ebene größtenteils innerhalb des Rahmens bewegen, der in den 1970er Jahren in Birmingham geschaffen worden ist. Das Buch *Feminist Media Studies* von Lisbet van Zoonen (1994) bietet einen kritischen Einstieg in die Beziehungen zwischen Gender, Medien und Kultur, der mit Halls Encoding/Decoding-Modell beginnt, weil

es „als ein Bezugssystem dient, um die verschiedenen Gegenstände und The-
menfelder, mit denen sich die feministische Medientheorie und -forschung befasst, einzuordnen" (ebd.: 8).

9.14 Publikumsforschung

Während der 1980er und bis in die 1990er Jahre hinein wurde sich regelmäßig
auf das E/D-Modell als Ur-Text einer wiederauflebenden Publikumsforschung
berufen, die durch David Morleys Untersuchung von *Nationwide* losgetreten
worden war. Der ganze Sinn und Zweck des E/D-Modells war das, was eine
Theorie über die Realität vorhergesagt hatte, empirisch zu überprüfen. Bruns-
dons und Morleys textuelle Analyse von *Nationwide* hatte gezeigt, wie diese
Sendung die Ideologie des Konzepts „Nation" mobilisierte, das als Commonsense kodiert wurde. Wie würden Zuschauerinnen und Zuschauer es aber tatsächlich entschlüsseln? Morleys Untersuchung zum *Nationwide*-Publikum (1980)
gehört mittlerweile fast genauso zum Kanon der Cultural Studies wie Halls E/D
und hat beinahe ebenso heftige Diskussionen ausgelöst. Die Methoden, die
verwendet worden waren, um die Reaktionen der Zuschauenden auf die Sendung zu untersuchen, wurden, wie auch der von Morley für die Analyse dieser
Reaktionen angewandte Interpretationsrahmen (übernommen aus früheren Analysen der ideologischen Funktion von *Nationwide*), genauestens hinterfragt und
kritisiert (vgl. Moores 1993). Auch James Curran protestierte: Was Morley angefangen habe, sei nichts anderes als ein erneuter Revisionismus in der Publikumsforschung, der es darauf anlege, das von der US-amerikanischen Wirkungsforschung Jahre zuvor erfundene Rad neu zu entdecken. Morley allerdings, der
seine Studie von Beginn an als mit dieser Tradition brechend betrachtet hatte,
reagierte abwehrend, woraufhin ein Meinungsaustausch folgte (vgl. Curran et al.
1996). Ob es sich nun um alten Wein in neuen Schläuchen handelte oder nicht –
Morleys Studie definierte das Schaffen einer neuen Generation von Publikums-
forschern. Diese unterschieden, im Gegensatz zu *Screen*, grundlegend zwischen
impliziten und tatsächlichen Rezipientinnen und Rezipienten von Film- und
Fernsehtexten.
   Diese Unterscheidung wurde in Janice Radways hervorragender Studie über
Leserinnen von Liebesromanen in Amerika ausgearbeitet. Darin zeigte sie, dass
für ihre Leserinnen in Smithton die primäre Bedeutung des Leseaktes und seiner
Umstände darin lag, Zeit und Raum für sich selbst zu schaffen (Freiraum, um
sich um sich selbst zu kümmern), und zwar durch die Tätigkeit an sich und unabhängig davon, was für ein Buch man gerade las (vgl. Radway 1984). Die Hin-
wendung zu den situativen Umständen der Rezeption fand auch in Hermann
Bausingers anthropologischer Beschreibung der Radio-, Zeitungs- und Fernseh-

nutzung einer typischen deutschen Familie am Wochenende statt (vgl. Bausinger 1984). In seiner nächsten großen Studie zum Publikumsverhalten, die auf teilnehmenden Beobachtungen der Fernsehgewohnheiten von Familien in 18 Londoner Haushalten beruhte, verfolgte Morley diese Perspektive weiter (vgl. Morley 1986). Diese Untersuchung häuslicher Fernsehnutzung und -kontrolle (Wer hat die Fernbedienung? Wer verfügt (nicht) über das Wissen, einen Videorekorder zu bedienen?) erschloss die reichhaltigen Potenziale ethnografischer Praktiken bei der Erforschung des Zusammenhangs zwischen den Machtstrukturen in Familien und der alltäglichen Nutzung von Kommunikationstechnologien (vgl. Silverstone & Hirsch 1992). Solch eine soziologische Vorgehensweise regte zudem ähnliche Forschung historischer Art an, zu heimischen Fernsehgewohnheiten in vielen Ländern seit den 1950er Jahren.

So wertvoll dies alles sein mag, was völlig aus dem Blickfeld geriet, war das Kodieren. In die Produktionskultur des Fernsehens ist, sowohl bezogen auf Genres als auch hinsichtlich bestimmter Programme, wesentlich weniger Aufwand investiert worden als in ihre Rezeption. Der Nutzen des E/D-Modells lag aber gerade darin, dass es die Möglichkeit beinhaltete, das Verhältnis von Produktion und Konsum integrativ zu beschreiben. Wenn Fernsehprogramme Träger von Ideologie waren, so mussten sie gleichwohl auch als solche produziert worden sein. Echte menschliche Arbeit floss in sie ein, aber damit haben sich nur sehr wenige Untersuchungen auseinander gesetzt.[21] Gleichermaßen ist die Analyse von Fernsehprogrammen selbst – ihrer Formen und Inhalte – heute alles andere als erschöpft. Wieso war der Vorgang des Dekodierens so über alle Maßen bestimmend, dass sein Ursprung ausgeblendet wurde? Eine mögliche Antwort darauf mag sein, dass diese Situation einen Teil eines umfassenderen Ausgleichs der historischen Unausgeglichenheit zwischen der Erforschung kultureller Produktion und des Konsums ausdrückt. Bis dahin hatte es den Anschein gehabt, dass das Angebot die Nachfrage bestimmte. Die Produktionsseite war mächtig und bestimmend, die Konsumseite jedoch war angreifbar und wurde ausgebeutet. So hatte es jedenfalls eine frühere Generation wahrgenommen. Der linke Puritanismus war immer schon etwas misstrauisch gegenüber den (falschen) Freuden des Konsums gewesen. Die Theorie des Centres ermöglichte eine Neubewertung des Konsums in einem positiven Lichte, indem sie Zuschauer nicht länger im Althusser'schen Sinne als von vornherein festgelegte Subjekte betrachtete, wie in *Screen* propagiert wurde. Die Ideologiefrage wurde nach und nach aufgegeben, als die alte Auffassung von einer rein passiven Konsumhaltung (ebenfalls bestärkt in *Screen*) der Anerkennung eines aktiven Publikums wich, das Fernsehen genoss. Die feministischen Betrachtungen des Fernsehens boten dem alten Standpunkt von Anfang an die Stirn – auch wenn Forscher diejenigen Dinge, an denen gewöhnliche Frauen sich erfreuten (Romanzen,

Soaps und leichte Unterhaltung) für ideologisch halten mochten, waren sie dennoch dazu genötigt, ihren Standpunkt zu überdenken, denn nach allem konnten sie die Frauen, die sie untersuchten, ja schlecht schon wieder als die kulturell Gelackmeierten hinstellen. Nicht jedes alltägliche Vergnügen, so fand man, war zwangsläufig politisch oder ideologisch oder anderweitig verdächtig.

Diese Neubewertung kulturellen Konsums war Teil des postmodernen Moments in den 1980er Jahren, den ich im nächsten Kapitel kurz behandeln werde. Er war der Auftakt zur Erforschung des Fernsehens *in situ*, als Teil des alltäglichen Lebens und der häuslichen Routinen heutiger Gesellschaften – eine Entwicklung von unschätzbarem Wert. Was aber auf dem Weg dorthin verloren ging, war die Bedeutung (d.h. die Aussagekraft) der Inhalte im Fernsehen. Mit den Cultural Studies als Bezugssystem verschwand praktisch die Frage nach der Arbeit, die für die kulturelle Produktion vonnöten ist, und mit ihr die Frage nach der Ideologie selbst. Ich glaube nicht, dass Medien in der Form ideologisch sind, wie Hall und das CCCS es von ihnen annahmen, aber das Problem, das von der Ideologiekritik aufgeworfen wird, bleibt als ein Kern der Kulturforschung bestehen. Im Zentrum ihrer Problematik stehen der Stellenwert menschlicher Erfahrung und der rätselhafte Charakter des gewöhnlichen Alltagslebens, wie sie Hall in seinen zwei Paradigmen eindeutig bestimmt.

Anmerkungen

1   Siehe Rojek (2003) für die erste umfassende Betrachtung von Halls intellektueller Karriere.
2   Zur Presse siehe Smith et al. (1975). Dorothy Hobsons Studie über die häuslichen Routinen von Hausfrauen der Arbeiterklasse beschäftigt sich mit deren Radio- wie auch Fernsehnutzung (1980).
3   Ich bin ziemlich stolz auf die Tatsache, dass die Originalversion dieses Artikels in der ersten Ausgabe von *Media, Culture & Society* erschienen ist, die ich selbst zusammengestellt und herausgegeben habe. Ihm folgt John Corners oft zitierter Beitrag „Codes and cultural analysis" – die früheste und immer noch beste Kritik an Halls Verwendung des Kodierens in der Fernsehforschung (vgl. Corner 1980). Siehe meinen Herausgeberkommentar (*MCS* 1980, 2(1): 2f.).
4   Zu dieser Zeit der bevorzugte Ausdruck im marxistischen Diskurs für die Einheit von Theorie und Praxis.
5   Strukturalismus war ein Begriff, der 1980, als er noch in Mode war, im Endeffekt eine Vielzahl recht unterschiedlicher Positionen einschloss. Ursprünglich bezog er sich auf einen neuen Denkansatz in der Sprachwissenschaft, den der Schweizer Linguist Ferdinand de Saussure zu Beginn des zwanzigsten Jahrhunderts aufgetan hatte. Saussures Theorie und seine Methode zur Erforschung von Sprache wurden vor allem in Frankreich aufgegriffen und in anderen Disziplinen angewandt. In den späten 1950er Jahren entwickelte Claude Lévi-Strauss basierend auf Saussure das, was er *Strukturale Anthropologie* nannte. Von da an nahm der Strukturalismus zusehends Einfluss auf eine Reihe unterschiedlicher Fachrichtungen: auf die Literaturwissenschaften (Roland Barthes), die Psychoanalyse (Jacques Lacan) und die Philosophie (Jacques Derrida). Im Zentrum strukturalistischer Bestrebungen stand der Versuch, die verwirrende Vielfalt und Unterschiedlichkeit sozialer Oberflächenphänomene (zum Beispiel die gesprochene Sprache, die Saussure *parole* nannte) durch die Identifikation der ihnen zugrundeliegenden Strukturen, welche diese wahrnehmbare Vielfalt produzierten und bedingten, zu vereinfachen. Strukturalismus

ist reduktionistisch und deterministisch. In den 1970er Jahren wurden sowohl Freud als auch Marx als strukturalistische Denker verstanden; Freud aufgrund seiner Theorie des Unbewussten und Marx, weil er die Ökonomie als die strukturelle Determinante des Erscheinungsbildes einer Gesellschaft in ihren ökonomischen, politischen und kulturellen Formen identifizierte. Louis Althusser war zu dieser Zeit weithin als *der* marxistische Strukturalist anerkannt.

6 Sie ist insbesondere angewendet worden auf die Rolle der Medien und die gesellschaftliche Produktion von Nachrichten in Bezug auf die „moral panic" wegen Straßenüberfällen in den frühen 1970er Jahren (vgl. Hall et al. 1978: 53–77).

7 Halls „wichtigster methodologischer Beitrag zu den Cultural Studies war", nach Rojeks Darstellung, „wohl der bedeutende Aufsatz über das Kodieren und Dekodieren, welcher heute als ein Schlüsseltext für die narrative Analyse gilt" (2003:14).

8 Diesen und den folgenden Absatz hat Michael Gurevitch für unser gemeinsam verfasstes Kapitel über „Encoding/Decoding", das in Katz et al. (2003) erschienen ist, geschrieben.

9 Chris Rojek bezeichnet das Konzept als lästig, weil es nicht einfach ist auszumachen, welche bevorzugte Lesart zur Diskussion steht; die des kritischen Analytikers oder die des zu analysierenden Subjekts (vgl. Rojek 2003: 96). So wie es allerdings in der Studie zum Nachrichtenfernsehen angewendet wird, bezieht es sich eindeutig weder auf den einen, noch auf das andere. Es stellt vielmehr die hinter Fernsehproduktionen versteckte Arbeit als einen Prozess heraus, bei dem für selbstverständlich erachtete soziale, politische und kulturelle Werte in der Art und Weise, wie das Programm gerahmt ist, moduliert werden und der innerhalb dieser Rahmung die Themen wiederum selbst rahmt. Das Konzept der bevorzugten Lesart oder Bedeutung ist sehr hilfreich, wenn es um die umstrittene Frage danach geht, wie Tendenzhaftigkeit im Rundfunk und andernorts zustande kommt.

10 Hall war sich der Beziehung zwischen seiner wissenschaftlichen (theoretischen) Arbeit und seiner umfassenderen gesellschaftlichen Rolle als öffentlicher Intellektueller und Wortführer der Linken stets kritisch bewusst.

11 Siehe Hall (1999b [1980]: 100f.).

12 Siehe Taylors einflussreichen Aufsatz über „Die Politik der Anerkennung" (1993).

13 Vom französischen *interpeller*: zurufen, anrufen, herbeirufen. Es bedeutet auch, für eine Befragung einbestellt zu werden (von der Polizei). Interpellation ist ein „Anrufungs-Mechanismus". In Althussers vielzitiertem Beispiel erkennen und bestätigen wir uns selbst als Subjekte, wenn wir auf jemanden (einen Polizisten vielleicht) reagieren, der „Hey, Sie!" ruft.

14 John McGrath war ein beispielhafter Befürworter und Praktiker des populären Brecht'schen Theaters. Er war Gründer und Direktor der *7:84 Theater Company*, das bedeutendste Ergebnis der *Counter-Theatre-Bewegung*, die in den späten 1960er Jahren entstanden ist. Sie hatte sich – genau wie das Agitprop-Theater der 1930er Jahre, von dem sie abstammte (vgl. Goorney & MacColl 1986) – dem Ziel verschrieben, das Theater zu den Leuten zu bringen. Dabei war man abhängig von einem engagierten Ensemble, dessen Schauspieler gewillt waren, auf Tour zu gehen und überall im Land, in Gemeindezentren, Clubs und Kneipen, aufzutreten (vgl. McGrath 1981). Im Gegensatz dazu traten *Screen* und das *British Film Institute* für eine avantgardistische Brecht'sche „Filmpraxis" ein, die die naturalistischen Illusionen des Kinoregimes in Hollywood und dessen unkritische Vergnügungen zerstören sollte. Dies wollte man erreichen, indem man die Zuschauer an die Materialität des filmischen Prozesses erinnerte. Der damals fortgeschrittenste Verfechter dieser Position war Colin McCabe: Siehe dazu insbesondere „Realism and the Cinema: Notes on some Brechtian Theses" in einer Sonderausgabe von *Screen* zur Brecht-Thematik (15: 2). Für einen Überblick über die ganze Debatte zu Brecht bezogen auf das zeitgenössische narrative Film- und Fernsehdrama siehe Bennett et al. (1981).

15 Es bräuchte einen weiteren langen Exkurs, um Halls Standpunkt bezüglich Ideologie als Kampf aufzuarbeiten. Er ist Antonio Gramsci – den Rojek als den „geistigen Vater" Halls beschreibt – und dessen Hegemoniekonzept stark verpflichtet. Für eine ausführlichere Diskussion siehe Rojek (2003: 108–116).

16 Allerdings werden im später folgenden Artikel „The rediscovery of ‚ideology‘: return of the repressed in media studies" Medien deutlich in einem Althusser'schen Licht betrachtet: „Die Medien können (trotz andauernder Begriffsverwirrung in plausibler Weise) als ‚ideologische Staatsapparate‘ bezeichnet werden" (Hall 1982: 88). Die Abhandlung ist beinahe Halls letzte Äußerung zu Medien – danach schrieb er nur noch sehr wenig über sie – und er beschließt sie mit einer entschieden Althusser'schen Bemerkung: „Im Rahmen des kritischen Paradigmas ist Ideologie eher als eine Funktion des Diskurses und der Logik des sozialen Prozesses zu sehen, denn als Intention des Akteurs. Die Frage nach dem Bewusstsein des Rundfunksprechers für das, was er tut […] ist in der Tat interessant und wichtig. Sie hat jedoch keinen wesentlichen Einfluss auf den theoretischen Sachverhalt. Die Ideologie hat in einem solchen Fall ‚funktioniert‘, weil der Diskurs selbst durch den Sprecher oder die Sprecherin gesprochen hat. Unwissentlich und unbewusst hat der Rundfunksprecher die Reproduktion eines dominanten ideologischen Diskursfeldes unterstützt" (Hall 1982: 88).

17 Ein Problem besteht auch im Birminghamer Jargon, dem Centrespeak. Es entwickelte sich ein obskures Theorievokabular, zusammengeschustert aus Quellen vieler verschiedener Autoren, die auf dem langen Marsch durch das theoretische Feld konsultiert wurden. Selbst gewöhnliche Begriffe (wie „wirklich") erhielten außergewöhnliche Bedeutungen. Ich habe mich bemüht, die meisten der im CCCS gebräuchlichen Begriffe zu übersetzen.

18 „Die Wirklichkeit" ist eine dieser „Schlangen im linguistischen Gras", die Austin sich in *Sinn und Sinneserfahrung* (Austin 1986) bemüht zu ersticken. So wie der Begriff von Hall – und allgemein im Centre – verwendet wird, muss er eigentlich in Anführungszeichen gesetzt werden, um darauf hinzuweisen, dass es sich dabei um einen sowohl in der marxistischen wie auch der psychoanalytischen Theorie hochproblematischen Ausdruck handelt, der damals stark diskutiert wurde. War Marxismus Realismus? (Für eine Bejahung dieser Frage siehe Lovell 1980: 9–17.) In der Theorie Lacans ist die Wirklichkeit dasjenige, was mit dem Eintritt in das Symbolische in Form der Sprache (wie der Garten Eden) zurückgelassen wird.

19 *The Poverty of Theory* war ein ausführlicher und leidenschaftlicher Angriff Edward Thompsons auf Althusser, in dem dieser über Seiten hinweg für seinen idealistischen Irrationalismus und das Leugnen von Geschichte angeprangert wurde (vgl. Thompson 1978: 193–397). Für eine Diskussion dieser Intervention siehe Kaye (1984: 203–215).

20 Diese beiden Entwicklungen sind natürlich nicht die einzigen Resultate der Medienforschung während der 1970er Jahre in Birmingham. Darüber hinaus beeinflusste sie die Sprach- und Literaturwissenschaft maßgeblich. Die Kombination aus Marxismus und Semiotik wurde von Linguisten in East Anglia und Lancaster aufgegriffen, um die ideologische Funktion von Sprache in der Presse (vgl. Fowler 1990) und den Medien im Allgemeinen (vgl. Fairclough 1989) zu analysieren. Kress und seine Kollegen weiteten eine auf den Marxismus basierende Semiotik auf die allgemeine Kulturforschung aus (vgl. Hodge & Kress 1988). Die Literaturwissenschaft wurde in den 1970ern schwer von theoretischer Kritik erschüttert und alle möglichen Genres, wie auch viele berühmte Schriftstellerinnen und Schriftsteller, schienen plötzlich befallen von einer ‚ideologischen Käferplage‘. Die Britische Film- und Medienwissenschaft und auch die Cultural Studies wurzeln in der englischen Literaturwissenschaft, der Heimatdisziplin von Hoggart, Williams, Hall und vielen anderen (mich selbst eingeschlossen). Terry Eagleton war der Altmeister literarischer Ideologiekritik (Eagleton 1994 [1990]). Sämtliche Human- und Sozialwissenschaften der 1970er wurden durch die Ideologiekritik erschüttert, als Klasse, Gender, ‚Rasse‘ und die Beziehungen zwischen den Generationen anfingen zu schwanken und sich zu verschieben, was Schockwellen in der britischen Gesellschaft erzeugte.

21 Es gibt ein paar bemerkenswerte Ausnahmen: Elliott (1972), Schlesinger (1978), Alvarado und Buscombe (1978), Feuer et al. (1984), Alvarado und Stewart (1985), D'Acci (1994).

10 Kommunikation und Öffentlichkeit: Habermas – Deutschland (USA/Großbritannien), 1950er bis 1990er Jahre

10.1 Einleitung

Strukturwandel der Öffentlichkeit von Jürgen Habermas wurde 1962 in Deutschland veröffentlicht. Im Jahr 1989 erschien es auf Englisch mit dem Titel *The Structural Transformation of the Public Sphere*. Das Buch beschreibt den Wandel historischer Formen des öffentlichen Lebens in Europa, von der vormodernen Zeit bis zur Gegenwart. Es behandelt hauptsächlich die wachsende Bedeutung der öffentlichen Meinung und der Medien für die moderne, demokratische Politik. Außerdem werden umfassendere politische und philosophische Ansätze thematisiert, die sich mit der Moderne, der Aufklärung und der rationalen Grundlage der öffentlichen Diskussion beschäftigen. *Strukturwandel der Öffentlichkeit* war Habermas' Habilitationsschrift und seine erste größere Veröffentlichung in Deutschland, die mit großem Interesse aufgenommen wurde. Als das Buch auf Englisch erschien, löste es im veränderten politischen Klima der frühen 1990er Jahre erneut beachtliche Debatten aus; ein sicheres Zeichen dafür, dass die zentralen Anliegen des Buches nicht an Relevanz verloren hatten. In der Zwischenzeit hatte Habermas internationales Ansehen als Sozialtheoretiker erworben, der sein beständiges Engagement im Bereich der Politik durch intensive Studien in Philosophie, Sprache und Recht beibehielt. Die historische Analyse, charakteristisches Merkmal von *Strukturwandel der Öffentlichkeit*, rückte in den Hintergrund zugunsten des langwierigen Bestrebens, die rationale Basis der Kommunikation zu theoretisieren, und gipfelte 1981 in der zweibändigen *Theorie des Kommunikativen Handelns*. Gut zehn Jahre später veröffentlichte Habermas *Faktizität und Geltung*. Darin kehrte er zur ursprünglichen Thematik von *Strukturwandel der Öffentlichkeit* zurück, weiterhin in dem Bestreben, die Legitimität und Praxis demokratischer Politik auf der Grundlage des Verfassungsrechts sowie des vernünftigen und kritischen öffentlichen Diskurses zu erklären. Um die Auseinandersetzung von Habermas mit Kommunikation und Politik zu untersuchen, die sich über fünf Jahrzehnte erstreckt, werde ich zunächst die in *Strukturwandel der Öffentlichkeit* aufgestellte These erläutern und diese kurz auf die politische Situation in Deutschland in den späten 1950er Jahren beziehen. Danach umreiße ich die Hauptmerkmale der Hinwendung zur Pragmatik und der Theorie des kommunikativen

Handelns. Zum Schluss werde ich die Auswirkungen betrachten, die die Veröffentlichung der englischen Übersetzung hatte, fast 30 Jahre nach dem Erscheinen des Originals in Deutschland.

10.2 Historische Formen von Öffentlichkeit

Strukturwandel der Öffentlichkeit ist ein Schauspiel in drei Akten. Es beginnt mit einer Kurzdarstellung vormoderner Formen öffentlichen Lebens. Der zweite und zentrale Teil der Handlung thematisiert die Entstehung des Bürgertums im Laufe des 18. Jahrhunderts, sowohl in Hinblick auf ihre öffentlichen als auch die privaten Aspekte. Diese neue und revolutionäre Klasse begründet die klassische bürgerliche Öffentlichkeit. Im Laufe des 19. Jahrhunderts gerät die Öffentlichkeit aufgrund der Widersprüche in einer auf Klassen basierenden Gesellschaft zunehmend unter Druck. Der dritte und letzte Akt – vom frühen 20. Jahrhundert bis zur Gegenwart (in dem Fall die 1950er Jahre) – handelt von der Bestechung des öffentlichen Lebens durch den wachsenden Konsumkapitalismus und die Massenmedien zusammen mit neuen Formen des Politikmanagements, was die Regression des öffentlichen Lebens in seine früheren, vormodernen Formen zur Folge hat. *Strukturwandel der Öffentlichkeit* ist eine Moralität über den Aufstieg und Niedergang der rationalen, kritischen öffentlichen Meinung.

Im vormodernen Europa war das öffentliche Leben kein anerkannter, unabhängiger gesellschaftlicher Raum, der für jeden zugänglich war. Es blieb denjenigen vorbehalten, die einen gewissen Status besaßen – Monarchen, Geistlichen und Adligen. Der König verkörperte die Öffentlichkeit als Person – *L'État, c'est moi.* Das öffentliche Leben glich einem Theater, in dem Autoritäten regelmäßig sich und ihre Macht in inszenierten Zeremonien präsentierten: „Sie repräsentieren ihre Herrschaft, statt für das Volk ‚vor' dem Volk" (Habermas 1990 [1962]: 61). Das gemeine Volk bildete keine „Öffentlichkeit" in dem Sinne, wie wir den Begriff heute verstehen. Die Unterscheidung zwischen öffentlichem und privatem Leben, die uns heutzutage so vertraut und elementar erscheint, existierte damals nicht. Die Entstehung von Öffentlichkeiten, insbesondere *der* Öffentlichkeit, war der Höhepunkt eines langen und komplexen historischen Prozesses, der über Jahrhunderte eng mit der Bildung kapitalistischer Ökonomien und demokratischer Politiksysteme in Europa verbunden war und es noch bis heute ist. Eine Vielzahl von weiteren Entwicklungssträngen ist in diesem Prozess bis dato nur leicht angedeutet. Das Aufkommen des Fernhandels und des merkantilen Kapitalismus zum Beispiel ging mit dem wachsenden Einfluss und der Macht der Städte einher. Diese waren nicht nur als lokale Zentren von Bedeutung, sondern auch als Netzwerke für die Verteilung von Waren und Nachrichten. Bis ins 18. Jahrhundert hinein nur lückenhaft vorhanden, erwuchsen aus den

Anforderungen der Koordination von Fernhandelsbeziehungen das Postwesen und die Zeitungen. Ebenso begannen sich die Grundzüge der Nationalstaaten zu zeigen. Hierbei stehen die langfristigen Wechselbeziehungen mit den modernen Formen des ökonomischen Lebens im Mittelpunkt, von denen Nationalstaaten einerseits abhängen und die andererseits einen Teil des Sinns ihres Daseins ausmachen, indem sie sie unterstützen und beschützen. Habermas stellt insbesondere fest, dass die Macht nicht mehr dem Herrscher *als Person* innewohnt, sondern dass sie sich zu einem spezifischen Kennzeichen des entpersonalisierten Staatsapparates entwickelt. Dieser erlangt andauernde objektive Existenz durch permanente Verwaltung, die von beständiger militärischer Gewalt sichergestellt wird (ebd.: 74). Der Staat zeigt sich als eine dauerhafte *öffentliche Autorität*, die sich zunehmend dem Leben der Mehrheit aufdrängt. Verbunden mit diesen historischen Prozessen ist das Aufkommen von *Gesellschaft*.

Wir sind heutzutage so vertraut mit dem Konzept „Gesellschaft" – wir gehen davon aus, dass wir in Gesellschaften leben; dass Gesellschaften existieren und als solche diskutiert werden können –, dass es einiges an Vorstellungskraft bedarf, dieses Phänomen als ein charakteristisches Element in der Entstehung unserer modernen Welt und unserem Verständnis davon anzuerkennen. Habermas bezieht sich in seinen Darstellungen von der Entstehung der Gesellschaft auf Hannah Arendts zu derselben Zeit veröffentlichtes Hauptwerk, *Vita Activa oder vom tätigen Leben*, in dem sie „das Entstehen der Gesellschaft" (Arendt 2007: 47–62) skizziert. Seit den Griechen war der Haushalt im Kern als privat angesehen worden (ohne irgendeine öffentliche Bedeutung). Er war der Raum der oekonomia, der Wirtschaft; ein zurückgezogener Raum, in dem die Reproduktion und die Bedürfnisse der täglichen Existenz von den Mitgliedern des Haushalts in verschiedenen Rollen und im eigenen Interesse geregelt wurden. Das häusliche Privatleben beginnt *öffentlich relevant* zu werden, als das wirtschaftliche Leben sich mehr und mehr über die Grenzen des Haushalts hinausbewegt (vgl. Habermas 1990: 76). Durch die komplexe Neustrukturierung des wirtschaftlichen und politischen Lebens über viele Generationen hinweg, fangen bis dato separate, selbstversorgende und vor allem *lokale* Einheiten an, sich zu dem transzendenten Phänomen zusammenzufügen, das wir heute als „Gesellschaft" bezeichnen und dessen grundlegende Eigenschaften öffentlich sind.

Einer der bemerkenswertesten und am häufigsten übersehenen Aspekte der Darstellung von Habermas ist, dass die neu entstehende „bürgerliche Öffentlichkeit" ursprünglich (und notwendigerweise) eine literarische und kulturelle und keine politische Erscheinung war. Die Begriffe „Kultur" und „Gesellschaft" (Habermas hatte Williams gelesen) sind strukturell voneinander abhängig. Als historisches Phänomen manifestiert sich das Entstehen des europäischen Bürgertums darin, wie es sein eigenes Selbstverständnis durch die Schaffung seiner spezifisch eigenen Kultur in Form einer „literarische[n] Öffentlichkeit"[1] (ebd.: 88) beziehungsweise eines „Lesepublikums" (ebd.: 81) ausdrückte. Die Technologie des Drucks schuf neue Formen von Öffentlichkeit und neue Publika. Im 18. Jahrhundert trug das Früchte, was dem Druck von Anfang an innewohnte: die Transformation von Schriftstücken zu Büchern und deren Verwertung als vermarktbare, zirkulierende Waren. Die Entwicklung von Zeitungen, Zeitschriften und der Literatur (durch den Aufstieg des bürgerlichen Romans (vgl. Watt 1974), wie wir heute wissen) war das Mittel, mit dem eine neue soziale Klasse ihr eigenes Selbstverständnis ausdrückte und erkundete. Das damals neue Medium der regelmäßig erscheinenden Zeitschrift zeigt diesen Prozess am deutlichsten. *The Spectator* und *The Tatler*[2] beschäftigten sich, so könnte man sagen, mit der Kunst der Eindruckssteuerung in neuen gesellschaftlichen Situationen. Sie standen ihren Lesern in Fragen der Umgangsformen, des Geschmacks und des Benehmens bei sozialen Begegnungen mit Fremden zur Seite. Der Roman, diese im Kern bürgerliche Kunstform, erkundete Beziehungen zwischen Männern und Frauen, Eltern und Kindern – das zwischenmenschliche Leben, wie wir es heute nennen würden – in einer Art und Weise, die vormals private Angelegenheiten öffentlich machte. Der Roman war der klassische Schauplatz, an dem die neue soziale Klasse sich mit ihren eigenen Verhältnissen und Anliegen auseinandersetzte: Familie, Geschlecht, Geld und den Wirkungskreisen ihrer Macht. Um zu dieser neuen bürgerlichen Gesellschaft zu zählen, musste man zu Themen wie Mode und Geschmack eine Meinung haben. Welche Kleidung man trug oder welche Bücher man las, waren keine privaten Entscheidungen, sie wurden zu Werbebotschaften, die man an andere richtete. Eigene Ansichten zu haben (und fähig zu sein, sie auszudrücken und zu verteidigen), hieß, sich mit der „Gesellschaft" zu beschäftigen und ein Teil von ihr zu sein. Meinungen bildeten sich im Austausch zwischen Texten und ihren Lesern wie auch in den Unterhaltungen und Debatten, die sie auslösten. Die Meinung, in einem allgemeinen Sinne, wurde als der Vermittler von Geschmack gesellschaftlich und öffentlich relevant.

Die Bildung von „Geschmacksöffentlichkeiten"[3] war ein kritischer Prozess der „Selbstaufklärung der Privatleute über die genuinen Erfahrungen ihrer neuen Privatheit" (ebd.: 88). Sie selbst und ihre Erfahrungen waren privat, weil sie vom bestehenden politischen öffentlichen Leben ausgeschlossen waren. „Die […] Trennungslinie zwischen Staat und Gesellschaft scheidet die öffentliche Sphäre vom privaten Bereich" (ebd.: 89f.). Trotz neuer öffentlicher gesellschaftlicher und kultureller Lebensformen hatten Privatleute in der politischen Öffentlichkeit noch kein Mitspracherecht. Öffentlichkeit ist im Habermas'schen Sinne eine besondere Form der politischen Öffentlichkeit, die letztendlich zum normativen Fundament der Massendemokratien des 20. Jahrhunderts wird. In ihrer klassischen Form entstand sie zur Wende des 18. Jahrhunderts in England (vgl. ebd.:

122), geformt in der anhaltenden Konfrontation zwischen Regierung und Presse, die ihren Höhepunkt im fiebrigen politischen Klima der Amerikanischen und Französischen Revolution erreichte (vgl. ebd.: 127f.). Waren Zeitschriften und Romane für die Bildung neuer kultureller *Geschmacksöffentlichkeiten* essentiell, so spielten Zeitungen eine Schlüsselrolle bei der Entstehung neuer politischer *Meinungsöffentlichkeiten.*

Politische oder andersgeartete Meinungen sind nur von Belang, wenn sie eine gewisse Rolle spielen. Eine private Meinung entbehrt jeglicher öffentlicher Relevanz und Wirksamkeit. Die politischen Meinungen von Privatpersonen gewannen an Bedeutung, als die Machtinhaber sich verpflichtet fühlten, sie zu berücksichtigen. Mit der Einflussnahme ihrer Meinungen auf die Ausübung politischer Macht erlangte „die Öffentlichkeit" tatsächliche historische Bedeutung. Im Jahr 1792 (drei Jahre nach Ausbruch der Französischen Revolution) äußert Charles Fox im britischen Unterhaus regierungskritisch:

> „Es ist sicherlich richtig und vernünftig, die öffentliche Meinung zu berücksichtigen [...] Sollte die öffentliche Meinung nicht mit meiner übereinstimmen; sollten sie die Gefahr, auf die sie hingewiesen worden sind, in einem anderen Lichte betrachten, oder sollten sie der Meinung sein, dass eine andere Lösung der meinen vorzuziehen sei, so sollte ich es als meine Pflicht gegenüber meinem König, als Pflicht gegenüber meinem Land und als Pflicht meiner Ehre gegenüber betrachten, zurückzutreten; auf dass sie den Plan verfolgen mögen, welchen sie für besser erachten, mit einem besser geeigneten Instrument, von einem Mann, der so denkt wie sie [...] aber eine Sache ist klar, und zwar, dass ich der Öffentlichkeit die Möglichkeit einräumen sollte, sich eine Meinung zu bilden." (ebd.: 131f.)

Diese außergewöhnliche Rede ist, wie Habermas bemerkt, ein klares Anzeichen dafür, dass das Parlament kein exklusives Forum mehr für die oligarchische Herrschaft war. Die Rede räumte ein, dass die Abgeordneten in ihren Überlegungen hellhörig und für die Stimme(n) der öffentlichen Meinung empfänglich sein sollten. Als der Staat der Bevölkerung zunehmend Steuern auferlegte, um seine Kriege zu finanzieren, wurde es immer schwieriger, sich dem Anspruch auf Mitspracherecht zu widersetzen – keine Steuern ohne Volksvertretung also.

Laut Habermas war die kritische öffentliche Meinung im 18. Jahrhundert ein historisches Phänomen mit einer stark normativ ausgeprägten Basis. Dies war der Zeitpunkt des allgemeinen Verlangens nach (oder des Willens zu) der rationalen Regulierung von Politik. Politische Herrschaft konnte nicht länger in der Form fortbestehen, dass unantastbare Eliten willkürlich Macht auf die Mehrheit ausübten. Für die kurz- wie langfristige Führung von ganzen Bevölkerungen war eine neue Art von Legitimierung (Gültigkeit) vonnöten, die auf einer allgemeingültigen Rechtsnorm basieren musste.

> „Die bürgerliche Idee vom Gesetzesstaat, nämlich die Bindung aller Staatstätigkeit in einem nach Möglichkeit lückenlosen System von Normierungen, die durch öffentliche Meinung legitimiert sind, zielt schon auf eine Beseitigung des Staates als eines Herrschaftsinstrumentes überhaupt." (ebd.: 152)

Der Rechtsstaat verkörperte die radikal neuartige Verpflichtung, die Angelegenheiten von Nationalstaaten im Interesse aller zu regeln. Schriftliche Verfassungen (wie in den Vereinigten Staaten) sind ein Ausdruck des allgemeinen Willens. Als solche legen sie die Legitimität der neuen Form politischer Führung fest, die sie ins Leben rufen. Definitionsgemäß legen öffentliche Verfassungsdokumente die Verpflichtungen und Prinzipien der politischen Öffentlichkeit in Form von Rechten dar. Diese beinhalten:

- Die Rechte der Öffentlichkeit, sich an kritisch-rationalen Debatten zu beteiligen, welche durch die Presse-, Meinungs-, Rede-, Versammlungs- und Vereinigungsfreiheit sichergestellt werden. Diese Rechte werden von politischen Grundrechten untermauert, die hauptsächlich auf eine Gleichstellung im Wahlrecht abzielen.
- Die Rechte den Status des Individuums als freier Mensch betreffend, welche auf dem intimen Bereich der von Patriarchat und Ehe geprägten Familie (persönliche Freiheit, Unverletzlichkeit des Heims etc.) fußen.
- Eigentumsrechte in der Zivilgesellschaft, einschließlich der Gleichheit vor dem Gesetz, des Schutzes von Privatbesitz etc.

Diese Grundrechte standen für beides ein, den öffentlichen und den privaten Bereich, mit der Familie im Zentrum. Sie schützten die Institutionen und Instrumente der Öffentlichkeit (z.B. politische Parteien, die Presse) wie auch die private Autonomie der Familie und ihr Eigentum. Die Einzelperson verfügte über politische Rechte als Bürger, wirtschaftliche Rechte als Eigentümer und die Menschenrechte als privates Individuum.[4]

Nun erklärt sich auch der Untertitel des Buches „Untersuchungen zu einer Kategorie der bürgerlichen Gesellschaft", denn die neuen gesetzmäßigen politischen und ökonomischen Rechte beinhalteten einen grundlegenden Widerspruch. Einerseits sollten sie als universelle politische Prinzipien gelten: „Wir halten die nachfolgenden Wahrheiten für klar an sich und keines Beweises bedürfend, nämlich, dass alle Menschen gleich geboren, dass sie von ihrem Schöpfer mit gewissen unveräußerlichen Rechten ausgestattet sind [...]." Andererseits verfestigten sie soziale und ökonomische Ungleichheiten. Die kritische Öffentlichkeit des 18. Jahrhunderts war beschränkt auf männliche Besitzende aus dem Bürgertum. Die Rechte Besitzloser und die Unbill der Frauen wurden nicht berücksichtigt. Eine eigennützige Gruppe (das patriarchalische Bürgertum in Europa und Nordamerika) behauptete nichtsdestotrotz, zumindest für einen kurzen Augenblick, im Interesse all derer zu handeln, die von der politischen Ordnung unberücksichtigt blieben, um den unantastbaren Minderheiten die Macht zu entreißen. Die Legitimität solcher Forderungen *musste* als ein universelles Interesse, als Wille der Allgemeinheit erklärt werden. Trotz all der damit verbundenen

Widersprüche lag die Macht dieser Ansprüche auf unverzichtbare Rechte gerade in ihrem öffentlichen Wesen. Angesichts dessen konnten sie letztendlich nicht zurückgenommen werden. Als öffentlich vorgebrachte Erklärungen des Gemeinwillens konnten die neuen Menschenrechte von allen eingefordert werden, die de facto und de jure von ihnen ausgeschlossen waren. Dieser lange historische Kampf ist uns bis zum heutigen Tag erhalten geblieben.

10.3 Die Refeudalisierung des öffentlichen Lebens

Marx hatte den bürgerlichen Staat als pure Ideologie, als eine Scheinwelt der Freiheit betrachtet.[5] Habermas nahm eine etwas nuanciertere Sichtweise ein. Die Bildung des modernen Staates mit seiner Verpflichtung den universellen Rechten gegenüber war genau der Moment, in dem Ideologie zustande kam. Sie ging hervor aus den Spannungen zwischen der utopischen Sehnsucht nach universeller Gleichheit und Freiheit einerseits und der gnadenlos realen Unfreiheit und Ungleichheit der tatsächlichen Welt andererseits (vgl. ebd.: 160). Die bürgerliche Kultur war aber nicht rein ideologisch (vgl. ebd.: 248), zumindest in ihrer Entstehungsphase. Die Kaffeehäuser, Vereine und die philosophischen wie auch die Debattiergesellschaften des späten 18. und frühen 19. Jahrhunderts brachten dem Wissen und der Kritik ein Engagement entgegen, das nicht einfach als Eigeninteresse abgetan werden konnte. Im Laufe des 19. Jahrhunderts, so Habermas, löste sich diese Kultur der kritischen Debatte allerdings auf und wurde von einer Kultur des Konsums ersetzt.

Nach Habermas beginnt der Wandel des Öffentlichen zunächst mit der Umstrukturierung des häuslichen und sozialen Lebens im 19. Jahrhundert und endet mit der Rekonfiguration des Staates und der politischen Kultur im 20. Jahrhundert. Einer der schwierigeren Faktoren dieser übergreifenden These bezieht sich auf die Refeudalisierung der Gesellschaft (vgl. ebd.: 225). Kern seiner Idealisierung einer deliberativen Politik ist die Beteiligung gewöhnlicher Gesellschaftsmitglieder an der andauernden kritischen Diskussion von Belangen, die von allgemeinem Interesse sind. Öffentlichkeit entsprang dem umfassenden privaten Gesellschaftsbereich, von wo aus sie sich an den engeren Politikbereich wandte. Somit bildete sie einen Zwischenraum im Spannungsfeld zwischen Staat und Gesellschaft. Für die Griechen gehörte das wirtschaftliche Leben mit Haushalt und Familie klar zur Sphäre des Privaten. Es war der Bereich für die Notwendigkeiten des Lebens, dem die kollektive Freude und Aufregung der *Polis*, jener „große[n] und ruhmreiche[n] Öffentlichkeit", abgingen (Arendt 2007 [1958]: 65). Das Aufkommen des „Gesellschaftlichen" kehrte diese Beziehung um. Es wertete die kleine, private Familie auf, erklärte sie zu der grundlegenden Einheit der Gesellschaft und verlagerte ihre bislang privaten Angelegenheiten (Repro-

duktion und Sicherung des Lebensunterhalts) ins Öffentliche. Die damit einhergehende Entstehung des Nationalstaates, ebenfalls ein Phänomen der Moderne,
stellte sich als ein Machtinstrument zur Beherrschung der Gesellschaft heraus.
Vom späten 19. Jahrhundert an begann sich die Trennung von Staat und Gesellschaft aufzulösen und damit auch die Öffentlichkeit. Von diesem Zeitpunkt an
macht Habermas eine Zunahme staatlicher Eingriffe in Angelegenheiten des
gesellschaftlichen und familiären Lebens aus, die in den 1950er Jahren im modernen Wohlfahrtsstaat gipfelt. Die Politik wird ‚vergesellschaftlicht‘ und die
Gesellschaft wird politisiert; die Unterscheidung in öffentlich und privat beginnt
zusammenzubrechen und die klassische bürgerliche Öffentlichkeit verliert zunehmend ihre Funktion (vgl. Habermas 1990: 226).

Ein Weber'sches Schlüsselthema in *Strukturwandel der Öffentlichkeit* ist die
zunehmende Verwaltung der Gesellschaft[6] durch das Eingreifen des Staates in das,
was früher der Verantwortung der Familie oblag. Die Funktionen des patriarchalischen, sich selbst versorgenden Haushalts werden zusehends ausgehöhlt. Das Heim
löst sich ab von der Arbeit, die ihre eigene Kultur und einen separaten Ethos
entwickelt. Dem Haushalt werden viele seiner erzieherischen und fürsorglichen
Funktionen entzogen. Die elterliche Autorität löst sich auf und die Privatsphäre
schrumpft zusammen zu einer „weitgehend funktionsentlasteten und autoritäts-
geschwächten Kleinfamilie – das Glück im Winkel" (ebd.: 247). Die bürgerliche
Kultur des 18. Jahrhunderts blickte aus der Intimsphäre des patriarchalischen
Haushalts hinaus in den öffentlichen Diskussionsraum. Im 19. Jahrhundert zog
sie sich zurück in einen Kokon aus Häuslichkeit und knapp bemessener Freizeit,
die aus dem bestand, was die Anforderungen der Arbeitswoche übrig ließen.

Die verbleibende Freizeit richtete sich zunehmend auf den Konsum aus.
Frühere Formen von Geselligkeit – Literatur, Zeitungen, das Treffen auf einen
Drink und ein Gespräch im Club, in Kneipen und Kaffeehäusern – wichen nüch-
terneren häuslichen Vergnügungen. Mitte des 20. Jahrhunderts hatten wir uns
alle zu ‚Stubenhockern‘ entwickelt. Dort hörten wir Radio, sahen fern und konsumierten. In einer zunehmend mediatisierten Welt verlor selbst Konversation
ihre Spontaneität:

> „Grob gesprochen: für Lektüre, Theater, Konzert und Museum hatte man zu zahlen, nicht aber
> auch noch fürs Gespräch über das, was man gelesen, gehört und gesehen hatte und im Gespräch
> erst ganz sich aneignen mochte. Heute wird das Gespräch als solches noch verwaltet: professio-
> nelle Dialoge vom Katheder, Podiumsdiskussionen, round table shows – das Räsonnement der
> Privatleute wird zur Programmnummer der Stars in Funk und Fernsehen, wird kassenreif zur
> Ausgabe von Eintrittskarten, gewinnt Warenform auch noch da, wo auf Tagungen sich jeder-
> mann ‚beteiligen‘ kann. Die Diskussion, ins ‚Geschäft‘ einbezogen, formalisiert sich." (Haber-
> mas 1990: 252f.)

Die öffentliche Diskussion (einschließlich der von Akademikern!) hat sich zur
Warenform zurückgebildet, die verwaltet, manipuliert und verpackt wird. „Die

durch Massenmedien erzeugte Welt ist Öffentlichkeit nur noch dem Scheine nach" (ebd.: 261). Die Kultur der Massenmedien ist eine Kultur der Eingliederung, die darauf abzielt, von einer mediatisierten, manipulierten Öffentlichkeit Einverständnis oder zumindest Duldung zu erlangen (vgl. ebd.: 267, 270).

Das Verpacken des öffentlichen Diskurses durchdringt schließlich auch den Staat und die Politik. Die Refeudalisierung der Politik zeigt sich in ihrer Regression zu vormodernen Formen inszenierter Öffentlichkeit; Politik als Theater, das vor den Leuten ein Schauspiel aufführt.[7] Öffentlichkeit wandelt sich in Publicity. Im Laufe des 19. Jahrhunderts verloren Zeitschriften und Zeitungen mit ihrer verstärkten Marktorientierung auch ihre literarische und politische Funktion – ein Prozess, der darin seinen Abschluss fand, dass Verlage als Unternehmen der Massen-Zirkulation von Werbeanzeigen abhängig waren, um für die wachsenden Massen-Leserschaften die Preise niedrig halten zu können. In diesem Prozess verloren die regelmäßig und täglich erscheinenden Blätter ihre ursprüngliche Funktion als Organe der literarischen und politischen Diskussionsöffentlichkeit. Ihre öffentlichen Funktionen gingen zurück, weil sie zunehmend den privaten Interessen ihrer Besitzer dienten. Anfangs hatte der Redakteur, dessen Aufgaben sich zu Beginn des 19. Jahrhunderts etablierten, eine entscheidende Rolle inne. Er war oftmals Eigentümer seiner Publikationen, die er in erster Linie nicht aus Profitgründen erstellte, sondern „als Händler mit öffentlicher Meinung" (ebd.: 276). Zum Ende des Jahrhunderts war aus dem Redakteur ein Tagelöhner geworden: „Der Verlag beruft die Redakteure in der Erwartung, daß sie weisungsgebunden im privaten Interesse eines Erwerbsunternehmens arbeiten" (ebd.: 280). Der unaufhaltsame Aufstieg der Werbung zur wirtschaftlichen Grundlage von Zeitschriften und Zeitungen, die nach immer größeren Leserschaften trachteten, trug zu einem Einbruch in der Vielzahl nicht profitorientierter Veröffentlichungen bei, welche einst eine große Menge von Geschmacks- und Meinungsöffentlichkeiten vertreten und angesprochen hatten. Die Werbung entwickelte sich zu einer Industrie, die die Bedeutung von medialer Öffentlichkeit veränderte: Sie wurde zu einem Instrument der Steuerung und Manipulation von Lesern, anstatt sie zu informieren und zu bilden. Es fing an mit der Kommodifizierung des Geschmacks und ging über zur Kommodifizierung der Meinung, als die Techniken des Marketing von Produkten auf die Politik übertragen wurden.

Das Meinungs-Management setzte im frühen 20. Jahrhundert mit den innovativen Praktiken der *Öffentlichkeitsarbeit (Public Relations)* ein. Bereits Ende der 1930er Jahre zum Beispiel verfügten in Großbritannien alle großen Ministerien sowie das Büro des Premierministers über Pressesprecher, deren Aufgabe es war, negative wie positive Publicity im Interesse des jeweiligen Ministeriums und der Regierung zu steuern. Zum einen organisierten sie Auftritte (mit Pressemitteilungen und Fotosessions), die darauf ausgelegt waren, die Institution und insbesondere den Minister in einem guten Licht erscheinen zu lassen. Die Kehrseite ihrer neuartigen Aufgabe des Medien-Managements bestand in der Schadensbegrenzung, der Handhabung von diskreditierenden Enthüllungen, ‚undichten Stellen' etc. Presse und Rundfunk ließen sich ohne Gegenwehr in diese Prozesse einbinden (vgl. Scannell & Cardiff 1991: 39–56). Die schwarze Kunst der gezielten Tatsachenverdrehung (*spin*) ist ein gewohntes Merkmal der mediengesättigten Politik zu Beginn des 21. Jahrhunderts. Schon vor 40 Jahren verfügte Habermas über eine erstaunliche Vorahnung, was die Konsequenzen der damals aktuellen Verfahren des Öffentlichkeitsmanagements anging. Politik wurde re-personifiziert. Sie orientierte sich immer weniger an Inhalten, dafür mehr an persönlichem Auftreten: „Public relations beziehen sich nicht eigentlich auf public opinion, sondern auf opinion in jenem Verstande der reputation. Öffentlichkeit wird zum Hof, *vor* dessen Publikum sich Prestige entfalten läßt – statt *in* ihm Kritik" (Habermas 1990: 299). Damit schließt sich der Kreis. Das moderne öffentliche Leben ist refeudalisiert. Es hat sich zu seiner vormodernen Form zurückentwickelt, in der sich die Macht „statt für das Volk ‚vor' dem Volk" (ebd.: 61) darstellte.

Dieser Prozess ist jedoch nicht komplett abgeschlossen. Das ist auch gar nicht möglich, da der demokratische Nationalstaat unausweichlich an die Grundsätze der Rechenschaftspflicht und der Öffentlichkeit gebunden ist. Sie werden von Wahlen sowie zeitlich strikt begrenzten Amtsperioden sichergestellt und sind durch die normativen rechtstaatlichen Grundlagen garantiert. Die Wohlfahrtsstaaten der Nachkriegsära zeichnen sich durch ihre prinzipielle Bindung an die Rechte aus, was sie mit der UN-Menschenrechtscharta im Dezember 1948 nochmals bekräftigten. Was manipulative Publicity angeht, so sind Wohlfahrtsstaaten im Gegenteil dazu verpflichtet, mit kritisch rationaler Publizität umzugehen, sie anzuerkennen, wenn nicht gar zu fördern. Kritische Publizität wird von „einem Publikum der organisierten Privatleute" hergestellt (ebd.: 337). Ein bemerkenswertes Beispiel waren damals die Atomwaffengegner:

> „Das Potential der Selbstvernichtung globalen Ausmaßes hat Risiken heraufbeschworen, an deren Totalität divergierende Interessen mühelos relativiert werden können: der noch unbewältigte Naturzustand zwischen den Völkern hat ein solches Ausmaß allgemeiner Bedrohung angenommen, daß sich in bestimmter Negation das allgemeine Interesse sehr präzise ergibt." (ebd.: 341)

Die Wirksamkeit solcher Bewegungen hängt zum Teil davon ab, wie viel Aufmerksamkeit ihnen in den Medien geschenkt wird. Protestbewegungen und Lobbygruppen benutzen die gleichen Techniken des ‚Nachrichtenmanagements' für unterschiedliche Ziele. Kurz zusammengefasst:

> „Der Streit einer kritischen Publizität mit der zu manipulativen Zwecken bloß veranstalteten ist offen; die Durchsetzung der sozialstaatlich gebotenen Öffentlichkeit des politischen Machtvollzugs und Machtausgleichs gegenüber jener zu Zwecken der Akklamation bloß hergestellten ist keineswegs gewiß." (ebd.: 342)

Welche der beiden – manipulative oder kritische Publizität – die Beziehung zwischen Staat und Gesellschaft charakterisiert, ist bis heute ein entscheidender Aspekt in der demokratischen Politik.

10.4 Eine vorläufige Einschätzung

Als sich Deutschland im Mai 1945 den alliierten Streitkräften ergab, war Habermas noch ein Teenager. Er war zutiefst von den Gräueltaten des NS-Regimes erschüttert:

> „Mit 15 oder 16 Jahren hockten wir an den Radiogeräten und erfuhren was vor dem Nürnberger Tribunal verhandelt wurde; als andere dann, statt vor dem Grauenhaften zu verstummen, anhuben, über die Rechtmäßigkeit des Gerichts, über Verfahrensfragen und Zuständigkeiten zu streiten, gab es wohl jenen ersten Riß, der immer noch klafft. Gewiß ist es nur das Verdienst eines empfindlichen und verletzbaren Lebensalters, daß wir uns damals der Tatsache der kollektiv verwirklichten Unmenschlichkeit nicht im selben Maße verschlossen haben wie die meisten der Älteren." (Habermas 1961: 122f.)

Das Unheil der NS-Zeit prägte sein Lebenswerk von Grund auf. Als Habermas sich dazu entschied, das Theater der Macht zum historischen Ausgangspunkt von *Strukturwandel der Öffentlichkeit* zu machen, dachte er dabei nicht nur an das hohe Mittelalter. Wie Benjamin damals festgestellt hatte, wandelte sich Politik unter den Nazis zu einem inszenierten Massenspektakel, das *vor* den Massen aufgeführt wurde. Mit der Manipulation des Rundfunks und des kulturellen Lebens insgesamt setzte sich von oben herab die Ideologie eines Regimes durch, das von dem Zeitpunkt seiner Machtergreifung an jegliche Opposition brutal ausgemerzt hatte. Eine öffentliche Meinung existierte nicht mehr, da sie wie die Lämmer zum Schweigen gebracht worden war. Eine Politik, die auf Recht und Vernunft beruhte, bedeutete den krassen Gegensatz zu diesem Regime, das beides negierte. In seinem damaligen Kontext war *Strukturwandel der Öffentlichkeit* Teil der Bemühungen von Habermas und seiner Generation, die Gültigkeit des öffentlichen Lebens und der Politik nach ihrem vollständigen Zusammenbruch in Deutschland wieder herzustellen.

In Deutschland ist Habermas seit jeher ein öffentlicher Intellektueller, der sich politisch engagiert, für Zeitungen schreibt und in polemischen Debatten mitmischt.[8] Die zeitgenössische Relevanz von *Strukturwandel der Öffentlichkeit* stellt sich deutlich heraus, wenn man es in Verbindung mit den anderen Anliegen betrachtet, die Habermas während der Entstehung des Werkes verfolgte, insbesondere die von ihm mitverfasste Studie *Student und Politik*, „eine soziologische Untersuchung zum politischen Bewußtsein Frankfurter Studenten".[9] Habermas war von 1956 an Mitarbeiter am *Institut für Sozialforschung* und Forschungsassistent von Adorno. Im darauffolgenden Jahr unternahm er mit zwei anderen Kollegen eine empirische Studie über studentische Ansichten an

Universitäten. Dabei wurden quantitative Analysen mit qualitativen Forschungsmethoden kombiniert, beispielsweise eine bemerkenswerte Reihe von sorgfältig
strukturierten Tiefeninterviews, die im Durchschnitt zweieinhalb Stunden dauer-
ten. In der Einleitung, die Habermas alleine geschrieben hatte, skizzierte er die
gegenwärtige Situation der Demokratie in Deutschland und das Problem studen-
tischer Partizipation an der Politik – oder vielmehr ihr Fehlen. Die Studie stellte
das Wachstum eines administrativen Staatssystems fest, das sich öffentlicher
Kontrolle entzog und sich verstärkt in das gesellschaftliche und private Leben
einmischte. Deutschland stand am Scheideweg zwischen manipulativer und
echter Politisierung, zwischen autoritärem Wohlfahrtsstaat und wirklicher Demokratie (vgl. Wiggershaus 1987: 610). Die Entpolitisierung der Massen ging
mit einer zunehmenden Politisierung von Gesellschaft selbst einher – also präzise
das Motiv der Refeudalisierung der Gesellschaft in *Strukturwandel der Öffentlichkeit.*

Die Kriterien zur Beurteilung politischer Beteiligung waren streng. In der
Einführung hieß es, die Möglichkeit politischer Partizipation bestehe nur in den
außerparlamentarischen Aktionen von Massenorganisationen (Gewerkschaften
oder Parteien) oder in den Funktionseliten von Lobbyorganisationen. Im Großen
und Ganzen zählten Studenten zu keinem von beiden. Während *Student und
Politik* im Entstehen war, fanden jedoch die ersten Massenproteste gegen das
Vorhaben der Regierung statt, Atomwaffen für die Bundeswehr anzuschaffen.
Am 20. Mai 1957 demonstrierten 20.000 Lehrende und Studierende deutscher
Universitäten in Frankfurt und anderswo gegen diesen Vorschlag. Habermas
schrieb in der Frankfurter Studentenzeitung *diskus* (sic!) einen Beitrag gegen
einen zeitgleich erscheinenden Artikel des Universitätsprofessors und CDU-
Bundestagsmitglieds Franz Böhm. Böhm verurteilte die Proteste als „Klassen-
hetze" und als Verrohung der Diskussion, die der Rückkehr der Nazis den Weg
bereiten würde. Dies waren die Klischees autoritären Denkens und Habermas
verteidigte die Proteste gegen „die Staatsmänner, die mit in unserem Auftrag
regieren" (Wiggershaus 1987: 612). Er unterstützte die Forderung nach einem
Referendum (abgelehnt vom Verfassungsgericht am 30. Juli 1958), weil die
Bundesrepublik noch keine „repräsentative Demokratie im klassischen Sinne"
(ebd.) war.

Horkheimer las den Entwurf von Habermas' Einleitung mit Entsetzen. Der
Autor war zu linksgerichtet und seine Veröffentlichung würde dem Institut
schaden. Er weigerte sich, das Schriftstück in die institutseigene Reihe „Frankfurter Beiträge zur Soziologie" aufzunehmen und so wurde es anderswo veröffentlicht. Inzwischen schritt Habermas' Untersuchung der bürgerlichen Öffentlichkeit gut voran und er wollte sich mit der Arbeit als Angehöriger des
Instituts habilitieren, aber Horkheimer erlegte ihm, „wie ein König im Mär-

chen, der seine Tochter nicht herausrücken will", unmögliche Bedingungen auf (ebd.: 617).

> „Er [Habermas] kündigte – und Horkheimer hatte sein Ziel erreicht: den loszuwerden, der seiner Ansicht nach die Mitarbeiter des Instituts zum Klassenkampf im Wasserglas aufgewiegelt hatte und von dem er gemeint hatte: ‚Wahrscheinlich hat er als Schriftsteller eine gute, ja glänzende Karriere vor sich, dem Institut würde er großen Schaden bringen.'" (ebd.)

Habermas wechselte nach Marburg, um sein Werk mit Wolfgang Abendroth, einem Professor für Politikwissenschaft und „wohl der einzige offen und entschieden sozialistische Professor an einer bundesrepublikanischen Hochschule" (ebd.), als Betreuer abzuschließen. Die Veröffentlichung von *Strukturwandel der Öffentlichkeit* hatte eine „außergewöhnliche Wirkung" auf die jüngere Akademikergeneration in Deutschland (Hohendahl 1992: 99). Rezensenten betonten seine pessimistische Bewertung der gegenwärtigen Politik und des öffentlichen Lebens, akzeptierten aber, dass die europäischen Nachkriegsdemokratien in Wirklichkeit weit von den Idealen entfernt waren, denen sie sich prinzipiell verpflichtet hatten. *Strukturwandel der Öffentlichkeit* wurde als eine Kritik an der *Dialektik der Aufklärung* wahrgenommen und besonders als ein Versuch, die Aufklärung und die Forderungen der Vernunft für die zeitgenössische Praxis der Politik zu erhalten.

Strukturwandel der Öffentlichkeit stellt bis heute einen wichtigen Beitrag zu unserem Verständnis von Kommunikation und Politik dar. Die Kerngedanken führte Habermas in seiner intellektuellen Entwicklung fort. Im Zentrum des Buches steht das Thema der Moderne als politisches Projekt: die Verankerung von Politik auf einer gesetzlich und normativ gültigen Grundlage. Vereinfacht ausgedrückt bedeutet dies, Politik für alle und nicht nur im Interesse weniger zu machen. Was könnte aber eine berechtigte Grundlage für solch eine Politik sein? Wie könnte sie zustande kommen? Oder eher, *wer* würde sie zustande bringen? Die Neuartigkeit von Habermas' Arbeit liegt zumindest zum Teil darin begründet, dass er eine Antwort auf diese letzte Frage gibt. Grundlage für die Gültigkeit moderner Politik in ihrer institutionalisierten Form des Nationalstaates können nur die gewöhnlichen Leute, die allgemeine Öffentlichkeit und deren wohl überlegte Meinungen sein – nicht aber Politiker, Verwaltungsbeamte, Fachleute oder Akademiker, die allesamt Teil des institutionellen Apparats moderner Gesellschaften sind, den Habermas später als Systemwelt bezeichnete. Wenn das Soziale selbst ein Teil der modernen Welt ist, das sich außerhalb der traditionellen Machtinstrumente, derer sich Staat und Kirche bedienen, entwickelt, dann entsteht die Forderung nach einer vernunftbasierten Politik aus der Gesellschaft (der Lebenswelt) heraus. Und wie könnte das anders erreicht werden, als durch offene wie kritische Diskussionen, also die Bildung einer Öffentlichkeit, welche ihre Meinungen ausdrückt und durchsetzt?

10.5 Moderne vs. Postmoderne

Die Unterscheidung zwischen System und Lebenswelt und ihren unterschiedlichen kommunikativen Rationalitäten steht im Mittelpunkt von Habermas' nächster bedeutender Publikation, *Theorie des kommunikativen Handelns*, die 1981 erschien. Darin werden einige Stränge zusammengeführt, die Habermas in den Jahren nach der Veröffentlichung von *Strukturwandel der Öffentlichkeit* verfolgte. Ein entscheidendes Interesse galt der theoretischen Basis der Rationalität und ihrem historischen Medium, der Moderne. In den 1970er Jahren geriet beides in der französischen postmodernen Theorie unter Beschuss. Jean-François Lyotard legte eine einflussreiche und elegante Definition der Postmoderne als „Ende der großen Erzählungen" vor (Lyotard 1986 [1979]). Die große Erzählung der Moderne war die von der Geschichte als Fortschritt – das politische Projekt des 18. Jahrhunderts, das Zeitalter der Aufklärung. Aufgeklärtes Denken begriff sich selbst als in das Licht des wahren menschlichen Selbstverständnisses aufstrebend, hinaus aus der dunklen Höhle des Aberglaubens und der Tradition. Es lehnte die alten Autoritäten und die absolutistischen Ansprüche auf Macht und Wahrheit seitens der königlichen Herrschaft und des Katholizismus ab. In der „großen Erzählung" des Christentums hatte die Geschichte mit der Entfremdung der Menschheit von ihrem Schöpfer begonnen und würde in der Wiedervereinigung mit ihm enden. Das 18. Jahrhundert schrieb diese Erzählung um, verzichtete auf Gott, stellte den Menschen in ihren Mittelpunkt und schuf eine weltliche Erzählung vom Fortschritt hin zu einer wahrhaftig humanen Gesellschaft, die auf Vernunft basierte. Der religiöse Kampf um Seelenheil und Erlösung im himmlischen Jenseits wurde vom politischen Kampf um Freiheit und Gleichheit auf Erden abgelöst. In Hegels *Phänomenologie des Geistes* ist Geschichte die progressive Entwicklung eines bewussten Verständnisses der Menschheit von sich selbst durch den dialektischen Aufstieg und Fall der Zivilisationen. Im 19. Jahrhundert änderten Marx und Engels diese Erzählung zum Kampf um die Verwirklichung des Weltkommunismus ab. Dieser würde, sobald er verwirklicht wäre, das Ende der Geschichte, wie wir sie kennen, bedeuten.

Das postmoderne Denken war gegenüber alldem zutiefst misstrauisch, besonders weil der kommunistische Traum (von dem viele der europäischen Linken annahmen, dass er in Russland wahr werden würde) genau zum damaligen Zeitpunkt auseinanderzufallen begann. Eine Kritik am politischen Projekt der Aufklärung (die Modernisierung der Gesellschaft auf rationaler Basis) bedeutete eine radikale Kritik an der Vernunft als Grundlage ihrer Gültigkeit und Legitimität. Dies war an sich nicht neu. Es entsprach im Kern der Tradition der Kritischen Theorie. Die Kritische Theorie hatte allerdings nie die transzendenten Ansprüche der Vernunft zurückgewiesen. Diese Ablehnung *war* neu. Für Habermas, der sich selbst immer innerhalb der Kritischen Theorie und der deutschen intellektuellen Tradition verortet hat, war und blieb die Moderne „ein unvollendetes Projekt" – der Titel seiner Dankesrede, die er im September 1980 anlässlich der Verleihung des Adorno Preises durch die Stadt Frankfurt hielt. Es war ein Thema, das ihn nie losließ (vgl. Habermas 1985: 7).[10] Er bestand fest darauf, dass die menschliche Vernunft die einzige Legitimationsbasis für menschliches Handeln in einer post-metaphysischen Welt (eine Welt ohne Gott oder Geist, die sie legitimieren) darstelle. Wird dieser Gedanke verworfen, ist das konstante Zerren der Mächte alles, was übrig bleibt – ein Konzept, das, wie Hayden White feststellt, im Denken des späten 20. Jahrhundert denselben Stellenwert hatte wie das Konzept des *Geistes* im humanistischen Zeitalter davor (vgl. White 1975: 113). Derart war auch die Vision, die Michel Foucault mit seiner Analyse der Moderne in seinem einflussreichsten Werk *Überwachen und Strafen: Die Geburt des Gefängnisses* zum Ausdruck brachte. Macht plus Wissen ergibt Wahrheit. Diese düstere Gleichung reduziert Wahrheit zu einem Ergebnis von Macht. Vernunft wird zu ihrer instrumentellen Form herabgesetzt; der Berechnung von Mittel und Zweck im Streben nach Macht und Profit. Sie hat keine transzendente Geltung und verleiht keine Legitimität, die über eine Bestätigung der Effektivität von Macht selbst hinausgeht (vgl. Foucault 1976, 1983). Für Habermas wurde es somit zu einem dringlichen Anliegen, die Vernunft vor den Angriffen solch nachmetaphysischer Gedanken zu schützen (vgl. Habermas 1988). Wenn Vernunft nicht mehr als die Pragmatik von Macht ist und Wahrheit nicht mehr als ihr Ergebnis, was könnte dann das alte Sprichwort *Macht geht vor Recht* entkräften? Die Politik der Postmoderne leistet keinen prinzipiellen Widerstand gegen das Streben nach und das Ausüben von Macht als Selbstzweck. Dies hatte schließlich vor nicht allzu langer Zeit seine weitestgehende Umsetzung in der gesetzlosen Tyrannei der Nazi-Ära gefunden.

Um die Vernunft zu rehabilitieren, setzte Habermas an zwei Punkten an. Zunächst untersuchte er die Tradition der modernen Philosophie, um herauszufinden, was sich davon retten ließe. Dann versuchte er eine Vergleichsbasis für ihre legitimierende und validierende Funktion im menschlichen Leben und den Angelegenheiten des Alltags zu rekonstruieren. Dies beinhaltete im Wesentlichen eine Verlagerung von einer subjektorientierten Rationalität hin zu einer, die auf soziale Interaktion basierte; von Vernunft als Selbstgespräch hin zu Vernunft als Zustand und Ergebnis von Kommunikation des eigenen Selbst mit dem anderer. *Der philosophische Diskurs der Moderne*, 1985 in Deutschland erschienen, basiert auf eine Reihe von Vorlesungen, die Habermas in den frühen 1980er Jahren in Deutschland, Frankreich und den Vereinigten Staaten zu diesem Thema gehalten hat. Die Veröffentlichung wurde als Antwort auf die von Lyotard signalisierte und von Foucault ausgearbeitete postmoderne Kritik an der Vernunft aufgefasst. Seit Descartes hatte sich die moderne Philosophie zu einem Verfahren der Introspektion (Selbstbeobachtung) entwickelt, wobei der Philosoph die Inhalte und Zusammenhänge seines eigenen Verstandes als Ausgangspunkt für die Erkenntnis des inneren Ichs ergründete und von dort aus dann auf andere und die äußere (externe) Welt schloss. *Cogito ergo sum,* Ich denke, also bin ich. Das Ich (*sum*) basiert auf Wissen oder Bewusstsein (*cogito*): Der Verstand bewegt sich vom inneren subjektiven Ich zur äußeren objektiven Welt, vom Subjekt zum Objekt. Ausgehend von der radikalen Subjektivität des selbstreflexiven Individuums bestand die Schwierigkeit darin, die Voraussetzungen für die Erkenntnis all dessen, das sich außerhalb des transzendenten Ichs befand, festzulegen. Über die Gewissheit hinaus, dass das Denken für sich selbst *als* und *im* Denken verfügbar war, war nichts gewiss. Die Philosophie des Subjekts, beziehungsweise die Philosophie des Bewusstseins, wie sie auch genannt wurde, war die dominante intellektuelle Richtung des modernen europäischen Denkens. Die Epistemologie (Erkenntnistheorie) war ihr Gegenstand und deduktive Vernunft ihre Methode.

Nach drei Jahrhunderten in den 1980ern angelangt, war die Philosophie des Bewusstseins nach erschöpfender Selbstanalyse selbst ausgelaugt. Habermas und seine Kritiker stimmten darin überein, dass sie ausgebrannt war. Vernunft konnte nicht länger als Selbstreflexion eines denkenden Subjekts gelten. Dennoch war es ein wahrhaft heroisches Projekt, das statt gänzlicher Ablehnung vielmehr einer radikalen Rekonstruktion bedurfte. Der moderne Skeptizismus lehnte die dogmatischen Gewissheiten absoluter Wahrheiten, die kritikloses Vertrauen und Glauben im Namen von Religion und Politik, Gott und König erforderten, prinzipiell ab. Das Fundament der Aufklärung bildete genau dieses moderne Vertrauen in das Individuum, das ohne Hilfe und durch sein eigenes Bestreben zur gültigen Erkenntnis der natürlichen und menschlichen Welt durchbrechen konnte, und zwar mittels der Anwendung seiner ihm eigenen subjektiven rationalen Fähigkeiten. Ziel des Bewusstseins vom Selbst war die Selbstemanzipation – sich selbst von den Ketten des Dogmas zu befreien und ein freier und selbständiger, denkender, selbstkritischer Akteur um seiner selbst Willen zu werden. Als sich Kant die Frage „Was ist Aufklärung?" stellte, antwortete er, es sei nichts anderes, als der nachdenkende, menschliche Geist, der über die Umstände seiner Verwendung reflektiert. Das Motto der Aufklärung war *Sapere aude!* Habe den Mut, dich deines eigenen Verstandes zu bedienen![11] Foucault kam bei genauerer Betrachtung zu dem Schluss, das Individuum nicht als Basis der Vernunft, sondern als ein Produkt von Macht zu sehen (vgl. Foucault 1983). Habermas hingegen hoffte, die Vernunft als gültige und legitimierte Basis menschlichen Handelns bewahren zu können. Um dies zu erreichen, schlug er die Verlagerung von einem subjektorientierten zu einem intersubjektiven Konzept von Vernunft vor, das die Rolle der Kommunikation betont.[12] Vernunft war nicht im Selbst-Bewusstsein, sondern in der sozialen Interaktion zu verorten, mit Sprache als deren universelles Ausdrucksmedium.

10.6 Kommunikative Rationalität

Mit dieser Problematik hat sich Habermas seit *Strukturwandel der Öffentlichkeit* beschäftigt, wobei seine Gedanken komplex und im Detail schwer nachzuvollziehen sind. Die Art und Weise, wie er damit umgeht, hat sich mit den Jahren verändert. Das übergreifende Ziel ist allerdings klar; die moralische Basis der Vernunft wieder herzustellen, deren normative Grundlage seiner Meinung nach die ideale Sprechsituation darstellt. Eine andere Formulierung dafür ist die „unverzerrte Kommunikation", die er in den frühen 1970er Jahren favorisierte. Entscheidend ist, dass Habermas, entgegen dem zersetzenden Relativismus des postmodernen Denkens, fordert, dass Vernunft als unverzerrte Kommunikation eine universelle, bedingungslose Grundlage besitzt. Nur so kann sie als gültige, legitime Orientierungshilfe und Anhaltspunkt dienen und uns durch das Labyrinth von Schwierigkeiten leiten, die wir im normalen Alltag dabei haben, uns einig zu werden und einander zu verstehen. Wenn ihm dies gelingt, wird er das ursprüngliche, emanzipatorische Projekt der europäischen Aufklärung bewahren können, für das die menschliche Vernunft, befreit vom Einfluss der Tradition und der Irrationalität des religiösen Glaubens, die einzig gültige und legitime Grundlage menschlichen Handelns darstellte. Somit ist Habermas ein herausragender Verteidiger der Moderne gegen die Irrationalitäten des vormodernen und postmodernen Denkens. Dabei hatte er zwei entscheidende Probleme. Wie die Kritische Theorie deutlich gezeigt hat, wurde die Vernunft entzwei gespalten, als das aufgeklärte Eigeninteresse anfing, das Allgemeininteresse zu verdrängen – oder, wie Weber es ausdrückte, als die instrumentelle Vernunft im Triumph der Mittel über den Zweck die substantielle Vernunft dominierte. Vernunft wurde zweckmäßig, utilitaristisch und technisch und befasste sich vor allem mit den effizientesten Mitteln, um mit kleinstem Aufwand den größten Ertrag zu erzielen. Dies war mehr oder weniger unvermeidlich, meinte Weber, denn im Wesentlichen gab es keine grundlegende Übereinstimmung mehr bezogen darauf, woraus das Wohl der Allgemeinheit bestehen müsse. Sie war auch nicht mehr zu erzielen. Die Interessen von Arbeit und Kapital waren schlicht unvereinbar. Später trafen radikale Feministinnen ähnlichen Aussagen über die Interessen von Frauen und Männern. Habermas stimmt Webers düsterer Analyse von der Deformation wahrer Vernunft zu, glaubt sie aber auf zwei Arten retten zu können: Erstens durch den Schritt vom Individuellen zum Sozialen und zweitens durch den Schritt von der substantiellen zur prozesshaften Vernunft. Der erste

Schritt zielt darauf ab, das Problem von Vernunft als subjektivem Eigennutz zu lösen. Der zweite Schritt soll die Schwierigkeit des Zusammenbruchs der substantiellen Vernunft beheben, wie sie in den großen Erzählungen der Moderne artikuliert und von der Postmoderne abgelehnt wird.

Beide Schritte sind in der historischen Beschreibung der klassischen Öffentlichkeit bereits angelegt. Sie ist in erster Linie eine Öffentlichkeit, deren Medium die Diskussion darstellt, und deren Ziel es ist, zu einer Übereinstimmung bezüglich des Gemeinwohls zu gelangen. Was aber sind die normativen Grundlagen einer Diskussion, die auf Einigung ausgerichtet ist? In einer idealen Sprechsituation haben alle Stimmen, die auf irgendeine Weise relevant sind, das Recht, gehört zu werden: In der Diskussion eines Sachverhalts werden die sinnvollsten Argumente vorgetragen und nur die behutsame, zwanglose Kraft des besten, den Umständen entsprechenden Arguments wird über das finale, kollektive „Ja" oder „Nein" als Ausdruck des allgemeinen Willens entscheiden (vgl. Habermas 1991: 132). Es darf keine internen oder externen Beschränkungen in diesem Prozess geben. Die Teilnehmer haben Anspruch auf alle relevanten Informationen, die ihnen zum Erreichen einer Lösung behilflich sein könnten. Was dieses Modell deutlich machen will, sind die Bedingungen, unter denen „das Gemeinwohl" verwirklicht werden kann, da es nicht mehr länger als bekannt oder geteilt angesehen, noch im Voraus von Experten bestimmt werden kann:

> „Weil sich in der Moderne die Vielfalt individueller Lebensentwürfe und kollektiver Lebensformen nicht mehr philosophisch präjudizieren läßt, weil die Art zu leben allein in die Verantwortung der vergesellschafteten Individuen selbst gegeben ist und aus der Perspektive der Teilnehmer beurteilt werden muß, zieht sich eben das, was alle überzeugen kann, ins *Verfahren* rationaler Willensbildung zurück." (Habermas 2009: 145)

Die Philosophie hat also keine Vorschriftfunktion mehr; sie spielt keine legislative oder legitimierende Rolle mehr in der Entstehung von Weltanschauungen, Ideologien, Werten und Glaubenssystemen. Diese Verantwortung tragen die Mitglieder einer pluralistischen Gesellschaft selbst und setzen sie in Beratungen untereinander um. Die Aufgabe der Philosophie besteht darin, die normative Basis der Vorgänge rationaler Willensbildung zu klären und ihre Geltung zu garantieren, indem sie sie sichtbar macht. Habermas hat dies in seiner programmatischen Erklärung einer „Universalpragmatik" versucht, in der er argumentiert, dass jeder kommunikative Sprechakt universelle Geltungsansprüche erhebt. Ein *kommunikativer* Sprechakt zielt auf eine Übereinkunft mit anderen ab. Ein Sprecher nimmt also Folgendes für sich in Anspruch:

- sich verständlich auszudrücken,
- etwas zu verstehen zu geben,
- sich dabei verständlich zu machen und
- sich miteinander zu verständigen.

(Habermas 1984 [1979]: 354)[13]

Die vier Geltungsansprüche, die in diesem Prozess impliziert werden, sind Verständlichkeit, faktische Wahrheit, Wahrhaftigkeit (Aufrichtigkeit) und Richtigkeit (Angemessenheit). Zusammen begründen sie den intersubjektiven Prozess „bezüglich eines anerkannten normativen Hintergrunds miteinander übereinstimmen [zu] können" (ebd.: 355). Diese spezielle Art des *kommunikativen Handelns* unterscheidet sich vom *strategischen Handeln,* das auf Erfolg ausgerichtet ist. Strategisches Handeln bringt ein bewusstes Verbergen von Motiven mit sich und führt ein Element der Täuschung und Manipulation in den kommunikativen Prozess ein. Dadurch verzerrt es die Transparenz des kommunikativen Handelns, das an einer Einigung durch wechselseitiges Verständnis orientiert ist.

In *Strukturwandel der Öffentlichkeit* hat sich Habermas mit der historischen Entstehung von „Staat" und „Gesellschaft" beschäftigt, zwei separate aber voneinander abhängige Gebilde. Diese Begriffe werden in *Theorie des kommunikativen Handelns* durch „System" und „Lebenswelt" ersetzt (vgl. Habermas 1987), die beide von einer anderen Art der Rationalität angetrieben werden; Ersteres von einer strategischen Rationalität, Letzteres von einer kommunikativen Rationalität. Die historische Analyse von *Strukturwandel der Öffentlichkeit* hat sich in eine sozialtheoretische Analyse verwandelt. Gesellschaft ist *sowohl* System *als auch* Lebenswelt, aber sie sind voneinander getrennt worden, sodass sich die Lebenswelt außerhalb des Systems befindet und von ihm dominiert wird. Die Systemwelt – das ökonomische und politische Leben in seinen organisierten und institutionalisierten Formen – ist strategisch an einer technischen und administrativen Effizienz orientiert, deren „Steuerungsmedien" Macht und Geld sind. In *Strukturwandel der Öffentlichkeit* hatte Habermas erörtert, dass die Gesellschaft durch den administrativen Wohlfahrtsstaat refeudalisiert worden ist, der die Familien von ihren einstigen Pflichten entbunden und damit das alltägliche Leben durch die Verwaltung von Gesundheit, Bildung und Sozialwesen politisiert (und gleichzeitig entpolitisiert) hat. In *Theorie des kommunikativen Handelns* wird dasselbe Thema als „Kolonialisierung" der Lebenswelt durch das System untersucht. Die kommunikativen Strukturen des Systems, das auf Macht und Geld beruht, werden dabei verzerrt. Unverzerrte kommunikative Rationalität bleibt in der Lebenswelt der Individuen im alltäglichen Umgang miteinander erhalten. Dies wird jedoch zunehmend von der invasiven, strategischen Rationalität des Systems bedroht.

10.7 *Zurück zu* Strukturwandel der Öffentlichkeit

1989 wurde *Strukturwandel der Öffentlichkeit* schließlich auch auf Englisch veröffentlicht. Die Welt war mittlerweile, fast 30 Jahre nachdem das Werk verfasst worden war, eine völlig andere. Der Kalte Krieg fand mit dem Zusammenbruch des Sowjetsystems als historisch praktikable Alternative zum westlichen ökonomischen und politischen System sein Ende. Damals, in den 1950er Jahren, hatte die aus dem Kriegsgeröll geborene Demokratie noch in den Kinderschuhen gesteckt;[14] ebenso wie die mediengesättigte Gesellschaft heutzutage. Die wissenschaftliche Untersuchung „der Medien" hatte noch nicht begonnen, da dieses Konzept an sich noch gar nicht existierte. Habermas' ursprüngliche Arbeit, mit ihrer Analyse von der Rolle der Presse und des Rundfunks im zeitgenössischen politischen Leben, war ihrer Zeit weit voraus. Was sich aber vor allem im Laufe der Zeit herausgestellt hat, ist der Erfolg der ursprünglichen Untersuchung als interdisziplinäre Analyse der Moderne. Habermas hat es geschafft, Geschichte, Soziologie und Politik, unterstützt von Philosophie und einem Schuss Nomologie (Rechtstheorie), in eine frische, überzeugende These zusammenfließen zu lassen, die trotz ihrer Komplexität durchweg konsistent bleibt. Die dem Werk zugrunde liegende Spannung ergibt sich zwischen den historischen und normativen Aspekten. Auf der einen Seite beschreibt es die Entstehung der öffentlichen Meinung als einen tatsächlichen und in der Wirklichkeit stattfinden, historischen Prozess. Auf der anderen Seite wird die ursprüngliche Öffentlichkeit als ein Idealtyp nicht-dominanter, nicht-manipulativer Kommunikation konzipiert. Sie steht für eine nach wie vor noch nicht verwirklichte Norm deliberativer Politik. Sie liefert ein Modell dafür, wie die öffentliche Diskussion von Angelegenheiten, die das Gemeinwohl betreffen, idealer Weise aussehen sollte. Eine entscheidende Frage am Ende des 20. Jahrhunderts jedoch betraf die Gültigkeit des Anliegens, ein singuläres, einheitliches Modell vom öffentlichen Leben entwickeln zu wollen. Hatte es jemals so etwas wie *die* Öffentlichkeit gegeben? Und falls ja, war sie noch immer erstrebenswert und überhaupt plausibel?

In den Jahren seit der ersten Veröffentlichung hatte sich der Charakter der demokratischen Politik gewandelt, und zwar nicht so sehr von ihren institutionellen Formen her, sondern innerhalb der Zivilgesellschaft, deren historische Entstehung in *Strukturwandel der Öffentlichkeit* abgebildet ist. Die neuen sozialen Bewegungen der 1960er und 1970er Jahre belegten, dass die Zivilgesellschaft gesund und munter war. Sie hatte sich nicht in einen fernsehenden Stubenhocker verwandelt. Die sozialen Bewegungen stellten die verallgemeinernden Implikationen der Habermas'schen Auffassung von öffentlicher, kommunikativer Rationalität infrage. Die Frauen- und die Bürgerrechtsbewegung in den USA hatten und haben heutzutage immer noch einen starken Einfluss darauf, wie wir über Demokratie als Praxis denken und versuchen, sie umzusetzen. Die auf Klassen basierende Analyse der Entstehung von Gesellschaft ist durch Analysen angereichert worden, die die Aufmerksamkeit auf Geschlecht und ‚Rasse' (bzw. „Gender" und „Ethnizität" als deren soziokulturelle Artikulationen) als entscheidende Bruchlinien bei der ungleichen Verteilung von Rechten, Macht und dem Zugang zu sozialen Ressourcen lenken.

1989 wurde Habermas an die University of North Carolina in Chapel Hill eingeladen, um an einer Konferenz teilzunehmen, die der Diskussion von *Strukturwandel der Öffentlichkeit* gewidmet war. Die Teilnehmer, die fast alle an amerikanischen Universitäten arbeiteten, repräsentierten eine große Auswahl an Interessensgebieten; von Politik, Geschichte und Soziologie über Philosophie, Frauenforschung und Literaturwissenschaft bis hin zu Kommunikationswissenschaft. Die geschichtlichen Aspekte des Werks wurden von etlichen Teilnehmern genau hinterfragt, unter anderem von Michael Schudson, der sich fragte, ob es jemals eine politische Öffentlichkeit, wie Habermas sie beschreibt, gegeben habe. Im Amerika des 19. Jahrhunderts war der politisch orientierte Aufstand eine Form politischer Aktivität, die gängiger war, als die gelehrte Diskussion über politische Prinzipien (vgl. Schudson 1992: 160).[15] Nancy Fraser eröffnete aus Perspektive der feministisch orientierten politischen Theorie eine prägnante Kritik an etlichen, in der Analyse nicht berücksichtigten Annahmen zur männlichen bürgerlichen Öffentlichkeit im ursprünglichen Modell. Ihr wahrscheinlich wichtigster Einwand galt der Tatsache, dass Habermas von einer einzigen, einheitlichen Öffentlichkeit ausgegangen war und angenommen hatte, dass soziale Ungleichheiten außer Acht gelassen werden könnten und dass zumindest in der Diskussion alle Teilnehmer die gleichen diskursiven Rechte und Ansprüche genießen könnten. *Die* Öffentlichkeit setze auch voraus, dass die Themen, die als diskussionswürdig galten (die also als Gegenstand von allgemeinem, öffentlichem Interesse aufgefasst und akzeptiert wurden), im Grunde genommen unproblematisch waren. Männer beschäftigen sich aber nicht mit den Dingen, die Frauen betreffen. Oder genauer gesagt sind es die Männer und ihre Anliegen, die das Problem darstellen. Frauen sind nach langer Zeit zu dem Ergebnis gekommen, dass es von Vorteil ist, wenn sie ihre eigenen, separaten Öffentlichkeiten begründen, in denen das Unrecht ihrem Geschlecht gegenüber thematisiert wird. Fraser nannte sie *subalterne Gegenöffentlichkeiten*:

> „Das vielleicht eindrücklichste Beispiel ist die feministische Gegenöffentlichkeit in den USA im ausgehenden 20. Jahrhundert mit ihrer Vielfalt an Zeitschriften, Buchläden und Verlagen, Forschungsinstituten, akademischen Veranstaltungen, Konferenzen, Versammlungen, Festivals und lokalen Treffpunkten. In dieser Öffentlichkeit haben Feministinnen neue Begriffe gefunden, um soziale Realität zu beschreiben, wie ‚Sexismus', ‚Doppelbelastung', ‚sexuelle Nötigung' und ‚Vergewaltigung in der Ehe'. Mit dieser Terminologie ausgestattet, haben wir unsere Identitäten umgestaltet und so unseren Nachteil in der offiziellen Öffentlichkeit zwar nicht beseitigt, aber doch verringert." (Fraser 1996: 163f.)

Fraser idealisiert diese Gegenöffentlichkeiten, die teilweise unegalitär und antidemokratisch sind, keineswegs. Radikale Varianten tendieren dazu, sich separat und abseits vom ‚Mainstream' zu bilden, den sie verabscheuen. Allerdings ist die Politik des Separatismus kompliziert. In erster Linie war er das Produkt der gleichgültig ausschließenden Praktiken des Mainstreams, der weder einsehen konnte noch wollte, dass ein Problem existiert. Doch obwohl die Gegenöffentlichkeiten als separate und mitunter geschlossene Diskussionsgruppen organisiert waren, hatten sie durchaus einen nach außen orientierten, öffentlichen Charakter, der danach strebte, die neu gewonnen Einsichten in immer größer werdenden Arenen „der gesamten Öffentlichkeiten" (ebd.: 164) zu verbreiten. Somit verfügten sie über einen Doppelcharakter und fungierten nicht nur als Rückzugsräume, wo sie ihr eigenes Selbstverständnis entwickelten, sondern auch als Sprungbrett für agitative Aktionen, die auf eine breitere Öffentlichkeit abzielten.[16]

Diese Art von Öffentlichkeit hatte er in *Strukturwandel der Öffentlichkeit* nicht vorhergesehen. Wie Habermas einräumte, hatte er sich für kritische Publizität keine anderen Vehikel vorstellen können als im Innern demokratisierte Interessenverbände (beispielsweise Gewerkschaften) und politische Parteien, aufgelockert von gelegentlichen themenbezogenen Straßenprotesten. Die neuen Gegenöffentlichkeiten zeugen von den multikulturellen Gesellschaften der letzten Jahrzehnte des 20. Jahrhunderts, die von zunehmender sozialer und kultureller Diversität gekennzeichnet sind. In der Politik des Multikulturalismus dreht sich viel um Identitätsbildung. Habermas hingegen war konsequent davon ausgegangen, dass dies in einer gemeinsamen, diskursiven Öffentlichkeit, in der soziale und kulturelle Unterschiede keine Rolle spielen, außer Acht gelassen würde. Außerdem setzte Öffentlichkeit eine gewisse Vorstellung davon voraus, dass man bezüglich des Gemeinwohls zur Übereinstimmung kommen würde. Fraser stellte all dies infrage. Öffentlichkeiten, so behauptete sie, seien Räume für die Artikulation und den Ausdruck von Identitäten, privaten Angelegenheiten und Interessen. Wenn Gewalt gegen Frauen als Privatsache behandelt wird, wenn sie als „persönliches" oder „häusliches" Problem bezeichnet und die Auseinandersetzung darüber in administrative Apparate geschleust wird – Familienrecht, Sozialarbeit, den sozialen und psychologischen Diskurs der „Abweichung" –, dann wird der Missbrauch von Frauen seitens der Männer öffentlich weiterhin weder eingestanden noch thematisiert (vgl. ebd.: 169). Der Frage nach dem Allgemeinwohl, auf das „wir" uns vielleicht einigen können, sind jene vorgelagert, die das immer noch außerordentliche Unrecht gegenüber misshandelten Gesellschaftsgruppen angehen. Hier helfen Übereinstimmung und Konsens nicht weiter. Eher ist so etwas wie ein öffentliches Eingestehen und das Anerkennen von Unrecht notwendig. Die Politik der Wahrheit und Versöhnung als Folge der Apartheid in Südafrika etwa impliziert eine neue Art von kritischer Öffentlichkeit mit einer anderen moralischen Geltung (Ungerechtigkeit) und einem anderen ethischen Ziel (Vergebung). Es stellt sich heraus, dass die klassische männliche bürgerliche Öffentlichkeit viel eher über eine normalisierende Wirkung (im Foucault'schen Sinne) verfügt, als über die normative Kraft des besten Arguments. Angesichts augenscheinlicher Ungerechtigkeit gibt es ohnehin nicht viel, worüber man sich streiten könnte. Die Schwierigkeit besteht darin, zur Wahrheit zu finden, und noch schwieriger ist es, zu verzeihen – nicht um vergessen zu können, sondern um die Gegenwart im Namen einer besseren Zukunft von den Ketten der vergangenen Ungeheuerlichkeiten zu befreien. Konsens und Vergebung sind nicht identisch, denn Ersterer wird zwischen Gleichgestellten erzielt und Letztere erfolgt zwischen Unterdrückten und ihren Unterdrückern.[17]

Als Reaktion auf die harte, kritische Diskussion bei der Konferenz in Chapel Hill unternahm Habermas eine intensive Durchsicht seines ursprünglichen Werkes, das sich, wie er fand, über die Jahre gut hatte behaupten können. Er räumte den starken Einfluss von Adornos Theorie der Massenkultur ein. Diese und die deprimierenden Ergebnisse der Studie *Student und Politik* hatten zu den relativ bedrückenden Schlussfolgerungen von *Strukturwandel der Öffentlichkeit* beigetragen:

> „Die Resistenzfähigkeit und vor allem das kritische Potential eines in seinen kulturellen Gewohnheiten aus Klassenschranken hervortretenden, pluralistischen, nach innen weit differenzierten Massenpublikums habe ich seinerzeit zu pessimistisch beurteilt." (Habermas 1990: 30)

Er bemerke entscheidende Entwicklungen in der soziologischen Analyse von der Politik der „Zivilgesellschaft" seit den 1950er Jahren. Die neuen sozialen Bewegungen der 1960er und 1970er Jahre entstanden aus der Zivilgesellschaft heraus, oder dem, was Habermas gerne auch als Lebenswelt bezeichnet. Sie drückten sich aus in freiwilligen Vereinigungen außerhalb des staatlichen und wirtschaftlichen Rahmens und erstreckten sich von Kirchen, kulturellen Verbänden und Akademien über unabhängige Medien, Sport- wie Freizeitvereine, Debattiergesellschaften, Gruppen betroffener Bürger und Graswurzel-Petitionskampagnen bis hin zu beruflichen Verbänden, politischen Parteien, Gewerkschaften und „alternativen Einrichtungen" (Habermas 1990: 46). John Keane, ein führender Theoretiker der Zivilgesellschaft, sah ihre Aufgabe in der Neudefinition der Grenzen zwischen der Zivilgesellschaft selbst und dem Staat. Dabei wurde ein doppeltes Ziel verfolgt; die Ausbreitung sozialer Gleichheit und Freiheit sowie die Restrukturierung und Demokratisierung des Staates (vgl. Keane 1988: 14). Wie Habermas anmerkt, wurde die Beschäftigung mit der Zivilgesellschaft in den 1980er Jahren durch den Zusammenbruch des Staatssozialismus in Russland und das Aufkommen von *Glasnost* angeregt. Der Staatssozialismus hatte mit den Mitteln des Terrors und der Geheimpolizei die Trennung in Staat und Gesellschaft aufgelöst und somit auch die Öffentlichkeit. Als er zu bröckeln begann, formierten sich neue Bürgerbewegungen im bisher unsichtbaren privaten Bereich und übten zunehmend Druck aus, der schnell den finalen Zusammenbruch des Staatssozialismus in der Sowjetunion zur Folge hatte.

Der Zusammenbruch des Sowjetsystems schließlich ist verbunden mit dem Knackpunkt der ursprünglichen These, und zwar der Rolle der Medien im öffentlichen Leben. Habermas fragt, inwiefern es möglich ist, dass eine von

> „Massenmedien beherrschte Öffentlichkeit den Trägern der Zivilgesellschaft Chancen einräumt, mit der Medienmacht der politischen und wirtschaftlichen Invasoren aussichtsreich zu konkurrieren, also das Spektrum der durch Einflußnahme von außen kanalisierten Werte, Themen und Gründe zu verändern, innovativ zu entschränken und kritisch zu filtern." (Habermas 1990: 47f.)

Er fährt fort, indem er auf die These aus *No Sense of Place* von Meyrowitz verweist, dass das Fernsehen die soziale Geografie der Lebenswelt und tatsächlich die der Welt selbst restrukturiere. Die revolutionären Ereignisse in Ostdeutschland, der Tschechoslowakei und Rumänien 1989

> „bildeten einen Kettenprozeß, der nicht nur einen vom Fernsehen übertragenen historischen Vorgang darstellt, sondern der sich selbst im Modus einer Fernsehübertragung vollzogen hat. Die Massenmedien waren nicht nur entscheidend für die Ansteckungseffekte der weltweiten Diffusion. Auch die physische Präsenz der auf Plätzen und in Straßen demonstrierenden Massen hat, anders als im 19. und im frühen 20. Jahrhundert, revolutionäre Gewalt nur in dem Maße entfalten können, wie sie durchs Fernsehen in eine ubiquitäre Präsenz verwandelt wurde." (ebd.: 49)

Somit schließt Habermas mit einem Rätsel ab. Auf der einen Seite sind die Massenmedien Teil des Systems, dessen invasive Macht immer noch die Zivilgesellschaft beziehungsweise die Lebenswelt beherrscht. Und doch spielte das zeitgenössische Fernsehen eine entscheidende Rolle bei den Revolutionen, die aus den Lebenswelten der Mitgliedsstaaten des ehemaligen Sowjetsystems heraus entstanden und den dramatischen Sturz des totalitären Staatssozialismus beschleunigten. Die Medien, die in der Theorie des öffentlichen Lebens eine zentrale Position einnehmen, bleiben in Habermas' Analyse ihrer Rolle als Mittler zwischen System und Lebenswelt rätselhaft.

10.8 Medien, Politik und Öffentlichkeit

Die englischsprachige Veröffentlichung von *Strukturwandel der Öffentlichkeit* regte eine energische Debatte über die Rolle der Medien im öffentlichen Leben an, in Europa noch mehr als in den Vereinigten Staaten, da diese über keine besonders ausgeprägte Tradition eines öffentlich-rechtlichen Rundfunks verfügten. Dagegen war der öffentlich-rechtliche Rundfunk in vielen europäischen Staaten und vor allem in Großbritannien von Beginn an die führende institutionelle Form nationaler Radio- und Fernsehdienste, was bis heute der Fall ist.[18] Als der einzige britische Teilnehmer in Chapel Hill setzte sich allein Nicholas Garnham direkt mit Medien und Öffentlichkeit auseinander. Garnham war einer der Ersten, die die Habermas'sche Öffentlichkeit mit Debatten über die Rolle des öffentlich-rechtlichen Rundfunks in Verbindung brachten, als dieser von den technologischen Innovationen in der Kabel- und Satellitenübertragung und dem Thatcher'schen Neokonservatismus bedroht schien. Erstere versprachen ein Ende der Frequenzknappheit. Letzterer wollte, dass der Markt selbst die neue Rundfunkumgebung mit einer Vielzahl von Kanälen regulierte. Entgegen den ökonomischen und politischen Argumenten Mitte der 1980er Jahre, dass die Zeit des öffentlich-rechtlichen Rundfunks vorbei sei, verteidigte Garnham ihn mit Entschlossenheit (vgl. Garnham 1986). Der öffentlich-rechtliche Rundfunk, so betonte er, nehme einen autonomen Raum zwischen Staat und Zivilgesellschaft ein – genau den, den Habermas für die klassische Öffentlichkeit beanspruchte. Meine eigene historische Arbeit über die BBC zeigt, wie sie eine völlig neue, *breite* Öffentlichkeit schuf, der Gesamtheit der Gesellschaft entsprechend, in deren Namen und in deren Interesse sie etliche gemischte Programme entwickelte, die im ganzen Land verfügbar waren und ein breites Spektrum von Bildungs-, Informations- und Unterhaltungsbedürfnissen ansprachen. Zweifelsohne war diese, wie ihre klassische Vorläuferin, eine bürgerliche Rundfunk-Öffentlichkeit. Dennoch widersteht sie der profitorientierten Rationalität des Marktes und der Manipulation der öffentlichen Meinung durch Parteien und Regierungen, was ihre Verteidigung rechtfertigte und noch immer rechtfertigt. Ich habe die Auffassung vertreten, dass der öffentlich-rechtliche Rundfunk neue kommunikative Ansprüche für Hörer und Zuschauer geschaffen hat. Er hat im Namen seines neuen Publikums das Recht auf den Zugang zum öffentlichen Leben geltend gemacht, von dem die Mehrheit bis dato ausgeschlossen war. Der öffentlich-rechtliche Rundfunk brachte bis dahin ungehörte Stimmen in die Studios und strahlte ihre Meinungen und Erfahrungen öffentlich aus. Im Auftrag seiner Hörerschaften machte er das Recht geltend, Politiker im politischen Nachrichteninterview – ein neues Forum für politische Diskussionen, das der Rundfunk geschaffen hat – für ihr Handeln zur Rechenschaft zu ziehen (vgl. Scannell 1989). Wie all diese Beispiele zeigen, konnte der öffentlich-rechtliche Rundfunk als eine Einrichtung betrachtet werden, die realistische und gültige Lösungen für die zentrale Problematik der repräsentativen Massendemokratie bereithielt, und zwar die Repräsentation des öffentlichen Interesses im politischen Prozess.

In Chapel Hill lenkte Garnham die Aufmerksamkeit darauf, wie das aktuelle Denken immer noch im Paradigma der Face-to-face-Kommunikation gefangen ist, wodurch das Problem der Repräsentation der Massendemokratie unangesprochen bleibt (vgl. Garnham 1992: 357). Dieses Problem wurde von John Durham Peters (1993) aufgegriffen, der das doppelte „Misstrauen gegenüber der Repräsentation" bei Habermas ansprach. Teils beruht dies auf einen tief verwurzelten Verdacht gegenüber der Politik als Theater, auf dessen Bühne die Machthaber ihre Autorität darstellen. Gleichzeitig beinhaltet es eine Ablehnung der repräsentativen Demokratie zugunsten einer direkten, partizipatorischen Demokratie. Bei der Ersteren werden die Menschen von denen vertreten, die sie in die nationalen Debattierkammern gewählt haben, um in ihrem Namen Politik zu diskutieren. Bei der Letzteren bilden die Menschen selbst die diskutierende Öffentlichkeit. Allerdings treten hier Probleme des Umfangs auf, wie sowohl Garnham als auch Peters betonen. Face-to-face diskutierende Öffentlichkeiten sind zwangsläufig klein: „*Strukturwandel der Öffentlichkeit* thematisiert die ‚natürlichen‘ Grenzen nicht, die dem Umfang einer Öffentlichkeit gesetzt sind" (Peters 1993: 564). „Sollen wir uns selbst als Bürger der Welt, eines National-staats, einer Gemeinde oder wovon sonst begreifen?", fragt Garnham (1992: 368). Garnham war ein früher Verfechter einer internationalen Öffentlichkeit. Wenn ein „Universalwohl" existiere, so müsse es von globalem Ausmaße sein. Es dürfe nicht, wie häufig stillschweigend angenommen werde, gleichbedeutend sein mit dem Wohl der Mitglieder eines Nationalstaates (vgl. Garnham 1986, 1992).

In einer bedeutenden Arbeit über Gesetz und Demokratie jüngeren Datums kehrt Habermas zurück zu den Problemen, die die Zivilgesellschaft und die politische Öffentlichkeit betreffen (vgl. Habermas 1992: 399–467). Sie beinhal-tet diesbezüglich wenig Neues, abgesehen von der Einführung des Konzepts der kommunikativen Macht, das von Hannah Arendt übernommen ist. Sie verstand unter Macht das Potential eines gemeinsamen Willens, der aus Kommunikation ohne Zwang resultiert. In dieser Definition bildet Macht den Gegensatz zu Ge-walt. Dies entspricht der menschlichen Fähigkeit, nicht nur alleine, sondern auch gemeinsam zu handeln. Eine derartige kommunikative Macht kann sich nur in nicht-deformierten Öffentlichkeiten entwickeln (vgl. ebd.: 184). Haber-mas ist also mehrere Jahrzehnte nachdem er seine ursprüngliche These aufge-stellt hat noch immer von deren Gültigkeit überzeugt und versucht, sie nach wie vor klarer und genauer auszudrücken. Die These selbst, die Art und Weise, wie ihr Autor versucht hat, sie zu überdenken, die Diskussionen und die Kritik, die sie hervorgerufen hat, waren Thema dieses Kapitels. Trotz all der Kritik, die sie in der einen oder anderen Hinsicht ausgelöst hat, hat nie jemand ihre zentrale Rolle infrage gestellt, die sie für das Verstehen von Politik und Kommunikation in modernen Gesellschaften hat. Craig Calhoun, der Initiator der Konferenz in Chapel Hill, fasst dies gut zusammen:

> „Die bedeutendste Bestimmung von Habermas' erstem Buch könnte sich als die Folgende her-ausstellen; nicht als autoritäres Statement festzustehen, sondern als äußerst ergiebige Quelle für neue Forschung, Analyse und Theorie […] Dies liegt wohl nicht nur an seiner Thematik, son-dern auch daran, wie es ökonomische, sozial-organisatorische, kommunikative, sozialpsycholo-gische und kulturelle Dimensionen seiner Problematik in einer historisch spezifischen Analyse miteinander verbindet. Diese multidimensionale, interdisziplinäre Darstellung befähigt Haber-mas, die ergiebigste, bestentwickelte Konzeptualisierung anzubieten, die es vom sozialen We-sen und den Grundlagen des öffentlichen Lebens gibt." (Calhoun 1992: 41)

Die Diskussion, die *Strukturwandel der Öffentlichkeit* von seiner ersten Veröffentlichung an entfachte, unterstreicht seine grundlegendste Prämisse: dass es in modernen Gesellschaften keine einzelne, substantielle Rationalität gibt, die uns zusammenschweißt. Die kommunikative Macht der Menschen in offenen, kritisch besetzten Diskussionen miteinander ist das einzig gültige Verfahren, mit dem sich allgemeine Übereinkunft und Einverständnis bezüglich der Angelegenheiten herstellen lässt, die uns alle betreffen. *Wie* dies erreicht wird, stand – und steht nach wie vor – zur Diskussion.

Anmerkungen

1   Das Konzept der „reading public" stammt von Altick (1957).
2   Man bemerke die Titel dieser zwei führenden englischen Zeitschriften. „Der Zuschauer" (*the spectator*) betrachtet aufmerksam die gesellschaftliche Szene. Die neue literarische Öffentlichkeit wird als das Publikum neuer Formen des Soziallebens angesprochen. Heute sehen wir uns selbst als Fernsehzuschauer. Luc Boltanski leitet den Ursprung des Zuschauers von Fernsehnachrichten, der mit entfernt liegendem Leid (*distant suffering*) konfrontiert wird, vom „moralischen Zuschauer" des 18. Jahrhunderts ab (Boltanski 1999). „Tatler" ist eine ältere Schreibweise von „tattler" – jemand, der tratscht. Müßiges Geplauder oder Klatsch (ein faszinierendes Merkmal des zeitgenössischen, mediatisierten Soziallebens) findet hier seinen modernen Ursprung. Die Zeitschrift richtete sich an die „ehrbaren Bürger, die mehr in Kaffeehäusern als in ihren Geschäften leben" (Habermas 1990: 105, Fn. 36).
3   Ich habe diesen Begriff (*taste publics*) aus William Webers bahnbrechender Studie *Music and the Middle Class* entnommen. Er prägte ihn, um damit das neue gesellschaftliche Phänomen einer für Konzertbesuche zahlenden Öffentlichkeit zu fassen, die sich im frühen 19. Jahrhundert in Berlin, London, Paris und Wien um zeitgenössische musikalische Strömungen formierte (vgl. Weber 1975: 10).
4   Dieser Absatz ist eine Zusammenfassung der Seiten 152ff. von *Strukturwandel der Öffentlichkeit*.
5   Siehe „Zur Judenfrage" (Marx 1962 [1843]). In *Strukturwandel der Öffentlichkeit* (161–224) erfolgt eine umfassende kritische Betrachtung von Theorien der Rechte, Politik etc., im frühen 19. Jahrhundert, inklusive Kant, Hegel, Marx und den englischen Utilitaristen von Bentham bis Mill.
6   Für eine detailliertere Diskussion dieser Thematik siehe Keane (1984: 70–110).
7   Eine Tendenz, die der englische Politikjournalist Walter Bagehot im späten 19. Jahrhundert feststellte. Die Monarchie, der ‚würdevoller Teil' der englischen Verfassung, fungierte als Theater, das von den Aktivitäten der ‚effizienten Teile', und zwar der Regierung und den Ministerien, ablenkte. Den Massen, die sich mehr für königliche Hochzeiten als für die gegenwärtige Staatspolitik interessierten, bot die Monarchie ein öffentliches Schauspiel (vgl. Bagehot 1971 [1867]).
8   Siehe Ryan (2003) für eine Betrachtung der Rolle von Habermas als öffentlicher Intellektueller in Deutschland während der letzten 40 Jahre.
9   Der folgende Auszug ist eine Zusammenfassung von Wiggershaus (1987: 607–616).
10 Habermas hielt diese Rede noch einmal im Rahmen einer James Lecture an der New York University im März 1981. Sie erschien im gleichen Jahr unter dem Titel „Modernity versus Postmodernity" in der 22. Ausgabe der *New German Critique* und noch einmal unter dem Titel „Die Moderne – ein unvollendetes Projekt" in Habermas (1981).
11 Dieser bekannte kurze Aufsatz wurde in *Kants Werke* (Kant 1968 [1784]: 33–42) nachgedruckt.

12 Für eine eindringliche und leicht ironische Kritik an Habermas' „breiter Theorie der kollektiven Rationalität" siehe Elster (1985: 35–42). Er erwähnt die Parole der deutschen Studentenbewegung: „*Diskussion ist Repression!*" (ebd.: 37).

13 Diese Punkte sind den vier Kommunikationsmaximen von Grice ähnlich (siehe Kap. 8, S. 210f.), aber sie sprechen nicht Grices grundlegendes Problem an, nämlich die Verständlichkeit von nicht-natürlichen Bedeutungen, bei denen das Gemeinte nicht mit dem Gesagten übereinstimmt (wie bei der Ironie). Habermas sagt gnadenlos immer das, was er meint (und meint immer, was er sagt), üblicherweise in beachtlicher Länge.

14 Habermas versteht 1968, das Jahr der Studentenrevolte, als Schwelle „für einen Mentalitätswandel [...], der [...] breitere Schichten erfaßt und auf deutschem Boden zum erstenmal eine politisch-kulturelle Verwurzelung von Demokratie und Rechtsstaat ermöglicht hat" (Habermas 1993: 193f.).

15 Schudson hat anschließend eine faszinierende Geschichte des bürgerlichen Lebens in Amerika verfasst (vgl. Schudson 1998), die eine weiterführende Auseinandersetzung mit den Themen darstellt, die *Strukturwandel der Öffentlichkeit* zugrunde liegen.

16 Für weitere Erörterungen zu Frasers Beitrag zur Diskussion von Feminismus, Politik und Öffentlichkeit siehe McLaughlin (1993). In seinen Reaktionen auf die Fragen, die bei der Konferenz aufkamen, setzte sich Habermas nicht direkt mit Multikulturalismus auseinander. Allerdings befasst er sich damit in der Erwiderung eines einflussreichen Artikels des kanadischen Philosophen Charles Taylor über „Die Politik der Anerkennung" (1993). Siehe dazu Habermas' Beitrag „Anerkennungskämpfe im demokratischen Rechtsstaat" (1993).

17 Zur Politik der Vergebung in Verbindung mit der südafrikanischen *Truth and Reconciliation Commission* siehe Derrida (2001: 27–60).

18 Für einen Rückblick auf die Literatur dieser Zeit siehe Curran (1992). Siehe auch Keane (1991), Syvertsen (1992), Bono und Bondebjerg (1994) sowie Dahlgren (1995).

11 Fazit

11.1 Die Geschichtsschreibung akademischer Fächer

In den vorangegangenen Kapiteln habe ich versucht, die Anfänge der wissenschaftlichen Untersuchung dessen zu rekonstruieren, was zu jeweils unterschiedlichen Zeiten und an unterschiedlichen Orten im Laufe des 20. Jahrhunderts mit dem Terminus „die Medien" bezeichnet werden kann. Damit habe ich außerdem die Frage der Kommunikation verbunden, die in der zweiten Hälfte des vergangenen Jahrhunderts in einer Vielzahl unterschiedlicher Disziplinen – der Philosophie, Soziologie, Geschichte und der Literaturwissenschaft – aufgekommen ist. In diesem Kapitel wende ich mich einer Zusammenfassung und Kritik dieser beiden Entwicklungen zu, wobei ich mit den Medien beginne, die den Ausgangspunkt des vorliegenden Buches bilden, bevor ich mich der Kommunikation zuwende – schließlich lautet der Titel dieses Buches „*Medien* und Kommunikation" und nicht andersherum. Hätte ich eine Abhandlung über Kommunikation und Medien angestrebt, so hätte ich bei einem völlig anderen Punkt angesetzt, sicher aber nicht mit den Entwicklungen an der Columbia in den 1930er Jahren. Ich hätte meine Aufmerksamkeit der Auseinandersetzung mit dem Thema Kommunikation einige Jahre zuvor in Chicago gewidmet. Vielleicht hätte ich mich sogar mit den Anfängen der strukturalistischen Linguistik in den Arbeiten Ferdinand de Saussures befasst. Die Frage der Medien ist also insgesamt der grundlegende und definierende Ausgangspunkt dieses Buchprojektes. Wie wir sehen werden, dient das hier an zweiter Stelle stehende Thema, die Kommunikation, als ergänzender Bezugspunkt.

Ich habe mich mit der Entstehung intellektueller Betätigungsfelder, genauer gesagt mit wissenschaftlichen Disziplinen, beschäftigt, wie sie an Universitäten gelehrt werden. Eine besondere Rolle haben dabei diejenigen gespielt, in denen ich selbst tätig bin; die media studies und die Cultural Studies. Wissenschaftliche Disziplinen sind, was Foucault als „diskursive Formationen" bezeichnete; *institutionelle* Diskurse mit der normativen Macht, das, wovon sie handeln, selbst zu produzieren (vgl. Foucault 2005 [1974]). So etwas wie ‚die englische (oder irgendeine andere) Literatur' als weltliches, nicht wissenschaftliches Ding gibt es nicht. Der Begriff „Literatur" ist eine rein wissenschaftliche Schöpfung; das Endprodukt eines institutionellen Selektionsprozesses, der bestimmte Dinge als wertvolle Untersuchungsgegenstände auserkoren hat und andere nicht. Literatur beginnt da, wo das Untersuchungsfeld als Kanon sorgfältig ausgesuchter Texte festgelegt wird, die definitionsgemäß zu Literatur werden, während alles außerhalb des Kanons per definitorischem Ausschluss als dieser Bezeichnung nicht würdig betrachtet wird. Englische Literatur ist demnach Produkt und Ergebnis sich selbst bestätigender und legitimierender, institutioneller Diskurse, durch deren Macht ein wissenschaftlicher Untersuchungsbereich ernannt, definiert und objektiviert werden kann, um dann an Universitäten gelehrt und studiert zu werden. Die Initiation neuer Disziplinen in die bestehenden universitären Lehrpläne gelingt nur selten ohne Auseinandersetzungen. Die Soziologie wird in Oxford bis heute mit Argwohn betrachtet und Studienanfänger werden von ihr ferngehalten. Der mittlerweile etablierte Studiengang für englische Literatur, welcher dort über eine große Fakultät und hohe Studierendenzahlen verfügt, wurde jahrelang als minderwertiger Abklatsch der sogenannten *Greats* betrachtet (das Studium klassischer antiker Literatur in ihrer ursprünglichen Sprache). Zu meiner Zeit wurden Absolventen der englischen Literatur nicht zur Teilnahme am Wettbewerb um die begehrte Mitgliedschaft am *All Souls College* zugelassen. Die Abneigung, die den media studies heute entgegenschlägt, ist vergleichbar mit dem, was der Anglistik vor einem Jahrhundert widerfahren ist, als sie um akademische Anerkennung rang. In beiden Fällen setzten sich einige Lager für die Zulassung des neuen Fachs als universitäre Disziplin ein, während andere es mit Verachtung bedachten. Für seine Anhänger stellte das neue Fach einen frischen Wind dar, die Anerkennung sich verändernder historischer Gegebenheiten und das Streben nach zeitgemäßer Relevanz. Für seine Gegner bedeutete es jedoch nicht nur einen Verfall des Niveaus, sondern damit verbunden auch den Zulauf neuer Studierendengenerationen aus niedrigeren Gesellschaftsschichten mit niedrigerem Bildungsstand – es stellte den elitären Status der Universität an sich infrage.

Jede neue Disziplin hat ihre eigene, interne Geschichte, obwohl sich Inhalt und Struktur der Erzählungen in allen Fällen als mehr oder weniger gleich herausstellen. So wird eine Disziplin stets zu einer bestimmten Zeit an einem bestimmten Ort Anerkennung erfahren (wie die Soziologie in den 1890er Jahren in Chicago oder die Englische Literatur in den 1920er Jahren in Cambridge). Normalerweise fängt man beim Konkreten und Besonderen an. Ich habe deswegen die Geschichte erzählt, wie Paul Lazarsfeld an der Columbia landete und einem sozialwissenschaftlichen Ansatz zur Untersuchung der Auswirkungen neuer Medien auf den einzelnen Menschen den Weg ebnete. Ferner habe ich davon berichtet, wie auch das Institut für Sozialforschung in Frankfurt dorthin gelangte, von seinem einigermaßen angespannten Verhältnis zu Lazarsfeld und seiner unverwechselbaren „kritischen" Sichtweise auf Massenunterhaltung. Wir haben die Theoriearbeit kennengelernt, die Stuart Hall bei der Erforschung des Fernsehens leistete, in einem kleinen, bahnbrechenden Forschungszentrum, das Richard

Hoggart in Birmingham gegründet hatte. Die Darstellungen von solchen Entwicklungen weisen eine vertraute Erzählstruktur auf: Es gibt eine Heimatinstitution und Gründungsväter, es entwickeln sich eine Agenda, Schlüsseltexte und möglicherweise Revierkämpfe innerhalb der Gründungseinrichtung oder gegen andere Institutionen, die die Erstere herausfordern. All dies ist der übliche Stoff, der zu historischen Darstellungen von sich entwickelnden wissenschaftlichen Fachrichtungen gehört. Was sie jedoch nicht erklären, sind die historischen Gegebenheiten, die die Disziplinen überhaupt erst entstehen ließen. Genau das, so ist mir nach und nach klargeworden, ist die Kernfrage, mit der sich die Geschichtsschreibung von intellektuellen Tätigkeitsfeldern auseinandersetzen muss.

Es kann nie bloß darum gehen, warum Dinge wann und wo geschehen sind. Das ist zu einem gewissen Teil immer auch eine Frage des Zufalls. Das *Centre for Contemporary Cultural Studies* wurde in Birmingham gegründet, weil das zufälligerweise der Ort war, an dem Hoggart in den frühen 1960er Jahren einen Lehrstuhl für Literatur innehatte. Doch die Entstehung neuer intellektueller Forschungsfelder selbst ist keine Frage des Zufalls. Sie sind das genau festgelegte Ergebnis eines historischen Prozesses; Reaktionen auf die Pathologien der Moderne, wie ich zeigen werde. Sie tauchen zu bestimmten Zeiten an bestimmten Orten als Reaktionen auf die aktuellen Ängste über den Zustand der Welt auf. Die Gestalt, die solche Reaktionen annehmen, geht in erster Linie auf die Geschichte zurück und nicht auf die Ursprungsinstitutionen und deren Gründer. Wenn also Columbia von den 1930er bis zu den 1950er Jahren und Birmingham in den 1960er und 1970er Jahren die zwei Schlüsselmomente der wissenschaftlichen Erkundung der Medien im 20. Jahrhundert darstellen, so muss in erster Linie untersucht werden, weshalb jeder dieser Momente seine spezielle Form angenommen hat: Warum tauchte die *soziale* Frage im Nordamerika der 1930er Jahre auf, die *kulturelle* Frage im Großbritannien der 1970er Jahre – und warum in genau dieser Reihenfolge (d.h., warum kommt geschichtlich betrachtet zuerst die soziale Frage und dann die kulturelle)? Eine jeweils immanente Darstellung der beiden Entwicklungen kann diese Frage für keinen der Fälle beantworten. Dementsprechend gibt es bei der Entstehung intellektueller Felder zwei recht eigenständige und voneinander getrennte Arten der Geschichtsschreibung: die *endogenen Geschichten* von bestimmten Entwicklungen und die *exogene Geschichte*, auf die sie sich beziehen.

Wenn es ein Buch gibt, das mir bei meinen Überlegungen in diesem Bereich geholfen hat, dann ist das *Die einsame Masse* (1958 [1950]) von David Riesman, eine Arbeit, die sich mit dem Wandel in den Vereinigten Staaten Mitte des 20. Jahrhunderts beschäftigt und diesen geschichtlich interpretiert. Es war für die damalige amerikanische Soziologie ein äußerst ungewöhnlicher Text, eben weil er die zeitgenössischen Phänomene, mit denen er sich auseinandersetzt, unter

Berücksichtigung eines umfassenden geschichtlichen Rahmens betrachtet. Durch diesen Text lernte ich, die doppelte Erzählstruktur in den Geschichten, die ich zu schreiben versuchte, zu erkennen; ihre eigenen und besonderen internen Geschichten *sowie* deren Reaktionen auf den Verlauf externer historischer Prozesse. Riesman behauptet, es habe in den späten 1940er Jahren eine strukturelle Transformation der amerikanischen Seele stattgefunden; einen Übergang vom innen-geleiteten zum außen-geleiteten Individuum. Diese Neustrukturierung des Selbst erfolgte nicht als von innen kommende Reorganisation der amerikanischen Psyche. Sie wurde vielmehr durch exogene geschichtliche Einflüsse vorangetrieben, die die damalige Gesellschaft durchwirkten. Den grundlegendsten und tiefgreifendsten Anteil daran hatte der ökonomische Wandel von der Produktion schwerindustrieller Güter zur Herstellung von Produkten für den häuslichen Bedarf. Der sich damit beschleunigende Übergang von einer Mangel- zu einer Überflussökonomie formte einen dementsprechend neuen Individuumstypen. Die Lebensumstände der Menschen wandelten sich dahingehend, dass die ehemals von Arbeit bestimmte Existenzweise zunehmend von Freizeit geprägt war. Die Arbeitszeit als Zwang und der Arbeitsplatz dominierten das individuelle Leben und die persönlichen Erfahrungen nicht länger, da eine Ausrichtung zugunsten der Freizeit stattfand. Das Pendel schwang von der Produktion zum Konsum – eine entscheidende Veränderung innerhalb des langen und noch immer andauernden weltgeschichtlichen Prozesses der gesellschaftlichen Modernisierung. Im Rahmen dieses Prozesses wichen auf bloße Bedarfsdeckung ausgerichtete Ökonomien mitsamt den an sie angepassten Lebensformen zunehmend noch nie da gewesenen Überschussökonomien, in denen neue Lebensweisen zum ersten Mal von wirtschaftlicher Freiheit und Wahlmöglichkeiten bestimmt waren.

Entscheidend war für mich die historische Spezifität des Augenblicks, in dem *Die einsame Masse* geschrieben wurde; der Moment, dessen Symptom der Text ist und gleichzeitig auch seine Diagnose. Riesman brachte mich dazu, die 1940er Jahre als Dreh- und Angelpunkt des letzten Jahrhunderts zu betrachten. Die Welt zu Anfang dieses Jahrzehnts war eine andere als die zu dessen Ende. Wie ich in Kapitel 5 vorgeschlagen habe, muss man nur Großbritannien oder die USA in den 1930er und den 1950er Jahren vergleichen, um den Gehalt dieser Überlegung zu erkennen. Das Jahrzehnt vor dem Zweiten Weltkrieg war in beiden Ländern von Armut gekennzeichnet, wohingegen sich das Jahrzehnt danach für die Mehrheit der Bevölkerung durch zunehmenden Wohlstand auszeichnete. 1959 gewannen die Konservativen in Großbritannien eine Wahl mit dem Slogan „You've never had it so good!". Der Zweite Weltkrieg war der geschichtliche Wendepunkt des letzten Jahrhunderts. Es ist bittere geschichtliche Ironie, dass ein Krieg, in dem 50 Millionen Menschen ihr Leben ließen, die Politik der Armut beseitigen konnte, die ihm vorausgegangen war. In Großbritannien und Amerika brachte der Ausbruch des Krieges innerhalb weniger Monate Vollbeschäftigung und die arbeitende Bevölkerung erfuhr eine reale Verbesserung des allgemeinen Lebensstandards, die bis ins folgende Jahrzehnt andauerte und sich noch bis heute fortsetzt. Die Welt, in der wir heute leben, ist stark geprägt vom letzten Weltkrieg, wie in den 1950er Jahren erkennbar wurde. Wenn wir heute auch sagen können, dass der Kapitalismus und die Demokratie gesiegt haben, so darf man doch nicht vergessen, dass in den meisten europäischen Ländern bis zu jener Zeit keines von beiden besonders zwingend, notwendig oder sogar wünschenswert gewirkt hatte (vgl. Dunn 2005). Jetzt scheint es, als gäbe es zu den beiden keinerlei Alternative.

Dieser Strukturwandel der Welt, welcher sich in einem entscheidenden Zeitraum von 30 Jahren in der Mitte des 20. Jahrhunderts abspielte, soll als eine Art Schablone funktionieren, mit der ich versuchen will, die Entstehung sowohl der Soziologie der Massenkommunikation in den 1930er Jahren in den USA als auch der media studies in den 1970er Jahren in England als jeweils zeitgemäße Reaktion auf diesen grundlegenden historischen Prozess zu erklären. Ich werde mich bemühen, zu zeigen, wie und warum vor dem Krieg in Amerika eine soziologische Reaktion auf das erfolgte, was vorging, während sich in England eingangs der 1970er Jahre eine kulturelle Reaktion auf den zeitgenössischen sozialen Wandel ergab. Ich werde diese beiden historischen Momente interpretieren, in denen als Folge der grundlegenden Umbrüche, die in der Welt stattfanden, die Frage der Medien in den Mittelpunkt wissenschaftlicher Aufmerksamkeit rückte, ausgelöst durch die globale Verschiebung der ökonomischen Kontinentalplatten beim Übergang vom Mangel zum Überfluss. Die Basis dieses Arguments ist ziemlich orthodox. Ich fasse *die* Wirtschaft als ein weltgeschichtliches und die Welt definierendes Phänomen auf, das überall eindeutige Auswirkungen auf die zeitgenössischen Formen sozialen, politischen und kulturellen Lebens hat.[1] Der wirtschaftliche Wandel von Knappheit zu Überfluss, so Riesman, rufe neue Formen von Politik, neue Lebensweisen und einen neuen Typ von Individuum hervor. Die Welt, in der die Menschen jeweils leben, resultiert aus ineinander greifenden geschichtlichen Veränderungen, die wiederum in dieser erkennbar sind. Alle müssen auf die eine oder andere Weise mit ihr klarkommen und sich so gut sie können in ihr zurechtfinden – auf individueller wie institutioneller Ebene. So haben wir zum Beispiel gesehen, wie Intellektuelle aus der alten Welt Europas auf individueller Ebene mit ihren Erfahrungen in der Neuen Welt umgegangen sind, als sie in den 1930er Jahren als politische oder ethnische Flüchtlinge in Amerika ankamen. Lazarsfeld und Adorno sind mustergültig, was ihre persönliche Gegensätzlichkeit angeht. Bezüglich der institutionellen Ebene haben wir festgestellt, dass dieselben Individuen an der gleichen Universität aufgenommen wurden, Schutz fanden und arbeiteten. Gleichzeitig setzten sie sich aber auf ausgesprochen unterschiedliche Art und Weise mit

demselben zeitgenössischen Gesellschaftsphänomen auseinander – dem Aufkommen von Massenkommunikation und -unterhaltung: Radio, Kino, Musik.

Im Folgenden werde ich versuchen, von unserer heutigen Zeit aus die damalige Politik der Gegenwart[2] zu interpretieren, wie sie sich in zwei historischen
Momenten ausdrückt. Beide haben eine wissenschaftliche Auseinandersetzung
mit den damals jeweils sehr neuen Kommunikationsmedien ausgelöst; das Radio
im Amerika der 1930er und 1940er Jahre sowie das Fernsehen im Großbritannien
der 1960er und 1970er Jahre. Der Fokus dieses Buches lag durchgehend auf
prägenden Momenten und somit auf jenen Zeitspannen, in denen neue Wissen-
schaftsbereiche begründet werden und sich selbst definieren. Demzufolge ist es
nicht ganz unwichtig, danach zu fragen, wo die Grenze zwischen der Innovation
eines Bereichs und der darauf folgenden Routinisierung und Normalisierung
verläuft. Ich werde, den vorangegangenen Erzählungen entsprechend, die Gründung des *Bureau of Applied Social Research* in Columbia als ausschlaggebenden Moment für die Soziologie der Massenkommunikation betrachten. Dieser
ist eng verbunden mit dem Einsatz von Lazarsfeld bei der Erforschung der Wirkung und Nutzung von Medien. Die Arbeit, die den Höhepunkt dieses Moments
bildet und gleichzeitig auch zu einem gewissen Grad seinen Abschluss darstellt,
ist, wie ich bereits aufgezeigt habe, *Persönlicher Einfluss und Meinungsbildung*
von Katz und Lazarsfeld, erschienen 1955. Danach konzentrierte man sich weitestgehend auf die Festigung und Verbreitung dieses Wissenschaftsbereichs.
Ähnlich verhält es sich mit dem prägenden Moment der in Birmingham behei-
mateten media studies, der von der Gründung des Centre for Contemporary
Cultural Studies (CCCS) und den Arbeiten Halls zum Thema Ideologie und
Fernsehen bestimmt wurde. Er fand sein Ende mit dem Wechsel Halls zur Open
University im Jahre 1980. Von da an pendelte sich auch der aufkommende Bereich der media studies zwischen Festigung und Verbreitung ein; die Normalisierung einer Agenda, die in den 1970er Jahren am CCCS ausgearbeitet worden
war. Ich werde nun untersuchen, was die Arbeitsziele und Agenden in diesen
beiden Gründungsmomenten jeweils geformt und bestimmt hat.

11.2 Das Entstehen der „Gesellschaft"

Bezogen auf die Entwicklungen in Columbia vor dem Zweiten Weltkrieg muss
die Frage lauten: *Warum* überhaupt Soziologie – und warum eine Soziologie der
Massenkommunikation? Wenn die Soziologie entstand, um sich mit der Frage
des Sozialen auseinanderzusetzen, was genau *ist* dann diese Frage – wie, wo
und wann stellte sie sich? Eine Antwort auf derartige Fragen bietet ein weiterer
Schlüsseltext aus den 1950er Jahren; *Vita activa oder Vom tätigen Leben* von
Hannah Arendt. Dieses wundervolle Buch sollte man zusammen mit den Werken

von Riesman, Williams und Habermas (der davon direkt beeinflusst wurde)
lesen. Es stellt einen weiteren zeitgenössischen Versuch dar, nach dem Krieg die
Bedeutung der Moderne und ihre geschichtliche Entstehung einer kritischen
Analyse zu unterziehen. Auch Arendt entfloh den Schrecken des Nationalsozialismus aus politischen wie ethnischen Gründen und fand ein neues Leben in den
Vereinigten Staaten. Sie war eine Altersgenossin von Adorno (den sie nicht
leiden konnte) und Walter Benjamin, den sie mochte und bewunderte. Ihr intellektueller Hintergrund war von der Untersuchung der Zivilisation, Politik und
Literatur Griechenlands und Roms geprägt. Sie war in den 1920er Jahren Martin
Heideggers begabteste Studentin an der Universität von Marburg gewesen und
auch seine Geliebte. Später arrangierte Arendt sich gut mit dem Leben als Intellektuelle an der Ostküste. Sie wohnte in New York und bewegte sich zwischen
dem universitären Leben und dem Milieu der großstädtischen literarischen Intellektuellen, während sie regelmäßig für den *New Yorker* schrieb. Ihre Denkweise,
eine Art politische Phänomenologie, in der ihre tiefe Liebe und ihr Verständnis
gegenüber der antiken Welt mit Heideggers zeitgenössischer *Existenzphiloso-
phie* verschmilzt, ist unverwechselbar und originell. Sie ermöglicht es uns, die
geschichtliche Entstehung des Gegenstandsbereichs der Soziologie zu erkennen
und zu verstehen: die *Gesellschaft*.

Für Arendt ist „das Entstehen der Gesellschaft" ein Schlüssel zum Verständnis der modernen Welt (Arendt 2007 [1958]: 47–62). Es ist ein vielschichtiges
Argument, das für eine Vielzahl kritischer Debatten gesorgt hat, und fußt auf
einer spezifischen Lesart der Struktur des griechischen Lebens während der Zeit
der athenischen Demokratie vor mehr als 2000 Jahren. Arendt deutet das tägliche Leben der freien Menschen (der männlichen Bürger Athens) als zweigeteilt
in das private Leben im Haushalt auf der einen sowie in das öffentliche Leben in
der *Polis* auf der anderen Seite. Ersteres meint den Bereich der Notwendigkeit,
Letzteres den Bereich der Freiheit. Der Haushalt mit seiner Privatsphäre ist ein
Ort der Entbehrung, dem die Männer entfliehen, wenn sie die „große und ruhmreiche Öffentlichkeit" (ebd.: 65) betreten, um sich am politischen Geschehen des
Stadtstaates zu beteiligen. Dies ist eine Auslegung des Verhältnisses zwischen
dem Privaten und dem Öffentlichen, die unserer Wahrnehmung heutzutage eher
widerspricht. Wir betrachten unser Privatleben als einen Bereich der Freiheit,
Intimität und Authentizität und überlassen die Organisation des öffentlichen
Lebens den Profis – Politikern und der bestehenden Bürokratie –, während wir
gelegentlich unseren bürgerlichen Pflichten nachkommen, indem wir hinausgehen, um zu wählen. Wir schätzen Ersteres und verachten Letzteres. Arendt denkt
jedoch, dass es genau andersherum ist (oder sein sollte).

In zweifacher Hinsicht ist der Haushalt der Bereich des Notwendigen: Es ist
der Ort geschlechtlicher Fortpflanzung und der schützende Hort für die körperli-

chen Bedürfnisse, die Versorgung und Fürsorge seiner Mitglieder. Das häusliche Leben ist in diesem doppelten Sinne zuständig für die Erfüllung und die Organisation der grundlegenden materiellen Bedürfnisse des Menschen. Der moderne Begriff „Ökonomie" hat zwei griechische Wurzeln – *oikos* (der Haushalt) sowie *nomos* (das Gesetz) – und bedeutete einst die Verwaltung des Haushalts, der häuslichen Ökonomie. Das „Gesetz des Haushalts" (seine *oikonomia* bzw. Ökonomie) verwies nicht nur auf patriarchalische Autorität und die Regulierung von Angelegenheiten, die den Haushalt betrafen. Es bedeutete viel grundlegender, dass sämtliche Mitglieder eines Haushalts dessen strengen Gesetzen unterlagen, den Gesetzen sexueller und körperlicher Notwendigkeiten und Bedürfnisse:

> „Uns ist es selbstverständlich, diese Dinge nicht genau voneinander zu trennen, weil wir seit Beginn der Neuzeit jeden Volkskörper und jedes politische Gemeinwesen im Bild der Familie verstehen, dessen Angelegenheiten und tägliche Geschäfte wie ein ins Gigantische gewachsener Haushaltsapparat verwaltet und erledigt werden [...] Was wir heute ‚Gesellschaft' nennen, ist ein Familienkollektiv, das sich ökonomisch als eine gigantische Über-Familie versteht und dessen politische Organisationsform die Nation bildet. Wir können uns daher nur mit Mühe vorstellen, daß antikem Denken zufolge ein Begriff wie politische Ökonomie in sich widerspruchsvoll gewesen wäre: was immer ‚ökonomisch' war, nämlich zugehörig zum schieren Leben des Einzelnen und zum Überleben der Gattung, war dadurch bereits als nicht-politisch identifiziert und definiert." (Arendt 2007 [1958]: 39)

Für Arendt ist die Entstehung des gesellschaftlichen Bereichs „ein relativ neues Phänomen, dessen Beginn sich mit dem Aufkommen der Neuzeit überschneidet" (ebd.). Es handelt sich dabei um das Ergebnis, so führt Habermas ihre These aus, des lang andauernden historischen Prozesses, in dem die moderne kapitalistische Wirtschaft Europas allmählich ausgeformt wurde. Dies geschah, als die Organisation existenzieller Bedürfnisse (die Versorgung mit Nahrung, Unterkunft, Kleidung etc.) aus dem unmittelbaren, privaten Umfeld der einzelnen Haushalte austrat und allmählich, über Jahrhunderte hinweg, größere „wirtschaftliche" Produktionseinheiten bildete, die anfingen, die materiellen Bedürfnisse der Haushalte zu decken. Moderne Gesellschaften sind untrennbar an die Entwicklung der modernen Wirtschaft gekoppelt, die von Anfang an im Rahmen der begrenzten Autorität des modernen Nationalstaats operierte und sie gleichzeitig stets überschritten hat. Es waren die von der Wirtschaft in modernen Gesellschaften erzeugten Spannungen, die die moderne Wissenschaftsdisziplin der Soziologie ins Leben riefen, damit sie sich mit der Frage des Sozialen auseinandersetzte.

Diese Spannungen bildeten die zentrale Thematik von Arendts nächstem Buch; eine vergleichende Studie der Amerikanischen und Französischen Revolution sowie der Geburt moderner Politik. Sie analysierte hier das Aufkommen der „sozialen Frage" im 19. Jahrhundert, die durch die Politik der Armut und das Aufkommen der Massen entstand (vgl. Arendt 1994b [1963]: 73–146). Heutzutage lässt sich eine Tendenz hin zu der Behauptung feststellen, die Massen hätten nie existiert. In seiner recht unterhaltsamen Breitseite gegen *The Intellectuals and the Masses, 1875–1939* steigt John Carey in die Thematik ein, indem er „die Massen" des späten 19. und frühen 20. Jahrhunderts kurzum als Fiktion abtut. Es handele sich um ein Produkt des widerlichen, vom Klassensystem beherrschten Snobismus der bürgerlich-europäischen Literatur-Intelligenzia jener Zeit, die die ungebildete und unsaubere urbane Arbeiterklasse nahezu ausnahmslos verachtet habe (vgl. Carey 1992: 1). Obwohl ich einige Sympathien für Careys rustikale Betrachtungsweise der Intellektuellen hege, so muss hier dennoch festgehalten werden, dass es sich bei den Massen nicht um Fiktion handelte.[3] Zu jener Zeit bezeichneten sie in Europa und Nordamerika die politische wie ökonomische Realität. Die Frage ‚der Massen' war vom Tag der Französischen Revolution an *die* sozialen Frage; genauer gesagt handelte es sich dabei um die Politisierung von Armut.

Daraus, so argumentiert Arendt, hatte Marx folgende Schlussfolgerung gezogen:

> „Vom Standpunkt der Revolution aus war nichts wirksamer und auch origineller, als daß er die drängende Not der Massenarmut politisch auslegte und so in jedem Aufstand, der der Not entsprang, eine Revolution für die Sache der Freiheit sah. Was die Französische Revolution ihn lehrte, war, daß Armut ein politischer Faktor allerersten Ranges sein kann." (Arendt 1994b [1963]: 77)

Aus einer naturgegebenen wurde eine historische Tatsache, die in der Politik Europas wie auch Nordamerikas aufgegriffen wurde und sie vom 19. bis ins 20. Jahrhundert hinein sogar bestimmte. Sie war die treibende Kraft der Geschichte, da die Arbeitskraft der verelendeten urbanen Arbeiterklasse die grundlegende Quelle des Reichtums war, der mit den im Fabrikkapitalismus massenhaft hergestellten Gütern erzielt wurde. Der strukturelle ökonomische Widerspruch zwischen Kapital und Arbeit, den Marx so deutlich und vorausschauend analysiert hatte, bewirkte in der Industrie anhaltende Unruhen und Konflikte, deren Lösung das zunehmende Eingreifen des Staates erforderte: die Dauer des Arbeitstages und der Arbeitswoche, der entsetzliche Missbrauch von Kindern als Arbeiter, Gesundheit und Sicherheit am Arbeitsplatz, Lohnverhandlungen, die Organisation von Arbeitern in Gewerkschaften und deren Rechte etc. – eine Unzahl von Themen, die kontinuierliche politische Regulationen voraussetzten, um die Wirtschaft am Laufen zu halten und die stets präsente Angst vor Aufständen von unten zu entschärfen. Raymond Williams hatte verstanden, dass all dies „die soziale Frage" ausmachte, wie er deutlich anhand des beispielhaften Falls der britischen „Gesellschaft" vom späten 18. bis zur Mitte des 20. Jahrhunderts darlegte. Mit all dem wurde allmählich auch das Wesen des Staates reformiert und neu definiert; in der langen Revolution, die in eine Demokratie mündete, welche die Massen repräsentiert; eine neue Art von Politik, die in Europa erst im frühen 20. Jahrhundert verwirklicht wurde.

In den ersten Jahrzehnten des letzten Jahrhunderts definierte und bestimmte die Frage der Massen dann das ökonomische und politische Leben. Sie gewann in zwei Schlüsselmomenten an neuer Bedeutung und Dringlichkeit: einerseits bei der Bolschewistischen Revolution in Russland im Jahre 1918, die zeitgleich zu heftigen Unruhen in allen modernen Ökonomien stattfand, und andererseits bei dem Börsencrash an der Wallstreet im Jahre 1929, dessen Konsequenzen das folgende Jahrzehnt bestimmten. Die Zeit zwischen den beiden Weltkriegen war der Moment der „Massenkommunikation" und der „Massenkultur". In der Literatur dieser Jahre galten „Masse" und „Massen" als selbstverständliche und unbesetzte Begriffe, die zu natürlichen Beschreibungen von natürlichen Tatsachen genutzt wurden. Allerdings hatten diese Begriffe in Europa und Nordamerika unterschiedliche Bedeutungen. Die Massen in Europa waren das urbane Proletariat. In Amerika handelte es sich bei ihnen um die einzelnen, atomisierten Bestandteile der einsamen urbanen Masse. Doch in keinem der beiden Fälle kann man sie als die Gedankenkonstrukte zeitgenössischer Intellektueller abtun, die Gesellschaftsphänomene durch das falsche Ende eines Teleskops betrachtet haben. Die Begriffe stellten reale und unbestreitbare soziale Tatsachen dar. Die Politik der Armut kehrte zurück, suchte auch die 1930er Jahre heim und trieb die Welt in den Krieg. Wir sollten nicht vergessen, dass man sie die *hungry 1930s* nannte.

11.3 Die Soziologie der Massenkommunikation

Dies ist also der weltgeschichtliche Hintergrund, vor dem die Soziologie der *Massen*kommunikation in den 1930er Jahren in den USA entstand. Somit können wir nachvollziehen, warum hierbei die *Masse* betont wurde und nicht die Kommunikation. Das Interesse jener Zeit galt nicht dem kommunikativen Charakter der neuen Kommunikationstechnologien, sondern ihrem Einfluss und ihrer Wirkung auf die Masse der Bevölkerung. Die Soziologie der Massenkommunikation entstand zu besagter Zeit aus der Sorge der Elite heraus, dass die urbanen Massen empfänglich wären für Manipulation durch Werbung, Zeitung und Radio. In der Zwischenkriegsperiode etablierten sich zudem die neuen, modernen Formen der Unterhaltung, die den Rest des Jahrhunderts bestimmen sollten (Radio, Kino, Fernsehen und die Musikindustrie). Während Millionen Hunger, Arbeitslosigkeit und ärmliche Lebensumstände ertragen mussten, begannen gleichzeitig Millionen mehr Menschen, den minimalen Überschuss an verfügbarer Zeit und Geld in einer sich entwickelnden Konsum- und Unterhaltungskultur zu genießen. Die Alltagskultur der Nachkriegsära wurde in dieser Zwischenkriegsphase geformt. Dabei führten die neuen Massenmedien dem zeitgenössischen Publikum die Folgen von Armut vor Augen, wobei sie selbst Teil der neuen Freizeit- und Konsumkultur waren, die von der rasant wachsenden Überflusswirtschaft gestützt wurde. Die Soziologie der Massenkommunikation hat diesen in der amerikanischen Gesellschaft stattfinden Übergang über einen Zeitraum von 20 Jahren mitverfolgt, von der Mitte der 1930er bis zur Mitte der 1950er Jahre.

Ursprünglich war die Forschung weniger von der Angst vor dem revolutionären Potential der Massen, als vielmehr von der Sorge um deren Wohlergehen motiviert. Wie wirkten sich die mächtigen neuen Kommunikationstechnologien auf den gewöhnlichen Menschen aus? War er nicht anfällig für Manipulation, weil er aufgrund seiner fehlenden Bildung schlecht informiert war? War er nicht psychologisch beeinflussbar, da er in ökonomisch unsicheren Verhältnissen lebte? Dies waren die Annahmen, die der ersten wichtigen Fallstudie zum Einfluss des Radios als erstes bedeutendes und damals sehr neues Rundfunkmedium zugrunde lagen. Hadley Cantrils *The Invasion from Mars* trägt den Untertitel „A study in the psychology of panic". Die Tatsache, dass eine große Zahl von Menschen wegen eines Gruselhörspiels zu Halloween – eine Adaption von H.G. Wells' *The War of the Worlds* – verängstigt aus ihren Häusern floh und sich davonmachte, schien die Macht des Radios und die Verwundbarkeit des „gewöhnlichen Menschen" zu bestätigen. Es war die Aufgabe der Intellektuellen, „vermehrt Wissen und Skepsis unter den gewöhnlichen Menschen zu verbreiten", damit sie „weniger von emotionalen Unsicherheiten beunruhigt werden, die von sozial schwachen Umfeldern herrühren" (Cantril et al. 1940: 205). Dieser wichtigen Aufgabe wandte sich Paul Lazarsfeld mit seiner Schlüsselstudie *Radio and the Printed Page* zu, die im selben Jahr erschien. Sie sollte zum einen die Frage beantworten, „die vielen Bürgern am dringlichsten durch den Kopf geht: Wie wird das Radio die Gesellschaft verändern?". Zum andern sollte sie denen, die sich mit der Bildung der Massen beschäftigten, eine Analyse davon anbieten, unter welchen Umständen die „Massen" bereit wären, sich vom Radio bilden zu lassen und unter welchen nicht (Lazarsfeld 1940: 133). Die Thematik der *Mass Persuasion* griff dann etwas später Robert Merton in seiner eleganten Studie über die Zuschauerreaktionen zu Kate Smiths Radiomarathon zum Verkauf von Kriegsanleihen auf (Merton 2004 [1946]).

All diesen Untersuchungen über den Einfluss des Radios in den späten 1930er und frühen 1940er Jahren ist gemein, dass sie von einem direkten und starken Einfluss auf die scheinbar machtlosen Massen ausgehen. Das Radio brachte tatsächlich viele Leute dazu, in Panik zu fliehen. Es *brachte* sie dazu, Kriegsanleihen im Wert von 40 Millionen Dollar an nur einem Tag zu kaufen. Zugleich beginnt sich aber die Auseinandersetzung mit diesem von oben nach unten gerichteten Einfluss des Radios auf das Individuum zu verändern. Bei genauerer Betrachtung verschiebt sich der Blickwinkel weg von der Frage danach, was die Medien mit den Menschen machen, hin zur Frage, was die Menschen mit den Medien machen. Dadurch, dass Herta Herzog in den 1930ern wissen wollte, was Frauen dazu bewegte, tagsüber ausgestrahlte Radioserien zu verfolgen, eröffnete sie einen Bereich, der später „Uses-and-Gratifications"-Forschung genannt wurde. Sie war mit dem Vorhaben gestartet, den Einfluss des Radios auf das Leben von Frauen zu untersuchen, gelangte dann aber zur Bedeutung, die das Medium für selbige hatte. Zwei gegensätzliche Motive ziehen sich durch die Studie: die Einsamkeit vieler Zuhörerinnen und die kompensatorische „Nutzung" des Radios als Quelle für Gesellschaft und Freundschaft – isolierte Individuen also, die sich an der geselligen Aura des neuen Massenmediums wärmten (vgl. Herzog 1941). Dasselbe Bild ergibt sich aus Studien über Tageszeitungen und etwas später über das Fernsehen. Eine weiterer früher Uses-and-Gratifications-Klassiker ist Bernard Berelsons bestechende Untersuchung darüber, was es während eines zweiwöchigen Streiks im Jahre 1945 für die New Yorker bedeutete, auf ihre Tageszeitungen verzichten zu müssen („What missing the newspaper means"). Genau wie Herzog wandte er psychoanalytische Konzepte an, um unter der Oberfläche danach zu fahnden, was es „wirklich" hieß, die tägliche Zeitung zu vermissen (vgl. Berelson 2004a [1949]). Er kam zu ähnlichen Ergebnissen: Die Tageszeitung war eine Art kleines Lebenserhaltungssystem, das ansonsten ‚leeren' Tagen und Existenzen Bedeutung und Struktur gab. Ohne sie wussten die Menschen nichts mehr mit sich anzufangen, sie fühlten sich einsam und isoliert. Durch die Zeitung aber hatten sie Zugang zu einer vollständigeren, reicheren und aufregenderen sozialen Welt. Die nach wie vor einflussreiche Studie über das frühe Fernsehen von Donald Horton und Richard Wohl ist die gründlichste Ergründung des geselligen Charakters von Fernsehproduktionen und dem „Band der Intimität" (die „parasoziale" Beziehung), das sie insbesondere zu „sozial Isolierten, sozial Unbeholfenen, Alten und Gebrechlichen, Ängstlichen und Ausgestoßenen" knüpften (Horton & Wohl 2004 [1956]: 380).

Diese Bekundungen von einer entfremdeten Erfahrung des zeitgenössischen amerikanischen Großstadtlebens, insbesondere bei den ökonomisch und emotional Verunsicherten, lassen sich nicht bestreiten. Die Ergebnisse von Herzog und Berelson wie auch der Titel von Riesmans Buch (den der Herausgeber ausgewählt hatte) beschreiben authentisch die „Gefühlsstruktur" der vereinsamten, isolierten Angehörigen der einsamen Masse.[4] Im Großbritannien der Vorkriegszeit betrachtete Leavis sowohl die traditionelle als auch die neue Massenkunst als Ersatz für wirkliches Leben und authentische Erfahrung. Die amerikanische Sozialforschung hatte damals ebenfalls die Auffassung, dass das Radio, Filme und Tageszeitungen unauthentische und pseudo-soziale Surrogate für eine authentische Existenz darstellten. Ungeachtet der Werturteile über die ‚Massen' weisen die Daten darauf hin, dass die Mehrheit der Bevölkerung die Möglichkeit, selbst Erfahrungen sammeln zu können, schlichtweg eingebüßt hatte. Wirtschaftliche Entbehrung verdammt sie zu einer unterschiedslosen Existenz. Darin besteht die Bedeutung von Massengesellschaft und Massenkultur. Unter dem Joch des eintönigen ökonomischen Zwangs mag sich mit Musik, Filmen, Radio und der morgendlichen Zeitung durchaus eine kurze Auszeit von den täglichen Pflichten geboten haben. Wenn Sehnsucht und Verlangen durch Mangel ausgelöst werden, dann ist der Eskapismus als ihr (un-)authentischer Antrieb der wahrscheinlich realistischste Ausdruck der Erfahrung der Moderne in der Massengesellschaft. Diese zutiefst zweideutige Erfahrung (echt oder unecht – authentisch oder nicht?) bildet jedes Mal die rätselhafte Kern-Fragestellung, in jeglicher Form der Bewertung der Rolle neuer Kulturindustrien. Die Uses-and-Gratifications-Literatur legt nahe, dass die Massenmedien (wissenschaftlichen Auswertungen zufolge) eine beunruhigende kompensatorische Funktion hatten: Sie füllten die Leerstelle, die das Fehlen bedeutungsvoller Erfahrungen im Alltag hinterließ. Damit schufen sie bei vereinsamten Menschen eine Kultur der Abhängigkeit. Hierbei handelt es sich um ein sehr zweifelhaftes Bild, das zwar zum Teil der historischen Wirklichkeit entspricht, zum Teil aber auch eine Fehldeutung selbiger darstellt, da das Publikum in der gesamten Literatur als Aggregat von isolierten Individuen behandelt wird. Diese Soziologie hatte die Bedeutung von Geselligkeit noch nicht für sich entdeckt, wofür es mehrere Gründe gab: die Prämissen und Methoden einer Soziologie unter positivistischem Einfluss, die gesellschaftliche Stellung der Intellektuellen und ihre Distanz zum Leben ‚der Massen‘, die Verdinglichung des modernen Denkens im Sinne Lukács' und letzten Endes vor allem die Art und Weise, wie die Welt damals von den Menschen insgesamt wahrgenommen wurde – und zwar nicht nur von den Untersuchungspersonen, sondern auch von den Wissenschaftlern.

Trotzdem schimmert aber schon ein anderes Bild hinter den Daten hervor. Fast alle Frauen, die Radio-Soaps verfolgen, unterhalten sich mit anderen darüber und 41 Prozent tauschen sich über ihr Lieblingsprogramm mit Freunden aus. Herzog berichtet von einer Frau, die jeden Tag mit ihrer Freundin in New Jersey telefoniert, um über das zu reden, was gerade in der letzten Episode passiert ist.[5] Berelsons Daten zeigen ebenfalls, wie Zeitungen als gesellschaftliche Ressource für Gespräche fungieren. Sieht man von ihrer Betonung der angreifbaren und isolierten Zuschauer ab, unterstreicht die Analyse von Horton und Wohl, dass die Geselligkeit des Fernsehens mit der gesellschaftlichen Existenz des Zuschauers interagiert. Eine anders gelagerte Lesart gerät also in den Bereich des Möglichen. Die Soziologie der Massenkommunikation ist dabei, hinter den geselligen Charakter des Soziallebens zu kommen. Diese Entdeckung hat einen langen Reifeprozess durchlaufen und manifestiert sich schließlich in der Veröffentlichung der Ergebnisse von Katz und Lazarsfeld in *Persönlicher Einfluss und Meinungsbildung*. Die innere und äußere Geschichte dieses Buches ist exemplarisch für den historischen Wandel, der sich von den 1930er bis zu den 1950er Jahren in Nordamerika vollzieht und den David Riesman analysiert hat: der Übergang von der Vorkriegs- zur Nachkriegswelt, von Mangel zu Reichtum, von den Massen zum Alltag.

Im Buch verschmelzen zwei verschiedene Untersuchungsbereiche: die Two-Step-Flow-These, die Lazarsfeld im Rahmen einer Studie zum Wahlverhalten im Jahr 1940 formulierte, und damit verbunden die Untersuchung zu den Dynamiken in Kleingruppen, die Katz im Rahmen seiner Doktorarbeit durchführte. Es sollte betont werden, dass die in Decatur gesammelten Daten schon einige Zeit auf dem Tisch gelegen hatten, bevor Katz sich ihnen widmete. Daran war vor allem der Streit zwischen C. Wright Mills und Lazarsfeld schuld. Es lag allgemeiner aber auch daran, dass die Massenkommunikationsforschung nichts mit dem Material anzufangen wusste. Es musste erst jemand von außen kommen, um seine Aussagekraft zu entschlüsseln. Wie Katz hervorhebt, betrachtete die Soziologie der Massenkommunikation interpersonale Kommunikation entweder als nicht-existent oder als für ihre Belange unwichtig (vgl. Katz & Lazarsfeld 1962 [1955]: 41). Lazarsfeld erkannte jedoch, dass sie dabei helfen konnte, die Rolle des sogenannten „Meinungsführers" in seiner Two-Step-Flow-Theorie zu erklären. Er rekrutierte daher Katz, um mit dessen Hilfe das Material aus Decatur erneut anzugehen. Katz beginnt mit einer heftigen Kritik an der „traditionellen Vorstellung des ‚Massenüberzeugungsprozesses'" (ebd.: 40), welche die „Leute" in diesem Prozess nicht berücksichtigt hat. Es mache keinen Sinn, Meinungsführer als gesonderte Gruppe zu betrachten oder Meinungsführerschaft als einen Charakterzug zu verstehen, den einige aufweisen und andere nicht. Es sei essentiell, Meinungsführerschaft als „feste[n] Bestandteil im Prozeß des Gebens und Nehmens *täglicher persönlicher Beziehungen*" (ebd.: 41; Hervorhebung hinzugefügt) zu begreifen. Wenn man das neue Feld der interpersonalen Kommunikation von außen betrachtet, kann man es als eine direkte Antwort auf die Historisierung des Alltagslebens auffassen. Letzteres brachte die interpersonale Kommunikation sozusagen als ihren ‚soziologischen Gesprächspartner' hervor. Damit möchte ich natürlich nicht sagen, dass das Alltagsleben bis zu jenem Zeitpunkt nicht existiert hatte – was absurd wäre –, sondern dass ihm bis dahin keine historische und soziologische Bedeutung beigemessen worden war. Zuvor war der Alltag für die Geschichte nicht würdig und außerhalb des soziologischen Radius. In den USA fing man in den 1950er Jahren an, das Alltagsleben wahrzunehmen – und, wie wir sehen werden, auch in Europa. Es wurde zunehmend als etwas eigenständig Charakteristisches und Bedeutsames angesehen.

Dies ist die im Entstehen begriffene Welt, die *Persönlicher Einfluss und Meinungsbildung* erkundet. Von einer geschichtlichen Perspektive ausgehend handelt es sich deshalb um eine bahnbrechende Studie über den geselligen Charakter des alltäglichen Lebens Mitte des 20. Jahrhunderts in Amerika. Aus den Daten ergibt sich ein breit gefächertes Beziehungsnetzwerk zwischen und innerhalb von jungen wie alten und verheirateten wie unverheirateten Frauen mit unterschiedlichem sozioökonomischem Status. Die Bedeutung des persönlichen Einflusses bei der Herausbildung von geschmacklichen Vorlieben, Einstellungen, Meinungen, Kaufentscheidungen und bei der Mediennutzung kann überzeugend nachgewiesen werden. Er ist eine „beinahe unsichtbare und mit Sicherheit unauffällige Form der Führerschaft auf der persönlichen Ebene des normalen, vertraulichen und ungezwungenen alltäglichen Kontaktes" (Katz & Lazarsfeld 1955: 138). Diese wird „zwanglos und bisweilen unbewusst sowie ohne jede Absicht innerhalb kleinster Gruppierungen von Freunden, Familienmitgliedern und Nachbarn ausgeübt" (ebd.). Damit zeichnet Katz ein ganz anderes Bild als die vorher erschienene Studie *Mass Persuasion*, in der das amerikanische Stadtleben als von einem Klima gegenseitigen Misstrauens beherrscht beschrieben wurde. Der Alltag spielte dort eine lediglich untergeordnete Rolle im hauptsächlich von Arbeit bestimmten Leben der Massen, die sich den stumpfen ökonomischen Zwängen des Fabrikkapitalismus unterordnen mussten. *Persönlicher Einfluss und Meinungsbildung* hingegen fasst den Alltag als distinkt und bedeutungsvoll in sich selbst auf.

Wie ich bereits erörtert habe, beseitigte der Krieg die anhaltende Wirtschaftskrise der 1930er Jahre. In Amerika und Großbritannien verschwand die Arbeitslosigkeit fast von heute auf morgen, da ein immenser Bedarf an Arbeitskräften bestand. Die Beschäftigten erfuhren einen spürbaren Anstieg des Lebensstandards und zum ersten Mal wuchs der Wohlstand bei Arbeitern schneller als bei Büroangestellten. Insbesondere Frauen wurden massiv eingestellt. Wie *Rosie the Riveter* auf so reizende und bewegende Weise zeigte, erreichten Frauen der amerikanischen Arbeiterklasse (schwarze wie weiße) in kürzester Zeit eine nie da gewesene ökonomische Unabhängigkeit und Kaufkraft (vgl. Frank et al. 1982). Diese Situation war nicht von Dauer. Mit dem Ende des Krieges sollten die Frauen wieder zurück nach Hause gehen und sich um den Nachwuchs kümmern, damit die Männer, die von den weit verstreuten Fronten zurückkehrten, ihre Plätze in der Arbeitswelt übernehmen konnten. Im Kontext der Endphase des Krieges wurde die Decatur Studie durchgeführt. Nach dem Krieg erlebte die amerikanische Wirtschaft eine lange Periode stetigen Wachstums, in der das Leben für viele, wenn nicht gar die meisten Amerikaner, besser war als je zuvor. Die hungrigen 1930er waren bald nur mehr eine verschwommene Erinnerung.

Der Übergang zur Überflussökonomie, der sich bereits in der Zwischenkriegszeit abgezeichnet hat, vollzieht sich Mitte der 1950er endgültig und ist überall bemerkbar. Um die volle Tragweite von *Persönlicher Einfluss und Meinungsbildung* begreifen zu können, müssen wir uns deshalb mit dem langen

Reifungsprozess dieser Studie beschäftigen. Setzten wir uns lediglich mit dem Text an sich auseinander, dann übersehen wir den springenden Punkt: Die Soziologie der Massenkommunikation war nicht in der Lage, die von ihr selbst aufgeworfene Frage zu beantworten und die erhobenen Daten entsprechend zu interpretieren. Ihr fehlte eine Vorstellung davon, was die Menschen miteinander verband. Genau während dem Zeitraum von Mitte der 1930er bis zur Mitte der 1950er Jahre trat der gesellige Aspekt des Sozialen als historisches Phänomen in Erscheinung. Als Reaktion darauf entstand ein neuer Zweig in der Soziologie: Der erste Nachweis über die Verwendung des Begriffs „interpersonal" stammt aus dem Jahr 1938.[6] In der Verbindung der beiden Zweige (die Soziologie der interpersonalen und der Massenkommunikation) gelingt die Lösung eines soziologischen Rätsels, weshalb *Persönlicher Einfluss und Meinungsbildung* zum Zeitpunkt seines Erscheinens bereits als Schlüsseltext der Soziologie betrachtet wurde, dessen Einfluss bis heute anhält.

Die exogene historische Betrachtung, an der ich mich versucht habe, hat notwendigerweise bei der internen Geschichte des Textes und seiner Stellung innerhalb der Soziologie (damals wie heute) angesetzt, die für sein Verständnis beide sehr wichtig sind. Darüber hinaus gilt es aber auch die wirtschaftlichen, politischen, sozialen und kulturellen Bedingungen seiner Entstehungszeit zu berücksichtigen, in die der Text eingebettet ist. Diese beeinflussten natürlich den soziologischen Forschungsprozess mit. Mit meiner Darstellung der Entstehungsgeschichte von *Persönlicher Einfluss und Meinungsbildung* habe ich eine symptomatische Auslegung vorgelegt, der zufolge das Werk als Antwort auf tiefgreifende Veränderungen in der darin untersuchten Welt gedeutet werden kann. Das Buch beschäftigt sich nämlich mit einer Welt, in der die Politik und die Kultur der ‚Massen' zusehends verdrängt und durch eine entstehende Politik und Kultur des Alltags ersetzt wird. Was es dementsprechend sowohl in seiner internen Geschichte als auch als Antwort auf die historischen Prozesse seiner Zeit (sozusagen seine innere und äußere Dialektik) offenbart, ist der Übergang von der Moderne zu Postmoderne, sofern damit der strukturelle Wandel der Weltwirtschaft vom Mangel zum Überfluss und die damit einhergehende Neuausrichtung zeitgenössischer politischer sowie sozialer und kultureller Lebensformen gemeint ist.

11.4 Die Kultur des Alltagslebens

Bisher habe ich mich mit der Frage des „Sozialen" beschäftigt und der Disziplin, die diese in den Vordergrund gebracht hat – die Soziologie. Als nächstes möchte ich mich der Frage des „Kulturellen" zuwenden und die Disziplin behandeln, die aus ihr hervorgegangen ist. Das Wann und Wo dieser Entwicklung ist wesentlich, um ihre Genese zu verstehen. Außerdem wird damit die Beziehung zwischen „Kultur" und „Gesellschaft" besser greifbar. Als Antwort auf diese beiden historisch drängenden Problemfelder entstand die akademische Disziplin der Literaturwissenschaft (hier beispielhaft die Anglistik). Die von ihr behandelte „Literatur" ist selbst ein wichtiges Element innerhalb des langen historischen Prozesses aus dem sie hervorging, da sich die Anglistik nicht mit altertümlicher, sondern schwerpunktmäßig mit moderner Literatur beschäftigt. Ihre zwei Gegenstandsbereiche waren die Dichtung und der Roman. Bei Ersterem etablierte sich die Hermeneutik als Herangehensweise, die das Gedicht als Ding an sich betrachtete, als *Text*, außerhalb dessen nichts existierte. Das intensive Lesen (*close reading*) von Texten zur Erschließung der immanenten Bedeutung ist von Beginn an stets Teil der literaturwissenschaftlichen Tradition gewesen. Keiner wagte jedoch die Frage zu stellen, was die dabei entstandenen Lesarten rechtfertigte. Wo befand sich die Bedeutung des Gegenstandes tatsächlich: im Kopf des Autors, im poetischen Text selbst oder doch eher im Kopf des Lesers? Diese Fragen sollten jedoch erst spätere Generationen verfolgen. Bei dem anderen Untersuchungsgegenstand, dem Roman, drängten sich hingegen stärker Fragen auf, die über den Text allein hinausgingen. Sein formaler Realismus rief zwangsläufig Fragen zur Beziehung zwischen der fiktionalen Narration und der echten Welt auf den Plan, in der und über die er scheinbar geschrieben war.

Die Frage nach Literatur und Gesellschaft taucht in drei wissenschaftlichen Schlüsseltexten der 1950er Jahre als Schwerpunkt auf; einer aus Amerika, einer aus Großbritannien und einer aus Deutschland. Die ersten beiden verfügen mit den Leavis' und Cambridge über den gleichen Ursprung und bilden die Grundlage für die historische Erzählung des dritten und letzten. Es handelt sich um *Der bürgerliche Roman* (*The Rise of the Novel*) von Ian Watt [1956], *Gesellschaftstheorie als Begriffsgeschichte* (*Culture and Society*) von Raymond Williams [1958] und *Strukturwandel der Öffentlichkeit* von Jürgen Habermas [1962].[7] Zusammengenommen bieten sie eine fesselnde Beschreibung der historischen Ausbildung der literarischen Kultur der Moderne, die schließlich einen neuen Wissenschaftsbereich hervorbrachte, in dem zwei der Autoren aktiv waren (Watt und Williams). Nicht umsonst sind diese Texte im wesentlichen Produkte der 1950er Jahre, auch wenn ihre Wurzeln jeweils in die beiden vorangegangenen Jahrzehnte reichen. Die 1950er Jahre bildeten den historischen ‚Moment', in dem der kulturellen Frage wieder Aufmerksamkeit und Anerkennung geschenkt wurde und in dem sie als untrennbar von „Literatur" und „Alltag" aufgefasst wurde.

Bisher habe ich das „Soziale" in Verbindung mit der Zunahme städtischer Massen im 19. Jahrhundert und dem Problem der Armut sowie der damit einhergehenden Politik diskutiert. Das Aufkommen der „Gesellschaft" geht diesen erschütternden Entwicklungen jedoch voraus. Die Entwicklung der globalen Transport- und Kommunikationsinfrastruktur wie auch die Konsumgüterproduktion wurden durch die Industrialisierung enorm beschleunigt. Damit bildete sich eine universelle materielle Basis, von der die Lebensweise in modernen Gesellschaften abhängt. Die Verallgemeinerung eben dieser Lebensweise (ihre Ausdehnung auf *alle* Bereiche der Gesellschaft) war erst mit der fortschrittlichen Wirtschaftssituation in den 1950er Jahren zu bewerkstelligen. Ihre grundlegenden Charakteristika wurden allerdings schon lange vorher entworfen. Die Grundlagen der *Alltagskultur*, wie wir sie heute kennen und erfahren, wurden bereits im 18. Jahrhundert gelegt. Diese historische Entwicklung wurde von dem Aufruhr um den Fabrikkapitalismus und die durch ihn ausgelöste Verelendung der Arbeiterklasse lediglich verdeckt, bis sie Mitte des 20. Jahrhunderts wieder offen in Erscheinung trat. Dann ermöglichte das anhaltende Wirtschaftswachstum der Mehrheit der nordamerikanischen und nordeuropäischen Gesellschaften schließlich die Lebensweise, die vom Bürgertum im 18. Jahrhundert entwickelt worden war.

Im Fokus dieser Lebensweise befanden sich das Heim und die Familie. Die *oekonomia* des Haushalts war dabei nicht mehr allein von Notwendigkeiten gekennzeichnet, wodurch sich auch die Verhältnisse unter den Angehörigen radikal veränderten. Die Beziehungen zwischen Männern, Frauen und Kindern nahmen nach und nach eine persönlichere und weniger instrumentelle Gestalt an. Nicht mehr von überlebensnotwendigen Bedürfnissen determiniert, entwickelte sich der Familienbund zu einem eigenständigen Gut und Selbstzweck. Der große Familien-, Geschlechts- und Ehehistoriker Lawrence Stone hat mit Scharfsinn und bemerkenswerter Sorgfalt die Entstehung dieser zentralen gesellschaftlichen Einheit der Moderne in England zwischen 1500 und 1800 verfolgt. Er bezeichnet sie als „Kameradschaftsehe", die auf Liebe und Zuneigung zwischen den Geschlechtern basiert. Kinder galten nicht mehr als widerspenstige Brut, die mit Schlägen zum Gehorsam gezwungen werden müssen, sondern als Empfänger elterlicher Zuneigung (vgl. Stone 1979). Soziologen bezeichnen dies als Kernfamilie (mit zwei Generationen). Sie ist die fundamentale soziale Einheit, der Grundstein aller modernen Gesellschaften. Die Kameradschaftsehe erfordert eine echte Gleichstellung der Geschlechter und damit die Domestizierung der ungezähmten Männer und die Zügelung ihrer Gewalttätigkeit, die der alte ‚Ehrenkodex' noch gefordert hatte. Die moderne Ehe basierte eher auf einer *Beziehung* zwischen den Geschlechtern. Ihr Vorgängermodell hingegen, das nach und nach in allen Gesellschaftsschichten verschwand, hatte auf vorbestimmte Verpflichtungen und Aufgaben aufgebaut, die in einer uralten geschlechtlichen Arbeitsteilung wurzelten. Als „Adam grub und Eva spann",[8] hatte Familie bedeutet, dass die beiden und ihr Nachwuchs ein größtenteils unverbundenes Leben in ihren geschlechtsspezifischen Gemeinschaften führten. Das neue Beziehungsverhältnis basierte nach Stone auf dem Aufkommen des „affektiven Individualismus"; kein isolierter, innen-geleiteter Individualismus eines *homo oeconomicus*[9], sondern ein außen-geleiteter Individualismus. Demzufolge erkannten Männer und Frauen gegenseitig ihre Unterschiede an, teilten aber auch gemeinsame emotionale Bedürfnisse, wünschten die fortwährende Präsenz des anderen als Trost, Unterstützung und Vergnügen. Die Ehe betrachteten sie als geteilte und ausgehandelte Beziehung, die sich ein Leben lang weiterentwickelte. Das ist das idealtypische, ethische Fundament der modernen Familie, in der das Erkennen des Guten im Ehepartner die Integrität der Beziehung bestätigt. Sie beruht auf der Politik des *Eros*, der fleischgewordenen menschlichen Liebe, die von Gegenseitigkeit abhängig ist. Ihr kommunikatives Medium ist der fortdauernde, lebenslange Dialog: In einer modernen Beziehung kann jedes Problem gelöst werden, solange die Partner nicht aufhören, miteinander zu reden. In amerikanischen Filmen und Serien über das Familienleben oder Beziehungskisten ist heutzutage der Satz „Wir müssen reden" – den normalerweise die Frau (oder Frasier Crane) äußert – ein sicheres Zeichen für eine Krise.

Es leuchtet ein, dass solche Beziehungen eine passende Wohnsituation voraussetzen. In einem langen historischen Prozess entwickelte sich das „Heim" über alle Gesellschaftsbereiche hinweg zu mehr als nur einem bloßen Unterschlupf, der Schutz vor den Naturgewalten und anderweitigen Bedrohungen bot. Es bildete einen Hort zum Erhalt nicht-instrumenteller Beziehungen, denen man sich zuwendet, um zu entspannen, sich zu vergnügen und seine Freizeit zu genießen – ein behaglicher Ort, an dem Eltern und Kinder ihre Zeit gerne gemeinsam verbringen. Im frühen 20. Jahrhundert, nach dem Ersten Weltkrieg, erfuhr diese historische Entwicklung eine ungemeine Beschleunigung: Neue Programme zur Beseitigung von Elendsvierteln wurden aufgelegt, Behörden stellten Sozialwohnungen bereit, die Vorstädte boomten und kleine private Behausungen mit sanitären Anlagen, Koch- und Waschmöglichkeiten sowie getrennten Schlafzimmern wurden erschwinglich.[10] Doch der Prozess dauerte an, bis sich in den 1950er Jahren schließlich das verkabelte Heim in Kombination mit einem ganzen Sammelsurium elektrisch betriebener Haushaltsgeräte durchsetzte, das den materiellen und technischen Grundstock unserer heutigen Lebensweise bildet. Nachdem diese Entwicklung, aufgrund der Fortschrittlichkeit ihrer Ökonomien, zunächst in Europa und Nordamerika Einzug hielt, hat sie sich in den letzten gut 20 Jahren rasant in allen Teilen der Welt ausgebreitet, mit Ausnahme Afrikas. Die essenzielle Bedeutung der neuen, arbeitssparenden Haushaltsgeräte, die Mitte des 20. Jahrhunderts aufkamen, kann nicht zu genuge betont werden. Vor dem Zweiten Weltkrieg hatten Hausangestellte den größten Teil der insgesamt Beschäftigten ausgemacht. Die mittleren und oberen Schichten konnten einen (mehr oder weniger) müßigen Lebensstil pflegen, weil sie andere Menschen für sich kochen, putzen, waschen, bügeln und sich von vorne bis hinten bedienen ließen. Die häuslichen Angestellten waren im Prinzip die Lohnsklaven der Reichen. Nach dem Krieg verschwand das Beschäftigungsverhältnis des Hausangestellten und mit den neuen Haushaltsgeräten – Elektroherde, Spül- und Waschmaschinen, Trockner, Tiefkühlschränke und Staubsauger – verringerte sich die Schufterei bei den grundlegenden Arbeiten im Haushalt merklich.[11] Die neue Alltagskultur, die auf die Kameradschaftsehe und den kleinen, sich selbst versorgenden Haushalt fußt, lässt sich über mehrere Jahrhunderte zurückverfolgen, war aber für die Mehrheit der Bevölkerung erst nach dem Zweiten Weltkrieg erstmals greifbar. Der Wandel der tagtäglichen Lebensbedingungen der breiten Masse war eine lange, holprige Revolution. Erst durch das Erreichen solcher Bedingungen, wie sie in den 1950ern gegeben waren, wurde die Alltagskultur zur allgemeinen Kultur der Postmoderne. Somit verfügt dieses Jahrzehnt über eine historische Verbindung zur aufkommenden Kultur des Bürgertums im 18. Jahrhundert.

11.5 Literatur, Kultur und Politik

Um Alltagskultur genießen zu können, muss ein Mensch zunächst gesund sein und zudem sowohl Zeit als auch Geld besitzen. Deshalb kommt die Frage der Kultur erst *nach* der Frage des Sozialen. Zu behaupten, dass es den Massen an Kultur fehlte, hat nichts mit einem erhobenen Zeigefinger zu tun. Es stellt vielmehr die Diagnose eines wesentlichen Mangels dar, und zwar an den grundlegenden Bedingungen und Voraussetzungen, die das Erleben dessen ermöglichen, was wir heute „Kultur" nennen. In der Moderne erforderte Kultur sowohl Geld als auch Freizeit – einen Überschuss (sei er auch noch so klein) an verfügbarem Einkommen und an Zeit, die frei ist von den unvermeidbaren Sorgen und Bedenken. Eben dieser Überschuss war das verlockende Geschenk der modernen Wirtschaft und eine Schöpfung des modernen Bürgertums, dessen Angehörige die Ersten waren, die in den Genuss seiner Vorzüge kamen. Dank des Überschusses konnten sie eine neue Lebensweise erschaffen, in deren Zentrum das Heim und die Familie standen, und die von neuen Formen der Freizeit und des Vergnügens begleitet wurde – die moderne Alltagskultur, die in der Nachkriegswelt des letzten Jahrhunderts grundsätzlich allen Gesellschaftsschichten zugänglich geworden ist. Letztendlich ist sie ein Resultat der Ungeheuerlichkeiten der „industriellen Revolution". Als diese endlich anfing, die Politik der Armut – das Vermächtnis des 19. Jahrhunderts – zu überwinden, wurde sichtbar, dass die Massenproduktion, wenn sie bei der Herstellung von Haushaltsgeräten angewendet wurde, versprach, die Lebensweise des Bürgertums im 18. Jahrhundert allgemein verfügbar zu machen. Dies ist die historische Verbindung, die Watt, Williams und Habermas im Rahmen ihrer geschichtlich geprägten Arbeiten herstellen. Dabei betrachten sie alle das England des 18. Jahrhunderts als klassischen Schauplatz und historischen Ausgangspunkt dieser soziokulturellen Entwicklung.

Watts unverzichtbare Untersuchung verdeutlicht die neuen wirtschaftlichen und sozialen Zustände im frühen 18. Jahrhundert, die den „Aufstieg des bürgerlichen Romans" als ein neuartiges und insbesondere bei Frauen beliebtes Unterhaltungsgenre ermöglichten. Der Roman ist im Grunde die erste wirklich moderne Kulturware, welche einen Überschuss an individuell verfügbaren Mitteln zur Anschaffung sowie ein gewisses Maß an Freizeit für ihren Konsum voraussetzt. Es ist der Hauptkonsumartikel einer neuen „Geschmacksöffentlichkeit", die weder zur spirituellen Erbauung noch zum persönlichen Informations- oder Wissenserwerb liest, sondern rein zum Genuss und Vergnügen. Der Roman richtet sich an eine neue, gehobene Gesellschaft, in der das Lesen als angenehmer Zeitvertreib gilt. Seine Leser sind vorwiegend Frauen, die dem neuen Handelsbürgertum angehören, und er handelt von Familie, Macht, Geschlecht und Geld, denn dies sind die Themen jener neuen Gesellschaftsschicht, deren Selbstverständnis in dem innovativen literarischen Genre erkundet wird.[12] Besonders in seiner klassischen Anlage sieht der Roman über die öffentliche Welt der Politik hinweg und beschäftigt sich gänzlich mit der hochgradig vertraulichen Politik der Liebe und Sexualität, mit den Machtverhältnissen zwischen Männern, Frauen und Kindern, die sich im Familienleben abspielen. Der Roman war das erste literarische Genre, das Frauen sowohl produzieren als auch konsumieren konnten. Die Literatur entwickelte sich, wie Watt anmerkt, „zu einem vornehmlich weiblichen Interesse" (1974 [1956]: 48).

Der Bürgerliche Roman ist ein Klassiker der Literatursoziologie. Die Arbeit untersucht die Beziehungen zwischen einer Gesellschaft in einem spezifischen Abschnitt der Geschichte und der Kultur, die sie hervorbrachte und durch welche sie ihr Selbstverständnis artikulierte. *Culture and Society (Gesellschaftstheorie als Begriffsgeschichte)* hingegen betrachtet die Politik eines Prozesses, der sich über drei Jahrhunderte erstreckte und in dem die zwei Schlagworte „Kultur" und „Gesellschaft" in das Geschichtsbewusstsein der Moderne eingingen als grundlegende Interpretationsbegriffe für die umfassende Revolution, die in der Welt stattfand. Dass es in der Tat nicht *irgendeine*, sondern *die* lange Revolution gewesen ist, ist die grundlegende These des Buches, das unmittelbar auf *Culture and Society* folgte. *The Long Revolution* (1965 [1961]) handelt von dem selben Zeitraum und kann als eine Ergänzung zu *Culture and Society* betrachtet werden, dessen Geschichtsanalyse es bereichert und seine wesentlichen Anliegen vertieft. Im letzten Kapitel, „Britain in the 1960s", macht Williams deutlich, dass die Reise, die hin zur Demokratie führte, ein schwieriges und selten geradliniges Unterfangen mit vielen Rückschlägen und Hindernissen war. Die menschliche Energie in einer demokratischen Gesellschaft entwächst „aus der Überzeugung, dass der Mensch sein eigenes Leben führen kann, indem er die Zwänge und Einschränkungen alter Gesellschaftsformen durchbricht und neue gemeinschaftliche Institutionen entdeckt" (Williams 1965 [1961]: 375). Beide Werke sind Betrachtungen vom sozialen Wandel in einem einzigen Land und doch ist es wenig problematisch, sie heute als Fallstudien zum weltgeschichtlichen Prozess der gesellschaftlichen Modernisierung zu begreifen, die vom Fabrikkapitalismus und der Massenproduktion von Konsumgütern angetrieben wurde. Unser heutiges Verständnis von der Welt als erfassbares Ganzes, das wir alle gemeinschaftlich bewohnen, ist ein Resultat technischer Innovationen, die mit außergewöhnlicher Geschwindigkeit die Transport- und Kommunikationsinfrastruktur gewandelt haben. Wie immer sind diese angetrieben worden von der wirtschaftlichen Globalisierung, die in den 1950er Jahren noch weit entfernt schien. Damals gab es keinen Massenflugverkehr, kein Farbfernsehen, und Technologien zum weltweiten Herstellen von direkten Satellitenverbindungen für Live-Übertragungen im Fernsehen waren noch nicht vorhanden. Es gab weder Videokameras noch -rekorder, keine Digitaltechnik, keine Computer, kein Internet, keine Mobiltelefone, Podcasts, Blogosphären und was es heute noch so alles gibt. Der Erfahrung der Menschen vor 50 Jahren nach, war die Welt viel unmittelbarer definiert. Das „Lokale" versteht sich heute in Relation zum Globalen – damals wurde es in Relation zum Nationalen als der selbstverständliche Erfahrungshorizont der meisten Leute gedacht. Ein Teil des anhaltenden Einflusses von Williams' Geschichtsanalyse liegt in der Tatsache begründet, dass sie – was ihre erzählerische Breite und den analytischen Bezugsrahmen angeht, innerhalb dessen sie entwickelt wurde – immer noch nützlich ist. *Culture and Society* ist eine Inspirationsquelle und ein Vorbild für dieses Buch und Williams ist sein ‚heimlicher König'.

Jürgen Habermas hatte sowohl Watt als auch Williams gelesen und seine historische Analyse ist zum Teil eine Synthese ihrer Arbeiten. Dabei behandelt er allerdings den Strukturwandel der Öffentlichkeit als ein europäisches Phänomen, das sich in Deutschland und Frankreich genauso abgespielt hat wie in England. Dennoch ist es Großbritannien, das als der klassische Schauplatz für den Kampf um öffentliche Meinung als die normative Grundlage demokratischer Politik gilt. Habermas' Analyse dieser Vorgänge scheint erheblich von der abzuweichen, die Williams vorgelegt hat. Letzterer ist für seine abwägende Beschreibung einer scheinbar unausweichlichen Entwicklung hin zu einer demokratischen Gesellschaft kritisiert worden. In Habermas' Darstellungen gibt es eine solche Progression nicht. Den Moment des demokratischen Erwachens bildet das späte 18. Jahrhundert. In der Mitte des 20. Jahrhunderts angekommen, entwickelt sich die Politik zu vormodernen Öffentlichkeitsformen zurück, in denen die kritische Diskussion manipuliert wird und die Medien das öffentliche Leben als Machttheater inszenieren. Williams und Habermas bieten uns die Möglichkeit eines gründlichen und kritischen Vergleichs (vgl. Nieminen 1997), denn sie bleiben die zwei wichtigsten Autoren wenn es um die geschichtliche Entwicklung der ineinandergreifenden Verflechtungen von Politik, Demokratie und Kommunikation geht. In seiner ausgewogenen Betrachtung neigt Hannu Nieminen dazu, der Analyse den Vorrang einzuräumen, die Habermas zu diesen Entwicklungen angefertigt hat. Ich teile zwar seine Ansicht bezüglich der grundlegenden Gemeinsamkeiten ihrer Anliegen, tendiere selbst jedoch eher zu Williams. Die Frage ist, so würde Williams sagen, wo die Betonung liegt. Für mich, genauso wie für ihn, liegt sie auf der gewöhnlichen Kultur des Alltags. Die ursprüngliche und vorrangige Öffentlichkeit war nicht die politische Öffentlichkeit des späten 18. und frühen 19. Jahrhunderts, sondern die literarische Öffentlichkeit, die sich zuvor, während der ersten Hälfte des 18. Jahrhunderts, ausprägt hatte. Habermas' primär politisches Interesse hat zur Folge, dass er es versäumt, dem neuen Lesepublikum des frühen 18. Jahrhunderts die ihm gebührende Beachtung zu schenken, obwohl er es als Vorläufer der politischen Öffentlichkeit anerkennt. Diese Betrachtungsweise resultiert aus einer Ansammlung länger andauernder politischer Krisen, die Habermas als den Regelfall betrachtet und nicht als eine Ausnahme. Dabei übersieht er die Tatsache, dass in normalen Zeiten die literarische Öffentlichkeit die Regel ist. In den entscheidenden politischen Momenten sind wir alle politisch. In normalen Zeiten sind wir es aber nicht. Ein Grund für die Fehlwahrnehmung bezogen auf die Bedeutung dieser beiden Öffentlichkeiten hängt zusammen mit den andauernden männlichen Vorurteilen und Mutmaßungen (innerhalb wie außerhalb der akademischen Welt) darüber, was wichtig, bedeutsam und ernstzunehmend ist und was nicht. Die Züge unserer weltweiten, öffentlichen Unterhaltungskultur von heute gehen zurück auf die populäre Erzählliteratur und die Lifestyle-Magazine der neuen lesenden Öffentlichkeit von vor dreihundert Jahren. Damals wie heute handelt es sich dabei um eine von Gender geprägte Kultur, die sich schon immer auf die privaten Lebensbereiche und deren unmittelbare Belange konzentriert hat: Familienleben, Sex, Klatsch und Tratsch, Alltagsangelegenheiten. Sie war noch nie ernst, seriös oder anspruchsvoll. Vielmehr zeugte sie von einem angenehmen Leben mit ausreichend viel Freizeit und Entspannung, Genuss und Unterhaltung. Wenn es (wie es heute den Anschein hat) keine Alternativen zu Kapitalismus und Demokratie gibt, so müssen wir auch hinzufügen, dass keine Alternative zu der Lebensweise erkennbar ist, die die bestimmenden wirtschaftlichen und politischen Faktoren der Moderne als ihren *raison d'être* hervorgebracht haben. Sie ist alles, was wir haben, und vielleicht auch alles, was wir verdienen. Dabei stellt sie sicherlich ein zutiefst rätselhaftes Vermächtnis dar – Segen und Fluch zugleich, wie weiße, gebildete Amerikanerinnen der Mittelschicht in den 1950er Jahren zu begreifen begannen.

11.6 Die Politik des Alltagslebens

Die Entdeckung des Alltagslebens durch die Wissenschaft verweist auf den neuen Stellenwert, den das Konzept nach dem Krieg in Nordamerika und Europa eingenommen hat. Mitten im verwüsteten Frankreich taucht es zum ersten Mal in Henri Lefebvres bemerkenswerter *Kritik des Alltagslebens* (1987 [1947]) auf. In Amerika erlangt es maßgeblich Aufmerksamkeit mit Erving Goffmans Werk *Wir alle spielen Theater* (1969 [1959]), in welchem er davon ausgeht, dass es sich beim jeweiligen Selbst tatsächlich um Riesmans „außen-geleiteten" Typen handelt. Neben den Beiträgen von Hoggart und Williams möchte ich, was Großbritannien angeht, die etwas anders gelagerte, aber dennoch wichtige Arbeit von J.L. Austin und H.P. Grice hervorheben, die trotz der widrigen Umstände in den 1950er Jahren in Oxford die Philosophie der normalen Sprache auf den Weg brachten. Wenn es um das Etablieren von normaler Sprache und von ihrem alltäglichen (nicht-wissenschaftlichen) Gebrauch als einen berechtigten Gegenstand wissenschaftlicher Forschung geht, waren deren Aktivitäten fundamental. Sie ermöglichten damit erste Ansätze eines adäquaten Verständnisses von menschlicher Kommunikation. Kurz nach dem Ende dieser Dekade schließlich veröffentlichte Jürgen Habermas in Deutschland *Strukturwandel der Öffentlichkeit* – ein zentrales Werk, das für die politische Meinung der einfachen Leute sowie den Weg dahin als die historische und normative Grundlage der modernen Demokratie eintrat.

Diese und weitere Werke zeugen vom erneuerten Stellenwert der Alltagskultur, die sich durch alle Klassen zieht. Das Gleiche zeigt sich in den 1950er Jahren aber auch auf anderem Wege – im Theater, in den Romanen und Filmen des Jahrzehnts, nirgends jedoch so sehr wie im Fernsehen, das zum neuen Spiegel des Alltagslebens wird. Bezeichnenderweise beginnt sich eine neue Art der Politik abzuzeichnen: die Politik des Alltagslebens, die die Politik der Massen verdrängt. Die ersten Regungen dieser neuen Art von Politik sind in den Vereinigten Staaten in Form der Bürgerrechtsbewegung, der Frauenbewegung und etwas später der Studentenbewegung zu erkennen. Dies war keine Politik, die von etablierten Organisationen und deren Vertretern oder Abgeordneten gemacht wurde. Sie kam von einfachen Leuten, die etwas anderes wollten als das, was die traditionelle Massenpolitik anzubieten hatte. Foucault hat zwischen drei Formen der Unterdrückung unterschieden: Ausbeutung, Herrschaft und Unterwerfung. Die erste Form ist ökonomisch besetzt und betrifft den Kampf um den Lebensunterhalt; die zweite ist ideologisch besetzt und bezieht sich auf das Ringen mit aufgezwungener politischer und religiöser Autorität; die dritte Form ist gesellschaftlich und kulturell besetzt und bezieht sich auf den Kampf darum, man selbst sein zu dürfen (vgl. Foucault 1987: 247). Zu der Zeit als die neuen sozialen Bewegungen anfingen, ihr Selbstverständnis zu artikulieren, setzten sie sich mit dem dritten Punkt auseinander. Die Politik der Anerkennung, wie Charles Taylor (1993) sie treffend genannt hat, hat während der vergangenen 50 Jahre global an Bedeutung gewonnen. Ihr prägender Moment ist in vielerlei Hinsicht der 1. Dezember 1955, als sich Rosa Parks in Montgomery, Alabama, weigerte, ihren Bussitzplatz einem weißen Fahrgast zu überlassen – ein Akt, der die damals neue Politik des Alltagslebens perfekt auf den Punkt bringt.

Bei dieser Politik stehen nicht mehr die Verteilungsgerechtigkeit (die Politik der Armut) und der daraus resultierende Anspruch auf Bedarfsfreiheit im Mittelpunkt. Das Rätsel der Postmoderne und die Politik des Überflusses beziehen sich auf Bereiche, die jenseits dieser Punkte liegen. Mit dem Verblassen der zersetzenden Angst vor Armut und der Entdeckung, dass die meisten Leute nun über ein gewisses Maß an Kontrolle bezüglich ihrer Lebensführung und -umstände verfügen, geht es bei der Frage nach Freiheit nicht mehr darum, frei *von* etwas zu sein – beispielsweise von den fünf großen Nöten Mangel, Krankheit, Ignoranz, Elend und Arbeitslosigkeit, deren Beseitigung das Anliegen des Beveridge Reports von 1942 war[13] –, sondern um die Freiheit *zu* etwas. Aber *was*? Amartya Sen hat am deutlichsten auf diesen Aspekt hingewiesen. Das Schlimmste an der Armut ist, dass sie dem Individuum das Recht, seine eigenen Fähigkeiten zu entdecken und zu entwickeln, verweigert und damit zugleich den Anspruch auf ein vollständiges sowie erfülltes Dasein (vgl. Sen 2005). Darin drückt sich eine neue Auffassung von Existenzbedingungen aus, die sich in den vergangenen 60 Jahren mit den fortschrittlichen Ökonomien herausgebildet hat. Ihre Bedeutung zu entschlüsseln war und ist das Hauptanliegen postmoderner Demokratien. Es ist der Kern der Politik der Kultur, die für die Entstehung eines neuen wissenschaftlichen Forschungsbereichs gesorgt hat, der selbiges in Angriff nimmt – die Cultural Studies.

11.7 Die Politik der Kultur

Die Cultural Studies machen das Normale und Alltägliche zum Gegenstand ihrer Forschung. Ihre Anfänge liegen in der recht konventionellen Auseinandersetzung mit dem alltäglichen Leben und der Kultur der englischen Arbeiterklasse in den 1950er Jahren, die sich als Antwort auf die neue Politik der Kultur in den 1960er Jahren weiterentwickelte. Sie machten es sich zur Aufgabe, die Bedeutsamkeit dieser Entwicklungen zu bestimmen und zu erklären, anfänglich besonders in Bezug auf das Leben in der Arbeiterklasse. Dabei hatten sie von Beginn an Probleme damit, das, was passierte, zu erkennen und sich darauf einzustellen. Die Cultural Studies haben sich von vornherein mit *Gegenwartskultur* befasst und genau darin liegt der Kern ihres Problems: Wie können wir – jed von uns – die Bedeutung der sich entfaltenden Gegenwart verstehen zieht sich das Spiel der Gegenwartspolitik – ihr Sinn und ihre Bedeutsamkeit – den Akteuren der Gegenwart, gerade wenn sie es zu fassen versuchen. Niemand von uns kann über seinen eigenen Schatten springen. Es ist unser Schicksal, im Hier und Jetzt handeln zu müssen, ohne dass es irgendeine Garantie für den Erfolg unserer Handlungen gibt, denn keiner von uns kann die Zukunft vorhersehen. Erst im Laufe der Zeit, wenn die Gegenwart zur Vergangenheit wird, zeichnet sich die Zukunft am Horizont ab und wir werden als spätere Generation in der Lage sein, zu sehen, was unseren im Spiel der Politik ihrer Gegenwart gefangenen Vorgängern verborgen war. Die Weisheit der späten Einsicht bedeutet eben, dass sie nur rückblickend erfolgen kann. Das soll nicht heißen, dass Gegenwartsakteure dumm und töricht wären, sondern es unterstreicht im Gegenteil den wahrhaften Mut, der damit verbunden ist, zu handeln; alles Handeln basiert immer auf einem Vertrauensvorschuss und alle wohlmeinenden zeitgenössischen Interpretationsansätze diesbezüglich sind genauso historisch kontingent wie das, was sie zu belegen und zu rechtfertigen versuchen. Die geschichtlichen Züge der Welt von vor 30 oder 40 Jahren beginnen sich erst jetzt zu zeigen, wo das Getöse der Gegenwart in die Stille der Vergangenheit übergeht. Nicht die Geschichte ist relativ und willkürlich, sondern wir sind es, die Lebenden, die in einer relativen und ungewissen Beziehung zu ihr stehen. Die Welt bleibt bestehen. Diejenigen, die auf ihr verweilen, tun es nicht.

Hannah Arendt bemerkte das zeitweilige Auftreten von etwas, das sie als „sonderbare Zwischenperiode" bezeichnet, und das bisweilen in die historische Zeit eingeschoben ist,

> „wenn nicht nur dem späteren Historiker, sondern den Handelnden und Zeugen, den Lebenden selber, ein Intervall in der Zeit zu Bewußtsein kommt, welches ganz von Dingen bestimmt ist, die nicht mehr sind, und von solchen, die noch nicht sind. In der Geschichte haben diese Intervalle mehr als einmal gezeigt, daß sie das Moment der Wahrheit enthalten." (Arendt 1994a [1961]: 13)

Arendt beschrieb damals die 1950er Jahre als ebensolche Zeitspanne in der Geschichte und ich gebe ihr Recht. In den intellektuellen Strömungen jener Tage ist ein Gespür dafür greifbar, dass sich die Welt im Wandel befindet. Diesen habe ich als den Übergang von der Moderne und ihrer Politik der Armut hin zur postmodernen Welt und ihrer Politik des Überflusses einzufangen versucht. Die Tragweite dieses Wandels und die Art und Weise, wie er sich vollzog, suchten auch seine Zeitzeugen zu begreifen. Einerseits erkannte man die Dinge, „die nicht mehr sind", was sich im Verschwinden ‚der Massen' und der Wiederentdeckung der ‚Leute' manifestierte. In Nordamerika und Nordeuropa verstand man sehr wohl, dass die 1950er Jahre über verschiedene Gesellschaften hinweg eine Periode von noch nie da gewesenem Überfluss waren, wie Amerikas bedeutendster Ökonom zu der Zeit klarstellte (vgl. Galbraith 1973 [1958]). Nahezu jedem ging es besser. Es gab tatsächlich keine Rückkehr zu den „*hungry 1930s*". Andererseits waren aber die Dinge, „die noch nicht sind", natürlich schwierig abzusehen und deshalb auch schwierig anzusprechen. Die Problematik, das zu artikulieren, was man wirklich empfand, aber noch nicht in Worte fassen konnte, drückte sich am deutlichsten in dem Gründungstext der späteren Frauenrechtsbewegung aus. In *Der Weiblichkeitswahn* spricht Betty Friedan von dem „Problem ohne Namen" – das unbestimmte, aber sehr reale Gefühl vom beklemmenden Wesen des häuslichen Alltagslebens gebildeter, gut situierter Amerikanerinnen der Nachkriegszeit (Friedan 1977 [1963]).

Die genderbezogenen Merkmale der Wissenschaftswelt, welche während der 1950er Jahre noch komplett von Männern dominiert war und in der Frauen in jeglicher Hinsicht ausgenutzt und marginalisiert wurden, wurden erst in den darauf folgenden Jahrzehnten deutlich.[14] Ebenso brach in diesem Jahrzehnt der große Streit über die Rassenungerechtigkeiten aus, der die Bürgerrechtsbewegung ins Leben rief. Schließlich etablierte sich ‚die Jugend' sowohl als neue sozioökonomische Kategorie als auch als eine nunmehr selbstbewusste und politisierte Gesellschaftsschicht, mit Studenten, die die ‚elterliche Kultur' zusehends als desillusionierend wahrnahmen. Das war die neue Politik des Alltagslebens und heute bedarf es kaum der Erwähnung, dass der Mittelschicht angehörende männliche weiße Akademiker mittleren Alters nicht gerade über die besten Voraussetzungen verfügten, sich auf all dies einen Reim zu machen. Dennoch waren sie es, die für die Bereiche höherer Bildung verantwortlich waren. Sie waren es, die den Diskurs bestimmten und natürlich ‚sahen' sie diese Dinge entweder gar nicht oder, wenn doch, dann nur als nebensächliche Aspekte in ihren Erklärungen davon, was in der Welt vor sich ging. Angesichts der späteren Kolonisierung der Politik des Alltagslebens durch die Cultural Studies muss betont werden, dass die neuen sozialen Bewegungen in ihren Entstehungsmomenten wenig bis gar keinen Bezug zur Wissenschaft oder zur akademischen Welt hatten.[15] Die Studentenbewegung ist eine Ausnahme, die die Regel bestätigt, denn aus Sicht der Studierenden waren die Professoren und das, was sie lehrten, ihr Problem und nicht die Lösung.

Ausschlaggebend ist die Tatsache, dass die Politik des alltäglichen Lebens aus dem Alltag selbst und dessen Erleben hervorging – aus der Erfahrung heraus, dass man als Schwarzer nicht als Mensch behandelt wurde; dem Gefühl, dass der amerikanische Traum unerreichbar war, wenn man in der Rolle der Hausfrau und Mutter gefangen war;[16] der Sinnlosigkeit und Irrelevanz dessen, was die ältere Generation den Jungen als Kultur und Bildung offerierte. Die in den 1950er Jahren entstehende amerikanische Politik des Alltags war, was ihre Auswirkungen und ihre Reichweite anging, von Beginn an global: Die Opfer der Rassendiskriminierung, die unterdrückten Frauen und die von der älteren

Generation herablassend behandelten Jugendlichen einte eine grundlegende Erfahrung – die offenkundige Nicht-Anerkennung davon, was es hieß, schwarz, eine Frau oder jung zu sein. Die Forderung, als das, was man wirklich war, anerkannt und wertgeschätzt zu werden, in der Öffentlichkeit frei man selbst sein zu dürfen, war und ist das Wesen der neuen Politik. Es war die Forderung nach der Umsetzung des Versprechens der Demokratie – das Recht, der Anspruch und die Freiheit, man selbst zu sein und zu werden. Solche Forderungen konnten nur in Gesellschaften aufkommen, in denen die Mehrheit der Menschen nicht in drückender Armut und unmittelbarer Not lebte.

Heute arbeiten wir noch immer an der Bedeutung und dem Sinn der Politik des Alltags. Für mich fühlt sich die Gegenwart wie einer von Arendts „Intervallen in der Zeit" an. Mit Beginn des 21. Jahrhunderts eröffnet sich uns langsam die Möglichkeit, etwas von dem umfassenden historischen Einfluss und der Bedeutsamkeit des allmählich verblassenden vergangenen Jahrhunderts erkennen zu können. Es bietet sich uns ein erster flüchtiger Blick auf seine übergreifende Form und Struktur, was in den Jahrzehnten, die den 1950er Jahren folgten, noch nicht der Fall war. Von der Mitte der 1960er bis Ende der 1980er Jahre legten sich Nebelbänke über die Gegenwartspolitik. Innerhalb wie außerhalb der akademischen Welt herrschte eine angespannte und verdrießliche Zeit, in welcher der historische Wandel zwar stark zu spüren war, aber undeutlich und kontrovers erfasst wurde. Bei meiner Darstellung von der Entstehung der media studies in den 1970er Jahren in Birmingham habe ich versucht, den damals herrschenden Schwierigkeiten und der Komplexität gerecht zu werden. Das ursprüngliche Vorhaben des CCCS – das Erbe Richard Hoggarts – bestand darin, sich mit dem Einfluss auseinanderzusetzen, den die neue Kultur des Überflusses auf die historische urbane Arbeiterklasse im Norden Englands ausübte. Diese wurde von den neuen sozialen Bewegungen fast augenblicklich aus der Bahn geworfen – nicht nur vom Feminismus und der ‚Rassenproblematik', sondern auch von den Studentenprotesten der späten 1960er Jahre: Alle zusammen erzeugten in den aufsässigen 1970er Jahren eine überaus gereizte Stimmung in der Arbeitswelt und keinem dieser Themen konnte mühelos Rechnung getragen werden. Der Feminismus, so Halls unvergesslicher Satz, hatte ihnen ans Bein gepinkelt. Die ‚Rassenthematik' war, um eine weitere seiner rückblickenden Betrachtungen zu bemühen, sogar noch schwieriger in das Arbeitsleben des Centres zu integrieren gewesen. Was die Studentenbewegung angeht, so galt das Centre selbst – seine Organisationsform und seine tagtäglichen Praktiken – als Versuch, die Beschränktheiten der bürgerlich universitären Bildung zu überwinden. Der Schwerpunkt lag deshalb auf dem gemeinsamen Arbeiten (in den berühmten Arbeitsgruppen) und dem Schreiben. Individualismus galt als kleinbürgerliche Vorstellung, weshalb auf dem langen Marsch durch die Theorie nicht gerade besonders viele Doktorarbeiten fertiggestellt wurden. Dabei löste sich die Vorstellung von der englischen Arbeiterklasse als normatives politisches Ideal in Nichts auf. Bei genauerer Betrachtung durch die Race- und Gender-Forschung stellte sie sich in ihrer traditionellen Form – an die sich Hoggart noch so liebevoll erinnert hatte und deren Ursprünge Thompson auf heldenhafte Weise vor der Vernachlässigung durch die Geschichte bewahrt hatte – als weiß, rassistisch, männlich und chauvinistisch heraus. Der entsetzliche und vergebliche Bergarbeiterstreik im Jahre 1983 war das letzte Röcheln der englischen Arbeiterklasse. Mit ihm war das Ende der *National Union of Miners*, einer der ältesten und bedeutendsten Gewerkschaften, besiegelt. Die schmutzige und gefährliche Bergbauindustrie war der Grundpfeiler des Industriekapitalismus im 19. Jahrhundert gewesen und zugleich im 20. Jahrhundert lange Zeit die Speerspitze der politisch organisierten Arbeiterschaft. In den 1980er Jahren war Kohle als Energiequelle schließlich zum Sterben verurteilt und der Bergabbau als Lebensart hörte auf zu existieren.[17]

In seiner überzeugenden Analyse der zwei Paradigmen in den Cultural Studies sprach Stuart Hall von ihren kulturalistischen und strukturalistischen Momenten (vgl. Hall 1980). Die erste Generation der 1950er und 1960er Jahre (Hoggart, Willliams und Thompson) hatte vorrangig die „gelebte Erfahrung" als authentifizierende und bestätigende Kategorie alltäglicher Existenz betrachtet. Die neuen Strukturalismen der 1970er Jahre untergruben diese Annahme. Man konnte nicht behaupten, die gelebte Erfahrung bestätige irgendetwas, wenn das, was sie definierte, schlicht und ergreifend jenseits ihres Fassungsvermögens lag. Gelebte Erfahrung war das Ergebnis ideologischer Zwänge, welche die Individuen dazu brachten, sich einerseits mit ihren unmittelbaren Lebensumständen abzufinden und andererseits mit den wirtschaftlichen und politischen Zwängen, die jene Umstände bedingten. Halls Ideologiekritik, die ich im Übrigen nicht teile, identifizierte nichtsdestotrotz die grundlegende ‚Problematik' der Politik des Alltags klar und deutlich; den Stellenwert menschlicher Erfahrung und das rätselhafte Wesen des täglichen Lebens. Dieses Mysterium bildete sich in den 1970er Jahren am deutlichsten im Fernsehen ab, dem im damaligen Alltag dominanten Kommunikationsmedium. Seine scheinbare Unmittelbarkeit und Transparenz vermittelten den Eindruck als bestätigte es die Faktizität (die Sachlichkeit) gewöhnlicher gelebter Erfahrung, während es die Mittel wirtschaftlicher und politischer Herrschaft, die das Fernsehen selbst hervorbrachten, verschleierte. Eine Studie der medienwissenschaftlichen Arbeitsgruppe, die sich damit auseinandersetzte, wie das Alltagsfernsehen genau dies erreichte, wurde zu einem Schlüsseltext. *Everyday Television: ‚Nationwide'* von Charlotte Brunsdon und David Morley (1978) wird heute ungerechtfertigterweise fast überhaupt nicht beachtet, was auf Morleys nachfolgende Studie über die Zuschauer der Sendung (1980) nicht

zutrifft. Sie beinhaltet eine detaillierte und überzeugende Untersuchung von der
ideologischen Arbeit, die die Sendung leistete, und kann zeigen, wie sie ihr Publikum als eine Nation bestehend aus Familien mit einem geteilten System nicht
hinterfragter, natürlicher Werte interpellierte. Dies beinhaltete unter anderem
Annahmen darüber, was es bedeutete, englisch zu sein, sowie zur englischen
Lebensart. *The Nationwide Audience* bestätigte Halls ideologische Kritik an der
gelebten Erfahrung mit all ihren Ausflüchten und Verschleierungen.

11.8 Medien, Gesellschaft und Kultur

Stellen wir nun diese zwei Momente der media studies nebeneinander, so können wir ihre Gemeinsamkeiten und Unterschiede erkennen. Beide setzen die
Macht der Medien voraus und beide befassen sich mit deren gesellschaftlichen
und kulturellen Auswirkungen aufseiten der Empfänger. James Curran hat behauptet, dass die in den 1980er Jahren neu belebte Publikumsforschung in Wirklichkeit ein Revival der amerikanischen Wirkungsstudien von 30 oder mehr
Jahren zuvor gewesen sei (vgl. Curran et al. 1996). Darin steckt mehr Wahrheit,
als die Verteidiger der neuartigen ethnografischen und rezeptionsorientierten For
schung zugeben mögen, wobei Unterschiede nicht von der Hand zu weisen sind.
In den 1930er Jahren nahm die neue sozialwissenschaftliche Massenkommunikationsforschung die Frage der Medienwirkung vorweg und betrachtete sie an
sich als empirisch beleg- beziehungsweise widerlegbar. Die Entdeckung des
Zweistufenflusses (*two-step-flow*) medialer Einflüsse stellte diese anfängliche
Arbeitshypothese infrage, die mit der Veröffentlichung von *Persönlicher Einfluss und Meinungsbildung* im Jahre 1955 für einige Zeit in die Schwebe geriet.
Die Frage der Medienmacht musste neu durchdacht werden und die Theorie der
Ideologie ließ sie wieder aufleben. Dass es sich bei der Macht des Fernsehens
um eine offene Frage handeln konnte, wurde diesmal jedoch von vornherein
ausgeschlossen. Sein ideologischer Einfluss war keine Hypothese, die es zu
überprüfen galt, sondern ein theoretisches *a priori*. Die konkrete Aufgabe der
Ideologiekritik bestand darin, aufzuzeigen, wie Ideologie funktionierte und welche Auswirkungen sie auf Medienpublika hatte. Auch dieser Ansatz verblasste,
als die Entdeckung des „aktiven Publikums" (einmal mehr) verdeutlichte, dass
Individuen nicht bloß ideologischen Einflüssen ausgesetzt waren, sondern Medien im Rahmen ihrer Lebensstile und Selbstbeschreibungen nutzten. In beiden
Fällen existierten also unterschiedliche Voraussetzungen, wobei die Hinwendung zu Publikums- und Rezeptionsstudien auf ähnliche Ergebnisse verweist.
Die Politik war allerdings in beiden Momenten eine jeweils andere. Die Frage
der Massen und die Politik der Armut, die die 1930er Jahre prägten, haben eine
andere Basis als die Frage des Alltagslebens und die Politik des Überflusses, die

die 1950er Jahre sowie die heutige Zeit bestimmen. Beide stellten eine Reaktion auf die Lage der Welt zu ihrer jeweiligen Zeit dar. Der Unterschied zwischen den beiden resultiert aus dem langsamen Strukturwandel der Welt im Übergang von einer Mangel- zu einer Überflussökonomie.

Im Rahmen eines vorläufigen Fazits würde ich gerne vorschlagen, dass der ausschlaggebende Unterschied zwischen diesen beiden Formen von Politik in moralischer und ethischer Hinsicht verstanden werden kann. Genauer gesagt handelt es sich bei der Politik der Armut um eine moralische Frage, während die Politik des Überflusses ethische Fragen aufwirft. Die Moral befasst sich mit den Gegebenheiten gesellschaftlicher Existenz; also damit, wie wir miteinander leben. Sie ist *die* normative soziale Frage schlechthin, die die Grundlage einer gerechten und fairen Gesellschaft thematisiert. Armut ist ein Affront gegen jedwede derartige Vorstellung und moderne Theorien positiven Rechts (vgl. Rawls 2008 [1971]; Sen 2005) stellen soziale Fairness in den Mittelpunkt. Bei der Ethik hingegen handelt es sich um die Verfeinerung grundlegender moralischer Fragestellungen. Sie beschäftigt sich mit dem guten Leben und tritt lediglich in den Fällen zutage, in denen Einzelpersonen oder Gesellschaften über das Maß des Notwendigen hinausgelangt sind. Sie äußert sich als die Frage danach, *wie* man leben sollte. Dass Armut eine grundlegende soziale Ungerechtigkeit darstellt, der durch politisches Handeln Abhilfe geschaffen werden muss, ist ein unverwechselbar modernes Konzept (vgl. Fleischacker 2005). Ihre Beseitigung aus dem Leben der Mehrheit der Bürger ist eine wahrhafte Errungenschaft fortgeschrittener kapitalistischer Demokratien, beginnend mit dem Ende des Zweiten Weltkrieges. Nun sehen sich diese Gesellschaften mit einer ganzen Palette von ethischen Fragen konfrontiert, die auftauchen, just als die Seuche der Armut abgeklungen ist. Fettleibigkeit ist heutzutage in der Tat ein politisches und ethisches Thema, was in den hageren 1930er Jahren nicht der Fall gewesen ist. Die charakteristischen Dilemmata der Postmoderne gehen auf die Schwierigkeiten zurück, die wir damit haben, Gemeinsamkeiten bezüglich der Frage aufzudecken, was unter noch nie dagewesenen Bedingungen wirtschaftlichen Überflusses ein gutes und bedeutungsvolles Leben ausmacht.

Fragt man sich, was die Politik des Überflusses ausmacht, so mag man möglicherweise John Dunn und seiner Betrachtung von der Geschichte der Demokratie als Triumph des Egoismus über die Gleichberechtigung beipflichten. Wir haben uns für Sicherheit und Bequemlichkeit, Ruhe und Vergnügen entschieden. Das ist, nach Dunns Auffassung, was zeitgenössische Demokratien der Mehrheit ihrer Bürger bieten (vgl. Dunn 2005). Bedeutet das gute Leben nicht mehr als shoppen, essen gehen, Auslandsreisen und das fortlaufende Festmahl, das uns die aktuelle Unterhaltungsindustrie von Tag zu Tag und von Woche zu Woche auftischt? Sollten wir nicht jene ernst nehmen, die uns warnen, wir würden uns zu Tode amüsieren? Solche Fragen verweisen auf die Art ethischer Dilemmata, denen wir heutzutage begegnen. Ebenso deuten sie auf unsere Schwierigkeiten beim Auftun von Lösungsansätzen für diese Probleme hin, sollte es tatsächlich der Fall sein, dass wir die Bedeutung der Tugendhaftigkeit aus den Augen verloren haben, wie Alisdair MacIntyre so energisch behauptet hat (vgl. MacIntyre 1987). Die Kritiker der Moderne verfügten über eine klare moralische Grundlage, von der aus sie das Übel der Armut verurteilten. Wir hingegen haben keine klare Perspektive auf das Gute und das Böse, das der Wohlstand uns gebracht hat. Das ist unser postmodernes Dilemma, wie es sich im postmodernen Denken offenbart, welchem es an jeglicher normativer Grundlage mangelt und das sich mit moralischen Kategorien äußerst schwer tut (vgl. Bauman 1995).

Mit Lazarsfeld und Merton ebenso wie mit Adorno und Horkheimer verfügte die ursprüngliche Soziologie der Massenkommunikation über eine deutliche normative Artikulationsgrundlage. Merton befasste sich insbesondere mit dem Zustand der Massen in einer von Zynismus und Anomie geprägten Gesellschaft. Das Ziel der Kritischen Theorie war es, mit ihrer vernichtenden Kritik an der Aufklärung irgendwie deren ursprüngliche emanzipatorische Verheißung zu erhalten. Wie dies jedoch umgesetzt werden konnte, lag in den frühen 1940er Jahren außerhalb der Vorstellungskraft von Horkheimer und Adorno. In ihren Augen war der Zweite Weltkrieg wahrhaftig das Ende der Vernunft. In ihrer ersten Generation verfügt die Kulturkritik in Großbritannien bezüglich der herrschenden Denkweise über eine ähnlich klare moralische Grundlage. Williams und Thompson schreiben beide im Namen der sozialen Gerechtigkeit und im Interesse der Unterprivilegierten. In den 1970er Jahren angekommen, hat die Kultur- und Medienforschung jedwedes normative Fundament eingebüßt. Ich persönlich kann in der Ideologiekritik keine moralische Basis erkennen. Zwar wird deutlich, was kritisiert wird (Macht), *warum* und in wessen Namen diese Kritik erfolgt, bleibt jedoch undurchsichtig. In Foucaults düsterer Gleichung (Macht plus Wissen ist gleich Wahrheit) hat die Wahrheit jegliche normative oder moralische Grundlage eingebüßt und beläuft sich lediglich noch auf das alte Sprichwort „Macht geht vor Recht". Dieser Mangel an moralischer Klarheit ist ein Ergebnis des exogenen weltgeschichtlichen Prozesses, wie er sich zur damaligen Zeit entwickelte. In den 1970er Jahren bestand eines der markantesten Merkmale Birminghams in einem nahezu fieberhaften Theoriestreben, von dem man sich eine Orientierung bezüglich dessen erhoffte, worum es in der Welt ging und wohin sie sich bewegte. Dieses Streben führte zu einem tiefgreifenden Kulturrelativismus und einem Vertrauensverlust hinsichtlich der Möglichkeit normativen Kritik- und Urteilsvermögens – jeder dennoch in diese Richtung erfolgende Vorstoß wurde sofort mit dem Vorwurf des westlichen Phallogozentrismus quittiert. Die moralischen Wirrungen der Postmoderne sind das Ergebnis der Überflussökonomie.

Sie hat eine zunehmend diversifizierte und pluralisierte Welt herbeigeführt, die als solche in Form multikultureller Identitätspolitiken gefeiert wird. Diese unsere Welt verfügt weder über eine anerkannte moralische Grundlage noch über gemeinsame Interessen die Ethik betreffend. Exakt das ist es, was zu Beginn des 21. Jahrhunderts mit zunehmendem Druck auf uns lastet.

11.9 Medien und Kommunikation

In den späten 1970er Jahren beschloss eine Gruppe von Kollegen an der *Polytechnic of Central London*, zu denen auch ich gehörte, eine neue Fachzeitschrift für den noch jungen Bereich der media studies zu gründen. Wir waren uns schnell einig, dass sie *Media, Culture & Society* heißen sollte. Dieser Name sollte einfach die zentralen Belange der Forschung widerspiegeln, die aus unserer damaligen Perspektive aus den gesellschaftlichen und kulturellen Auswirkungen der Medien resultierten. Darüber hinaus bekräftigt er die oben entwickelte historische These: Was in den 1930ern Jahren als Sozialkritik an der Massenkommunikation begonnen hatte, war bis zum Zeitpunkt der Gründung unseres Journals in eine Kulturkritik an den Medien umgeschlagen. Natürlich ist es reizvoll, das Zusammenspiel zeitgenössischer sozialer und kultureller Entwicklungen im Radio und im Fernsehen zu untersuchen. Das kann aber ebenso gut in anderen Institutionen erfolgen, was in den 1970er Jahren auch der Fall war und zu ähnlichen Ergebnissen führte. Auf Althussers Wunschliste ideologischer Staatsapparate standen Bildung, Religion und Familie, die, wie auch die Medien, untersucht und als ebensolche ausgemacht wurden. Genau das ist meine Kritik an beiden historischen Momenten der media studies: Keiner von beiden sagt irgendetwas Spezifisches über die Medien aus. Beide Male hatte man ursprünglich für eine besondere Wirkmächtigkeit der Medien auf zeitgenössische Einstellungen und Verhaltensweisen plädiert und in beiden Fällen begann diese Behauptung an Kraft zu verlieren, als man sie empirisch prüfte. Es ist sicherlich richtig, dass Klassen-, ‚Rassen'- und Genderpolitik (um einige namhafte Beispiele anzuführen) die Medien hinsichtlich ihrer institutionellen Funktionsweisen wie auch ihrer Produkte tiefgreifend durchdringen. Hierbei handelt es sich zweifelsohne um wichtige Themen, die ernsthafter wissenschaftlicher Beachtung bedürfen. Gleichzeitig beziehen sich solche Studien aber stets mehr auf Fragen nach ‚Rasse', Klasse und Gender und setzten sich weniger mit der Frage der Medien auseinander. Die historisch determinierten wirtschaftlichen, politischen und kulturellen Prozesse, die sich jederzeit in den Medien finden lassen, sind allerdings in keiner Weise spezifisch für die Medien selbst. Sie sind zu jeder Zeit, in allen gesellschaftlichen Institutionen und bei sämtlichen Praktiken mit von der Partie (wie insbesondere Raymond Williams deutlich gemacht hat).

Mit dem Titel dieses Buches ist – zumindest für mich – mehr als nur ein Hauch von Ironie verbunden. Wenn man ein Wortpaar erschafft, so unterstellt man den beiden einzelnen Begriffen in der Regel eine gewisse natürliche Verbundenheit, wie bei „Liebe" und „Ehe" oder „Kultur" und „Gesellschaft". In der Kommunikations- und Medienwissenschaft hat sich eine solch natürliche Verbindung zwischen „Medien" und „Kommunikation" bislang noch nicht durchgesetzt. Beschäftigen wir uns mit der Spezifik des Radios oder des Fernsehens an sich – den Medien also, die in den 1930er beziehungsweise in den 1970er Jahren zur Diskussion standen –, müssen wir uns meiner Ansicht nach überlegen, was *deren* Frage ist. Für mich ist dies die Frage der Kommunikation. Wenn Radio und Fernsehen als neue Rundfunktechnologien mit einer allgemeinen gesellschaftlichen Funktion gedacht werden sollen – wenn also Kommunikation ihre Hauptaufgabe ist –, was meinen wir dann damit und wie funktioniert das? Wie genau kommunizieren das Radio und das Fernsehen mit ihrem Publikum? Natürlich lag sowohl den Studien über das Radio in den 1930er als auch denen über das Fernsehen in den 1970er Jahren ein bestimmtes Kommunikationsmodell zugrunde. Das der traditionellen Medienwirkungsforschung äußerte sich in Form der Frage „Wer sagt was zu wem mit welchem Effekt?" – ein unidirektionales Transmissionsmodell von Kommunikation. Stuart Hall verbesserte das Vorgängerkonzept der direkten Übertragung mit seinem Encoding/Decoding-Modell wesentlich. Er fasste sowohl die Kodierung (Übertragung) als auch die Dekodierung (Rezeption) der Fernsehbotschaft als einen komplexen, zusammenhängenden sozialen Prozess ins Auge. Keiner der beiden historischen Momente in den media studies richtete jedoch seine Aufmerksamkeit auf die Frage der Kommunikation, denn Kommunikation war in keinem der beiden Fälle von besonderem Interesse.

Ich wollte mit diesem Buch keine umfassende Darstellung von den wissenschaftlichen Entwicklungen in der Kommunikationsforschung des letzten Jahrhunderts abliefern (was auch einfach außerhalb des Rahmens meiner Möglichkeiten lag). Es ist ein unüberschaubares Thema, das meiner Meinung nach völlig durcheinander und verwirrend ist, sowohl was den heutigen Zeitpunkt angeht, als auch bezogen auf den geschichtlichen Entwicklungsverlauf als Gegenstand wissenschaftlicher Betrachtung.[18] Stattdessen habe ich ausgewählte kommunikationswissenschaftliche Entwicklungen der Nachkriegszeit in verschiedenen Disziplinen herausgegriffen; Geschichte, Literaturwissenschaft, Soziologie und Philosophie. Ich habe mich mit dem historischen Werk von Harold Innis zu Kommunikation und Technologie auseinandergesetzt, wie auch mit Marshall McLuhans weitergehenden Untersuchungen in diesem Bereich; mit Erving Goffmans und Harold Garfinkels Pionierarbeiten zur Interaktionssoziologie; mit Kultur und Kommunikation bei Raymond Williams; der Philosophie der normalen

Sprache bei John Austin und Paul Grice; der Konversationsanalyse bei Harvey Sacks und schließlich mit der Theorie der kommunikativen Rationalität, die Jürgen Habermas entwickelt hat. Zwischen all diesen Arbeiten gibt es starke thematische Überschneidungen und narrative Verbindungen und da sie alle in das Schlüsseljahrzehnt der 1950er Jahre zurückreichen, zeichnet sich eine faszinierende historische These ab, die es noch auszubauen gilt.[19] Diese Dekade ist deshalb von zentraler Bedeutung, weil zu jener Zeit die Verhältnisse und die Beschaffenheit der Welt, in der wir heute leben, grundlegend mitbegründet worden sind. Für die Mehrheit der Menschen war es eine alltägliche Welt von noch nie da gewesenem Wohlstand. Es war eine gesellige, gesprächige und kommunikative Welt, wie in *Persönlicher Einfluss und Meinungsbildung* beschrieben wird. Zusätzlich fing das Fernsehen an, all diese Aspekte sichtbar zu machen, als es damals seinem Vorläufer aus der Zeit vor dem Krieg, dem Radio, den Rang des im Alltag vorrangig beachteten Rundfunkmediums ablief.

Den nächsten Band dieser Trilogie werde ich mit zwei Kapiteln über die Entdeckung neuer Gesprächsformate im Rundfunk eröffnen, die sich im britischen Radio zur Zeit des Krieges und Mitte der 1950er Jahre im Fernsehen entwickelten – improvisierte, gesellige Gespräche, die andere unterhalten sollten. Die Denkweise, die sich durch diese beiden Kapitel und den Rest des Buches ziehen wird, ist inspiriert von den oben besprochenen Autoren der 1950er Jahre und ihren Pionierarbeiten zum geselligen und interaktiven Charakter des täglichen Lebens sowie den moralischen Fundamenten und der kommunikativen Logik der gewöhnlichen Sprache und der gewöhnlichen Welt. Somit offenbart sich schließlich der eigentliche Zweck dieses Buches darin, dass es die Grundlage für das folgende darstellt. Ich hoffe, dass es beiden zusammen gelingt, die zerrissenen Hälften eines einheitlichen Ganzen wieder zu vereinen – und zwar die Frage der Kommunikation und die Frage der Medien und wie beide miteinander zusammenhängen.

Anmerkungen

1   Dies entspricht dem Interpretationsrahmen, den Marx in seinem späteren Lebensabschnitt entwickelte, als er sich „mehr und mehr einem tiefgründigen Bestreben zuwendete, die Logik des Prozesses des globalen Wirtschaftswandels zu begreifen, von dem er längst entschieden hatte, dass es sich dabei um den Dreh- und Angelpunkt der Geschichte der modernen Welt handelte, was die Weltgeschichte seitdem in zunehmendem Maße bestätigt hat" (Dunn 1993: 87; siehe die Seiten 82–120 für eine richtungsweisende Abhandlung über Marx' ökonomisches und politisches Denken).

2   Der Begriff stammt von Boltanski (1999) und stellt in meiner eigenen Denkweise ein Kernkonzept dar, dessen Bedeutung ich im Folgeband *Television and the Meaning of 'Live'* eingehender diskutieren werde.

3   Was Careys Zorn erregt, ist die Tatsache, dass unter den literarisch Gebildeten Europas die Ansicht weit verbreitet war, dass es sich bei den Massen weniger um Menschen als um Unge-

ziefer handle, und es nur billig war, dieses auszumerzen – eine Einstellung, der, wie er argumentiert, in Hitlers *Mein Kampf* maßgeblich Ausdruck verliehen wurde. Carey tut sich nicht schwer damit, die Widerwärtigkeit der Betrachtungsweisen vieler namhafter Autoren zu demonstrieren. Er vergisst jedoch, die Tatsache einzuräumen, dass die Lebensumstände für Millionen wirklich widerwärtig waren. Ich habe erwähnt, wie die BBC die weit verbreitete Armut in Großbritannien zwischen den beiden Weltkriegen und die Auswirkungen von Arbeitslosigkeit und schlechten Unterkünften auf einzelne Personen und deren Familien dokumentiert hat (vgl. Scannell & Cardiff 1991: 57–71, 333–355). Als Bewohner von Armenvierteln und Arbeitslose am Mikrofon oder vor der Kamera erzählten, wie ihr Leben aussah, wirkten sie wie gewöhnliche, anständige Leute und nicht wie subhumane Morlocks. In Wirklichkeit waren sie jedoch Menschen, die, gezwungen durch brutale Armut, ihr kaum differenziertes Dasein fristeten, das ihnen den Zugang zum alltäglichen Luxus, der für andere als selbstverständlich galt, verwehrte (und natürlich war ihnen dieser Zustand bekannt). Von „den Massen" zu sprechen, bedeutet, das *unterschiedslose* Leben, zu dem Millionen verdammt waren, zur Kenntnis zu nehmen: ein Leben bloßer Existenzerhaltung, ständiger Anstrengung und Sorge, die täglichen Grundbedürfnisse decken zu können – ein Leben unter elenden Wohnbedingungen, mit unzureichender Ernährung, nagendem Hunger, zerlumpter Kleidung (Schuhe waren ein unbezahlbares Luxusgut), schlechter Gesundheit (als Resultat schlechter Ernährung und Wohnsituation) und verkürzter Lebenserwartung. Im ganzen 19. und in der ersten Hälfte des 20. Jahrhunderts mussten viele Millionen in Europa und Nordamerika solches Elend ertragen. Im Verlauf der zweiten Hälfte des 20. Jahrhunderts hat sich die Zahl derer verringert, die so leben. Sicherlich hält sich die Armut auch in den modernen Wirtschaftssystemen Europas und Nordamerikas hartnäckig, allerdings nicht so tiefgreifend und auf einem so brutalen Niveau. Armut ist kein Thema mehr, das die Politik in dem Maße bestimmt, wie es in der klassischen Ära des urbanen Fabrikkapitalismus vom frühen 19. bis zur Mitte des 20. Jahrhunderts der Fall war. Wirkliche Armut präsentiert sich ‚uns' mittlerweile in anderen Teilen der Welt, besonders in Afrika – wie wir im Fernsehen sehen können.

4   Edward Hoppers *Nighthawks* (1929) ist eine Ikone der amerikanischen Malerei, der es gelingt, diese Gefühlsstruktur einzufangen. Ebenso stellen die ‚Schundliteratur' und -filme aus jener Zeit eloquente Zeugen dar.

5   Herzog kommentiert: „In einer Welt, die so selten Gelegenheiten für authentische Erfahrungen bietet, muss jedes Ereignis sofort verinnerlicht werden". Ihre berühmte Studie über Frauen, die Radioserien verfolgen, heißt bezeichnenderweise „On borrowed experience".

6   Ich schulde John Durham Peters meinen Dank für diesen Hinweis.

7   Im Literaturverzeichnis sind aktuellere Auflagen dieser drei Werke angegeben, nicht die Originale. Habermas hatte Watt und Williams gelesen. Sein Konzept der Öffentlichkeit als „Lesepublikum" stellt eine Synthese aus ihren Arbeiten und der von Altick (1957) dar. Watt würdigt Adorno (zusammen mit Talcott Parsons) in seiner Einleitung.

8   Anm. d. Übers.: Scannell zitiert hier ein Sprichwort aus den englischen Bauernaufständen des Mittelalters: „Als Adam grub und Eva spann, wo war da der Edelmann?". „Adam grub" steht für den Mann, der auf dem Feld arbeitet, und „Eva spann" bezieht sich auf das Spinnen von Wolle als typische Aufgabe der Frau.

9   Für eine Besprechung von Daniel Defoes *Robinson Crusoe* als *homo oeconomicus*, den Prototypen des modernen ökonomischen Individualismus, siehe Watt (1974 [1956]: 67–105).

10   Diese Transformation skizzierte Seebohm Rowntree in zwei wegweisenden Sozialstudien zum Leben der Arbeiterklasse in York: *Poverty: A Study of Town Life* (1901) und *Poverty and Progress* (1941). Rowntree war Quäker und ein Pionier der Ethnografie des alltäglichen Lebens. In seinen einzigartigen und minutiösen Längsschnittstudien zum gesellschaftlichen Wandel beschreibt er detailliert und auf seine eigenen Beobachtungen aufbauend, wie gegen Ende der 1930er Jahre die alten Elendsviertel zusehends durch Sozial- und erschwingliche Privatwohnungen ersetzt wurden. Über einen Zeitraum von 40 Jahren hinweg bemerkte er einen Rück-

gang beim Alkoholkonsum, was er auf die neue Anziehungskraft des Heims zurückführte: Die Menschen blieben lieber zu Hause, beispielsweise um Radio zu hören, anstatt sich, wie in den 1890er Jahren, auf den Straßen zu drängen, die Kneipen zu füllen und sich Scharmützel zu liefern. Beide Studien sind überzeugende und detaillierte Darstellungen von (1) der Verbreitung „primärer Armut" in einer alten englischen Stadt gegen Ende des 19. Jahrhunderts und (2) der Entstehung einer neuen Alltagskultur in Folge steigender Löhne und besserer Wohnverhältnisse, die zu besserer Gesundheit und einem schrittweisen Ansteigen des minimalen Überschusses von Zeit und Geld für Freizeit und Erholung führten. Sein Fazit zu „Freizeitaktivitäten" in den späten 1930er Jahren leitet Rowntree mit folgender Beobachtung ein: „Eine schlecht genährte und aufgrund harter Arbeit erschöpfte Gemeinschaft hat wenig Zeit und Energie für Dinge, die über Arbeit und Schlaf hinausgehen. Durch immer mehr Freizeit und die bessere wirtschaftliche Lage haben die Leute nicht nur mehr Zeit, um sich in ihren Freizeitbeschäftigungen selbst auszudrücken, sie werden auch mehr Energie haben, um sich Formen der Entspannung zu gönnen, an denen erschöpfte und schlecht versorgte Menschen keinen Gefallen finden" (1941: 468). Dies kann als prägnante und anschauliche Zusammenfassung des Übergangs von der Politik der Armut zur aufkommenden Kultur des Alltags gelten. Rowntrees letzte Studie über das Großbritannien der Nachkriegszeit heißt *English Life and Leisure* (Rowntree & Lavers 1951). Über einen Zeitraum von 50 Jahren wird dort der Wandel von Armut zu Freizeit mittels dreier Fallstudien nachgezeichnet.

11 In den 1950er Jahren schrieb E. P. Thompson: „Ich weiß nicht, welche moralischen und kulturellen Werte mit einer Küchenspüle, einem Waschbrett und der wöchentlichen Wäscheladung einer fünfköpfigen Familie verbunden sind. Wenn es aber mehr Waschmaschinen gibt, dann sollten wir darin das emanzipatorische Potential für arbeitende Frauen sehen" (Thompson zit. nach Woodhams 2001: 179). Tagebücher, die Frauen der Arbeiterklasse in York für Rowntrees zweite Studie führten, belegen, dass das Waschen der Kleidung einer ganzen Familie in den 1930er Jahren noch vier Tage dauerte. Die Kleidungsstücke wurden montags gewaschen, ausgespült und ausgewrungen, dienstags drinnen zum Trocknen aufgehängt und mittwochs und donnerstags gebügelt (vgl. Rowntree 1941: 441). Siehe dazu auch „Die Arbeit unseres Körpers und das Werk unserer Hände" in Arendt (2007 [1958]: 99–110).

12 In ihrer reinsten und vollendeten Form sind diese Themen Gegenstand in den Romanen von Ivy Compton-Burnett. *A Family and a Fortune, A House and its Head, Parents and Children, Brothers and Sisters* – diese und ähnliche Titel lassen die Inhalte von Compton-Burnetts Büchern deutlich erkennen. Dass sie absichtlich nichtssagend sind, täuscht über die mitleidlosen und zuweilen urkomischen Beziehungen zwischen Männern und Frauen, Töchtern und Söhnen, Tanten und Onkeln, Dienstmägden und Hausdienern hinweg, die alle in der seltsamen, zeitlosen und gänzlich unentrinnbaren kleinen Welt Compton-Burnetts einzigartiger Fiktion gefangen sind. Ihre Romane, die alle Mitte des 20. Jahrhunderts (zwischen 1929 und 1963) entstanden sind, spielen für gewöhnlich im späten 19. Jahrhundert in Landsitzen aus dem 18. Jahrhundert (*A House and its Head* ist dafür exemplarisch). Ihre Lektüre ist recht erstaunlich und enthüllt die latente Gewalt männlicher Sexualität und unbändiger patriarchalischer Macht, die in den engen Beziehungen der Kernfamilie herrscht und sich hinter Esprit und Höflichkeit versteckt. Ihre Romane bilden einen düsteren Kontrapunkt zu den Arbeiten von Jane Austen, die Compton-Burnett wieder und wieder las (vgl. Spurling 1984) und die eine maßgebliche Erkundung der neuen weiblichen Alltagskultur darstellen, die mit dem 18. Jahrhundert in Erscheinung trat. Der enorme Beliebtheitsgrad von Jane Austens Werken, der sich unter anderem in zig Film- und Fernsehproduktionen ausdrückt, zeugt von dem anhaltenden Einfluss und der Lebendigkeit, die ihre Welt für uns heute noch hat.

13 Benannt ist der Report nach seinem Verfasser, Sir William Beveridge. Es handelt sich dabei um einen im November 1942 veröffentlichten Bericht über die soziale Sicherheit. Dieser war ein äußerst wichtiges Dokument seiner Zeit, in dem das Konzept einer Sozialversicherung für alle Bürger „von der Wiege bis ins Grab" ausgearbeitet war. Sein Mantra war „Freedom from

Want" (Bedarfsfreiheit) und er war darauf ausgelegt, einem erneuten Auftreten jener primären Armut vorzubeugen, der im Jahrzehnt zuvor Millionen von Menschen wegen Arbeitslosigkeit zum Opfer gefallen waren. Der Report legte den Grundstein für die Erschaffung eines „Wohlfahrtstaats" durch die nach dem Krieg neu gewählte Labour-Regierung.

14 Siehe den niederschmetternden Bericht *The Status of Women in Sociology*, den Helen McGill Hughes 1973 im Auftrag der *American Sociological Association* herausgegeben hat. In meinen Augen ist Hughes für einen der originellsten und interessantesten Einzelbeiträge verantwortlich, auf den ich in der Massenkommunikationsforschung zu Human-Interest-Storys in Zeitungen vor dem Krieg gestoßen bin (vgl. Hughes 1937, 1940). Dennoch hatte sie nie eine volle Stelle an einer amerikanischen Universität. Lange Jahre war sie als Herausgeberin des *American Journal of Sociology* in Teilzeit beschäftigt, während ihr Mann, den sie auf der Graduiertenschule in Chicago kennen gelernt hatte, Professor wurde.

15 Vergleiche insbesondere Francesca Pollettas exzellente Studie zu sozialen Bewegungen in den USA Mitte des 20. Jahrhunderts (Polletta 2004).

16 Siehe hierzu den extrem unterhaltsamen Text *The Mommy Myth* von Douglas und Michaels (2004).

17 Zum Bergbau als Lebensart siehe die klassische Studie von Dennis, Henriques und Slaughter (1956).

18 Das *Journal of Communication* hat kürzlich die Rundumschau „State of the art in communication theory and reseach" (Dezember 2004, September 2005) herausgebracht. Bei der Fachzeitschrift handelt es sich um ein Organ der ICA (*International Communication Association*) und die Herausgeber haben 17 der aktuellen Fach- und Interessengruppen der ICA zur Einreichung von Überblicksartikeln eingeladen: Kommunikationsphilosophie, visuelle Kommunikation, Public Relations, Massenkommunikation, populäre Kommunikation, Organisationskommunikation, Gesundheitskommunikation, Sprache und soziale Interaktion, interpersonale Kommunikation, feministische Wissenschaften, politische Kommunikation, GLBT (*gay, lesbian, bisexual, transgender*) studies, Informationssysteme, interkulturelle und Entwicklungskommunikation, Erziehungs-/Entwicklungskommunikation, Kommunikationsrecht und -politik sowie Kommunikation und Technologie. Abgesehen von einer Ausnahme (Organisationskommunikation) sind die Autoren aller Beiträge an Universitäten in den USA beschäftigt. Bei jedem einzelnen Beitrag handelt es sich um eine rein endogene Darstellung, ohne dass irgendetwas außerhalb der unmittelbaren thematischen Interessen berücksichtigt würde. Die Herausgeber unternehmen nicht einmal den Versuch, Verbindungen zwischen den Themenbereichen herzustellen – wie könnten sie auch, es gibt ja keine. Ihre Sonderausgabe bestätigt auf eindrucksvolle Weise Lukács' Kritik an der technischen Vernunft, der Verdinglichung des Bewusstseins und dem Verlust jeglichen Sinns für das Ganze.

19 Die Denkweise im Nordamerika und Europa der 1950er Jahre beschrieb einen scharfen Bruch mit dem modernen Denken der Vorkriegsära. Der Schlüsselmoment der Postmoderne ist nicht in den 1970ern oder 1980ern zu suchen, als sie das moderne Denken nachträglich zu fassen bekam. Er ist vielmehr im unmittelbaren Nachkriegsjahrzehnt angesiedelt, in dem sich sämtliche Verhältnisse der Welt, in der wir leben, erstmals andeuteten. Im letzten Band dieser Trilogie werde ich die Struktur des postmodernen Denkens, das in den 1950er Jahren in Nordamerika und Europa aufkam, neu bewerten und das rückläufige, spätmoderne Denken, welches das postmoderne in den 1970er und 1980er Jahren überrollt hat, kritisch betrachten.

Literaturverzeichnis

Abbott, Andrew (1999): Department and Discipline. Chicago Sociology at One Hundred. Chicago: University of Chicago Press.

Adorno, Theodor W. (1956 [1938]): Über den Fetischcharakter in der Musik und die Regression des Hörens. In: Adorno, Theodor W. (Hg.): Dissonanzen. Musik in der verwalteten Welt. Göttingen: Vandenhoeck und Ruprecht, 9–45.

Adorno, Theodor W. (1965 [1962]): Engagement. In: Adorno, Theodor W. (Hg.): Noten zur Literatur. Band 3. Frankfurt a.M.: Suhrkamp, 109–135.

Adorno, Theodor W. (1981): Wissenschaftliche Erfahrungen in Amerika. In: Lepenies, Wolf (Hg.): Geschichte der Soziologie. Studien zur kognitiven, sozialen und historischen Identität einer Disziplin. Frankfurt a.M.: Suhrkamp, 299–336.

Adorno, Theodor W. (2002): Résumé über Kulturindustrie. In: Pias, Claus/Vogl, Joseph/Engell, Lorenz/Fahle, Oliver/Neitzel, Britta (Hrsg.): Kursbuch Medienkultur. Die maßgeblichen Theorien von Brecht bis Baudrillard. Stuttgart: DVA, 202–208.

Adorno, Theodor W. (2004 [1945]): A social critique of radio music. In: Peters, John D./Simonson, Peter (Hrsg.): Mass Communication and American Social Thought. Key Texts, 1919–1968. Lanham, MD: Rowman and Littlefield, 210–215.

Adorno, Theodor W./Benjamin, Walter/Lonitz, Henri (Hrsg.) (1994): Briefe und Briefwechsel/Adorno. Band 1: Briefwechsel 1928–1940. Herausgegeben von Henri Lonitz. Frankfurt a.M.: Suhrkamp.

Agee, James/Evans, Walker (Hrsg.) (1989 [1939]): Preisen will ich die großen Männer. Drei Pächterfamilien. München: Schirmer-Mosel.

Allen, Robert C. (1995): To be Continued … Soap Operas Around the World. London: Routledge.

Althusser, Louis (1977): Ideologie und ideologische Staatsapparate. Hamburg/Berlin: VSA.

Altick, Richard D. (1957): The English Common Reader. A Social History of the Mass Reading Public. Chicago: University of Chicago Press.

Alvarado, Manuel/Buscombe, Edward (1978): Hazell. The Making of a TV Series. London: BFI and Latimer.

Alvarado, Manuel/Stewart, John (1985): Made for Television. Euston Films Ltd. London: BFI.

Anderson, Perry (1969): Components of the national culture. In: Cockburn, Alexander/Blackburn, Robin (Hrsg.): Student Power. Harmondsworth: Penguin Books, 214–284.

Anderson, Perry (1980): Arguments within English Marxism. London: Verso.

Ang, Ien (1999): Das Gefühl Dallas. Zur Produktion des Trivialen. Opladen: Westdeutscher Verlag.

Annan, Noel (1955): The intellectual aristocracy. In: Plumb, John H. (Hg.): Studies in Social History. London: Longmans, 241–287.

Arendt, Hannah (1994a [1961]): Übungen im politischen Denken 1. Zwischen Vergangenheit und Zukunft. München: Piper.

Arendt, Hannah (1994b [1963]): Über die Revolution. München: Piper.

Arendt, Hannah (2007 [1958]): Vita Activa oder vom täglichen Leben. München: Piper.

Arnold, Matthew (1960): Culture and Anarchy. Cambridge: Cambridge University Press.

Atkinson, Paul/Housely, William (2003): Interactionism. London: Sage.

Austin, John L. (1986): Sinn und Sinneserfahrung. (Sense and Sensibilia). Stuttgart: Reclam.

Austin, John L. (2007): Zur Theorie der Sprechakte (How to do things with words). Ditzingen: Reclam.

Bagehot, Walter (1971 [1867]): Die englische Verfassung. Neuwied: Luchterhand.

Barthes, Roland (1977): Image-Music-Text. London: Fontana.

Barthes, Roland (1988 [1970]): S/Z. Frankfurt a.M.: Suhrkamp.

Bauman, Zygmunt (1995): Postmoderne Ethik. Hamburg: Hamburger Edition.

Bausinger, Hermann (1984): Media, technology and daily life. In: Media, Culture & Society 6(4), 343–352.

Benjamin, Walter (1977a [1934]): Gesammelte Schriften. Band 2.2. Herausgegeben von Rolf Tiedemann und Hermann Schweppenhäuser. Frankfurt a.M.: Suhrkamp.

Benjamin, Walter (1977b [1936]): Das Kunstwerk im Zeitalter seiner technischen Reproduzierbarkeit. In: Benjamin, Walter (Hg.): Das Kunstwerk im Zeitalter seiner technischen Reproduzierbarkeit. Drei Studien zur Kunstsoziologie. Frankfurt a.M.: Suhrkamp, 7–44.

Benjamin, Walter (1989): Gesammelte Schriften. Band 1.3. Herausgegeben von Rolf Tiedemann und Hermann Schweppenhäuser. Frankfurt a.M.: Suhrkamp.

Benjamin, Walter (2007): Erzählen. Schriften zur Theorie der Narration und zur literarischen Prosa. Ausgewählt und mit einem Nachwort von Alexander Honold. Frankfurt a.M.: Suhrkamp.

Bennett, Tony/Boyd-Bowman, Susan/ Mercer, Colin/Woollacott, Janet (Hrsg.) (1981): Popular Television and Film. London: BFI/Open University.

Berelson, Bernard (2004a [1949]): What missing the newspaper means. In: Peters, John D./Simonson, Peter (Hrsg.): Mass Communication and American Social Thought. Key Texts, 1919–1968. Lanham, MD: Rowman and Littlefield, 254–262.

Berelson, Bernard (2004b [1959]): The state of communication research. In: Peters, John D./Simonson, Peter (Hrsg.): Mass Communication and American Social Thought. Key Texts, 1919–1968. Lanham, MD: Rowman and Littlefield, 440–445.

Blondheim, Menahem (2003): Harold Adams Innis and his Bias of Communication. In: Katz, Elihu/ Peters, John D./Liebes, Tamar/Orloff, Avril. (Hrsg.): Canonic Texts in Media Research. Are there any? Should there be? How about these? Cambridge: Polity Press, 156–190.

Boltanski, Luc (1999): Distant Suffering. Morality, Media and Politics. Cambridge: Cambridge University Press.

Bonner, Frances (2003): Ordinary Television. London: Sage.

Bono, Francesco/Bondebjerg, Ib (1994): Nordic Television. History, Politics and Aesthetics. Copenhagen: University of Copenhagen.

Branaman, Ann (1997): Goffman's social theory. In: Lemert, Charles/Branaman, Ann (Hrsg.): The Goffman Reader. Oxford: Blackwell, xlv–lxxxii.

Braverman, Harry (1974): Labor and Monopoly Capitalism. The Degradation of Work in the Twentieth Century. New York: Monthly Review Press.

Brecht, Bertolt (1967 [1938]): Gesammelte Werke. Band 19. Herausgegeben in Zusammenarbeit mit Elisabeth Hauptmann. Frankfurt a.M.: Suhrkamp.

Breisach, Ernst (1994): Historiography. Ancient, Medieval, and Modern. Chicago: University of Chicago Press.

Brown, Penelope/Levinson, Stephen (1987): Politeness. Some Universals in Language Use. Cambridge: Cambridge University Press.

Brunsdon, Charlotte (1996): A thief in the night. Stories of feminism in the 1970s at CCCS. In: Morley, David/Chen, Kuan-Hsing (Hrsg.): Stuart Hall. Critical Dialogues. London: Routledge, 276–286.

Brunsdon, Charlotte/D'Acci, Julie/Spigel, Lynn (1997): Feminist Television Criticism. Oxford: Oxford University Press.

Brunsdon, Charlotte/Morley, David (1978): Everyday Television. ‚Nationwide'. BFI Television Monograph 10. London: British Film Institute.

Calhoun, Craig J. (1992): Habermas and the Public Sphere. Cambridge: Polity Press.

Cantril, Hadley/Gaudet, Hazel/Herzog, Herta (1940): The Invasion from Mars. A Study in the Psychology of Panic. Princeton, NJ: Princeton University Press.

Carey, James (1992): Space, time, and communications. A tribute to Harold Innis. In: Carey, James (Hg.): Communication as Culture. Essays on Media and Society. London: Routledge, 142–172.

Carey, James (1998): Marshall McLuhan. Genealogy and legacy. In: Canadian Journal of Communication 23(3), 293–306.

Carey, John (1992): The Intellectuals and the Masses. 1880–1939. London: Faber and Faber.

Coleman, James S. (1980): Paul F. Lazarsfeld. The substance and style of his work. In: Merton, Robert K./Riley, Matilda W. (Hrsg.): Sociological Tradition from Generation to Generation. New Jersey: Ablex Publishing Corporation, 153–175.

Corner, John (1980): Codes and cultural analysis. In: Media, Culture & Society 2(1), 73–86.

Corner, John (1991): Studying culture. Reflections and assessments. An interview with Richard Hoggart. In: Media, Culture and Society, 13(2): 137–152.

Coward, Rosalind/Ellis, John (1977): Language and Materialism. London: Routledge/Kegan Paul.

Crowley, David (1981): Harold Innis and the modern perspective of communication. In: Melody, William H./Salter, Liora/Heyer, Paul (Hrsg.): Culture, Communication and Dependency. The Tradition of Harold Innis. Norwood, NJ: Ablex, 235–246.

Crowley, David /Mitchell, David (1994): Communication Theory Today. Cambridge: Polity Press.

Cruz, Jon/Lewis, Justin (1994): Viewing, Reading, Listening. Audiences and Cultural Reception. Boulder, CO: Westview Press.

Curran, James (1977): Capitalism and control of the press, 1800–1975. In: Curran, James/Gurevitch, Michael/Woollacott, Janet (Hrsg.): Mass Communication and Society. London: Edward Arnold, 195–230.

Curran, James (1981): Press history. In. Curran, James/Seaton, Jean (Hrsg.): Power Without Responsibility. The Press and Broadcasting in Britain. London: Routledge, 5–114.

Curran, James (1992): Mass media and democracy revisited. In: Curran, James/Gurevitch, Michael (Hrsg.): Mass Media and Society. London: Arnold, 81–119.

Curran, James/Morley, David/Walkerdine, Valerie (Hrsg.) (1996): Cultural Studies and Communications. London: Arnold.

D'Acci, Julie (1994): Defining Women. Television and the Case of Cagney and Lacey. Chapel Hill, NC: University of North Carolina Press.

Dahl, Hans F. (1994): The pursuit of media history. In: Media, Culture & Society 16(4), 551–564.

Dahlgren, Peter (1995): Television and the Public Sphere. Citizenship, Democracy and the Media. London: Sage.

Dayan, Daniel/Katz, Elihu (1992): Media Events. The Live Broadcasting of History. Cambridge, MA: Harvard University Press.

Dennis, Norman/Henriques, Fernando/Slaughter, Clifford (1956): Coal is Our Life. London: Eyre and Spottiswoode.

Derrida, Jacques (2001): On Cosmopolitanism and Forgiveness. London: Routledge.

Dickens, Charles (1972): Harte Zeiten. Berlin: Rütten & Loening.

Dimbleby, Jonathan (1975): Richard Dimbleby. London: Hodder and Stoughton.

Douglas, Susan J. (2004): Listening in. Radio and the American Imagination. Minneapolis, MN: University of Minnesota Press.

Douglas, Susan J./Michaels, Meredith W. (2004): The Mommy Myth. The Idealization of Motherhood and How It Has Undermined All Women. New York: Free Press.

Doyle, Brian (1981): Some uses of English. Denys Thompson and the development of English in secondary schools. In: Stencilled Occasional Paper 64. Birmingham: Centre for Contemporary Cultural Studies, the University of Birmingham.

Doyle, Brian (1989): English and Englishness. London: Routledge.

Drew, Paul/Wootton Anthony (Hrsg.) (1988): Introduction. In: Goffman, Erving. Exploring the Interaction Order. Cambridge: Polity Press, 1–13.

Dreyfus, Hubert L. (1991): Being-in-the-World. Cambridge, MA: The MIT Press.

Dunn, John (1993): Western Political Theory in the Face of the Future. Cambridge: Cambridge University Press.

Dunn, John (2005): Setting the People Free. The Story of Democracy. London: Atlantic Books.

Durkheim, Émile (1967): Soziologie und Philosophie. Herausgegeben von Hans Blumenberg, Jürgen Habermas, Dieter Henrich, Jacob Taubes. Frankfurt a.M.: Suhrkamp.

Dyer, Richard/Geraghty, Christine/Jordan, Marion/Lovell, Terry/Paterson, Richard/Stewart, John (Hrsg.) (1981): Coronation Street. BFI Monograph 13. London: British Film Institute.

Eagleton, Terry (1994 [1990]): Ästhetik. Die Geschichte ihrer Ideologie. Stuttgart: Metzler.

Eco, Umberto (2006): Das offene Kunstwerk. Frankfurt a.M.: Suhrkamp.

Eisenstein, Elizabeth (1979): The Printing Press as an Agent of Change. Communication and Cultural Transformation in Early Modern Europe. Cambridge: Cambridge University Press.

Elliott, Philip (1972): The Making of a Television Series. A Case Study in the Sociology of Culture. London: Constable.

Elster, Jon (1985): Sour Grapes. Studies in the Subversion of Rationality. Cambridge: Cambridge University Press.

Fairclough, Norman (1989): Language and Power. London: Longman.

Feuer, Jane/Kerr, Paul/Vahimagi, Tise (1984): MTM. ‚Quality Television'. London: BFI.

Fleischacker, Samuel (2005): A Short History of Distributive Justice. Cambridge, MA: Harvard University Press.

Fleming, Donald/Bailyn, Bernard (1969): The Intellectual Migration. Europe and America 1930–1960. Cambridge, MA: Harvard University Press.

Flichy, Patrice (1995): Dynamics of Modern Communication. The Shaping and Impact of New Communication Technologies. London: Sage.

Foucault, Michel (1976): Überwachen und Strafen. Die Geburt des Gefängnisses. Frankfurt a.M.: Suhrkamp.

Foucault, Michel (1983): Power/Knowledge. London: Routledge.

Foucault, Michel (1987 [1982]): Das Subjekt und die Macht. In: Dreyfus, Hubert L./Rabinow, Paul (Hrsg.): Michel Foucault. Jenseits von Strukturalismus und Hermeneutik. Frankfurt a.M.: Athenäum, 243–261.

Foucault, Michel (2005 [1974]): Archäologie des Wissens. Frankfurt a.M.: Suhrkamp.

Fowler, Roger (1990): Language in the News. Discourse and Ideology in the Press. London: Routledge.

Frank, Miriam/Ziebarth, Marilyn/Field, Connie (1982): The Life and Times of Rosie the Riveter. Emeryville, CA: Clarity Educational Productions.

Fraser, Nancy (1996): Öffentlichkeit neu denken. Ein Beitrag zur Kritik real existierender Demokratie. In: Scheich, Elvira (Hg.): Vermittelte Weiblichkeit: feministische Wissenschafts- und Gesellschaftstheorie. Hamburg: Hamburger Edition, 151–182.

Friedan, Betty (1977 [1963]): Der Weiblichkeitswahn oder die Selbstbefreiung der Frau. Ein Emanzipationskonzept. Reinbek: Rowohlt.

Fulford, Robert (2001): The lonely crowd. In: The National Post vom 03.07.2001. Online: http://www.robertfulford.com/LonelyCrowd.html [30.08.2010].

Galbraith, John K. (1973 [1958]): Gesellschaft im Überfluss. München: Droemer.

Garfinkel, Harold (1984 [1967]): Studies in Ethnomethodology. Cambridge: Polity Press.

Garnham, Nicholas (1986): The media and the public sphere. In: Golding, Peter/Murdoch, Graham/ Schlesinger, Philip. (Hrsg.): Communicating Politics. Leicester: Leicester University Press, 37–54.

Garnham, Nicholas (1992): The media and the public sphere. In: Calhoun, Craig J. (Hg.): Habermas and the Public Sphere. Cambridge: Polity Press, 359–376.

Giddens, Anthony (1987): Social Theory and Modern Sociology. Cambridge: Polity Press.

Giddens, Anthony (1988): Die Konstitution der Gesellschaft: Grundzüge einer Theorie der Strukturierung. Frankfurt a.M.: Campus Verlag.

Giddens, Anthony (1996): Die Konsequenzen der Moderne. Frankfurt a.M.: Suhrkamp.

Goffman, Erving (1969 [1959]): Wir alle spielen Theater. Die Selbstpräsentation im Theater. München: Piper & Co.

Goffman, Erving (1971): Verhalten in sozialen Situationen. Strukturen und Regeln der Interaktion im öffentlichen Raum. Gütersloh: Bertelsmann Fachverlag.

Goffman, Erving (1972): Stigma. Über Techniken der Bewältigung beschädigter Identität. Frankfurt a.M.: Suhrkamp.

Goffman, Erving (1975 [1968]): Interaktionsrituale. Über Verhalten in direkter Kommunikation. Frankfurt a.M.: Suhrkamp.

Goffman, Erving (1977 [1961]): Asyle. Über die soziale Situation psychiatrischer Patienten und anderer Insassen. Frankfurt a.M.: Suhrkamp.

Goffman, Erving (1981a [1969]): Strategische Interaktion. München u.a.: Hanser.

Goffman, Erving (1981b): Forms of Talk. Oxford: Blackwell.

Goffman, Erving (2005): Rede-Weisen. Formen der Kommunikation in sozialen Situationen. Herausgegeben von Hubert Knoblauch, Christine Leuenberger, Bernt Schnettler. Konstanz: UVK.

Goffman, Erving (2009): Das Individuum im öffentlichen Austausch. Mikrostudien zur öffentlichen Ordnung. Frankfurt a.M.: Suhrkamp.

Goldthorpe, John H. (1969): The Affluent Worker in the Class Structure. Cambridge: Cambridge University Press.

Goody, Jack (1981): Literalität in traditionalen Gesellschaften. Frankfurt a.M.: Suhrkamp.

Goorney, Howard/MacColl, Ewan (1986): Agit-Prop to Theatre Workshop. Manchester: Manchester University Press.

Gordon, William T. (1997): Marshall McLuhan. Escape into Understanding. New York: Basic Books.

Gramsci, Antonio (1991): Gefängnishefte. Kritische Gesamtausgabe. Herausgegeben von Klaus Bochmann. Hamburg: Argument.

Grice, Herbert Paul (1989): Studies in the Ways of Words. Cambridge, MA: Harvard University Press.

Grosswiler, Paul (1998): The Method is the Message. Rethinking McLuhan through Critical Theory. Montreal: Black Rose.

Habermas, Jürgen (1961): Der deutsche Idealismus der jüdischen Philosophen. In: Koch, Thilo (Hg.) Porträts deutsch-jüdischer Geistesgeschichte. Köln: DuMont Schauberg, 99–125

Habermas, Jürgen (1970): Systematically distorted communication. In: Dretzel, Hans Peter (Hg.): Recent Sociology, 2. London: Collier-Macmillan.

Habermas, Jürgen (1981): Die Moderne – ein unvollendetes Projekt. In: Habermas, Jürgen (Hg.): Kleine politische Schriften I–IV. Frankfurt a.M.: Suhrkamp, 444–464.

Habermas, Jürgen (1984 [1979]): Was heißt Universalpragmatik? In: Habermas, Jürgen: Vorstudien und Ergänzungen zur Theorie des kommunikativen Handelns. Frankfurt a.M.: Suhrkamp, 353–439.

Habermas, Jürgen (1985): Der philosophische Diskurs der Moderne. Zwölf Vorlesungen. Frankfurt a.M.: Suhrkamp.

Habermas, Jürgen (1987): Theorie des kommunikativen Handelns. Ausgabe in zwei Bänden. Frankfurt a.M.: Suhrkamp.

Habermas, Jürgen (1988): Nachmetaphysisches Denken. Frankfurt a.M.: Suhrkamp.

Habermas, Jürgen (1990 [1962]): Strukturwandel der Öffentlichkeit. Untersuchungen zu einer Kategorie der bürgerlichen Öffentlichkeit. Frankfurt a.M.: Suhrkamp.

Habermas, Jürgen (1991): Erläuterungen zur Diskursethik. Frankfurt a.M.: Suhrkamp.

Habermas, Jürgen (1992): Faktizität und Geltung. Beiträge zur Diskurstheorie des Rechts und des demokratischen Rechtsstaats. Frankfurt a.M.: Suhrkamp.

Habermas, Jürgen (1993): Anerkennungskämpfe im demokratischen Rechtsstaat. In: Taylor, Charles/ Gutmann, Amy (Hrsg.): Multikulturalismus und die Politik der Anerkennung. Frankfurt a.M.: Fischer, 147–196.

Habermas, Jürgen (2009): Diskursethik und Gesellschaftstheorie. Ein Interview mit T. Hviid Nielsen. In: Habermas, Jürgen (Hg.): Philosophische Texte: Studienausgabe in fünf Bänden, Band 3: Diskursethik. Frankfurt a.M.: Suhrkamp, 141–178.

Hall, Edward (1969): The Silent Language. New York: Doubleday.

Hall, Stuart (1973): Encoding and decoding in the television discourse. In: Stencilled Paper 1973(7). Birmingham: University of Birmingham, CCCS.

Hall, Stuart (1977): Culture, the media and the ‚Ideological Effect'. In Curran, James/Gurevitch, Michael/Woollacott, Janet (Hrsg.): Mass Communication and Society. London: Edward Arnold, 315–348.

Hall, Stuart (1980): Cultural studies. Two paradigms. In: Media, Culture & Society 2(1), 57–72.

Hall, Stuart (1982): The rediscovery of ‚ideology'. Return of the repressed in media studies. In: Gurevitch, Michael/Bennett, Tony/Curran, James/Woollacott, Janet (Hrsg.): Culture, Society and the Media. London: Methuen, 56–90.

Hall, Stuart (1996): Cultural Studies and its theoretical legacies. In Morley,David/Chen, Kuan-Hsing (Hrsg.): Stuart Hall. Critical Dialogues in Cultural Studies. London: Routledge, 262–275.

Hall, Stuart (1999a [1980]): Cultural Studies. Zwei Paradigmen. In Bromley Roger/Göttlich, Udo/Winter, Carsten (Hrsg.): Cultural Studies, Grundlagentexte zur Einführung. Lüneburg: zu Klampen, 113–138.

Hall, Stuart (1999b [1980]): Kodieren/Dekodieren. In: Bromley Roger/Göttlich, Udo/Winter, Carsten (Hrsg.): Cultural Studies, Grundlagentexte zur Einführung. Lüneburg: zu Klampen, 92–112.

Hall, Stuart/Connell, Ian/Curti, Lidia (1976): The ‚unity' of current affairs television. In: Working Papers in Cultural Studies (1976)9. Birmingham University: Centre for Contemporary Cultural Studies, 51–94.

Hall, Stuart/Critcher, Charles/Jefferson, Tony/Clarke, John/Roberts, Brian (1978): Policing the Crisis. Mugging, the State and Law and Order. London: Macmillan.

Hall, Stuart/Hobson, Dorothy/Lowe, Andrew/Willis Paul (Hrsg.) (1980): Culture, Media, Language. London: Hutchinson.

Hall, Stuart/Jacques, Martin (1989): New Times. The Changing Face of Politics in the 1990s. London: Lawrence & Wishart.

Hall, Stuart/Whannel, Paddy (1964): The Popular Arts. Boston: Beacon Press.

Harris, Sandra (1991): Evasive action. How politicians respond to questions in political interviews. In: Scannell, Paddy (Hg.): Broadcast Talk. London: Sage, 76–99.

Harvey, David (1986): The Condition of Postmodernity. An enquiry into the Origins of Cultural Change. Cambridge: Polity.

Hayes, Richard K. (1995): Kate Smith. Jefferson, NC: McFarland and Co.

Heidegger, Martin (1988): Die Technik und die Kehre. Pfullingen: Neske.

Heidegger, Martin (1993 [1927]): Sein und Zeit. Tübingen: Niemeyer.

Heilbroner, Robert L. (1994): Do machines make history? In: Smith, Merritt R./Marx, Leo (Hrsg.): Does Technology Drive History? The Dilemmas of Technological Determinism. Cambridge, MA: MIT Press.

Heritage, John (1984a): Garfinkel and Ethnomethodology. Cambridge: Polity Press.

Heritage, John (1984b): A change-of-state token and aspects of its sequential placement. In: Atkinson, John M./Heritage, John (Hrsg.): Structures of Social Action. Cambridge: Cambridge University Press, 299–345.

Heritage, John (1985): Analysing news interviews. Aspects of the production of talk for an overhearing audience. In: van Dijk, Teun (Hg.): Handbook of Discourse Analysis, Vol. 3. New York: Academic Press, 95–119.

Heritage, John/Greatbatch, David (1991): On the institutional character of institutional talk. The case of news interviews. In: Boden, Deirdre/Zimmerman, Don H. (Hrsg.): Talk and Social Structure. Cambridge: Polity Press, 93–137.

Herzog, Herta (1941): On borrowed experience. An analysis of listening to daytime sketches. In: Studies in Philosophy and Social Science 9(1), 65–95.

Herzog, Herta (1944): What do we really know about daytime serial listeners? In: Lazarsfeld, Paul F./Stanton, Frank N. (Hrsg.): Radio Research, 1942–1943. New York: Duell, Sloan and Pearce, 3–33.

Heyer, Paul (2005): The Medium and the Magician. Orson Welles, the Radio Years, 1934–1952. Lanham, MD: Rowman and Littlefield.

Hobson, Dorothy (1980): Housewives and the mass media. In: Hall, Stuart et al. (Hrsg.): Culture, Media, Language. London: Hutchinson, 105–114.

Hobson, Dorothy (1982): Crossroads. The Drama of a Soap Opera. London: Methuen.

Hodge, Robert/Kress, Gunther (1988): Social Semiotics. Cambridge: Polity Press.

Hoggart, Richard (1992 [1957]): The Uses of Literacy. Harmondsworth: Penguin Books.

Hohendahl, Peter (1992): The public sphere; models and boundaries. In: Calhoun, Craig J. (Hg.): Habermas and the Public Sphere. Cambridge: Polity Press, 99–108.

Horkheimer, Max (1974 [1947]): Zur Kritik der instrumentellen Vernunft. Herausgegeben von Alfred Schmidt. Frankfurt a.M.: Athenäum Fischer.

Horkheimer, Max (1987 [1941]): Gesammelte Schriften. Band 5. Herausgegeben von Gunzelin Schmid Noerr. Frankfurt a.M.: S. Fischer.

Horkheimer, Max (1988): Gesammelte Schriften. Band 4. Herausgegeben von Alfred Schmidt. Frankfurt a.M.: S. Fischer.

Horkheimer, Max/Adorno, Theodor W. (2000 [1944]): Dialektik der Aufklärung. Philosophische Fragmente. Frankfurt a.M.: S. Fischer.

Horton, Donald/Wohl, Richard W. (2004 [1956]): Mass communication and para-social interaction. Observations on intimacy at a distance. In: Peters, John D./Simonson, Peter (Hrsg.): Mass Communication and American Social Thought. Key Texts, 1919–1968. Lanham, MD: Rowman and Littlefield, 373–386.

Hughes, Hellen M. (1937): Human interest stories and democracy. In: Peters, John D./Simonson, Peter (Hrsg.): Mass Communication and American Social Thought. Key Texts, 1919–1968. Lanham, MD: Rowman and Littlefield, 118–128.

Hughes, Hellen M. (1940): News and the Human Interest Story. Chicago: University of Chicago Press.

Hughes, Hellen M. (Hg.) (1973): The Status of Women in Sociology 1968–1972. Washington, DC: The American Sociological Association.

Huhn, Tom (2005): The Cambridge Companion to Adorno. Cambridge: Cambridge University Press.

Hutchby, Ian (1991): The organisation of talk on talk radio. In: Scannell, Paddy (Hg.): Broadcast Talk. London: Sage, 119–137.

Hutchby, Ian (2001): Conversation and Technology. From the Telephone to the Internet. Cambridge: Polity Press.

Hutchby, Ian (2006): Media Talk. Conversation Analysis and the Study of Broadcasting. Maidenhead: Open University Press.

Hynes, Samuel (1966): The Auden Generation. Literature and Politics in England in the 1930s. London: Faber and Faber.

Innis, Harold A. (1950): Empire and Communications. Oxford: Oxford University Press.

Innis, Harold A. (1964 [1951]): The Bias of Communication. Toronto: University Toronto Press.

Innis, Harold A. (1997a): Tendenzen der Kommunikation [Auszug aus *The Bias of Communication*]. In: Barck, Karlheinz (Hg.): Harold Adams Innis – Kreuzwege der Kommunikation. Ausgewählte Texte. Wien: Springer, 95–119.

Innis, Harold A. (1997b): Die Eule der Minerva [Auszug aus The Bias of *Communication*]. In: Barck, Karlheinz (Hg.): Harold Adams Innis – Kreuzwege der Kommunikation. Ausgewählte Texte. Wien: Springer, 69–94.

Innis, Harold A. (1999 [1930]): The Fur Trade in Canada. An introduction to Canadian economic history. Toronto: University of Toronto Press.

Jäger, Lorenz (2003): Adorno. Eine politische Biographie. München: DVA.

Jefferson, Gail (1984): Notes on a systematic deployment of the acknowledgement tokens ‚yeah‘ and ‚mm hm‘. In: Tilburg Papers in Language and Literature 1984(30): 21–53.

Jefferson, Tony/Hall, Stuart (Hrsg.) (1975): Resistance through Rituals. London: Hutchinson.

Kant, Immanuel (1968 [1784]): Beantwortung der Frage: Was ist Aufklärung? In: Kant, Immanuel: Kants Werke: Band 8, Abhandlungen nach 1781. Berlin: de Gruyter, 33–42.

Kant, Immanuel (1975): Was ist „Aufklärung"? Aufsätze zur Geschichte und Philosophie. Herausgegeben von Jürgen Zehbe. Göttingen: Vandenhoeck & Ruprecht.

Katz, Elihu/Lazarsfeld, Paul (1955): Personal Influence. The Part Played by People in the Flow of Mass Communications. Glencoe, IL: The Free Press.

Katz, Elihu/Lazarsfeld, Paul (1962 [1955]): Persönlicher Einfluss und Meinungsbildung. München: Oldenbourg.

Katz, Elihu/Peters, John D./Liebes, Tamar/Orloff, Avril (Hrsg.) (2003): Canonic Texts in Media Research. Cambridge: Polity Press.

Kaye, Harvey J. (1984): The British Marxist Historians. Cambridge: Polity Press.

Keane, John (1984): Public Life and Late Capitalism. Cambridge: Cambridge University Press.

Keane, John (1988): Democracy and Civil Society. Cambridge: Polity Press.

Keane, John (1991): The Media and Democracy. Cambridge: Polity Press.

Kittler, Friedrich (1986): Grammophon, Film, Typewriter. Berlin: Brinkmann & Bose.

Lazarsfeld, Paul F. (1940): Radio and the Printed Page. New York: Duell, Sloan and Pearce.

Lazarsfeld, Paul F. (1973) [1941]: Bemerkungen über administrative und kritische Kommunikationsforschung. In: Prokop, Dieter (Hg.): Kritische Kommunikationsforschung. München: Carl Hanser Verlag, 7–27.

Lazarsfeld, Paul F. (1975): Working with Merton. In: Coser, Lewis A. (Hg.): The Idea of Social Structure. Papers in Honor of Robert K. Merton. New York: Harcourt Brace, 35–66.

Lazarsfeld, Paul F./Berelson, Bernard/Gaudet, Hazel (1969 [1944]): Wahlen und Wähler. Soziologie des Wahlverhaltens. Neuwied und Berlin: Luchterhand.

Lazarsfeld, Paul F./Merton, Robert K. (2004 [1948]): Mass communication, popular taste and organised social action. In: Peters, John D./Simonson, Peter (Hrsg.): Mass Communication and American Social Thought. Key Texts, 1919–1968. Lanham, MD: Rowman and Littlefield, 230–241.

Leavis, Frank R. (1966 [1948]): The Great Tradition. Harmondsworth: Penguin Books.

Leavis, Frank R. (1978 [1930]): Mass civilization and minority culture. In: Leavis, Frank R. (Hg.): Education and the University: A Sketch for an English School. Cambridge: Cambridge University Press.

Leavis, Frank R./Thompson, Denys (1932): Culture and Environment. London: Chatto and Windus.

Leavis, Queenie D. (2000 [1932]): Fiction and the Reading Public. London: Pimlico.

Lefebvre, Henri (1987 [1947]): Kritik des Alltagslebens. Grundrisse einer Soziologie der Alltäglichkeit. Frankfurt a.M.: Fischer.

Lemert, Charles (1997): Goffman. In: Lemert, Charles/Branaman, Ann (Hrsg.): The Goffman Reader. Oxford: Blackwell, ix–xlii.

Levinson, Paul (1999): Digital McLuhan. A Guide to the Information Millenium. New York: Routledge.

Levinson, Stephen (1986): Putting linguistics on a proper footing. Explorations in Goffman's concept of participation. In: Drew, Paul/Wootton, Anthony (Hrsg.) Erving Goffman. Exploring the Interaction Order. Cambridge: Polity Press, 161–227.

Levinson, Stephen (2000): Pragmatik. Tübingen: Niemeyer.

Liebes, Tamar (2003): Herzog's ‚On borrowed experience'. Its place in the debate over the active audience. In: Katz, Elihu/Peters, John D./Liebes, Tamar/Orloff, Avril (Hrsg.): Canonic Texts in Media Research. Cambridge: Polity Press, 39–54.

Livingstone, Sonia (1994): Watching talk. Gender and engagement in the viewing of audience discussion programmes. In: Media, Culture & Society 16(3), 428–448.

Livingstone, Sonia (2003): The work of Elihu Katz: Conceptualizing media effects in context. In: Corner, John/Schlesinger, Philip/Silverstone, Roger (Hrsg.): The International Handbook of Media Research. London: Routledge.

Livingstone, Sonia/Lunt, Peter (1992): Talk on Television. London: Routledge.

Lovell, Terry (1980): Pictures of Reality. Aesthetics, Politics and Pleasure. London: BFI.

Löwenthal, Leo (2004 [1944]): Biographies in popular magazines. In: Peters, John D./Simonson, Peter (Hrsg.): Mass Communication and American Social Thought. Key Texts, 1919–1968. Lanham, MD: Rowman and Littlefield, 188–205.

Lukács, Georg (1977 [1922]): Werke. Band 2: Frühschriften. Geschichte und Klassenbewusstsein. Darmstadt und Neuwied: Luchterhand.

Lynd, Robert S. (1939): Knowledge for What? The Place of Social Science in American Culture. Princeton, NJ: Princeton University Press.

Lynd, Robert S./Lynd, Helen M. (1929): Middletown: A Study in American Culture. London: Constable.

Lyotard, Jean-François (1986 [1979]): Das postmoderne Wissen – Ein Bericht. Graz: Böhlau.

MacIntyre, Alasdair (1987): Der Verlust der Tugend. Zur moralischen Krise der Gegenwart. Frankfurt a.m.: Campus.

Mackenzie, Norman (Hg.) (1958): Convictions. London: McGibbon and Gee.

Mannheim, Karl (1967): Mensch und Gesellschaft im Zeitalter des Umbaus. Bad Homburg u.a.: Gehlen.

Manning, Philip (1992): Erving Goffman and Modern Sociology. Cambridge: Polity Press.

Marchand, Philip (1998): Marshall McLuhan. The Medium and the Messenger. Cambridge, MA: MIT Press.

Marcuse, Herbert (1978 [1960]): A note on dialectic. In: Arato, Andrea/Gebhardt, Eike (Hrsg): The Essential Frankfurt School Reader. Oxford: Blackwell, 444–451.

Marcuse, Herbert (1980 [1937]): Über den affirmativen Charakter der Kultur. In: Marcuse, Herbert (Hg.): Kultur und Gesellschaft.

Marriott, Stephanie: (1996): Time and time again. ‚Live' television commentary and the construction of replay talk. In: Media, Culture & Society 18(1), 69–86.

Marx, Karl (1962 [1843]): Zur Judenfrage. In: Karl Marx. Frühe Schriften. Band 1. Herausgegeben von Hans-Joachim Lieber und Peter Furth. Stuttgart: Cotta.

Marx, Karl (1962): Frühe Schriften. Band 1. Herausgegeben von Hans-Joachim Lieber und Peter Furth. Stuttgart: Cotta.

Marx, Karl (1972): Das Kapital. Kritik der politischen Ökonomie. Erster Band. Berlin: Dietz.

Marx, Karl (1978): Das Elend der Philosophie. Antwort auf Proudhons „Philosophie des Elends". Frankfurt a.M.: Röderberg.

Marx, Karl/Engels, Friedrich (1971): Die Deutsche Ideologie. Frankfurt: Druck-Verlags-Vertriebs-Kooperative.

McGrath, John (1981): A Good Night Out. Popular Theatre. Audience, Class and Form. London: Eyre Methuen.

McKillop, Ian (1995): F.R. Leavis. A Life in Criticism. Harmondsworth: Penguin Books.

McLaughlin, Lisa (1993): Feminism, the public sphere, media and democracy. In: Media Culture & Society 15(4), 599–620.

McLuhan, Marshall (1962): The Gutenberg Galaxy. The Making of Typographic Man. Toronto: University of Toronto Press.

McLuhan, Marshall (1992): Die magischen Kanäle. Understanding Media. Düsseldorf: Econ.

McLuhan, Marshall (1995 [1962]): Die Gutenberg-Galaxis. Das Ende des Buchzeitalters. Bonn: Addison-Wesley.

Melody, William H./Salter, Liora/Heyer, Paul (Hrsg.) (1981): Culture, Communication and Dependency. The Tradition of Harold Innis. Norwood, NJ: Ablex.

Merton, Robert K. (1938): Social structure and anomie. In: American Sociological Review, 3(5), 672–682.

Merton, Robert K. (2004 [1946]): Mass Persuasion, herausgegeben und mit einem Vorwort von Peter Simonson. New York: Howard Fertig.

Merton, Robert K./Coleman, James S./Rossi, Peter H. (Hrsg.) (1979): Qualitative and Quantitative Social Research. Papers in Honour of Paul F. Lazarsfeld. New York: Free Press.

Meyrowitz, Joshua (1990): Die Fernseh-Gesellschaft. Wirklichkeit und Identität im Medienzeitalter. Weinheim: Beltz.

Meyrowitz, Joshua (1996). Taking McLuhan and Medium Theory seriously. In: Technology and the Future of Schooling, 95th Yearbook, National Society for the Study of Education. Chicago: University of Chicago Press, 73–110.

Meyrowitz, Joshua (2003): Canonic anti-text. Marshall Mcluhan's Understanding Media. In: Katz, Elihu/Peters, John D./Liebes, Tamar/Orloff, Avril (Hrsg.): Canonic Texts in Media Research. Are there any? Should there be? How about these? Cambridge: Polity Press, 156–199.

Mills, C. Wright (2000 [1956]): The Power Elite. New York: Oxford University Press.

Modleski, Tania (1984): Loving with a Vengeance. Mass-Produced Fantasies for Women. London: Methuen.

Montgomery, Martin (1986): DJ talk. In: Media, Culture & Society 8(4), 401–422.

Montgomery, Martin (1999): Speaking sincerely. Public reactions to the death of Diana. In: Language and Literature 8(1), 5–33.

Montgomery, Martin (2001): Defining authentic talk. In: Discourse Studies 3(4), 397–405.

Moores, Shaun (1993): Interpreting Audiences. London: Sage.

Morley, David (1980): The Nationwide Audience. Structure and Decoding. BFI Television Monograph 11. London: British Film Institute.

Morley, David (1986): Family Television. Cultural Power and Domestic Leisure. London: Comedia.

Morley, David/Brunsdon, Charlotte (1999): The Nationwide project. Long ago and far away … In: Morley, David/Brunsdon, Charlotte (Hrsg.): The Nationwide Television Studies. London: Routledge, 1–17.

Morley, David/Chen, Kuan-Hsing (Hrsg.) (1996): Stuart Hall. Critical Dialogues. London: Routledge.

Morrison, David E. (1998): The Search for a Method. Focus Groups and the Development of Mass Communication Research. Luton: Luton University Press.

Morrison, James (2000): No prophet without honour. In: New Dimensions in Communication 13. Proceedings of the 57th Annual Conference of the New York State Communication Association. Monticello, New York, 1–28.

Myers, Greg (2000): Entitlement and sincerity in broadcast interviews about Princess Diana. In: Media, Culture & Society 22(2), 167–186.

Nelson, E.D. (Adie)/Robinson, Barrie W. (1994): Reality talk or telling tales? The social construction of sexual and gender deviance on a television talk show. In: Journal of Contemporary Ethnography 23(1), 26–51.

New Left Review (1977): Western Marxism. A Critical Reader. London: New Left Books.

Newbolt (1921): The Teaching of English in England. Newbolt Report. London: HMSO.

Newbolt, Sir Henry (1928): The idea of an English Association. In: The English Association. Pamphlet No. 70. Oxford: Oxford University Press.

Nieminen, Hannu (1997): Communication and Democracy. Habermas, Williams and the British Case. Helsinki: Annales Academiae Scientiarum Fennicae.

Orwell, George (1975 [1940]): Im Innern des Wals. Erzählungen und Essays. Zürich: Diogenes.

Orwell, George (1982 [1937]): Der Weg nach Wigan Pier. Zürich: Diogenes.

Parkin, Frank (1971): Class Inequality and Political Order. New York: Praeger.

Peacock Report (1986): Report of the Committee on Financing the BBC. Cmnd. 9284. London: HMSO.

Peters, John D. (1993): Distrust of representation. Habermas on the public sphere. In: Media, Culture & Society 15(4), 541–571.

Peters, John D. (1999): Speaking into the Air. A History of the Idea of Communication. Chicago: University of Chicago Press.

Peters, John D. (2003): The subtlety of Horkheimer and Adorno. Reading ‚The Culture Industry'. In: Katz, Elihu/Peters, John D./Liebes, Tamar/Orloff, Avril (Hrsg.): Canonic Texts in Media Research. Cambridge: Polity Press, 58–73.

Peters, John D./Simonson, Peter (Hrsg.) (2004): Mass Communication and American Social Thought. Key Texts, 1919–1968. Lanham, MD: Rowman and Littlefield.

Pilkington Report (1962): Report of the Broadcasting Committee. Cmnd. 1753. London: HMSO.

Polletta, Francesca (2004): Freedom is an Endless Meeting. Democracy in American Social Movements. Chicago: University of Chicago Press.

Radway, Janice (1984): Reading the Romance. Chapel Hill, NC: University of North Carolina Press.

Rawls, John (2008 [1971]): Eine Theorie der Gerechtigkeit. Frankfurt a.M.: Suhrkamp.

Riesman, David (1958 [1950]): Die einsame Masse. Hamburg: Rohwolt.

Rojek, Chris (2003): Stuart Hall. Cambridge: Polity Press.

Rowntree, B. Seebohm (1901): Poverty. A Study of Town Life. London: Macmillan.

Rowntree, B. Seebohm (1941): Poverty and Progress. London: Longmans, Green and Co.

Rowntree, B. Seebohm/Lavers, George R. (1951): English Life and Leisure. London: Longmans, Green and Co.

Ryan, Alan (2003): Habermas. The power of positive thinking. In: New York Review of Books 50(1), 43–46.

Sacks, Harvey (1995): Lectures on Conversation. Oxford: Blackwell.

Sampson, G. (1921): English for the English. Cambridge: Cambridge University Press.

de Saussure, Ferdinand (2001): Grundfragen der allgemeinen Sprachwissenschaft. Berlin: de Gruyter.

Savage, Barbara D. (1999): Broadcasting Freedom. Radio, War and the Politics of Race, 1938–1948. Chapel Hill, NC: University of North Carolina Press.

Scannell, Paddy (1986): Editorial. In: Media, Culture & Society 8(4), 387–390.

Scannell, Paddy (1989): Public service broadcasting and modern public life. In: Media Culture & Society 11(2), 135–66.

Scannell, Paddy (1991): Introduction. In: Broadcast Talk. London: Sage, 1–13.

Scannell, Paddy (1996): Radio Television and Modern Life. Oxford: Blackwell.

Scannell, Paddy (2001): Authenticity and experience. In: Discourse Studies 3(4), 405–411.

Scannell, Paddy/Cardiff, David (1991): A Social History of British Broadcasting. 1923–1939. Oxford: Blackwell.

Schegloff, Emanuel (1982): Discourse as an interactional achievement. Some uses of ‚uh huh‘ and other things that come between sentences. In: Tannen, Deborah (Hg.): Analysing Discourse. Text and Talk. Washington, DC: Georgetown University Press, 71–93.

Schegloff, Emanuel (1988): Goffman and the analysis of conversation. In: Drew, Paul/Wootton, Anthony (Hrsg.): Erving Goffman. Exploring the Interaction Order. Cambridge: Polity Press.

Schelling, Thomas (1960): The Strategy of Conflict. Cambridge, MA: Harvard University Press.

Schlesinger, Philip (1978): Putting ‚Reality‘ Together. BBC News. London: Constable.

Schramm, Wilbur (1997): The Beginnings of Communication Study in America. A Personal Memoir. Herausgegeben von Steven H. Chaffee und Everett M. Rogers. Thousand Oaks, CA: Sage.

Schudson, Michael (1992): Was there ever a public sphere? If so, when? Reflections on the American case. In: Schudson, M. (Hg.): Habermas and the Public Sphere. Cambridge: Polity Press, 143–163.

Schudson, Michael (1998): The Good Citizen. A History of American Civic Life. New York: The Free Press.

Searle, John (1969): Speech Acts. An Essay in the Philosophy of Language. Cambridge: Cambridge University Press.

Sen, Armartya (2005): Ökonomie für Menschen. Wege zu Gerechtigkeit und Solidarität in der Marktwirtschaft. München: DTV.

Sharpe, J. (1992): ‚History from below‘. In Burke, Peter (Hg.): New Perspectives in Historical Writing. Cambridge: Polity Press, 25–42.

Silverstone, Roger/Hirsch, Eric (1992): Consuming Technologies. Media and Information in Domestic Spaces. London: Routledge.

Simonson, Peter (2005): The serendipity of Merton's communications research. In: International Journal of Public Opinion Research, 17(3), 277–297.

Simonson, Peter/Weimann, Gabriel (2003): Critical research at Columbia. Lazarsfeld's and Merton's ‚Mass communication, popular taste and organised social action‘. In: Katz, Elihu/Peters, John D./Liebes, Tamar/Orloff, Avril (Hrsg.): Canonic Texts in Media Research. Cambridge: Polity Press, 12–38.

Smith, Anthony C.II./Immirzi, Elizabeth/Blackwell, Trevor (1975): Paper Voices. London: Chatto and Windus.

Smith, Merritt R./Marx, Leo (1994): Does Technology Drive History? The Dilemmas of Technological Determinism. Cambridge, MA: MIT Press.

Sparks, Colin (1996): Stuart Hall, Cultural Studies and Marxism. In: Morley, David/Chen, Kuan-Hsing (Hrsg.): Stuart Hall: Critical Dialogues. London: Routledge, 71–101.

Spurling, Hilary (1984): Ivy. The Life of Ivy Compton-Burnett. New York: Knopf.

Stone, Lawrence (1979): The Family, Sex and Marriage in England, 1500–1800. Harmondsworth: Penguin Books.

Stott, William (1986): Documentary Expression and Thirties America. Chicago: University of Chicago Press.

Sturrock, John (1979): Structuralism and Since. From Lévi-Strauss to Derrida. Oxford: Oxford University Press.

Syvertsen, Trine (1992): Public Television in Transition. A Comparative and Historical Analysis of the BBC and the NRK. Oslo: NAVF/KULT.

Taylor, Alan J.P. (1975): English History, 1914–1945. Harmondsworth: Pelican Books.

Taylor, Charles (1993): Die Politik der Anerkennung. In: Taylor, Charles/Gutmann, Amy (Hrsg.): Multikulturalismus und die Politik der Anerkennung. Frankfurt a.M.: Fischer,13–78.

Theall, Donald (1981): Explorations in communication since Innis. In: Melody, William H./Salter, Liora/Heyer, Paul (Hrsg.): Culture, Communication and Dependency. The Tradition of Harold Innis. Norwood, NJ: Ablex, 225–234.

Thompson, Edward P. (1962): The Making of the English Working Class. Harmondsworth: Pelican Books.

Thompson, Edward P. (1978): The Poverty of Theory. London: Merlin Press.

Thompson, John B. (1995): The Media and Modernity. A Social Theory of the Media. Cambridge: Polity Press.

Tolson, Andrew (1991): Televised chat and the synthetic personality. In: Scannell, Paddy (Hg.): Broadcast Talk. London: Sage.

Tolson, Andrew (2001): Television Talk Shows. Mahwah, NJ: Lawrence Erlbaum Associates.

Turner, Bryan S. (1999): The Talcott Parsons Reader. Oxford: Blackwell.

Watt, Ian (1974 [1956]): Der bürgerliche Roman. Aufstieg einer Gattung. Frankfurt a.M.: Suhrkamp.

Weber, Max (1976): Wirtschaft und Gesellschaft. Grundriss der verstehenden Soziologie. Tübingen: Mohr.

Weber, Max (1992 [1905]): Die protestantische Ethik und der „Geist" des Kapitalismus. Faksimile-Ausgabe. Düsseldorf: Verlag Wirtschaft und Finanzen.

Weber, William (1975): Music and the Middle Class. London: Croom Helm.

Weedon, Chris/Tolson, Andrew/Mort, Frank (1980): Theories of language and subjectivity. In: Hall, Stuart/Hobson, Dorothy/Lowe, Andrew/Willis Paul (Hrsg.): Culture, Media, Language. London: Hutchinson.

White, Hayden (1975): Michel Foucault. In: Sturrock, John (Hg.): Structuralism and Since. Oxford: Oxford University Press, 81–115.

Wiggershaus, Rolf (1987): Die Frankfurter Schule. Geschichte, theoretische Entwicklung, politische Bedeutung. München: Carl Hanser Verlag.

Williams, Raymond (1962a [1958]): Culture and Society. Harmondsworth: Penguin Books.

Williams, Raymond (1962b): Britain in the Sixties. Communications. Harmondsworth: Penguin Books.

Williams, Raymond (1965 [1961]): The Long Revolution. Harmondsworth: Penguin Books.

Williams, Raymond (1972 [1958]): Gesellschaftstheorie als Begriffsgeschichte. Studien zur historischen Semantik von „Kultur". München: Rogner und Bernhard.

Williams, Raymond (1974): Television. Technology and Cultural Form. London: Fontana.

Williams, Raymond (1989): Resources of Hope. London: Verso.

Woodhams, Stephen (2001): History in the Making. Raymond Williams, Edward Thompson and Radical Intellectuals, 1936–1956. London: Merlin Press.

Zoonen, Liesbet van (1994): Feminist Media Studies. London: Sage.

Personenregister

Sachregister

Medien

Tobias Ebbrecht / Thomas Schick (Hrsg.)
Kino in Bewegung
Perspektiven des deutschen
Gegenwartsfilms
2011. ca. 300 S. (Film, Fernsehen, Medien-
kultur. Schriftenreihe der Hochschule für
Film und Fernsehen „Konrad Wolf") Br.
ca. EUR 29,95
ISBN 978-3-531-17489-1

Regina Friess
**Narrative versus spielerische
Rezeption?**
Eine Fallstudie zum interaktiven Film
2010. ca. 250 S. (Film, Fernsehen, Medien-
kultur. Schriftenreihe der Hochschule für
Film und Fernsehen „Konrad Wolf") Br.
ca. EUR 29,95
ISBN 978-3-531-17502-7

Andrea Gschwendtner
Bilder der Wandlung
Visualisierung charakterlicher Wandlungs-
prozesse im Spielfilm
2011. ca. 450 S. (Film, Fernsehen, Medienkultur. Schriftenreihe der Hochschule für
Film und Fernsehen „Konrad Wolf") Br.
ca. EUR 39,95
ISBN 978-3-531-17488-4

Volker Gehrau /
Christoph Neuberger (Hrsg.)
StudiVZ
Kommunikationswissenschaftliche
Studien zum Umgang mit einem sozialen
Netzwerk im Internet
2011. ca. 208 S. Br. ca. EUR 24,95
ISBN 978-3-531-17373-3

Mike Sandbothe
Wozu Medienphilosophie?
Pragmatistische Aufsätze 2000 bis 2010
2010. ca. 160 S. Br. ca. EUR 19,95
ISBN 978-3-531-17620-8

Wolfgang Schweiger / Klaus Beck (Hrsg.)
**Handbuch
Online-Kommunikation**
2010. 549 S. Geb. EUR 39,95
ISBN 978-3-531-17013-8

Eva Johanna Schweitzer /
Steffen Albrecht (Hrsg.)
Das Internet im Wahlkampf
Analysen zur Bundestagswahl 2009
2011. ca. 300 S. Br. ca. EUR 29,95
ISBN 978-3-531-17023-7

Erhältlich im Buchhandel oder beim Verlag.
Änderungen vorbehalten. Stand: Juli 2010.

www.vs verlag.de

VS VERLAG

Abraham-Lincoln-Straße 46
65189 Wiesbaden
Tel. 0611.7878-722
Fax 0611.7878-400